Dortmunder Beiträge zur Entwicklung und Erforschung des Mathematikunterrichts

Band 35

Reihe herausgegeben von
S. Hußmann,
M. Nührenbörger,
S. Prediger,
C. Selter,
Dortmund, Deutschland

Eines der zentralen Anliegen der Entwicklung und Erforschung des Mathematikunterrichts stellt die Verbindung von konstruktiven Entwicklungsarbeiten und rekonstruktiven empirischen Analysen der Besonderheiten, Voraussetzungen und Strukturen von Lehr- und Lernprozessen dar. Dieses Wechselspiel findet Ausdruck in der sorgsamen Konzeption von mathematischen Aufgabenformaten und Unterrichtsszenarien und der genauen Analyse dadurch initiierter Lernprozesse.

Die Reihe „Dortmunder Beiträge zur Entwicklung und Erforschung des Mathematikunterrichts" trägt dazu bei, ausgewählte Themen und Charakteristika des Lehrens und Lernens von Mathematik – von der Kita bis zur Hochschule – unter theoretisch vielfältigen Perspektiven besser zu verstehen.

Reihe herausgegeben von
Prof. Dr. Stephan Hußmann,
Prof. Dr. Marcus Nührenbörger,
Prof. Dr. Susanne Prediger,
Prof. Dr. Christoph Selter,
Technische Universität Dortmund, Deutschland

Weitere Bände in der Reihe http://www.springer.com/series/12458

Birte Pöhler

Konzeptuelle und lexikalische Lernpfade und Lernwege zu Prozenten

Eine Entwicklungsforschungsstudie

Mit einem Geleitwort von Prof. Dr. Susanne Prediger

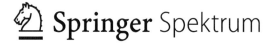 Springer Spektrum

Birte Pöhler (verh. Friedrich)
Technische Universität Dortmund
Fakultät für Mathematik, IEEM
Dortmund, Deutschland

Dissertation Technische Universität Dortmund, Fakultät für Mathematik, 2017

Tag der Disputation: 19.10.2017
Erstgutachterin: Prof. Dr. Susanne Prediger
Zweitgutachter: Prof. Dr. Lars Holzäpfel

Dortmunder Beiträge zur Entwicklung und Erforschung des Mathematikunterrichts
ISBN 978-3-658-21374-9   ISBN 978-3-658-21375-6   (eBook)
https://doi.org/10.1007/978-3-658-21375-6

Die Deutsche Nationalbibliothek verzeichnet diese Publikation in der Deutschen National-
bibliografie; detaillierte bibliografische Daten sind im Internet über http://dnb.d-nb.de abrufbar.

Springer Spektrum ist ein Imprint der eingetragenen Gesellschaft Springer Fachmedien Wiesbaden
GmbH und ist ein Teil von Springer Nature
Die Anschrift der Gesellschaft ist: Abraham-Lincoln-Str. 46, 65189 Wiesbaden, Germany

Geleitwort

Prozente sind im Alltag überall, doch auch wenn Schülerinnen und Schüler die drei Grundaufgaben zum Zeitpunkt der Klassenarbeit kurzfristig beherrschen, heißt dies noch lange nicht, dass sie später auch komplexere Anteilssituationen adäquat mathematisieren können. Denn dann zeigt sich, wer konzeptuelles Verständnis aufgebaut hat und sprachlich anspruchsvollere Texte knacken kann.

Diese Probleme sind angesichts der steigenden Bewusstheit für die Schwierigkeiten sprachlich schwacher Lernender im Mathematikunterricht noch stärker in den didaktischen Fokus gerückt. Doch was genau ist das Problem der Lernenden, und wie kann man es durch einen fach- und sprachintegrierten Mathematikunterricht überwinden?

Die Autorin nähert sich diesem hoch aktuellen und relevanten Forschungsfeld mit einer Entwicklungsforschungsstudie, die sie mit ergänzenden Elementen von Bedingungs- und Wirksamkeitsforschung verknüpft:

- Im Rahmen der Bedingungsanalyse werden die spezifischen Ressourcen und Hürden sprachlich schwacher und starker Lernender herausgearbeitet. Einem weit verbreiteten Glauben zufolge liegt das Problem sprachlich schwacher Schülerinnen und Schüler vorrangig an Lesehürden in den Textaufgaben. Durch den eigens entwickelten Prozente-Matrixtests erbringt die Autorin allerdings einen empirischen Nachweis, dass sich die Lösungshäufigkeiten zwischen Textaufgaben und Aufgaben im entkleideten Format bei sprachlich schwachen nicht *mehr* unterscheiden als bei sprachlich starken Lernenden, was die weit verbreitete Annahme dekonstruiert. Stattdessen ist der Fokus auf den Aufbau von konzeptuellem Verständnis zu richten.

- Im Entwicklungsteil der Entwicklungsforschungsstudie wird ein theoretisch und empirisch fundiertes fach- und sprachintegriertes Lehr-Lern-Arrangement zu Prozenten iterativ entwickelt, erprobt und optimiert. Die qualitative Analyse der dadurch initiierten Lernprozesse zeigt, wie damit gerade sprachlich Schwache ein konzeptuelles Verständnis von Prozenten sowie flexible Rechenstrategien aufbauen können, auf deren Basis dann auch Lesehürden thematisiert werden. Die integrierte Sprachförderung durch gestufte Sprachschatzarbeit wird strukturiert über den lexikalischen Lernpfad, der stets funktional an die für konzeptuelles Verständnis relevanten Sprachhandlungen angebunden wird. Dazu wird die Strukturierung der fachlichen und sprachlichen Lerngegenstände als dualer Lernpfad konzeptualisiert. Dieser besteht aus zwei fein aufeinander abgestimmten und auf Basis verschiedener Design-Prinzipien (insbesondere dem Makro-Scaffolding) konzipierten konzeptuellen und lexikalischen Lernpfaden, die durch ein graphisches Darstellungsmittel (hier den Prozentstreifen) verknüpft sind.

- In den qualitativen Analysen der initiierten Lernprozesse werden die individuellen lexikalischen Lernwege entlang des dualen Lernpfades von sechs Fokuslernenden über mehrere Fördersitzungen hinweg rekonstruiert. Diese aufwendigen Tiefenanalysen erfolgen mithilfe einer eigens entworfenen Analysemethode, mit der das Forschungsdesiderat des Nachvollzugs sprachlicher Lernwege über mehrere Stunden hinweg eingelöst wird. Diese sogenannten Spurenanalysen, für die mehrere Tausend Sprachmittel kategorisiert und nachverfolgt werden mussten, geben erstmalig in dieser Ausführlichkeit Auskunft darüber, welche Sprachmittel Lernende aktivieren, von wo (individueller vs. kollektiver (mündlicher bzw. schriftlicher) Wortschatz) sie sie übernehmen und inwiefern ihre Verwendung selbst- oder fremdinitiiert ist.

- Die Ausarbeitung der Designprinzipien und -elemente zur Etablierung eines dualen konzeptuellen und lexikalischen Lernpfads liefert zusammen mit den empirischen Einsichten in die Lernprozesse somit wesentliche Beiträge zur Theorie des fach- und sprachintegrierten Fachunterrichts.

- Abschließend wird im Rahmen der Wirksamkeitsforschung durch eine quasiexperimentelle Feldstudie für ein noch kleines Sample von zwei Klassen der Nachweis erbracht, dass das entwickelte Lehr-Lern-Arrangement auch im Klassenunterricht Lernzuwächse für das konzeptuelle Verständnis bringen kann und zwar signifikant mehr als in der Kontrollgruppe.

Insgesamt ergibt sich damit ein sehr einsichtsvolles und abgerundetes Bild einer höchst vielfältigen und komplexen Forschungs- und Entwicklungsarbeit, die sich des Forschungsrahmens der Entwicklungsforschung bedient, ihn aber durch Bedingungs- und Wirksamkeitsanalysen gewinnbringend ausweitet.

Die im Rahmen der vorliegenden Arbeit generierten vielfältigen Entwicklungs- und Forschungsprodukte sind von hoher Bedeutung, denn sie können sowohl die theoretische Diskussion in Mathematik- und Sprachdidaktik als auch die Unterrichtspraxis in besonderem Maße bereichern und bieten Potenzial für Anschlussstudien. Daher finden sie bereits zum Zeitpunkt der Drucklegung breiten Einsatz im Unterricht, in Fortbildungsangeboten sowie in anderen angrenzenden Forschungsprojekten.

Aufgrund dessen wünsche ich der Arbeit viele Leserinnen und Leser, weiterhin nationale wie internationale Beachtung sowie breite Anschlussforschung.

Danksagung

Die Jahre meiner Promotion, in denen ich extrem viel gelernt habe und die nun durch die Vollendung der vorliegenden Dissertationsschrift gekrönt werden, erforderten von mir ein besonderes Maß an Durchhaltevermögen, Disziplin und intensiver, fokussierter Auseinandersetzung mit einer Thematik. Ohne die großartige Unterstützung meines beruflichen wie privaten Umfelds, wäre das Gelingen dieses Kraftaktes nicht möglich gewesen.

Deshalb möchte ich mich zunächst bei meiner Doktormutter Frau Prof. Susanne Prediger bedanken. Sie hat diese Arbeit durch meine Einstellung nach initiativer Bewerbung überhaupt erst ermöglicht und den Prozess meiner Promotion durch ihre Erfahrung, ihre kreativen Ideen, ihre konstruktiven Rückmeldungen sowie ermutigende Worte zu den richtigen Zeitpunkten in besonderem Maße unterstützt.

Mein Dank gilt auch Herrn Prof. Lars Holzäpfel, der netterweise die Zweitbegutachtung meiner Arbeit übernommen und mir zahlreiche hilfreiche Ratschläge zu ihrer Optimierung gegeben hat.

Zum Gelingen meiner Arbeit haben zudem zahlreiche aktuelle wie ehemalige Kolleginnen und Kollegen des Instituts für die Entwicklung und Erforschung des Mathematikunterrichts (IEEM) beigetragen. Durch die angenehme Arbeitsatmosphäre am Institut war es mir möglich, meine fachlichen Ideen im Promotionsprozess in einem geschützten Rahmen am IEEM beziehungsweise insbesondere in der Arbeitsgruppe Prediger / Hußmann zur Diskussion zu stellen und in fruchtbarer Weise weiterentwickeln zu können.

Bei folgenden ehemaligen und aktuellen Kolleginnen und Kollegen möchte ich mich dabei in besonderem Maße bedanken:

- Dr. Kirstin Erath, die mir den Start am IEEM und in Dortmund erleichtert hat und noch heute durch nette Gespräche und gemeinsame Kaffeepausen eine willkommene Abwechslung im Arbeitsalltag schafft.

- Meinen Büromitbewohnerinnen Corinna Mosandl, Dr. Lara Sprenger und Kim-Alexandra Rösike, die die Höhen und Tiefen meiner Promotionsphase hautnah miterlebt und vor allem dafür gesorgt haben, dass der Spaß bei der Arbeit nicht zu kurz kam.

- Den Teams der Projekte MuM und Mathe sicher können, die mir den Weg in das wissenschaftliche Arbeiten geebnet und durch ihre konstruktive Kritik zur Optimierung des Diagnose- und Fördermaterials zu Prozenten beigetragen haben.

- Den zahlreichen Kolleginnen und Kollegen, die in der Endphase Teile meiner Arbeit gelesen bzw. mich in unterschiedlicher Form bei der Prüfungs-
vorbereitung unterstützt haben.

Ein besonderer Dank gilt weiterhin allen studentischen Hilfskräften, die in unterschiedlicher Form einen Beitrag zum Gelingen meiner Arbeit geleistet haben.
Hervorzuheben sind dabei Marie Hagemann und Tobias Klück, die beinahe den
kompletten Prozess meiner Promotion begleitet und mir etwa bei der Erstellung
von Transkripten oder Analysen eine riesige Hilfe waren.

Natürlich bedanke ich mich auch bei allen Lehrkräften sowie Schülerinnen
und Schülern, die an den verschiedenen im Rahmen dieses Dissertationsprojektes stattfindenden Erhebungen und Erprobungen teilgenommen und dieses damit
überhaupt erst möglich gemacht haben.

Zu guter Letzt möchte ich meinen Freunden, der Familie meines Mannes
sowie meiner Familie für das Interesse an meiner Arbeit, das Verständnis für
arbeitsintensive Phasen, in denen meine Freizeit knapp bemessen war, für ge-
lungene Ablenkung von der Arbeit und für die großartige Unterstützung in allen
Lebenslagen danken.

Besonderer Dank gilt dabei meinen Eltern, die immer an mich glaubten und
mir auch in stressigeren Phasen meines Lebens eine unglaubliche Stütze waren.
Mama und Papa, ich danke euch, dass ihr immer für mich da seid! Ihr habt den
größten Anteil daran, dass mein Lebensweg bisher so geradlinig verlaufen ist.
Ich habe euch sehr lieb.

Von Herzen möchte ich als letztes meinem wundervollen Mann Martin und
unserem großartigen Sohn Oskar danken, die die stressige Endphase meiner
Promotion samt regelmäßiger Nachtschichten hautnah miterleben mussten. Ich
bin so froh euch zu haben und liebe euch über alles!

Martin, ohne deine Unterstützung etwa im Haushalt und in der Kindererzie-
hung sowie deine besonderen Qualitäten als Motivator hätte ich es nie geschafft,
meine Promotion in dieser Form parallel zu Hochzeitsvorbereitungen und El-
ternteilzeit abzuschließen.

Oskar, dir muss ich dafür danken, dass du ein so wunderbar entspanntes Ba-
by bist, mit vor allem anfänglich hohem Schlafpensum. Du hast mir die nötige
Zeit zum Schreiben gelassen, mich mit deinem charmanten Lächeln immer
wieder zum Weitermachen ermutigt und vor allem die Bedeutung des privaten
Glücks verdeutlicht.

Inhaltsverzeichnis

Abbildungsverzeichnis

Tabellenverzeichnis

Einleitung

„Trotz ihrer hohen Alltagsrelevanz scheitern viele Lernende und Erwachsene am Umgang mit Prozenten!"
Diese fiktive „Schlagzeile" beschreibt in komprimierter Form die Ambivalenz im Umgang mit Prozenten, die den Ausgangspunkt für das Thema in der vorliegenden Arbeit bildete. Prozente und Prozentrechnung sind sowohl inner- als auch außerschulisch besonders präsent und relevant. Sie haben einen festen Platz in Mittelstufencurricula und Prüfungen und sind im Alltag omnipräsent (u. a. Parker & Leinhardt 1995; Kaiser 2011; Hafner 2012). Die vielfältigen Alltagserfahrungen können potentiell zur Zugänglichkeit der Thematik beitragen. Exemplarisch illustriert wird dies für den Einkaufskontext durch den Kommentar einer Zehntklässlerin zu der folgenden Aufgabe:

Auf ein T-Shirt gibt es einen Rabatt von 20 %. Das T-Shirt hat vorher 30 € gekostet. Wie viel kostet das T-Shirt jetzt?

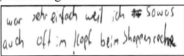

Trotz der hohen Alltagsrelevanz scheinen Prozente vielen Menschen Schwierigkeiten zu bereiten (u. a. Parker & Leinhardt 1995), die in verschiedenen empirischen Studien nachgewiesen wurden (u. a. Berger 1989; Baratta et al. 2010; Hafner 2012). Sill (2010, S. 4) schätzt „die Entwicklung eines inhaltlichen Verständnisses zum Prozentbegriff sowie auch eines sicheren Könnens im Lösen von einfachen Prozentaufgaben [...] [sogar als] eines der größten Defizite der mathematischen Allgemeinbildung in unserer Gesellschaft" ein.

Zurückgeführt werden die diversen zu identifizierenden Schwierigkeiten vor allem auf ein fehlendes konzeptuelles Prozentverständnis, das etwa auf einem zu starken Fokus auf Formalisierungen bzw. Proceduralisierungen im Unterricht beruhen kann (u. a. Lembke & Reys 1994; Kleine 2009). Als weiterer Ursachenkomplex wird die spezifische relationale und extrem präzise Sprache der Prozente angeführt (u. a. Parker & Leinhardt 1995; Jitendra & Star 2012). Diese ermöglicht etwa vielfältige sprachliche Feinheiten in Textaufgaben mit Prozenten, die in besonderem Maße Schwierigkeiten von Lernenden evozieren:

„Percent world problem solving is considered to be one of the most difficult topics for many middle school students." (Jitendra & Star 2012, S. 152)

Die für die Prozente beschriebene ambivalente Situation und die bereits identifizierte spezifische Rolle der Sprache lässt es demnach lohnenswert erscheinen, bei der intendierten Entwicklung von Materialien zum Umgang mit Prozenten auch eine sprachdidaktische Perspektive einzunehmen.

© Springer Fachmedien Wiesbaden GmbH 2018
B. Pöhler, *Konzeptuelle und lexikalische Lernpfade und Lernwege zu Prozenten*, Dortmunder Beiträge zur Entwicklung und Erforschung des Mathematikunterrichts 35, https://doi.org/10.1007/978-3-658-21375-6_1

Generell wird die Integration von Sprachförderung in den Mathematikunterricht aus theoretischer Perspektive unter anderem mit der bedeutsamen Rolle von Sprache beim Mathematiklernen begründet. Betont wird dabei insbesondere die neben der *kommunikativen* weniger augenscheinliche *kognitive Funktion* von Sprache im Sinne eines Werkzeugs des Denkens (u. a. Morek & Heller 2012; Maier & Schweiger 1999). Damit das Durchdringen mathematischer und kontextueller Zusammenhänge gelingen kann, werden oft auch spezifische Sprachmittel benötigt (Prediger 2017), die der sogenannten *Bildungssprache* zugeordnet werden können. Dieses Sprachregister, das komplexe sprachliche Phänomene umfasst und dementsprechend als gehoben wahrgenommen wird, fungiert im Unterricht typischerweise als Lernmedium (u. a. Vollmer & Thürmann 2010). Dabei werden die ihm zuzuordnenden Elemente allerdings häufig nicht explizit zum Lerngegenstand gemacht (Gogolin 2006; Feilke 2013), sondern fälschlicherweise als bekannt vorausgesetzt (Prediger 2017). Nachweise dafür, dass solche (bildungs-)sprachlichen Kompetenzen von Lernenden eng mit ihren Mathematikleistungen zusammenhängen, liefern verschiedene nationale (u. a. Heinze et al. 2007; Prediger et al. 2015) wie internationale Studien (u. a. Secada 1992; Abedi 2004 für Überblicke). Unter den Prämissen „Mit besserem Deutsch zu besserem Lernen" sowie „Mit besserem Lernen zu besserem Deutsch" ist die Notwendigkeit der Berücksichtigung von Sprachförderung im Unterricht von Nicht-Sprachfächern bereits seit längerem auch in der nordrhein-westfälischen Verordnung über die Ausbildung in der Sekundarstufe I verankert (MSJK 1999).

Mittlerweile wurden für einzelne Themenbereiche des Mathematikunterrichts – wie etwa die Brüche (Wessel 2015), Variablen (Prediger & Krägeloh 2015) und Funktionen (Prediger & Zindel 2017) – theoriebasiert Design-Prinzipien für eine fach- und sprachintegrierte Förderung abgeleitet sowie Ansätze entwickelt, deren Übertragung auf andere Inhaltsbereiche gefordert wird (Wessel 2015, S. 344).

Für den Inhaltsbereich der Prozente scheinen fach- und sprachintegrierte Konzepte zu fehlen, die konsequent auch das sprachliche Lernen berücksichtigen. Vor den skizzierten Hintergründen stellt es daher ein zentrales Anliegen der Arbeit dar, zu den Prozenten ein solches Lehr-Lern-Arrangement zu entwickeln, das zum Schließen der erwähnten Lücke beiträgt und ermöglicht, die dadurch initiierbaren Lernwege der Schülerinnen und Schüler zu untersuchen.

Konzeptuelle und lexikalische Lernpfade und Lernwege als Entwicklungs- und Forschungsgegenstand der Arbeit

Die intendierte Gestaltung eines fach- und sprachintegrierten Lehr-Lern-Arrangements zu Prozenten und die Beforschung der dadurch initiierbaren Lernwege wird als *Entwicklungsforschungsstudie* im *Forschungsprogramm der Fachdidaktischen Entwicklungsforschung* realisiert (u. a. Gravemeijer & Cobb 2006; Prediger et al. 2012, Abbildung 0.1 für die konkretisierten Arbeitsbereiche).

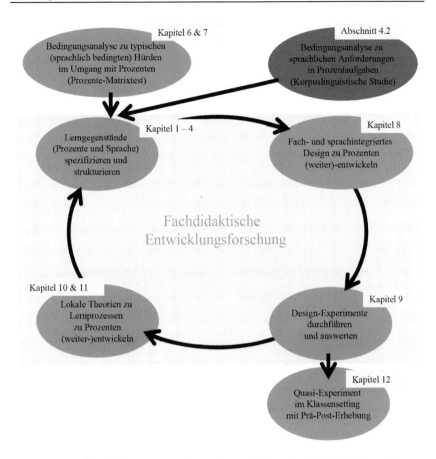

Abbildung 0.1 Überblick zu Gegenständen sowie zum Aufbau der Arbeit (adaptiert nach Prediger et al. 2012, S. 453)

Dabei wird in mehreren Zyklen von Design-Experimenten ein zunächst theoretisch begründetes Design entwickelt, erprobt und anschließend sukzessive optimiert und untersucht. Zur Spezifizierung und Strukturierung des fachlichen und sprachlichen Lerngegenstands wird ein *intendierter Lernpfad* entwickelt (u. a. Confrey 2006; Hußmann & Prediger 2016). Um dabei der Dualität von fachlich mathematischem und sprachlichem Lernen gerecht werden zu können, werden eng aufeinander abgestimmt sowohl ein *konzeptueller* als auch ein *lexikalischer Lernpfad* konzipiert.

Während für den *konzeptuellen Lernpfad* die *Entwicklungsanforderung* darin
besteht, einen etablierten konzeptuellen Lernpfad zu Prozenten des RME-
Ansatzes (van den Heuvel-Panhuizen 2003) für den deutschen Kontext zu adaptieren, muss der *lexikalische Lernpfad* zu Prozenten auf Basis allgemeinerer
Design-Prinzipien zur Sprachförderung neu gestaltet werden. Eine weitere *Entwicklungsanforderung* zielt auf die Auswahl bzw. Konzeption eines Mittlers
zwischen den beiden Lernpfaden ab. Als solcher wird auf den Prozentstreifen
zurückgegriffen, dem im Sinne des Konzepts des RME-Ansatzes auf den verschiedenen Stufen unterschiedliche Rollen zukommen.

Das Lehr-Lern-Arrangement, das auf diesem dualen Lernpfad aufbaut und
dessen Konzeption als weitere *Anforderung an die Entwicklung* gelten kann,
umfasst neben den Aufgaben und zentralen graphischen Darstellungsmitteln die
Mikro-Scaffolding-Impulse, mit denen die Lernwege unterstützt werden können
(u. a. Hammond & Gibbons 2005).

Durch die Arbeit wird also einerseits ein theoretisch fundiertes und empirisch erprobtes Lehr-Lehr-Arrangement zu Prozenten bereitgestellt, das allgemein auf die Verringerung der Schwierigkeiten von Lernenden mit der Thematik
abzielt und speziell die Nachteile sprachlich schwacher Lernender reduzieren
soll. Andererseits wird konkret für Prozente ein fach- und sprachintegriertes
Konzept entwickelt, das generell für Sprachförderung im Mathematikunterricht
in längerfristiger Perspektive Anregungen bieten kann.

Neben dem Lehr-Lern-Arrangement als *Entwicklungsprodukt*, das sowohl
für Förderungen in Kleingruppen als auch für den Erstzugang im Klassenunterricht aufbereitet ist, liefert diese Arbeit im Sinne der Fachdidaktischen Entwicklungsforschung auch *Forschungsprodukte* aus den empirischen Analysen, die in
Beiträgen zur lokalen Theorie der gegenstandsspezifischen Lernprozesse bestehen können. Unter der später zu verfeinernden *Forschungsfrage*

• Welche Lernwege von Schülerinnen und Schülern können rekonstruiert
werden?

beziehen sich die *Forschungsprodukte* in der vorliegenden Arbeit insbesondere
auf die Rekonstruktion der individuellen lexikalischen Lernwege von Schülerinnen und Schülern auf ihrem Weg der Verständnisentwicklung zu Prozenten
entlang des intendierten dualen Lernpfads. Dazu wurde die Methode der Spurenanalyse entwickelt, die es ermöglicht, die lexikalischen Lernwege von Lernenden nachzuvollziehen und dem lexikalischen Lernpfad gegenüberzustellen.

Die Fachdidaktische Entwicklungsforschung zu Prozenten, die den Kern der
vorliegenden Arbeit bildet, wird in zweifacher Weise ergänzt, einerseits durch
Bedingungs- und andererseits durch *Wirksamkeitsforschung* (Abbildung 0.1).

Mit dem Ziel, typische sprachlich bedingte Hürden von Lernenden im Umgang mit Prozenten aufzudecken, wird ein schriftlicher sogenannter *Prozente-
Matrixtest* konzipiert und eingesetzt. Dabei werden die folgenden, später zu
verfeinernden, zwei *Forschungsfragen* adressiert:

- Wie hängen konzeptuelle Hürden und Lesehürden beim Umgang mit Prozentaufgaben verschiedener Aufgabentypen zusammen?
- Inwiefern sind hinsichtlich des Zusammenhangs zwischen konzeptuellen Hürden und Lesehürden Unterschiede zwischen sprachlich starken und schwachen Lernenden zu erkennen?

Die im Rahmen dieser Bedingungsanalyse ermittelten Ergebnisse, liefern dann hilfreiche Anhaltspunkte für die Spezifizierung und Strukturierung des Lerngegenstands. Erwähnenswert und von besonderer – auch themenübergreifender – Bedeutung ist dabei das Resultat, dass die größeren Schwierigkeiten von sprachlich schwachen Lernenden anscheinend nicht primär aus Lesehürden beim Umgang mit Textaufgaben erwachsen, sondern vor allem auf einen Mangel an konzeptuellem (Prozent-)Verständnis zurückzuführen sind.

Im Rahmen der *Wirksamkeitsforschung* wird schließlich die Forschungsfrage

- Inwiefern erweist sich die konzipierte Intervention zu Prozenten im Klassenunterricht als lernwirksam?

bearbeitet. Mit einem Quasi-Experiment im Klassensetting mit Prä-Post-Erhebung wird dabei ein quantitativer Nachweis über die Wirksamkeit des konzipierten Lehr-Lern-Arrangements erbracht. Dies deutet an, dass dieses – insbesondere unter dem bedeutsamen Gesichtspunkt eines sprachförderlichen Unterrichts – Potenzial hat, den traditionellen Unterricht zu Prozenten bzw. zur Prozentrechnung zu ergänzen.

Aufbau der Arbeit

Im *Theoretischen Teil der Arbeit* (*Teil A*) werden die Spezifizierung und die Strukturierung des Lerngegenstands der Prozente vorgenommen. Dies erfolgt einerseits unter einer fach- (Kapitel 1 und 2) und andererseits unter einer sprachdidaktischen Perspektive (Kapitel 3 und 4). Dabei wird in den Kapiteln zur Spezifizierung des Lerngegenstands (Kapitel 1 und 3) auf theoretische Hintergründe eingegangen, die aus der jeweiligen Perspektive (fachlich bzw. fachdidaktisch und sprachdidaktisch) für die vorliegende Arbeit relevant sind: So werden etwa in Abschnitt 1.1 verschiedene Grundvorstellungen, Aufgabentypen und Lösungsverfahren zu Prozenten und in den Abschnitten 3.1 und 3.2 etwa Hintergründe zur Rolle der Sprache für das Mathematiklernen sowie zu ihren verschiedenen Funktionen und Registern thematisiert. Außerdem werden bedeutsame Erkenntnisse aus empirischen Studien dargelegt (zu Prozenten in Abschnitt 1.2 bzw. dem Zusammenhang zwischen Sprachkompetenz und Mathematikleistung in Abschnitt 3.1.1). In den Kapiteln zur Strukturierung des Lerngegenstands (Kapitel 2 und 4) wird dann die Ableitung theoretisch begründeter und empirisch fundierter Prinzipien zum Design des konzeptuellen (Kapitel 2) und des lexikalischen Lernpfads (Kapitel 4) sowie darauf basierend eines konkreten fach- und sprachintegrierten Lehr-Lern-Arrangements zu Prozenten fokussiert.

Anschließend wird in *Teil B* ein *Überblick über das gesamte Dissertationspro-jekt* gegeben (Abbildung 0.1). Neben der Darstellung der verschiedenen durch das Dissertationsprojekt adressierten Ebenen von Forschung und Entwicklung (Abschnitt 5.2), wird das Forschungsprogramm der Fachdidaktischen Entwick-lungsforschung beschrieben, in das diese Arbeit eingebettet ist (Abschnitt 5.1).

Thematisiert wird in *Teil C* dann die *Bedingungsforschung zu Prozenten*, an-hand der Zusammenhänge zwischen konzeptuellen Hürden und Lesehürden, insbesondere differentiell für sprachlich schwache und starke Lernende, aufge-deckt werden sollen. In Kapitel 6 wird das dafür entwickelte Instrument – der sogenannte *Prozente-Matrixtest* (Abschnitt 6.1.3) – vorgestellt. Außerdem wird auf das Design, weitere eingesetzte Instrumente, die Stichproben, die leitenden Analysefragen sowie die angewandten Methoden der quantitativ ausgerichteten Untersuchung eingegangen. Die Präsentation zentraler Ergebnisse der Bedin-gungsanalyse erfolgt anschließend in Kapitel 7.

Eingeflossen sind diese Resultate zu Teilen in den *Entwicklungsteil der Fachdidaktischen Entwicklungsforschung zu Prozenten*, der in *Teil D* fokussiert wird. Dieser besteht einerseits aus einer Darstellung des entwickelten Designs zur Thematik der Prozente. Dabei wird sowohl der konzipierte intendierte duale Lernpfad als auch das konkrete Lehr-Lern-Arrangement präsentiert (Kapitel 8). Andererseits werden in Kapitel 9 erste Einblicke in die Lehr-Lern-Prozesse gege-ben, die durch das Lehr-Lern-Arrangement initiiert werden.

In *Teil E* erfolgt dann – im *Forschungsteil der Fachdidaktischen Entwick-lungsforschung zu Prozenten* – eine systematischere Untersuchung primär der lexikalischen Lernwege von Schülerinnen und Schülern. So werden in Kapitel 10 die leitenden Forschungs- und Analysefragen sowie die Methoden von Da-tenerhebung und -auswertung dargestellt. Der Fokus liegt dabei auf der Präsen-tation der sogenannten *Spurenanalyse*, die zur Rekonstruktion der lexikalischen Lernwege von Lernenden entlang des intendierten dualen Lernpfads entwickelt wird. Die anhand dieser Methode gewonnenen Ergebnisse zu situativen Wir-kungen des Lehr-Lern-Arrangements bilden den Gegenstand von Kapitel 11.

Im Rahmen einer *Wirksamkeitsforschung zu Prozenten* wird in *Teil F* der Frage nach dem Potenzial des Lehr-Lern-Arrangements für einen Einsatz als Erstzugang im Klassenunterricht nachgegangen. Dazu werden in Kapitel 12 sowohl die Rahmenbedingungen des Quasi-Experiments im Klassensetting (etwa Design und Instrumente) dargelegt als auch erste Ergebnisse präsentiert.

Basierend auf den Teilen C bis F wird in *Teil G* ein Fazit formuliert. Dieses umfasst die reflektierenden Zusammenfassungen der Resultate der einzelnen Arbeitsbereiche (Abschnitt 13.1). Dazu werden jeweils die Grenzen der Unter-suchungen aufgezeigt sowie ein Ausblick auf mögliche Anschlussuntersuchun-gen gegeben. Abschließend werden aus den präsentierten Resultaten abgeleitete praktische sowie entwicklungs- und forschungsbezogene Implikationen ange-führt (Abschnitt 13.2).

A   Theoretischer Teil der Arbeit

In diesem Teil der vorliegenden Arbeit erfolgt eine theoretische Fundierung, die die Darstellung der Hintergründe und der Relevanz sowie die Einordnung der eigenen Entwicklungen und empirischen Untersuchungen ermöglicht. Der dualen Ausrichtung der Arbeit folgend, die sowohl das fachliche Lernen in Bezug auf das Thema Prozente als auch das begleitende sprachliche Lernen in den Blick nimmt, werden dafür einerseits eine fach- (Kapitel 1 und 2) und andererseits eine sprachdidaktische Perspektive (Kapitel 3 und 4) eingenommen.

Welche Hintergründe sind aus den beiden Perspektiven für eine Behandlung mit der Thematik relevant? Wie sollte eine Auseinandersetzung mit der Thematik innerhalb einer Förderung oder im Unterricht ablaufen? Gemäß dem Forschungsprogramm der Fachdidaktischen Entwicklungsforschung (Abschnitt 5.1) wird der ersten Frage im Rahmen einer Spezifizierung nachgegangen, die für die fach- und die sprachdidaktische Perspektive in den Kapitel 1 und 3 vorgenommen wird. Die Strukturierung des Lerngegenstands, mit der die zweite Frage bearbeitet wird, erfolgt dann in den Kapiteln 2 und 4.

Die spezifizierten sowie strukturierten Aspekte bilden die Ausgangspunkte für die Konstruktion eines intendierten konzeptuellen sowie eines intendierten lexikalischen Lernpfads zu Prozenten (Kapitel 8).

1   Fachdidaktische Spezifizierung des Lerngegenstands

„Die Entwicklung eines inhaltlichen Verständnisses zum Prozentbegriff sowie auch eines sicheren Könnens im Lösen von einfachen Prozentaufgaben scheint eines der größten Defizite der mathematischen Allgemeinbildung in unserer Gesellschaft zu sein." (Sill 2010, S. 4)

In seinem Zitat nimmt der Autor implizit auf die gegebene ambivalente Situation der Thematik der Prozente Bezug: So zeichnet sie sich, die sich im Laufe der Zeit zu einem komplexen Konstrukt entwickelt hat, einerseits durch ihre besondere Relevanz sowohl für den Alltag als auch für den schulischen Kontext aus. Andererseits generiert sie in besonderem Maße Lern- und Verstehensschwierigkeiten – wie verschiedene ältere und aktuellere Studien zeigen (z.B.: Parker & Leinhardt 1995, S. 422 und S. 472, Abschnitt 1.2.1). Neben ihrer „mit […] größte[n] Relevanz für Alltag und Beruf" (Sill 2010, S. 2) (Abschnitt 1.1.1) sowie dem diesbezüglichen Vorhandensein der „mit […] größten Klagen über das fehlende Können der Schulabsolventen" (ebd.) (Abschnitt 1.2), werden ferner folgende Extrema genannt, die auf die Thematik der Prozente bzw. die Prozent-

© Springer Fachmedien Wiesbaden GmbH 2018
B. Pöhler, *Konzeptuelle und lexikalische Lernpfade und Lernwege zu Prozenten*, Dortmunder Beiträge zur Entwicklung und Erforschung des Mathematikunterrichts 35, https://doi.org/10.1007/978-3-658-21375-6_2

rechnung zutreffen. Mit einer Ausnahme wird auf diese im vorliegenden Kapitel näher eingegangen:

- „Es gibt extrem viele mathematische Modelle zur Prozentrechnung sowie unterschiedliche Auffassungen zum Prozentbegriff" (Abschnitt 1.1.2) (Sill 2010, S. 2).

- „Man findet in Lehrbüchern und in Schülerlösungen extrem viele Lösungs-methoden" (Abschnitt 1.1.3) (ebd.).

- „Mathematische Fehler und Irrtümer in der Presse beruhen in der Mehrzahl der Fälle auf einem fehlerhaften Umgang mit der Prozentrechnung" (ebd., S. 3).

- „Es gibt zu Problemen der Behandlung der Prozentrechnung extrem wenig Literatur" (Abschnitt 1.2) (ebd., S. 4).

Diese Beschreibungen des Status quo deuten sowohl den praktischen Bedarf als auch die Forschungslücken hinsichtlich der Thematik der Prozente bzw. der Prozentrechnung an und können somit als erste Begründung für deren Auswahl als mathematischer Lerngegenstand der vorliegenden Arbeit fungieren.

In diesem Kapitel erfolgt – der erwähnten Ambivalenz der Thematik folgend – zunächst eine fachliche Spezifizierung des Lerngegenstands (Abschnitt 1.1). Anschließend werden typische Schwierigkeiten mit Prozenten dargelegt, aber auch intuitive Kompetenzen von Lernenden beschrieben, über die sie teilweise schon vor der unterrichtlichen Einführung des Inhaltsbereichs verfügen (Abschnitt 1.2). Zum Abschluss werden die Grundlagen zusammengefasst sowie offene Fragen formuliert (Abschnitt 1.3).

1.1 Spezifizierung des Lerngegenstands aus fachdidaktischer Perspektive

In diesem Abschnitt soll der Lerngegenstand der Prozente fachdidaktisch spezifiziert werden. Gemäß dem Forschungsprogramm der Fachdidaktischen Entwicklungsforschung (Kapitel 5) umfasst die Spezifizierung eines Lerngegenstands den Prozess der Identifikation relevanter Lernziele und Lerngegenstände. Dabei schließt die Bestimmung der bedeutsamen Lerngegenstände auch die Frage nach der Relevanz des Lerngegenstands sowie die Berücksichtigung relevanter Hintergründe, graphischer Darstellungen oder typischer Hürden ein (Hußmann & Prediger 2016, S. 35).

Zur Spezifizierung wird in diesem Abschnitt zunächst die außer- und innerschulische Relevanz des Umgangs mit Prozenten dargelegt (Abschnitt 1.1.1), bevor auf Grundvorstellungen zu Prozenten und zur Prozentrechnung (Abschnitt 1.1.2) eingegangen wird. Abschließend werden die für die Prozente typischen Aufgabentypen sowie Lösungsverfahren (Abschnitt 1.1.3) dargestellt.

1.1.1 Relevanz von Prozenten für Alltag und Schule

Prozente werden als universelles Thema charakterisiert, das eine Brücke zwischen der mathematischen Welt und der Alltagswelt schlägt: So sind sie eines der mathematischen Konzepte, die multiplikative Strukturen umfassen (Abschnitt 1.1.2) und ihre Idee reicht schon weit in die Vergangenheit vor unserer Zeitrechnung zurück (Berger 1989, S. 7f; Parker & Leinhardt 1995, S. 422 und S. 429ff). Zudem stellen sie eine omnipräsente, lebensnahe Thematik dar, die nicht zuletzt im wirtschaftlichen Handeln (insbesondere im Ein- und Verkauf) verwurzelt ist (ebd.).

Die Alltagsrelevanz von Prozenten und der Prozentrechnung wird in der Literatur – insbesondere innerhalb von Praxisbeiträgen in Zeitschriften für Lehrkräfte – immer wieder betont, indem die Thematik etwa als „Inhalt, […] der zur Teilhabe am 'bürgerlichen Leben' notwendig erscheint" (Kleine 2009, S. 147), als Gebiet, „das wie kaum ein anderes mathematisches Teilgebiet unser tägliches Leben prägt" (Hafner & vom Hofe 2008, S. 14) oder als „für ein Alltagsverständnis notwendiger Inhaltsbereich" (Jordan et al. 2004, S. 168) bezeichnet wird. Dabei werden vielfältige Anlässe zum Umgang mit Prozenten im Alltag erwähnt, die an dieser Stelle überblicksmäßig, wenn auch ohne Anspruch auf Vollständigkeit, angeführt werden sollen (s. u. a. Strehl 1979, S. 127; Baireuther 1983, S. 26; Dole et al. 1997, S. 1; Kaiser 2011, S. 41):

- Einkaufs- und Verkaufssituationen (etwa mit der Mehrwertsteuer oder Rabatten, auf die oft auch in der Werbung hingewiesen wird)

- Statistische Angaben in Medien (etwa zu Ergebnissen von Wahlen oder Meinungsumfragen oder zu Arbeitslosenzahlen), die teilweise in Form von Diagrammen dargestellt werden

- Bankgeschäfte (etwa Steuern oder Zinsen)

- Angaben zu Zusammensetzungen von Nahrungsmitteln, Mischungen oder Kleidungsstücken auf Verpackungen oder Etiketten

- Relative Vergleiche in unterschiedlichen Bereichen (etwa Auslastung von Parkhäusern mit unterschiedlichen Parkplatzanzahlen oder Sieghäufigkeiten bzw. Trefferquoten im Kontext des Sports)

Begründet werden kann diese Omnipräsenz von Prozentangaben in einer Vielzahl von Lebensbereichen über den schulischen Alltag hinaus insbesondere mit ihrer Zweckmäßigkeit. Diese ergibt sich unter anderem aus ihrer – etwa im Gegensatz zu gemeinen Brüchen – einfacheren Möglichkeit des relativen Vergleichs (Strehl 1979. S. 125; Parker & Leinhardt 1995, S. 438; Meierhöfer 2000, S. 10; Appell 2004, S. 23) (Abschnitt 1.1.2).

Neben ihrer Relevanz für das alltägliche Leben von Jugendlichen und Erwachsenen kommen Prozenten bzw. der Prozentrechnung auch für ein erfolgreiches Abschneiden im Beruf eine besondere Bedeutung zu (Jordan 2011, S. 25).

Der Gebrauch des Konzeptes variiert dabei mit den beruflichen Kontexten, wie Kaiser (2011, S. 37ff) anhand verschiedener Beispiele (wie etwa Abfällen in der Küche oder bei der Holzverarbeitung und dem Einhalten von Steigungen im Gartenbau) verdeutlicht. Aufgrund ihrer Relevanz für das Berufsleben wurde die Beherrschung der Prozentrechnung auch als eine von neun mathematischen Grundkenntnissen in den Kriterienkatalog zur Ausbildungsreife der Bundesagentur für Arbeit (2009, S. 28) aufgenommen.

Wie die nachstehenden Zitate aus unterschiedlichen Forschungskontexten (Deutschland, USA, Australien) betonen, tragen ihre Praxistauglichkeit, ihre Verbreitung sowie ihre Bedeutung für Alltag und Berufsleben dazu bei, dass die Thematik der Prozente national wie international unumstritten zu den relevantesten Inhalten des Mathematikunterrichts zählt (Hafner 2012, S. 33):

"Die Prozent- und Zinsrechnung wird mit Blick auf ihre Bedeutung im Alltag und in der Berufswelt von nahezu allen direkt oder indirekt am Mathematikunterricht Beteiligten (Lehrer, Schüler, Eltern, Didaktiker usw.) neben den Grundrechenarten zu den wichtigsten Stoffgebieten der Schulmathematik gezählt." (Berger 1991, S. 30)

„Percent is one of the most useful concepts found in the mathematics curriculum, as evidenced by the number of places it is used in society." (Lembke & Reys 1994, S. 237)

„There can be no question of the social necessity of having an understanding of percent and therefore its importance in the mathematics curriculum." (Dole et al. 1997, S. 1)

Aufgrund dessen ist die Prozentrechnung, für die wegen ihres starken Lebensweltbezugs eine Fülle konkreter Anwendungen existiert (Baireuther 1983, S. 25; Jordan et al. 2004, S. 159), auch in vielen Schulbüchern und Mittelstufencurricula enthalten (Parker & Leinhardt 1995, S. 422). Dies gilt auch für die deutschen Bildungsstandards (KMK 2004) sowie die nordrhein-westfälischen Kernlehrpläne (MSJK 2004 / 2004a; MSW 2007 / 2011), die ein Beispiel für deren bundeslandspezifische Konkretisierungen darstellen.

Zudem hat der Umgang mit Prozenten ebenfalls in Prüfungen einen hohen Stellenwert und wird auch innerhalb von Prüfungsaufgaben gefordert, die primär einem anderen Themengebiet zuzuordnen sind (Parker & Leinhardt 1995, S. 422). Eine im Rahmen einer Korpusanalyse (Niederhaus, Pöhler & Prediger 2016, Abschnitt 4.2) durchgeführte Aufgabeninventarisierung ergab etwa, dass in 30 aller 113 Prüfungsaufgaben der Zentralen Prüfungen 10 Nordrhein-Westfalen von 2007 bis 2013 (ZP 10) Anwendungen der Prozent- oder Zinsrechnung erforderlich waren. Die häufige Berücksichtigung des Umgangs mit Prozenten ist unter anderem damit zu begründen, dass die Thematik der Prozente zentrale Elemente von Themenbereichen verbindet, deren Behandlung ihr im Unterricht typischerweise vorausgeht oder nachfolgt, wie etwa die Bruchrechnung, Zuordnungen, das exponentielle Wachstum oder die Umformung von Termen (Römer 2008, S. 37). Ferner kommt dem fokussierten mathematischen Inhaltsbereich auch eine Relevanz als Werkzeug in der Oberstufenalgebra oder anderen Fächern wie etwa der Chemie bzw. den Sozialwissenschaften zu (Parker & Leinhardt 1995, S. 422).

1.1.2 Verschiedene Grundvorstellungen zu Prozenten

Prozente beschreiben ein komplexes Konzept, das als Kombination aus einer Zahl sowie dem international gebräuchlichen Symbol „%" dargestellt wird (Parker & Leinhardt 1995, S. 434f). Innerhalb der vorliegenden Arbeit werden für das Konzept die Ausdrücke „Prozente" und „Prozentbegriff" gebraucht, während der Begriff „Prozentrechnung" lediglich im Rahmen der Adressierung rechnerischer Anwendungen verwendet wird. Konkrete Kombinationen wie „50 %" oder allgemeiner „p %" werden ferner als Prozentangaben oder Prozentsätze benannt. Diese Termini finden vor allem in Bezug auf unterschiedliche Grundvorstellungen (in diesem Abschnitt) sowie die verschiedenen Grundaufgabentypen zu Prozenten (Abschnitt 1.1.3) Verwendung.

Für den Prozentbegriff, der in engem Zusammenhang zu den Konzepten der Brüche bzw. Rationalen Zahlen steht (Parker & Leinhardt 1995, S. 434f), ist die parallele Existenz verschiedener Definitionen charakteristisch (Davis 1988; Berger 1989, S. 9f). Begründet wird das Vorhandensein vielfältiger Perspektiven auf Prozente zum einen mit der Tatsache, dass sie kein mehr oder weniger abgegrenztes mathematisches Teilgebiet mit eigener Theorie darstellen (Berger 1989, S. 10). Zum anderen wird argumentiert, dass sich die Thematik durch ihr Facettenreichtum (Abschnitt 1.1.1) auszeichnet (Parker & Leinhardt 1995, S. 421):

„The variety of meanings of percent leads to its ambiguity and has caused debate over how it should be taught, what it should be called, and how it should be defined. The integrated mathematization of percent has extended its use, giving it more applications and greater flexibility, but also producing counterintuitive concepts. The many uses of percent have led to varying interpretation of its meaning." (Parker & Leinhardt 1995, S. 435)

Die verschiedenen Bedeutungen von Prozenten sollen in der vorliegenden Arbeit unter das Konstrukt der Grundvorstellungen gefasst werden. Nach dem Konzept von vom Hofe (1995, S. 98) lassen sich Grundvorstellungen im Allgemeinen als „fundamentale mathematische Begriffe oder Verfahren und deren Deutungsmöglichkeiten in realen Situationen" charakterisieren, die „Beziehungen zwischen Mathematik, Individuum und Realität" beschreiben. Ihnen werden dabei typischerweise drei Funktionen zugeschrieben, die präskriptive, deskriptive und konstruktive (vom Hofe 1995). In der vorliegenden Arbeit wird der Begriff Grundvorstellung nur in präskriptiver Funktion genutzt, für die fachlich tragfähigen, intendierten Vorstellungen (ebd.).

Für die Thematik der Prozente lassen sich in der Literatur Grundvorstellungen mit unterschiedlicher Ausrichtung identifizieren. Die Abbildung 1.1.1 strukturiert diese Ausrichtungen nach solchen, die eher den Prozentbegriff als solches (*Prozente als Zahlen* und *Prozente als relative Größen* in Form von *Anteilen* oder *Verhältnissen*, etwa bei Parker & Leinhardt 1995) adressieren und solchen, die stärker die Zusammenhänge zwischen allen drei Konzepten zur Prozentrechnung adressieren (*Von-Hundert-, Hundertstel-, Bedarfseinheiten-Vorstellung*, etwa bei Hafner 2012). Letztere weisen damit eine stärkere Verbindung zu bestimmten Rechenwegen (Lösungsverfahren zur Prozentrechnung in Abschnitt 1.1.3) auf. Die Grundvorstellungen sind dabei nicht trennscharf, sondern gehen ineinander über, wie im Folgenden auszuführen ist.

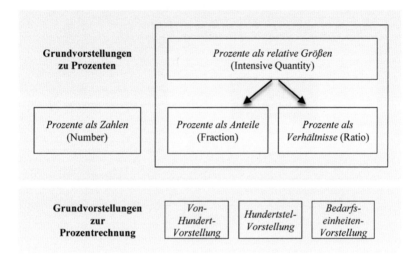

Abbildung 1.1.1 Verschiedene Grundvorstellungen zu Prozenten bzw. zur Prozentrechnung (als Zusammenspiel von Prozentwert, Grundwert, Prozentsatz)

Grundvorstellungen zu Prozenten: Prozente als Zahlen, relative Größen, Anteile und Verhältnisse

Der Strukturierung des für diesen Teil der vorliegenden Arbeit zentralen Artikels von Parker & Leinhardt (1995, S. 444) folgend, kann der Prozentbegriff als *Zahl* („Number"), *relative Größe* („Intensive Quantity"), *Anteil* („Fraction") oder *Verhältnis* („Ratio") gedeutet werden. Die erwähnten Grundvorstellungen, die teilweise Überschneidungen aufweisen, haben als gemeinsamen Kern den proportionalen Zusammenhang zwischen zwei Größen (ebd.), allerdings in unterschiedlichem Explizierungsgrad.

Prozente als Zahlen (Number)

In Bezug auf den Prozentbegriff sind Definitionen mit einfachen Übersetzungen des Prozentzeichens verbreitet, indem Prozente etwa als Hundertstel bzw. pro oder von Hundert erklärt werden (Parker & Leinhardt 1995, S. 436; zum Beispiel in Merkkästen von Schulbüchern wie Zahlen und Größen 7 (Aits et al. 1999, S. 75), Schnittpunkt 7 (Böttner et al. 2006, S. 144) oder Mathe live 7 (Kietzmann et al. 2000, S. 50), deren Kapitel zur Prozentrechnung in Abschnitt 2.2.2 näher in den Blick genommen werden). Darin ist die Grundvorstellung von *Prozenten als Zahlen* prominent enthalten (ebd.). Diese Perspektive legitimiert eine Gleichsetzung einer Prozentangabe mit einem Bruch oder einer Dezimalzahl (z. B.: 75 % = 0,75) (Davis 1988, S. 299). Laut Sill (2010, S. 7) ist es dabei allerdings notwendig, dass zu einer Prozentangabe – mit Ausnahme von Wahrscheinlichkeits- und Wirkungsgradkontexten – immer eine Bezugsgröße (d.h. das Ganze) angegeben wird. Das Wissen darüber, dass Prozentangaben in Brüche bzw. Dezimalbrüche umgewandelt werden können, auf die dann axiomatische Regeln eines Zahlsystems anwendbar sind, hat natürlich seine Berechtigung (Parker & Leinhardt 1995, S. 437). Eine reine Übersetzung von Prozenten in Brüche kann allerdings problematisch werden (ebd.), sofern bei der Betrachtung von Brüchen die elementare Berücksichtigung des Ganzen (Schink 2013, S. 41f) außer Acht gelassen wird.

Prozente als relative Größen (Intensive Quantity)

Prozente als relative Größen ermöglichen ferner die Quantifizierung multiplikativer Zusammenhänge und stellen ein Verhältnis von zwei Zahlen oder gleichartigen Größen dar (Parker & Leinhardt 1995, S. 437; Sill 2010, S. 7). Ein solches Verhältnis kann insofern als speziell gelten, als dass mit einer Prozentangabe ein Vergleich unterschiedlicher zugrunde liegender absoluter Zahlen verschiedener Größenordnungen ausgedrückt werden kann (ebd.). So kann sich die Aussage „75 % der Schülerinnen und Schüler" etwa für eine einzelne Klasse auf 21 von 28 oder für ganz Nordrhein-Westfalen auf 1.889.203 von 2.519.527 Schülerinnen und Schüler beziehen (MSW 2016, S. 7).

Ein besonderer Nutzen von Prozenten besteht – im Gegensatz zu anderen relativen Größen wie gemeinen Brüchen – in der Möglichkeit ihres einfacheren Vergleichs. Diese resultiert daraus, dass Prozente Brüche mit 100 als standardisiertem Nenner darstellen (Glade et al. 2013, S. 90). Die symbolische Darstellung von Anteilen als Prozente ermöglicht es also, relative Häufigkeiten auf ähnlich natürliche Art und Weise zu ordnen, wie es im Dezimalsystem üblich ist (Parker & Leinhardt 1995, S. 438). Sofern das Prozentzeichen nicht ignoriert wird, markiert es demnach einen relativen Zusammenhang in einer besonders offensichtlichen Form:

„But when this quantification [0,34] is expressed in the language of percent (34 %) there is no doubt that the numeral is an expression of an intensive relationship […]. Mathematically, the appearance of the percent language flags the entry into an intensive world of comparisons between quantities." (Parker & Leinhardt 1995, S. 438)

Prozente als Anteile (Fraction) und Verhältnisse (Ratio)

In der Vorstellung von Prozenten als relative Größen kann die Beziehung zwischen den beiden Bezugsgrößen, die sich bei der Anwendung des Prozentbegriffs manifestieren, unterschiedlicher Natur sein: So kann eine Menge eine Teilmenge einer anderen Menge darstellen oder die beiden Mengen können sich als disjunkt erweisen (Meißner 1982, S. 122f; Berger 1989, S. 14; Parker & Leinhardt 1995, S. 438). Aus dieser Betrachtung resultiert die Differenzierung zweier weiterer Grundvorstellungen des Prozentbegriffs (Abbildung 1.1.1 oben rechts und erste Hierarchieebene in Abbildung 1.1.2). Während im deutschsprachigen Umfeld für diese die Bezeichnungen „Anteil"-Situation und „Zuordnung"-Situation (Meißner 1982, S. 121; auch bei Berger 1989, S. 14 oder Sill 2010, S. 6) üblich sind, werden sie im anglo-amerikanischen Kontext unter die als *„Anteil"* bzw. *„Verhältnis"* übersetzten Stichwörter „Fraction" sowie „Ratio" gefasst (Parker & Leinhardt 1995, S. 438ff).

Wie anschließend dargelegt und durch Abbildung 1.1.2 (unterste Hierarchieebene) verdeutlicht wird, spiegeln sich die Grundvorstellungen *Prozente als Anteile* und *Prozente als Verhältnisse* in unterschiedlichen sogenannten *Situationsmuster*n wider (comparative bzw. structural contexts bei Parker & Leinhardt 1995, S. 439). Diese insgesamt neun Situationsmuster ergeben sich durch die multiplen Zusammenhänge, die zwischen den Zahlen bzw. Mengen bestehen können, die Prozente als relative Größen konstituieren. Sie werden – wie nachfolgend beispielhaft dargelegt wird – in den Formulierungen von Anwendungen oder Aufgaben zu Prozenten manifest.

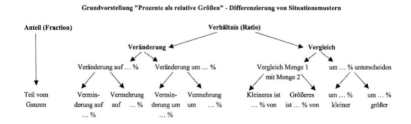

Abbildung 1.1.2   Neun unterschiedliche Situationsmuster von Prozenten (übersetzt aus Parker & Leinhardt 1995, S. 439)

Prozente als Anteile (Fraction)

Unter der Grundvorstellung *Prozente als Anteile* (linke Seite der Abbildung 1.1.2) wird demnach der Vergleich zweier Mengen verstanden, wobei die eine Menge eine Teilmenge der anderen bildet (Meißner 1982, S. 122; Berger 1989,

S. 15). Bei der erwähnten Vorstellung liegt eine „statische, mengentheoretische Inklusion" vor (Meißner 1982, S. 122). Ihr enger Zusammenhang zum Bruchzahlaspekt „Teil vom Ganzen" (Padberg 2009, S. 29) führt dazu, dass zunächst keine Prozentsätze, die größer als 100 sind, auftreten können (Parker & Leinhardt 1995, S. 440; Meißner 1982, S. 122). Eine Illustration solch prozentualer Anteile findet üblicherweise anhand von Torten- (Parker & Leinhardt 1995, S. 440) oder Balkendiagrammen (Meißner 1982) statt. Letztere weisen Ähnlichkeiten zum Prozentstreifen auf, der in Abschnitt 2.3.3 genauer betrachtet wird. Unter die Grundvorstellung von Prozenten als Anteile können auch Anwendungen mit Wahrscheinlichkeiten gefasst werden (Parker & Leinhardt 1995, S. 440). Im Sinne der Grundvorstellung von Wahrscheinlichkeiten als relative Anteile (Laplace) können diese als Teile eines Ganzen interpretiert werden. Dabei wird davon ausgegangen, dass sich die Wahrscheinlichkeit für ein bestimmtes Ereignis aus der Anzahl der für dieses Ereignis günstigen Ergebnisse durch die Anzahl aller möglichen Ergebnisse ergibt (Malle & Malle 2003, S. 52; Krüger et al. 2015, S. 94).

Prozente als Verhältnisse (Ratio)

Im Sinne der Grundvorstellung von *Prozenten als Verhältnisse* (rechte Seite der Abbildung 1.1.2) ermöglichen sie die Beschreibung eines Vergleichs zweier Mengen (Parker & Leinhardt 1995, S. 440). So kann einerseits die Beziehung einer Menge zu einer anderen fokussiert werden (ebd.). Andererseits kann die Beziehung einer Menge zu der relativen Menge betrachtet werden, in der sich die eine Menge von der anderen unterscheidet (ebd.). Abhängig von dem konkreten Zusammenhang, der zwischen den beiden betrachteten Mengen besteht, können in Bezug auf die Grundvorstellung von Prozenten als Verhältnisse *Vergleichssituationen* und *Veränderungssituationen* unterschieden werden (zweite Hierarchieebene in Abbildung 1.1.2), die wiederum in multiple feinere Situationsmuster untergliedert werden können (ebd.; Kahle & Lörcher 1983, S. 17). In Bezug auf beide Situationsmuster können Prozente über 100 % immer dann entstehen, wenn eine größere mit einer kleineren Menge verglichen wird (Parker & Leinhardt 1995, S. 440).

Eine *Vergleichssituation* (rechte Seite der zweiten Hierarchieebene in Abbildung 1.1.2) zeichnet sich dadurch aus, dass die Beziehung zwischen zwei elementfremden Mengen zu einem Zeitpunkt in den Blick genommen wird (Berger 1989, S. 16; Parker & Leinhardt 1995, S. 442). So kann einerseits ein statischer Vergleich von Anteilen erfolgen, die sich auf verschiedene Bezugsgrößen beziehen (Sill 2010, S. 6; Berger 1989, S.16). Dabei können Aussagen über die Größe einer Menge in Relation zur Größe der anderen Menge getroffen werden (Parker & Leinhardt 1995, S. 442). Andererseits kann der Größenunterschied zwischen zwei Mengen mit der Größe einer der Mengen zu einem bestimmten Zeitpunkt verglichen werden (Parker & Leinhardt 1995, S. 443). In diesem Fall beziehen sich Äußerungen auf den relativen Größenunterschied zwischen den beiden Mengen (ebd., dritte Hierarchieebene in Abbildung 1.1.2). Je nachdem, ob die größere oder die kleinere Menge als Bezugsgröße fungiert, sind im ersten Fall sprachliche Formulierungen wie „die kleinere / größere Menge ist … % von der größeren / kleineren Menge" bzw. im zweiten Fall wie „um … % kleiner / weniger / niedriger als" oder „um … % größer / mehr / höher als" typisch (Berger 1989, S. 16; Parker & Leinhardt 1995, S. 442f).

Bei *Veränderungssituationen* (linke Seite der zweiten Hierarchieebene in Abbildung 1.1.2) werden prozentuale Veränderungen einer Bezugsgröße unter zeitlich-räumlichem Einfluss betrachtet (Berger 1989, S. 17; Parker & Leinhardt 1995, S. 442; Sill 2010, S. 6). Eine weitergehende Differenzierung kann dabei zwischen Situationsmustern vorgenommen werden, bei denen ein Vergleich der durch die Größenveränderung entstandenen neuen Größe mit der Originalgröße stattfindet („Veränderung auf … %") und solchen, bei denen die Höhe der Veränderung zu der Ausgangsgröße in Beziehung gesetzt wird („Veränderung um … %") (Parker & Leinhardt 1995, S. 442, dritte Hierarchieebene in Abbildung 1.1.2). Der dynamische Charakter solcher Veränderungssituationen kann durch etwaige sprachliche Realisierungen zum Ausdruck gebracht werden. In Abhängigkeit davon, ob eine Abnahme oder eine Zunahme vorliegt, kommen im ersten Fall Formulierungen wie „Senkung / Steigerung auf … %" oder „fallen / ansteigen auf … %" in Betracht (Berger 1989, S. 17; Parker & Leinhardt 1995, S. 442; Sill 2010). Im zweiten Fall sind ferner Phrasen wie „Verringerung / Erhöhung um … %" oder „abnehmen / vermehren um … %" denkbar (ebd.). In Bezug auf die bedeutsame Grundvorstellung von *Prozenten als relative Größen*, die sich weiter in die Grundvorstellungen *Prozente als Anteile* und *Prozente als Verhältnisse* ausdifferenzieren lässt, sind also neun Situationsmuster feinster Körnung zu unterscheiden, die den Zusammenhang zwischen den beteiligten Mengen konkretisieren (unterste Hierarchieebene in Abbildung 1.1.2).

Formalbezogene Grundbegriffe zu den Konzepten zu Prozenten

In den verschiedenen Grundvorstellungen und Situationsmustern können die drei zentralen formalbezogenen Konzepte jeweils anders gedeutet werden.

Als *Grundwert* wird im Allgemeinen das Ganze (im Rahmen der Grundvorstellung von Prozenten als Anteile), eine von zwei zu vergleichenden Größen (bei Vergleichssituationen) bzw. der ursprüngliche Wert einer Größe (bei Veränderungssituationen) bezeichnet (Berger 1989, S. 11; Berger 1991, S. 42). Unabhängig von der zugrunde liegenden Grundvorstellung sowie des konkreten Situationsmusters wird der Grundwert dabei mit 100 % veranschlagt (Kraus 1986, S. 430). Bei speziellen Anwendungen mit Prozenten – etwa im Kontext der Mehrwertsteuer – wird zudem per Konvention festgelegt, was als Grundwert zu betrachten ist (Berger 1989, S. 11). So wird im erwähnten Kontext der Netto-preis, also der Preis ohne Mehrwertsteuer, als Grundwert definiert.

Der Ausdruck *Prozentwert* beschreibt, in Bezug auf die Grundvorstellung von Prozenten als Anteile, eine Teilmenge des Grundwertes. Im Hinblick auf Situationsmuster, die Veränderungen implizieren (Grundvorstellung von Prozenten als Verhältnisse), beschreibt der Prozentwert den neuen Wert (Berger 1989, S. 11; Berger 1991, S. 42). Dieser neue Wert kann bei einem Prozentsatz unter 100 % eine Teilmenge darstellen, bei einem Prozentsatz über 100 % ein Vielfaches des Grundwertes (Berger 1989, S. 11; Meierhöfer 2000, S. 10). Bei Situationsmustern, die auf Vergleichen basieren (Grundvorstellung von Prozenten als Verhältnisse), sind die Mengen, die dem Grundwert und dem Prozentwert zugrunde liegen elementfremd. Dies führt dazu, dass die eingenommene Perspektive darüber entscheidet, welche der Mengen als Grund- und welche als Prozentwert angesehen wird (Berger 1989, S. 11).

Anders als teilweise üblich (etwa bei Kraus 1986, S. 430), soll in der vorliegenden Arbeit der Betrag, um den eine Größe in Situationsmustern mit Veränderungen vermehrt bzw. verringert wird, nicht ebenfalls mit dem Begriff *Prozentwert* belegt werden. Stattdessen soll – mit dem Ziel der Vermeidung einer mehrdeutigen Verwendung des Begriffes – für die adressierte Differenz zwischen Grund- und Prozentwert der Ausdruck *absolute Differenz* etabliert werden. In Äquivalenz dazu, sei für die Differenz zwischen 100 % und dem Prozentsatz der Terminus *prozentuale Differenz* eingeführt. An anderer Stelle wird dieser Unterschied mit dem Ausdruck „komplementärer Prozentsatz" belegt (etwa Berger 1989, S. 15). Die Einführung der Ausdrücke *absolute* und *prozentuale Differenz* ermöglicht jedoch, dass sich Prozentwert und -satz durchgehend entsprechen.

Mit dem *Prozentsatz* wird dementsprechend das Verhältnis von zwei Größen oder Zahlen – hier von Prozent- und Grundwert – als Hundertstelbruch angegeben. In der vorliegenden Arbeit soll dabei dieser gesamte Bruch (wie etwa bei Kraus 1986, S. 431 oder Fricke 1987, S. 162) und nicht – wie teilweise üblich (etwa bei Strehl 1979, S. 119) – lediglich der Zähler als Prozentsatz bezeichnet werden. So wird, wie es häufig auch in der Alltagssprache üblich ist (Sill 2010, S. 9), ebenso die Kombination „p %" in ihrer Gänze als Prozentsatz benannt. Mit dem Ziel, eine eindeutige Abgrenzung zu schaffen, wird die Zahl vor dem Prozentzeichen bzw. der Zähler des Hundertstelbruchs als *Prozentzahl* tituliert (etwa auch bei Kraus 1986, S. 431).

Grundvorstellungen zur Prozentrechnung: Von-Hundert-Vorstellung,
Hundertstel-Vorstellung sowie Bedarfseinheiten-Vorstellung

Ferner werden – insbesondere in der deutschen Mathematikdidaktik – typischerweise drei Grundvorstellungen angeführt (Hafner & vom Hofe 2008, S. 150; Hafner 2012, S. 37f), die sich stärker auf die Rechenwege im Umgang mit Prozenten beziehen und so in einem engeren Zusammenhang zu bestimmten Lösungsverfahren stehen (Gesamtüberblick zu Grundvorstellungen in Abbildung 1.1.1). Diese Grundvorstellungen zur Prozentrechnung (*Von-Hundert-, Hundertstel-* und *Bedarfseinheiten-Vorstellung*) scheinen vom Muster einer konkreten Situation unabhängig zu sein und liegen also quer zu den anderen Grundvorstellungen, die sich eher auf die Realisierung des Prozentbegriffs beziehen.

Von-Hundert-Vorstellung

Der *Von-Hundert-Vorstellung* liegt die ursprüngliche Bedeutung des Prozentzeichens bzw. des Ausdrucks „Prozent" im Sinne der Sprechweise „pro Hundert" oder „je Hundert" zugrunde (Sill 2010, S. 8; Hafner 2012, S. 37). Diese Grundvorstellung geht auf die Kaufmannssprache zurück, in der Zinsen oder Steuern als Geldbetrag pro Hundert (beispielsweise 12 Münzen für jede 100 Münzen) aufgefasst wurden (Parker & Leinhardt 1995, S. 429 und 434). Bei dieser nicht mehr sehr gebräuchlichen (Sill 2010, S. 8) Grundvorstellung wird von einem hypothetischen Grundwert mit der Maßzahl 100 ausgegangen (Berger 1989, S. 29). Dabei entspricht die Maßzahl des zugehörigen Prozentwertes der Prozentzahl (Strehl 1979, S. 122). Es findet demnach eine Zuordnung einer hypothetischen Größe aus dem betrachteten Größenbereich mit der Maßzahl 100 zu einer zweiten Größe desselben Größenbereichs mit der Maßzahl des Prozentsatzes statt (Berger 1989, S. 29). Die Zuordnungsvorschrift $(x) = \frac{p}{100} \cdot x$ hat dabei einen rein formalen Charakter, da jeweils eine Ausnutzung der isomorphen Eigenschaften der Proportion vorgenommen wird (ebd.). Anders ausgedrückt, wird die Grundmenge als bestehend aus lauter Teilen zu je 100 Einheiten gedacht, dann ist der Anteil p % der Grundmenge zu deuten als p Einheiten von jedem dieser aus 100 Einheiten bestehenden Teile (Hafner 2012, S. 37).

Hundertstel-Vorstellung

Bei der *Hundertstel-* oder auch *Prozentoperator-Vorstellung* wird der Anteil p % als Bruch $\frac{p}{100}$ interpretiert (Strehl 1979, S. 119; Hafner 2012, S. 38). Dieser kann wiederum als multiplikativer Operator gedeutet werden, der auf eine Bezugsgröße bezogen ist (Hafner 2012, S. 38). Der sogenannte Prozentoperator ordnet also einer Größe ihren $\frac{p}{100}$-fachen Teil zu (Strehl 1979, S. 119; Hafner 2012, S. 38). Dementsprechend kann die Prozentrechnung auch im Rahmen dieser Vorstellung als Abbildung eines Größenbereichs auf sich selbst aufgefasst werden (Strehl 1979, S. 11). Dabei wird der Grundwert (G) durch eine Abbildung f mit $f(G) = \frac{p}{100} \cdot G$ auf den Prozentwert abgebildet (Berger 1989, S. 20). Aufgrund der Tatsache, dass Rechnungen mit dem Bruch $\frac{p}{100}$ vollzogen werden, kann die Prozentrechnung in dieser Perspektive als Spezialfall der Bruchrechnung angesehen werden (Strehl 1979, S. 119; Meißner 1982, S. 121).

Bedarfseinheiten-Vorstellung

Den Ausgangspunkt der *Bedarfseinheiten-Vorstellung*, die auch als quasi-kardinale Vorstellung bezeichnet wird (Hafner 2012, S. 38), bildet eine spezielle Proportionalität, die einen Größenbereich in die Menge der positiven rationalen Zahlen abbildet (Strehl 1979, S. 120; Berger 1989, S. 24). Dem gegebenen Grundwert wird dabei die Größe 100 % zugeordnet, sodass 1 % dem hundertsten Teil des Grundwerts entspricht (Hafner 2012, S. 38). Im Rahmen der *Bedarfseinheiten-Vorstellung* wird also ein Spezialfall der sogenannten Schlussrechnung, d.h. des Dreisatzes, realisiert (Strehl 1979, S. 120f).

1.1.3 Aufgabentypen zu Prozenten und verschiedene Lösungsverfahren zur Prozentrechnung

Der Gebrauch von Prozentangaben kann innerhalb von Aussagen, Aufgabenstellungen oder Alltagsanwendungen zwei verschiedene Zwecke erfüllen (Parker & Leinhardt 1995, S. 443ff; Sill 2010, S. 6). So können sie einerseits der Darstellung von Zusammenhängen zwischen bekannten Daten dienen (*statistischer Gebrauch*) und andererseits als Aufforderung zur Generierung neuer Daten fungieren (*operationaler Gebrauch*) (ebd.). Während die Grundvorstellungen zum Prozentbegriff sowie die verschiedenen darauf bezogenen Situationsmuster in beiden Fällen zum Tragen kommen können, fokussieren die Grundvorstellungen zur Prozentrechnung den operationalen Gebrauch von Prozenten.

Im Sinne eines *statistischen Gebrauchs* können Prozente verwendet werden, um Zusammenhänge zwischen bekannten Daten auszudrücken (Parker & Leinhardt 1995, S. 443). Damit steht die Angabe eines Rechenresultates bzw. die Beschreibung einer Situation unter Anführung einer Bezugsgröße in Form von Prozenten in Verbindung, die mit einer Reduzierung sowie einer leichter interpretierbaren Wiedergabe der zugrunde liegenden Daten einher geht (ebd.; Sill 2010, S 6). Als Beispiel kann die Äußerung „die Arbeitslosenquote betrug im Jahr 2016 in Deutschland 6,1 %" (Bundesagentur für Arbeit 2017, S. 68) anstelle der Angabe der Anzahl der Arbeitslosen und der Gesamtzahl der zivilen Erwerbspersonen dienen. Wie angedeutet, kann im Sinne des Gebrauchs von Prozenten als statistische Angaben der Ausdruck „Quote" Verwendung finden und zwar in Verbindung mit jenem Situationsmuster, dem die Grundvorstellung von Prozenten als Anteile zugrunde liegt (Berger 1989, S. 15). Im Gegensatz dazu bezieht sich der Ausdruck „Rate" – wie etwa Wachstumsrate – auf Situationsmuster, die Veränderungen (Grundvorstellung von Prozenten als Verhältnisse) implizieren (ebd., S. 17; Sill 2010, S. 6).

In ihrem *operationalen Gebrauch* fungieren Prozente als standardisierte Ausdrücke beim Operieren (Parker & Leinhardt 1995, S. 443f), die Aufforderungen zum Berechnen mit sich bringen, etwa von Rabatten, Steuern oder Zinsen. Diese werden typischerweise – wie in dem Ausdruck „25 % von 500 Schülerinnen und Schülern" – durch die Präposition „von" markiert (Sill 2010, S. 6).

Welcher der beiden erwähnten und eng verknüpften Aspekte dominiert, ergibt sich häufig erst aus dem Kontext der jeweiligen Aussage oder Aufgabenstellung (Sill 2010, S. 6).

Im Unterricht zeichnen sich Aufgaben zum Umgang mit Prozenten typischerweise dadurch aus, dass einzelne der Größen (Prozentsatz, Prozentwert, Grundwert, prozentuale sowie absolute Differenz) gegeben und andere gesucht sind. So entstehen unterschiedliche Aufgabentypen, auf die nachfolgend näher eingegangen wird.

Verschiedene Aufgabentypen zu Prozenten

Unter Aufgabentypen werden operative Aufgabenstellungen zu Prozenten verstanden, bei denen eine fehlende Größe zu ermitteln ist. Außen vor bleiben in diesem Verständnis andere auf die Thematik bezogene Aufgabenstellungen wie etwa Umwandlungen zwischen Brüchen, Prozenten und Dezimalzahlen („Conversions", Parker & Leinhardt 1995, S. 424), Schraffieraufträge, bei denen prozentuale Anteile in Zeichnungen zu markieren sind („Shading tasks", ebd.) oder Aufgaben, bei denen das reine Ablesen prozentualer Anteile aus oder die Darstellung solcher Anteile in Diagrammen gefordert ist.

In Bezug auf die Thematik der Prozente werden drei Grundaufgabentypen (Typen I bis III in Tabelle 1.1.1) unterschieden. Diese ergeben sich aus der Kombination von je zwei gegebenen und einer gesuchten der drei Größen, die mit den formalbezogenen Begriffen Prozentwert (PW), Prozentsatz (p %) und Grundwert (GW) belegt sind. Je nach fehlender Größe wird die Grundaufgabe als Typ *„Prozentwert gesucht"*, *„Prozentsatz gesucht"* oder *„Grundwert gesucht"* klassifiziert (z. B. bei Strehl 1979, S. 123; Berger 1989, S. 11 oder Hafner 2012, S. 38). Parker und Leinhardt (1995, S. 450) betonen in Bezug auf die Grundaufgabentypen, dass diese – trotz ihrer engen strukturellen Verzahnungen – unterschiedliche Grundvorstellungen akzentuieren und verschiedene Zwecke fokussieren.

So ist in Aufgaben des Typs *„Prozentwert gesucht"*, der den anderen beiden Grundaufgabentypen aus historischer Perspektive vorausgeht (Parker & Leinhardt 1995, S. 450), etwa der operationale Gebrauch von Prozenten verankert (ebd., S. 444 und S. 450). In Aufgaben des Typs *„Prozentsatz gesucht"* dominiert hingegen meist die Deutung von Prozenten als Anteile oder Verhältnisse (ebd., S. 450).

Tabelle 1.1.1: Grundaufgabentypen (Typ I bis III) sowie ausgewählte erweiterte Aufgabentypen zu Prozenten (Typ IV bis XI)

Typ	Gegeben / Gesucht	Darstellung am Prozentstreifen	Frage / Aufgabe	Situationsmuster
		Beispiel		
I	p % & GW / PW		Wieviel Euro sind 75 % von 200 €?	Teil eines Ganzen
II	PW & GW / p%		Wieviel Prozent sind 150 € von 200 €?	Teil eines Ganzen
III	p % & PW / GW		Wieviel sind 100 %, wenn 75 % 150 € entsprechen?	Teil eines Ganzen
IV	GW & prozentuale Differenz / neuer PW		Ein Grundwert (200 €) wird um 25 % vermindert. Wieviel Euro beträgt der neue Prozentwert?	Verminderung um … %
V			Ein Grundwert (200 €) wird um 25 % erhöht. Wieviel Euro beträgt der neue Prozentwert?	Vermehrung um … %
VI	Prozentuale & absolute Differenz / neuer PW		Eine Verminderung von 25 % entspricht 50 €. Wie viel Euro beträgt der neue Prozentwert?	Verminderung um … %
VII			Eine Steigerung von 25 % entspricht 50 €. Wie viel Euro beträgt der neue Prozentwert?	Vermehrung um … %
VIII	Neuer PW & prozentuale Differenz / GW		Nach einer Verminderung von 25 % beträgt der neue Prozentwert 150 €. Wie viel Euro betrug der Grundwert?	Verminderung um … %
IX			Nach einer Steigerung von 25 % beträgt der neue Prozentwert 250 €. Wie viel Euro betrug der Grundwert?	Vermehrung um … %
X	GW & neuer PW / Dif. %		Nach einer Verminderung beträgt der neue Prozentwert 150 €. Um wie viel Prozent wurde der Grundwert (200 €) vermindert?	Verminderung um … %
XI			Nach einer Vermehrung beträgt der neue Prozentwert 250 €. Um wie viel Prozent wurde der Grundwert (200 €) erhöht?	Vermehrung um … %

Der dritte Grundaufgabentyp „Grundwert gesucht" ist den Autorinnen zufolge hingegen eher fiktiver Natur:

„Finally, Case 3 [finding a base, given the percent and the percentage] seems to us to be a mathematical creation, designed to complete the triad (three unknowns, therefore three possible equations)." (Parker & Leinhardt 1995, S. 450; Einfügung B. P.)

Welches Situationsmuster (zum Beispiel Teil vom Ganzen, Verminderung um ... %, Verminderung auf ... %) von einer konkreten Aufgabe adressiert wird, ist nicht zwangsläufig durch den Aufgabentyp determiniert. So beziehen sich Beispiele für die Grundaufgabentypen zwar zumeist auf das Situationsmuster „Teil vom Ganzen" (Tabelle 1.1.1). Je nach kontextueller Einbettung ist aber auch eine Referenz auf ein Situationsmuster möglich, das auf einer Grundvorstellung von Prozenten als Verhältnisse basiert. So stellt etwa die folgende Aufgabe aus einem Schulbuch, bei der der Grundwert zu ermitteln ist, ein Beispiel für die Rahmung einer Grundaufgabe durch eine Veränderungssituation des Musters „Verminderung auf ... %" dar:

„Ein Motorroller wurde für 60 % seines Neuwertes verkauft, das waren 1902 €. Welchen Neuwert hatte das Zweirad?" (Aits et al. 1999; Zahlen und Größen, S. 87)

Neben den drei Grundaufgabentypen sind sogenannte erweiterte Aufgabentypen zu Prozenten zu differenzieren (Typen IV bis XI in Tabelle 1.1.1). Diese stehen mit einer gegebenen oder gesuchten absoluten bzw. prozentualen Differenz in Zusammenhang. Dementsprechend lassen sich konkretisierende Beispiele (Tabelle 1.1.1) zumeist als Situationsmuster des Typs „Veränderung um ... %" (Abbildung 1.1.2) charakterisieren. So wird in den Beispielen zu den Aufgabentypen IV, VI, VIII und X, die etwa im Kontext von Preisnachlässen verortet sein können (Hafner 2012, S. 40ff), eine „Verminderung um ... %" adressiert. In den Beispielen zu den übrigen erweiterten Aufgabentypen ist hingegen eine „Vermehrung um ... %" enthalten, wie sie im Alltag typischerweise etwa in Bezug auf die Mehrwertsteuer vorkommt (ebd.). Die Anführung erweiterter Aufgabentypen in Tabelle 1.1.1 (Typen IV bis XI), die anhand von Darstellungen am Prozentstreifen und möglichen Formulierungen von Fragen (in Veränderungssituationen) illustriert werden, soll lediglich die Vielfalt möglicher Strukturen von Sachaufgaben verdeutlichen und beansprucht keinerlei Vollständigkeit. So kann etwa in einzelnen Fällen auch die absolute statt der prozentualen Differenz gegeben oder gesucht sein.

Die oft mehrschrittigen und damit komplexeren Aufgabentypen werden häufig mit den Ausdrücken *verminderter* bzw. *vermehrter Grundwert* bezeichnet (etwa bei Strehl 1979, S. 128; Meierhöfer 2000, S. 10 oder Hafner 2012, S. 40ff). Diese Begrifflichkeiten bilden allerdings insbesondere statische Situationen nicht adäquat ab (Berger 1989, S. 15ff). Solche liegen etwa vor, wenn die Grundvorstellung von Prozenten als Anteile adressiert wird oder prozentuale Vergleiche angestellt werden (Abschnitt 1.1.2). So können im ersten Fall weder Prozentsätze noch prozentuale oder absolute Differenzen eine Verminderung des Grundwertes ausdrücken bzw. eine solche auslösen, sondern lediglich den Anteil der Teil- oder Restmenge an einer Gesamtmenge angeben (ebd., S. 15). Da eine tatsächliche Vergrößerung oder Verkleinerung des Grundwertes demnach nur bei Situationsmustern vorliegt, die sich auf Veränderungen beziehen (Berger 1989, S. 17), werden in der vorliegenden Arbeit die neutralen Ausdrücke absolute und prozentuale Differenz sowie *neuer Prozentwert* verwendet.

Verschiedene Lösungsverfahren zur Prozentrechnung

Aufgrund der vielfältigen Grundvorstellungen zum Prozentbegriff und der Prozentrechnung (Abschnitt 1.1.2) existiert eine besondere Pluralität an alternativen Lösungsverfahren (Berger 1989, S. 73ff; Berger 1991, S. 34).

Wie Überblicke bei Berger (1989, S. 73ff), Parker & Leinhardt (1995, S. 449ff) und Hafner (2012, S. 38ff) zeigen, können grob folgende Verfahren zur Lösung von Aufgaben zur Prozentrechnung unterschieden werden:

- *Proportionales Hoch- und Runterrechnen:* Proportionalitätsschluss in zumeist zwei Schritten über hypothetischen Schritt auf geeignete Einheit. Diese kann etwa im Sinne des klassischen Dreisatzes 1 % („Unitary Analysis Method" im englischen Kontext), aber auch ein größerer gemeinsamer Teiler von Ausgangs- und Zielgröße sein (auch bei Kleine & Jordan 2007, S. 211). Um die potentielle Vielfalt zu betonen, wird der Gebrauch des Ausdrucks „Dreisatz" in der vorliegenden Arbeit weitgehend vermieden und stattdessen vom „proportionalen Hoch- und Runterrechnen" gesprochen.

- *Operatormethoden:* Gebrauch eines Proportionalitätsfaktors (Prozentoperator in Hundertstelbruchschreibweise), mit dem von einem Ausgangs- direkt auf ein Zielgrößenpaar geschlossen werden kann, wobei der Hundertstelbruch als multiplikative Rechenanweisung gebraucht wird (auch bei Kleine & Jordan 2007, S. 212; Vorgehen liegt ebenso der im englischsprachigen Kontext gebräuchlichen „Case Method" zugrunde).

- *Formeln:* Aus verschiedenen Grundvorstellungen zur Prozentrechnung bzw. anderen Lösungsverfahren ableitbare und durch Äquivalenzumformungen ineinander zu überführende Prozentformeln (Grundform: Prozentwert = Grundwert · Prozentsatz), die sich durch die explizite Verwendung der formalbezogenen Begriffe *Prozentwert*, *Prozentsatz* und *Grundwert* oder entsprechender Variablen auszeichnen.

- *Gleichungen:* Einsetzen von zwei gegebenen Elementen in eine Einheitsgleichung (im englischsprachigen Kontext „factor · factor = product"), die durch Äquivalenzumformungen aufgelöst wird.

- *Verhältnisgleichungen:* Ableiten wertgleicher Verhältnisse, die einen Einblick in die proportionalen Zusammenhänge der einzelnen Größen der Prozentrechnung bieten.

Die angeführten Lösungsverfahren stehen in einem engen Zusammenhang zueinander und umfassen unterschiedliche Ausrichtungen sowie Notationsweisen.

Ersichtlich werden soll Letzteres exemplarisch durch die Illustration der verschiedenen Lösungsverfahren anhand von Beispielen zu den drei Grundaufgabentypen in Tabelle 1.1.2.

Einen typischen Forschungsschwerpunkt empirischer Studien zur Prozentrechnung (Abschnitt 1.2) bildet die Frage nach dem idealen Lösungsverfahren, die international (Literaturreview von Parker & Leinhardt 1995, S. 449) sowie national häufig diskutiert wurde. Für den deutschen Kontext zeigen dies insbesondere in den 1980er-Jahren publizierte Artikel in unterrichtspraktischen Zeitschriften mit Titeln wie „Operatorform oder Dreisatzschema bei Prozentrechnung und Zuordnungsaufgaben?" (Gräßle 1989) oder „Zur Prozentrechnung: Lösen mittels Dreisatz, Operatorschema oder Gleichung?" (Kraus 1986).

Tabelle 1.1.2: Darstellung typischer Lösungsverfahren zur Prozentrechnung für die Grundaufgabentypen

Lösungsverfahren	Prozentwert gesucht Wieviel Euro sind 75 % von 200 €?	Prozentsatz gesucht Wieviel Prozent sind 150 € von 200 €?	Grundwert gesucht Wieviel sind 100 %, wenn 75 % 150 € entsprechen?
Proportionales Hoch- und Runterrechnen	$:100 \left\{ \begin{array}{l} 100\,\% \,\triangleq\, 200\,€ \\ 1\,\% \,\triangleq\, 2\,€ \\ 75\,\% \,\triangleq\, 150\,€ \end{array} \right\} :100$ $\cdot 75 \qquad\qquad \cdot 75$	$\begin{array}{ll} 200\,€ & \text{sind } 100\,\% \\ 100\,€ & \text{sind } 50\,\% \\ 50\,€ & \text{sind } 25\,\% \end{array}$ $100\,€ + 50\,€\ \textit{sind}\ 50\,\% + 25\,\%$ $150\,€\ \textit{sind}\ 75\,\%$	Prozente | Werte (€) 75 % | 150 € 25 % | 50 € 100 % | 200 €
Operator	$200\,€ \xrightarrow{\ \frac{\cdot 75}{100}\ } ?\,€$ $200 \cdot \frac{75}{100} = 150$	$\cdot\frac{150}{200}\left(\begin{array}{l} 200\,€ \longrightarrow 100\,\% \\ 150\,€ \longrightarrow x\,\% \end{array} \right) \cdot\frac{150}{200}$ $100 \cdot \frac{150}{200} = 75$	$?\,€ \xrightarrow{\ \cdot 0{,}75\ } 150\,€$ $:0{,}75$ $150 : 0{,}75 = 200$
Formel	$\textit{Prozentwert} = \textit{Grundwert} \cdot \textit{Prozentsatz}$ $x = 200\,€ \cdot \frac{75}{100}$ $x = 150\,€$	$\textit{Prozentsatz} = \dfrac{\textit{Prozentwert}}{\textit{Grundwert}}$ $x = \dfrac{150\,€}{200\,€}$ $x = 75\,\%$	$\textit{Grundwert} = \dfrac{\textit{Prozentwert}}{\textit{Prozentsatz}}$ $x = \dfrac{150\,€}{\frac{75}{100}}$ $x = 200\,€$
Gleichung	$75\,\% \textit{ von } 200\,€ = x$ $\dfrac{75}{100} \cdot 200\,€ = x$ $150\,€ = x$	$x\,\% \textit{ von } 200\,€ = 150\,€$ $\dfrac{x}{100} \cdot 200\,€ = 150\,€$ $2\,€ \cdot x = 150\,€$ $x = 75$	$75\,\% \textit{ von } x = 150\,€$ $\dfrac{75}{100} \cdot x = 150\,€$ $x = 200\,€$
Verhältnisgleichungen	$\dfrac{\textit{Grundwert}}{100} = \dfrac{\textit{Prozentwert}}{\textit{Prozentzahl}}$ $\dfrac{200\,€}{100} = \dfrac{x}{75}$ $2\,€ \cdot 75 = x$ $150\,€ = x$	$\dfrac{\textit{Prozentwert}}{\textit{Grundwert}} = \dfrac{\textit{Prozentzahl}}{100}$ $\dfrac{150\,€}{200\,€} = \dfrac{x}{100}$ $\dfrac{150\,€}{200\,€} \cdot 100 = x$ $75 = x$	$\dfrac{\textit{Grundwert}}{\textit{Prozentwert}} = \dfrac{100}{\textit{Prozentzahl}}$ $\dfrac{x}{150\,€} = \dfrac{100}{75}$ $x = \dfrac{100}{75} \cdot 150\,€$ $x = 200\,€$

Aufgrund der Tatsache, dass die einzelnen Lösungsverfahren unterschiedliche Anforderungen innehaben und ihnen verschiedene Vor- und Nachteile zugeschrieben werden (Parker & Leinhardt 1995, S. 450ff; Berger 1989, S. 73ff), sind neben Argumentationen für einzelne Methoden auch Vorschläge für Kombinationen (etwa bei Baireuther 1983, S. 26 oder Gräßle 1989, S. 24f) zu finden.

Die Vor- und Nachteile der einzelnen Lösungsverfahren sollen hier jedoch nicht weiter kommentiert werden. Denn der Fokus der vorliegenden Arbeit liegt nicht auf der Beherrschung eines oder mehrerer formaler Lösungsverfahren, sondern im Sinne des mathematikdidaktischen Prinzips „Inhaltliches Denken vor Kalkül" (Prediger 2009) primär auf dem Aufbau von Prozentverständnis. Bevor Lernende Lösungsverfahren zur Prozentrechnung anwenden lernen, sollten sie also in der Lage sein, die zugrunde liegenden Konzepte und ihre Zusammenhänge im Rahmen von Aufgabenstellungen adäquat analysieren zu können. Dies kann folgendermaßen begründet werden:

„For the student who has correctly analyzed the referents and their relations to each other and understands the proportional relationship that exists between the referent quantities, any number of solution procedures might be accessed to solve the problem." (Parker & Leinhardt 1995, S. 463)

Ohne ein fundiertes Prozentverständnis besteht bei der Mehrzahl der Lösungsverfahren – insbesondere etwa bei den Formeln, den Verhältnisgleichungen, aber teilweise auch beim Dreisatz – hingegen die Gefahr, dass sie als unverstandene Formalismen angewendet werden (Berger 1989, S. 73ff; Parker & Leinhardt 1995, S. 451). Beim Dreisatz drückt sich dies etwa darin aus, dass unabhängig von Ausgangs- und Zielgröße auf 1 % runtergerechnet wird.

1.2 Erkenntnisse aus empirischen Untersuchungen zu Prozenten

Bezugnehmend auf die von Sill (2010, S. 3) konstatierte Forschungslücke zu „Problemen der Behandlung der Prozentrechnung" (Abschnitt 1.1) und im Hinblick auf die weiteren Teile der vorliegenden Arbeit soll in diesem Abschnitt ein Überblick zu den wichtigsten empirischen Untersuchungen zum Umgang von Lernenden mit Prozenten gegeben werden, wenn auch ohne Anspruch auf Vollständigkeit (etwa Parker & Leinhardt 1995 für Überblick zu weiteren englischsprachigen Studien bis Anfang der 1990er Jahre). Die Auswahl der Studien wurde nach ihrer Relevanz für die Anknüpfbarkeit in der vorliegenden Arbeit getroffen. Dargestellt werden die einzelnen Untersuchungen, der Chronologie ihrer Veröffentlichungen folgend, in tabellarischer Form (Tabelle 1.2.1 bis 1.2.3). Die Idee eines derart gestalteten Überblicks über empirische Untersuchungen zur Thematik der Prozente wurde von Jordan (2011, S. 71) übernommen, seine lediglich drei deutschsprachige Veröffentlichungen umfassende Zusammenstellung wurde jedoch deutlich ergänzt. Neben der Stichprobe und dem

Format der jeweiligen Studie werden auch die zentralen Ergebnisse angeführt, insofern sie direkten Bezug zum Umgang mit Prozenten haben.

Tabelle 1.2.1: Überblick von Studien zum Umgang mit Prozenten – Teil I

Publikation / Forschungskontext	Stichprobe	Zentrale Ergebnisse
Meißner (1982): Eine Analyse zur Prozentrechnung / Deutschland	mehr als 500 Lernende der Jahrgangsstufen 8 bis 10 verschiedener Schulformen (quantitative Studie basierend auf schriftlichem Test)	• Klassenübergreifende Lösungshäufigkeiten von 38 % • Rechenfehler, Wahl inadäquater Operationen und Probleme bei Identifikation von Konzepten (wie etwa des Grundwerts) als Hauptfehlerquellen • Dreisatz wird am häufigsten und erfolgreichsten angewendet
Sander & Berger (1985): Fehleranalysen bei Sachaufgaben zur Prozentrechnung / Deutschland	293 (Studie I: quantitativ basierend auf schriftlichem Test) bzw. 40 (Studie II: qualitativ basierend auf Interviews) Lernende der Jahrgangsstufen 7 und 8 unterschiedlicher Schulformen	• Verschiedene Fehlerschwerpunkte bei Lernenden der verschiedenen Schulformen • Nichtbeherrschung notwendiger Begriffe und Algorithmen als Hauptfehlerursache
Berger (1989): Prozent- und Zinsrechnen in der Hauptschule (s. auch Berger 1991) / Deutschland	3148 Hauptschulabgängerinnen und –abgänger im Rahmen dreier quantitativer Studien zu Hauptschulabschlussprüfungen (1985, 1986 und 1987)	• Lösungshäufigkeiten insgesamt von 55 % bis 73 % • Geringere Lösungshäufigkeiten bei Mädchen und ausländischen Lernenden • Lösungshäufigkeiten und Fehlertypen variieren mit Aufgabentypen • Geringe Lösungshäufigkeiten in Bezug auf den Aufgabentyp "Grundwert gesucht bei gegebener prozentualer Differenz" (Typ VIII) • Dreisatz wird am häufigsten und erfolgreichsten verwendet
Lembke & Reys (1994): The Development of, and Interaction between, Intuitive and School-Taught Ideas about Percent / USA	31 Lernende der Jahrgangsstufen 5, 7, 9 und 11 (qualitative Studie basierend auf Interviews vor, während und nach der unterrichtlichen Einführung der Prozentrechnung)	• Lernender aller Jahrgangsstufen haben Bewusstsein für Vorkommen von Prozenten im Alltag, Jüngeren fällt Angabe von Gründen für deren Gebrauch schwerer • Überraschend hohe Lösungshäufigkeiten (etwa 40 %) in unteren Jahrgangsstufen • Lernende mit keiner / wenig unterrichtlichen Erfahrung nutzen vielfältige informelle Lösungsstrategien • Ältere Lernende (vor allem Jahrgang 9) nutzen in großem Ausmaß das im Unterricht eingeführte Gleichungsverfahren • Tendenz zu höheren Lösungshäufigkeiten bei entkleideten Aufgaben gegenüber Textaufgaben nach unterrichtlicher Auseinandersetzung (vorher keine Unterschiede erkennbar)
Scherer (1996): "Zeig', was du weißt" – Ergebnisse eines Tests zur Prozentrechnung / Deutschland	12 Lehramtsstudentinnen (Mathematik); 80 Lernende der Jahrgangsstufe 7 von Real- und Gesamtschulen vor bzw. nach der unterrichtlichen Einführung der Prozentrechnung (schriftlicher Test)	• Viele Lernende zeigen schon vor unterrichtlicher Einführung Verständnis des Prozentbegriffs und adäquaten Umgang mit Aufgaben zur Prozentrechnung • Studentinnen neigen zum exakten Ausrechnen • Hohe Lösungshäufigkeiten bei graphisch lösbaren Aufgaben • Auftrag zur Formulierung eigener Aufgaben wird häufig nicht bearbeitet • Anwendung vielfältiger, v. a. informeller Lösungsstrategien • Zahlenwerte, sprachliche Formulierungen, Zugänglichkeit graphischer Darstellungen, Anwendbarkeit von Formeln und Bezug zum Alltagswissen als schwierigkeitsgenerierende Merkmale

Tabelle 1.2.2: Überblick von Studien zum Umgang mit Prozenten – Teil II

Publikation / Forschungs-kontext	Stichprobe	Zentrale Ergebnisse
Dole, Cooper, Baturo & Cono-plia (1997): Year 8, 9 and 10 students' under-standing and access of per-cent knowledge / Australien	18 unterschiedlich kompetente Lernende (in Bezug auf Grund-aufgabentypen zur Prozentrechnung) der achten, neunten und zehnten Jahrgangsstu-fe (qualitative Studie basierend auf klini-schen Interviews)	• Am häufigsten werden Prozentformeln verwendet • Weniger kompetenten Lernenden fällt Identifikation der Grund-aufgabentypen besonders schwer • Stärke kompetenter Lernender liegt in ihrer Flexibilität und ihrem Repertoire an unterschiedlichen Strategien • Viele Lernende können Darstellungen zur Prozentrechnung adäquat verwenden, tun dies aber nicht intuitiv
Jordan, Kleine, Wynands & Flade (2004): Mathe-matische Fähig-keiten bei Aufga-ben zur Proporti-onalität und Prozentrechnung / Deutschland	31.740 Teilnehmerin-nen und Teilnehmer der Jahrgangsstufe 9 unterschiedlicher Schulformen des nationalen Tests von PISA 2000 (quantita-tive Studie)	• 25 % aller Lernenden (insbesondere Schülerinnen) verfügen nicht über ausreichende Grundkenntnisse zur Prozentrechnung • Stark variierende Lösungshäufigkeiten bei einzelnen Grundauf-gabentypen • Erweiterte Aufgabentypen erweisen sich als besonders schwie-rig
Kleine & Jordan (2007): Lösungs-strategien von Schülerinnen und Schülern in Pro-portionalität und Prozentrechnung (s. auch Kleine 2009) / Deutsch-land	795 Lernende der Jahrgangsstufen 8 bis 10 verschiedener Schulformen (quanti-tative Studie)	• Verstärktes Verwenden nicht stringenter Rechenwege im unteren und vermehrtes Arbeiten mit Operatoren im oberen Leistungsbereich • Vermutung: Positive Abhängigkeit des Erfolgs von der verstän-digen Verwendung von Operatoren und negative Abhängigkeit vom Gebrauch starrer Dreisatzschemata
Rosenthal, Ilany & Almog (2009): Intuitive Know-ledge of Percen-tages Prior to Learning / Israel	99 Schülerinnen und Schüler der Jahr-gangsstufe 6 zweier Schulen (quantitative Studie anhand eines schriftlichen Tests)	• Viele Lernende verfügen vor der unterrichtlichen Einführung über intuitives Wissen zu Prozenten (Vertrautheit mit Prozenten als Anteile vom Ganzen; Fähigkeit zur Angabe von Beispielen für Nutzung im Alltag (meist Einkauf)) • Großteil der Lernenden kann Text- und Schraffieraufträge zu Grundaufgabentypen (Grundwert gesucht fällt schwerer) mit gebräuchlichen Prozentsätzen lösen • Es zeigen sich aber auch typische Fehlvorstellungen
Baratta, Price, Stacey, Steinle & Gvozdenko (2010): Percenta-ges: The Effect of Problem Struc-ture, Number Complexity and Calculation For-mat / Australien	677 Schülerinnen und Schüler der Jahr-gangsstufen 8 und 9 von vier Schulen (quantitative Studie basierend auf einem elektronischen Test)	• Insgesamt erweisen sich die Lösungshäufigkeiten bei den Text-aufgaben als sehr gering, wobei sie mit den Grundaufgabenty-pen variieren (für Prozentwert gesucht am höchsten) • Lösungserfolg nimmt tendenziell mit steigender Zahlenkomple-xität ab • Keine durchgehenden Unterschiede in Bezug auf das Rechen-format zu erkennen, aber Dominanz der Notation von Prozenten als Brüche zu vermuten
Jitendra & Star (2012): An explo-ratory study con-trasting high- and low-achieving students' percent word problem solving / USA	70 Lernende aus Jahr-gang 7 in je 2 leis-tungsschwachen und -starken Klassen, auf-geteilt (gleichmäßig) auf Interventions- und Kontrollgruppe (Interventionsstudie)	• Positiver Einfluss des "schema-based instruction (SBI)" - An-satzes (mit Fokus auf Identifikation der Aufgabentypen) auf die Lösung von Textaufgaben durch leistungsstärkere, aber nicht durch leistungsschwächere Lernende • Resultate zeigen keine Transfereffekte des Ansatzes (SBI) auf die Lösung von Textaufgaben anderer Themenbereiche

Tabelle 1.2.3: Überblick von Studien zum Umgang mit Prozenten – Teil III

Publikation / Forschungs- kontext	Stichprobe	Zentrale Ergebnisse
Hafner (2012): Proportionalität und Prozentrech- nung (empirische Untersuchung und didaktische Analysen) / Deutschland	ca. 2500 Lernende verschiedener Schul- formen in der Gesamt- und ca. 1300 in der Längsschnittstichprobe sowie 52 Gymnasias- tinnen und Gymnasias- ten in der Inter- viewstudie	• Positiver Verlauf der längsschnittlichen Kompetenzentwick- lung • Erfolgreiche Itembearbeitung differiert erheblich mit Aufga- bentypen • Dreisatz und Operatorverfahren als häufigste und erfolgreich- ste Strategien • Rechenfehler, Wahl inadäquater Operationen und Probleme bei Identifikation von Konzepten als Hauptfehlerquellen • Häufig rein kalkülhafte Anwendung mathematischer Regeln, Formeln und Verfahren
Walkington, Cooper & Howell (2013): The effects of visual representa- tions and inter- est-based person- alization on solving percent problems / USA	139 Lernende der Jahrgangsstufe 7 (quantitative Studie)	• Höhere Lösungshäufigkeit bei Textaufgaben zur Prozentrech- nung durch Präsentation von Diagrammen (Prozentstreifen) • Illustrationen und personalisierte Kontexte erweisen sich nur unter besonderen Umständen – in Abhängigkeit des Vorhan- denseins weiterer Hilfsmittel sowie des Lernendenhintergrunds – als leistungsfördernd • Effekte verschiedener unterstützender Elemente sind nicht zwangsläufig additiv
Ngu, Yeung & Tobias (2014): Cognitive load in percentage change problems: unitary, pictorial, and equation approaches to instruction / Australien	60 Lernende in drei Klassen der Jahr- gangsstufe 8 (Interven- tionsstudie im Prä- Post-Test-Design)	• Verbesserung aller Interventionsgruppen (unterschiedliche Un- terrichtsansätze zu Veränderungssituationen mit Prozenten: Dreisatz, graphischer Ansatz mit Prozentstreifen, Gleichungs- verfahren) vom Prä- zum Posttest • Signifikante Vorteile für Lernende, die mit Gleichungsansatz unterrichtet wurden, vor allem bei komplexeren Aufgaben • Nach graphischem Ansatz unterrichtete Lernende schneiden am schlechtesten ab • Ansatz über Gleichungen findet im Nachtest häufig tatsächlich Anwendung

Die Tabellen 1.2.1 bis 1.2.3 ersetzen eine chronologische Darstellung der ein- zelnen Studien im Fließtext. Stattdessen werden in den folgenden Abschnitten ausgewählte Befunde sachsystematisch zusammengefasst und näher beleuchtet. Während dabei in 1.2.1 eher auf generelle Kompetenzen und Schwierigkeiten von Lernenden in Bezug auf den Umgang mit Prozenten eingegangen wird, liegt der Fokus in 1.2.2 und 1.2.3 auf dem mit verschiedenen Aufgabentypen respek- tive -formaten. Obwohl einige Studien auf den Zusammenhang zwischen Lö- sungsverfahren und -häufigkeiten rekurrieren, werden diese Resultate nicht im Detail berichtet. Begründet wird dies einerseits mit dem starken Fokus dieser Arbeit auf dem Prozentverständnis. Andererseits hängen die in Bezug auf ein bestimmtes Lösungsverfahren erzielten Lösungshäufigkeiten nicht nur von dessen Zugänglichkeit, sondern auch von den diesbezüglichen unterrichtlichen Lerngelegenheiten ab.

1.2.1 Allgemeine Erkenntnisse zum Umgang von Lernenden mit Prozenten

Wie einzelne der in den Blick genommenen Studien zeigen (Lembke & Reys 1994; Scherer 1996 und 1996a; Rosenthal et al. 2009), verfügen viele Lernende bereits vor der unterrichtlichen Auseinandersetzung mit Prozenten über einiges tragfähiges Vorwissen. Dieses intuitive Alltagswissen unterstützt sie etwa dabei, anhand informeller Strategien, die zumeist auf proportionalem Denken basieren (Berger 1989, S. 382), bereits bestimmte Aufgaben zu Prozenten lösen zu können (Lembke & Reys 1994, S. 246f). Das Ausmaß an korrekten Lösungen beschreiben die Autorinnen dabei als unerwartet hoch (ebd., S. 247).

Die kreativen und flexiblen Herangehensweisen, die auf den Alltagserfahrungen der Lernenden fußen, gehen laut Parker und Leinhardt (1995, S. 459) mit der unterrichtlichen Einführung formaler Verfahren zur Prozentrechnung allerdings häufig verloren. Begründet wird dies vor allem damit, dass sich Schülerinnen und Schüler dann oft auf die gelernten Lösungsverfahren verlassen und deren Verbindungen zu informellen Strategien nicht erkennen:

„Formal instruction in percent may make students more reliant on procedures and less likely to consider elementary fractional relationships which often underlie the referents because students do not see and are not shown the connection between the two." (Parker & Leinhardt 1995, S. 459)

Trotz der oft bestehenden intuitiven Alltagserfahrungen sowie ihrer hohen Alltagsrelevanz (Abschnitt 1.1.1) gilt der Umgang mit Prozenten allgemein seit Langem als schwieriges Thema (Parker & Leinhardt 1995, S. 428) und wird auch von den Lernenden derart eingeschätzt (Friedl 2008, S. 30):

„[…] in spite of its value both inside and outside of school, percent is one of the most difficult topics of elementary mathematics. It routinely stumps students and teachers alike. Percent is hard to teach and to learn because it is ambiguous and subtle." (Parker & Leinhardt 1995, S. 422)

Das Vorliegen von Schwierigkeiten in Bezug auf den Umgang mit Prozenten wird auch durch geringe Lösungshäufigkeiten verdeutlicht, die in vielen der berücksichtigten quantitativen Studien ermittelt wurden (zum Beispiel Meißner 1982; Sander & Berger 1985; Berger 1989; Baratta et al. 2010; Hafner 2012). Allerdings variieren die Lösungshäufigkeiten dabei zwischen 10 % und 80 %, was von verschiedenen Faktoren abhängig zu sein scheint, wie beispielsweise

* unterschiedlichen Aufgabencharakteristika wie etwa dem Aufgabentyp (Abschnitt 1.2.2), dem Aufgabenformat (Abschnitt 1.2.3), dem gewählten Kontext oder den integrierten Zahlenwerten,

* gewissen Merkmalen der Lernenden wie der Jahrgangsstufe, dem Geschlecht, der Schulform oder einem etwaigen Migrationshintergrund bzw.

* bestimmten Kompetenzen der Lernenden.

Dabei ergeben sich allerdings wiederkehrende Muster: So erweisen sich etwa eine geringe Flexibilität bei der Lösung von Aufgaben zum Umgang mit Prozenten sowie eine Tendenz zur Fixierung auf formale Lösungsverfahren als typisch für leistungsschwächere Lernende (Dole et al. 1997, S. 5). Häufig scheint ihnen ein fundiertes Prozentverständnis zu fehlen. Ein diesbezüglicher Mangel wird verschiedenen Gruppen (Lernenden unterschiedlicher Jahrgangsstufen, aber auch Lehramtsstudierenden sowie Lehrkräften) im Rahmen unterschiedlich ausgerichteter Studien attestiert (u. a. Eisenberg 1976; Kouba 1988; Parker & Leinhardt 1995; Jordan et al. 2004, S. 168ff).

In den systematischen Fehleranalysen kristallisierten sich folgende Probleme als typisch heraus:

- Schwierigkeiten bei der Wahl adäquater Rechenoperationen, indem direkt und oft willkürlich mit den in der Aufgabe gegebenen Zahlen operiert wird (Meißner 1982; Sander & Berger 1985; Berger 1989; Rosenthal et al. 2009) oder eine Operation fälschlicherweise bzw. in verkehrter Richtung angewandt wird (Berger 1989 / 1991; Hafner 2012).

- Probleme mit der Identifikation von Prozent- und Grundwert, die für die Bestimmung des jeweiligen Aufgabentyps in Textaufgaben wesentlich ist (Strehl 1979; Berger 1989 / 1991; Parker & Leinhardt 1995; Hafner 2012).

- Nicht tragfähiger Umgang mit dem Prozentzeichen und seiner Bedeutung, wenn es etwa als Einheit behandelt oder sein relativer Charakter nicht beachtet wird (Parker & Leinhardt 1995; Rosenthal et al. 2009; Hafner 2012).

- Schwierigkeiten beim Umgang mit und bei der Interpretation von Prozentsätzen größer als 100 % (Parker & Leinhardt 1995; Rosenthal et al. 2009), die häufig aus einer zu starken Betonung der Grundvorstellung von Prozenten als Teile vom Ganzen resultieren (Parker & Leinhardt 1995).

Einige der aufgeführten Fehler und Fehlvorstellungen treten sowohl vor als auch nach der unterrichtlichen Einführung von Prozenten auf (Rosenthal et al. 2009, S. 306f). Weitere Fehler entstehen ferner durch Unsicherheiten in angrenzenden Inhaltsbereichen (beispielsweise in der Arithmetik oder bei der Umwandlung zwischen Brüchen, Dezimalbrüchen und Prozenten) (Berger 1989, S. 378; Hafner 2012, S. 6).

Für die erwähnten typischen Schwierigkeiten arbeiten Parker & Leinhardt (1995) in ihrem ausführlichen Review vier zentrale Ursachenkomplexe heraus, die teilweise auch in anderen Publikationen angesprochen werden. Während die ersten drei Problemfelder mit dem konzeptuellen Prozentverständnis in Zusammenhang stehen, bezieht sich das letztgenannte auf das sprachliche Verständnis:

- Einerseits wird der Fokus häufig zu wenig darauf gelegt, was Prozente sind und was sie ausmacht, und andererseits liegt oft eine zu starke Kalkülorientierung vor (Parker & Leinhardt 1995, S. 429 und S. 434; auch bei Berger 1989 / 1991; Lembke & Reys 1994; Friedl 2008; Kleine 2009).

- Zu Prozenten und zur Prozentrechnung existieren vielfältige Grundvorstellungen und mit Prozenten können multiple Zusammenhänge (Situationsmuster wie Teile vom Ganzen, Verhältnisse, Veränderungen oder Vergleiche, Abschnitt 1.1.2) beschrieben werden (Parker & Leinhardt 1995, S. 472).

- Im Unterricht wird die Grundvorstellung von Prozenten als Anteile bzw. das zugehörige Situationsmuster, in dem Prozente als Teile vom Ganzen gedeutet werden, zu stark fokussiert und die zur Einführung dieser Grundvorstellung verwendeten Einführungsmodelle werden bei der anschließenden Fokussierung von Rechenverfahren oft nicht aufgegriffen (ebd., S. 473).

- Prozente besitzen eine spezifische Sprache, die sich durch folgende Charakteristika auszeichnet (Parker & Leinhardt 1995, S. 421 und S. 446ff und S. 473; auch bei Meißner 1982, S. 122f; Scherer 1996, S. 467f oder Jitendra & Star 2012, S. 151):

  o Extreme Präzision und Verdichtung durch die die Bezugsgrößen bzw. die mathematischen Zusammenhänge implizit bleiben und gefolgert werden müssen (Parker & Leinhardt 1995, S. 446).

  o Missverständliche additive Terminologie (etwa „erhöhen um … %" und „verringern um … %") für multiplikative Bedeutungen, die eine nicht vorhandene Symmetrie bei Aufgaben zur Erhöhung und Verminderung suggeriert (ebd., S. 448f).

  o Multiple Verwendungen der Präposition „von" (ebd., S. 446f).

1.2.2 Erkenntnisse zum Umgang von Lernenden mit verschiedenen Aufgabentypen

Der Grundaufgabentyp „*Prozentwert gesucht*" wird häufig als der einfachste unter den drei Grundaufgabentypen zu Prozenten (Abschnitt 1.1.3) angesehen (Parker & Leinhardt 1995, S. 444). Die Annahme, dass er den Lernenden tatsächlich die geringsten Schwierigkeiten bereitet, wird durch viele empirische Untersuchungen verifiziert (u. a. Kouba et al. 1988, S. 17; Jordan et al. 2004, S. 167; Rosenthal et al. 2009, S. 303ff; Baratta et al. 2010, S. 65f; auch bei Parker & Leinhardt 1995, S. 425).

Begründet werden die zumeist geringeren Lösungshäufigkeiten der Grundaufgabentypen „*Prozentsatz gesucht*" und „*Grundwert gesucht*" etwa mit der stärkeren Vertrautheit der Lernenden mit dem operationalen Gebrauch von Prozenten, der sich in dem Grundaufgabentyp „*Prozentwert gesucht*" manifestiert:

„It is perhaps the case that students' familiarity with the operator notion of percent interferes with their ability to establish the necessary comparisons for Cases 2 [Prozentsatz gesucht] and 3 [Grundwert gesucht]. Given a percent, many students' first instinct is to multiply, whether or not the base (input) is given." (Parker & Leinhardt 1995, S. 444; Einfügung B. P.)

Außerdem wird angenommen, dass der Grundaufgabentyp „*Prozentwert gesucht*" „im Mathematikunterricht […] ausführlicher behandelt und überbetont wird" (Hafner 2012, S. 128). Inwieweit dies in den Kapiteln zur Prozentrechnung ausgewählter Schulbücher angelegt ist, soll eine in Abschnitt 2.2.2 dokumentierte Schulbuchanalyse zeigen.

Auf die Frage, welcher der beiden übrigen Grundaufgabentypen *„Prozentsatz gesucht"* und *„Grundwert gesucht"* in größerem Ausmaß Schwierigkeiten generiert, kann anhand der Resultate der berücksichtigten Untersuchungen keine eindeutige Antwort formuliert werden. So existieren sowohl Studien, die den partizipierenden Lernenden bei dem Grundaufgabentyp *„Prozentsatz gesucht"* ein schlechteres Abschneiden attestieren als bei dem Grundaufgabentyp *„Grundwert gesucht"* (Jordan et al. 2004, S. 167 und Hafner 2012, S. 89), als auch solche, die das Gegenteil belegen (Kouba 1988, S. 17; Rosenthal et al. 2009, S. 303ff; Baratta et al. 2010, S. 65). Für die in die Studie von Baratta et al. (2010, S.66) involvierten Achtklässlerinnen und Achtklässler ergeben sich ferner für die beiden erwähnten Grundaufgabentypen übereinstimmende relative Lösungshäufigkeiten.

Als mögliche Begründungen für Probleme mit Aufgaben des Typs *„Prozentsatz gesucht"* können eine unzureichende Verankerung des Prozentbegriffs bzw. eine zu starke formale Bindung des Lösungsweges an Dreisatzalgorithmen angeführt werden (Jordan 2004, S. 167). Das Auftreten der aus Erfahrungen mit den natürlichen Zahlen resultierenden Fehlvorstellung, nach der eine Multiplikation immer zu einem größeren und eine Division stets zu einem kleineren Ergebnis führt, wird für den Umgang mit dem Grundaufgabentypen *„Grundwert gesucht"* als typisch charakterisiert (Hafner 2012, S. 128).

Mit Blick auf ihren oft mehrschrittigen Lösungsprozess wird für die erweiterten Aufgabentypen (Abschnitt 1.1.3) im Vergleich zu den Grundaufgabentypen ein höherer Schwierigkeitsgrad angenommen. Diese Zuschreibung liegt etwa den Anforderungsniveaus zur Prozentrechnung zugrunde, die als Basis zur Konstruktion einer Aufgabengruppe des Mathematiktests der nationalen Ergänzungsuntersuchung bei PISA 2000 diente (Jordan et al. 2004, S. 162ff). Tendenziell fand diese theoretische Stufung durch die Empirie Bestätigung (ebd., S. 166). Auch innerhalb der Untersuchung von Berger (1989, S. 230) erwies sich das eingesetzte Item des erweiterten Aufgabentyps „Grundwert gesucht bei gegebener prozentualer Differenz" (Typ VIII in Tabelle 1.1.1) als schwieriger als die übrigen Aufgaben zu Prozenten.

Anzumerken ist, dass die Aussagen zu den Schwierigkeiten der einzelnen Aufgabentypen innerhalb der Studien teilweise auf sehr wenigen Items pro Aufgabentyp beruhen (zum Beispiel lediglich jeweils ein Item bei Hafner 2012) und teilweise für die einzelnen Aufgabentypen unterschiedliche Anzahlen an Items berücksichtigt wurden (etwa Berger 1989; Rosenthal et al. 2009; Kouba 1988). Außerdem fällt auf, dass die Anforderungen hinsichtlich der verschiedenen Aufgabentypen, deren Lösungshäufigkeiten innerhalb der einzelnen Studien verglichen werden, oft mehr oder weniger stark differieren. So werden etwa Lösungshäufigkeiten von Items gegenübergestellt, die sich in der Komplexität der integrierten Zahlen bzw. durchzuführenden Rechnungen (etwa Baratta et al. 2010; Hafner 2012), den Kontexten etwaiger Textaufgaben (etwa Berger 1989, Hafner 2012) oder ihren Formaten (etwa Rosenthal et al. 2009, Abschnitt 1.2.3) unterscheiden. Systematisch werden die Anforderungen dabei selten variiert. Eine Ausnahme bildet die Studie von Baratta et al. (2010), in der neben dem Aufgabentyp zusätzlich die Zahlenkomplexität – einem bestimmten Muster folgend – verändert wird. Alle drei Grundaufgabentypen werden dabei in vier definierten Zahlenkomplexitätsstufen realisiert.

1.2.3 Erkenntnisse zum Umgang von Lernenden mit verschiedenen Aufgabenformaten

Die Anführung der Sprache der Prozente als einen Ursachenkomplex für Schwierigkeiten von Lernenden mit diesem Inhaltsbereich, führt zu der Vermutung, dass der Schwierigkeitsgrad von Aufgaben nicht nur von ihrem Typ (Abschnitt 1.2.2), sondern auch von der Art ihrer Darstellung abhängig sein kann. Die alternativen Repräsentationsformen der Aufgabentypen zu Prozenten werden in der vorliegenden Arbeit als *Aufgabenformate* operationalisiert. Differenziert wird dabei zwischen drei Aufgabenformaten, die jeweils in einigen der zitierten Untersuchungen eingesetzt wurden (Abbildung 1.2.1 für Beispiele):

- *Entkleidetes Format* (Kategorie *„Excercises"* bei Parker & Leinhardt 1995, S. 424): Symbolische Repräsentation von Aufgabentypen zu Prozenten oder rein formalbezogene Beschreibung mit Grundwert, Prozentwert, Prozentsatz (etwa bei Kouba et al. 1988; Lembke & Reys 1994).

- *Graphisches Format*: Graphische Repräsentation von Aufgabentypen zu Prozenten (etwa bei Lembke & Reys 1994; Scherer 1996 und 1996a; Rosenthal et al. 2009; Walkington 2013).

- *Textaufgaben* (Kategorie *„Problems"* bei Parker & Leinhardt 1995, S. 424): Verbale, kontextuell eingebettete Repräsentation von Aufgabentypen zu Prozenten (u. a. etwa bei Berger 1989; Lembke & Reys 1994; Baratta et al. 2010; Hafner 2012; Walkington 2013).

Aus der Unterscheidung der drei erwähnten spezifischen Aufgabenformate ergibt sich die theoretische Möglichkeit, die Kompetenzen von Lernenden hinsichtlich der unterschiedlichen Formate von Aufgaben zu Prozenten direkt gegenüberzustellen zu können. Damit könnte etwa themenspezifisch eine Einschätzung dahingehend getroffen werden, ob Textaufgaben durch ihre sprachliche Repräsentation Lernenden tatsächlich größere Schwierigkeiten bereiten als Aufgaben im entkleideten Format. Derartige Vergleiche wurden bisher im Rahmen empirischer Untersuchungen – insbesondere in Bezug auf die Prozente – allerdings nur selten explizit vorgenommen.

Das Format der Textaufgaben gilt im Allgemeinen als besonders herausfordernd (u. a. Duarte et al. 2011). Als Untermauerung dieser Annahme werden häufig von Carpenter et al. (1980, S. 12) oder von Cummins-Dellarosa et al. (1988, S.405) erzielte Resultate angeführt, wonach für entkleidete Aufgaben zu den Grundrechenarten bzw. zu Operationen mit Dezimalbrüchen oder Brüchen von Lernenden zwischen 10 % und 70 % höhere Lösungshäufigkeiten erzielt werden als für parallelisierte Textaufgaben.

„Percent word problem solving is considered to be one of the most difficult topics for many middle school students." (Jitendra & Star 2012, S. 152)

Wie das vorstehende Zitat verdeutlicht, wird Textaufgaben zu Prozenten eine besondere Schwierigkeit zugeschrieben. Begründet wird dies vor allem mit der Herausforderung, die Beziehungen zwischen den einzelnen Größen rekonstruieren zu müssen, die durch die vielfältige und präzise Sprache der Prozente erschwert wird (Abschnitt 1.2.2):

„The recognition of underlying mathematical relationships is particularly challenging with percent […] word problems, given the many different ways that mathematically similar problems can be expressed." (Jitendra & Star 2012, S. 151)

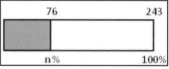

30 is what percent of 60?

Aufgabe des entkleideten Formats
aus Kouba et al. 1988, S. 17

Aufgabe des graphischen Formats
aus Walkington et al. 2013, S. 535

In 500 g Erbsen sind 100 g Eiweiß enthalten.

Zu wie viel Prozent bestehen die Erbsen aus Eiweiß?
Schreibe auf, wie du gerechnet hast.

Textaufgabe aus Hafner 2012, S. 113

Abbildung 1.2.1 Beispiele zum Aufgabentyp „Prozentsatz gesucht" für die drei Aufgabenformate aus den fokussierten Untersuchungen

Trotz des hohen angenommenen Schwierigkeitsgrads von Textaufgaben zu Prozenten konnten Lembke & Reys (1994, S. 252) die Ergebnisse von Carpenter et al. (1980) und Cummins-Dellarosa et al. (1988) für den genannten Themenbereich nur in einem geringeren Ausmaß (maximal 6 %) und lediglich für jene Lernendengruppe reproduzieren, die bereits an einer darauf bezogenen unterrichtlichen Einführung teilgenommen hatte. Für die Lernenden ohne unterrichtliche Vorerfahrungen zu Prozenten ergaben sich hingegen keinerlei Unterschiede in Bezug auf die Lösungshäufigkeit von Aufgaben beider Formate. In

Verbindung mit Erkenntnissen aus Studien zu anderen Inhaltsbereichen, in denen kontextuell eingebettete Textaufgaben erfolgreicher gelöst wurden als entkleidete Aufgaben (van den Heuvel-Panhuizen 2005, S. 7), lässt dieses Resultat vermuten, dass die Kontexte der Textaufgaben durchaus auch einen positiven Beitrag zum Aufgabenverständnis leisten können. Eine bedeutsame Rolle scheint dabei die Vertrautheit mit dem gegebenen Kontext zu spielen. Dabei erweist sich das Einkaufen oft als Kontext, mit dem Lernende typischerweise relativ kompetent umgehen können (Bell et al. 1984, S. 145).

Die Fähigkeit zur Formulierung eigener Textaufgaben, die als Umkehrung des Formats der Textaufgaben angesehen werden kann, stellt ein Indiz für das Vorhandensein eines Verständnisses der zugrunde liegenden Konzepte dar (s. auch Strick 1995, S. 198):

> „Writing stories to fit given calculations […] proved very effective […] as an indicator of the relative accessibility to the pupils of the various problem structures." (Bell et al. 1984, S. 145)

Aufgrund der Tatsache, dass das Stellen eigener Aufgaben für viele Lernende eine ungewonte Anforderung war, wurde ein derartiges Item in dem von Scherer (1996) eingesetzten Test zu Prozenten von einem großen Anteil der Lernenden nicht bearbeitet (S. 467f).

Positive Auswirkungen auf die Lösungshäufigkeiten in Bezug auf Textaufgaben zu Prozenten hat der Studie von Walkington et al. (2013, S. 4) zufolge, die ergänzende Anführung eines Prozentstreifens, an dem die Zusammenhänge der Textaufgabe (Abbildung 1.2.1) visualisiert sind. Die alternative Hypothese, nach der graphische Elemente eine zusätzliche Belastung darstellen (McNeil et al. 2009), findet durch die erwähnte Untersuchung demnach keine Bestätigung. Weitere Studien, in denen Aufgaben des graphischen Formats (etwa verschiedene Varianten von Schraffieraufträgen) integriert sind, deuten an, dass viele Lernende mit diesem Format, insbesondere im Vergleich zu Textaufgaben, besser umgehen können (Scherer 1996, S. 467; Dole et al. 1997, S. 6; Rosenthal et al. 2009, S. 303ff). Eine intuitive Verwendung graphischer Elemente im Sinne einer Lösungsstrategie zum Umgang mit Prozenten findet dabei allerdings nicht statt (Dole et al. 1997, S. 6).

Wie in diesem Abschnitt verdeutlicht wurde, werden Gegenüberstellungen der Lösungshäufigkeiten bei unterschiedlichen Aufgabenformaten zu Prozenten noch seltener vorgenommen als Vergleiche für Aufgabentypen (Abschnitt 1.2.2). Dabei mangelt es auch im Fall der Aufgabenformate insbesondere an systematischen Analysen. Auf die Notwendigkeit des Schließens einer diesbezüglichen themenunabhängig bestehenden Forschungslücke wurde bereits vor mehr als zehn Jahren hingewiesen:

> „Based on the findings discussed in this article, my recommendation would be to do more research into the effects of alterations in presentations and comparing context problems with bare problems in order to get a better understanding of these issues." (van den Heuvel-Panhuizen 2005, S. 9)

1.3 Zusammenfassung

Die Situation der Thematik der Prozente lässt sich als ambivalent kennzeichnen. So hat sie einerseits eine hohe schulische und außerschulische Relevanz (Abschnitt 1.1.1). Letzteres führt dazu, dass viele Lernende bereits vor der unterrichtlichen Auseinandersetzung mit dem Inhaltsbereich über tragfähiges intuitives Alltagswissen verfügen (Abschnitt 1.2.1). Andererseits evoziert sie Verstehens- und Lernschwierigkeiten (Abschnitt 1.2.1).

Dies wird etwa anhand empirischer Untersuchungen nachgewiesen. Allerdings lässt sich der Forschungsstand zum Umgang mit Prozenten als relativ überschaubar charakterisieren (Abschnitt 1.2). So existieren vor allem im nationalen Kontext wenige aktuellere empirische Studien (Hafner 2012, S. 46f).

Für die vorhandenen Untersuchungen (Tabellen 1.2.1 bis 1.2.3 für einen Überblick) lassen sich folgende Forschungsschwerpunkte klassifizieren:

*   Ermittlung der Lösungshäufigkeiten bei Aufgaben zu Prozenten (u. a. Meißner 1982; Jordan et al. 2004; Baratta et al. 2010; Hafner 2012)
*   Untersuchung der verwendeten Lösungsstrategien sowie angewandten formalen Lösungsverfahren (u. a. Berger 1989 / 1991; Lembke & Reys 1994; Scherer 1996 / 1996a; Dole et al. 1997; Kleine & Jordan 2007)
*   Fehleranalysen (Meißner 1982; Sander & Berger 1985; Berger 1989 / 1991; Rosenthal et al. 2009; Hafner 2012)

Darüber hinaus finden selten und vor allem in wenig systematischer Form Analysen im Hinblick auf verschiedene Aufgabentypen (Abschnitt 1.2.2; etwa bei Berger 1989 / 1991; Jordan et al. 2004; Rosenthal et al. 2009; Baratta et al. 2010, Hafner 2012) sowie Aufgabenformate (Abschnitt 1.2.3; Lembke / Reys 1994; Scherer 1996; Dole et al. 1997; Walkington et al. 2013) statt.

Die im Rahmen der Studien ermittelten Schwierigkeiten von Lernenden, die vor allem auf ein fehlendes konzeptuelles Prozentverständnis hinweisen, sind unter anderem auf die Vielfalt und die Komplexität der Thematik der Prozente zurückzuführen (Abschnitt 1.2.1). Diese drückt sich folgendermaßen aus:

*   In multiplen Grundvorstellungen zum Prozentbegriff und verschiedenen assoziierten Situationsmustern sowie unterschiedlichen Grundvorstellungen zu Prozenten und zur Prozentrechnung (Abschnitt 1.1.2), in
*   verschiedenen Aufgabentypen (Abschnitt 1.1.3) sowie in
*   unterschiedlichen alternativen Lösungsverfahren (Abschnitt 1.1.3).

Für die angeführten Schwierigkeiten der Lernenden werden oft die Art und der Aufbau des Unterrichts zum Umgang mit Prozenten verantwortlich gemacht (Abschnitt 1.2.1). Dies motiviert dazu, auf Basis der in diesem Kapitel vorgenommenen fachdidaktischen *Spezifizierung* zu Prozenten die *Strukturierung* dieses Lerngegenstands näher in den Blick zu nehmen und mögliche Reihenfolgen und Zusammenhänge in den Lernpfaden zu untersuchen (Kapitel 3).

2 Fachdidaktische Strukturierung des Lerngegenstands

Mit dem Ziel, ein fach- und sprachintegriertes Konzept zu Prozenten zu entwickeln, werden in diesem Kapitel Hinweise zur Strukturierung jener Aspekte zum Lerngegenstand fokussiert, die im ersten Kapitel als relevant spezifiziert wurden.

Dazu werden einerseits Design-Prinzipien für die Konzeption von Unterricht zu Prozenten (Abschnitt 2.2.1) unter anderem aus empirischen Studien abgeleitet. Andererseits erfolgt eine Analyse ausgewählter Schulbücher, die darauf abzielt, zu ermitteln, welche Strukturierungsprinzipien den integrierten Kapiteln zur Prozentrechnung zugrunde liegen (Abschnitt 2.2.2). Darüber hinaus wird ein etabliertes, dem RME-Ansatz (Abschnitt 2.3.1) entstammendes Konzept zu Prozenten (Abschnitt 2.3.2) einschließlich seiner grundlegenden Prinzipien vorgestellt, auf dem die Designentwicklung dieser Arbeit aufbaut. Zentral sind dafür das Level-Prinzip (Abschnitt 2.3.4) und der Prozentstreifen (Abschnitt 2.3.3), der als graphische Darstellung und als strukturelles Scaffolding-Element dient.

Als theoretische Basis der Strukturierung des Lerngegenstands muss zunächst das Konstrukt der intendierten Lernpfade vorgestellt werden, das später auch für dessen sprachdidaktische Sequenzierung (Abschnitt 4.1.4) leitend ist.

2.1 Hintergründe zum Konstrukt der intendierten Lernpfade

In der vorliegenden Arbeit wird im Sinne der Fachdidaktischen Entwicklungsforschung (Abschnitt 5.1) unter der Strukturierung eines Lerngegenstands unter anderem die Gestaltung eines sogenannten *intendierten Lernpfad*s verstanden (englisch *hypothetical learning trajectory* etwa bei Simon 1995; Confrey 2006; Gravemeijer & Cobb 2006; Smit 2013; Prediger, Gravemeijer & Confrey 2015 oder auch *intended learning trajectory* etwa bei Hußmann & Prediger 2016):

> „By the term ‚structuring the content‘ we mean connecting these identified aspects in a network of internal relations and preparing a suitable intended learning trajectory as an intended progression through the specified aspects with specific attention to the connecting points for long-term learning processes.“ (Hußmann & Prediger 2016, S. 35)

Wie im Zitat bereits angedeutet wird, beziehen sich die intendierten Lernpfade in der vorliegenden Arbeit nicht – wie ursprünglich von Simon (1995) konzeptualisiert – auf einzelne Lernaktivitäten oder Unterrichtsstunden. Stattdessen wird die breitere Auffassung von Confrey (2006) zugrunde gelegt. Demzufolge

© Springer Fachmedien Wiesbaden GmbH 2018
B. Pöhler, *Konzeptuelle und lexikalische Lernpfade und Lernwege zu Prozenten*, Dortmunder Beiträge zur Entwicklung und Erforschung des Mathematikunterrichts 35, https://doi.org/10.1007/978-3-658-21375-6_3

sind intendierte Lernpfade etwa auch im Hinblick auf eine komplette Unterrichtseinheit zu einer Thematik zu designen – hier für Prozente.

Ein intendierter Lernpfad besteht in seiner ursprünglichen Bedeutung aus den folgenden Elementen:

„The hypothetical learning trajectory is made up of three components: the learning goal that defines the direction, the learning activities, and the learning process – a prediction of how the students' thinking and understanding will evolve in the context of the learning activities." (Simon 1995, S. 136)

Unter der Perspektive der Fachdidaktischen Entwicklungsforschung werden innerhalb des Designprozesses in einem solchen intendierten Lernpfad jene Aspekte integriert, verknüpft und in eine geeignete chronologische Reihenfolge gebracht, die im Rahmen der Spezifizierung des Lerngegenstands (Kapitel 1 für die Prozente; Abschnitt 5.1 für allgemeine Hintergründe) als relevant identifiziert wurden (Hußmann & Prediger 2016, S. 35). Ein aus konkreten Lernaktivitäten bestehendes Lehr-Lern-Arrangement wird unter dieser Perspektive als Realisierung des intendierten Lernpfads aufgefasst (ebd., S. 38).

Bei dessen Durchführung und ebenfalls bei anschließenden Analysen kann der intendierte Lernpfad die Aufmerksamkeit der Lehrkräfte bzw. Forschenden lenken (Smit 2013, S. 79). Das Konstrukt zeichnet sich weiterhin dadurch aus, dass es die Verknüpfung von theoretischem und praktischem Wissen ermöglicht und dementsprechend angepasst werden kann (ebd.). Praktisches Wissen wird dabei aus Erprobungen des designten Lehr-Lern-Arrangements in Kleingruppenförderungen im Laborsetting oder auch im Klassenunterricht generiert (Abschnitt 5.1 für die empirische Ebene der Spezifizierung und Strukturierung von Lerngegenständen im Sinne der Fachdidaktischen Entwicklungsforschung).

Die für das Konstrukt des Lernpfades verwendeten Adjektive *hypothetisch* bzw. *intendiert* verweisen auf Prognosen über erwartete Lernprozesse (Simon 1995, S. 135) bzw. geplante Strukturierungen in Form eines idealisierten Angebots an Lerngelegenheiten (Hußmann & Prediger 2016). Dem Verständnis des *intendierten Lernpfads* ist dementsprechend inhärent, dass dieser multiple und oszillierende Lernprozesse auslösen kann, die etwa auch Hürden enthalten können (Confrey 2006; Prediger et al. 2015, S. 885). Diese Auffassung ist eng mit der zugrunde liegenden sozio-konstruktivistischen Lehr-Lern-Theorie verknüpft (Simon 1995, S. 135; Abschnitt 2.3.1 in Bezug auf den RME-Ansatz; Abschnitt 3.1.2 in Bezug auf die kognitive Funktion von Sprache). Um sie begrifflich fassen zu können, unterscheidet Simon (1995, S. 136) die *hypothetical trajectory* (intendierte Planung) von der *trajectory* (tatsächlicher Ablauf). Mit dem Ziel, die individuelle Komponente stärker zu betonen, wird in der vorliegenden Arbeit der Ausdruck *individueller Lernweg* (englisch *individual learning pathway*) kontrastierend zum Begriff des *intendierten Lernpfads* verwendet (Hußmann & Prediger 2016, S. 36).

Anders als bei Smit (2013, S. 88), die neben fachlichen ebenfalls linguistische Lernziele berücksichtigt, wird das fachliche und sprachliche Lernen hier nicht in einem einzelnen intendierten Lernpfad integriert. Stattdessen werden zwei aufeinander abgestimmte Lernpfade entwickelt, die als *konzeptueller Lernpfad* (fachliches Lernen, dieses Kapitel für die Gestaltung zu Prozenten) und *lexikalischer Lernpfad* (sprachliches Lernen, Kapitel 4 für die Gestaltung zu Prozenten) bezeichnet werden.

2.2 Strukturierungsprinzipien zu Prozenten

2.2.1 Design-Prinzipien für die Konzeption von Unterricht sowie Materialien zu Prozenten

Aus den in Abschnitt 1.2 dargelegten empirischen Studien können diverse Konsequenzen für die Entwicklung von Fördermaßnahmen, Unterricht bzw. Materialien zur Thematik der Prozente abgeleitet werden. Einige dieser Folgerungen sind mit den *Design-Prinzipien* der vorliegenden Entwicklungsforschungsstudie eng verknüpft und werden daher hier zusammenfassend präsentiert.

Berücksichtigung von und Anknüpfen an kontextgebundene Vorerfahrungen der Lernenden

Die Befunde verschiedener Studien, dass viele Lernende vor der unterrichtlichen Einführung der Thematik der Prozente bereits informelle Strategien zur Lösung von Aufgaben dieses Themenkomplexes anwenden können, ist hoch relevant für die seit langem formulierte Forderung nach einer stärkeren Berücksichtigung des intuitiven Wissens von Lernenden (Scherer 1996a, S. 542; Rosenthal et al. 2009, S. 307). Für den hier fokussierten Lerngegenstand schließt dies insbesondere ein, „dass das bei den Kindern aufgrund außerschulischer Erfahrungen offensichtlich vorhandene ‚Prozentgefühl' nicht durch Techniken des ‚genauen Rechnens' zugedeckt, sondern weiter gefördert wird" (Berger 1989, S. 98). Stattdessen sollten die Lernenden ihre intuitiven Herangehensweisen zu vielfältigen Lösungswegen ausbauen, denen sie eine Bedeutung zuschreiben können (Lembke & Reys 1994, S. 255; Scherer 1996, S. 542).

Zur Realisierung des Anknüpfens an die Alltagserfahrungen der Lernenden wird die Nutzung von Kontexten empfohlen, in denen Alltagswissen aktiviert werden kann (Lembke & Reys 1994, S. 255; Parker & Leinhardt 1995, S. 471). Der Evaluation eines Unterrichtskonzepts zufolge, in der ein Schwerpunkt auf den Kontext des Einkaufens (Rabatte und Steuern) gelegt wurde, erwies sich dieser aus Sicht der teilnehmenden Lehrkräfte und Lernenden als adäquater Gesprächsanlass über Prozente (White et al. 2007, S. 811; White et al. 2009,

S. 8). Dieser vertraute Kontext kann den Lernenden die Relevanz eines sicheren Umgangs mit Prozenten vermitteln und zum Aufbau eines fundierten Prozentverständnisses beitragen (Baratta et al. 2010, S. 62), sofern dieser längerfristiger thematisiert werde (Baireuther 1983, S. 33).

Herstellen von Zusammenhängen mit anderen Inhaltsbereichen

Eine Verknüpfung des Prozentbegriffs mit benachbarten Konzepten wie dem proportionalen Denken, den Brüchen oder Dezimalbrüchen wird als relevant erachtet (Lembke & Reys 1994, S. 255; Parker & Leinhardt 1995, S. 472; Hafner 2012, S. 182). Dabei sollte allerdings nicht allein die Fähigkeit zum Umwandeln zwischen Prozenten, Brüchen und Dezimalzahlen betont werden (Dole et al. 1997, S. 7). Denn in dem Fall, dass bei der Betrachtung von Brüchen die relevante Bezugnahme auf das Ganze (Schink 2013, S. 41f) vernachlässigt wird, kann dies zu Problemen führen (Parker & Leinhardt 1995, S. 437). Stattdessen sollte auf den Aufbau eines Verständnisses für die Zusammenhänge zwischen den drei Konzepten abgezielt werden (Lembke & Reys 1994, S. 255). Unterstützt werden kann dies etwa durch die Verwendung ähnlicher graphischer Darstellungen (Baireuther 1983, S. 32), wie dem Bruch- bzw. dem Prozentstreifen (Abschnitt 2.3.3).

Anzumerken ist, dass die Thematisierung dieses bedeutsamen Design-Prinzips hier bewusst nur sehr knapp ausfällt. Dies wird damit begründet, dass der Zusammenhang zwischen den erwähnten Konzepten im Projekt „Mathe sicher können" bereits innerhalb der Förderbausteine zum Bruchverständnis fokussiert (Schink, Prediger & Pöhler 2014) und dementsprechend in der Design-Entwicklung des Lehr-Lern-Arrangements zu Prozenten nur tangiert wird.

Angebot einer durchgängigen graphischen Darstellung zur anschaulichen Verankerung

Der Gehalt von graphischen Darstellungen für die Auseinandersetzung mit Prozenten und die sich daraus ergebende Forderung des unterrichtlichen Einsatzes solcher Modelle wird immer wieder betont (u. a. Kraus 1986, S. 431; Scherer 1996a, S. 541; White et al. 2007, S. 809; Baratta et al. 2010, S. 62): „In fact, solid representations of percent may be one key to unlocking the door to an understanding of percent" (Parker & Leinhardt 1995, S. 465).

Als geeignet werden visuelle Modelle für Prozente dann angesehen, wenn sie flexibel anwendbar sind und die Zusammenhänge zwischen den einzelnen Konzepten bzw. Größen veranschaulichen (Strehl 1979, S. 129; Parker & Leinhardt 1995, S. 472, ausführlicher in Abschnitt 2.3.3 im Zusammenhang mit Argumenten zur Eignung des Prozentstreifens).

Einerseits können graphische Darstellungen dann einen Beitrag zur Fokussierung der Aufmerksamkeit der Lernenden und andererseits zum Verständnis der
Sprache von Prozenten leisten:

„Finally, the use of multiple, flexible representations could provide the opportunity for unpacking
the overly concise language of percent." (Parker & Leinhardt 1995, S. 472)

Die Bedeutung von graphischen Darstellungen (Tredway & Hollister 1963;
Scherer 1996, S. 541) bzw. die Aktivierung bildlicher Vorstellungen bei Lernenden (Lembke & Reys 1994, S. 255) im Allgemeinen konnte in Bezug auf Prozente bereits in Ansätzen empirisch nachgewiesen werden. Dennoch äußern
Parker und Leinhardt (1995, S. 473) die anscheinend immer noch bestehende
Notwendigkeit weiterer diesbezüglicher Forschung – etwa hinsichtlich des Ein-
flusses geeigneter graphischer Darstellungen auf die Leistung und das Verständnis von Lernenden.

Wie allgemein für graphische Darstellungen betont wird, sollte deren Auswahl didaktisch wohlüberlegt sein und unter dem Kriterium der Sparsamkeit
erfolgen (Wittmann 1993, S. 395; Krauthausen & Scherer 2007, S. 231). Die
damit korrespondierende Devise „Weniger ist mehr" wird damit begründet, dass
„ein angemessenes Verständnis eines Anschauungsmittels nur durch eine längere Auseinandersetzung mit diesem Mittel erreicht werden kann" und eine solche
nur für eine begrenzte Anzahl an graphischen Darstellungen gewährleistet werden könne (Wittmann 1993, S. 395). Außerdem muss stets auch die Möglichkeit
in Betracht gezogen werden, dass „Visualisierungen jeglicher Art vor allem für
schwächere Schüler unter Umständen [zunächst...] eine zusätzliche Hürde [...]
darstellen" können (Berger 1989, S. 103ff; Berger 1991, S. 40).

Integrierte Thematisierung statt sukzessiver Einführung der einzelnen
Aufgabentypen zu Prozenten

Innerhalb ihres ausführlichen Reviews leiten Parker & Leinhardt (1995, S. 457)
aus unterschiedlichen Studien ab, dass sich traditioneller Unterricht zu Prozenten, in dem die einzelnen Aufgabentypen eine separate Behandlung erfahren, als
vergleichsweise ineffektiv erweist. Dazu führen sie als Beleg die Untersuchung
von Tredway und Hollister (1963) an, welche die Vorteile eines integrierten
Ansatzes zum Umgang mit Prozenten initial verdeutlicht. Dieser zeichnet sich
dadurch aus, dass die Auseinandersetzung mit den drei Grundaufgabentypen
simultan erfolgt und ihre Beziehungen untereinander betont werden.

Gegen die häufig in Schulbüchern angelegte separate sukzessive Behandlung der einzelnen Aufgabentypen (Abschnitt 2.2.2) spricht ferner, dass die
attestierten Schwierigkeiten von Lernenden beim Umgang mit Textaufgaben zu
Prozenten in diversen Studien unter anderem auf das Finden eines adäquaten
Ansatzes zurückgeführt werden konnten (etwa bei Berger 1989 / 1991; Scherer
1996 / 1996a; Hafner 2012). Die Förderung dieser Kompetenz zur Identifikation

des jeweils angesprochenen Aufgabentyps, deren Bedeutsamkeit etwa auch von Dole, Cooper, Baturo und Conoplia (1997, S. 7) herausgestellt wird, erscheint innerhalb eines integrierten Ansatzes intuitiver möglich zu sein.

Betonung des Aufbaus eines konzeptuellen Verständnisses statt der Anwendung formaler Lösungsverfahren

Mit Blick auf den Aufbau eines konzeptuellen Prozentverständnisses wird die Adäquatheit der „starke[n] Betonung von Lösungsschemata, wie sie sich in Schulbüchern […] immer wieder finden" angezweifelt (Kleine 2009, S. 154). Insbesondere wird konstatiert, dass verhindert werden sollte, dass die Einführung formaler Lösungsverfahren zur Überlagerung der schon früh vorhandenen intuitiven Einsichten von Lernenden in prozentuale Zusammenhänge führt (Berger 1991, S. 39).

In diesem Zusammenhang wird bei der Auseinandersetzung mit Prozenten die wiederkehrende Initiierung von Aktivitäten des Schätzens und Überschlagens als sinnvoll angesehen (Berger 1991, S. 39; Dole et al. 1997, S. 7). Im Gegensatz zum reinen Schätzen werden unter das (anschauungsgebundene) Überschlagen jene Techniken subsummiert, bei denen überschlagsweise gerechnet wird (Berger 1989, S. 99). In Bezug auf den Umgang mit Prozenten können darunter proportionale Argumentationsketten verstanden werden, die sich auf die zugrunde liegenden Sachsituationen beziehen (ebd.). Die Thematisierung solcher Techniken kann dazu beitragen, dass die Lernenden ein Verständnis dafür entwickeln, dass Lösungen für Aufgaben zu Prozenten auf verschiedenen alternativen Wegen generiert werden können (ebd., S. 102; Scherer 1996, S. 542).

Auf Basis von Kompetenzen des Schätzens und Überschlagens kann einerseits eher ein auf Verständnis basierender Prozentbegriff aufgebaut werden (Allinger & Payne 1986), andererseits haben diese Fähigkeiten praktische Relevanz. So erweisen sich in vielen Alltagssituationen mit Prozenten – etwa beim Vergleich von Zahlenangaben in den Medien oder von Preisnachlässen beim Einkaufen – derartig ermittelte näherungsweise Ergebnisse häufig als ausreichend (Berger 1989, S. 96f und S. 384; Berger 1991, S. 39).

Unabhängig davon, welche Lösungsverfahren also für die Prozentrechnung vermittelt werden, bildet die Entwicklung eines inhaltlichen Verständnisses die notwendige Voraussetzung (Hafner 2012, S. 181). Nur so ist es möglich, dass Lösungsverfahren in unterschiedlichen Situationen mit variierenden Aufgabenstellungen oder Zahlenwerten flexibel angewandt werden können (ebd.).

Thematisierung der verschiedenen Grundvorstellungen von Prozenten

Gefordert wird, dass die Lernenden innerhalb des Unterrichts oder von Förderungen zum Umgang mit Prozenten mit den verschiedenen Grundvorstellungen von Prozenten und zur Prozentrechnung (Abschnitt 1.1.2) vertraut gemacht werden sollten (Parker & Leinhardt 1995, S. 472). Das bedeutet, dass neben der in Schulbüchern oft prominenten Grundvorstellung von Prozenten als Teile vom Ganzen (Abschnitt 2.2.2), auch die unterschiedlichen Situationsmuster der Grundvorstellung von Prozenten als Verhältnisse berücksichtigt werden sollten. Letzteres findet – wie nachfolgend dargelegt wird – in den analysierten Lehrwerken bereits in unterschiedlichem Ausmaß Berücksichtigung und zwar mit Schwerpunktsetzungen bestimmter Situationsmuster (vor allem „Vermehrung um … %, vgl. Abschnitt 2.2.2).

Zusammenschau relevanter Design-Prinzipien für die Konzeption von Unterricht sowie Materialien zu Prozenten

Diverse empirische Studien sowie Praxisbeiträge zeigen die gegenstandsspezifische Relevanz der folgenden Design-Prinzipien für die Konzeption von Unterricht sowie Materialien zu Prozenten auf:

- *Anknüpfen an und Berücksichtigung von Vorerfahrungen der Lernenden,* etwa mittels des (längerfristigen) Aufgreifens lernendennaher Kontexte (u. a. Berger 1989; Lembke & Reys 1994; Scherer 1996; White et al. 2009).

- *Herstellen von Zusammenhängen mit anderen Inhaltsbereichen,* wie den Brüchen, den Dezimalbrüchen, aber auch dem proportionalen Denken (u. a. Lembke & Reys 1994; Hafner 2012).

- *Angebot einer geeigneten graphischen Darstellung mit fortdauernder Qualität* zur anschaulichen Verankerung des Prozentbegriffs sowie der Zusammenhänge der einzelnen Konzepte bzw. Größen zu Prozenten (u. a. Parker & Leinhardt 1995; White et al. 2007; Baratta et al. 2010).

- *Integrierte Thematisierung statt sukzessiver Einführung der einzelnen Aufgabentypen zu Prozenten* (u. a. Tredway & Hollister 1963; Parker & Leinhardt 1995).

- *Betonung des Aufbaus eines konzeptuellen Verständnisses statt der Anwendung formaler Lösungsverfahren* – unter anderem durch Initiierung von Aktivitäten des Schätzen und Überschlagens – mit dem Ziel, Aufgaben zu Prozenten flexibel lösen zu können (u. a. Berger 1989; Scherer 1996; Kleine 2009; Hafner 2012).

- *Thematisierung der verschiedenen Grundvorstellungen von Prozenten* einschließlich des Aufgreifens multipler Situationsmuster (Parker & Leinhardt 1995).

Inwieweit die erwähnten Design-Prinzipien in die Konzeption von Kapiteln zur Prozentrechnung in ausgewählten Schulbüchern eingeflossen sind, ist Gegenstand einer Analyse, die im folgenden Abschnitt dokumentiert ist.

2.2.2 Behandlung der Prozentrechnung in ausgewählten Schulbüchern

In diesem Abschnitt soll anhand einer Gegenüberstellung ausgewählter Schulbücher dargestellt werden, wie die Einführung der Prozentrechnung innerhalb von Lehrmaterialien der siebten Jahrgangsstufe angelegt sein kann.

Dazu werden die Kapitel zur Prozentrechnung von vier Schulbüchern untersucht, die ebenfalls innerhalb der Korpusanalyse (s. Abschnitt 4.2) in den Blick genommen wurden. Diese stellen die in Gesamtschulen in Nordrhein-Westfalen meist eingesetzten Lehrwerke dreier marktführender Verlagshäuser dar, die zusammen eine große Marktabdeckung haben dürften: *Mathe live 7* (Kietzmann et al. 2000, S. 47 - 70), *Maßstab 7* (Schröder et al. 2006, S. 71 - 94), *Schnittpunkt 7* (Böttner et al. 2006, S. 140 - 157) und *Zahlen und Größen 7* (Aits et al. 1999, S. 73 - 96).

Die *Mathewerkstatt 7* (Leuders, Prediger, Barzel & Hußmann 2014), die inzwischen einen spürbaren Anteil des Marktes einnimmt, war zum Zeitpunkt der Analyse noch nicht erschienen. Die Strukturierung des Kapitels zur Prozentrechnung folgt im genannten Schulbuch allerdings einem ähnlichen konzeptuellen Lernpfad wie das Design des Diagnose- und Fördermaterials von „Mathe sicher können" aus der vorliegenden Arbeit, denn die Mathewerkstatt verfolgt die gleichen Design-Prinzipien und knüpft an dieselben Vorarbeiten (van den Heuvel-Panhuizen 2003, vgl. Abschnitt 2.3.2) an. Daher wird dieses Lehrwerk hier nicht eigens analysiert.

Untersucht wurden die vier Schulbuchkapitel bezüglich ihres Aufbaus, der Einführungskontexte, der berücksichtigten Lösungsverfahren (Tabelle 1.1.2 in Abschnitt 1.1.3), der verwendeten graphischen Darstellungsmittel sowie der explizit eingeführten Sprachmittel. Zudem wurden die angebotenen Aufgaben gezählt und kategorisiert. Unterschieden wird dabei zwischen rahmenden Aktivitäten (wie Umwandlungen, Aufgaben zum Ablesen aus Diagrammen oder Aufträgen zur Informationsbeschaffung) und den Aufgabentypen zu Prozenten im engeren Sinne. Letztere wurden hinsichtlich ihrer Typen (Tabelle 1.1.1 in Abschnitt 1.1.3), ihrer Formate (Abschnitt 1.2.3) sowie ihrer strukturell zu differenzierenden Situationsmuster (Abbildung 1.1.2 in Abschnitt 1.1.2) betrachtet.

Während die Charakteristika der einzelnen Schulbücher hinsichtlich der erwähnten Kategorien in Tabelle 2.1.1 ausführlich dargestellt sind, sollen im Fließtest in zusammenfassender Form Gemeinsamkeiten und Unterschiede der vier Schulbücher herausgearbeitet werden. Dies hat den Zweck, typische Schwerpunktsetzungen bzw. Strukturierungsmuster aufzudecken.

Tabelle 2.2.1: Gegenüberstellung der Charakteristika der Prozentrechnungskapitel ausgewählter Schulbücher

	Mathe live 7	Maßstab 7	Schnittpunkt 7	Zahlen & Größen 7
Sequenzierung	(1) Thematische Einführung; (2) Prozente als Anteile (Umwandeln); (3) / (4) / (5) Berechnung Prozentsätze / Prozentwerte / Grundwerte; (6) Darstellen von Prozentsätzen (Diagramme); (7) Selbstkontrolle	(1) Thematische Einführung; (2) Prozente als Anteile; (3) Prozentsätze und Brüche; (4) Vermischte Übungen; (5) Grundwert und Prozentwert; (6) / (7) / (8) Berechnung Prozentwerte / Prozentsätze / Grundwert; (9) Vermischte Übungen; (10) / (11) Veränderte Grundwerte (Einkaufskontext / Brutto und Netto); (12) / (13) Darstellen von Prozentsätzen (Diagramme); (14) Vermischte Übungen; (15) Wiederholung; (16) Selbstkontrolle	(1) Absoluter und relativer Vergleich; (2) Prozente als Anteile (Umwandeln); (3) / (4) / (5) Berechnung Prozentsätze / Prozentwerte / Grundwerte; (6) Vermischte Aufgaben; (7) Selbstkontrolle	(1) Thematische Einführung; (2) Prozente als Anteile (Umwandeln); (3) / (4) Berechnung Prozentsätze / Prozentwerte; (5) Vermischte Übungen; (6) Zuordnung zwischen Prozentsatz und Prozentwert; (7) Berechnung Grundwerte; (8) Vermischte Übungen; (9) Verminderte Grundwerte (Einkaufskontext); (10) Darstellen von Prozentsätzen (Diagramme) (11) Vermischte Übungen (Kontext Energiesparen) (12) Promille (13) Selbstkontrolle
Einführungskontext	Ernährung und Gesundheit	Ergebnis einer Befragung	Wenn wir 100 wären (Umfragen)	Gesellschaft und Wirtschaft (Waldschäden)
Lösungsverfahren	Formel; Dreisatz	Operator; Dreisatz	Formel; Dreisatz	Operator; Dreisatz
Aufgaben				
Aufgabentypen (Gesamt)	59 (98)	121 (153)	42 (75)	117 (140)
Aufgabentypen				
PW ges.	42 %	38 %	27 %	23 %
p % ges.	24 %	22 %	44 %	30 %
GW ges.	27 %	11 %	15 %	27 %
erweiterte	8 %	29 %	14 %	20 %
Aufgabenformate				
Entkleidet	36 %	38 %	26 %	22 %
Graphisch	8 %	10 %	24 %	3 %
Textaufgabe	56 %	52 %	50 %	74 %
Kontexte der Textaufgaben	Ernährung und Gesundheit	Vermischt	Vermischt	Vermischt
Situationsmuster von Prozenten	Teil vom Ganzen (93 %); Verminderung auf (2 %) / um (5 %) … %	Teil vom Ganzen (74 %); Verminderung (20 %) / Vermehrung (5 %) um … %	Teil vom Ganzen (81 %); Verminderung (12 %) / Vermehrung um … %	Teil vom Ganzen (75 %); Verminderung auf (1 %) / um (16 %) … %; Vermehrung um … % (5 %); um … % kleiner (1 %) / größer (1 %)
Darstellungsmittel	Verschiedene Diagramme; veranschaulichende Illustrationen	Verschiedene Diagramme; veranschaulichende Illustrationen; Hunderterfelder; kontinuierliche Ganze	Verschiedene Diagramme; veranschaulichende Illustrationen; Hunderterfeld; kontinuierliche Ganze	Verschiedene Diagramme; veranschaulichende Illustrationen; kontinuierliche Ganze
Eingeführte Sprachmittel	Prozent; Prozentsatz; Prozentwert; Grundwert; Promille	Prozentsatz; Prozentwert; Grundwert; Skonto; Netto	Prozent; Prozentzahl; Grundwert; Prozentwert; Prozentsatz	Prozent; Prozentsatz; Prozentwert; Grundwert; Rabatt; Promille

Sequenzierung der Kapitel zur Prozentrechnung ausgewählter Schulbücher

Die Betrachtung des Aufbaus der einschlägigen Kapitel der vier Lehrwerke ergibt, dass die einzelnen Konzepte zu Prozenten (*„Prozentsatz"*, *„Prozentwert"* und *„Grundwert"*) bzw. die zugehörigen Grundaufgabentypen (*„Prozentsatz gesucht"*, *„Prozentwert gesucht"* und *„Grundwert gesucht"*) sowie Lösungsverfahren zu deren Berechnung zumeist in der angegebenen Reihenfolge nacheinander separat eingeführt werden. Eine explizite Herstellung von Zusammenhängen zwischen den Konzepten findet selten statt und wenn, in einer eher abstrakten Form. So wird etwa in Schnittpunkt 7 (S. 149) und Zahlen und Größen 7 (S. 83) anhand eines Schaubildes (Werte im Koordinatensystem) darauf hingewiesen, dass Prozentsatz und Prozentwert zueinander proportional sind. Vermischte Textaufgaben, für deren erfolgreiche Bearbeitung die Identifikation des jeweiligen Aufgabentyps Voraussetzung ist, tauchen insgesamt nicht in großem Ausmaß auf (Mathe live 7: 15 % aller Aufgaben erfordern die Identifikation von Aufgabentypen in mathematischen Texten; Maßstab 7: 24 %; Schnittpunkt 7: 21 %; Zahlen und Größen: 43 %). Zumeist sind diese Aufgaben am Ende der Kapitel (insbesondere in Mathe live 7 und Schnittpunkt 7) oder zumindest nach der separaten Thematisierung der drei Grundaufgabentypen zu finden.

Es zeigt sich also, dass die relevanten Lerngelegenheiten zum Aufbau eines Verständnisses für die Zusammenhänge zwischen den Grundaufgabentypen (Design-Prinzip der integrierten Thematisierung statt sukzessiver Einführung der einzelnen Aufgabentypen zu Prozenten in Abschnitt 2.2.1) in den vier Schulbüchern eher begrenzt sind.

Berücksichtigte Lösungsverfahren in den Kapiteln zur Prozentrechnung der ausgewählten Schulbücher

In den vier Schulbüchern zeigen sich hinsichtlich der eingeführten Lösungsverfahren für die Grundaufgabentypen zur Prozentrechnung unterschiedliche Schwerpunkte. Während das Lehrwerk Maßstab 7 zur Lösung aller drei Grundaufgabentypen simultan als Alternativen die Operatorschreibweise sowie den Dreisatz anbietet, werden die Grundaufgabentypen in Schnittpunkt 7 und Mathe live 7 anhand der jeweiligen Formeln eingeführt. Im letztgenannten Schulbuch werden zur Lösung von Aufgaben der Typen *„Prozentsatz gesucht"* und *„Prozentwert gesucht"* dabei zwei Lösungswege, einerseits über Brüche und andererseits mit dem Taschenrechner, angeboten. In Verbindung mit der oft separaten Einführung der Grundaufgabentypen, die in Bezug auf die Sequenzierung erwähnt wurde, besteht die besondere Problematik und Gefahr bei den Formeln darin, dass diese von den Lernenden voneinander unabhängig wahrgenommen werden, da eine Thematisierung ihrer Zusammenhänge kaum erfolgt.

Sowohl in Schnittpunkt 7 (für Prozentwert und Grundwert gesucht), als auch in Mathe live 7 (für Grundwert gesucht), wird über die Formeln hinaus auch auf den Dreisatz als Lösungsverfahren hingewiesen. Im Schulbuch Zahlen und Größen 7 variieren die angebotenen Lösungsverfahren noch stärker mit den Grundaufgabentypen. Während die Aufgabentypen *„Prozentsatz gesucht"* und *„Prozentwert gesucht"* anhand der Operatorschreibweise eingeführt werden, wird für Letzteren anschließend zusätzlich die Berechnung mit dem Dreisatz als Option vorgestellt. Für die Lösung von Aufgaben des Typs *„Grundwert gesucht"* wird hingegen ausschließlich das letztgenannte Lösungsverfahren angeboten.

Tendenziell erfährt in den betrachteten Lehrwerken der Dreisatz etwas häufiger eine Berücksichtigung als andere Lösungsverfahren zur Prozentrechnung. Darüber hinaus werden teilweise auch Formeln oder Operatoren angeboten.

Typen, Formate sowie Situationsmuster der Aufgaben zum Umgang mit Prozenten in den einschlägigen Kapiteln der ausgewählten Schulbücher

Bezüglich des *Grundaufgabentyps* kann über die vier ausgewählten Schulbuchkapitel hinweg keine eindeutige Dominanz eines bestimmten Typs konstatiert werden. Leichte Tendenzen sind jedoch dahingehend zu erkennen, dass Aufgaben, in denen der *„Prozentwert"* (Mathe live 7: 42 % und Maßstab 7: 38 %) oder der *„Prozentsatz"* (Schnittpunkt 7: 44 % sowie Zahlen und Größen 7: 30 %) direkt zu bestimmen ist, in einem etwas höheren Ausmaß vorkommen als Aufgaben des Typs *„Grundwert gesucht"* (Mathe live 7: 27 %; Maßstab 7: 11 %; Schnittpunkt 7: 15 %; Zahlen und Größen 7: 27 %). Mit Ausnahme des Lehrwerks Maßstab 7 (29 %) werden Aufgaben, deren Anforderungen über die der Grundaufgabentypen hinausgehen (erweiterte Aufgabentypen), seltener aufgegriffen (Mathe live 7: 8 %; Schnittpunkt 7: 14 %; Zahlen und Größen 7: 20 %) als die einzelnen Grundaufgabentypen. Eigene Kapitel werden den erweiterten Aufgabentypen dabei lediglich in zwei Schulbüchern gewidmet (Maßstab 7: (10) zum Einkaufskontext (Preisnachlass / Preiserhöhung) sowie (11) zu Brutto und Netto; Zahlen und Größen 7: (9) zum Einkaufskontext (Rabatt)).

Bezüglich der *Aufgabenformate* stimmen alle vier untersuchten Schulbuchkapitel darin überein, dass sich mindestens die Hälfte der angebotenen Aufgaben als *Textaufgabe* kennzeichnen lässt (Mathe live 7: 56 %; Maßstab 7: 52 %; Schnittpunkt 7: 50 %; Zahlen und Größen 7: 74 %). Während die Kontexte der Textaufgaben in Mathe live 7 ausnahmslos auf den Einführungskontext „Ernährung und Gesundheit" abgestimmt sind, lassen sich die Kontexte der Textaufgaben in den drei weiteren Schulbüchern als wesentlich vielfältiger charakterisieren. Dabei erweisen sich folgende Kontexte als besonders beliebt: Einkaufen, Ergebnisse von Umfragen zu verschiedenen Themen und Zusammensetzungen von Nahrungsmitteln. Eine systematische kontextuelle Strukturierung ist in den drei Lehrwerken – mit Ausnahme einzelner thematisch ausgerichteter Abschnitte (etwa verschiedene Abschnitte zum Einkaufskontext (Maßstab 7: (10), (11) sowie Zahlen und Größen 7: (9)) – nicht zu erkennen.

Neben den Textaufgaben ist in den Schulbüchern ein großer Anteil an *entkleideten Aufgaben* zu finden. Diese Aufgaben bestehen ihrerseits zumeist aus mehreren Teilaufgaben. In Maßstab 7, dem Schulbuch mit dem höchsten Anteil an entkleideten Aufgaben (Mathe live 7: 36 %; Maßstab 7: 38 %; Schnittpunkt 7: 26 %; Zahlen und Größen 7: 22 %), werden zum Beispiel insgesamt 321 Teilaufgaben des entkleideten Formats angeboten, die auf die Grundaufgabentypen *„Prozentsatz gesucht"* (37), *„Prozentwert gesucht"* (215), *„Grundwert gesucht"* (42) sowie die *erweiterten Aufgabentypen* (28) entfallen.

Aktivitäten, die im weiteren Sinne als *Aufgaben des graphischen Formats* angesehen werden können, sind in den Lehrwerken, insbesondere in Zahlen und Größen 7 (3 %), Mathe live 7 (8 %) und Maßstab 7 (10 %), in einem eher geringen Ausmaß enthalten. Dennoch finden innerhalb der einzelnen Schulbuchkapitel, aber auch über diese hinweg, verschiedene graphische Darstellungen Verwendung. *Die verschiedenen graphischen Darstellungen und Visualisierungen* zeigen etwa unterschiedliche Arten von Diagrammen (Kreis-, Säulen-, Balkenoder Streifendiagramme), Hunderterfelder, kontinuierliche Ganze (Quadrate, Rechtecke, Kreise, Dreiecke) oder alltagsnahe veranschaulichende Illustrationen. Im Gegensatz zu reinen Illustrationen, die hier keine Berücksichtigung finden, tragen Letztere in einem gewissen Maße zur Visualisierung bzw. zum Verständnis der gegebenen Situationen bei. Die verwendeten graphischen Darstellungen sind jeweils an einzelne Aufgaben oder Aufgabensets angebunden. Zumeist dienen sie dabei der Darstellung von Prozentsätzen im Sinne statistischer Angaben. Zur Visualisierung der Beziehungen zwischen den einzelnen Konzepten zu Prozenten werden graphische Darstellungen hingegen höchst selten genutzt. Ein durchgehender derartiger Gebrauch einer bestimmten Visualisierung findet dabei in keinem der untersuchten Schulbücher statt.

Bezüglich der verschiedenen *Grundvorstellungen* manifestiert sich im Großteil der Aufgaben aller vier Schulbücher der Prozentbegriff als Anteil (Abschnitt 1.1.2; Mathe live 7: 93 %; Maßstab 7: 74 %; Schnittpunkt 7: 81 %; Zahlen und Größen 7: 75 %). Darüber hinaus liegen innerhalb der Aufgaben in unterschiedlichen Ausmaßen Veränderungssituationen vor. Dabei überwiegen einerseits Situationsmuster des Typs „Veränderung um … %" gegenüber jenen des Typs „Veränderung auf … %" (Mathe live 7: 5 % zu 2 %; Maßstab 7: 25 % zu 0 %; Schnittpunkt 7: 19 % zu 0 %; Zahlen und Größen 7: 21 % zu 1 %) und andererseits in beiden Fällen Verminderungen gegenüber Vermehrungen (Mathe live 7: 7 % zu 0 %; Maßstab 7: 20 % zu 5 %; Schnittpunkt 7: 12 % zu 7 %; Zahlen und Größen 7: 17 % zu 5 %). Aufgabenbeispiele für beide genannte Situationsmuster („Veränderung um / auf… %") kommen lediglich in den Kapiteln zur Prozentrechnung der Lehrwerke „Mathe live" und „Zahlen und Größen" vor (vgl. Inventarisierung der Sprachmittel zu Prozenten im Rahmen einer korpuslinguistischen Studie in Abschnitt 4.2). Ein Vergleich zweier disjunkter Mengen ist

lediglich innerhalb von drei Aufgaben des Schulbuchs „Zahlen und Größen"
vorzunehmen.

Insgesamt ergab die Schulbuchanalyse hinsichtlich der Aufgabentypen, Aufgabenformate sowie Situationsmuster Folgendes:

- *Aufgabentypen:* In den betrachteten vier Lehrwerken bestehen weniger
  Lerngelegenheiten in Bezug auf die erweiterten Aufgabentypen als hinsichtlich der Grundaufgabentypen. Aufgaben der Grundaufgabentypen *„Prozentwert gesucht"* und *„Prozentsatz gesucht"* sind häufiger als solche des
  Typs *„Grundwert gesucht"*.

- *Aufgabenformate:* Über die Hälfte der analysierten Aufgaben lassen sich als
  Textaufgaben klassifizieren. Die übrigen Aufgaben sind überwiegend dem
  entkleideten und seltener dem *graphischen Format* zuzuordnen. Trotz der
  vergleichsweise geringen relativen Anzahl an Aufgaben des *graphischen
  Formats*, werden insgesamt in den Schulbüchern vielfältige graphische
  Darstellungen zu Prozenten unterstützend oder als Aufgabenstellung eingesetzt. Das Design-Prinzip des *Angebots einer geeigneten graphischen Darstellung mit fortdauernder Qualität* (Abschnitt 2.2.1) wird allerdings in keinem der fokussierten Lehrwerke umgesetzt.

- *Grundvorstellungen:* In Bezug auf das Design-Prinzip der *Thematisierung
  der verschiedenen Grundvorstellungen von Prozenten und der Prozentrechnung* (Abschnitt 2.2.1) kann den Schulbüchern ferner eine eingeschränkte
  Berücksichtigung attestiert werden. So konnte innerhalb aller betrachteten
  Lehrwerke eine starke Betonung der Grundvorstellung von Prozenten als
  Anteile festgestellt werden. Im Hinblick auf die seltener adressierte Grundvorstellung von Prozenten als Verhältnisse liegen zudem primär Situationsmuster vor, die Veränderungen ausdrücken. Eine Thematisierung zweier
  disjunkter Mengen findet hingegen kaum statt.

*Explizite Einführung von Sprachmitteln in den Kapiteln zur Prozentrechnung
der ausgewählten Schulbücher*

Innerhalb der analysierten Kapitel zur Prozentrechnung aus den vier Schulbüchern werden zumeist lediglich die Ausdrücke *Prozent* und *Promille* sowie die
formalbezogenen Begriffe *„Prozentsatz", „Prozentwert"* sowie *„Grundwert"*
explizit eingeführt.

Der Ausdruck *Prozent* und in Äquivalenz dazu auch der Begriff *Promille,*
werden – wie die nachstehende Formulierung beispielhaft zeigt –, zumeist über
ihre ursprünglichen Wortbedeutungen sowie im Sinne alternativer Schreibwei-
sen für spezielle Brüche eingeführt:

„Anteile mit dem Nenner 100 nennt man auch **Prozente**. Das Wort Prozent kommt vom italieni-
schen „per cento" – von Hundert." (Mathe live 7, S. 50)

Die Einführung der erwähnten drei formalbezogenen Sprachmittel erfolgt hingegen – wie die folgenden Begriffserklärungen exemplarisch verdeutlichen sollen
– zumeist in Zusammenhang mit den verbliebenen beiden Fachtermini, anhand
eines Beispiels oder im Rahmen der Beschreibung des rechnerischen Vorgehens:

- „Der Prozentsatz gibt den Anteil des Prozentwertes am Grundwert an"
  (Mathe live 7, S. 52).

- „Will man 40 % einer Größe oder einer Zahl berechnen, so sucht man den
  Prozentwert W. […] Man berechnet den Prozentwert also, indem man den
  Grundwert mit dem Prozentsatz multipliziert" (Schnittpunkt 7, S. 149).

- „Der Prozentwert, der dem Prozentsatz 100 % zugeordnet ist, heißt Grundwert (Zahlen und Größen 7, S. 85)".

In Ausnahmen werden über die erwähnten Sprachmittel hinaus auch einzelne
auf einen bestimmten Kontext bezogene Ausdrücke wie *Rabatt* (Zahlen und
Größen 7, S. 89), *Netto* (Maßstab 7, S. 86) oder *Skonto* (ebd., S. 86) erläutert.
Auffällig daran ist jedoch, dass diese Erklärungen häufig wiederum eher bildungssprachtypische Begriffe enthalten. So wird im Schulbuch Zahlen und
Größen 7 das Sprachmittel *Rabatt* beschrieben als „Preisnachlass, der in besonderen Fällen gewährt wird"(S. 89). Dem angeführten Beispiel liegt demnach die
Annahme zugrunde, dass den Lernenden die Phrase *Preisnachlass gewähren*
bekannt sei. Die Kenntnis solcher bildungssprachlicher Ausdrücke sollte, gerade
bei sprachlich schwachen Lernenden, allerdings nicht als selbstverständlich
vorausgesetzt werden (vgl. Abschnitt 3.2.1 zu Merkmalen und Charakteristika
von Bildungssprache).

*Fazit zur Behandlung des Umgangs mit Prozenten in ausgewählten
Schulbüchern*

Um einen Eindruck davon zu bekommen, welche Strukturierungsprinzipien
klassischem Unterricht zum Umgang mit Prozenten möglicherweise zugrunde
liegen, wurde eine detaillierte Betrachtung der auf die erwähnte Thematik bezogenen Einführungskapitel von vier oft verwendeten Lehrwerken (Mathe live 7,
Maßstab 7, Schnittpunkt 7 sowie Zahlen und Größen 7) vorgenommen. Folgende Charakteristika konnten als zentrale Tendenzen herausgearbeitet werden,
auch wenn sie auf die einzelnen Schulbücher in unterschiedlichem Ausmaß
zutreffen:

- *Sequenzierung*: Die Einführung der einzelnen Grundaufgabentypen erfolgt
  zumeist separat. Den Lernenden werden darüber hinaus nur relativ selten
  Gelegenheiten zur Identifikation der Aufgabentypen geboten.

- *Lösungsverfahren*: In unterschiedlicher Auswahl und Gewichtung werden
  Formeln, Operatoren und der Dreisatz als Lösungsverfahren eingeführt.
  Tendenziell erfährt der Dreisatz dabei eine etwas stärkere Betonung.

- *Aufgabentypen*: Zumeist besteht ein größeres Angebot an *Grundaufgaben* als an *erweiterten Aufgaben*. In Bezug auf Erstere ist eine leichte Dominanz von Aufgaben der Typen *„Prozentwert gesucht"* und *„Prozentsatz gesucht"* gegenüber solchen des Typs *„Grundwert gesucht"* zu erkennen.

- *Aufgabenformate*: Mehr als die Hälfte der in den Blick genommenen Aufgaben erweisen sich als *Textaufgaben*. Diese sind zumeist in unterschiedliche Kontexte eingebettet. Darüber hinaus werden viele *entkleidete*, aber nur wenige dem *graphischen Format* zuzuordnende Aufgaben angeboten.

- *Situationsmuster von Prozenten*: Die Grundvorstellung von Prozenten als Anteile wird betont. Veränderungssituationen werden wesentlich seltener und Vergleiche zweier disjunkter Mengen kaum thematisiert.

- *Graphische Darstellungen*: Graphische Darstellung werden zumeist zur Visualisierung von Prozentsätzen im Sinne statistischer Angaben genutzt und selten, um Zusammenhänge zwischen den Konzepten zu Prozenten zu verdeutlichen. Eine durchgehende Verwendung einer bestimmten graphischen Darstellung findet in keinem der ausgewählten Schulbücher statt.

- *Einführung von Sprachmitteln*: Eine Einführung erfahren in den Lehrwerken hauptsächlich die Begriffe „Prozent" und „Promille" sowie die drei formalbezogenen Ausdrücke. Letztere werden selten in einer Verständnis generierenden Art und Weise etabliert. Darüber hinaus erfolgt in Ausnahmefällen die Erklärung von Ausdrücken, die sich auf einen bestimmten Kontext beziehen, wie „Rabatt", „Skonto" oder „Netto". Die angeführten Erläuterungen erfordern ihrerseits allerdings oft bereits die Kenntnis spezifischer, eher bildungssprachlicher Begriffe, wie „Preisnachlass".

Auch wenn also die Literatur zur Didaktik der Prozentrechnung bereits vor 20-30 Jahren viele der in Abschnitt 2.2.1 formulierten Design-Prinzipien hervorgehoben hat, herrscht bzgl. der meisten bislang ein Umsetzungsdefizit, zu deren Aufarbeitung die vorliegende Arbeit beitragen soll.

2.3 Unterrichtskonzept zu Prozenten aus dem RME-Ansatz

Gegenstand dieses Abschnitts ist die Vorstellung eines von van den Heuvel-Panhuizen (2003) vorgeschlagenen und etablierten Unterrichtskonzepts zu Prozenten (Abschnitt 2.3.2), das – im Gegensatz zu den ausgewählten analysierten Schulbüchern (Abschnitt 2.2.2) – die in Abschnitt 2.2.1 formulierten Design-Prinzipien berücksichtigt. Das Unterrichtskonzept, das dem Ansatz der *Realistic Mathematics Education* (RME) (Abschnitt 2.3.1) folgt, lässt sich einerseits etwa durch die Integration des *Prozentstreifen*s als graphische Darstellung charakterisieren, die den gesamten Lernprozess der Lernenden in wechselnden Funktionen begleitet (Abschnitt 2.3.3).

Andererseits kennzeichnet es das zugrunde liegende *Level-Prinzip* (Abschnitt 2.3.4), welches das Fortschreiten von informellen kon-textgebundenen Strategien zu abstrakteren Herangehensweisen vorsieht.

Aufgrund der Tatsache, dass in dem erwähnten Konzept wesentliche Aspekte der in Abschnitt 2.2.1 angeführten Design-Prinzipien Berücksichtigung fanden, wurde es als Grundlage für die Konzeption eines eigenen Lehr-Lern-Arrangements zum Umgang mit Prozenten ausgewählt, das dann in Bezug auf Sprachförderung adaptiert wurde.

2.3.1 Skizzierung des RME-Ansatzes mit seinen grundlegenden Prinzipien

Der unter anderem auf Freudenthal (1977) zurückgehende mathematikdidaktische Ansatz der *Realistic Mathematics Education* (RME) wurde in den Niederlanden entwickelt (van den Heuvel-Panhuizen 2003, S. 9; van den Heuvel-Panhuizen & Drijvers 2014, S. 521). Verstanden wird er als niederländische Antwort auf die wahrgenommene Notwendigkeit einer Reform des traditionellen Mathematikunterrichts (ebd.). Mit dem Ansatz, der enge Verknüpfungen mit der Entwicklungsforschung (Abschnitt 5.1) aufweist, wird folgendes Ziel verfolgt:

„The goal of the RME research program is to determine how mathematics education can be presented to students to facilitate their reinvention of mathematics." (Gravemeijer 1999, S. 158)

Aufgrund der Tatsache, dass auf einzelne Charakteristika des RME-Ansatzes im weiteren Verlauf dieses Kapitels in Bezug auf die Thematik der Prozente noch detaillierter eingegangen wird, sollen hier die ursprünglich auf Treffers (1978) zurückgehenden Prinzipien lediglich knapp zusammenfassend angeführt werden. Ihre Passung zu den in Abschnitt 2.2.1 formulierten Design-Prinzipien zu Prozenten wird jeweils mit ausgewiesen:

- *Wahrnehmung von Lernenden als aktiv Teilnehmende ihres Lernprozesses*, indem ihnen etwa die Freiheit zur Verwendung eigener Strategien gelassen wird (van den Heuvel-Panhuizen & Drijvers 2014, S. 522f; Rianasari et al. 2012, S. 33) (vgl. *Design-Prinzip der Betonung des Aufbaus eines konzeptuellen Verständnisses statt der Anwendung formaler Lösungsverfahren*).

- *Ausgangspunkt des Lernprozesses bei realistischen für die Lernenden sinnhaften Kontexten*, die oft, aber nicht ausschließlich, in Bezug zu Alltagssituationen stehen (van den Heuvel-Panhuizen & Drijvers 2014, S. 523; Rianasari et al. 2012, S. 32) (vgl. *Design-Prinzip der Berücksichtigung von und des Anknüpfens an Vorerfahrungen der Lernenden*).

- *Levelprinzip* als Sequenzierungsgrundlage, bestehend aus verschiedenen Verstehensniveaus, die den Lernprozess verkörpern und vom Konkreten zum Abstrakten fortschreiten (van den Heuvel-Panhuizen & Drijvers 2014, S. 523) (Abschnitt 2.3.4).

- *Didaktische Nutzung von Modellen*, welche die Darstellung eines Sachverhaltes manifestieren, die wesentliche Aspekte der jeweils relevanten mathematischen Konzepte bzw. Strukturen widerspiegelt (van den Heuvel-Panhuizen 2003, S. 13; Rianasari et al. 2012, S. 32) (Abschnitt 2.3.3; vgl. *Design-Prinzip des Angebots einer durchgängigen graphischen Darstellung zur anschaulichen Verankerung*).

- Betonung der *Verschränkungen zwischen verschiedenen mathematischen Inhaltsbereichen* (van den Heuvel-Panhuizen & Drijvers 2014, S. 523; Rianasari et al. 2012, S. 33) (vgl. *Design-Prinzip des Herstellens von Zusammenhängen mit anderen Inhaltsbereichen*).

- Auffassung des *mathematischen Lernens als soziale Aktivität*, die in der Betonung der Interaktion zwischen Lernenden resultiert (van den Heuvel-Panhuizen & Drijvers 2014, S. 523; Rianasari et al. 2012, S. 33).

- Annahme einer *proaktiven Rolle der Lehrkräfte* in Bezug auf das mathematische Lernen der Schülerinnen und Schüler (van den Heuvel-Panhuizen & Drijvers 2014, S. 523).

2.3.2 Vorstellung eines dem RME-Ansatz folgenden Unterrichtskonzepts zu Prozenten

Die Konzeption des intendierten Lernpfads zu Prozenten zielt auf die Entwicklung sowie die Förderung des konzeptuellen Verständnisses zu dieser Thematik ab (van den Heuvel-Panhuizen 2003, S. 11). In ihrer Darstellung soll im Folgenden auch erläutert werden, wie die zusammengefassten Design-Prinzipien hier realisiert werden.

Als wesentliches didaktisches Werkzeug zur Initiierung sowie Unterstützung der Lernprozesse wurde der *Prozentstreifen* (englisch *bar model*) eingesetzt (ebd.; Abschnitt 2.3.3). Dieser wird wie folgt beschrieben:

„[T]his bar model refers to a strip on which different scales are depicted at the same time as a result of which an amount or a quantity can be expressed through a different amount or quantity." (van den Heuvel-Panhuizen 2003, S. 17)

Innerhalb des Konzepts begleitet und unterstützt der Prozentstreifen den Lernprozess der Lernenden zum Umgang mit Prozenten längerfristig, wobei sich dessen Funktionen und Erscheinungsformen sukzessive verändern (van den Heuvel-Panhuizen 2003, S. 9 und S. 29f; Abbildung 2.3.2). So realisiert sich hier das Design-Prinzip des Angebots eines durchgängigen Darstellungsmittels.

Im *Einstieg* werden die Lernenden der fünften Jahrgangsstufe mit alltagsnahen Rechengeschichten (Abbildung 2.3.1, aus Streefland & van den Heuvel-Panhuizen 1992, S. 55) konfrontiert, in denen Prozente eine Rolle spielen (van den Heuvel-Panhuizen 2003, S. 18f). So wird das geforderte Aufgreifen der Alltagserfahrungen der Lernenden umgesetzt (*Design-Prinzip der Berücksichti-*

gung von und des Anknüpfens an Vorerfahrungen der Lernenden). Des Weiteren werden die Lernenden – im Sinne explorativer Aktivitäten zur Anbahnung des Prozentstreifens – zur Anfertigung von Zeichnungen zu bestimmten Situationen (etwa belegte Plätze eines Theatersaals bei unterschiedlichen Veranstaltungen, Abbildung 2.3.2) aufgefordert (van den Heuvel-Panhuizen 2003, S. 19f). Unter Berücksichtigung des informellen, außerschulischen Wissens bezweckt der grob skizzierte Einstieg demnach die Konstruktion von Bedeutungen zu Prozenten durch die Lernenden.

> Alexander und Andreas sind Zwillinge.
> Alexander: „Wir haben beide 10 % Rabatt bekommen, aber nicht den gleichen Betrag erhalten. Ich habe einen Rabatt von 10 € bekommen und du hast nur einen Rabatt von 5 € bekommen. Das ist doch nicht zwillings-like, oder?" Andreas: „Och, damit kann ich leben."
> **Ist es möglich, dass man den gleichen Rabatt in %, aber nicht in € erhält?**

Abbildung 2.3.1   Beispiel für eine alltagsnahe Rechengeschichte als Einstieg zu Prozenten (übersetzt aus Streefland & van den Heuvel-Panhuizen 1992, S. 55)

Nach der initialen Auseinandersetzung mit Prozenten im Einstieg erfolgt der Aufbau des *Prozentstreifens als graphische Darstellung von Teil-Ganzes-Situationen* (van den Heuvel-Panhuizen 2003, S. 21). Dieser ist zunächst allerdings noch in einer konkreten Situation (zum Beispiel der Belegung von Parkplätzen) verhaftet. Eine reale Skizze wird dann mit dem Ziel Vergleiche anstellen zu können, zunächst durch einen Streifen mit einer Skala (im Beispiel: Darstellung der Parkplatzbelegung in absoluter Form) und anschließend durch einen doppelskalierten Prozentstreifen (im Beispiel: Darstellung der Parkplatzbelegung in relativer Form) ersetzt (Abbildung 2.3.2). Zur Bestimmung des gesuchten Anteils (im Beispiel: Anteil der belegten Parkplätze) ist dann keine festgelegte Lösungsstrategie anzuwenden (ebd., S. 22).

Stattdessen eröffnet der Prozentstreifen die Möglichkeit für unterschiedliche Lösungsstrategien, die in Abhängigkeit der gegebenen Zahlenwerte sowie des heterogenen Vorwissens der Lernenden variieren können (van den Heuvel-Panhuizen 2003, S. 22). Innerhalb von Erprobungen ihres Unterrichtsansatzes konnte die Autorin (ebd.) etwa Wege über Brüche, über die Annäherung mit einer auf dem wiederholten Halbieren basierenden Strategie oder über bekannte Prozentsätze beobachten. Aus diesen Erkenntnissen leitet sie ab, dass die als Ziel deklarierte Fähigkeit der geschickten und flexiblen Nutzung der Zusammenhänge zwischen den Konzepten zu Prozenten bereits zu Beginn angebahnt werden kann (ebd., S. 23).

Anschließend wird der Wandel von dem kontextbezogenen auf einen leeren Prozentstreifen vollzogen, der nicht mehr exklusiv mit einem konkreten Kontext verknüpft ist (van den Heuvel-Panhuizen 2003, S. 23f). Dieser kontextunabhängige *Prozentstreifen* kann dann *als graphische Darstellung zum Schätzen von Prozenten* dienen (ebd., S. 23; Abbildung 2.3.2). Einen guten Anhaltspunkt zum Schätzen bietet der Prozentstreifen insbesondere bei vorliegenden Zahlenwerten, die nicht ohne weiteres in einen Bruch oder einen bekannten Prozentsatz umzuwandeln sind (van den Heuvel-Panhuizen 2003, S. 24).

Prozentstreifen als graphische Darstellung von Teil-Ganzes-Situationen

Explorative Aktivitäten zur Anbahnung des Prozentstreifens

Herausbildung des Prozentstreifens im konkreten Kontext

Prozentstreifen als graphische Darstellung zum Schätzen von Prozenten

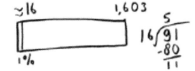

Prozentstreifen als graphische Darstellung zum Rechnen mit Prozenten

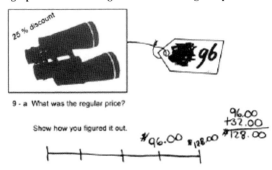

Prozentstreifen als graphische Darstellung zur Strukturierung komplexerer Situationen

Abbildung 2.3.2   Verschiedene Funktionen und Erscheinungsformen des Prozentstreifens (Zusammenstellung aus van den Heuvel-Panhuizen 2003, S. 19ff)

Sowohl der Einsatz von Lernaktivitäten, die die Aktivierung individueller informeller Strategien ermöglichen, als auch die Betonung des Abschätzens prozentualer Anteile weist daraufhin, dass das Unterrichtskonzept primär auf den Aufbau eines konzeptuellen Prozentverständnisses abzielt (Design-Prinzip der *Betonung des Aufbaus eines konzeptuellen Verständnisses statt der Anwendung formaler Lösungsverfahren*, Abschnitt 2.2.1).

Erst anschließend wird mit dem Ziel, den Lernenden eine formalere Lösungsstrategie anzubieten, die den Weg zur Berechnung von Prozenten mit Operatoren (van den Heuvel-Panhuizen 2003, S. 26) ebnet, ihre Aufmerksamkeit auf 1 % als Bezugsmarke gelenkt (ebd., S. 24). Anders als häufig im traditionellen Unterricht zur Prozentrechnung, geht es hier jedoch noch nicht um die exakte Berechnung des zur Bezugsmarke 1 % gehörenden Prozentwertes (ebd.). Stattdessen werden auch abschätzendes und flexibles Hoch- und Runterrechnen weiterhin als legitim verstanden (ebd.). Die Funktion des Prozentstreifens verändert sich insofern, als an diesem nicht mehr direkt operiert wird (ebd.). In seiner neuen Funktion *als graphische Darstellung zum Rechnen mit Prozenten* dient er dann primär der Visualisierung und Kommunikation von Rechnungen, für die parallel die Operatormethode eingeführt wird (ebd., S. 24f; Abbildung 2.3.2). In diesem Stadium des Unterrichtskonzeptes werden zudem auch komplexere Aufgaben behandelt: Zum Beispiel Veränderungssituationen in den Kontexten des Einkaufens bzw. Kopierens oder exponentielles Wachstum im Kontext zu verzinsender Sparguthaben (ebd., S. 26f).

Zum Abschluss des Unterrichtskonzeptes fungiert der *Prozentstreifen als Gedankenmodell zum mathematischen Begründen in* komplexeren Situationen, worunter van den Heuvel-Panhuizen (2003, S. 28) unter anderem solche Aufgaben fasst, die nach einer umgekehrten Begründung verlangen (Abbildung 2.3.2). Der Prozentstreifen, der an dieser Stelle auf eine Doppellinie (Abbildung 2.3.2 unten) reduziert sein kann, bietet Unterstützung beim Nachvollziehen sowie Begründen der jeweiligen komplexen Situation (ebd.).

In Erprobungen (ohne methodisch kontrollierte Lernprozessstudien) zeigte sich laut van den Heuvel-Panhuizen (2003, S. 31) die Eignung des konzipierten Unterrichtsszenarios zum Lehren und Lernen des Umgangs mit Prozenten. Vor einer generellen Verallgemeinerung dieser Einschätzung rät die Autorin aber ab:

„However, these experiences must not result in concluding that this bar model based trajectory is the final answer to the question of how students can best learn percentages. It is just one answer." (van den Heuvel-Panhuizen 2003, S. 31)

2.3.3 Einschätzung des Prozentstreifens unter allgemeinen und spezifischen Qualitätskriterien für graphische Darstellungen

Der Prozentstreifen taucht in der Literatur sowohl unter anderen Benennungen als auch in verschiedenen Erscheinungsformen auf. Übliche alternative Bezeichnungen für die Darstellung als eindimensional strukturiertes Rechteck sind im Deutschen „Streifendiagramm" (Baireuther 1983), „Doppelskala", „Doppelleiste" (Gräßle 1989) oder „Rechteck- bzw. Balkendarstellung" (Appell 2004)

und im Englischen „percentage bar (diagram)" (van Galen et al. 2008; van Galen & van Eerde 2013; Ngu et al. 2014).

Für die Liniendarstellung finden im Deutschen die Ausdrücke „Doppelskala", „Doppelleiste" (Gräßle 1989), „Doppelleiter(-Modell)" (Berger 1989; Friedl
2008), „doppelter Zahlenstrahl" (Friedl 2008) oder „doppelbenannte Prozent-
skala" (Berger 1989) und im Englischen die Bezeichnungen „comparison scale", „percent scale", „dual number line" (Parker & Leinhardt 1995) oder „dou-
ble number line" (van Galen et al. 2008) Verwendung.

Im Gegensatz zur Darstellung in Form einer Strecke erweist sich die Recht-
eckdarstellung, die die Flächendarstellung von Anteilen mit einer rein in eine
Dimension ausgerichteten Darstellung verknüpft, als weniger abstrakt (van
Galen & van Eerde 2013, S. 4). So ist bei ihr etwa eine Einteilung in unterschiedliche Anzahlen an nachzählbaren Teilen (Kraus 1986, S. 430) intuitiver zu
realisieren. Entscheidend ist ferner, dass ihre flächige Erscheinungsform die
Anbindung an Teil-Ganzes-Vorstellungen bei Brüchen erleichtern kann:

"The most important model for percentages is the bar. The percentages are written above the bar and
the corresponding numbers below the bar, or the other way around. The advantage of the bar is that
it has 'body'-area. For children it makes it easier to talk in terms of 'the whole' and 'the so-much
part' of the whole." (van Galen et al. 2008, S. 9)

Neben den Bezeichnungen und Erscheinungsformen variiert auch die Art der
Notation des Gegebenen und Gesuchten. So wird etwa bei Kraus (1986) oben
am Prozentstreifen mit einer geschweiften Klammer das Ganze markiert und der
konkrete Grundwert angegeben (in der Form: $100\,\% \triangleq 300\,DM$). Analog wird
unten der fokussierte Teil markiert und Prozentwert sowie -satz notiert (in der
Form: $12\,\% \triangleq \square\,DM$).

In der vorliegenden Arbeit wird unter Verwendung des Ausdrucks *Prozentstreifen* (Kraus 1986) die flächige Darstellung fokussiert. Die Anordnung der
Prozentsätze und -werte erfolgt allerdings wie bei van den Heuvel-Panhuizen
2003 (Abschnitt 2.3.2) an der Doppelskala (Abbildung 2.3.3).

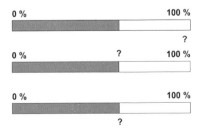

Abbildung 2.3.3   Prozentstreifen mit Doppelskala und Fragezeichen an verschiedenen Positionen
für die Grundaufgabentypen (Pöhler & Prediger 2017b, S. 148)

Im Folgenden soll der didaktische Gehalt des Prozentstreifens in den Blick genommen werden. Den strukturellen Rahmen zur Begründung sowie zur Recht-
fertigung seines Einsatzes in einem Unterrichtskonzept zu Prozenten soll eine
Auswahl der 18 von Krauthausen und Scherer (2007, S. 232) aufgelisteten allgemeinen Gütekriterien für Arbeitsmittel und Visualisierungen (der Einheitlich-
keit halber wird im Folgenden durchgehend von graphischen Darstellungen gesprochen) bilden. Aufgegriffen werden dabei lediglich jene Qualitätsmerkmale,
die für die vorliegende Arbeit von besonderer Relevanz zu sein scheinen. Ausgeklammert werden hingegen Gütekriterien, die entweder einen direkten Bezug
zu Inhalten der Primarstufe herstellen (zum Beispiel Notwendigkeit der Simul-
tanerfassung von Anzahlen bis 5) oder eher pragmatischer Natur sind (wie solche mit Bezug zu ökologischen, ökonomischen, ästhetischen, organisatorischen
oder methodischen Aspekten). Die übrigen zehn in Frageform formulierten
Gütekriterien (ebd.) werden unter folgende Kategorien zusammengefasst: *Angemessene Verkörperung der mathematischen Grundideen* (Gütekriterium 1 bei
Krauthausen & Scherer 2007)*, hinreichende Flexibilität* (Gütekriterien 4, 6 - 8),
Durchgängigkeit (Gütekriterien 5, 9, 10) sowie *Zugänglichkeit für die Lernenden* (Gütekriterien 3, 14). Wenn diese im Folgenden auf den Prozentstreifen
bezogen werden, kann auf Argumentationen anderer Autorinnen und Autoren
zurückgegriffen werden.

*Angemessene Verkörperung der mathematischen Grundideen als Gütekriterium
für graphische Darstellungen*

Der *Prozentstreifen* kann den Lernenden durch seine Doppelskala, an der Prozentsätze und -werte gegenübergestellt sind, Unterstützung bieten beim Überblicken der Zusammenhänge zwischen den gegebenen und gesuchten Konzepten (Dewar 1984; van Galen et al. 2008, S. 19; van Galen & van Eerde 2013, S.
2 und S. 7) und beim proportionalen Denken (Rianasari et al. 2012, S. 32).

   Die fokussierte graphische Darstellung kann somit als „logisch-anschauliche
Basis" für die Thematik der Prozente fungieren (Kraus 1986, S. 431) und aufgrund dessen zum Aufbau eines diesbezüglichen konzeptuellen Verständnisses
beitragen (van Galen & van Eerde 2013, S. 2ff). Ein solches ist für den flexiblen
Umgang mit den drei Grundaufgabentypen und verschiedenen erweiterten Aufgabentypen zu Prozenten essentiell, die allesamt am Prozentstreifen zu veranschaulichen bzw. zu lösen sind (Kraus 1986, S. 432; Gräßle 1989, S. 25; van
Galen & van Eerde 2013, S. 3; Abbildung 2.3.3). Der Prozentstreifen eignet sich
ferner gleichermaßen für die Darstellung von Anteils- und Veränderungssituationen (Berger 1989, S. 106).

   Die graphische Darstellung ermöglicht zudem das flexible Hoch- und Runterrechnen (Abschnitt 1.1.3), wofür das proportionale Denken eine notwendige
Voraussetzung ist. Zur Ermittlung eines Ergebnisses können am Prozentstreifen

unterschiedliche Zwischenschritte in Form der Bestimmung von Paaren zusammengehörender Prozentsätze und -werte vollzogen und visualisiert werden. Dies verdeutlicht die enge Verknüpfung der graphischen Darstellung mit jenem Denkschema, das dem Dreisatz zugrunde liegt (Kraus 1986; Gräßle 1989, S. 26; Friedl 2008, S. 33). Damit wird die von Berger (1989) für graphische Darstellungen zu Prozenten formulierte Forderung erfüllt, wonach solche „möglichst nahe am rechnerischen Lösungsverfahren sein" sollten, sodass „aus der visuellen Darstellung [...] möglichst einfach und eindeutig (!) Zuordnungen abgelesen werden können" (S. 105).

Aufgrund der Tatsache, dass „Anschauung [...] nicht eine Konzession an angeblich theoretisch schwache Schüler, sondern fundamental für Erkenntnisprozesse überhaupt" ist (Winter 1996, S. 9), sollte der Prozentstreifen nicht nur – wie etwa von Kraus (1986, S. 433) vorgeschlagen – im Sinne einer zeichnerischen Unterstützung differenzierend für leistungsschwächere Lernende eingesetzt, sondern für alle Schülerinnen und Schüler als Angebot etabliert werden.

Hinreichende Flexibilität als Gütekriterium für graphische Darstellungen

Die Forderung nach der Flexibilität von graphischen Darstellungen bezieht sich auf unterschiedliche Funktionen und auf eine Offenheit für verschiedene Lösungswege (Krauthausen & Scherer 2007, S. 232).

In Bezug auf den erstgenannten Aspekt wurde in Abschnitt 2.3.2 mit Blick auf das vorgeschlagene Unterrichtskonzept von van den Heuvel-Panhuizen (2003) gezeigt, dass der Prozentstreifen den Lernprozess der Lernenden in wechselnden Funktionen begleiten kann. Diese können angebunden werden an die zentralen Funktionen, die graphische Darstellungen im Allgemeinen zu erfüllen haben. So können sie laut Krauthausen und Scherer (2007, S. 227ff) als *Mittel zur Zahldarstellung*, als *Mittel zum Rechnen* sowie als *Argumentations- und Beweismittel* fungieren.

Zur allgemeinen Funktion von graphischen Darstellungen als *Mittel zur Zahldarstellung* kann einerseits die Funktion des Prozentstreifens als Darstellungsmittel von Teil-Ganzes-Situationen (van den Heuvel-Panhuizen 2003, S.19ff), aber auch anderer Situationsmuster (Berger 1989, S. 106; Gräßle 1989, S. 25; van Galen et al. 2008, S. 35) zugeordnet werden. Andererseits gehört dazu auch die Funktion des Prozentstreifens als Modell zum Schätzen von Prozenten (van den Heuvel-Panhuizen 2003, S. 23; Appell 2004, S. 28), einschließlich des Überschlagens der Ergebnisse von Aufgaben vor der exakten Berechnung (Baireuther 1983, S. 33; Gräßle 1989, S. 26).

Darüber hinaus kann der Prozentstreifen auch als *Mittel zum Rechnen* fungieren (van den Heuvel-Panhuizen 2003, S. 24f). Als solches ermöglicht er das flexible mentale Rechnen mit Prozenten (van Galen et al. 2008, S. 93). Indem die Lernenden den Prozentstreifen während ihres Rechenprozesses zur Notation von Zwischenschritten nutzen, dient er ihnen als Gedankenstütze:

„Thus, the students can keep track of their thinking processes, can see what they are doing, decide what to do next after every step, and make corrections if necessary." (van Galen & van Eerde 2013, S. 3)

Der Umgang mit flexiblen Rechenstrategien kann die Lernenden schließlich dazu befähigen, die allgemein anwendbare und häufig effiziente Berechnung über 1 % selbst zu entdecken (van Galen & van Eerde 2013, S. 3). Sie sollten aber auch erkennen, dass dies nicht immer der einfachste und eleganteste Weg ist (van Galen et al. 2008, S. 93).

Die Funktion des Prozentstreifens als *Argumentations- und Beweismittel* referenziert auf seine mögliche Funktion als graphische Darstellung zur Strukturierung (etwa von Informationen aus Textaufgaben), die die Identifikation des Aufgabentyps unterstützt (Berger 1989, S. 105f; van Galen et al. 2008, S. 35) sowie als Gedankenmodell zum mathematischen Begründen (van den Heuvel-Panhuizen 2003, S. 28). Damit kann er auch zur Validierung eigener Lösungen von Prozentaufgaben herangezogen werden (Berger 1989, S. 106).

Die geforderte *Offenheit von graphischen Modellen für verschiedene Lösungswege* wird – wie die Ausführungen zu seiner Funktion als Mittel zum Rechnen verdeutlichen – vom Prozentstreifen eingelöst (Abschnitt 3.2.2). Die Kommunikation mit Lernenden über alternative, an der ausgewählten Visualisierung verankerte Lösungsstrategien scheint insbesondere von Relevanz zu sein, „um ein Gefühl dafür entwickeln zu können, welcher Lösungsweg […] situativ, d. h. unter Berücksichtigung einer spezifisch vorliegenden Rechenanforderung, nahe liegt, geschickter oder einfacher ist als ein anderer" (Krauthausen & Scherer 2007, S. 228).

Durchgängigkeit als Gütekriterium für graphische Darstellungen

Eine *fortdauernde Qualität* von graphischen Darstellungen im Allgemeinen bzw. des Prozentstreifens im Speziellen kann auf verschiedenen Ebenen verortet sein. So kann sie etwa die Anwendung auf einem fortgeschritteneren, allgemeineren Niveau, in anderen Situationen respektive Kontexten sowie in anderen mathematischen Inhaltsbereichen betreffen (Krauthausen & Scherer 2007, S. 232; van den Heuvel-Panhuizen 2003, S. 13f).

In Bezug auf den erstgenannten Aspekt wird dem Prozentstreifen attestiert, dass er auf verschiedenen Verständnisstufen funktionieren kann (van den Heuvel-Panhuizen 2003, S. 18). Hinsichtlich des mathematischen Prozentverständnisses wird er als „backbone for progress" tituliert (ebd., S. 15) und aufgrund dessen wird sein längerfristiger unterrichtlicher Einsatz propagiert:

„In our opinion teachers should promote drawing the percentage bar for quite a long period, because the students need time to learn to appreciate the bar as a mathematical tool that can be applied in all situations. Eventually the percentage bar should come to function as a model for thinking, but that will only happen if the students are thoroughly familiar with it." (van Galen & van Eerde 2013, S. 7)

Die angeführte Forderung geht mit der Ansicht konform, dass – gerade für schwache Schülerinnen und Schüler – eine einmal gewählte Darstellungsform beibehalten werden sollte (Berger 1989, S. 103).

Auch wenn die Erweiterung über 100 % hinaus im Hinblick auf den doppelten Zahlenstrahl als organischer angesehen wird (van Galen et al. 2008, S. 93), ist diese auch problemlos für den Prozentstreifen zu realisieren (Berger 1989, S. 196; Gräßle 1989, S. 26; Appell 2004, S. 28).

Darüber hinaus zeichnet sich der Prozentstreifen dadurch aus, dass graphische Darstellungen ähnlicher Erscheinungsformen auch für andere mathematische Inhaltsbereiche wie den Brüchen (Baireuther 1983, S. 32f; Gräßle 1989, S. 26; van Galen & van Eerde 2013, S. 7), Dezimalbrüchen (Gräßle 1989, S. 26) oder proportionalen Zuordnungen (Gräßle 1989, S. 29; Cohen 2013, S. 538) verfügbar sind. Auch ein Ausbau seiner flächigen Darstellung etwa auf mehrstufige Wahrscheinlichkeiten erscheint denkbar. Durch die Verwendung etwa von Prozent- und Bruchstreifen – als deren Vorform – können die Verknüpfungen zwischen den Inhaltsbereichen verdeutlicht werden (van Galen et al. 2008).

Zugänglichkeit für die Lernenden als Gütekriterium für graphische Darstellungen

Das Kriterium der Zugänglichkeit von graphischen Darstellungen nimmt vor allem deren Praktikabilität in den Blick (Krauthausen & Scherer 2007, S. 232).

Die damit unter anderem adressierte möglichst einfache und wenig aufwendige Herstellung bzw. Reproduktion (Berger 1989, S. 104; van den Heuvel-Panhuizen 2003, S. 14) sowie Möglichkeit zur eigenständigen Nutzung durch die Lernenden, erscheint auf den Prozentstreifen zuzutreffen (Baireuther 1983, S. 32; Berger 1989, S. 106; Gräßle 1989, S. 26). Im Hinblick auf diesen wird zudem konstatiert, dass er sich durch eine selbsterklärende Gestaltung, Überschaubarkeit sowie Übersichtlichkeit (Gräßle 1989, S. 26; van den Heuvel-Panhuizen 2003, S. 14) und ferner durch seine Passung zu den informellen Strategien der Lernenden auszeichnet (ebd.).

Über die Praktikabilität des Prozentstreifens hinaus, scheint zu seiner Zugänglichkeit beizutragen, dass er in realistische, lernendennahe Kontexte verankert werden kann (van den Heuvel-Panhuizen 2003, S. 29). So kann er zum Beispiel Sitzplatz- oder Parkplatzbelegungen, Situationen des Einkaufens (ebd.) oder Fortschritte beim Downloaden (Prediger 2013, S. 344; van Galen & van Eerde 2011 / 2012, S. 16; 2013, S. 7) symbolisieren und problemlos auf neue Situationen oder Kontexte übertragen werden (van den Heuvel-Panhuizen 2003, S. 14). Des Weiteren können gut gewählte Kontexte auch den Anlass zur Arbeit mit dem Prozentstreifen darstellen (van Galen et al. 2008, S. 35).

Auf alternative graphische Darstellungen zu Prozenten soll in der vorliegenden Arbeit nicht im Detail – unter der Perspektive der erwähnten Gütekriterien – eingegangen werden. Dennoch sei angemerkt, dass die klassischen Kreisbilder zwar „besonders plastisch [sind], um die Aufteilung einer Gesamtheit in ihre Bestandteile zu veranschaulichen" (Baireuther 1983, S. 32), im Hinblick auf andere Aspekte – wie der Doppelskala und der flexiblen Nutzbarkeit – aber weniger leisten als Prozentstreifen. Dies betrifft insbesondere auch ihre Zugänglichkeit durch Reproduzierbarkeit sowie ihre Durchgängigkeit hinsichtlich der Übertragung auf Dezimalzahlen oder der Erweiterung über 100 % hinaus (ebd.).

Empirische Untersuchungen zum didaktischen Gehalt des Prozentstreifens

Empirische Studien, in denen Unterrichtsansätze evaluiert werden, die in etwaiger Form auf den Prozentstreifen zurückgreifen, sind rar. Die existierenden Ausnahmen weisen aber durchaus auf positive Einflüsse seines Einsatzes hin (u. a. Parker & Leinhardt 1995; Rianasari et al. 2012). Innerhalb einer Studie von van Galen und van Eerde (2013), die sich jedoch nur auf eine einzelne Unterrichtsstunde stützte, zeigte sich etwa die intuitive Zugänglichkeit des Prozentstreifens:

„In our study we saw that 7th grade students who obviously were not familiar with the percentage bar, immediately understood how the bar could be use. It was also clear that drawing a bar was advantageous for them." (van Galen & van Eerde 2013, S. 7)

Der Autor und die Autorin resümieren weiterhin, dass die Lernenden den Zweck des Prozentstreifens direkt verstanden haben und der Großteil von ihnen mit dessen Hilfe zur Lösung von Aufgaben in der Lage war, die – wie ein schriftlicher Vortest verdeutlichte – zuvor Schwierigkeiten generierten (van Galen & van Eerde 2013, S. 6). Aus ihren Resultaten leiten sie den Nutzen des Prozentstreifens für Unterrichtsszenarien zum Umgang mit Prozenten ab:

„Although the teaching experiment was very short – just one lesson – the results confirm that the percentage bar is a powerful model that deserves a central place in the teaching of percentages." (van Galen & van Eerde 2013, S. 1)

In einer Entwicklungsforschungsstudie zu Prozenten zeigte sich ferner, dass eine im Downloadkontext situierte Aktivität, bei der Ladezustände im Downloadbalken abzuschätzen waren, zur Wahrnehmung von 100 % als Ganzes („sense of fullness" of percentage) beitragen könne (Rianasari et al. 2012, S. 38). Des Weiteren wurde das Potenzial des Vergleichs von Rabatten für das Verständnis des Unterschieds zwischen absoluten sowie relativen Zusammenhängen herausgestellt (ebd.).

Weniger positiv fallen allerdings die Resultate einer Studie aus, innerhalb der drei Unterrichtsansätze zu Prozenten (Dreisatz über 1 %, Ansatz mit Prozentstreifen, Ansatz mit Gleichungen) gegenübergestellt wurden (Ngu et al. 2013, S. 696). So erzielten die Lernenden, die anhand des Prozentstreifens unterrichtet wurden, die schlechtesten Ergebnisse (Ngu et al. 2013, S. 696). In Bezug auf die Anlage der Studie ist allerdings kritisch anzumerken, dass sich der beobachtete Unterricht in allen drei Konditionen nur über eine Schulstunde erstreckte, lediglich Veränderungssituationen fokussierte und den Prozentstreifen in einer sehr statischen Form (ausschließliche Einteilung in 10 % - Abschnitte) integrierte (ebd., S. 703). Zudem merken die Autoren selbst an, dass eine Grenze ihrer Ergebnisse darin liegt, dass auch innerhalb des Unterrichtsansatzes über Gleichungen eine veranschaulichende Grafik in Form eines Rechtecks eingesetzt wurde (ebd., S. 705). So lässt sich diese Studie als empirische Evidenz interpretieren, dass der Einsatz des Prozentstreifens nicht automatisch zu guten Lernergebnissen führt, sondern es maßgeblich auf seine unterrichtliche Einbettung ankommt.

Zusammenfassung zur Einschätzung des Prozentstreifens unter Gütekriterien für graphische Darstellungen

Der didaktische Gehalt des Prozentstreifens wurde in diesem Abschnitt anhand der von Krauthausen und Scherer (2007) allgemein formulierten Qualitätsmerkmale für graphische Darstellungen zusammenfassend evaluiert. Die Literatur zum Prozentstreifen lässt sich in dieser Strukturierung zusammenfassen als bestätigend für folgende Charakteristika des Prozentstreifens:

- *Angemessene Verkörperung der mathematischen Grundideen.*

- *Hinreichende Flexibilität:* Erfüllung unterschiedlicher Funktionen (Mittel zur Zahldarstellung, Mittel zum Rechnen, Argumentations- und Beweismittel) sowie Offenheit für verschiedene Lösungswege.

- *Durchgängigkeit*: Fortdauernde Qualität, die die Anwendung auf einem fortgeschritteneren Niveau, in anderen Situationen und Kontexten sowie in weiteren mathematischen Inhaltsbereichen ermöglicht.

- *Zugänglichkeit für die Lernenden:* Möglichkeit der eigenständigen Entwicklung und Nutzung durch die Lernenden sowie Verankerung in realistischen, für die Lernenden sinnhaften Kontexten.

2.3.4 Levelprinzip als Grundlage der Sequenzierung von Lernpfaden

Ein weiteres zentrales Design-Prinzip des RME-Ansatzes (Abschnitt 2.3.1), das sich direkt auf die Sequenzierung von Lernpfaden bezieht, stellt das sogenannte Levelprinzip dar. Demzufolge ist ein intendierter Lernpfad über verschiedene Stufen wachsenden Verständnisses mathematischer Konzepte zu sequenzieren (van den Heuvel-Panhuizen 2003, S. 12f; van den Heuvel-Panhuizen & Drijvers 2014, S. 523).

Unterschieden werden dabei vier Stufen mit aufsteigender Abstraktion, die in der Literatur mit leicht differierenden Benennungen auftauchen (etwa „activity in the task setting", „referential activity", „general activity" und „formal mathematical reasoning" bei Gravemeijer 1999, S. 163; Gravemeijer & Doormann 1999 oder Gravemeijer & Stephan 2002, S. 159). Die nachfolgenden Darstellungen beruhen auf Gravemeijer (1998, S. 286f), der zwischen folgenden Stufen unterscheidet (auch bei van den Heuvel-Panhuizen 2003, S. 15):

- *Situative Stufe* („level of situations"): Anwendung von bereichsspezifischem, situativen Wissen sowie von informellen Strategien innerhalb des gegebenen Kontextes oder Sachverhalts.

- *Referentielle Stufe* („referential level"): Bezug der verwendeten Modelle und Strategien auf die in der gegebenen Problemstellung beschriebenen Situation.

- *Allgemeine Stufe* („general level"): Stärker verallgemeinernder Charakter der Modelle und Strategien, indem sich diese von der spezifischen gegebenen Situation als weitgehend unabhängig erweisen.

- *Formale Stufe* („level of formal mathematics"): Anwendung von und Umgang mit konventionellen Notationsweisen und formalen Lösungsverfahren.

Die vier Stufen nach Gravemeijer (1998, S. 286f) werden durch Abbildung 2.3.4 visualisiert, allerdings in umgekehrter Reihenfolge, da von einem an Tiefe gewinnenden Verständnis ausgegangen wird.

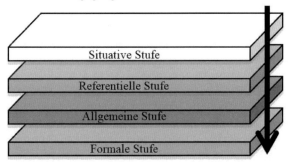

Abbildung 2.3.4   Stufen zur Sequenzierung eines intendierten konzeptuellen Lernpfads (Pöhler & Prediger 2015, S. 1700 nach Gravemeijer 1998, S. 286)

Wie in Abschnitt 2.1 bereits allgemein in Bezug auf die Konzeption von intendierten Lernpfaden beschrieben wurde, merken auch Gravemeijer und Stephan (2002, S. 160) konkret in Bezug auf das Levelprinzip an, dass die Abfolge der vier Stufen zwar als Grundlage des Designs von Lernpfaden dienen, von den Lernenden tatsächlich aber auch in abweichender Form adressiert werden kann:

„Together, these four levels of activity indicate a developmental progression, although this is not meant as a strict hierarchy. When solving or discussing problems, the students may shuttle back and forth between various levels." (Gravemeijer & Stephan 2002, S. 160)

Dem RME-Ansatz liegt die Prämisse zugrunde, dass graphische Darstellungen (unter der englischen Bezeichnung „models") – wie der Prozentstreifen (Abschnitte 2.3.1 und 2.3.2) – als Vehikel zur Initiierung und Unterstützung des Fortschreitens der Lernenden entlang der erwähnten Stufen fungieren und insbesondere zur Verknüpfung der informellen Strategien mit den formalen, abstrakteren Lösungsverfahren beitragen:

„Models are attributed the role of bridging the gap between the informal understanding connected to the 'real' and imagined reality on the one side, and the understanding of formal systems on the other." (van den Heuvel-Panhuizen 2003, S. 13)

Dabei vollzieht sich ein Wandel von einem *Modell von etwas* (englisch: *model of*) zu einem *Modell für etwas* (englisch: *model for*):

„Models *of* something are after-images of a piece of given reality; models *for* something are pre-images for a piece of to be created reality." (Freudenthal 1975, S. 6)

Der mikrodidaktischen Perspektive von Streefland (1985) folgend, symbolisiert ein Modell zunächst eine konkrete Situation und wandelt sich fortlaufend zu einem Modell für ein abstraktes mathematisches Konzept, das über verschiedene Situationen hinweg verallgemeinerbar ist (Gravemeijer 1998, S. 160; van den Heuvel-Panhuizen 2003, S. 14f).

Zu Anfang eines Lernprozesses konstituiert sich ein Modell – wie die graphische Darstellung des Prozentstreifens – demnach in enger Verbindung zu einer spezifischen gegebenen Situation (van den Heuvel-Panhuizen, S. 14), im Prozentebeispiel etwa als Visualisierung von Parkplatzbelegungen in absoluter und relativer Form (Abschnitt 2.3.2) oder als Downloadbalken. Später erfolgt dann eine Verallgemeinerung des kontextspezifischen Modells auf andere Situationen und Kontexte (im Beispiel auf das Einkaufen oder eine Fanumfrage, ebd.). Das Ziel besteht schließlich darin, das Modell bzw. die graphische Darstellung flexibel nutzen zu können, um vertraute und unvertrautere sowie komplexere Sachverhalte zu strukturieren und mathematisch zu erfassen (ebd.).

Der Wandel eines *Modells von etwas* zu einem *Modell für etwas* kann dabei, wie an der Unterrichtskonzeption zum Umgang mit Prozenten illustriert werden soll, unterschiedliche Auslöser haben (van den Heuvel-Panhuizen 2003, S. 30f):

- *Wechselnder Kontext*: Lernende realisieren etwa, dass der Anteil an Blumen einer bestimmten Farbe in ähnlicher Weise dargestellt werden kann, wie die Belegung eines Theaters.

- *Anderer Inhaltsbereich*: Lernende realisieren, dass ein Prozentstreifen auch zum Ausdruck von Brüchen genutzt werden kann.

- *Multiple Funktionen*: Lernende realisieren, dass ein Prozentstreifen nicht nur zur Darstellung eines gegebenen Sachverhalts, sondern etwa auch als Mittel zum Rechnen fungieren kann.

Tatsächlich wird demnach nicht nur ein einzelner Wandel von einem *Modell von etwas* zu einem *Modell für etwas* vollzogen, sondern vielmehr eine Reihe lokaler Übergänge:

„In fact, there is a *series of continuous local shifts*, which implies that a model, which on a context-connected level symbolized an informal solution, in the end becomes a model for formal solutions on a more general level." (van den Heuvel-Panhuizen 2003, S. 30)

2.4 Zusammenfassung

Im Hinblick auf Strukturierungsprinzipien für die Entwicklung von Unterrichtskonzepten zum Umgang mit Prozenten wurden bestehende Realisierungen ergründet, indem Aufbau und Inhalt ausgewählter Schulbücher (für einen Überblick *Fazit zur Behandlung des Umgangs mit Prozenten in ausgewählten Schulbüchern* am Ende von Abschnitt 2.2.2) sowie Design-Prinzipien analysiert (für einen Überblick *Zusammenschau relevanter Design-Prinzipien zu Prozenten* am Ende von Abschnitt 2.2.1) und (wenige) empirische Ergebnisse zu weiterführenden didaktischen Konzeptionen vorgestellt wurden.

Als ein Unterrichtskonzept zu Prozenten, zu dem die angeführten Design-Prinzipien passen, erweist sich eine von van den Heuvel-Panhuizen (2003) vorgeschlagene Konzeption (Abschnitt 2.3.2). Begründet durch ihre Einbettung in den RME-Ansatz (Abschnitt 2.3.1) lässt sie sich insbesondere durch die grundlegenden Prinzipien „Ausgangspunkt des Lernprozesses bei realistischen für die Lernenden sinnhaften Kontexten", „Didaktische Nutzung von Modellen" sowie „Levelprinzip als Sequenzierungsgrundlage" charakterisieren (Treffers 1978; van den Heuvel-Panhuizen & Drijvers 2014; Rianasari et al. 2012). Diese lassen sich gut mit den aus der Literatur abgeleiteten Design-Prinzipien zu Prozenten vereinbaren.

Als didaktisches Modell bzw. durchgängige graphische Darstellung fungiert in der Konzeption des intendierten Lernpfads (Abschnitt 2.1 für das Konstrukt der intendierten Lernpfade) zu Prozenten von van den Heuvel-Panhuizen (2003) der Prozentstreifen (Abschnitt 2.3.2). Dieser soll den Lernprozess der Lernenden längerfristig – in wechselnden Funktionen und Erscheinungsformen – begleiten und unterstützen. So kann er etwa ein Abbild einer gegebenen Situation darstellen, als graphische Darstellung zum Schätzen von sowie zum Rechnen mit Prozenten fungieren und sich schließlich zu einem Gedankenmodell zum mathematischen Begründen in komplexeren Situationen entwickeln.

Unter diversen Bezeichnungen findet der Prozentstreifen mit unterschiedlichen Funktionen und verschiedenen Erscheinungsformen auch in anderen Unterrichtskonzepten Verwendung (Abschnitt 2.3.3).

So wird er etwa in den analysierten Schulbüchern (Abschnitt 2.2.2) in Form eines Streifendiagramms primär zur Darstellung von Prozenten als statistische Angaben eingesetzt.

Der didaktische Gehalt des Prozentstreifens wird in zahlreichen Publikationen betont und in einzelnen empirischen Studien nachgewiesen. In der vorliegenden Arbeit findet er im Rahmen einer Begutachtung anhand der von Krauthausen und Scherer (2007) allgemein formulierten Gütekriterien für graphische Darstellungen eine theoretische Bestätigung (für einen Überblick *Zusammenfassung zur Einschätzung des Prozentstreifens unter Gütekriterien für graphische Darstellungen* am Ende von Abschnitt 2.3.3).

Der RME-Ansatz schreibt dem Prozentstreifen im Speziellen bzw. Modellen im Allgemeinen eine Brückenfunktion zwischen dem informellen, aus den Alltagserfahrungen der Lernenden erwachsenden Wissen sowie formalen, abstrakten Herangehensweisen zu (Abschnitt 2.3.4). Lernpfade sollten dieser Auffassung zufolge nach dem sogenannten Levelprinzip über vier Stufen hinweg designt werden, die vom Konkreten zum Abstrakten fortschreiten (Gravemeijer 1998). Die Modelle – wie etwa der Prozentstreifen – initiieren und begleiten dabei das Fortschreiten entlang der Stufen. Im Rahmen einer Reihe lokaler Übergänge lösen sie sich dabei immer weiter von einer konkreten Situation ab und entwickeln sich von einem *Modell von* einer konkreten Situation (*model of*) zu einem *Modell für* mathematische Zusammenhänge (etwa den Beziehungen zwischen den verschiedenen Konzepten zu Prozenten) (*model for*). Die Übergänge werden dabei primär durch Kontextwechsel und sich wandelnde Funktionen ausgelöst.

In den folgenden beiden Kapiteln (Kapitel 3 und 4) wird eine sprachdidaktische Perspektive auf den Lerngegenstand eingenommen, wobei zunächst eine allgemeine Klärung der Hintergründe zum sprachlichen Lernen im Mathematikunterricht zentral ist.

3 Sprachdidaktische Spezifizierung des Lerngegenstands

Die Einnahme einer sprachdidaktischen Perspektive auf das Fokusthema erscheint zum einen unter der Prämisse sinnvoll, eine fach- und sprachintegrierte Fördermaßnahme zum Umgang mit Prozenten entwickeln zu wollen, die auch für Lernende mit geringeren Sprachkompetenzen geeignet ist. Zum anderen kann diese mit dem Befund begründet werden, dass für Schwierigkeiten von Lernenden mit Prozenten – insbesondere beim Umgang mit Textaufgaben – auch sprachliche Aspekte verantwortlich gemacht werden (Abschnitt 1.2.1). Zudem sind bisher keinerlei Untersuchungen bekannt, die diesen Sachverhalt explizit fokussieren.

Demzufolge steht innerhalb dieses Kapitels, mit dem Ziel für den fokussierten Lerngegenstand der Prozente anschließend eine theoretisch fundierte sprachliche Spezifizierung sowie Strukturierung vornehmen zu können (Kapitel 8), die Auseinandersetzung mit der Thematik der Sprache im Vordergrund.

Um die Bedeutsamkeit von Sprachförderung im Mathematikunterricht im Allgemeinen bzw. speziell von Sprachschatzarbeit zu verdeutlichen, sowie Hintergründe zu deren Wirkmechanismen aufzuzeigen, wird zunächst die Rolle von Sprache für das Mathematiklernen (Abschnitt 3.1) fokussiert. Dazu wird einerseits auf Ergebnisse empirischer, hauptsächlich quantitativer Studien zum Zusammenhang zwischen Sprachkompetenz und Mathematikleistung eingegangen (Abschnitt 3.1.1). Andererseits wird die kognitive Funktion von Sprache gemeinsam mit der ebenfalls wichtigen, aber zumeist augenscheinlicheren kommunikativen Funktion dargelegt (Abschnitt 3.1.2). Im Anschluss daran erfolgt die ausführliche Spezifizierung der sogenannten Bildungssprache im Zusammenspiel mit der Alltagssprache auf der einen und der Fachsprache auf der anderen Seite (Abschnitt 3.2). Dabei wird anhand ontogenetischer sowie didaktischer Aspekte für die notwendige Berücksichtigung der Bildungssprache in Maßnahmen zur Sprachförderung (Kapitel 4) argumentiert.

3.1 Hintergründe zur Rolle der Sprache für das Mathematiklernen

In diesem Abschnitt steht die Verdeutlichung der generellen Relevanz von Sprache für das Mathematiklernen im Vordergrund. Dazu werden in Abschnitt 3.1.1 zunächst Ergebnisse ausgewählter empirischer, hauptsächlich quantitativer Studien aus dem angelsächsischen und deutschsprachigen Raum zum Zusammenhang von Sprachkompetenz und Mathematikleistung angeführt. Anschließend

© Springer Fachmedien Wiesbaden GmbH 2018
B. Pöhler, *Konzeptuelle und lexikalische Lernpfade und Lernwege zu Prozenten*, Dortmunder Beiträge zur Entwicklung und Erforschung des Mathematikunterrichts 35, https://doi.org/10.1007/978-3-658-21375-6_4

wird in Abschnitt 3.1.2 sowohl die kommunikative als auch die kognitive Funktion von Sprache sowie deren Bedeutung für das Mathematiklernen dargelegt.

3.1.1 Zusammenhang zwischen Sprachkompetenz und Mathematikleistung

Die Erkenntnisse aus internationalen Vergleichsstudien wie PISA (Programme for International Student Assessment) und TIMSS (Trends in International Mathematics and Science Study) führten dazu (Bos et al. 2007), dass die Thematik der Bildungs(un)gerechtigkeit Gegenstand bildungspolitischer Diskussionen wurde und auch in den Fokus der Öffentlichkeit rückte (Baumert & Schümer 2001, S. 366). Dem Begriff *Bildungsgerechtigkeit* wird die Bedeutung zugeschrieben, „dass allen Schülerinnen und Schülern, unabhängig von ihrem Geschlecht, ihrem familiären Hintergrund oder ihrem sozioökonomischen Status, die gleichen Bildungschancen geboten werden" (OECD 2014, S. 13). In Deutschland zeigten die Resultate von PISA 2000, dass das Land zu den OECD-Ländern mit einer überdurchschnittlich starken Varianz zwischen den Leistungen der Lernenden zählte (OECD 2010, S. 78). Obwohl infolgedessen eine kontinuierliche Verbesserung der deutschen Resultate bei PISA – etwa im Bereich der Mathematikleistungen – sowie eine gleichzeitige Erhöhung der Bildungsgerechtigkeit verzeichnet werden konnte (OECD 2014, S. 82), lassen sich die Leistungsunterschiede der deutschen Lernenden, etwa in Mathematik, noch immer in hohem Maße durch Disparitäten von Lernendenmerkmalen voraussagen. So beträgt beispielsweise die Varianz der Mathematikleistungen der deutschen Lernenden, die sich durch den sozioökonomischen Status erklären lässt, knapp 17 % (ebd., S. 38). Dieser gilt in PISA als wichtigste Messgröße (ebd., S. 35).

Über PISA hinaus befassen sich auch weitere empirische Studien mit der potentiellen Benachteiligung von Lernenden im schulischen Kontext durch Hintergrundfaktoren auf diversen Ebenen – wie der Gesellschaft, der Schule und dem Individuum (Stanat 2006). Bezüglich der Individuen wird mit unterschiedlichen Konzeptualisierungen, Operationalisierungen sowie Priorisierungen unter anderem etwa der Einfluss folgender Faktoren untersucht: Sozioökonomischer Status, Familienstruktur, Erwerbsstatus der Eltern, etwaiger Migrationshintergrund, Mehrsprachigkeit bzw. Nichtpassung von Familien- und Test- bzw. Unterrichtssprache oder auch Lese- sowie Sprachkompetenz (Prediger, Wilhelm, Büchter, Benholz & Gürsoy 2015, S. 79). Letztere zeigt sich dabei als vermittelnder Faktor zwischen sozioökonomischem Status und Mathematikleistung (ebd.).

Der Schwerpunktsetzung der vorliegenden Arbeit folgend, wird lediglich eine Auswahl an Studien präsentiert, in denen Zusammenhänge zwischen Sprachkompetenz und Mathematikleistung von Lernenden dargestellt werden. Für einen Überblick des Forschungsstands zum Zusammenhang zwischen mathematischer Performanz sowie anderen sozialen Hintergrundvariablen und der Lesekompetenz sei auf die Ausführungen von Wilhelm (2016, S. 12ff) verwiesen.

Studien zum Zusammenhang zwischen Sprachkompetenz und Mathematikleistung aus dem angelsächsischen Raum

Die vielfältigen Untersuchungen im englischsprachigen Kontext, die zumeist primär auf Lernende mit Englisch als Zweitsprache – sogenannte „English language lear-ners" – fokussieren, weisen vorwiegend enge Zusammenhänge zwischen der Sprachkompetenz der Lernenden und ihren Fachleistungen nach (für einen Überblick Secada 1992; Tate 1997, S. 654; Abedi 2004, S. 27). Das Resümee von Secada (1992) fällt in seinem diesbezüglichen Literaturüberblick etwa folgendermaßen aus:

„In sum, these studies indicate a relationship between how proficient someone is in a language and performance of mathematics achievement." (Secada 1992, S. 638)

Der Vergleich der Leistungen von Achtklässlerinnen und -klässlern mit unterschiedlichen Sprachkompetenzen im Umfeld der amerikanischen NAEP-Erhebungen (National Assessment of Educational Progress) im Jahr 1996 ergab beispielsweise, dass die sprachlich Schwächeren (konzeptualisiert als „limited English proficient (LEP) students") bei einem Mathematiktest deutlich schlechter abschnitten als die sprachlich Starken („non-limited English proficient students") (Abedi et al. 2001, S. 57). Die Einordung als LEP wurde dabei einerseits anhand von Selbsteinschätzungen der Lernenden (zu ihren Lese- und Schreibkompetenzen sowie ihrem Sprachhintergrund und Sprachgebrauch) und andererseits anhand von Einschätzungen der Lehrkräfte vorgenommen. Diese Operationalisierung wird teilweise kritisch gesehen, da sie allein auf Einschätzungen beruht und ferner lediglich zweisprachige Lernende betrachtet werden, bei denen schon präskriptiv davon ausgegangen wird, dass eine Beeinträchtigung ihrer Fachleistungen durch ihre Sprachmängel vorliegt (Secada 1992, S. 635).

Eine differenziertere Betrachtung liefern zum Beispiel Abedi, Leon und Mirocha (2003) auf Basis einer mit 15- bis 17-jährigen Jugendlichen durchgeführten Studie, indem sie feststellen, dass Leistungsunterschiede zwischen Lernenden mit Englisch als Erst- und Zweitsprache in Bezug auf die Mathematik vor allem für das mathematische Problemlösen zu verzeichnen sind und im Hinblick auf mathematische Rechenfertigkeiten praktisch völlig verschwinden (Abedi 2004, S. 28f). Mit dem Zusammenhang von Sprachkompetenz und Problemlösefähigkeit wird auch die Fähigkeit der Lernenden zur Lösung von Textaufgaben in Verbindung gebracht. Laut Abedi et al. (2001, S. 4) fällt diese allgemein 10 bis 30 % geringer aus als ihre Kompetenz zur Lösung vergleichbarer, in numerischer Form präsentierter Aufgaben (auch bei Carpenter et al. 1980; Cummins et al. 1988; Saxe 1988 oder Noonan 1990; bezogen auf Prozente in Abschnitt 1.2.2 sowie innerhalb der eigenen Untersuchung in Kapitel 6 und 7).

Als Konsequenz aus dem wiederholt ermittelten Zusammenhang zwischen Sprachkompetenz und Fachleistungen wird im angelsächsischen Raum für die Reduzierung unnötiger linguistischer Komplexität sowie den (zusätzlichen)

Einsatz weiterer Unterstützungsmaßnahmen für sprachlich schwache Lernende in den fokussierten Prüfungen plädiert (Abedi 2004, S. 27). Die tatsächlichen Wirkungen solcher Unterstützungsmaßnahmen (wie zusätzliche Zeit oder ein Glossar mit Worterklärungen) bilden auch den Gegenstand komparativer Untersuchungen (z.B. Abedi et al. 2001). Dies verweist auf die Einnahme einer Perspektive, nach der Leistungsdifferenzen zwischen Lernenden verschiedener Sprachkompetenzen auf die sprachlichen Merkmale der Testaufgaben zurückzuführen sind (Paetsch et al. 2015, S. 21).

Studien zum Zusammenhang zwischen Sprachkompetenz und Mathematikleistung aus dem deutschsprachigen Raum

Im deutschsprachigen Raum durchgeführte Studien unterschiedlichster Ausrichtungen zum Zusammenhang zwischen Sprachkompetenz und Mathematikleistung liefern empirische Evidenzen für die hohe Relevanz der Sprachkompetenz für die Mathematikleistungen von Lernenden zu unterschiedlichen Zeitpunkten ihrer Schullaufbahn (Tabellen 3.1.1 und 3.1.2 für einen Überblick). Die empirisch quantitativen Breitenanalysen einer Untersuchung zu den nordrhein-westfälischen Zentralen Prüfungen am Ende der Klasse 10 im Fach Mathematik zeigten etwa, dass die Sprachkompetenz im Deutschen die Prüfungsleistungen der Lernenden in stärkerem Maße beeinflusst als alle anderen berücksichtigten sozialen Hintergrundfaktoren wie der Migrationshintergrund, der sozioökonomische Status, der Zeitpunkt des Deutscherwerbs oder auch die rein rezeptive Lesekompetenz (Prediger et al. 2015, S. 88 und S. 99; Wilhelm 2016).

Dieser generelle Befund, wonach Sprachkompetenzen in einem engen Zusammenhang zu Mathematikleistungen stehen, stellt sich aus mathematikdidaktischer Perspektive insbesondere mit Blick auf die potentielle Förderbarkeit als wesentlich heraus (Prediger et al. 2015, S. 99; Gürsoy et al. 2013, S. 5). Anders als etwa bei anderen Hintergrundfaktoren wie dem sozioökonomischen Status, können in Bezug auf die Sprachförderung konkrete Handlungsoptionen für Forschung und Unterrichtspraxis adressiert werden (ebd.). Somit bestehe die Möglichkeit, dass durch die Entwicklung, die Erforschung sowie den Einsatz sprachsensibler Konzepte für den Mathematikunterricht ein Beitrag zur Reduktion von Bildungsungerechtigkeit geleistet werden könne (ebd.).

Über diese übereinstimmende Relevanzaussage hinaus lassen sich allerdings deutliche Differenzen zwischen den berücksichtigten Untersuchungen erkennen, etwa hinsichtlich ihrer Fragestellungen oder Vorgehensweisen.

So werden etwa differierende Erklärungsansätze für die beobachteten Leistungsunterschiede zwischen Lernenden mit abweichenden Sprachkompetenzen angeboten (Paetsch et al. 2015, S. 21).

Tabelle 3.1.1.: Überblick I zu Studien zum Zusammenhang zwischen Sprachkompetenz und Mathematikleistung aus dem deutschsprachigen Raum

Publikation / Projekt	Stichprobe / Anlage der Studie	Zentrale Ziele	Ermittlung sprachlicher Kompetenz und Sprachhintergrund	Zentrale Ergebnisse
Heinze et al. (2007): Mathematikkenntnisse und sprachliche Kompetenz bei Kindern mit Migrationshintergrund zu Beginn der Grundschulzeit (s. auch Heinze et al. 2009; Ufer et al. 2013) / SOKKE	• 556 Lernende der ersten Jahrgangsstufe (querschnittliche quantitative Studie) • 292 Lernende über die ersten drei Jahrgangsstufen hinweg (längsschnittliche quantitative Studie)	• Untersuchung des Zusammenhangs von sprachlicher und mathematischer Kompetenzentwicklung von Lernenden mit und ohne Migrationshintergrund in der Primarstufe • Identifikation mathematischer Bereiche, in denen Sprachkompetenz besondere Relevanz hat	Einsatz einer Sprachstandsüberprüfung mit Schwerpunkt auf Hörverständnis, Wortschatzkenntnissen, Beherrschung bestimmter grammatikalischer Strukturen	• Sprachliche Kompetenzen als (neben den kognitiven Grundfertigkeiten) wichtigster Prädiktor für längsschnittliche mathematische Kompetenzentwicklung • Quer- und Längsschnittliche Benachteiligungen der Lernenden mit Migrationshintergrund bei schulsprachlichen Defiziten treten vor allem bei Anforderungen auf, für die konzeptuelles Verständnis nötig ist (wie bei Sachaufgaben)
Duarte, Gogolin & Kaiser (2011): Sprachlich bedingte Schwierigkeiten von mehrsprachigen Schülerinnen und Schülern bei Textaufgaben (s. auch Kaiser und Schwarz 2008 / 2009)	• 20 Jugendliche mit russischem Sprachhintergrund des Jahrgangs 7 eines Gymnasiums und einer Gesamtschule • Auswertungen von Paraphrasen einer Textaufgabe mit bildungssprachlichen Charakteristika sowie den zugehörigen Beschreibungen des Lösungsweges (qualitative Interviewstudie)	• Untersuchung der Rolle bildungssprachlicher Fähigkeiten beim Verständnis mathematischer Textaufgaben • Erhebung des fachbezogenen Sprachstands und Auswertung von Lese- und Verstehensmustern am Beispiel von Textaufgaben	Auswahl von Lernenden mit Russisch als Erstsprache	• Rekurs auf sprachimmanente Hürden beim Lösen von Textaufgaben • Rekonstruktion zweier Lese- und Verstehensmuster bei der Texterschließung: Aufbau des Aufgabenverständnisses über Inhaltswörter wie Substantive; Nichtbeachtung der Bedeutsamkeit von Funktionswörtern wie Präpositionen • Verortung der Schwierigkeiten im Textverständnis
Haag et al. (2013): Second language learners' performance in mathematics: Disentangling the effects of academic language features	• 21618 Lernende des dritten Jahrgangs (Large-Scale-Untersuchung)	• Untersuchung, welche bildungssprachlichen Merkmale in Mathematikaufgaben für Zweitsprachenlernende besondere Probleme evozieren • Analyse der Zusammenhänge zwischen diversen sprachlichen Merkmalen	Klassifizierung der Lernenden durch Lehrkräfte danach, ob sie im Alltag primär Deutsch bzw. eine andere Sprache nutzen	• Nachweis, dass Differenzen in mathematischen Kompetenzen von Lernenden mit Deutsch als Mutter- bzw. Zweitsprache auf bildungssprachliche Merkmale der Aufgaben zurückzuführen sind • Als benachteiligend erweisen sich eine hohe Anzahl an Wörtern, Nominalphrasen und marginal an allgemeinen bildungssprachlichen Ausdrücken

Tabelle 3.1.2.: Überblick II zu Studien zum Zusammenhang zwischen Sprach-kompetenz und Mathematikleistung aus dem deutschsprachigen Raum

Publikation / Projekt	Stichprobe / Anlage der Studie	Zentrale Ziele	Ermittlung sprachlicher Kompetenz und Sprach-hintergrund	Zentrale Ergebnisse
Prediger et al. (2015): Sprachkompetenz und Mathematikleistung – Empirische Untersuchung sprachlich bedingter Hürden in den Zentralen Prüfungen 10 (ZP 10) (s. auch Gürsoy et al. 2013; Prediger et al. 2013 und Wilhelm 2016) / MuM-ZP 10	• 1495 Lernende am Ende des zehnten Jahrgangs in Gesamtschulerweiterungskursen (quantitative Studie) • 40 unterschiedlich sprachkompetente Lernende (qualitative Interviewstudie) • Theoretische Itemanalysen der Prüfungsaufgaben	• Analyse, welche sozialen und sprachlichen Faktoren den stärksten Zusammenhang zur Mathematikleistung haben • Lokalisierung sowie Spezifizierung potentieller und tatsächlicher linguistischer und mathematischer Schwierigkeitsbereiche bzw. Hürden innerhalb der Prüfungsaufgaben vor allem für sprachlich Schwache	• Berücksichtigung der Leistungen im Leseverstehensteil der ZP 10 • Erhebung der rezeptiven und produktiven Sprachkompetenz anhand eines teilweise bildungssprachlich formulierten C-Tests	• Nachweis eines stärkeren Zusammenhangs zwischen Mathematikleistung und Sprachkompetenz als zwischen Ersterer und anderen sozialen Hintergrundfaktoren (Migrationshintergrund, sozioökonomischer Status, Zeitpunkt Deutscherwerb, rein rezeptive Lesekompetenz, Mehrsprachigkeit) • Identifikation von drei Kategorien sprachlich bedingter Hürden (Lesehürden, prozessuale und konzeptuelle Hürden)
Paetsch et al. (2015): Der Zusammenhang von sprachlichen und mathematischen Kompetenzen bei Kindern mit Deutsch als Zweitsprache / BeFo	370 sprachlich schwache Lernende nichtdeutscher Herkunftssprache des dritten Jahrgangs (querschnittliche quantitative Studie)	• Untersuchung der Zusammenhänge sprachlicher Teilkompetenzen mit Mathematikleistungen	• Einsatz eines Screeningverfahrens in Bezug auf Deutschkompetenzen in Form von Lückentexten (u. a. mit C-Test-Prinzip) • Erfassung sprachlicher Teilkompetenzen: Leseverständnis, produktive grammatikalische Fähigkeiten und Wortschatzkenntnisse	• Nachweis von Korrelationen der mathematischen Leistungen mit dem Leseverständnis und produktiven Wortschatzkenntnissen, nicht aber mit produktiven Grammatikkompetenzen (unter Kontrolle kognitiver Grundfähigkeiten) • Zusammenhänge von Sprachkompetenzen und Mathematikleistungen bestehen für sprachlich anspruchsvolle (wie Textaufgaben) und weniger anspruchsvolle Aufgaben

Wie bereits in Bezug auf die Untersuchungen aus dem angelsächsischen Raum erwähnt, werden teilweise (bildungs-)sprachliche Merkmale von Mathematikaufgaben für die größeren Schwierigkeiten sprachlich schwächerer Lernender mit diesen verantwortlich gemacht (Haag et al. 2013; Kaiser & Schwarz 2008 /

2009; Duarte et al. 2011). Innerhalb von Studien, die diese Perspektive einneh-
men, werden etwa bei Kaiser & Schwarz (2008 und 2009) für bestimmte Lernende wiederkehrende Lese- und Verstehensmuster rekonstruiert, die bei der
Auseinandersetzung mit einer Textaufgabe mit bildungssprachlichen Charakteristika auftreten (S. 1ff und S. 68f). So erwies sich etwa die Vernachlässigung
des unter anderem aus Präpositionen bestehenden Strukturwortschatzes als für
mehrsprachige Lernende typisch (ebd.). Dies kann Schwierigkeiten bewirken,
da diese Wörter aufgrund ihrer Funktionalität für den Ausdruck mathematischer
Relationen für die Mathematik von besonderer Relevanz sind:

> „In mathematics, the reader needs to pay attention to detail since […] prepositions […] play a key
> role in making meaning. […] [They] are the small words often ignored by readers but which have
> significant value in mathematics." (Jorgensen 2011, S. 323)

Ferner wird etwa untersucht, welche bildungssprachlichen Merkmale sich für
gewisse Lernende als schwierigkeitsgenerierend erweisen (beispielsweise bei
Haag et al. 2013 in quantitativer Form).

Alternativ werden empirisch ermittelte Korrelationen als Nachweis für die
Zusammenhänge zwischen Mathematikleistung und Sprachkompetenz erbracht
(Heinze et al. 2007 / 2009; Ufer et al. 2013). Den verschiedenen Instrumenten,
die innerhalb der derart ausgerichteten Untersuchungen zur Erfassung der
Sprachkompetenz eingesetzt werden, liegen oft unterschiedliche Operationali-
sierungen des Konstrukts zugrunde (Paetsch et al. 2015, S. 22).

So fokussiert die Sprachstandsüberprüfung, die im SOKKE-Projekt („Sozialisation und Akkulturation in Erfahrungsräumen von Kindern mit Migrationshintergrund") eingesetzt wurde, etwa das Hörverstehen, die Wortschatzkenntnisse und die Beherrschung bestimmter grammatikalischer Strukturen der Lernenden, wie Gebrauch von Artikeln und Präpositionen (Heinze et al. 2009, S. 148).

Im Rahmen des BeFo-Projektes („Bedeutung und Form: Fachbezogene und
sprachsystematische Förderung in der Zweitsprache") wurde der Fokus hingegen auf produktive sprachliche Fähigkeiten gelegt (Paetsch et al. 2015, S. 27).
Dabei wurden das Leseverständnis, die grammatischen Fähigkeiten sowie die
Wortschatzkenntnisse als Teilkompetenzen der Sprachkompetenz operationalisiert (ebd., S. 24).

Im Rahmen der Studie zu den nordrhein-westfälischen Zentralen Prüfungen
am Ende der Klasse 10 im Fach Mathematik fungierte ferner ein teilweise bildungssprachlich formulierter C-Test als Erhebungsinstrument für die Sprachkompetenz im Deutschen (Prediger et al. 2015; Wilhelm 2016). Dieser dient der
standardisierten Erfassung eines komplexen Konstrukts von Sprachkompetenz,
das weder auf rezeptive bzw. produktive Sprachfähigkeiten, noch auf einzelne
sprachliche Teilfertigkeiten reduziert ist (Grotjahn 2002; Daller 1999, vgl. Kapitel 6). Die Berücksichtigung rezeptiver Sprachfähigkeiten erscheint bedeutsam
zu sein, da diesen „nicht nur für das Lösen von sprachlich basierten mathematischen Aufgaben (z.B. Textaufgaben), sondern auch für den mathematischen

Kompetenzerwerb von Zweitsprachenlernenden eine wichtige Rolle zugeschrieben wird" (Paetsch et al. 2015, S. 28).

Differenzen zwischen den Resultaten der drei erwähnten Untersuchungen zeigen sich in variierenden Auswirkungen der unterschiedlich operationalisierten Sprachkompetenz in Bezug auf verschiedene gestellte Anforderungen.

So verdeutlichen im Rahmen des SOKKE-Projektes durchgeführte Detailanalysen, dass die Benachteiligungen der Lernenden mit Migrationshintergrund bei schulsprachlichen Defiziten in besonderem Maße in speziellen Bereichen des mathematischen Wissensaufbaus (etwa bei Sachaufgaben) auftreten (Ufer et al. 2013, S. 194ff; Heinze et al. 2007, S. 562 und S. 576f; Heinze et al. 2009, S. 149). Also vor allem bei solchen Aufgaben, in denen ein konzeptuelles Verständnis mathematischer Konzepte von Nöten ist und nicht bei solchen, die durch schematisierbare, gut strukturierte Lösungsprozeduren zu bewältigen sind (Ufer et al. 2013, S. 194ff; Heinze et al. 2007, S. 562 und S. 576f; Heinze et al. 2009, S. 149). Aus diesem Ergebnis folgern Heinze, Herwartz-Emden & Reiss (2007), „dass die Sprachfähigkeit vor allem den Aufbau mentaler Repräsentationen, die ganz wesentlich über Sprache mediiert werden, beeinflusst" und weniger „Kompetenzen, die aus mathematikdidaktischer Perspektive einem eher einfachen Niveau zugeordnet werden, wie beispielsweise einfache Additions- und Subtraktionsaufgaben in symbolischer Darstellung" (S. 577).

Relativierung erfährt die angesprochene Gewichtung durch vertiefte Analysen, die im Kontext des BeFo-Projekts durchgeführt wurden. Diese führten zu dem Ergebnis, dass die sprachlichen Kompetenzen der teilnehmenden Lernenden (operationalisiert als Leseverständnis, grammatische Fähigkeiten und Wortschatzkenntnisse) nicht nur ihre Leistungen bezogen auf sprachlich anspruchsvolle Mathematikaufgaben wie Textaufgaben, sondern auch hinsichtlich sprachlich weniger komplexer Aufgabenstellungen beeinflussen (Paetsch et al. 2015, S. 19 und S. 27). In eine ähnliche Richtung verweisen DIF-Analysen (gruppenabhängige Indikatoren), die innerhalb des MuM-ZP10-Projektes durchgeführt wurden. Sie ergaben, dass nicht etwa nur auf sprachlich-rezeptiver Ebene anspruchsvolle Items für sprachlich schwache Lernende relativ schwerer sind als für sprachlich Starke, sondern insbesondere auch Items mit geringen offensichtlichen Leseanforderungen (Prediger et al. 2015, S. 91; Wilhelm 2016, S. 131).

Leistungsdifferenzen zwischen unterschiedlich sprachkompetenten Lernenden können in diesem Zusammenhang also als Anhaltspunkt für die substantielle Bedeutung der Sprachkompetenz beim mathematischen Kompetenzerwerb interpretiert werden (Paetsch et al. 2015, S. 21f). Dies weist darauf hin, dass der Sprache – wie im folgenden Abschnitt 3.1.2 beschrieben wird – neben einer kommunikativen auch eine kognitive Funktion zukommt.

Die Resultate der Untersuchung von Paetsch, Felbricht & Stanat 2015 deuten weiterhin an, dass innerhalb von fach- und sprachintegrierten Förderansätzen auch das lexikalische Lernen seine Berechtigung zu haben scheint:

„Für eine auf die sprachlichen Anforderungen in Mathematik ausgerichtete Förderung liefert die vorliegende Studie Hinweise darauf, dass nicht nur die Förderung des Leseverständnisses, sondern darüber hinaus auch eine Förderung der allgemeinen Wortschatzkenntnisse erfolgversprechend sein könnte." (Paetsch et al. 2015, S. 28)

3.1.2 Kommunikative und kognitive Funktion von Sprache

Der in Abschnitt 3.1.1 dargelegte Zusammenhang zwischen Sprachkompetenz und Mathematikleistung von Lernenden wird auch durch die Bewusstmachung der unterschiedlichen sprachlichen Handlungen einsichtig, die im Unterricht allgemein, aber speziell auch im Mathematikunterricht, ausgeführt werden müssen bzw. der verschiedenen Funktionen, die die Sprache dabei inne hat.

Als Felder sprachlichen Handelns im Unterricht erwähnen Vollmer und Thürmann (2010, S. 113ff) zusammenfassend

(1) die Beteiligung an der unterrichtlichen Interaktion bzw. Kommunikation,

(2) das Beschaffen, Erschließen und Verarbeiten von Informationen,

(3) das Strukturieren, Anpassen und Erweitern des eigenen Wissens,

(4) die Präsentation und Diskussion von Arbeitsergebnissen sowie Methoden deren Gewinnung sowie

(5) die kritische Reflexion und Optimierung von Ergebnissen und Vorgehensweisen.

An dieser Auflistung bzw. insbesondere an den Aspekten (3) und (5), wird deutlich, dass keine Beschränkung des Zwecks von Sprache auf die Kommunikation angenommen werden kann. Neben der *kommunikativen Funktion*, in der Sprache als Medium von Wissenstransfer fungiert (Morek & Heller 2012), wird ihr eine weitere Funktion im Sinne eines Werkzeugs des Denkens zugeschrieben (ebd.). Diese wird unter anderem als sprecherzentriert (Gardt 1995), epistemisch (Morek & Heller 2012) bzw. *kognitiv* (Maier & Schweiger 1999) bezeichnet (Ortner 1992 für einen Überblick über verschiedene Unterscheidungen der Funktionen von Sprache und deren Benennungen).

Die *kognitive Funktion von Sprache* ist eng verknüpft mit einem sozio-konstruktivistisch ausgerichteten lehr-lern-theoretischen Ansatz. Auf einem solchen basiert etwa auch der RME-Ansatz (Abschnitt 2.3.1), der als Grundlage der Konzeption eines eigenen Lehr-Lern-Arrangements zum Umgang mit Prozenten dient. Einem sozio-konstruktivistischen Ansatz zufolge, konstruieren Lernende ihr Wissen in Interaktion und Kommunikation mit Anderen (Gerstenmaier & Mandl 1995, S. 874f). Demnach sind sie „nicht als passive Rezipienten von Wissen […], sondern als aktive, selbstgesteuerte Lernende" zu verstehen (ebd. S. 883). Der Auffassung von Vygotsky folgend, entsteht bedeutungsvolles Lernen dabei dadurch, dass mentale Funktionen in eine zielgerichtete Interaktion eingebunden sind:

„Meaningful new learning emerges by embedding mental functions (like logical argumentation, proof, reflection, or problem solving) into specific forms of goal-directed interaction and dialogue, where more knowledgeable individuals adaptively tailor a task and provide cultural tools and resources in such a way that a child can coperform it." (Reusser & Pauli 2015, S. 914)

Dies steht in engem Zusammenhang mit Vygotskys zentraler Idee der Zone der nächsten Entwicklung, der folgender Gedanke zugrunde liegt:

„What a child can do today in cooperation, tomorrow he will be able to do on his own." (Vygotsky 1962, S. 87)

Wie die Felder (3) und (5) des sprachlichen Handelns (s. o.) verdeutlichen, kann die Sprache in ihrer kognitiven Funktion als Vehikel des dabei jeweils ablaufenden Wissenskonstruktionsprozesses fungieren.

Die beiden Funktionen von Sprache, die nachfolgend in eigenen Ausführungen mit den Adjektiven *kommunikativ* und *kognitiv* belegt werden, stehen in einem engen Zusammenhang zueinander. Maier & Schweiger (1999, S. 17) konstatieren dies insbesondere für das Fach Mathematik, dessen Beziehung zur Sprache sie fokussieren. Auf die beiden erwähnten Funktionen von Sprache wird im Folgenden näher eingegangen. Für die *soziale Funktion* als Eintritts- und Visitenkarte (Morek & Heller 2012), die speziell der Bildungssprache zukommt, sei auf den Abschnitt 2.2 verwiesen, in dem die einzelnen Sprachregister und ihre Eigenheiten detailliert in den Blick genommen werden. Weitere, der Sprache zugeschriebene Funktionen (Gardt 1995 für einen Überblick), werden ausgeklammert, da sie für die vorliegende Arbeit nicht von Relevanz sind.

Im Sinne der *kommunikativen Funktion* findet Sprache Gebrauch, „um in […] kommunikativen Äußerungen eine Mitteilungs- und/oder Wirkungsabsicht (= kommunikative Intention) verständlich und erfolgreich an Partnern zu realisieren" (Schmidt 1976, S. 22f). Sprache dient (in mündlicher und schriftlicher Form) demnach der zwischenmenschlichen Verständigung (Maier & Schweiger 1999, S. 11) bzw. dem Austausch von Informationen (Gardt 1995, S. 161). Damit ist sie auf einen Adressaten (Gesprächspartner bzw. -partnerin oder Rezipient bzw. Rezipientin) bezogen (ebd., S. 168).

Durch Beschränkungen in der kommunikativen Funktion von Sprache können Lernende mit spezifischen Hindernissen konfrontiert werden. So kann ihnen beispielsweise die Beteiligung an der unterrichtlichen Kommunikation schwer fallen, wenn sie etwa im Klassengespräch nicht zum Ausdruck ihrer Ideen in der Lage sind. Ferner kann ihnen die Bearbeitung von Textaufgaben durch Lesehürden Schwierigkeiten bereiten oder die Präsentation von Arbeitsergebnissen respektive Diskussionen im Plenum vor eine besondere Herausforderung stellen (Maier & Schweiger 1999; Morek & Heller 2012; vgl. sprachliche Handlungsfelder (1), (2) und (4) nach Vollmer & Thürmann 2010).

Die Betonung der kommunikativen Funktion von Sprache steht in der allgemeinen Sprachtheorie in einer weit zurückreichenden Tradition, obwohl die Dimension häufig als so selbstverständlich wahrgenommen werde, dass sie kei-

ne Erwähnung findet (Gardt 1995, S. 153). Die – etwa in der kommunikativ orientierten Linie der Textlinguistik auftretende – Sichtweise von „Kommunikation
als nicht aufhebbarer Bedingung von Sprache in jedem Akt ihrer Verwendung"
wird allerdings mit Gardt (1995, S. 167) kritisch betrachtet. Denn Sprache kann
„auch zu sprecherspezifischen Zwecken verwendet werden", etwa bei der inter-
nen „Strukturierung kognitiver Abläufe durch ihre sprachliche […] Formulierung" (ebd.). Auf diesen kognitiven Aspekt von Sprache, der innerhalb dieses
Zitats explizit auf das dritte Feld sprachlichen Handelns nach Vollmer & Thürmann (2010, S. 113ff) bezogen ist, wird nachfolgend im Detail eingegangen.

    So nimmt die *kognitive Funktion* – wie erwähnt – Bezug auf das sprecher-
zentrierte Verwenden von Sprache, das mit dem subjektiven Sinn der Strukturierung mentaler Abläufe verbunden ist (Gardt 1995, S. 168f). Verweise auf diese
sprachliche Dimension erfolgen ebenfalls bereits in historischen Quellen. So
wird etwa die Notwendigkeit von Worten darin gesehen „nicht nur unsere Mei-
nung andern anzudeuten, sondern auch unseren Gedanken selbst zu helfen"
(Leibniz 1697, zitiert nach Gardt 1995, S. 158). Auch innerhalb der Sprachwissenschaft sind Tendenzen der Betrachtung der Sprache „als Mittel des Denkens
und des Gedächtnisses" zu erkennen, indem ausgesagt wird, dass es neben der
Sprachäußerung als interpersonale Handlung „auch den introvertierten, noch
nicht partnerbezogenen Monolog, als nur gedachte Äußerung als Selbstgespräch
oder schriftlich-vorläufig als Notiz, Konzept oder Entwurf" gebe (Polenz 1974;
Gardt 1995, S. 161). In diesem Sinne fungiert die Sprache demnach als Denk-
werkzeug (Vollmer & Thürmann 2010, S. 110; Prediger 2017), wird also für
Zwecke des Lernens kognitiv funktionalisiert (Feilke 2012, S. 11). Sie dient
damit dem Erkenntnisgewinn (Maier & Schweiger 1999, S. 11) bzw. im Hinblick auf den Mathematikunterricht dem Durchdringen mathematischer und
kontextueller Zusammenhänge (Prediger 2017). Die Unterstützung von Denk-
und Verstehensprozessen durch die Sprache wird dadurch realisiert, dass die
begriffliche Repräsentation den Informationstransport verdichtet sowie das Denken strukturiert und somit das auf diese Weise durchdrungene und begrifflich
erfasste neue Wissen leichter abgerufen werden kann (Maier & Schweiger 1999,
S. 11; Gardt 1995, S. 161). Didaktische Nutzung erfährt dieses Potenzial durch
im Sinne des „Weg[s] vom Sprechen zum Verstehen" (Gallin & Ruf 1998) eingesetzte Verbalisierungsaktivitäten, die der Strukturierung der eigenen Denk-
weisen dienen (Pimm 1987; Gallin & Ruf 1998). Diese zielen darauf ab, dass
der oder die Lernende sich „im persönlichen Dialog mit der Sache […] einen
ganz persönlichen Verstehenszusammenhang" schafft (Gallin & Ruf 1998).

    In Bezug auf den Mathematikunterricht kommen Beschränkungen in der
kognitiven Funktion von Sprache zum Tragen, wenn Beeinträchtigungen der
Denkprozesse bzw. die Unfähigkeit, bestimmte Zusammenhänge kognitiv fassen zu können, durch fehlende Sprachmittel bedingt sind (Prediger 2017; Maier
& Schweiger 1999). Dies führt zu der Forderung, die kognitive Sprachfunktion

für fachliche Lehr-Lern-Prozesse in besonderem Maße zum Lerngegenstand zu machen, damit eine Aktivierung dieser als Ressource ermöglicht wird (Wessel 2015, S. 27).

Resümierend ist festzuhalten, dass beide dargelegten Funktionen von Sprache eine zentrale Bedeutung in Lernprozessen haben und in einem engen Zusammenhang zueinander stehen (Morek & Heller 2012, S. 79; Maier & Schweiger 1999). Aus mathematischer Perspektive kann diese doppelte Funktionszuweisung folgendermaßen formuliert werden:

„Um Begriffe und Sätze andern mitzuteilen und um uns selbst das Denken zu erleichtern, gebrauchen wir Zeichen, vornehmlich einer schriftlichen oder mündlichen Sprache […]." (Jäger 1993, zitiert nach Gardt 1995, S. 161)

Das Zusammenspiel zwischen *kognitiver* und *kommunikativer Funktion von Sprache* in Bezug auf das fachliche Lernen lässt sich dabei also derart charakterisieren, dass die kommunikative Funktion verstärkend auf die kognitive Funktion wirkt, da die Kommunikation das individuelle Denken bzw. den Erkenntnisgewinn stützt oder forciert (Maier & Schweiger 1999, S. 11).

3.2 Hintergründe zu verschiedenen Aspekten sprachlichen Lernens

Neben den dargelegten Funktionen von Sprache kann eine Konzeptualisierung verschiedener Rollen von Sprache im Unterricht bzw. in der mathematikdidaktischen Forschung und Entwicklung vorgenommen werden (Prediger 2013a), die allerdings zu Ersterer nicht trennscharf ist. Die Auseinandersetzung der Mathematikdidaktik mit sprachlichen und kommunikativen Aspekten des Mathematiklernens als *Lerngegenstand, Lernmedium* sowie *Lernvoraussetzung* reicht in Bezug auf einzelne Aspekte bis zu ihren Anfängen zurück (Überblicke in Pimm 1987; Ellerton & Clarkson 1996; Maier & Schweiger 1999). Erst im Laufe der letzten Jahre ist allerdings zunehmend ins Bewusstsein gerückt, dass fehlende sprachliche Lernvoraussetzungen auch zum Lernhindernis werden können (Meyer & Prediger 2012, S. 1).

Obwohl bildungssprachtypische Merkmale einerseits als „Grundlage jeglichen unterrichtlichen Lehrens und Lernens" (Vollmer & Thürmann 2010, S. 109) bzw. als „unabdingbare Voraussetzungen für den Bildungserfolg" (Gogolin 2006, S. 83f) gelten und insbesondere zur kognitiven Behandlung von Lerngegenständen benötigt werden (Wilhelm 2016, S.49), wird die Bildungssprache oft – im Gegensatz zur Fachsprache – im Unterricht nicht explizit zum Lerngegenstand gemacht (Gogolin 2006; Feilke 2013).

Stattdessen wird die Beherrschung bildungssprachlicher Kompetenzen im Sinne eines Lernmediums häufig implizit von Lehrkräften als gegebene Lernvoraussetzung betrachtet (Prediger 2017; Gogolin & Lange 2011, S. 111). Dies hängt damit zusammen, dass es hinsichtlich dieses Sprachregisters häufig an der Wahrnehmung der als sehr heterogen zu konstatierenden Lernvoraussetzungen bzw. insbesondere von Beschränkungen bei Lernenden mangelt (Gogolin 2009).

Aufgrund der bildungssoziologischen Dimension der Bildungssprache sowie des engen Zusammenhangs zwischen diesbezüglichen Kompetenzen und schulischen (Mathematik-)Leistungen (Abschnitt 3.1.1) sollte ihre Berücksichtigung als Lerngegenstand zum Desiderat jedes sprachsensiblen Unterrichts werden (Prediger 2017). Eine explizite Auseinandersetzung mit Sprachmitteln, die der Bildungssprache zuzuordnen sind, sollte damit auch in der Konzeption des Lehr-Lern-Arrangements, das im Rahmen der vorliegenden Arbeit zu präsentieren ist (Kapitel 8), realisiert werden. Um der Forderung gerecht werden zu können, ist eine genauere Auseinandersetzung mit diesem Register notwendig.

Die Darstellung der genutzten Konzeptualisierung in Abgrenzung zu Alternativen erscheint unabdingbar zu sein, da sich die theoretische Basis zum Konstrukt der Bildungssprache als sehr heterogen erweist (Riebling 2013, S. 1; Uesseler et al. 2013, S. 1f). Begründet liegt dies darin, dass das Konzept aus diversen disziplinären Perspektiven diskutiert wird wie erziehungswissenschaftlichen, (fremd-)sprachdidaktischen oder (sozio- oder systemisch-funktional-)linguistischen (ebd.; Morek & Heller 2012, S. 70). Die nachfolgende Darstellung zur Bildungssprache kann demnach weder einen Anspruch auf Vollständigkeit noch auf Eindeutigkeit erfüllen, auch wenn der „klärende wissenschaftliche Disput" (Gogolin 2009a, S. 264) mittlerweile angestoßen wurde (etwa durch Redder & Weinert 2013). Stattdessen hat sie eher den Charakter eines knappen Forschungsüberblicks, der bedingt durch den Fokus der Arbeit einen Schwerpunkt auf die für die Bildungssprache typischen lexikalischen Sprachmittel legt.

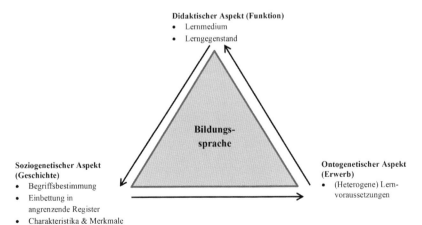

Abbildung 3.2.1　Aufeinander bezogene Aspekte der Bildungssprache (adaptiert von Feilke 2012, S. 157).

Strukturiert wird die nähere Betrachtung der Bildungssprache derart, dass zunächst auf ihre Hintergründe sowie ihre Einbettung in die angrenzenden Register der Alltags- und Fachsprache (soziogenetischer Aspekt in Abschnitt 3.2.1), dann auf ihren Erwerb (ontogenetischer Aspekt in Abschnitt 3.2.2) und abschließend auf ihre Funktion und ihre unterrichtlichen Rollen (didaktischer Aspekt in Abschnitt 3.2.3) eingegangen wird. Eine Visualisierung der drei genannten, eng zusammenhängenden Aspekte bietet Abbildung 3.2.1. Diese wurde von Feilke (2012, S. 157) adaptiert, der auf die Schulsprache als spezifische Form der Bildungssprache rekurriert.

3.2.1 Bildungssprache unter soziogenetischen Gesichtspunkten

Begriffsbestimmung zum Konstrukt der Bildungssprache

Das Konstrukt der *Bildungssprache* (der Schule) wird derzeit viel diskutiert (Morek & Heller 2012, S. 67). Es hat sich als begriffliche Zusammenfassung – anschließend noch näher zu bestimmender – komplexer sprachlicher Phänomene etabliert, die eine Sprache konstituieren, die als gehoben wahrgenommen wird und vor allem in allgemeinen Bildungsinstitutionen anzusiedeln ist (Uesseler et al. 2013, S. 1; Gogolin 2006, S. 82; Gogolin & Lange 2011). Synonym bzw. hinsichtlich ihrer Funktion (etwa explizite Nutzung für didaktische Zwecke) teils mit leicht abweichenden Akzentuierungen werden die Bezeichnungen Schulsprache respektive Sprache der Schule gebraucht (u. a. Feilke 2012; Vollmer & Thürmann 2010). Diese lehnen sich begrifflich an den Ausdruck „language of schooling" (Schleppegrell 2004) aus dem englischsprachigen Diskurs an (weitere Bezeichnungen bei Cummins 2000).

Anknüpfungspunkte der deutschen Forschung zur Bildungssprache bilden in der englischsprachigen (Sozio-)Linguistik und Pädagogik vor allem Bernsteins (u. a. 1977) sprachsoziologischer Ansatz, Cummins auf Lernende mit Englisch als Zweitsprache Bezug nehmende Theorie (Cummins 1979, 2000, 2004, 2008) sowie Hallidays systemisch-funktional ausgerichtete Registertheorie (u. a. Halliday & Hassan 1989; Halliday & Martin 1993).

So grenzt der frühe Bernstein (u. a. 1977) den elaborierten Code, zu dem bestimmte Bevölkerungsschichten Zugang haben (Löffler 2005, S. 93), von einem restringierten Code ab (Gogolin 2006, S. 83). Auch wenn diese Unterscheidung als zu statisch und defizitorientiert kritisiert wurde, sind Kerngedanken in anderen Theorien wiederzufinden.

Cummins (1979), der zur Prägung der englischen Entsprechung „academic language" der Bildungssprache beigetragen hat, differenziert BICS (Basic interpersonal communicative skills) und CALP (Cognitive academic language proficiency) und betont im Unterschied zu Bernstein (u. a. 1977), dass sprachkompetente Personen auf beides zugreifen. BICS und CALP unterscheiden sich unter anderem hinsichtlich des Umfangs des Einsatzes außersprachlicher Hilfsmittel (umfänglichere Nutzung von Mimik, Gestik etc. bei BICS, Cummins 2000). Während BICS als Fähigkeit aufgefasst wird, „which all native speakers of a language exhibit" (Cummins 1979, S. 202), bezieht sich CALP auf die „dimension of language proficiency which is strongly related to overall cognitive and academic skills" (ebd., S. 198).

Eingang in den Wahrnehmungsbereich der deutschen Linguistik hat der Ausdruck Bildungssprache laut Ortner (2009, S. 2229) durch seine Aufnahme in die Lexikographie im Jahr 1971 gefunden (Duden 1971). In der Sprachgeschichte und -soziologie fand der Terminus häufig nur in der Konnotation als in den Bildungsinstitutionen gebrauchte Sprache Verwendung (Löffler 2005, S. 24f). Erst in der neueren Sprachgeschichtsschreibung wird er als Bezeichnung einer Varietät innerhalb einer Nationalsprache genutzt (Polenz 1983). Dennoch war das Phänomen der Existenz einer gehobeneren Sprache schon eher Gegenstand von Abhandlungen, etwa als Büchersprache (Mendelsohn 1784, S. 3; Moritz 1886) oder Bildungsjargon (Horvath 1978, S. 152ff) betitelte Sprache. Als „problemgeschichtlich wichtigste und umfassendste Bestimmung" (Ortner 2009, S. 2229) des Konstrukts der Bildungssprache gilt der auf Vorarbeiten von Scheler (1960) basierende wissenssoziologische Ansatz von Habermas (1981, S. 345). Dieser dient neben dem Theorieangebot aus dem englischsprachigen Kontext auch als Grundlage für die von Gogolin (2008, S. 218) aus der Perspektive der interkulturellen Bildungsforschung formulierten Definition von Bildungssprache als „dasjenige sprachliche Register, mit dessen Hilfe man sich mit den Mitteln der Schulbildung ein Orientierungswissen verschaffen kann".

Einbettung der Bildungssprache in die angrenzenden Register der Alltags- und Fachsprache

Die eben knapp skizzierte Bildungssprache lässt sich einbetten in einem engen Zusammenhang zur *Alltagssprache* sowie zur *Fachsprache*.

Die *Alltagssprache*, auf die ebenfalls synonym mit den Ausdrücken „(alltägliche) Allgemeinsprache" oder „Umgangssprache" (Riebling 2013, S. 114) rekurriert wird, gilt in der Sprachwissenschaft als die Sprache, „die im alltäglichen Verkehr der Menschen untereinander angewendet wird" (Dudenredaktion). Per Definition findet sie demnach im Alltag und dabei zumeist im informellen Gespräch in medial mündlicher Form Verwendung (Gogolin 2006, S. 82f).

Die Definition der *Fachsprache* erfolgt innerhalb der Linguistik hingegen in der Regel über die Zuordnung zu einem bestimmten Fach (Riebling 2013, S. 166). Fachsprachen gelten dabei als funktionale Varietäten, „bei deren Bestimmung regionale, soziale und historische Gesichtspunkte gegenüber der Funktion in bestimmten menschlichen Tätigkeitsbereichen in den Hintergrund rücken" (Roelcke 2010, S. 16).

Der Systemisch-funktionalen Linguistik zufolge können sowohl die Bildungs-, als auch die Alltags- und die (mathematische) Fachsprache als *Varietäten* bzw. *Register* konzeptualisiert werden (Riebling 2013, S. 110 und S. 114). Verschiedene sprachliche aufeinander bezogene Varietäten existieren in jeder Einzelsprache und bilden jeweils ein sprachliches System, das „durch eine Zuordnung bestimmter innersprachlicher Merkmale einerseits und bestimmter außersprachlicher Merkmale andererseits gegenüber weiteren Varietäten abgegrenzt wird" (Roelcke 2010, S. 16). Der enger gefasste und funktional ausgerichtete Registerbegriff, der beispielsweise keine Dialekte subsummiert, wird von Halliday (1978, S. 195) definiert als „set of meanings that is appropriate to a particular function of language, together with words and structures which express these meanings". Die Variation der Register mit ihren spezifischen Konstellationen lexikalischer und grammatischer Ressourcen erwächst dabei aus der Orientierung an unterschiedlichen Anforderungen, mit denen Personen in vielfältigen Kommunikationssituationen in ihrer Lebenswelt konfrontiert werden (Riebling 2013, S. 112f). Laut der Registertheorie lassen sich die Sprachregister anhand der folgenden Kategorien differenzieren (Riebling 2013, S. 113; Morek & Heller 2012, S. 71; Gibbons 2002, S. 2; Prediger 2013a, Tabelle 3.2.1.):

* *field:* Kommunikativer Bezugsbereich bzw. *Sprachgebrauchsfeld,*

* *mode:* Diskursmodalität, das heißt etwa Orientierung an der gesprochenen bzw. geschriebenen Sprache und

* *tenor:* Diskursstil, der von der Beziehung der Kommunikationspartner zueinander abhängt.

Tabelle 3.2.1: Abgrenzung der Register Alltags-, Bildungs- und Fachsprache (eigene Zusammenstellung basierend auf Riebling 2013, S. 118ff und S. 123)

	Alltagssprache	Bildungssprache	Fachsprache
Sprachge-brauchsfeld (field)	Segmente der alltäglichen Lebenswelt (Personen, Tätig-keiten, Ereignisse)	Institutionen der allgemeinen Bildung (fachübergreifend)	Wissenschaft / Theorie (fach-spezifisch)
Diskurs-modalität (mode)	Konzeptionelle Mündlichkeit (Dialogizität, raumzeitliche Nähe, niedriger Grad der Versprachlichung, Implizitheit)	Konzeptionelle Schriftlichkeit (Mono-logizität, Distanz, hoher Grad der Versprachlichung (Unabhängigkeit von paralinguistischen Mitteln), Explizit-heit)	
Diskursstil (tenor)	Persönlich / eher symme-trisch (Emotionale Nähe / Vertrautheit)	Unpersönlich / meist asymmetrisch (Emotionale Distanz / Fremdheit)	

An der Gegenüberstellung der drei fokussierten Sprachregister hinsichtlich der drei Kategorien „Sprachgebrauchsfeld", „Diskursmodalität" und „Diskursstil" wird deutlich, dass zwischen der Bildungs- und der Fachsprache Überschneidungen bestehen (Meyer & Prediger 2012, S. 3), dies gilt insbesondere für die Fachsprache des Schulfachs Mathematik, weniger für die der wissenschaftlichen Disziplin. Wie die Fach-, kann die Bildungssprache im Hinblick auf die Diskursmodalität etwa (Tabelle 3.2.1) als Sprache der Distanz wahrgenommen werden und zeichnet sich dementsprechend durch konzeptionelle Schriftlichkeit aus (Koch & Österreicher 1985). Das bedeutet, dass selbst bei medial mündlicher Sprachproduktion eine Orientierung an den Gesetzmäßigkeiten der formalen, geschriebenen Sprache stattfindet (Gogolin 2006, S. 82), sodass sich diese der Schriftsprache annähert (Vollmer & Thürmann 2010, S. 109).

Die Bildungssprache steht demnach der Fach- näher als der Alltagssprache (Meyer & Prediger 2012, S. 3). Letztere bildet ihrerseits jedoch die Basis für die anderen beiden Sprachregister (Ehlich 1999, S. 10). Aus sprachsystematischer Perspektive kommt der Bildungssprache die Funktion eines Mediators zwischen den beiden anderen Registern zu, sie vermittelt demnach zwischen dem „speziellen Sphärenwissen" aus dem Sprachgebrauchsfeld der Wissenschaft und dem Alltag (Ortner 2009, S. 2232).

Aufgrund der beschriebenen Tatsache, dass eine trichotome Abgrenzung zwischen der Alltags-, der Bildungs- und der Fachsprache nicht trennscharf erfolgen kann, wird von einer relativen Verortung der drei Register auf einem Kontinuum ausgegangen (Berendes et al. 2013, S. 24; Gibbons 2002, S. 40ff). Graduelle Unterschiede zwischen den Sprachregistern entlang des Kontinuums können etwa exemplarisch anhand ihrer Kennzeichen auf Wort-, Satz- und Textebene bzw. auf Ebene der Diskursfunktionen aufgezeigt werden.

Die ersten drei der Ebenen, die hier der Beschreibung von Merkmalen der auf einem Kontinuum verorteten drei Sprachregister dienen, werden originär zur Charakterisierung des Leseprozesses bzw. individuellen dabei auftretenden Hürden genutzt (Richter & Christmann 2006). Analog zu den dabei unterschiedenen Teilprozessen der Identifikation von Buchstaben und Wörtern (Wortebene), der semantischen und syntaktischen Analyse von Wortfolgen (Satzebene) sowie des satzübergreifenden Aufbaus einer kohärenten Textstruktur (Textebene) (Richter & Christmann 2006, S. 28ff) referenzieren die in Tabelle 3.2.2 angeführten Kennzeichen darauf, welche Herausforderungen sich dabei in Bezug auf das Sprachkontinuum ergeben. Mit der Ebene der Diskursfunktionen wird letztlich die kognitive Funktion von Sprachhandlungen adressiert. So legen Vollmer & Thürmann (2010, S. 116) Diskursfunktionen „als integrative Einheit von Inhalt, Denken und Sprechen" dar, „die mit Makrostrukturen des Wissens sowie mit basalen Denkoperationen und deren Versprachlichung in elementaren Texttypen in Beziehung gesetzt werden können und in denen sich dieses Wissen und Denken sozial wie sprachlich vermittelt ausdrückt.".

Die in Tabelle 3.2.2 angeführte Spezifizierung der Verortung der Register auf einem Kontinuum ist angelehnt an ein von Meyer & Prediger (2012, S. 2) erstelltes Schema (etwa auch bei Wessel 2015 und Wilhelm 2016), das eine

Zusammenschau aus Arbeiten verschiedener Autoren (u. a. Cummins 1986; Maier & Schweiger 1999, Koch & Österreicher 1985) darstellt.

Tabelle 3.2.2: Spezifizierung der Verortung der Register auf einem Kontinuum (angelehnt an u.a. Meyer & Prediger 2012, S. 2)

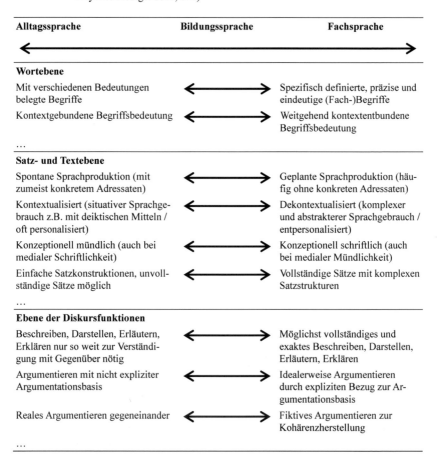

Merkmale und Charakteristika von Bildungssprache

Das hier fokussierte Register der Bildungssprache stellt, wie seine Verortung auf dem Sprachkontinuum (Tabelle 3.2.2) andeutet, aufgrund seiner besonderen Sprachstruktur (Morek & Heller 2012, S. 71) eigene formale Anforderungen (Uesseler 2013, S. 2). Dies lässt besonderes kognitives und sprachliches Wissen bei ihrer Verwendung notwendig werden (Koch & Österreicher 1985; Ortner 2009, S. 2228). Dazu gehören zum einen bestimmte grammatische Merkmale, die eng mit ihrem konzeptuell schriftlichen Modus und dem Tenor der Kommunikation zusammenhängen (Riebling 2013, S. 132f). Zum anderen ist ein differenzierter Wortschatz von Nöten (Habermas 1981, S. 345), der rezeptiv und produktiv zu nutzen sein muss (Ortner 2009, S. 2229ff; Abschnitt 4.1.3).

Kataloge sprachlicher Merkmale des Registers der Bildungssprache werden von verschiedenen Autoren und anhand diverser Ansätze zusammengestellt (u. a. Schleppegrell 2001, 2010; Gogolin & Lange 2011; Gantefort & Roth 2010, Feilke 2012; Vollmer & Thürmann 2010). Eine kondensierte Zusammenschau extrahierter Merkmale des Registers aus Arbeiten verschiedener Autoren, welche die Basis für Abbildung 3.2.2 bildet, liefern Morek & Heller (2012, S. 73). In Bezug auf die für die vorliegende Arbeit in besonderem Maße relevante lexikalische Ebene erfolgt eine Anreicherung anhand eines Überblicks von Riebling (2013, S. 134), dem ebenfalls verschiedene Quellen zugrunde liegen (u. a. Ahrenholz 2010, S. 16; Gogolin et al. 2011, S. 12 und S. 20ff; Leisen 2010, S.49; Ortner 2009, S. 2232; Gogolin & Roth 2007, S. 42; Ohm et al. 2007, S. 149 und S. 153f und S. 156; Gogolin 2008, S. 216). Von besonderer Bedeutung – insbesondere im Hinblick auf mathematische Zusammenhänge und damit auch auf die Thematik der vorliegenden Arbeit – erscheint in Bezug auf die Ebene des Wortschatzes die Feststellung, dass sich bildungssprachliche Kompetenzen nicht primär in der Kenntnis seltener Ausdrücke, „sondern im vertieften Wissen hinter allen gebrauchten Wörtern" (Ortner 2009, S. 2235) manifestieren.

Das Register der Bildungssprache kann zusammenfassend und unabhängig von der jeweiligen betrachteten Konzeptualisierung also als ein Inventar bestimmter Sprachmittel bzw. -formen verstanden werden, die bei der Wissensbildung verwendet werden (Feilke 2012, S. 11). Im Kontext des Fachunterrichts (zum Beispiel im Mathematikunterricht) können durch solche Sprachformen etwa sprachliche Anforderungen ausgedrückt werden, „hinter denen sich komplexe Herausforderungen in der Verwendung von Sprache als kognitivem Werkzeug verbergen" (Vollmer & Thürmann 2010, S. 110).

Wie in Abschnitt 3.2.4 näher beschrieben wird, kommen den verschiedenen Sprachformen also spezifische Funktionen zu (Feilke 2012, S. 8f). Die Tatsache, dass ihr adäquater Einsatz durch die Lernenden ein erhebliches Vorverständnis voraussetzt (ebd., S. 11), führt zur nachfolgend vorzunehmenden Betrachtung von Bildungssprache unter den Aspekten ihres Erwerbs.

Lexikalisch-semantische Merkmale
- Qualität der Lexik: differenzierend, spezifizierend, z.B.
  - o Präfix- und Suffixverben (z.b. *verteilen, betreiben*)
  - o Partikelverben (z.b. *herausfinden, ablesen*)
  - o Komposita (z.b. *Säulendiagramm, Nahrungsmittelkreis*)
  - o normierte Fachbegriffe (z.b. *rechtwinklig, Dreisatz*)
  - o Adjektivderivate (z.b. *zuzüglich, regelmäßig*)
  - o Nomenderivate (z.b. *die Befragung, die Kreativiät*)
  - o nichtfachliche Fremdwörter (*Definition, Desiderat*)
  - o weniger gebräuchliche Wörter (*Obhut, Salzbergwerk*)
  - o unpersönliche Ausdrücke (*man, der Autor, lässt sich*)
  - o differenzierende und abstrahierende Ausdrücke (*dünnflüssig*)
  - o anaphorische und kataphorische Referenten (*diese, jene, hier*)
  - o unflektierbare Formwörter (*dagegen, während*)
  - o Abkürzungen *(OECD, m, cm)*
  - o Operatoren *(beschreiben, analysieren, vergleichen)*
- Hohe lexikalische Dichte, z.B.
  - o lexikalische Subjekte statt Pronomen
  - o hohe Varianz von Nomen, die auch gebündelt in einem Satz vorkommen können (z.b. in mathematischen Merksätzen)
  - o ausgebaute Nominalphrasen und Nominalisierungen (z.b. Die Entstehung der Säure, Durchmesser)

Syntaktische Merkmale
- Präpositionale Wortgruppen (z.b. *Rechne die Anteile durch geschicktes Kürzen oder Erweitern in Prozent um.*)
- Partizip I / II im attributiven Gebrauch (z.b. *Erläutere den abgebildeten Nahrungsmittelkreis.*)
- Herstellung lokaler Kohärenz durch
  - o Kohäsionsmarkierungen (z.b. Konnektivpartikel: obwohl, trotzdem; Konjunktoren: und, oder)
  - o Satzgefüge (z B. Konjunktionalsätze: man rechnet es zusammen, indem man…; Relativsätze; erweiterte Infinitivsätze: um dies zu berechnen, musst du…)
  - o umfängliche Attribute (z.b. die nach oben offene Skala)
  - o Funktionsverbgefüge (z.b. einer Prüfung unterziehen, in Zahlung geben)
- Modus der Repräsentation:
  - o Konjunktiv
  - o Deklarativsätze (hohe Anzahl von Aussagesätzen z.b. in Textaufgaben und mathematischen Merksätzen)
  - o unpersönliche Konstruktionen (z.b. Passiv: man kann feststellen)

Abbildung 3.2.2　　Merkmale von Bildungssprache nach Morek und Heller (2012, S. 73), ergänzt anhand von Wilhelm (2016, S. 39) und Riebling (2013, S. 134f)

3.2.2 Bildungssprache unter ontogenetischen Gesichtspunkten

Unter dem Aspekt des Erwerbs von (Bildungs-)Sprache kommt – wie die nachfolgenden Ausführungen zeigen sollen – die Betrachtung des bildungssprachlichen Registers als Eintrittskarte für schulische und akademische Laufbahnen zum Tragen (Morek & Heller 2012, S. 77).

Für die Einnahme dieser Perspektive ist relevant, festzustellen, dass Spracherwerb im Allgemeinen auch durch außerschulische Sozialisation geprägt wird, die primär in der Familie situiert ist (Morek & Heller 2012, S. 78). Dadurch ergeben sich heterogene sprachliche Lernvoraussetzungen von Lernenden – insbesondere in Bezug auf das hier fokussierte Register der Bildungssprache, die sowohl seine kommunikative als auch seine kognitive Funktion betreffen (ebd.). Sprachliches Können ist demnach nicht allein von der Schule geprägt (Feilke 2012a, S. 163). Als Auftrag der Institution wird es aber wahrgenommen, dass sie „die Alltagssprache [...] im Zuge der weiterführenden Bildung zur Bildungssprache veredelt" (Ortner 2009, S. 2229). Bei diesem Ausbau kann allerdings nicht gewährleistet werden, dass die Alltagssprache als stabiles Fundament fungieren kann. Stattdessen muss laut Feilke (2012a) „für einen großen Teil der Schüler die Schule nach wie vor selbst dieses Fundament legen" (S. 158). Im Sinne eines sozio-konstruktivistischen lehr-lern-theoretischen Ansatzes erscheint es dabei bedeutsam zu sein, dass der Unterricht bei den tatsächlichen sprachlichen Fähigkeiten der Lernenden ansetzt (ebd., S. 164).

Über die Spracherfahrung, die erforderlich ist, damit Bildungsspracherwerb auch ohne direkte Instruktion erfolgreich gelingen kann (Feilke 2013, S. 119), verfügen lediglich einige Lernende aus privilegierten Familien (Gogolin 2009). Insbesondere bei Lernenden mit Migrationshintergrund oder deutsch-sprachigen Schülerinnen und Schülern aus anregungsärmeren, bildungsferneren Haushalten mangelt es häufig an diesen notwendigen sprachlichen Lernvoraussetzungen (u. a. Vollmer & Thürmann 2010, S. 110; Gogolin 2006; Feilke 2012, S. 4). Auf potentielle Schwierigkeiten von monolingualen Lernenden weist auch Gibbons für den angelsächsischen Kontext hin:

„As a result of poverty or social background or nonstandard dialect, native speakers of English may also have difficulty with the specialized registers of curriculum subjects." (Gibbons 2002, S. 11)

Wenn sich an der Bildungssprache „viele Lernende mächtig reiben oder gar scheitern" (Vollmer & Thürmann 2010, S. 109) kann diese zum Lernhindernis werden und es können ferner Lücken in Bezug auf das Register entstehen. Dies ist insbesondere deshalb von Relevanz, da diese nicht nur – im Sinne der kommunikativen Funktion von Sprache – Ausdrucksprobleme, sondern auch – im Sinne der kognitiven Funktion – Verständnisprobleme evozieren können (Feilke 2012, S. 5). Letzteres steht damit in Zusammenhang, dass bildungssprachliche Kompetenzen, vor allem im Fachunterricht, zur Aneignung komplexer und abstrakter Inhalte benötigt werden (Cummins 1979).

Die oft geringere Performanz bildungssprachlicher Kompetenzen kommt auch durch ihre im Vergleich zur Alltagssprache längere Erwerbsdauer zustande (Cummins 2000). Aufgrund der lückenhaften empirischen Befundlage zur Aneignung von Bildungssprache im deutschsprachigen Kontext (Lengyel, 2010, S. 597), wird hier auf die Erkenntnisse von Cummins (1979, präzisiert 2004, 2006, S. 40) referenziert, die dem kanadischen Kontext entstammen. In seinen

Studien mit Schülerinnen und Schülern mit Englisch als Zweitsprache stellt der Autor fest, dass der Erwerb von Kompetenzen zum fließenden Gebrauch der Alltagssprache (BICS) bis zu zwei Jahre dauert. Für den Erwerb von Fähigkeiten zur kompetenten Nutzung des bildungssprachlichen Registers (CALP) sei demgegenüber ein bis zu fünffacher Zeitrahmen zu veranschlagen (ebd.).

Als problematisch kristallisiert es sich heraus, wenn die Heterogenität der sprachlichen Lernvoraussetzungen der Lernenden im Unterricht nicht berücksichtigt wird. Insbesondere gilt dies für weiterführende Schulen, die als bedeutsamste Institutionen für den Erwerb von Bildungssprache oder mit den Worten Ortners (2009, S. 2228) als „Arenen, in denen Heranwachsende sich in bildungssprachliches Handeln einüben" verstanden werden. Eine solche Nichtberücksichtigung von Lernvoraussetzungen liegt vor, wenn die Erwartung besteht, „dass alle nötigen sprachlichen Grundlagen ‚normalerweise' außerhalb der Schule erworben werden, und dass das, was noch fehlt, durch die Unterrichtsprozesse hindurch *implizit* hinzugewonnen wird." (Gantefort & Roth 2010, S. 575, Hervorhebung im Original). Eine typische Konsequenz daraus ist, dass bildungssprachliche Merkmale nicht explizit thematisiert, sondern als selbstverständlich vorausgesetzt werden (Feilke 2012a, S. 163f; Feilke 2012, S. 4).

(Bildungs-)Sprache kann dementsprechend einerseits als entscheidendes, andererseits aber auch als implizites Curriculum aufgefasst werden (Vollmer & Thürmann 2010, S. 6). Entscheidend ist das Register, weil bildungssprachliche Kompetenzen unabdingbare Voraussetzungen für den Bildungserfolg darstellen (Gogolin 2006, S. 84) sowie seine Beherrschung auf normativer Ebene von erfolgreichen Schülerinnen und Schülern erwartet wird (Gogolin & Lange 2011, S. 111). Dennoch wird die Bildungssprache oft nicht explizit vermittelt (Gogolin 2006) und liegt „bis heute im ‚blinden Fleck' der schulischen Sprachwahrnehmung" (Feilke 2012, S. 9). So erfolgt in der Schule selten eine Explizierung sprachlicher Erwartungen (Morek & Heller 2012, S. 78) beispielsweise hinsichtlich der sprachlichen Struktur oder der Präsentation der Bearbeitung von Arbeitsaufträgen im Unterricht (Schleppegrell 2001, S. 434).

In diesem Zusammenhang kommt Morek & Heller (2012, S.77) folgend, deren Argumentation auf Bourdieu basiert, der Bildungssprache die Funktion einer Eintrittskarte zu: Die milieuspezifisch produzierten und Milieuunterschiede konstituierenden habituellen Sprachgebrauchsweisen werden in der mittelschichtsnahen Bildungsinstitution in unterschiedlichem Ausmaß als „kulturelles Kapital" anerkannt. Zu Bildungsungleichheit führen also nicht per se die heterogenen (bildungs-)-sprachlichen Lernvoraussetzungen der Lernenden, sondern die Tatsache, dass diesbezügliche Erwartungen implizit bleiben, aber dennoch Berücksichtigung, etwa in Bewertungen durch Lehrende, finden (ebd., S. 78).

Die dargestellte Heterogenität der Lernvoraussetzungen von Schülerinnen und Schülern in Bezug auf bildungssprachliche Kompetenzen verdeutlicht die Notwendigkeit des Aufgreifens von Sprache als expliziten Lerngegenstand auch im Fachunterricht (Lengyel 2010, S. 593). Die unter didaktischen Gesichtspunkten zu fassenden Rollen von Bildungssprache als Lernmedium und Lerngegenstand werden im nächsten Abschnitt thematisiert.

3.2.3 Bildungssprache unter didaktischen Gesichtspunkten

In Bezug auf Funktionen von Bildungssprache in der Schule ist zunächst zu klären, warum in diesem Kontext spezifische Sprachkompetenzen von Nöten sind und alltagssprachliche Fähigkeiten allein für erfolgreiches schulisches Handeln und Lernen nicht ausreichen (Uesseler et al. 2013, S. 1; Gogolin 2006, S. 82).

Bildungssprache als Lernmedium

Die Rolle von (Bildungs-)Sprache als Lernmedium ist laut Knapp (2006, S. 591) insbesondere für den Fachunterricht von besonderer Bedeutung:

„Sofern sprachliche Aspekte im Unterricht anderer Fächer als Deutsch vorkommen, geschieht dies überwiegend in der Funktion als Lernmedium." (Knapp 2006, S. 591)

Dabei werden Lernende mit der Bildungssprache als Lernmedium im Unterricht in schriftlicher Form etwa in Lehrwerken, Aufgabenstellungen oder Prüfungen und im Rahmen des Unterrichtsdiskurses in mündlicher Form – etwa bei der Verarbeitung von Äußerungen von Lehrkräften – konfrontiert. Im Hinblick auf die Verwendung der Bildungssprache wird auch auf produktiver Ebene ein besonderer Anspruch an die Lernenden gestellt, für den der Ausdruck der Explizitformenerwartung geprägt wurde (Maas 2010; Feilke 2012). Demzufolge wird von Lernenden erwartet, dass sie das für das Verständnis Unabdingbare grammatisch, lexikalisch und textlich explizieren können (Feilke 2012, S. 11). Beim Explizieren im Kontext der Schule wird allerdings nicht nur die Verständigung (kommunikative Funktion) adressiert, sondern auch der kognitiven Funktion von Sprache kommt dabei eine bedeutende Rolle zu (ebd.; Abschnitt 3.1.2).

So seien bildungssprachliche Fähigkeiten einerseits also bei dem für die Schule typischen Umgang mit abstrakten, komplexen sowie kognitiv anspruchsvollen Thematiken unabdingbar (Cummins 1979, 2000). In umgekehrter Perspektive kann Bildungssprache andererseits jedoch in ihrer kognitiven Funktion als notwendige Bedingung für kognitive Prozesse betrachtet werden:

„Wer Bildungssprache adäquat verwenden kann, der ist auch in der Lage zu den damit in Zusammenhang stehenden komplexen kognitiven Operationen (wie z. B. Abstraktion, Verallgemeinerung, Kausalität)." (Morek & Heller 2012, S. 75)

In diesem Verständnis dient Bildungssprache als Instrument mit dem Bildung oder genauer Schul- und Orientierungswissen (Ortner 2009, S. 2233) respektive institutionell selektiertes gesellschaftliches Wissen gewonnen, bearbeitet und dargestellt wird (Uesseler et al. 2013, S. 6). Dem Register der Bildungssprache zugeordnete Sprachmittel und -formen (Abschnitt 3.2.2 für Beispiele) dienen dabei als Stütze von Verstehensprozessen bzw. Erkenntnisleistungen (Feilke 2012, S. 10) und sind laut Morek & Heller (2012, S. 69) für die Kommunikation in Schul- und Bildungszusammenhängen funktional. Hierbei handelt es sich um einen auch von Schleppegrell (2001, S. 454) angeführten Aspekt:

„The register features of school-based texts (…) are functional for the purposes for which these genres have evolved and which they serve." (Schleppegrell 2010, S. 454)

Feilke (2012, S. 8ff) führt diesbezüglich exemplarisch aus, inwiefern bestimmte kognitive Funktionen (Explizieren, Verdichten, Verallgemeinern und Diskutieren) mit bestimmten Merkmalen der Bildungssprache in Verbindung stehen. So kann eine Verallgemeinerung, die der Autor als sprachliche Voraussetzung für Erkenntnisse und die Kommunikation darüber betitelt, etwa durch die Verwendung typischer (bildungs-)sprachlicher Mittel wie etwa unpersönliche Ausdrücke und Konstruktionen (Abbildung 3.2.2) realisiert werden (Feilke 2012, S. 9). Zur Verdichtung von Aussagen werden ferner charakteristischerweise oft Nominalisierungen oder Komposita eingesetzt (ebd., S. 8).

Mittels der Bildungssprache kann also einerseits eine Auseinandersetzung mit Thematiken erfolgen, die alltagssprachlich nicht zu fassen sind, andererseits kann eine Thematisierung etwaiger Inhalte auf andere Art und Weise, das heißt in anderer Modalität und / oder mit anderem Diskursstil, stattfinden als in der alltäglichen Kommunikation (Ortner 2009, S. 2234).

Die Tatsache, dass fehlende *Lernvoraussetzungen* hinsichtlich bildungssprachlicher Kompetenzen Einfluss auf Leistungen – auch im Fach Mathematik – nehmen, wurde schon in Abschnitt 3.1.1 dargelegt. Die Forschungslage dazu, warum Sprache zum *Lernhindernis* wird bzw. „welche spezifischen sprachlichen Kenntnisse und Fähigkeiten es sind, die für Bildungserfolg entscheidend sind" (Gogolin 2006, S. 82) ist noch lückenhaft (Clarkson 1992 und 2007; Barwell 2009; Prediger & Özdil 2011; Cummins 1979 und 1986).

Ebenso stellt sich in Bezug auf das Fach Mathematik die Frage, ob und wenn ja, welche bildungssprachtypischen Elemente das Lösen von Aufgaben, insbesondere durch sprachliche schwache Lernende, tatsächlich erschweren (Wilhelm 2016, S. 40). Die empirisch qualitativen Tiefenanalysen von Wilhelm (2016, S. 133ff), in denen potentielle sowie tatsächliche linguistische und mathematische Schwierigkeitsbereiche sowie Hürden innerhalb von Aufgaben der ZP 10 lokalisiert und spezifiziert werden, liefern diesbezüglich wertvolle Erkenntnisse. So konnten drei, keinesfalls trennscharfe Kategorien sprachlich bedingter Hürden abgeleitet werden, von denen sich die letzten beiden als zentralste Typen erwiesen (ebd., S. 291ff; auch bei Prediger et al. 2015, S. 94ff):

- *Lesehürden:* Leseschwierigkeiten in der Erfassung des Aufgabentextes auf Wort-, Satz- und Textebene,

- *prozessuale Hürden*: prozessuale Schwierigkeiten bei kognitiv anspruchsvolleren Prozessen wie dem Bilden eines Situationsmodells ausgehend von der Textbasis oder

- *konzeptuelle Hürden*: konzeptuelle Schwierigkeiten durch fehlendes konzeptuelles Verständnis der zugrunde liegenden mathematischen Konzepte.

Da das Ziel der erwähnten Tiefenstudien darin bestand, ein möglichst breites Bild von Hürden und auftretenden Schwierigkeiten in Bearbeitungsprozessen von Aufgaben verschiedener Themenbereiche zu liefern (Wilhelm 2016, S. 303), erscheint die Erweiterung um eine auf einen einzelnen Inhaltsbereich fokussierte Perspektive sinnvoll zu sein. Eine solche Ergänzung stellt die Bedingungsforschung der vorliegenden Arbeit dar. Innerhalb dieser erfolgt eine kontrastierende Betrachtung von Lösungshäufigkeiten unterschiedlich sprachkompetenter Lernendengruppen bei Aufgaben verschiedener Formate – unter anderem bei Textaufgaben mit variierenden potentiell schwierigkeitsgenerierenden Merkmalen (Kapitel 6 und 7).

Bildungssprache als Lerngegenstand

Aus den bisherigen Ausführungen geht hervor, dass die Bildungs- ebenso wie die Fachsprache insbesondere für sprachlich schwache Lernende, die über die spezifischen und notwendigen *Lernvoraussetzungen* nicht verfügen, explizit zum *Lerngegenstand* gemacht werden müssen (Lengyel 2010, S. 593, Abbildung 3.2.4).

Abbildung 3.2.4   Bildungssprache als Lernvoraussetzung oder -gegenstand (Leuders & Prediger 2016, S. 87).

Das bedeutet, dass für Lernende im Unterricht tatsächlich Lerngelegenheiten für den Lerngegenstand der Bildungs-, aber auch der Fachsprache angeboten werden müssen. Bezüglich des Mathematikunterrichts der Grundschule konnte Schütte (2009, S. 195) jedoch eine mangelnde Explizitheit von Lehrkräften bei der Einführung neuer mathematischer Begriffe feststellen. So rekonstruierte er das „Phänomen einer Implizitheit", das sich insbesondere in fehlender bzw. nur impliziter Herstellung von Bezügen zwischen neu zu erlernenden Fachbegriffen und bereits bekannten (alltagssprachlichen) Sprachmitteln ausdrückt.

In eine ähnliche Richtung weisen auch die Ergebnisse von Erath (2017), die sich auf die diskursive Ebene von Bildungssprache beziehen. Basierend auf unbeeinflusstem Mathematikunterricht von vier Klassen des fünften Jahrgangs an je zwei Gymnasien und Gesamtschulen rekonstruierte die Autorin mit Blick auf Praktiken des Erklärens eine Dominanz impliziter Etablierungsprozesse (ebd., S. 272ff). Demzufolge explizieren die Lehrkräfte selten, welche Erwartungen sie an eine adäquate Erklärung haben (ebd.).

Bezüglich der praktischen unterrichtlichen Umsetzung der Forderung nach expliziter Thematisierung von Bildungssprache und Fachsprache sowie der Verknüpfung mit bestehenden alltagssprachlichen Kenntnissen wird ein Mangel an konkreten Hinweisen konstatiert (Vollmer & Thürmann 2010, S. 111). So stehe eine abschließende Klärung der Frage noch aus, „was die Schule und der Unterricht zur Ausbildung der spezifischen [bildungssprachlichen; Einfügung B. P.] Kompetenzen beizutragen haben, die die unabdingbaren Voraussetzungen für den Bildungserfolg sind" (Gogolin 2006, S. 84). Inwieweit und inwiefern die genannte Forderung mittlerweile eingelöst wurde, bildet unter anderem den Gegenstand des vierten Kapitels der vorliegenden Arbeit.

3.3 Zusammenfassung

Mit dem Ziel, eine theoretische Fundierung für ein fach- und sprachintegriertes Design zu Prozenten bereitzustellen, wurden in diesem Kapitel relevante Hintergründe für Sprachförderung im Mathematikunterricht allgemein dargelegt.

Die Bedeutung von Sprachförderung für das Mathematiklernen wird anhand der Resultate nationaler (Tabellen 3.1.1 und 3.1.2 für Gegenüberstellungen ausgewählter Studien) sowie internationaler (u. a. Secada 1992 und Abedi 2004 für auf den angelsächsischen Kontext bezogene Überblicke) empirischer Studien deutlich, die den Sprachkompetenzen von Lernenden eine substantielle Relevanz für ihre Mathematikleistungen nachweisen. Im Rahmen empirisch quantitativer Breitenanalysen einer Studie zu den nordrhein-westfälischen Zentralen Prüfungen am Ende der Klasse 10 im Fach Mathematik erwiesen sich etwa die ermittelten Zusammenhänge zwischen den Prüfungsleistungen und den Sprachkompetenzen der Lernenden im Deutschen als stärker als jene zwischen Ersteren und anderen sozialen Hintergrundfaktoren (s. u. a. Prediger et al. 2015).

Für die beobachteten Leistungsunterschiede zwischen Lernenden mit differierenden Sprachkompetenzen werden entweder

- empirisch ermittelte Korrelationen als Nachweis herangezogen (u. a. Heinze et al. 2009; Paetsch et al. 2015; Prediger et al. 2013) oder sie werden auf
- die (bildungs-)sprachlichen Merkmale der eingesetzten Mathematikaufgaben (u. a. Abedi 2004; Duarte et al. 2011; Haag et al. 2013) zurückgeführt.

Die Erkenntnisse einzelner Studien (Paetsch et al. 2015; Wilhelm 2016), wonach sprachliche Kompetenzen nicht nur die Lösung sprachlich anspruchsvoller, sondern auch die sprachlich entlasteter Mathematikaufgaben beeinflussen, deuten an, dass die ermittelten Leistungsdifferenzen nicht allein aus Lesehürden durch (bildungs-)sprachliche Charakteristika der Aufgaben erwachsen. Stattdessen fungieren die Resultate als Anhaltspunkt für die Annahme, dass die Sprachkompetenz bereits beim mathematischen Kompetenzerwerb von besonderem Belang ist (Paetsch et al. 2015; Prediger et al. 2015). Diese Vermutung gründet darauf, dass der Sprache beim Mathematiklernen nicht nur eine *kommunikative* (Sprache als Medium von Wissenstransfer), sondern auch eine *kognitive Funktion* (Sprache als Werkzeug des Denkens) zukommt (u. a. Morek & Heller 2012; Abschnitt 3.1.2). Fehlende Sprachmittel können im Sinne der letztgenannten Funktion in beeinträchtigten Denkprozessen bzw. Problemen bei der kognitiven Erfassung komplexerer mathematischer Zusammenhänge resultieren (u. a. Maier und Schweiger 1999).

Im (Mathematik-)Unterricht sind zur angesprochenen kognitiven Auseinandersetzung mit Lerngegenständen häufig Sprachmittel vonnöten, die der *Bildungssprache* (Abschnitt 3.2) zugeordnet werden können. Die *Bildungssprache*, für die es diverse theoretische Konzeptualisierungen gibt (u. a. Morek & Heller 2012; Riebling 2013), wird in der vorliegenden Arbeit als „dasjenige sprachliche Register [aufgefasst], mit dessen Hilfe man sich mit den Mitteln der Schulbildung ein Orientierungswissen verschaffen kann" (Gogolin 2008, S. 218). Das Register, für das eine konzeptionelle Schriftlichkeit typisch ist (Koch und Österreicher 1985), lässt sich als „prägnant, präzise, vollständig, komplex, strukturiert, objektiv, distant, emotionsfrei, eindeutig, situationsungebunden und dekontextualisiert" (Vollmer & Thürmann 2010, S. 109) beschreiben. Die erwähnten Spezifika stellen bestimmte formale Anforderungen (in Form lexikalisch-semantischer bzw. syntaktischer Merkmale), denen spezifische Funktionen immanent sind (u. a. Morek & Heller 2012; Abbildung 3.2.2 für eine kondensierte Zusammenschau bildungssprachtypischer Merkmale). Aufgrund dieser Kennzeichen steht die Bildungs- der Fach- näher als der Alltagssprache (u. a. Berendes et al. 2013; Tabelle 3.2.2 für graduelle Unterschiede der drei Sprachregister).

Im Rahmen der Konzeption fach- und sprachintegrierter Lehr-Lern-Arrangements für den (Mathematik-)Unterricht sollte eine explizite Auseinandersetzung mit der Bildungssprache als *Lerngegenstand* einbezogen werden. Zentral ist dies insbesondere für sprachlich schwache Lernende, denen notwendige bildungssprachliche Kompetenzen fehlen (Lengyel 2010, Abschnitt 3.2.3). Die Relevanz ergibt sich daraus, dass der Bildungssprache im unterrichtlichen Kontext die Folgenden weiteren didaktischen Rollen zukommen (können):

- *Lernvoraussetzung:* Eine adäquate Verwendung der Bildungssprache erfordert spezifische Lernvoraussetzungen (Vollmer & Thürmann 2010, S. 110), über die – aufgrund differenter sprachlicher außerschulischer Sozialisation

(Morek & Heller 2012) – nicht alle Lernende gleichermaßen verfügen (Feilke 2013). Ferner sind bildungssprachliche Kompetenzen unabdingbare Voraussetzungen für Bildungserfolg (Gogolin 2006) (Abschnitt 3.2.2).

- *Lernhindernis:* Eine Nichtberücksichtigung der divergierenden sprachlichen Lernvoraussetzungen von Lernenden kann sowohl Ausdrucks- als auch Verständnisprobleme hervorrufen (Ortner 2009; Feilke 2012). Diese liegt etwa vor, wenn bildungssprachliche Merkmale nicht explizit thematisiert, sondern als selbstverständlich vorausgesetzt werden (Abschnitt 3.2.2).

- *Lernmedium:* Da Unterrichtskommunikation sich vorwiegend sprachlich vollzieht, ist die Bildungssprache zentrales Lernmedium, sowohl bei der Sprachrezeption (Knapp 2006) als auch bei der Sprachproduktion (u. a. Maas 2010). Dabei kommt ihr in beiden Fällen gleichermaßen eine kommunikative (u. a. Cummins 2000) als auch eine kognitive Funktion (Feilke 2012) zu (Abschnitt 3.2.3).

Die dargelegten Hintergründe zur Rolle der Sprache für das Mathematiklernen bzw. zu den verschiedenen Aspekten sprachlichen Lernens begründen die Bedeutsamkeit, in der vorliegenden Arbeit auch eine sprachdidaktische Perspektive einzunehmen. Sie erklären nicht nur den Zusammenhang von Sprachkompetenzen und Mathematikleistungen, sondern weisen auch den Weg für die Spezifizierung der für das fachliche Lernen relevanten Sprachmittel.

Im folgenden Kapitel sollen dementsprechend Prinzipien zur Gestaltung adäquater Sprachförderungsansätze für den Mathematikunterricht in den Blick genommen werden. Diese sollen die Basis bilden für die geplante Konzeption eines fach- und sprachintegrierten Lehr-Lern-Arrangements zum Umgang mit Prozenten (Kapitel 8).

4 Sprachdidaktische Strukturierung des Lerngegenstands

Im vorausgehenden Kapitel wurde die generelle Relevanz der Förderung (bildungs-)sprachlicher Kompetenzen im Mathematikunterricht herausgestellt. Auf dieser Grundlage ist in diesem Kapitel zu klären, nach welchen Prinzipien ein Unterrichtskonzept zu Prozenten designt sowie strukturiert werden sollte, das einen Beitrag zur integrierten Sprachförderung leistet.

Zur konkreten Umsetzung von Sprachförderung existieren mittlerweile einige Ansätze, die sich als geeignet herausgestellt haben (für die vorliegende Arbeit bedeutsame Design-Prinzipien werden in Abschnitt 4.1.1 überblicksmäßig dargestellt). Für den sprachsensiblen Unterricht im Fach Mathematik wurden in den letzten Jahren ebenfalls einzelne Förderkonzepte entwickelt, erprobt sowie erforscht (Prediger 2015 für einen Überblick zu vernetzten Entwicklungsforschungsstudien). Diese adressieren jeweils spezifische Facetten von Sprachförderung und beziehen sich auf verschiedene Inhaltsbereiche wie beispielsweise Brüche (Prediger & Wessel 2013; Wessel 2015), Terme (Prediger & Krägeloh 2015 / 2015a) oder funktionale Zusammenhänge (Prediger & Zindel 2017). Die Entwicklung und Erforschung weiterer themenspezifischer Konzepte zur fach- und sprachintegrierten Förderung erscheint aufgrund der Spezifität jedes Inhaltsbereichs erforderlich (Wessel 2015, S. 344; Prediger & Zindel 2017).

Für die in der vorliegenden Arbeit anvisierte Konkretisierung in Bezug auf den Umgang mit Prozenten werden dabei bewährte Design-Prinzipien aufgegriffen und spezifisch angepasst, die unter anderem von Wessel (2015) für die Planung fach- und sprachintegrierter Lehr-Lern-Arrangements im Mathematikunterricht literaturbasiert formuliert wurden (Abschnitte 4.1.1, 4.1.2 und 4.1.4).

Bevor in Abschnitt 4.4 aus dem Theorieteil Entwicklungsanforderungen und Forschungsfragen abgeleitet werden, erfolgen in Abschnitt 4.2 die Darlegung zentraler Resultate einer korpuslinguistischen Studie, die als Grundlage für die Sprachschatzarbeit zu Prozenten durchgeführt wurde sowie in Abschnitt 4.3 eine Zusammenfassung zur sprachdidaktischen Strukturierung des Lerngegenstands.

4.1 Sprachförderung im Mathematikunterricht

4.1.1 Design-Prinzipien zur Sprachförderung im Mathematikunterricht

Die Zusammenstellung theoretisch begründeter Design-Prinzipien zur Gestaltung fach- und sprachintegrierter Konzepte für den Mathematikunterricht stellt ein bedeutsames Resultat der Arbeit von Wessel (2015) dar. Aufgrund der Spezi-

© Springer Fachmedien Wiesbaden GmbH 2018
B. Pöhler, *Konzeptuelle und lexikalische Lernpfade und Lernwege zu Prozenten*, Dortmunder Beiträge zur Entwicklung und Erforschung des Mathematikunterrichts 35, https://doi.org/10.1007/978-3-658-21375-6_5

fität mathematischer Inhaltsbereiche propagiert sie – zur weiteren Minimierung der diesbezüglichen Forschungslücke – die Entwicklung weiterer empirisch fundierter fach- und sprachintegrierter Konzepte (Wessel 2015, S. 344). Dabei können die von ihr „dargelegten theoretischen Überlegungen und praxiserprobten Ansätze eine wertvolle Grundlage darstellen" (ebd.). In der vorliegenden Arbeit werden bei der Umsetzung dieser Forderung hinsichtlich der Prozente drei der von der Autorin theoretisch abgeleiteten und empirisch fundierten Design-Prinzipien aufgegriffen (ebd.). Dazu zählen das

- Design-Prinzip der diskursiven Kommunikationsanregung sowie das

- Design-Prinzip des konsequenten Vernetzens von Darstellungen und Sprachregistern.

Diese beiden Design-Prinzipien lassen sich eher als diskursive Sprachförderungsansätze charakterisieren (Prediger & Wessel 2017, im Druck). Da sie zwar bei der Konzeption des Lehr-Lern-Arrangements zu Prozenten Berücksichtigung fanden, für sie auf theoretischer Ebene allerdings keine themenspezifische Adaption nötig erscheint, werden die beiden erwähnten Design-Prinzipien lediglich innerhalb dieses Abschnitts kurz vorgestellt.

Dem dritten von Gibbons (2002) übernommenen und ebenfalls von Wessel (2015) berücksichtigten

- Design-Prinzip des Scaffoldings

wird hingegen ein eigener Abschnitt (Abschnitt 4.1.2) gewidmet, da es eines der Kernprinzipien dieser Arbeit darstellt. Insbesondere das auf die Unterrichtsplanung ausgerichtete Makro-Scaffolding bedarf mit Blick auf die Belange der vorliegenden Arbeit einer theoretischen Ausschärfung. So soll das Konzept für fokussierte (Überblick für das Fach Mathematik bei Meyer & Prediger 2012 oder Wessel 2015, S. 34ff) bzw. explizite (Darsow et al. 2012 für eine Systematisierung der Ansätze der Zweitsprachförderung) Sprachfördermaßnahmen auf Wort- und Satzebene umgesetzt werden, die auf die lexikalische Erarbeitung und langfristige Etablierung notwendiger Sprachmittel abzielen. Dabei ist die zusätzliche Berücksichtigung des folgenden Design-Prinzips relevant, bei dem es sich um eine Spezifizierung des von Gibbons (2002) formulierten und auch von Wessel (2015) angeführten Prinzips der „Sukzessiven Sequenzierung" handelt:

- Design-Prinzip des gestuften Sprachschatzes zur Sequenzierung lexikalischer Lernpfade.

Das letztgenannte Design-Prinzip, das in Abschnitt 4.1.4 detaillierter vorgestellt wird, trägt dazu bei, dass die adressierte konsequente Koordinierung eines lexikalischen mit einem konzeptuellen Lernpfad (Abschnitt 2.1 für das Lernpfad-Konstrukt) möglich wird.

Design-Prinzip der diskursiven Kommunikationsanregung

Die Basis des Prinzips der Diskursanregung bildet die originär auf das Zweit-sprachenlernen bezogene Erwerbshypothese des Pushed-Outputs (Swain 1985). Die empirisch abgesicherte Hypothese besagt, dass mündliche sowie schriftliche Sprachproduktionen – insbesondere durch die dabei im Sinne der kognitiven Funktion von Sprache ablaufenden Prozesse – für den Erwerb einer Zweitspra-che von besonderer Relevanz sind (ebd.). Unter Rückgriff auf die Metapher des „bildungssprachlichen Sprachbads", das sprachlich reichhaltig und kognitiv an-regend sein sollte, verdeutlicht Leisen (2010, S. 76) die Bedeutsamkeit des Beo-bachtens, Erprobens und Generierens von (Bildungs-)Sprache durch Lernende auch für den Fachunterricht. In dieser Perspektive erfolgt Sprachförderung dem-nach implizit durch die Schaffung von Anlässen einerseits zur mündlichen Kommunikation zwischen Lernenden über den und andererseits zu deren schriftlichen Auseinandersetzung mit dem fachlichen Lerngegenstand. Durch die übereinstimmende Betonung von Interaktionsprozessen zwischen Lernenden wird deutlich, dass das auf Sprachförderung ausgerichtete *Design-Prinzip der diskursiven Kommunikationsanregung* gut mit dem hier zugrunde liegenden RME-Ansatz (Abschnitt 2.3.1) in Einklang zu bringen ist.

Auf eine detailliertere Auseinandersetzung mit den vielfältigen Ansätzen und Umsetzungsmöglichkeiten einer solchen ganzheitlichen, impliziten Sprachför-derung soll an dieser Stelle nicht weiter eingegangen werden (Darsow et al. 2012 für eine Systematisierung der Ansätze der Zweitsprachförderung). Für aus-führliche Überblicke zu ganzheitlichen Sprachförderungsansätzen sei mit Blick auf das Fach Mathematik auf Meyer & Prediger (2012) sowie Wessel (2015, S. 30ff) verwiesen. Hingewiesen werden soll darauf, dass solche der Sprach-produktion dienenden Lerngelegenheiten beim Mathematiklernen insbesondere anhand diskursiver Praktiken – wie dem Erklären oder Argumentieren – initiiert werden können (Prediger, Erath, Quasthoff, Heller & Vogler 2016, S. 286ff).

Der Erwerbshypothese des Pushed-Outputs folgend, ist die Eröffnung viel-fältiger Möglichkeiten zur Sprachproduktion für die Sprachförderung von Zweitsprachenlernenden allerdings nicht ausreichend, wenn sie nur per se zu Kommunikation anregt. Stattdessen muss ein diskursiv anspruchsvoller Sprach-gebrauch angestrebt werden (Swain 1985, S. 248f; Prediger & Wessel 2017, im Druck). Wie Wessel (2015) im Rahmen ihres Transfers der Erwerbshypothese des Pushed-Outputs auf den deutschen Mathematikunterricht argumentiert, gilt dies ebenso für das Mathematiklernen. Die diesbezügliche Entwicklung fach- und sprachintegrierter Lehr-Lern-Arrangements sollte der Autorin zufolge dem-nach unter der Prämisse stehen, „[r]eichhaltige Kommunikationsanlässe zur mündlichen und schriftlichen Sprachproduktion [zu] schaffen, die die Lernen-den zu präziserem und angemessenerem Sprachgebrauch anregen und dabei un-terstützen" (Wessel 2015, S. 44). Notwendigerweise sollten dabei auch Aktivitäten berücksichtigt werden, die zur Reflexion von Sprachhandlungen anregen (Wessel 2015, S. 43). Ferner wird für den Einsatz derartiger Lehr-Lern-Arrangements gefordert, dass die Lernenden mit Sprachangeboten ihrer Lehrkräfte sowie Mitlernenden konfrontiert werden und korrektives Feedback erhalten (ebd.).

Design-Prinzip des konsequenten Vernetzens von Darstellungen und Sprachregistern

In Bezug auf die Vernetzung von Darstellungen respektive Registern sind mit Blick auf die mathematikdidaktische Forschung verschiedene Ansätze zu unterscheiden, die unterschiedliche Arten von Vernetzungen fokussieren (Prediger, Clarkson & Bose 2016, S. 193): Umschalten zwischen Erst- und Zweitsprache (Code-Switching, z. B.: Clarkson 2007), Wechseln zwischen verschiedenen mathematischen Darstellungen sowie Übersetzen zwischen alltäglichem und formalbezogenem Sprachgebrauch (Wessel 2015, S. 62 für einen ausführlichen Überblick zur Darstellungsvernetzung). Der erstgenannte Aspekt soll in der vorliegenden Arbeit nicht weiter thematisiert werden, da hier zwar unterschiedliche Sprachkompetenzen von Lernenden, nicht aber ihre mehrsprachigen Sprachhintergründe explizit in den Blick genommen werden.

Der Gehalt von Darstellungen (konkrete, graphische, verbale, symbolische) sowie deren Vernetzungen für den Aufbau mathematischer Vorstellungen wird in der mathematikdidaktischen Diskussion immer wieder betont (u. a. durch Bruner 1966; Lesh 1979 oder Duval 2006) und fand auch durch verschiedene empirische Studien Bestätigung (z. B. von Kügelgen 1994 zum Problemlösen oder Cramer 2003 zu rationalen Zahlen). Im Hinblick auf die in der vorliegenden Arbeit fokussierte Thematik der Prozente hat van den Heuvel-Panhuizen (2003) aufgezeigt, dass der Prozentstreifen zur diesbezüglichen Vorstellungsentwicklung beitragen kann (Abschnitt 2.3.2).

Auf Basis von Erfahrungen aus der Unterrichtspraxis konstatiert Leisen (2005, S. 9) ein großes Potenzial des betrachteten Prinzips auch für das fach- und sprachintegrierte Lernen, indem er den „Wechsel von Darstellungsformen […] als didaktische[n] Schlüssel zum fachlichen Verstehen und […] Anlass zur fachlichen Kommunikation" beschreibt.

Unter einer solchen sprachlichen Perspektive erscheint die Koordinierung des Wechsels zwischen mathematischen Darstellungen mit dem Übersetzen zwischen alltäglichem und formalbezogenem Sprachgebrauch sinnvoll zu sein (Prediger, Clarkson & Bose 2016, S. 203ff). Dabei sollten für einen erfolgreichen Spracherwerb allerdings nicht allein Übersetzungen von der Alltags- hin zur Fachsprache betont (wie etwa bei Pimm 1987), sondern flexible Vernetzungen zwischen allen drei Registern (Alltags-, Bildungs- und Fachsprache) angesteuert werden (Freudenthal 1991, elaboriert durch Clarkson 2009, S. 149).

In dieser Form erfüllt die Darstellungsvernetzung mit Blick auf einen fach- und sprachintegrierten Mathematikunterricht zweierlei Funktionen (Wessel 2015, S. 77): Sie dient einerseits der Sprachentlastung. Andererseits soll sie zur Initiierung von Sprach- und Vorstellungsentwicklung beitragen. Dazu gehört zum einen der Ausbau verbaler Kapazitäten in den Registern der Bildungs- und Fachsprache (Prediger & Wessel 2013, S. 439). Zum anderen kann die Konstruktion der Bedeutungen und Beziehungen mathematischer Konzepte bzw. bildungssprachlicher und fachlicher Begriffe ermöglicht werden (Prediger, Clarkson & Bose 2016).

Eingeflossen sind die skizzierten Überlegungen zur Vernetzung sowohl der verschiedenen Sprachregister als auch anderer mathematischer Darstellungen in ein Modell zur fach- und sprachintegrierten Förderung durch Darstellungsvernetzung für das Mathematiklernen (Prediger & Wessel 2011, S. 167; Prediger & Wessel 2013, S. 438, Abbildung 4.1.1).

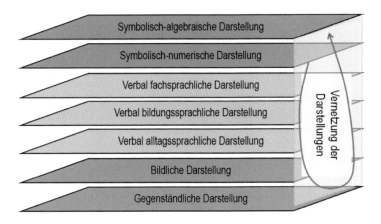

Abbildung 4.1.1 Modell der fach- und sprachintegrierten Förderung durch Darstellungsvernetzung (aus Prediger & Wessel 2011, S. 167 in leicht vereinfachter Form)

Die Anordnung der Ebenen im Modell ist dabei nicht als streng hierarchisch anzusehen (Wessel 2015, S. 78). Die Beschaffenheit der Darstellungen kann ferner mit den Sprachregistern variieren (Prediger, Clarkson & Bose 2016, S. 205ff). Bei der Konzeption des Lehr-Lern-Arrangements zu Prozenten wird dies ausgenutzt, indem sich die Funktionen und Erscheinungsformen des Prozentstreifens beim Fortschreiten entlang des konzeptuellen sowie lexikalischen Lernpfads fortwährend wandeln. Dies vollzieht sich im Sinne von im RME-Ansatz verorteten Übergängen von einem „Modell von" („model of") zu einem „Modell für" („model for") (van den Heuvel-Panhuizen 2003 bzw. Kapitel 8 für die Adaption unter sprachlicher Perspektive). Dabei wird ebenfalls die Möglichkeit wahrgenommen, auf Grundlage des Modells vielfältige, der Sprachförderung dienliche Aktivitäten konkretisieren zu können (u. a. Prediger & Wessel 2013, S. 440 mit Beispielen zu Brüchen).

4.1.2 Design-Prinzip des Scaffoldings

Scaffolding hat sich als möglicher ergiebiger Ansatz zur Unterstützung von Sprachentwicklung – insbesondere von Zweitsprachenlernenden – im Fachunterricht erwiesen und ermöglicht die Anbahnung der integrierten sukzessiven Entwicklung von der Alltags- zur Bildungs- und auch zur Fachsprache (Gibbons 2002 / 2006; Smit 2013; Wessel 2015 für Mathematik, Hintergründe in Abschnitt 3.2). Aufgrund dessen bildet das Prinzip des Scaffoldings auch die theoretische Grundlage für die Entwicklung eines fach- und sprachintegrierten Designs zum Umgang mit Prozenten innerhalb der vorliegenden Arbeit. In nötiger Kürze und Exemplarität wird nun auf dafür relevante Aspekte aus der vielfältigen Scaffolding-Literatur eingegangen. Diese Darstellung erweitert damit den Literaturüberblick aus Prediger und Pöhler (2015).

Begriffsbestimmung und Ursprung

Der eigentlichen Wortbedeutung folgend wird im englischen Sprachgebrauch unter *Scaffolding* Folgendes verstanden:

„A temporary structure on the outside of a building, made of wooden planks and metal poles, used by workmen while building, repairing or cleaning the building." (Stevenson 2010)

Scaffold heißt wörtlich „(Bau-)gerüst", es meint eine für die erfolgreiche Konstruktion oder Veränderung eines Gebäudes notwendige Struktur, die aufgrund ihres anschließenden Abbaus allerdings auch als temporär beschrieben werden kann (Gibbons 2002, S. 10; Lajoie 2005, S. 542).

   Die metaphorische Übertragung des Ausdrucks *Scaffolding* auf den Kontext des Lernens geht auf Wood, Bruner und Ross (1976) zurück. Sie wurde innerhalb einer Untersuchung dyadischer Eltern-Kind-Interaktionen im Rahmen der Unterstützung des kindlichen Lernens im Kindergartenalter beim Problemlösen eingeführt und folgendermaßen umschrieben:

„More often than not it [intervention of a tutor; Einfügung durch B. P.] involves a kind of 'scaffolding' process that enables a child or novice to solve a problem, carry out a task, or achieve a goal which would be beyond his unassisted efforts. This scaffolding consists essentially of the adult 'controlling' those elements of the task that are initially beyond the learner's capacity, thus permitting him to concentrate upon and complete only those elements that are within his range of competence." (Wood et al. 1976, S. 90)

Ein effektives *Scaffolding* im ursprünglichen Sinne hat zwei Voraussetzungen bei der Personen mit mehr Expertise (Wood et al. 1976, S. 97): Sie muss einerseits die zu erarbeitende Aufgabe bewältigen und andererseits ein Bewusstsein über die Fähigkeiten des zu unterstützenden Individuums mit weniger Expertise haben (Wood et al. 1976, S. 89 und S. 97).

Dem Scaffolding-Ansatz zugrunde liegt dabei die bereits in Abschnitt 3.1.2 im Zusammenhang mit der kognitiven Funktion von Sprache skizzierte sozio-konstruktivistische Lehr-Lern-Theorie mit ihrem zentralen Prinzip der *Zone der nächsten Entwicklung* (englisch: zone of proximal development), die folgen-dermaßen definiert wird:

"It is the distance between the actual developmental level as determined by independent problem-solving and the level of potential development as determined through problem solving under adult guidance or in collaboration with more capable peers." (Vygotsky 1978, S. 86)

Die Verknüpfung dieses theoretischen Konzeptes mit dem Ansatz des Scaffol-dings wurde allerdings nicht von Wood, Bruner und Ross (1976) selbst, sondern wenig später durch Cazden (1979) bzw. Palincsar und Brown (1984) hergestellt (Smit et al. 2013, S. 819f; Belland 2014, S. 506). Laut Cazden (1979) besteht die Essenz von Scaffolding dabei in Folgendem: „[H]elping learners in their ZPD and extending their actual developmental level" (S. 71). Dementsprechend kann Scaffolding, das innerhalb der individuellen Zone der nächsten Entwick-lung der Lernenden situiert ist, zur Ausschöpfung ihrer Lernpotenziale beitragen (Lajoie 2005, S. 542). Scaffolding bewirkt in diesem Sinne genauer gesagt die Befähigung von Lernenden zur erfolgreichen Bewältigung von Aufgaben, die ohne Unterstützung nicht möglich gewesen wäre und ermöglicht ihnen demzu-folge zunehmend unabhängigeres Arbeiten (Renninger & List 2012, S. 2923).

Kerncharakteristika von Scaffolding: Diagnose, Adaptivität und sukzessive Hinführung zur Selbständigkeit

Dem Prinzip des Scaffoldings werden in der umfangreichen Scaffolding-Literatur vielfältige *Merkmale* zugeschrieben (z.B. Gibbons 2002, S. 8ff; Puntambekar & Kolodner 2005, S. 188f; Smit et al. 2013, S. 821 oder Kniffka 2012, S. 214).

Anstatt diese in ihrer Vielfalt anzuführen, sollen hier drei von Smit et al. (2013) formulierte Kerncharakteristika von Scaffolding in detaillierterer Form dargestellt werden. So legen die beiden Autorinnen und der Autor ihrer Konzep-tualisierung des Scaffoldings von Sprache im Mathematikunterricht im Klassen-setting die Kerncharakteristika „Diagnosis" (1), „Responsiveness" (2) und „Handover to independence" (3) zugrunde (Smit et al. 2013, S. 821f; auch bei Smit 2013, S. 121f):

(1) *Diagnose*: Dynamische und permanente Einschätzung aktueller Fähigkeits- und Verständnisniveaus sowie von Bedürfnissen der Lernenden.

(2) *Adaptivität*: Anpassung des Scaffoldings auf die aktuellen – mit Hilfe von Diagnosestrategien ermittelten – Leistungsfähigkeiten des / der Lernenden.

(3) *Sukzessive Hinführung zur Selbständigkeit:* Zunehmende Übernahme der Kontrolle für das eigene Lernen durch den Lernenden bzw. die Lernende (Fading-In) resultierend aus dem adaptiven Abbau der Unterstützung hinsichtlich Quantität sowie Intensität (Fading-Out).

Das letzte Kennzeichen von Scaffolding umfasst, wie Smit et al. (2013, S. 821) betonen und in die obige Beschreibung bereits eingeflossen ist, das häufig separat benannte Merkmal des *Fading-Outs* (z. B.: van de Pol et al. 2010, S. 275):

„We argue that (successful) handover [to independence] is a process that includes fading of the teacher's support." (Smit et al. 2013, S. 821; Einfügung durch B. P.)

Die engen Relationen der drei Kerncharakteristika zueinander können anhand eines Modells veranschaulicht werden, das die Interaktion zwischen Lehrkraft und Lernenden im zeitlichen Verlauf darstellt (Abbildung 4.1.2). Dieses Modell wurde originär von Van de Pol, Volman und Beishuizen (2010, S. 274) konstruiert und hier mit Blick auf die erwähnten Charakteristika angepasst. Zusätzlich berücksichtigt wird in der adaptierten Version auch die für die vorliegende Arbeit besonders relevante und als Makro-Scaffolding operationalisierte Planungsdimension von Scaffolding, auf die anschließend noch näher einzugehen ist.

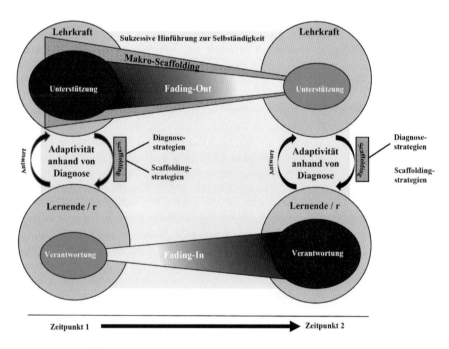

Abbildung 4.1.2: Übersetztes und adaptiertes Scaffolding-Modell (van de Pol et al. 2010, S. 274).

Ausweitung der Scaffolding-Metapher in vielfältiger Hinsicht

Die Scaffolding-Metapher, die ursprünglich auf Eins-zu-Eins-Interaktionen beim Problemlösen bezogen war, erfuhr in unterschiedlicher Hinsicht eine Expansion, die teilweise als zu weit kritisiert wird (Belland 2014, S. 507 für Beispiele). So weist Belland (2014, S. 515) darauf hin, dass die Vielfalt an Scaffolding-Ansätzen bzw. in diesem Bereich angesiedelten Studien (Forschungsüberblicke etwa bei van de Pol et al. 2010 zu personenbasiertem Scaffolding im Schulkontext oder Belland 2014 zu Scaffolding in Bildungstechnologie und naturwissenschaftlichem Lernen) zu einem Stolperstein werden könne. So weisen die verschiedenen Ansätze höchst unterschiedliche Konzeptualisierungen auf und enthalten teilweise voneinander abweichende Empfehlungen für die Entwicklung von Scaffolding-Maßnahmen (ebd.). Die Vielfalt hängt insbesondere damit zusammen, dass nicht jeder Ansatz in jedem Kontext funktioniere (ebd.):

„Scaffolding […] never look the same in different situations and it is not a technique that can be applied in every situation in the same way." (van de Pol et al. 2010, S. 272)

Anwendung findet die populäre Metapher etwa auf unterschiedliche Fächer, häufig auf Sprach-, Naturwissenschafts- oder Mathematikunterricht (Überblicke bei Belland 2014, S. 505 und van de Pol et al. 2010, S. 273f) und Unterricht mit Zweitsprachenlernenden (Gibbons 2002; Hammond und Gibbons 2005; Kniffka 2012) sowie auf Kompetenzen in diversen Bereichen. Neben kognitiven Fähigkeiten werden dabei zunehmend auch moralische, affektive, motivationale oder volitionale Aspekte in den Blick genommen (Lajoie 2005; S. 553; Boblett 2012, S. 7; van de Pol et al. 2010, S. 274). Zudem erfolgt eine Ausweitung hinsichtlich der betrachteten Altersgruppen (Belland 2014, S. 505), sodass neben Kindern auch Lernende verschiedener Jahrgangsstufen (z. B. Hammond und Gibbons 2005; Smit et al. 2013; Puntambekar & Kolodner 2005) sowie Studierende an der Universität (z. B. Engin 2014 im Kontext der Lehramtsausbildung; Belland 2014, S. 510f) als Adressaten von Scaffolding-Angeboten in Betracht kommen.

Unabhängig von den konkreten Lerngegenständen sowie der Altersstruktur der Lernenden lassen sich verschiedene Modalitäten von Scaffolding unterscheiden (basierend auf Belland 2014, S. 507). Dabei können die ersten vier Realisierungsformen als *personenbasiertes* (ähnlich bei Lajoie 2005) und die letzten beiden als *gegenstandbasiertes* Scaffolding bezeichnet werden.

• *Scaffolding in Eins-zu-Eins-Situationen* als ursprüngliche Form (z. B. Belland 2014, S. 507ff für exemplarischen Studienüberblick).

• *Scaffolding durch Peers* als Erweiterung um Unterstützung auch durch Mitschülerinnen oder Mitschüler (Belland 2014, S. 509ff für exemplarischen Studienüberblick oder Boblett 2012, S. 6f).

• *Scaffolding in Kleingruppen* als Ausweitung auf Unterstützung mehrerer Lernender (z. B. van de Pol et al. 2012, S. 196 für einen Überblick).

- *Scaffolding im Klassenunterricht* als auf längerfristige Lernprozesse ausgerichtete Erweiterung auf eine Vielzahl von Lernenden mit heterogenen Fähig- und Fertigkeiten (Smit 2013 für eine empirisch und theoretisch fundierte Konzeptualisierung).

- *Scaffolding durch computergestützte Instrumente* als Ausweitung der Durchführung von Scaffolding-Angeboten durch Menschen auf technologiebasierte Werkzeuge wie Taschenrechner, Softwareprogramme oder intelligente tutorielle Systeme (Belland 2014, S. 510ff für exemplarischen Studienüberblick; Lajoie 2005, S. 541ff oder Sherin et al. 2004 für Analyserahmen).

- *Scaffolding durch schriftliche Materialien* als Erweiterung der Durchführung von Scaffolding-Angeboten durch Menschen auf papierbasierte Werkzeuge wie Arbeitsblätter (Belland 2014, S. 510ff für exemplarischen Studienüberblick oder Puntambekar & Kolodner 2005).

Die zuletzt genannten gegenstandsbasierten Modalitäten von Scaffolding gelten beispielsweise als Lösung für das Dilemma, dass Lehrkräfte im regulären Klassenunterricht nicht allen Lernenden adäquates Eins-zu-Eins-Scaffolding bieten können (Belland 2014, S. 510). Sie können entweder kontextspezifischer, auf den fachlichen Inhalt der betreffenden Unterrichtseinheit abgestimmter Natur oder in vielfältigen Situationen einsetzbar sein und damit einen allgemeineren Charakter haben (ebd., S. 511f). Die als Scaffolding fungierenden Materialien sollen die Eins-zu-Eins-Situationen dabei allerdings nicht ersetzen, sondern ergänzen (Tabak 2004; Puntambekar & Kolodner 2005; Belland 2014, S. 510).

Allgemein soll dementsprechend nicht von einem gegenseitigen Ausschluss der erwähnten Modalitäten ausgegangen, sondern Scaffolding eher als System adäquater Kombinationen von Modalitäten verstanden werden, etwa im Ansatz des „Distributed (verteiltes) Scaffolding" von Puntambekar & Kolodner (2005) oder dessen Verfeinerung von Tabak (2004).

Die in der vorliegenden Arbeit zu verknüpfenden Scaffolding-Elemente sollen dabei ein „synergetisches Scaffolding" bilden („Synergistic Scaffolding" bei Tabak 2004, S. 318). Das bedeutet, dass sich die einzelnen gleichzeitig auf ein Ziel oder Bedürfnis beziehenden Scaffolding-Angebote in einem Zusammenspiel befinden und sich dadurch gegenseitig anreichern (Tabak 2004, S. 318f; Reiser & Tabak 2014, S. 54).

Dabei wird eine Modalität gewählt, die eine Makro- und eine Mikroebene verknüpft (Hammond & Gibbons 2005). Begründet wird dies damit, dass dabei ein Scaffolding durch schriftliches Material – genauer gesagt ein in Schriftform vorliegendes Förder- bzw. Unterrichtsdesign (Kapitel 8) – die Hintergrundfolie für vielfältiges personenbasiertes Scaffolding (Darstellung von in Kleingruppen bzw. im Klassenunterricht einzusetzenden Mikro-Scaffolding-Strategien in Abschnitt 8.3.1) darstellen soll. Demzufolge werden sowohl die Planungsebene (Makroebene) als auch die Durchführungsebene (Mikroebene) von Scaffolding explizit thematisiert (Hammond & Gibbons 2005). Begründet wird die Notwendigkeit der Betrachtung beider Ebenen damit, dass effektives Unterrichten mit beiden erwähnten Ebenen in Zusammenhang steht:

> „The hallmark of effective teaching lies both in teachers' abilities to plan, select and sequence tasks […] [macro level] and in their ability to make the most of the teachable moment [micro level]." (Hammond & Gibbons 2005, S. 10f; Einfügung durch B. P.)

Da in Bezug auf das Design-Prinzip des Scaffoldings der Fokus der vorliegenden Arbeit auf der Planungsdimension liegt und diese mit Blick auf die Konzeption eines Förder- oder Unterrichtsdesigns auch chronologisch eher zu adressieren ist, wird auf der Ebene des Makro-Scaffoldings angesetzt.

Makro-Scaffolding als Basis zur Sequenzierung eines lexikalischen Lernpfads

Makro-Scaffolding stellt eine bewusst von Lehrkräften geplante Unterstützung dar und wird insofern alternativ auch mit dem Ausdruck „Designed-in"-Scaffolding belegt (Hammond & Gibbons 2005; Smit 2013, S. 48). In der Literatur findet Makro-Scaffolding eher selten Berücksichtigung (Engin 2014, S. 26; Ausnahmen bilden Gibbons 2002; Puntambekar & Kolodner 2005; Hammond & Gibbons 2005; Smit 2013; Engin 2014 oder Wessel 2015).

Gibbons (2002, S. 121ff) operationalisiert Makro-Scaffolding bestehend aus folgenden drei nacheinander zu durchlaufenden Phasen (Übersetzungen aus Kniffka 2012, S. 215):

*(1) Bedarfsanalyse („*Finding the Language in the Curriculum*")*: Blick auf den anvisierten fachlichen Inhalt durch eine "Sprachbrille", mit dem Ziel, dessen sprachlichen Anforderungen sowie die dafür notwendigen Sprachvoraussetzungen der Lernenden zu ermitteln (Gibbons 2002, S. 121; Hammond & Gibbons 2005, S. 14; vgl. Bildungssprache als Lernvoraussetzung in Abschnitt 3.2.3 und Abschnitt 4.2 zur Korpuslinguistik).

*(2) Lernstandsanalyse („*Finding Out About Children's Language*")*: Ermittlung der tatsächlichen (Vor-)erfahrungen bzw. des (Vor-)wissens der Lernenden auf sprachlicher sowie fachlicher Ebene und Abgleich mit den Resultaten der Bedarfsanalyse (Hammond & Gibbons 2005, S. 13ff; Gibbons 2002, S. 40ff und S. 123ff) (Diagnoseaktivitäten in Abbildung 4.1.2 im Vorfeld und fortlaufend während des Unterrichts).

(3) Unterrichtsplanung: Konkrete Planung des fach- und sprachintegrierten Unterrichts unter Einbezug der sprachlichen Perspektive auf Basis von Bedarfs- und Lernstandsanalyse (für dabei zu beachtende Aspekte Gibbons 2002, S. 40ff; Hammond & Gibbons 2005, S. 13ff oder Wessel 2015, S. 49ff mit Blick auf das Mathematiklernen).

Für die Phase der Unterrichtsplanung werden unter anderem der Einsatz verschiedener Darstellungen und sprachlicher Register (Hammond & Gibbons

2005, S. 16; Abschnitt 4.1.1) sowie die Schaffung zusätzlicher Unterstützungs-
strukturen („Scaffolds") als relevant angesehen, die im Laufe der Zeit zu einem
wichtigen Referenzpunkt und damit zur Basis neuen Lernens werden können
(ebd., S. 17f).

Den Kern der Planungsdimension bildet in dem Verständnis, auf das diese
Arbeit fußt, allerdings der Aspekt der geeigneten *Sequenzierung von intendierten Lernpfaden* (Gibbons 2002, S. 40ff; Kniffka 2012, S. 217). Unter der fach-
und sprachintegrierten Perspektive ist dabei die gleichzeitige Berücksichtigung
zweier Ebenen erforderlich:

„Thus, in looking in two directions, teachers not only considered relevant curriculum content, but
also the language that would enable the students to engage with that curriculum content." (Hammond & Gibbons 2005, S. 14)

Realisiert werden soll dies innerhalb der Designentwicklung der vorliegenden
Arbeit durch Koordination eines aus mathematikdidaktischer Perspektive gestalteten *konzeptuellen Lernpfads* zu Prozenten mit einem darauf abgestimmten aus
sprachdidaktischer Perspektive designten *lexikalischen Lernpfad* (Abschnitt 2.1
für das Konstrukt intendierter und Abschnitt 2.3.4 für die Sequenzierung konzeptueller Lernpfade).

Dem Design des lexikalischen Lernpfads (bzw. lexikalisches Scaffolding, da
im Sinne des Scaffoldings gestaltet) wird dabei die Empfehlung zugrunde gelegt, die mit dem Makro-Scaffolding in Zusammenhang steht, wonach die Sequenzierung von fach- und sprachintegrierten Lehr-Lern-Arrangements entlang
des Sprachkontinuums von Alltags- zu Bildungs- und Fachsprache erfolgen soll
(Gibbons 2002, S. 40ff, Abschnitt 3.2 für die Sprachregister). Dies kann zum
sukzessiven Fortschreiten der Lernenden zu einem tieferen Verständnis der
komplexen fachlichen Konzepte beitragen (Hammond und Gibbons 2005,
S. 15). Der lexikalische Lernpfad soll dabei insbesondere auf die Erweiterung
des individuellen Sprachschatzes der Lernenden abzielen, also dem Vokabular,
das sie aktiv verwenden, verstehen oder sich erschließen können (Abschnitt
4.1.3 für Begriffsklärungen zur Sprachschatzthematik und Begründungen zur
Sprachschatzarbeit). Bei der Sequenzierung des lexikalischen Lernpfads ist insbesondere darauf zu achten, dass er die Schritte des konzeptuellen Lernpfads
und die mit ihnen verknüpften Sprachhandlungen tatsächlich unterstützt und
sich nicht davon abkoppelt. Der für diese Arbeit entwickelte lexikalische Lernpfad wird in Abschnitt 4.1.4 konkretisiert.

Die Sequenzierung des konzeptuellen Lernpfads (bzw. konzeptuelles Scaffolding, da im Sinne des Scaffoldings gestaltet) zu Prozenten (Kapitel 8), die auf
dem Levelprinzip des RME-Ansatzes basiert und demzufolge über vier Stufen
vom konkreten, in Alltagssituationen situierten zum formaleren Wissen fortschreitet (Abschnitt 2.3.4), lässt sich anscheinend gut mit der Idee des lexikalischen Lernpfads vereinen, der bei der Alltagssprache ansetzt und in der Verwendung der Fachsprache mündet.

Im Sinne des Makro-Scaffoldings sollen die konkreten Aufgaben und Aktivitäten so gewählt werden, dass sie gleichermaßen der Entwicklung des fachlichen (entlang des konzeptuellen Lernpfads) sowie des sprachlichen Lernens (entlang des lexikalischen Lernpfads) dienen. Meist kann dazu das Lernprodukt einer Aufgabe oder Aktivität als Scaffold für folgende Aufgaben oder Aktivitäten fungieren (Hammond & Gibbons 2005, S. 15).

Ein im Sinne dieses Verständnisses von Makro-Scaffolding sequenziertes Lehr-Lern-Arrangement kann demnach als notwendige Hintergrundfolie für die konkrete Unterstützung des oder der Lernenden bzw. der Lerngruppe aufgefasst werden (Abbildung 4.1.2):

„[T]he designed-in features […] provided the context by which such interactional scaffolding could occur. […] Thus we see the designed-in level of scaffolding as enabling the interactional level, which in turn, enables teachers and students to work within the ZPD." (Hammond und Gibbons 2005, S. 20)

Damit das Fortschreiten der Lernenden entlang der intendierten Lernpfade gelingen und dabei die sukzessive Hinführung zu ihrer Selbständigkeit in Bezug auf das fokussierte Thema realisiert werden kann, ist also eine adaptive Unterstützung im Sinne des Mikro-Scaffoldings durch die Lehrkraft notwendig.

Mikro-Scaffolding zur Initiierung des Fortschreitens entlang der intendierten Lernpfade

Dem Scaffolding auf der Mikro-Ebene, das auch als interaktionales Scaffolding (Hammond & Gibbons 2005) bezeichnet wird, kommt die Funktion der adaptiven Unterstützung in der konkreten Interaktion zu. Wie auch in der Literatur vielfältig beschrieben ist, werden für die Realisierung spezifische Scaffolding-Strategien (auch in Abbildung 4.1.2 integriert) benötigt. Ihr Einsatz wird dabei folgendermaßen verortet:

„[A]t particular points in lessons and for pedagogically informed purposes, teachers will draw on either one or a combination of interactive features to provide both the challenge and the support that will enable students to work within the ZPD." (Hammond & Gibbons 2005, S. 25)

Exemplarisch sind in Tabelle 4.1.1 Mikro-Scaffolding-Strategien gegenübergestellt. Diese wurden im Rahmen der folgenden drei empirischen Studien erarbeitet, die aufgrund ihrer Kontexte für die vorliegende Arbeit relevant sind:

- Hammond und Gibbons (2005) führten Beobachtungen der Umsetzung von fach- und sprachintegriertem Unterricht in sprachlich heterogenen Lerngruppen an sechs australischen Schulen durch. Die Rekonstruktion der Mikro-Scaffolding-Strategien erfolgte dann datengeleitet auf Basis ihrer Analysen des Agierens der beteiligten Lehrkräfte in der konkreten Interaktion.

- Die Mikro-Scaffolding-Strategien von Hammond und Gibbons (2005) wurden innerhalb eines Entwicklungsforschungsprojekts von Wessel (2015) zur fach- und sprachintegrierten Förderung des Anteilbegriffes als Kategorien zur Kodierung interaktionaler Impulse von Förderlehrkräften sowie Lernenden zugrunde gelegt. Im Rahmen der Analyse der Bearbeitung dreier Aufgaben durch insgesamt zehn Lernpaare erfuhren diese dann eine empirisch abgesicherte Konkretisierung sowie Ausdifferenzierung.

- Ausgangspunkt der Entwicklung der interaktionalen Strategien zum Scaffolding von Sprache in mehrsprachigem Klassenunterricht im Fach Mathematik von Smit (2013) bildete die Rezeption der Scaffolding-Literatur. Beeinflusst wurden ihre letztendlichen Ausprägungen ferner durch die Durchführung dreier Entwicklungsforschungszyklen.

Ermittelte Parallelen zwischen den Ansätzen (insbesondere zwischen den beiden Letzteren) zeigt Tabelle 4.1.1 durch Anführung in denselben Zeilen. Dazu wird die Chronologie der Ausgangspublikationen aufgehoben und nur durch Zahlen angedeutet.

Tabelle 4.1.1 Gegenüberstellung von Mikro-Scaffolding-Strategien aus Hammond & Gibbons 2005, Wessel 2015 sowie Smit 2013

Hammond & Gibbons 2005, S. 20ff	Wessel 2015, S. 327f	Smit 2013, S. 86
(1) Vernetzung vorheriger Inhalte bzw. bekannter Sprachmittel, Zusammenfassung sowie Wiederholung von Lernendenäußerungen auf metakognitiver und metalinguistischer Ebene; Aufforderung dazu		
(2) Aufgreifen, Anpassung und Überformung von Lernendenäußerungen in Richtung Bildungs- und Fachsprache durch Bereitstellung von Sprachangeboten und metalinguistischen Hinweisen zur sprach- oder fachlichen Reflexion		(1) Umformulierung mündlicher oder schriftlicher Lernendenäußerungen in akademischere Sprache (3) Wiederholung korrekter Lernendenäußerungen
(3) Verlängerung von Lernendenäußerungen durch Aufforderung zur Explizierung oder Spezifizierung durch gestische und verbale Handlungen (Aufforderung zu Erklärung, Begründung und Kommunikation oder gegenseitiger Erklärung unter den Lernenden)		(2) Aufforderung zur Präzisierung oder Verbesserung mündlicher Lernendenäußerungen (7) Aufforderung zur Erläuterung der Vorgehensweise bei Produktion / Verbesserung schriftlicher Texte
	(4) Angebot struktureller Hilfen	
	(5) Aufforderung zur Nutzung der bildlichen Darstellung (am Bruchstreifen)	(5) Bereitstellung sprachunterstützender Angebote in Form von Gesten oder Zeichnungen
	(6) Aufforderung zum Hineinversetzen in die Verteilungssituation	
	(7) Hinweis auf Sprachangebote bzw. Sprachstrukturen im Aufgabentext	(4) Herstellen von Bezügen zu Elementen des behandelten Texttyps (6) Erinnerung (gestisch oder verbal) an Gebrauch von unterstützendem Material (z.B. Wortliste)

Die gegenübergestellten Strategien interaktionalen Scaffoldings bilden die Grundlage einer eigenen Zusammenstellung von Mikro-Scaffolding-Strategien (Abschnitt 8.3.2). Diese wurden auf das eigens im Sinne des Makro-Scaffoldings designte Lehr-Lern-Arrangement zu Prozenten abgestimmt. Die in die eigene Untersuchung involvierten Regel- und Förderlehrkräfte erhielten zu diesen angepassten Mikro-Scaffolding-Strategien eine Einführung.

Für zielgerichtetes Scaffolding sind – wie die Ausführungen zu diesem Prinzip gezeigt haben – sowohl Elemente auf der Makro- als auch auf der Mikro-Ebene von besonderer Bedeutung. Die Zusammenhänge zwischen diesen Ebenen und den unterschiedlichen Modalitäten von Scaffolding sind bisher allerdings wenig erforscht (Belland 2014, S. 19). Insbesondere ist wenig darüber bekannt, wie Makro-Scaffolding Unterstützung durch Mikro-Scaffolding erfährt und inwieweit sich interaktionale Scaffolding-Impulse tatsächlich auf die intendierten Lernpfade beziehen (Prediger & Pöhler 2015, S. 3). Ferner werden in Bezug auf das Fach Mathematik weitere Studien zur Erforschung des Scaffoldings themenspezifischer Sprache gefordert (Smit 2013, S. 26). Zur Reduzierung dieser Forschungslücke soll die vorliegende Arbeit einen Beitrag leisten.

4.1.3 Hintergründe zur Sprachschatzarbeit als Hinführung zum Design-Prinzip des gestuften Sprachschatzes

In diesem und dem folgenden Abschnitt werden weitere Hintergründe des zu konzipierenden lexikalischen Lernpfads beleuchtet, der – im Sinne des Makro-Scaffoldings (Abschnitt 4.1.2) – dem Sprachkontinuum folgend von der Alltags- über die Bildungs- zur Fachsprache zu sequenzieren ist.

Im Sinne einer fokussierten lexikalischen Sprachförderung folgt die Sequenzierung des zu entwickelnden sprachlichen Lernpfads zu Prozenten dem Ausbau der Lexik entlang der fachlich relevanten Schritte und den dabei notwendigen Sprachhandlungen (Abschnitt 4.1.4). Um die Schritte der Sprachschatzarbeit genauer beschreiben (und in Kapitel 10 analysieren) zu können, wird hier eine theoretische Fundierung der Wort- bzw. Sprachschatzarbeit dargelegt. Die ebenfalls höchst bedeutsame diskursive Ebene wird in der vorliegenden Arbeit nicht vernachlässigt, sondern innerhalb der Konzeption des Lehr-Lern-Arrangements sowie der konkreten Aufgaben (Kapitel 8) konsequent mitgedacht (Darstellung des ebenfalls berücksichtigten *Design-Prinzips der diskursiven Kommunikationsanregung* in Abschnitt 4.1.1) und jeweils funktional durch den Blick auf die relevanten Sprachhandlungen berücksichtigt.

Begriff und Bestandteile des Sprachschatzes

Zentrale Bestandteile des *Wortschatzes* sind einerseits *Inhaltswörter* wie Substantive, Verben und Adjektive, die über eine vorwiegend lexikalische Bedeutung sowie einen außersprachlichen Bezugspunkt verfügen, andererseits *Funkti-*

onswörter wie Artikel, Pronomen, Präpositionen oder Konjunktionen mit einer primär grammatischen und syntaktischen Funktion, denen isoliert keine Bedeutung inhärent ist (u. a. Bohn 2013, S. 20f). Wie bereits in Abschnitt 3.1 angeklungen ist, sind Funktionswörter zentral für den Ausdruck mathematischer Relationen. Gleichzeitig werden sie – vor allem von sprachlich schwachen Lernenden – häufig vernachlässigt und gelten dementsprechend als schwierigkeitsgenerierend (Beese et al. 2014, S. 87f; vgl. auch empirische Ergebnisse von Kaiser & Schwarz 2008 / 2009 in Abschnitt 3.1.1).

Auch wenn der Ausdruck Wortschatz dies nicht zu suggerieren scheint, gehören zu ihm neben isolierten Einzelwörter auch sprachliche Mittel anderer Korngröße (u. a. Steinhoff 2013, S. 13): Dazu zählen Mehrwortausdrücke wie Kollokationen (inhaltlich mögliche Kombination sprachlicher Einheiten, Dudenredaktion), Phraseologismen ((Rede-)Wendungen / Sprichwörter, als Wortverbindungen, deren Gesamtbedeutungen sich nicht aus den Einzelbedeutungen der Wörter ableiten lassen, Dudenredaktion) oder syntaktische Konstruktionen.

Damit auch sprachwissenschaftliche Laien (wie Mathematiklehrkräfte) diese Bestandteile jenseits der Wortebene nicht übersehen, wurden anstelle des Ausdrucks Wortschatz die alternativen Bezeichnungen *Formulierungsschatz* (Hausmann 1993) oder *Sprachschatz* (Prediger 2017) vorgeschlagen. Letztere soll auch in der vorliegenden Arbeit verwendet werden. Ferner wird nicht von Wörtern, sondern von *lexikalischen Mitteln* bzw. *Einheiten* (Löschmann 1993, S. 28) oder von *Sprachmitteln* (zu denen in anderen Kontexten auch syntaktische Mittel gehören) gesprochen.

Träger des Sprachschatzes

Der Sprachschatz ist hinsichtlich seines Trägers zu unterscheiden, so differenziert etwa die aktuelle Ausgabe des Dudens (Dudenredaktion) in die „Gesamtheit der Wörter einer Sprache" (kollektiver Sprachschatz) und die „Gesamtheit der Wörter, über die ein Einzelner verfügt" (individueller Sprachschatz):

Der *kollektive Sprachschatz* verdeutlicht die mögliche Leistung einer Sprache (Steinhoff 2013, S. 13). So umfasst die deutsche Gegenwartssprache beispielsweise – bei erheblichen Schwankungen der Zahlen je nach Quelle – zwischen 300.000 und 500.000 Lexeme in der Standardsprache (u. a. Bohn 2013, S. 9). Davon sind aktuell 140.000 Stichwörter im Duden als exemplarisches einsprachig deutsches Bedeutungswörterbuch zu finden (Dudenredaktion 2013). Die zusätzliche Berücksichtigung der Fachsprachen würde eine Erhöhung des Umfangs um ein Mehrfaches bewirken (u. a. Beese et al. 2014, S. 60). Zudem wächst der *kollektive Sprachschatz* kontinuierlich – jährlich um etwa 4000 neue Wörter bzw. Wortbedeutungen – an (u. a. Bohn 2013, S. 9).

Auf den Ausdruck *kollektiver Sprachschatz* wird auch im Rahmen der Tiefenanalysen der vorliegenden Arbeit zurückgegriffen und zwar nach Grundler (2009, S. 85) zur Spezifizierung des in der Gruppe tatsächlich verwendeten

Sprachschatzes. In diesem empirischen Sinne wird mit der Bezeichnung die Ge-samtheit der von den Lernenden aufgegriffenen Inhaltswörter (in Verbindung mit etwaigen Funktionswörtern) und Satzbausteinen adressiert, die bereits durch die Aufgabenstellungen vorgegeben sind oder in der lokalen Gesprächsumge-bung – etwa durch die Lehrkraft – verwendet wurden.

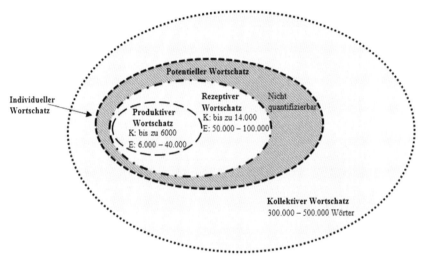

Abbildung 4.1.3   Geschätzte Umfänge individueller Sprachschätze von muttersprachlichen Kindern zur Einschulung (K) und muttersprachlichen Erwachsenen (E) (Beese et al. 2014)

Der Anteil am Gesamtsprachschatz einer Sprachgemeinschaft, über den ein In-dividuum verfügt bzw. der zeigt, „was ein/e Sprecher/in leisten kann", wird als *individueller Sprachschatz* bezeichnet (Steinhoff 2013, S. 13). Schätzungen zu dessen Umfang weisen erhebliche Schwankungen auf (ebd.), die nicht durch Schwankungen der individuellen Sprachkompetenz bedingt sind (Rothweiler & Meibauer 1999, S. 18). Die Schätzungen in Abbildung 4.1.3 sind Beese et al. (2014) entnommen.

Produktiver, rezeptiver und potenzieller Sprachschatz

Zur Kennzeichnung des Umfangs und der Art der zu lernenden Wörter dif-ferenziert die Sprachdidaktik den verfügbaren Sprachschatz eines Individuums weiter aus in den *produktiven, rezeptiven* sowie *potenziellen Sprachschatz* (Bohn 2013, S. 23; Abbildung 4.1.3).

Für den *produktiven Sprachschatz* sind auch die Bezeichnungen Mitteilungs- (u. a. Beese et al. 2014), Ausdrucks- (Bohn 2013, S. 9) oder Äußerungswort-schatz (u. a. Ulrich 2013, S. 308) bzw. aktiver Wortschatz (Ulrich 2013, S. 308) geläufig. Er umfasst jene lexikalischen Mittel, die ein Individuum für mündliche oder schriftliche Sprachproduktionen aktiviert (u. a. Apeltauer 2008, S. 240). Zum *autonomen Sprachschatz* werden nach Grundler (2009, S. 85) all jene Inhaltswörter (einschließlich etwaiger verknüpfter Funktionswörter) klassifiziert, die durch Lernende in der Interaktion *selbständig* aktiviert werden.

Der *rezeptive Sprachschatz* beinhaltet hingegen die Gesamtheit aller lexikalischen Mittel, die ein Individuum in gesprochenen oder geschriebenen Texten wiedererkennt und versteht (u. a. Steinhoff 2009). Zu diesen kann es demnach die Bedeutung aus seinem Gedächtnis abrufen (Beese et al. 2014, S. 169). Alternativ wird der *rezeptive Sprachschatz* als Verstehenswortschatz (u. a. Ulrich 2013, S. 308) oder passiver Wortschatz (Bohn 2013, S. 178) bezeichnet. Den dynamischen Zusammenhang zwischen diesem und dem zuvor dargelegten produktiven Sprachschatz beschreibt Bohn (2013, S. 24) folgendermaßen:

„Der produktive Wortschatz kommt aus dem rezeptiven – wir gebrauchen Wörter, die wir verstanden haben –, produktive Wörter gehen, wenn sich Kommunikationsbedürfnisse ändern, in den rezeptiven zurück." (Bohn 2013, S. 24)

Der individuelle rezeptive ist demzufolge viel umfangreicher als der produktive Sprachschatz (u. a. Steinhoff 2009), dies gilt, wie das nachfolgende Zitat unterstreicht, unabhängig vom Lebensalter des Individuums oder seiner Sprachgemeinschaftszugehörigkeit:

„[T]he imbalance between active and passive vocabulary remains with us for the rest of our lives. As adults our passive vocabulary is usually a third larger than our active vocabulary. We understand far more words than we routinely use." (Crystal 2007, S. 21)

Im Gegensatz zu den beiden bereits behandelten Sprachschatzausprägungen ist der *potenzielle Sprachschatz* nicht quantifizierbar, sondern nimmt Bezug auf die Kompetenz der Lernenden, die Bedeutung unbekannter Wörter aus bekannten Bausteinen zu erschließen (u. a. Beese et al. 2014, S. 61). Dieses Vermögen hängt dabei zum einen von der Qualität des produktiven und rezeptiven Sprachschatzes (Bohn 2013, S. 24) und zum anderen vom vorhandenen Sach- und Sprachwissen etwa zu Wortbildungsmustern ab (u. a. Bohn 2013, S. 24 und S. 177). Der *potenzielle Sprachschatz* umfasst dementsprechend lexikalische Mittel, die durch Wortverwandtschaften zu erschließen sind (Beese et al. 2014, S. 169). Dazu zählen unter anderem Komposita oder Nominalisierungen, die als typische bildungssprachliche Elemente auch für den Mathematikunterricht von besonderer Relevanz sind (Prediger 2017; vgl. Abschnitt 3.2 zur Bildungssprache; Abschnitt 4.2 für die korpusanalytische Studie zu Prozenten).

Sprachschatzarbeit – Ziele und Bedeutung für den Fachunterricht

Ziel der schulischen Sprachschatzarbeit ist hinsichtlich des rezeptiven, produktiven sowie potenziellen Sprachschatzes zum einen die quantitative Vermehrung und zum anderen die insbesondere für den Fachunterricht relevante qualitative Vertiefung (Ulrich 2013, S. 317; Beese et al. 2014, S. 61). Dabei sollen die neuen Erkenntnisse stets „im Anschluss an bereits erworbenes Wissen und im Blick auf zukünftiges sprachliches Handeln" generiert werden (Ulrich 2013, S. 307). Die qualitative Vertiefung zielt dabei auf die möglichst präzise und umfassende Herausarbeitung der Bedeutungsprofile der betreffenden lexikalischen Mittel ab (ebd., S. 317). Dazu gehört ebenfalls die Entwicklung *lexikalischer Bewusstheit*, also der Aufbau expliziten Wissens „über die Verwendungsweise der Lexeme nach Gestalt, Inhalt / Bedeutung und Funktion in Satz und Text sowie über ihre Beziehungen untereinander" (ebd., S. 310).

Obwohl der Sprachschatz laut Steinhoff (2009, S. 3f und S. 56) als „Schaltstelle" des Spracherwerbs bzw. als „Aktivposten der sprachlichen Kommunikation" angesehen werden kann, wird die Thematik der Sprachschatzarbeit in der Linguistik sowie der Sprach- und Deutschdidaktik – anders als in der Fremd- und Zweitsprachenforschung und -didaktik – eher vernachlässigt. Die Metapher der „Schaltstelle" verweist dabei auf die etwa von Steinhoff (2013, S. 11) anhand empirischer Ergebnisse belegte enge Verknüpfung des Sprachschatzerwerbs mit der Entwicklung der weiteren sprachlichen Teilfähigkeiten wie Lesen, Hörverstehen, Sprechen und Schreiben (Bohn 2013, S. 5). Der Sprachschatzarbeit sollte im schulischen Kontext demnach generell eine hohe Relevanz zukommen, da das „Ausmaß primärsprachlicher[r] **Wortschatzkompetenz** die Grundlage für die allgemeine Sprachkompetenz, für die kognitiven und kommunikativen Fähigkeiten eines Menschen bildet" (Ulrich 2013, S. 307; Hervorhebung übernommen).

Wie die vorstehende Formulierung erahnen lässt, kommt also nicht nur der Sprache im Allgemeinen, sondern auch speziell dem Sprachschatz neben einer kommunikativen eine kognitive Funktion zu (Abschnitt 3.1.2). Noch offensichtlicher wird dies am folgenden Zitat:

> „Ohne einen quantitativ und qualitativ ausreichenden Wortschatz kann man weder präzise denken – Konzeptbildung und Wortschatzerwerb beeinflussen sich gegenseitig, sind voneinander abhängig – noch zu einem ausreichenden Hör- und Leseverstehen gelangen, schon gar nicht sich differenziert ausdrücken." (Ulrich 2013, S. 308)

Der daraus abzuleitende enge Zusammenhang zwischen Sprachschatzerwerb und kognitiver Entwicklung verdeutlicht, dass Sprachschatzarbeit eine wichtige Unterstützung für Konzeptbildungsprozesse bieten kann (Steinhoff 2009, S. 3 und S. 18). Eine systematische Sprachschatzarbeit hat somit für den Unterricht in allen Fächern einen hohen Stellenwert (Ulrich 2013; Prediger 2017; Steinhoff 2013, S. 3). So benötigen Lernende (fachliche) lexikalische Mittel zur Auseinandersetzung mit Fachinhalten, zum Aufbau und zur Erweiterung ihres Fachwissens sowie zur adäquaten diesbezüglichen Verständigung (Beese et al. 2014, S. 58). Die Sprachschatzarbeit spielt somit eine wichtige Rolle für die Erreichung konzeptueller sowie diskursiver Ziele (Erath 2017 für die mathematisch diskursiven Praktiken des Erklärens) und muss demgemäß stets eng mit ihnen verknüpft werden: Von enormer Wichtigkeit erscheint bezüglich der Sprachschatzarbeit im Fachunterricht der Hinweis darauf zu sein, dass diese keinesfalls einen Selbstzweck erfüllen, eine Ausweitung des Deutschunterrichts darstellen und zu Lasten des fachlichen Lernens gehen darf (Ulrich 2013, S. 320). Stattdessen sollte sie im Dienste des Fachinhalts und der für ihn notwendigen Sprachhandlungen stehen (im Sinne der Unterstützung und Optimierung) (ebd., S. 321) und dazu führen, dass die Sprache sowohl in ihrer kommunikativen (Sprachmittel als Verständigungsmittel) als auch insbesondere in ihrer kognitiven Funktion (Sprachmittel als Denkmittel) (Abschnitt 3.1.2 für die Unterscheidung der Funktionen von Sprache) zur Entfaltung kommen kann (Prediger 2017). Um dies gewährleisten zu können bedarf es nach Ulrich (2013, S. 321) einen parallelen Erwerb von Fach- und Sprachkompetenz. Ein solcher wird stets diskursiv eingebettet und, wie in Abschnitt 4.1.2 dargelegt wurde, etwa mit der Realisierung und insbesondere der Sequenzierung von Lehr-Lern-Arrangements anhand des Design-Prinzips des Makro-Scaffoldings anvisiert.

Exemplarische Erkenntnisse zu einer möglichen Initiierung sowie Realisierung einer solchen Integration von konzeptuellem und lexikalischem Lernen wird die vorliegende Arbeit – bezogen auf die spezifische Thematik der Prozente liefern (Kapitel 8). Dies erfolgt durch Aufgreifen eines generellen Prinzips von Sprachschatzarbeit – dem sogenannten nachfolgend kurz zu skizzierenden „Wortschatzdidaktischen Dreischritt" – sowie einer thematischen Realisierung des Ansatzes der gestuften Sprachschatzarbeit (Abschnitt 4.1.4), die mit dem Design-Prinzip des Makro-Scaffoldings kompatibel sind (Prediger 2017).

Wortschatzdidaktischer Dreischritt

Das als „Wortschatzdidaktischer Dreischritt" titulierte Modell von Kühn (2000, S. 14) entstammt der Deutsch als Fremdsprachen-Didaktik. Laut Steinhoff (2009, S. 51) besteht dessen Vorteil gegenüber anderen Modellen darin, dass es „dem ‚natürlichen' Erwerbsverlauf nachempfunden ist", bei dem lexikalische Mittel zunächst in den rezeptiven und dann durch aktive Überführung in den produktiven Sprachschatz aufgenommen werden. Bei den drei Schritten des Modells (Wortlaut nach Prediger 2017) handelt es sich um
1.   die Phase der Sprachrezeption (Semantisierung),
2.   die Phase der Sprachreflexion (Vernetzung) und
3.   die Phase der Sprachproduktion (Reaktivierung).
Für den ersten Schritt, in dem die Klärung der Bedeutungen (neuer) lexikalischer Mittel im Vordergrund steht, wird empfohlen, dass dies unter konsequentem Bezug zu adäquaten, altersangemessenen und relevanten Gebrauchskontexten erfolgen solle (u. a. Steinhoff 2013, S. 12), damit für die Kommunikation im Alltag brauchbares sprachliches Wissen produziert wird (Steinhoff 2009, S. 38).

Die Unterstützung der Erschließung neuer lexikalischer Einheiten durch Visualisierung wird dabei als lohnend hervorgehoben (Bohn 2013, S. 61ff und S. 178). Hier lässt sich also eine Kompatibilität sowohl mit dem Prinzip des Makro-Scaffoldings (Abschnitt 4.1.2) als auch mit dem Levelprinzip (Ansetzen bei Ressourcen der Alltagssprache sowie bei Alltagserfahrungen, Abschnitt 2.3.4) und dem Prinzip der Darstellungsvernetzung (Abschnitt 4.1.1) erkennen.

Im Rahmen der Sprachreflexion im zweiten Schritt wird die systematische Untersuchung der Bedeutung der einzelnen lexikalischen Einheiten sowie deren Beziehungen untereinander fokussiert (Ulrich 2013, S. 309). Das Lernen einzelner neuer lexikalischer Mittel und deren Bedeutungen sollten also stets eingebunden sein in den Kontext anderer (bereits bekannter) Sprachmittel. Zur Etablierung der Bedeutung insbesondere von bildungs- oder fachsprachlichen lexikalischen Mitteln sollte, wie es im Design-Prinzip der Darstellungsvernetzung angelegt ist, eine Verknüpfung zu Sprachmitteln anderer Register (vor allem der Alltagssprache) hergestellt werden (Prediger 2017). Zudem sollen die Lernenden Wissen über die Funktionalität der jeweiligen lexikalischen Mittel in unterschiedlichen Handlungszusammenhängen aufbauen (Steinhoff 2009, S. 53).

Die dritte Phase des didaktischen Dreischritts, die sogenannte Reaktivierung, zielt auf die selbstinitiierte mündliche oder schriftliche Verwendung der angeeigneten lexikalischen Mittel ab (u. a. Kühn 2000, S. 14). Diese Möglichkeit der Sprachproduktion ist unabdingbar, um die lexikalischen Einheiten „in den gesicherten sprachlichen Wissensbestand" überführen zu können (Ott 2000, S. 211).

4.1.4 Design-Prinzip des gestuften Sprachschatzes zur Sequenzierung lexikalischer Lernpfade

Während allgemeine sprachdidaktische Prinzipien zur Vermittlung von Sprachschatz – wie etwa die des zuvor präsentierten „Wortschatzdidaktischen Dreischritts" – aus anderen Fächern transferiert werden können, sind die adäquate „Spezifizierung und geeignete[n] Sequenzierung des Sprachschatzes stark von den Eigenheiten des Fachs Mathematik und seiner *spezifischen* Natur der Inhalte geprägt […], nämlich abstrakten, teils relationalen Konzepten und Zusammenhängen, deren Bedeutungserschließung zum Aufbau konzeptuellen Verständnisses zentral ist" (Prediger 2017, S. 42). Dem Anspruch dieser Spezifika hinsichtlich der Sequenzierung des Sprachschatzes versucht das *Modell eines gestuften Sprachschatzes* (ebd., Abbildung 4.1.4) gerecht zu werden, das als geforderte Weiterentwicklung des theoretischen Konzepts der Sprachebenen mit den Registern der Alltags-, Bildungs- und Fachsprache für den Mathematikunterricht gelten kann (Wessel 2015, S. 343).

Zentral für das *Design-Prinzip des gestuften Sprachschatzes* ist seine auf die benannten Eigenheiten des Fachs Mathematik bezogene Fokussierung auf die Konstruktion von Bedeutungen zu mathematischen Konzepten (Prediger 2017). Als mathematikdidaktische Grundlage des Modells dient der wohl konsolidierte

RME-Ansatz (Freudenthal 1983; Gravemeijer 1998), auf dem ebenfalls die Gestaltung des intendierten konzeptuellen Lernpfades zu Prozenten beruht (Kapitel 8). Wie in Abschnitt 2.3.1 beschrieben wird, ist laut diesem Ansatz bei den vorunterrichtlichen Ressourcen der Lernenden anzusetzen und die Entwicklung abstrakter mathematischer Konzepte sowie deren Anwendung in unterschiedlichsten Situationen anzuvisieren.

Die Sequenzierung des *Modells des gestuften Sprachschatzes* erfolgt – mit Relevanzsetzungen und Spezifizierungen, die auf die Konstruktion von Bedeutungen zu mathematischen Konzepten ausgerichtet sind – im Sinne des Makro-Scaffoldings von der Alltags-, über die Bildungs-, zur Fachsprache (Hammond & Gibbons 2005, Abschnitt 4.1.2). Das Modell stellt demnach eine mathematikdidaktische Konkretisierung des allgemeinen Prinzips dar, die für den konkreten Design-Prozess fach- und sprachintegrierter Lehr-Lern-Arrangements für den Mathematikunterricht eine bedeutsame Grundlage zu bilden scheint. So fungiert es auch in dieser Arbeit als Basis für die Gestaltung des intendierten lexikalischen Lernpfads (Kapitel 8). Dies macht eine separate Vorstellung der vier Stufen des Modells sowie deren legitimierenden Hintergründe erforderlich.

Abbildung 4.1.4   Gestufter Sprachschatz als Modell für die Sequenzierung von Sprachschatzarbeit
im Mathematikunterricht (Prediger & Pöhler 2015)

Eigensprachliche Ressourcen aus dem alltagssprachlichen Register

Wie aus Abbildung 4.1.4 ersichtlich wird, stellen die *eigensprachlichen Ressourcen* der Lernenden den Ausgangspunkt des *Modells des gestuften Sprachschatzes* dar. Das Ansetzen bei den (sprachlichen) Vorerfahrungen und dem Vorwissen der Lernenden, die durch die sogenannte Lernstandsanalyse zu ermitteln sind, bildet ebenso eine zentrale Voraussetzung für die konkrete Planung von Unterstützungsprozessen im Sinne des (Makro-)Scaffoldings (Abschnitt 4.1.2).

Realisiert werden soll die Aktivierung der eigensprachlichen Ressourcen anhand adäquater, in lernendennahen Kontexten situierten Aktivitäten (Lengnink, Prediger & Weber 2011; vgl. auch Phase der Sprachrezeption im wortschatzdidaktischen Dreischritt in Abschnitt 4.1.3), zu denen die Schülerinnen und Schüler über inner- und / oder außermathematische Vorerfahrungen verfügen (Prediger 2017). Naturgemäß zeichnen sich die tatsächlich aktivierten Sprachmittel durch individuelle Unterschiede aus, da sie den produktiven Sprachschätzen der jeweiligen Lernenden entstammen (ebd., Abschnitt 4.1.3). In Bezug auf Prozente könnten Lernenden etwa Ausdrücke wie „Prozente bekommen" oder „Rabatt" aus dem Alltag so vertraut sein, dass sie diese auch produktiv nutzen (Prediger 2017 für Beispiele zur Zinsrechnung). Während insbesondere in unteren Jahrgangsstufen die von den Lernenden initial verwendeten lexikalischen Einheiten primär dem alltagssprachlichen Register zugeordnet werden können, sind in höheren Jahrgängen auch Sprachmittel der Schulmathematik zu erwarten (ebd.).

Der Grundgedanke des Anknüpfens von Lehr-Lern-Prozessen an die eigensprachlichen Ressourcen der Lernenden geht mit den Ansichten von Wagenschein (1989) und Winter (1996) einher, die die Rolle der Alltagssprache als Sprache des Verstehens und Verständigens betonen. So fordert Wagenschein (1989, S. 122), dass „erst die Muttersprache, dann die Fachsprache" zu behandeln sei und Winter (1996, S. 9), dass „[e]rst wenn die Möglichkeiten der Umgangssprache zur Darstellung von Zusammenhängen erschöpft erscheinen [...] eine behutsame fachsprachliche Bereicherung erfolgen" solle (ähnlich bei Krauthausen 2007, S. 1028).

Auf diesem ersten Niveau des *gestuften Sprachschatzes* werden die eigensprachlichen Ressourcen der Lernenden also zur Annäherung an (neue) mathematische Inhalte genutzt.

Bedeutungsbezogener Denksprachschatz aus dem bildungssprachlichen Register

Auf der zweiten Stufe sieht das *Modell des gestuften Sprachschatzes* (Abbildung 4.1.4) die Etablierung eines geeigneten *bedeutungsbezogenen Denksprachschatzes* vor (Prediger 2017). Die Erkenntnis, dass die Verfügbarkeit derartiger sprachlicher Mittel für die Erklärung und damit (im Sinne der kognitiven Funktion von Sprache, Abschnitt 3.1.2) auch für das Verständnis der Bedeutung mathematischer Konzepte unabdingbar ist, liefert die empirische Studie von Wessel (2015). Die Autorin folgert aus ihren Resultaten, dass es – aufgrund ihrer Relevanz für den Vorstellungsaufbau – in einem mathematisch fach- und sprachintegrierten Lehr-Lern-Arrangement dem Angebot bedeutungsbezogenen Vokabulars bedarf (ebd., S. 343f), um die Sprachhandlung des Erklärens von Bedeutung zu stützen. Dieses sei demzufolge als zentrale Dimension der Fachsprache der Schulmathematik anzusehen (ebd., S. 206).

Bedeutungsbezogene Sprachmittel dienen also dazu, abstrakten mathematischen Konzepten und Lösungsprozeduren sowie deren Relationen untereinander eine inhaltliche Bedeutung zuzuschreiben und gleichzeitig eine diesbezügliche Kommunikation zu ermöglichen (Prediger 2017).

Der bedeutungsbezogene Denksprachschatz umfasst dabei nicht nur Wörter und Satzbausteine, sondern auch graphische Darstellungen – wie etwa Prozentstreifen (Prediger 2017, Abschnitt 2.3.3 für Hintergründe zum Prozentstreifen). Durch ihre sprachliche Entlastung ermöglichen graphische Darstellungsmittel schon vor der Verfügbarkeit notwendiger sprachlicher Mittel im engeren Sinne die Kommunikation über komplexe Zusammenhänge durch Gestik oder Deixis (ebd., Abschnitt 4.1.1).

Bedeutungsbezogene Sprachmittel können kontextfrei (wie Anteil, Teil oder Ganzes für Brüche, Prozente oder Zinsen), aber auch in geeignete angebotene Kontexte eingebettet sein. So kann in Bezug auf die Zinsrechnung mit der Phrase „die Gebühr, die ich von der Bank erhalte, weil ich ihr mein Geld geliehen habe" eine Bedeutung zum mathematischen Konzept der Zinsen aufgebaut werden (Prediger 2017). Die themenspezifische Auswahl adäquater bedeutungsbezogener Sprachmittel ist in der Planung anhand des Prinzips des Makro-Scaffoldings in der Phase der Bedarfsanalyse vorzunehmen (Abschnitt 4.1.2).

Die dem bedeutungsbezogenen Denksprachschatz zugeschriebenen Sprachmittel sind häufig dem bildungssprachlichen Register zuzuordnen, auch wenn einige Sprachmittel auch alltagssprachlicher Natur sein können (Prediger 2017; Wessel 2015, S. 198). Unabhängig von der Registerzuordnung kann allerdings weder davon ausgegangen werden, dass allen Lernenden alle Sprachmittel, noch deren mathematischen Bedeutung bekannt sind, sodass diese explizit als Lerngegenstand in den Blick genommen werden müssen (Prediger 2017; Apeltauer 2008; Abschnitt 3.2 für die Bildungssprache als Lerngegenstand).

Formalbezogener Sprachschatz im technischen Register

Bei den Bestandteilen des *formalbezogenen Sprachschatzes* handelt es sich um Ausdrücke der mathematischen Fachsprache im engeren Sinne (Roelcke 2010; Maier & Schweiger 1999). Der erwähnte Sprachschatz umfasst Wörter (bezüglich der Thematik der Prozente etwa die Ausdrücke Prozentwert, Prozentsatz und Grundwert), Satzbausteine und abstrakte Darstellungen aus dem technischen Register, die auch in klassischen Schulbüchern explizit Berücksichtigung finden (Prediger 2017, Abschnitt 2.2.2 für die Behandlung des Umgangs mit Prozenten in ausgewählten Schulbüchern).

Diese Sprachmittel ohne unmittelbare Referenz auf eine inhaltliche oder anschauliche Verankerung (Wessel 2015, S. 198) werden zur kontextfreien Kommunikation über mathematische Konzepte, Relationen und Prozeduren benötigt (Prediger 2017). Damit Lernende zur einer solchen verständigen Verwendung der Fachsprache in der Lage sind, müssen sie zum einen über eine gefestigte konstruierte Bedeutung zu den betreffenden mathematischen Konzepten verfügen und diese zum anderen mit den jeweiligen formalbezogenen Sprachschatzelementen in Verbindung bringen.

Die gezielte Verknüpfung dieser formalbezogenen Sprachmittel mit denen auf vorherigen Stufen kann die notwendige Klärung der Bedeutungen unterstützen (Prediger 2017). Mit dem Ziel, die Sprachmittel in den produktiven Sprachschatz zu überführen, wird die Reaktivierung im Sinne des wortschatzdidaktischen Dreischritts (Abschnitt 4.1.3) durch konsequentes, wiederholendes Einfordern durch die Lehrkraft als sinnvolle didaktische Aktivität genannt (ebd.).

Kontextbezogener erweiterter Lesesprachschatz

Die Erweiterung des Modells des gestuften Sprachschatzes über das formalbezogene Vokabular hinaus, bezieht sich auf die Dekodierung von Sprachmitteln, die auch nach der erfolgten Bedeutungskonstruktion zu mathematischen Konzepten erforderlich ist, um etwa passende Mathematisierungen vornehmen zu können. So werden Lernende etwa bei der Bearbeitung von Textaufgaben im Unterricht, aber auch innerhalb von Prüfungen oder bei der Rezeption mathematikhaltiger Zeitungsartikel mit der Herausforderung konfrontiert, die verstandenen mathematischen Konzepte auch innerhalb komplexerer Texte aus unbekannteren Sachsituationen anwenden zu müssen (Prediger 2017).

Dies erfordert den zu schulenden Umgang mit – meist ebenfalls dem bildungssprachlichen Register zuzuordnenden – Sprachmitteln, die häufig über den individuellen alltags- bzw. bedeutungsbezogenen Sprachschatz hinausgehen (Prediger 2017). Das Verständnis dieser Wörter und Satzbausteine benötigt demnach zwar keine neue Konstruktion ihrer mathematischen Bedeutungen. Nötig sind aber die Klärung durch Wortverwandtschaften oder Hinweise auf ihre Synonymie zu bereits bekannten Sprachmitteln aus dem bedeutungs- oder formalbezogenen Sprachschatz (ebd.).

Ferner bedarf es keiner Aufnahme der Gesamtheit all dieser Sprachmittel in den produktiven Sprachschatz, wohl aber in den rezeptiven oder einer Aktivierung des potentiellen Sprachschatzes (Prediger 2017, Abschnitt 4.1.3). Zur themenspezifischen Ermittlung typischer Ausdrücke eines kontextbezogenen Lesesprachschatzes und damit zur Bedarfsanalyse im Sinne des Makro-Scaffoldings können sogenannte korpuslinguistische Analysen beitragen (Abschnitt 4.2 bzw. Niederhaus et al. 2016 exemplarisch für Prozente).

4.2 Korpuslinguistische Studie als Grundlage für die Sprachschatzarbeit zu Prozenten

Als Grundlage für die Sprachschatzarbeit und insbesondere die Spezifizierung des kontextbezogenen Lesesprachschatzes (Abschnitt 4.1.4) zum in der vorliegenden Arbeit fokussierten Themenbereich der Prozente wurde in interdisziplinärer Kooperation mit einer Sprachdidaktikerin (Niederhaus, Pöhler & Prediger 2016, S. 136) eine korpuslinguistische Untersuchung mathematischer Texte durchgeführt. Die dabei zu verschiedenen Konzepten zu Prozenten vorgenommene Inventarisierung von Sprachmitteln, dient der Einschätzung potentieller lexikalischer Leseanforderungen – unter anderem in Textaufgaben. Gleichzeitig wurde das Ziel verfolgt, zu dem exemplarischen mathematischen Inhaltsbereich empirische und komparative Aussagen über die sprachliche Gestaltung ausgewählter mathematischer Texte auf Wort- und Satzebene zu generieren (ebd.).

Die Korpuslinguistik stellt eine empirische Teildisziplin der Sprachwissenschaft dar. Innerhalb dieser werden Analysen von zumeist digitalisierten Sammlungen von Wörtern, Sätzen oder Texten – die als Korpora bezeichnet werden – hinsichtlich sprachlicher Besonderheiten durchgeführt (Lemnitzer & Zinsmeister 2006; Bußmann 2008;).

Das Gesamtkorpus der Studie zu Prozenten wurde zusammengesetzt aus den Kapiteln zu Prozent- und Zinsrechnung der vier Schulbuchbände, die in Abschnitt 2.2.2 einer Analyse unterzogen wurden (Mathe live 7/8: Emde et al. 2001 / Kietzmann et al. 2000; Maßstab 7/8: Schröder et al. 2006 / 2006a; Schnittpunkt 7/8: Böttner et al. 2006 / Maroska et al. 2004; Zahlen und Größen 7/8: Aits et al. 1999/2000). Zum anderen umfasst es all jene Prüfungsaufgaben der nordrhein-westfälischen Zentralen Prüfungen am Ende der zehnten Jahrgangsstufe der Jahre 2007 bis 2013, die Anwendungen von Prozent- oder Zinsrechnung verlangen (Niederhaus et al. 2016, S. 142).

Erfasst wurden innerhalb dieses Gesamtkorpus einerseits ausgewählte für die Bildungssprache als typisch geltende (Abschnitt 3.2.1) lexikalische und syntaktische Merkmale innerhalb von Textaufgaben (Niederhaus et al. 2016, S. 142). Andererseits erfolgte eine vollständige Inventarisierung bezüglich der Phrasen, die die mathematisch relevanten Relationen der Textaufgaben zu Prozenten ausdrücken (ebd.). Nachfolgend werden zentrale Erkenntnisse dieser Analysen zusammengefasst.

Bildungssprachtypische Merkmale in Text- und Prüfungsaufgaben

Innerhalb der ausgewählten und erwähnten Teilkorpora wurden bestimmte bildungssprachtypische Merkmale annotiert, das heißt mit linguistischen Informationen angereichert (Bubenhofer 2006-2013; Lemnitzer & Zinsmeister 2006). Berücksichtigt wurden ausgewählte Merkmale auf der Wort- und Satzebene, die meist von der konkreten Thematik der Prozente unabhängig sind, allerdings (gemäß der Zusammenschau aus Abbildung 3.2.2 in Abschnitt 3.2.1) als charakteristisch für die Bildungssprache gelten (Niederhaus et al. 2016, S. 138f):

- Lexikalisch-semantische Merkmale, die eine differenzierende, spezifizierende Qualität der Lexik konstituieren: *Präfixverben*; *Partikelverben*; *Adjektivderivate; Nomenderivate* sowie *Komposita*.

- Syntaktische Merkmale: *Präpositionale Wortgruppen* sowie der *attributive Gebrauch von Partizip I* oder der *attributive Gebrauch von Partizip II*.

Die linguistischen Frequenzanalysen zeigen, dass den ausgewählten als bildungssprachtypisch geltenden Wortbildungen sowie den nebensatzeinsparenden Konstruktionen zahlenmäßig innerhalb des Gesamtkorpus eine bedeutende Rolle zukommt (Niederhaus et al. 2016, S. 155).

Weiterhin ergeben die Vergleiche der einzelnen Schulbücher untereinander, dass sich deren Stile hinsichtlich der Wortbildungen als unterschiedlich komplex erweisen (Niederhaus et al. 2016, S. 152). Für die Gegenüberstellung der Schulbücher in zusammengefasster Form mit den Prüfungsaufgaben kann hinsichtlich der Komplexität auf Wortebene hingegen keine eindeutige Aussage getroffen werden, da einzelne lexikalisch-semantische Merkmale häufiger in den zusammengefassten Schulbuch-Korpora und andere öfter in den Texten der Zentralen Prüfungen enthalten sind (ebd., S. 152f). Hochsignifikante Unterschiede lassen sich dabei lediglich in Bezug auf Partikelverben, Adjektiv- und Nomenderivate sowie dreigliedrige Komposita erkennen, die allesamt in größerem Ausmaß in den Prüfungsaufgaben vorkommen (ebd.).

Auf syntaktischer Ebene führt die Analyse zu dem Ergebnis, dass sich die Frequenz nebensatzeinsparender Strukturen, die den Komprimierungsgrad von Texten determiniert, in den verschiedenen Schulbüchern zwar unterscheidet, der Komprimierungsgrad im Schulbuchkorpus insgesamt aber mit dem der Prüfungsaufgaben vergleichbar ist (Niederhaus et al. 2016, S. 155f).

Mit Blick darauf, dass die quantitativen bildungssprachlichen Anforderungen zwischen den Schulbüchern stark differieren, kann dennoch vermutet weden, dass „sich die Jugendlichen mit einigen Schulbüchern nicht adäquat auf die sprachlichen Prüfungsanforderungen vorbereiten können" (Niederhaus et al. 2016, S. 156).

Inwieweit die inventarisierten Merkmale allerdings zur Erzeugung von Schwierigkeiten im Verstehensprozess der mathematischen Texte beitragen, kann anhand der korpuslinguistischen Frequenzanalyse nicht ermittelt werden (Niederhaus et al. 2016, S. 155). Interviewanalysen im Rahmen einer umfangreichen Studie zu den Zentralen Prüfungen in Nordrhein-Westfalen (u. a. Gürsoy et al. 2013; Wilhelm 2016) weisen aber darauf hin, dass es insbesondere lohnenswert ist, Sprachmittel zum Ausdruck mathematischer Relationen in den Blick zu nehmen. Diese Sprachmittel wurden in der fokussierten korpuslinguistischen Studie zu Prozenten ebenfalls erfasst.

Inventarisierung themenspezifisch relevanter, relationstragender Formulierungen

Durch die vollständige Inventarisierung der ausgewählten Korpora hinsichtlich der Phrasen, die die mathematisch relevanten Relationen der Textaufgaben zu Prozenten ausdrücken, erfuhr die Notwendigkeit der Anbahnung eines kontextbezogenen erweiterten Lesesprachschatzes Bestätigung (Modell zum gestuften Sprachschatz in Abschnitt 4.1.4). Für den genannten Zweck wurde das beschriebene Gesamtkorpus nachträglich durch ein Teilkorpus ergänzt, das aus drei Ausgaben zweier überregionaler Tageszeitungen (Frankfurter Rundschau vom 12.05.2014 sowie Süddeutsche Zeitung vom 12.05.2014 und 21.05.2014) besteht. Bei der Inventarisierung der darin enthaltenen Sprachmittel wurden alle Artikel berücksichtigt, die Prozentangaben enthielten.

Konkrete Beispiele themenspezifischer Sprachmittel zu Prozenten in Form von Verbphrasen zum Ausdruck der exemplarischen Relation „Verminderung eines Grundwerts" aus den drei Teilkorpora zeigt Tabelle 4.2.1. Exemplarisch für die erwähnte Kategorie liefert Tabelle 4.2.2 ferner eine Illustration einer zusammengefassten Darstellung inventarisierter Sprachmittel zum Ausdruck einer bestimmten Relation.

Tabelle 4.2.1 Beispiele relationstragender Phrasen aus den Teilkorpora für die Verminderung des Grundwerts

Schulbücher	Zentrale Prüfungen	Zeitungen
Verbphrase senken um ... %:	*Verbphrase zurückgehen um ... %:*	*Verbphrase einbrechen um ... %:*
Der Preis einer Kette wird **um** 20 % **gesenkt.** (Schnittpunkt 7: Böttner et al. 2006)	2009 ging der Seegüterumschlag im Vergleich zum Vorjahr **um** ungefähr 20 % **zurück.** (Zentrale Prüfungen 2012)	Die Passagierzahlen seien 2011 um gut 17 Prozent eingebrochen, während der Flughafen im 300 Kilometer entfernten Eindhoven traumhafte Wachstumsraten aufweise. (Süddeutsche Zeitung, 21.05.2014)

Die Analyse der Teilkorpora zeigt zum einen, dass die Konfrontation der Lernenden mit einer Vielzahl unterschiedlicher Sprachmittel zu Prozenten möglich ist. Zum anderen wird eine Diskrepanz zwischen den Lerngelegenheiten in den verschiedenen Schulbüchern und den Anforderungen in Prüfungsaufgaben (Niederhaus et al. 2016, S. 148ff), aber auch den realen Ansprüchen bei der Rezeption von Zeitungsartikeln deutlich.

Diesbezüglich können aus der Inventarisierung drei zentrale Ergebnisse abgeleitet werden (Niederhaus et al. 2016, S. 156 mit eigenen Ergänzungen in Bezug auf das Teilkorpus der Zeitungen):

• Zu bestimmten Sprachmitteln besteht nicht für alle Lernende eine Lerngelegenheit: Im Teilkorpus der Schulbücher gibt es etwa keine Verbphrase, die in allen Schulbüchern auftaucht. Darüber hinaus ist nur eine Verbphrase

(„senken um") in drei, sind sechs Verbphrasen nur in zwei Schulbüchern und 15 Verbphrasen nur in einem Schulbuch enthalten.

- In Prüfungsaufgaben und Zeitungen sind teilweise Sprachmittel (z. B. „darunter liegen um") integriert, die nicht in (allen) Lehrbüchern vorkommen: Drei in Prüfungsaufgaben verwendete Verbphrasen sind nur in einem und zwei in keinem Schulbuch enthalten. Eine in Zeitungen vorkommende Verbphrase ist in drei, zwei sind in zwei Schulbüchern, vier sind nur in einem und zwölf in keinem Schulbuch enthalten.

- Einige Sprachmittel – wie etwa das Verb „sinken" – kommen in den Schulbüchern nur mit einer der möglichen Präpositionen vor.

Die Erkenntnis, dass Prüfungen teilweise andere bildungssprachtypische Merkmale und Sprachmittelanforderungen enthalten als Lerngelegenheiten im Unterricht (in Form von Textaufgaben in gebräuchlichen Schulbüchern) bedarf der Beachtung durch Lehrkräfte und Schulbuchschreibende (Niederhaus et al. 2016, S. 15). Ferner unterstreichen die Analyseresultate die Notwendigkeit eines reichhaltigen sprachlichen Inputs sowie einer konsequenten Sprachschatzarbeit im Mathematikunterricht. Die Vielfalt an möglichen Sprachmitteln zum Ausdruck mathematischer Relationen zu Prozenten lässt dabei vermuten (in Tabelle 4.2.2 exemplarisch dargestellt), dass die Etablierung von bedeutungsbezogenem Vokabular zum Verstehensaufbau allein nicht ausreicht, da auch die Identifikation der Konzepte in mathematischen Texten anspruchsvoll sein kann.

Die empirisch gewonnenen Resultate weisen demnach darauf hin, dass im Unterricht – wie im Modell des gestuften Sprachschatzes (Abschnitt 4.1.4) vorgesehen – genügend explizite Lerngelegenheiten zur Auseinandersetzung mit einem sogenannten kontextbezogenen Lesesprachschatz angeboten werden sollten. Gerade aufgrund der großen – schon bezüglich einer einzelnen ausgewählten Relation zu Prozenten – aufgezeigten lexikalischen Vielfalt kann dies allerdings keinesfalls in einer umfänglichen Thematisierung aller potentiell auftretenden lexikalischen Einheiten bestehen. Stattdessen erscheint eine exemplarische Behandlung von Sprachmitteln unterschiedlicher Kontexte sinnvoll, die eine Sensibilisierung für die Vielfalt möglicher sprachlicher Realisierungen mathematischer Relationen enthält und Strategien anbietet, die eine Aufnahme von Sprachmitteln in den potentiellen Sprachschatz erleichtern können (Kapitel 8 für eine Realisierung).

Tabelle 4.2.2 Zusammengefasste Inventarisierung relationstragender Phrasen für Verminderung des Grundwerts (Zahlen: Anzahl berücksichtigter Schulbücher, wenn > 1, kursiv: Vorkommen nur im jeweiligen Korpus, fett: Vorkommen in maximal zwei Schulbüchern)

	Teilkorpus Schulbücher	Teilkorpus Zentrale Prüfungen	Teilkorpus Zeitungen
Verbphrasen	fallen (um) 2 senken (um) 3 / auf sinken auf verringern um 2 preiswerter sein / günstiger anbieten zurückgehen um (ein-)sparen (gegenüber)	preiswerter zurückgehen um sparen gegenüber liegen unter	**fallen auf** **senken um / auf** **(ab-) sinken (auf / um)** **verringern um** **zurückgehen um** **sparen gegenüber** **darunter liegen um**
	reduzieren 2; vermindern um 2; billiger (sein) (um) 2 / (ver-)- billigt/er anbieten / ein- / verkaufen (um); abziehen 2; verlassen; subtrahieren von; ermäßigen (um); herabsetzen (auf) / um	*geringer sein (um)*	*einbrechen um; verkleinern; nachgeben um; kappen lassen auf; nach unten gehen um; schrumpfen um / auf; verlieren; weniger zahlen*
Nomen bzw. Nominalphrasen	Rabatt geben / berechnen / bekommen & Komposita (von) / (von) erhalten / gewähren / abziehen / betragen / Abzug eines Rabatts (von) 4 (Preis-)nachlass (von) betragen / gewähren / erhalten 4 Ersparnis gegenüber Abzug einbehalten / betragen Rückgang (Sozial-)Abgaben bezahlen Gewichtsverlust	Rabatt Rückgang	**Rabatt mit / mit Rabatt erhältlich** Nachlass **mit** **Ersparnis von** **Abzug von** **(Gewinn-)-Rückgang (von)** **Sozialabgabequote liegt bei Verlust**
	Skonto gewähren / erhalten / abziehen; (Preis-/Kinder-)ermäßigung betragen / erhalten / bekommen (von); Preissenkung (um) (3); Reduzierung; (Preis-)- Minderung (um); Einsparung gegenüber		*(im) Minus (bei); Sparpotenzial mit, Defizit*

4.3 Zusammenfassung

Im vorausgehenden dritten Kapitel wurde die Relevanz von Sprachförderung für das Mathematiklernen herausgestellt. Auf dieser Basis zielte das vorliegende Kapitel darauf ab, die intendierte Konzeption eines lexikalischen Lernpfads zu Prozenten (Abschnitt 8.2) theoretisch zu fundieren. Unter anderem aus bereits durchgeführten Entwicklungsforschungsstudien zu anderen mathematischen Inhaltsbereichen (vor allem Wessel 2015 zu Brüchen) wurden dazu drei allgemeinere Design-Prinzipien abgeleitet, die hier zusammenfassend angeführt werden:

- *Design-Prinzip der diskursiven Kommunikationsanregung* (Abschnitt 4.1.1): Schaffen reichhaltiger Kommunikationsanlässe zur mündlichen und schriftlichen Sprachproduktion, die die Lernenden zu präziserem und angemessenerem Sprachgebrauch anregen und dabei unterstützen (Swain 1985; Wessel 2015; Prediger & Wessel 2017).

- *Design-Prinzip des konsequenten Vernetzens von Darstellungen und Sprachregistern* (Abschnitt 4.1.1): Flexibles Vernetzen von Darstellungen (gegenständlich, graphisch, verbal und symbolisch) und Sprachregistern (Alltags-, Bildungs- und Fachsprache) mit dem Ziel der Sprachentlastung einerseits und der Initiierung von Sprach- und Vorstellungsentwicklung andererseits (u. a. Prediger, Clarkson & Bose 2016; Prediger & Wessel 2013).

- *Design-Prinzip des Scaffoldings* (Abschnitt 4.1.2): Ausschöpfen der sprachlichen und mathematischen Lernpotenziale der Lernenden (u. a. Lajoie 2015) anhand der Kerncharakteristika *Diagnose*, *Adaptivität* und *Sukzessive Hinführung zur Selbständigkeit* (Abbildung 4.1.2 für das zugrunde liegende Scaffolding-Modell; Smit et al. 2013) durch Unterstützung auf der Planungs- (*Makro-Scaffolding*) und der Durchführungsebene (*Mikro-Scaffolding*). Das *Makro-Scaffolding* adressiert hier primär die Sequenzierung des lexikalischen Lernpfads entlang des Sprachkontinuums von der Alltags - , über die Bildungs- zur Fachsprache (Gibbons 2002), der eng mit dem vom Konkreten zum Abstrakten fortschreitenden konzeptuellen Lernpfad verknüpft ist (konstruiert nach dem Levelprinzip des RME-Ansatzes; Abschnitt 2.3.4). Unter *Mikro-Scaffolding* wird hingegen die adaptive Unterstützung der Lernenden in der konkreten Interaktion durch spezifische Strategien (u. a. Wessel 2015) verstanden, für deren zielgerichtete Anwendung eine Planung im Sinne des Makro-Scaffoldings als Hintergrundfolie elementar ist (Hammond & Gibbons 2005).

Die mit dem *Prinzip des Makro-Scaffoldings* verknüpfte vorgeschlagene Sequenzierung lexikalischer Lernpfade entlang des Sprachkontinuums bedarf für eine zielgerichtete Sprachförderung im Mathematikunterricht allerdings einer Konkretisierung (Abbildung 4.3.1). Dafür erweist sich das *Modell des gestuften Sprachschatzes* als sinnvoll (Abschnitt 4.1.4), das auf dem Prinzip des Makro-Scaffoldings basiert, aber einen stärkeren Fokus auf Bedarfe der Konstruktion von Bedeutungen zu mathematischen Konzepten legt (Prediger 2017). Es umfasst vier Stufen, indem es bei den eigensprachlichen Ressourcen der Lernenden ansetzt und über die Etablierung eines bedeutungsbezogenen Denksprachschatzes zu einem abstrakteren, formaleren Sprachgebrauch führt, der schließlich auch den Umgang mit komplexeren, unvertrauteren mathematischen Texten ermöglichen soll (Abbildung 4.3.1).

Mit dem *Prinzip des gestuften Sprachschatzes* hängt ein Schwerpunkt auf *Sprachschatzarbeit* (begrifflicher Ausdruck dessen, dass sich Wortschatzarbeit nicht auf die Erarbeitung isolierter Wörter reduziert, Prediger 2017) zusammen (Abschnitt 4.1.3 für theoretische Hintergründe). Dieser wird damit begründet, dass Lernende „ohne einen quantitativ und qualitativ ausreichenden Wortschatz" nicht „präzise denken […], schon gar nicht sich differenziert ausdrücken" können (Ulrich 2013, S. 308).

Mit Blick auf den Mathematikunterricht kann Sprachschatzarbeit, die in Kombination mit diskursiver Sprachförderung organisiert wird, eine wichtige Unterstützung für Konzeptbildungsprozesse darstellen (u. a. Prediger 2017). Dafür ist aber Voraussetzung, dass sie im Dienste des Fachinhaltes steht und die Sprach- damit parallel zur Fachkompetenz erworben wird (Ulrich 2013).

Allgemeine Perspektive: Verortung dreier Sprachregister auf einem Kontinuum

Didaktische Perspektive: Intendierter gestufter Sprachschatz
zur Sequenzierung lexikalischer Lernpfade

Abbildung 4.3.1   Kategorisierung von Sprachmitteln aus allgemeiner und mathematikdidaktischer Perspektive (Zusammenstellung aus Abbildung 4.1.1 und Tabelle 3.2.2)

In der vorliegenden Arbeit wird dies durch Koordination des konzeptuellen Lernpfads zu Prozenten (Abschnitt 2.3) mit dem hier fokussierten lexikalischen Lernpfad realisiert. Gegenstand dieses Kapitels war primär, den theoretischen Rahmen dieses lexikalischen Lernpfads abzustecken bzw. seine adäquate Sequenzierung theoretisch begründet abzuleiten. Auf dieser Grundlage ist die erforderliche konkrete Realisierung eines lexikalischen Lernpfads für den Lerngegenstand der Prozente möglich, die in Kapitel 8 dokumentiert ist.

4.4 Ableitung von Entwicklungsanforderungen und Forschungsfragen

Das *Entwicklungsinteresse* der vorliegenden Arbeit besteht darin, ein prototypisches Design eines fach- und sprachintegrierten Lehr-Lern-Arrangements zu gestalten, konkretisiert für die Thematik der Prozente. Als Grundlage dafür sollen basierend auf fach- bzw. sprachdidaktischen Prinzipien, die aus theoretischen Überlegungen und empirischen Studien abgeleitet wurden (Kapitel 2 und 4), ein intendierter konzeptueller und ein dazu passender intendierter lexikalischer Lernpfad designt werden. Unter der Prämisse, das fach- und sprachliche Lernen zu parallelisieren, sind die Lernpfade fein aufeinander abzustimmen und konsequent zu verknüpfen.

Der Designprozess wird insgesamt durch folgende Entwicklungsanforderungen begleitet, deren letztendliche Umsetzung in dieser Arbeit dokumentiert wird (Entwicklungsteil der Fachdidaktischen Entwicklungsforschung, Teil D):

E1: *Sequenzierung und konkrete Ausgestaltung eines intendierten konzeptuellen Lernpfads zu Prozenten* als Adaption eines etablierten Lernpfads aus dem RME-Ansatz auf den deutschen Kontext.

E2: *Sequenzierung und konkrete Ausgestaltung eines intendierten lexikalischen Lernpfads zu Prozenten* auf Basis des Prinzips des gestuften Sprachschatzes sowie weiterer Design-Prinzipien zur Sprachförderung, der auf den intendierten konzeptuellen Lernpfad abgestimmt ist.

E3: *Verknüpfung der beiden intendierten Lernpfade mithilfe des Prozentstreifens.*

E4: *Gestaltung eines Lehr-Lern-Arrangements (bestehend aus einer Aufgabensequenz und geeigneten Mikro-Scaffolding-Strategien) zur Realisierung des dualen Lernpfads* (bestehend aus konzeptuellem und lexikalischem Lernpfad), das das Fortschreiten der Lernenden entlang des dualen Lernpfads initiiert.

Das mit den Entwicklungsanforderungen eng verknüpfte *Forschungsinteresse* besteht im Sinne der Fachdidaktischen Entwicklungsforschung insbesondere darin, die situativen Wirkungen des Lehr-Lern-Arrangements, das auf Basis der konzipierten intendierten Lernpfade gestaltet wurde, zu analysieren. Über die Fachdidaktische Entwicklungsforschung im engeren Sinne hinaus, soll zudem die Wirksamkeit des Lehr-Lern-Arrangements auch quantitativ beforscht werden. Für die Schwerpunktsetzung innerhalb der Designentwicklung erscheint weiterhin eine Lokalisierung sprachlich bedingter Schwierigkeiten von Lernenden im Umgang mit Aufgaben zu Prozenten relevant zu sein, da diesbezüglich eine Forschungslücke auszumachen ist (Kapitel 1).

Dementsprechend sind für den gesamten Forschungsprozess folgende *Forschungsfragen* leitend:

F1: Wie hängen konzeptuelle Hürden und Lesehürden beim Umgang mit Prozentaufgaben zusammen? (*Bedingungsforschung, Teil C*)

F2: Inwiefern sind hinsichtlich des Zusammenhangs zwischen konzeptuellen Hürden und Lesehürden Unterschiede zwischen sprachlich starken und sprachlich schwachen Lernenden zu erkennen? (*Bedingungsforschung, Teil C*)

F3: Welche Lernwege von Schülerinnen und Schülern können verglichen mit den entwickelten Lernpfaden rekonstruiert werden? (*Forschungsteil der Fachdidaktischen Entwicklungsforschung, Teil E*)

F4: Inwiefern erweist sich die konzipierte Intervention zu Prozenten im Klassenunterricht als lernwirksam? (*Wirksamkeitsforschung, Teil F*)

In den jeweiligen Teilen (C bis F) der vorliegenden Dokumentation des Promotionsprojektes erfahren die einzelnen hier angeführten leitenden Entwicklungsanforderungen und Forschungsfragen weitere Ausdifferenzierung. Bevor sie in den Kapiteln 6 bis 12 bearbeitet werden sollen, wird im fünften Kapitel der methodische Rahmen vorgestellt, indem ein methodischer Überblick zu den einzelnen Entwicklungs- und Forschungselementen der vorliegenden Arbeit gegeben sowie deren Einbettung in das Forschungsprogramm der Fachdidaktischen Entwicklungsforschung beschrieben wird.

B Überblick über das gesamte Dissertationsprojekt

Gegenstand dieses Teils der vorliegenden Arbeit ist die überblicksmäßige Darstellung des gesamten Dissertationsprojektes mit seinen verschiedenen Forschungsebenen bzw. Arbeitsbereichen sowie seine Einbettung in weitere Forschungs- und Entwicklungszusammenhänge. Dieser Überblick ist erforderlich, um die nachfolgenden Teile der Arbeit, nämlich

- die Bedingungsforschung (Teil C), den
- Entwicklungsteil (Teil D) und den
- Forschungsteil der Fachdidaktischen Entwicklungsforschung (Teil E) sowie
- die Wirksamkeitsforschung zu Prozenten (Teil F)

in ihrem Gesamtzusammenhang verstehen und die Verzahnung ihrer Zielsetzungen nachvollziehen zu können.

5 Methoden und Design des Gesamtprojektes

Innerhalb dieser Dissertation werden ausgewählte Ergebnisse des größeren Entwicklungsforschungsprojektes MuM-Prozente im Rahmen des Dortmunder MuM-Projekts (Mathematiklernen unter Bedingungen der Mehrsprachigkeit, seit 2009) präsentiert, das im Forschungsprogramm der Fachdidaktischen Entwicklungsforschung im FUNKEN-Modell (Forschungs- und Nachwuchskolleg fachdidaktischer Entwicklungsforschung) zu verorten ist (Abschnitt 5.1).

Für das erwähnte Forschungsprogramm sind neben Forschungsprodukten auch *Entwicklungsprodukte* von besonderer Relevanz. Um ein Ergebnis letzterer Art handelt es sich bei dem konzipierten fach- und sprachintegrierten Design zu Prozenten (Kapitel 8, in Teil D), das in mehreren Zyklen von Design-Experimenten (Abschnitt 5.2.2 für einen Überblick) in unterschiedlichen Settings, erprobt und weiterentwickelt wurde (Kapitel 9 in Teil D für exemplarische Einblicke in die Design-Experimente).

Abgestützt wird das Entwicklungsforschungsprojekt zusätzlich durch eine quantitative Beforschung seiner Voraussetzungen und der Lernbedarfe zum Umgang mit Prozenten. Im Rahmen dieser *Bedingungsforschung* wird anhand eines schriftlichen sogenannten Prozente-Matrixtests der Umgang von Lernenden mit Prozentaufgaben verschiedener Aufgabentypen sowie -formate untersucht (Kapitel 6 und 7 in Teil C).

© Springer Fachmedien Wiesbaden GmbH 2018
B. Pöhler, *Konzeptuelle und lexikalische Lernpfade und Lernwege zu Prozenten*, Dortmunder Beiträge zur Entwicklung und Erforschung des Mathematikunterrichts 35, https://doi.org/10.1007/978-3-658-21375-6_6

Forschungsprodukte der vorliegenden Arbeit entstammen der Analyse der Lernwege von Lernenden entlang der intendierten Lernpfade, die durch den Einsatz
des Entwicklungsprodukts initiiert werden (Kapitel 10 und 11 in Teil E). Außerdem werden im Rahmen einer *Wirksamkeitsstudie* erste quantitative Ergebnisse
zur Wirksamkeit des konzipierten Lehr-Lern-Arrangements im Klassensetting
generiert (Kapitel 12 in Teil F).

Mit Blick auf die Einbettung in das genannte Forschungsprogramm werden
in Abschnitt 5.2 die methodisch zu begründenden Zusammenhänge aller hier
skizzierten Arbeitsbereiche des Promotionsprojektes dargelegt, die aus den Entwicklungsanforderungen und Forschungsfragen (Abschnitt 4.4) erwachsen sind.

5.1 Forschungsprogramm der Fachdidaktischen Entwicklungsforschung

Auf methodologischer Ebene ist das hier vorzustellende Promotionsprojekt im
Forschungsprogramm der Fachdidaktischen Entwicklungsforschung im FUN-
KEN-Modell (kurz FUNKEN-Modell) verankert. Nach einer knappen allgemeinen Betrachtung von Entwicklungsforschung, werden dessen Ziele, Arbeitsbereiche, Prinzipien und typischerweise zu erwartenden Produkte beschrieben.

Entwicklungsforschung hat sich im Allgemeinen der Verschränkung einer
Perspektive aus der Unterrichtspraxis mit einer Theorie über den Fachunterricht
verschrieben, die zumeist universitär gewonnen wird. Somit sollen gleichermaßen Bedarfe der Schulpraxis und wissenschaftlich-theoretische Ansprüche erfüllt werden (Prediger et al. 2012, S. 452 und S. 456). Dieses Potenzial wird
dem Forschungsansatz auch von Gravemeijer und Cobb (2006) zugeschrieben:

> „[W]e would argue that design research has the potential to bridge the gap between theory and
> practice." (Gravemeijer & Cobb 2006, S. 71)

Insgesamt stellt die Entwicklungsforschung eine Methodologie dar, die sich in
ständiger Entwicklung befindet und stetig an Bedeutung gewinnt. Dies gilt auch
für die Mathematikdidaktik, die neben den erziehungswissenschaftlichen Curri-
culumstudien als ihr Wegbereiter angesehen werden kann (Hußmann et al. 2013,
S. 34; Prediger et al. 2015 für Überblick über Ursprünge und aktuellen Forschungsstand). Auch wenn ihre konkreten Ansätze in zentralen Charakteristiken
übereinstimmen, kann prinzipiell nicht von *der* Entwicklungsforschung gesprochen werden, da sie teilweise erhebliche Variationen aufweisen (u. a. Plomb &
Nieveen 2013 und van den Akker et al. 2006 für Überblick zu verschiedenen
Projekten). So wurde die Tradition von Entwicklungsforschung in den letzten
Jahren durch Etablierung vielfältiger Forschungsprogramme mit verschiedenen
Fokussierungen konsolidiert, auch wenn die Namen vielfältig bleiben (Link
2012 für einen Überblick). Als Beispiele sind Folgende zu nennen (Hußmann et
al. 2013, S. 26f, Prediger et al. 2015, S. 877): „Design Research" (z. B. Grave-

meijer & Cobb 2006; van den Akker et al. 2006), „Design-based Research" (z. B. Barab & Squire 2004), „Design Experiments" (z. B. Brown 1992), „Design Theories", „Educational Design Research" (z. B. Plomp & Nieveen 2009) oder „Developmental Research" (z. B. Streefland 1991; Gravemeijer 1994, 1998).

Prediger, Gravemeijer und Confrey (2015) unterscheiden in den vielfältigen Ansätzen zwei Prototypen von Entwicklungsforschung (S. 880f):

(1) *Entwicklungsforschung mit curricularem Fokus* (z. B. Nieveen, McKeeney & Van den Akker 2006) mit den Hauptzielen des direkten Einsatzes der entwickelten curricularen Produkte und Design-Prinzipien in der Praxis sowie der Generierung von Wissen über die Art und Weise gelingender Designentwicklung für eine Implementation.

(2) *Entwicklungsforschung mit Fokus auf Lehr-Lern-Prozessen* (z. B. Gravemeijer & Cobb 2006) mit dem Hauptziel der Generierung von Beiträgen zu (lokalen) Theorien zu Lehr-Lern-Prozessen und Lerngegenständen, um Designentscheidungen zu fundieren und Muster sowie typische Verläufe aufzuzeigen.

Das FUNKEN-Modell kann dem zweiten Prototyp zugeordnet werden. Es folgt dem lernprozessfokussierenden Ansatz von Gravemeijer und Cobb (2006), der zunächst als „Develop-mental Research" bezeichnet und später in „Design Research in the learning perspective" umbenannt wurde. Er bildet den Ursprung der Entwicklungsforschung in den Niederlanden und weist eine enge Verknüpfung mit dem RME-Ansatz (Abschnitt 2.3.1) auf. Des Weiteren gründet sich die Entwicklung des FUNKEN-Modells auf der Dortmunder Tradition der „Design Science" nach Wittmann (1995) mit seinem Fokus auf Lerngegenstände (Prediger & Link 2012, S. 29; Prediger et al. 2012, S. 452).

Das FUNKEN-Modell greift auf eine moderat konstruktivistische lehr-lerntheoretische Perspektive zurück (Hußmann et al. 2013, S. 28), die auch in der vorliegenden Arbeit eingenommen wird (Abschnitt 3.1.2 für in Bezug auf die kognitive Funktion von Sprache beschriebene Details).

Innerhalb des FUNKEN-Modells erfolgt eine Gliederung in vier Arbeitsbereiche, die im Folgenden erläutert werden. Während sich die ersten beiden auf Entwicklungstätigkeiten beziehen, fokussieren die letzteren Forschungstätigkeiten (Abbildung 5.1.1 für ihre zyklische Verknüpfung):

• Lerngegenstände spezifizieren und strukturieren

• Design (weiter-)entwickeln

• Design-Experimente durchführen und auswerten

• Lokale Theorien (weiter-)entwickeln

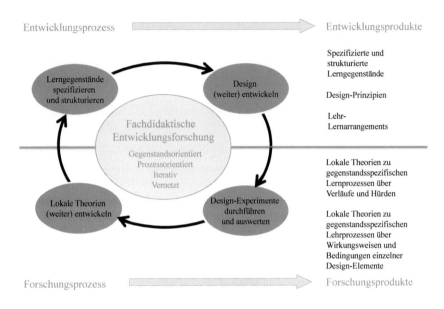

Abbildung 5.1.1   Zyklus der Fachdidaktischen Entwicklungsforschung im FUNKEN-Modell
(Prediger et al. 2012, S. 453)

Arbeitsbereich: Lerngegenstände spezifizieren und strukturieren

Im Rahmen einer Spezifizierung des Lerngegenstandes wird festgelegt, was
Lernende in Bezug auf einen bestimmten mathematischen Inhaltsbereich tatsächlich zu lernen haben (Hußmann & Prediger 2016, S. 35). Die Spezifizierung, innerhalb der auch die Frage nach der Relevanz des Lerngegenstandes für
die Lernenden zu klären ist, erfolgt in epistemologischer sowie stoffdidaktischer
Perspektive (ebd.). Dazu gehört die Aufarbeitung des fachlichen und des stoff-
didaktischen Hintergrunds, die Erfassung (empirischer) Erkenntnisse über Lernendenperspektiven sowie die Aufbereitung im Hinblick auf gegenstandsüber-
greifende Bildungs- und gegenstandsspezifische Lernziele (Gravemeijer &
Cobb 2006, S. 47ff; Prediger et al. 2012, S. 455). Berücksichtigung finden dabei
auch dem jeweiligen Lerngegenstand zugrunde liegende fundamentale Ideen sowie Grundvorstellungen (Hußmann & Prediger 2016, S. 39). Um Anknüpfungspunkte für die anschließende Strukturierung sowie Designentwicklung zu finden, sind dazu auch relevante Lernanlässe und Kontexte zu identifizieren und
geeignete Darstellungs- bzw. Anschauungsmittel auszuwählen (ebd.; Cobb et al.
2003, S. 11; Gravemeijer & Cobb 2006, S. 48).

Sofern etwa zu Lernendenperspektiven, typischen Hürden von Lernenden
oder der Zugänglichkeit ausgewählter Kontexte wenig aus zurückliegenden em-

pirischen Studien bekannt ist, kann ergänzend zur Fachdidaktischen Entwicklungsforschung als solcher auch die Durchführung von Bedingungsanalysen lohnenswert sein.

Bei der Strukturierung des Lerngegenstands werden die spezifizierten Teilaspekte in ihre inhaltlichen und chronologischen Bezüge gesetzt, um schließlich eine geeignete Sequenzierung relevanter Inhalte unter Berücksichtigung der Lernendenperspektiven vorzunehmen (Prediger et al. 2012, S. 455). Realisiert wird die chronologische Abfolge der Lerngegenstände hier in Form eines intendierten Lernpfads (Hußmann & Prediger 2016, nach Simon 1995 bzw. Confrey 2006; Abschnitt 2.1 für eine Einführung des Konstrukts). Ein solcher konkretisiert das geplante Fortschreiten entlang der spezifizierten Teilaspekte (Hußmann & Prediger 2016, S. 35). Die Bezeichnung „intendierter Lernpfad" deutet an, dass eine solche lineare Sequenzierung in Lernpfade lediglich ein idealisiertes Angebot an Lerngelegenheiten darstellt, das jeweils variierende individuelle Lernwege (von englisch „individual learning pathway") evozieren kann (Confrey 2006). Für den in der vorliegenden Arbeit zu designenden intendierten Lernpfad ist seine Dualität charakteristisch, die in der Koordination eines konzeptuellen mit einem lexikalischen Lernpfad besteht.

Laut Hußmann und Prediger (2016, S. 35ff) sind bei der Spezifizierung und Strukturierung von Lerngegenständen folgende vier eng zusammenhängende Ebenen zu berücksichtigen, die teilweise andere Arbeitsbereiche der Fachdidaktischen Entwicklungsforschung tangieren bzw. beim iterativen Durchlaufen mehrfacher Zyklen durch diese beeinflusst werden:

- *Formale Ebene*: Definition und Strukturierung der mathematischen Konzepte, Theoreme sowie Vorgehensweisen.

- *Semantische Ebene*: Auswahl didaktischer Kategorien, die für die Bedeutungskonstruktion zum fokussierten Lerngegenstand wesentlich sind.

- *Konkrete Ebene*: Realisierung des Lehr-Lern-Arrangements unter Berücksichtigung relevanter Kernideen, adäquater Kontexte, Darstellungsmittel sowie Aufgabenstellungen.

- *Empirische Ebene*: Berücksichtigung von Lernendenressourcen, typischen Hürden sowie individuellen Lernwegen in Kontrastierung zu den intendierten Lernpfaden (nach den Design-Experimenten).

Zusammen mit allgemeinen Design-Prinzipien bilden die Spezifizierungen und Strukturierungen von Lerngegenständen die theoretische Grundlage der Entwicklung konkreter Lehr-Lern-Arrangements (Gravemeijer & Cobb 2006, S. 51; Prediger, Komorek et al. 2013, S. 11). Deren Design in Form einer Sequenz konkreter Aktivitäten stellt dementsprechend eine Realisierung des intendierten Lernpfads dar und gehört zum Arbeitsbereich *Design des Lehr-Lern-Arrangements* (s.u.).

Die Umstrukturierung bestehenden fachlichen Wissens durch systematischen Abgleich von individuellen und fachlichen Perspektiven ermöglicht es dabei, „dass Sachstrukturen *für* Unterrichtsprozesse gewonnen werden, die ein besseres Inhaltsverständnis erlauben" (Prediger, Komorek et al. 2013, S. 12).

Arbeitsbereich: Design des Lehr-Lern-Arrangements (weiter-)entwickeln

Der Arbeitsbereich der (Weiter-)Entwicklung des Designs ist eng mit dem der Spezifizierung und insbesondere der Strukturierung des Lerngegenstands verknüpft, indem er dessen konkrete Ebene adressiert und auf diesem aufbaut (Hußmann & Prediger 2016). Im Vordergrund steht demnach die Erarbeitung konkreter Lehr-Lern-Arrangements, wozu die Auswahl und Gestaltung von konkreten Aktivitäten, Lehr- und Lernmitteln, Methoden sowie möglichen Unterstützungen bei potentiellen Lernhürden nötig wird (Prediger et al. 2012, S. 454; Hußmann et al. 2013, S. 33). Obwohl dabei ein Rückgriff auf aktuelle empirische und theoretische Einsichten sowie allgemeine Design-Prinzipien erfolgen soll, erfordert die gegenstandsspezifische Realisierung und Konkretisierung einer Designentwicklung vielfältige kreative Entscheidungen – insbesondere auf den Ebenen von Kontexten und Aufgaben (Prediger et al. 2012, S. 454; Prediger & Link 2012, S. 33).

Arbeitsbereich: Design-Experimente durchführen und auswerten

Die exemplarische Erprobung der gestalteten Lehr-Lern-Arrangements erfolgt im Rahmen sogenannter *Design-Experimente* (Cobb et al. 2003). Der Ausdruck „design experiments" geht auf Brown (1992) und Collins (1992) zurück (Collins 2010, S. 367). Zunächst wurde unter die Bezeichnung ebenfalls die den Design-Experimenten vorausgehende und sich anschließende Forschung gefasst (ebd.) Für diese Gesamtmethodologie bestehend aus den Design-Experimenten und der begleitenden Forschung hat sich mittlerweile allerdings die Benennung „Design Research" (Deutsch: Entwicklungsforschung) etabliert, das Wort Design-Experimente wird nur noch für die Datenerhebungsmethode genutzt (s. o.).

Konzeptualisiert wurde der Ansatz der Design-Experimente von Brown (1992) mit dem Ziel, eine Lücke in der Forschungslandschaft zu schließen:

„[D]esign experiments fill a niche these methodologies [laboratory experiments, ethnographies, and large-scale studies] do not address. Specifically, they allow researchers to evaluate and refine learning environments that are designed on particular principles and then revise the environment and the principles." (Collins 2010, S. 371; Einfügung B. P.)

Im Unterschied zu klassischen klinischen Interviews, die auf Piaget zurückgehen und ebenso die Intention haben, mit evozierenden Fragetechniken viel über das Denken von Lernenden herauszufinden, sind Design-Experimente bewusst als diagnostische Lehr-Lern-Situationen organisiert (Komorek & Duit 2004,

S. 623). Das bedeutet, dass innerhalb von Design-Experimenten Lernprozesse bewusst initiiert und beforscht werden, anstatt wie in diagnostischen Interviews erhebliche Zurückhaltung walten zu lassen (Prediger & Link 2012, S. 31).

Daraus ergibt sich eine veränderte Rolle der Design-Experiment-Leitung. Einerseits fungiert sie weiterhin als Interviewende, andererseits aber auch als Lehrkraft, die mit adäquaten Impulsen zur Initiierung sowie zur Förderung von Lernprozessen beiträgt sowie situationsspezifisch auf die Bedürfnisse der Lernenden reagieren kann (Prediger & Link 2012, S. 31; Komorek & Duit 2004, S. 623f und S. 631). Sofern Design-Experimente – wie etwa hauptsächlich im Rahmen der vorliegenden Arbeit – nicht mit Einzelnen, sondern mit einer größeren Anzahl von Lernenden durchgeführt werden, ist auch Raum für soziale Interaktionen (etwa zum Austausch von Ideen oder gegenseitigem Stören), mit denen die Experimentleitung ebenfalls umzugehen hat (Collins 2010, S. 368).

Design-Experimente können in verschiedenen Settings organisiert sein (Cobb et al. 2003, S. 9 für einen Überblick). Während das Laborsetting mit Kleingruppen ausgewählt werden sollte, „solange Verläufe, Hürden, Wirkungsweisen und Bedingungen in stofflicher und lernendenbezogener Hinsicht im Vordergrund stehen" (Prediger & Link 2012, S. 38), sind Klassensettings zu bevorzugen, wenn Lehrende und Dynamiken des Klassengeschehens fokussiert werden sollen (Brown 1992; Gravemeijer & Cobb 2006). Der Empfehlung von Prediger, Link, Hinz, Hußmann, Thiele und Ralle (2012, S. 455) folgend, wonach vor dem Einsatz eines Lehr-Lern-Arrangements im Klassenunterricht „eine erfolgreiche Erprobung im überschaubaren Rahmen sichergestellt werden soll", wurden im hier dokumentierten Projekt zunächst Design-Experimente in Kleingruppen und anschließend in Klassensituationen durchgeführt (Abschnitt 5.2.2). Letztere macht die Berücksichtigung weiterer Faktoren erforderlich, wie etwa des Professionswissens der Lehrkräfte oder einer starken Heterogenität der Klasse (Cobb et al. 2003, S. 11; Hußmann & Prediger 2016, S. 63).

Das Ziel der Auswertung der Design-Experimente besteht darin, die tatsächlich initiierten Lernprozesse zu untersuchen, indem etwa die individuellen Lernwege mit den intendierten Lernpfaden verglichen werden (Prediger et al. 2012, S. 455). In den ersten Zyklen tragen diese Analysen zur empirischen Ebene der Spezifizierung und Strukturierung des Lerngegenstands bei und dienen der kritischen Prüfung, Modifikation und Verfeinerung von Entscheidungen auf den übrigen Ebenen (Hußmann & Prediger 2016, S. 60f für konkrete Beispiele). Dadurch können somit Hinweise zur Anpassung bzw. Weiterentwicklung der intendierten Lernpfade und des konkreten Lehr-Lern-Arrangements generiert werden (Gravemeijer & Cobb 2006, S. 68; Hußmann & Prediger 2016, S. 38). In weiteren Zyklen werden dann tiefergehende Analysen angestellt, mit dem vorrangigen Ziel, zur Theoriebildung zu den Lehr-Lern-Prozessen beizutragen (ebd.).

Die zur qualitativen Auswertung der Design-Experimente einzusetzenden Hintergrundtheorien sowie Forschungsmethoden können vielfältig sein und variieren in hohem Maße mit dem jeweiligen Lerngegenstand (Prediger et al. 2012, S. 455). Das Fehlen einer einheitlichen, wohl definierten Forschungsmethode ist Gegenstand von Kritik am Ansatz der Entwicklungsforschung (u. a. Dede 2004; Kelly 2004; Philipps & Dolle 2006). Dieser entgegnen Prediger, Gravemeijer und Confrey (2015) folgendermaßen:

> „However, rather than to force all variants of design research into one straightjacket, we propose to acknowledge the variations, and demand specification in each study of how their methods were tailored to the individual purpose and context." (Prediger et al. 2015, S. 883)

In diesem Zusammenhang wird die Relevanz betont, den Entstehungsprozess der Resultate transparent zu machen (Gravemeijer & Cobb 2006, S. 57). Ferner wird die Notwendigkeit herausgestellt, auf den jeweiligen Lerngegenstand sowie den Kontext der jeweiligen Studie adäquat abgestimmte Analyseverfahren zu entwickeln bzw. zu adaptieren (Prediger et al. 2015, S. 883).

Arbeitsbereich: Lokale Theorien (weiter-)entwickeln

Durch die Dokumentation beobachteter Lernprozesse sowie deren Auswertungen vor dem Hintergrund der intendierten Lernprozesse und -ziele entstehen zunächst initiale lokale, empirisch gestützte Lehr-Lern-Theorien zum gegenstandsspezifischen Lernprozess (Gravemeijer & Cobb 2006, S. 71; Prediger et al. 2012, S. 455; Prediger & Link 2012, S. 36). Diese können die Lernvoraussetzungen, mögliche Lernverläufe, eventuelle oder typische Lernhürden und Ziel-Mittel-Wissen über Bedingungen sowie Wirkungen von Lernangeboten oder ausgewählten Unterstützungsmaßnahmen umfassen (ebd.). Im Laufe der Zeit erfahren diese anfänglichen lokalen Theorien Modifikationen, weitere Ausdifferenzierung und durch wiederholte Erprobungen zunehmend eine empirische Absicherung (Prediger et al. 2012, S. 455; Prediger et al. 2015, S. 886).

Unter Berücksichtigung der Unmöglichkeit der vollständigen Transzendierung des Entstehungskontextes der Fallstudien bzw. ihres begrenzten Erhebungskontextes und der bewussten Gegenstandsspezifität der Erkenntnisse, wird der Lokalität der Theorien in der methodischen Reflexion stets Rechnung getragen (Prediger & Link 2012, S. 36; Cobb et al. 2003, S. 10). Gleichwohl sollten sich die (lokalen) Theorien von isolierten empirischen Befunden dadurch unterscheiden, dass sich die rekonstruierten Muster durch eine gewisse Ablösbarkeit vom konkreten Entstehungskontext auszeichnen bzw. durch sorgfältige Fallvergleiche gewonnene verallgemeinerbare Anteile enthalten (Kelle & Kluge 1999).

Charakteristisch für die Fachdidaktische Entwicklungsforschung ist, dass die dargelegten vier Arbeitsbereiche nicht als separate, chronologisch abzuarbeitende Arbeitsschritte anzusehen sind, sondern sie systematisch miteinander vernetzt und iterativ in mehreren Zyklen aufeinander bezogen sind (Cobb et al. 2003; Hußmann et al. 2013, S. 30). Ihren Ausgangspunkt finden Entwicklungsforschungsprojekte zumeist auf der Entwicklungsebene (Prediger et al. 2012,

S. 453; obere Hälfte von Abbildung 5.1.1). Dies steht in Zusammenhang mit dem innovierenden Charakter von Entwicklungsforschung (ebd.), der in dem folgenden Zitat zum Ausdruck gebracht wird:

„Design studies are typically test-beds for innovation. The intent is to investigate the possibilities for educational improvement by bringing about new forms of learning in order to study them." (Cobb et al. 2003, S. 10)

Charakterisierende Merkmale Fachdidaktischer Entwicklungsforschung

Die Fachdidaktische Entwicklungsforschung im FUNKEN-Modell lässt sich durch folgende Merkmale charakterisieren:

- *theoriegeleitet*, indem der Designentwicklung aktuelle (fachdidaktische) Theorien zugrunde gelegt werden sowie *theoriegenerierend*, indem ein Beitrag zur (Weiter-)Entwicklung (lokaler) Theorien geleistet wird (u. a. Cobb et al. 2003, S. 10; Prediger et al. 2015, S. 879ff für Details),

- *praxisrelevant*, indem sie perspektivisch auf Veränderungen bzw. Weiterentwicklungen von Praxis ausgerichtet ist, ihre Resultate mit Blick auf ihre praktische Anwendbarkeit beurteilt sowie teilweise konkrete Lehr-Lern-Arrangements entwickelt werden (u. a. Cobb et al. 2003, S. 10f),

- *gegenstandsorientiert*, indem die Beforschung der Lehr-Lern-Prozesse zu einzelnen konkreten Lerngegenständen erfolgt, da eine Übertragung allgemeiner Ansätze und lokaler Theorien auf andere Lerngegenstände nur partiell möglich zu sein scheint (u. a. Hußmann et al. 2013, S. 29),

- *prozessorientiert*, indem insbesondere die Beforschung der Binnenstrukturen der Lehr-Lern-Prozesse im Fokus steht, was eine Erweiterung des forschungsmethodischen Spektrums notwendig werden lässt (u. a. Hußmann et al. 2013, S. 29) und

- *iterativ und vernetzt*, indem das Durchlaufen mehrerer Zyklen von Forschung und Entwicklung eine systematische Verschränkung der vier Arbeitsbereiche (s. o.) ermöglicht (u. a. Cobb et al. 2003, S. 10).

Während alle Entwicklungsforschungszugänge die Charakteristika *Theoriegeleitetheit*, *Praxisrelevanz* sowie *Iterativität* und *Vernetzung* teilen, werden die Gegenstands- sowie die Prozessorientierung im FUNKEN-Modell zusätzlich akzentuiert (u. a. Prediger & Link 2012; Hußmann et al. 2013).

Produkte Fachdidaktischer Entwicklungsforschung

Gemäß der zweifachen Ausrichtung von Entwicklungsforschung auf Entwicklung einerseits und Forschung andererseits sind auch die zu erwartenden Produkte auf zwei Ebenen zu verorten:

- Als *Forschungsprodukte* gelten zunehmend ausdifferenzierte und empirisch fundierte lokale Theorien zu Verläufen, Hürden, Bedingungen sowie Wirkungsweisen der gegenstandsspezifischen Lehr-Lern-Prozesse (Prediger et al. 2012, S. 458; Prediger & Link 2012, S. 29f).

- *Entwicklungsprodukte* können zum einen die Gestalt von Prototypen konkreter Lehr-Lern-Arrangements haben, die exemplarisch für den Unterrichtseinsatz erprobt werden (Gravemeijer 2001, S. 159f). Idealerweise werden diese anschließend in die breitere Unterrichtspraxis transferiert, als Gegenstand von Forschungsformaten wie Implementations- oder Interventionsstudien herangezogen oder sie finden Eingang in kommerzielle Lehr-Lern-Materialien (Prediger et al. 2012, S. 456; Prediger & Link 2012, S. 35). Zum anderen können Theorieelemente wie Design-Prinzipien oder die Strukturierung sowie Sequenzierung der Lerngegenstände als *Entwicklungsprodukte* auf Theorieebene angesehen werden und Designentscheidungen von Anschlussprojekten beeinflussen (Prediger et al. 2012, S. 456).

Ob das gleichzeitige Erreichen eines Designziels und das Erzielen eines theoretischen Ertrags überhaupt möglich sei, wird von Kritikern der Entwicklungsforschung hinterfragt (z. B. Philipps & Dolle 2006). Als Gegenargument zu dieser Kritik wird angeführt (Prediger et al. 2015, S. 883), dass das Angebot einer empirisch fundierten Theorie dazu, *wie eine Intervention funktioniert* für Lehrkräfte von größerem praktischen Wert ist, als zu wissen, *dass eine bestimmte Intervention besser funktioniert als eine andere* (Gravemeijer & Cobb 2006, S. 46). Zusammenfassend zeichnet sich die Entwicklungsforschung also dadurch aus, dass die Frage „Was funktioniert?" durch Antworten zu weiteren Fragen ergänzt wird:

„'What works' is underpinned by a concern for 'how, when, and why' it works, and by a detailed specification of what, exactly, 'it' is." (Cobb et al. 2003, S. 13)

Wie bereits angedeutet wurde, umfassen Entwicklungsforschungsstudien nicht zwangsläufig auch einen Wirksamkeitsnachweis hinsichtlich der Entwicklungsprodukte. Insbesondere mit Blick auf einen angestrebten Transfer etwa von konzipierten Lehr-Lern-Arrangements in die breitere Unterrichtspraxis erscheint ein solcher als Legitimation jedoch sinnvoll zu sein. Wie in der vorliegenden Arbeit kann dies etwa im Vergleich zu bestehenden Unterrichtskonzepten im Rahmen einer Interventionsstudie realisiert werden.

Im nächsten Abschnitt wird die Architektur des dieser Arbeit zugrunde liegenden Dissertationsprojektes mit seinen Forschungsebenen bzw. Arbeitsbereichen einschließlich seiner Einbettung in das ausführlich dargelegte Forschungsprogramm präsentiert. Im Gegensatz zu anderen in der Mathematikdidaktik verorteten, abgeschlossenen Entwicklungsforschungsprojekten (z. B. Richter 2014; Zwetzschler 2015), entstand dieses Dissertationsprojekt allerdings nicht im Rahmen des „Forschungs- und Nachwuchskollegs Fachdidaktische Entwicklungsforschung zu diagnosegeleiteten Lehr-Lern-Prozessen" (FUNKEN). Stattdessen war es in andere Entwicklungsforschungsprojekte eingebettet (s. Abschnitt 5.2).

5.2 Design des Gesamtprojektes mit seinen verschiedenen Arbeitsbereichen

Das der vorliegenden Arbeit zugrunde liegende Projekt ist zum einen in das längerfristige und umfassendere von Susanne Prediger geleitete Forschungs- und Entwicklungsprojekt „Mathematiklernen unter Bedingungen der Mehrsprachigkeit" (kurz MuM) eingebettet, das sich seit 2009 der Integration sprachlicher und fachlicher Aspekte beim Mathematiklernen in Entwicklung, Forschung und Professionalisierung widmet. Unter der Benennung „Teilprojekt MuM-Prozente" wurde eine Verankerung des Promotionsprojektes sowohl in den Teilaspekt „Fachliche und sprachliche Herausforderungen in Lernsituationen" des Arbeitsbereichs A von MuM „Grundlegende empirische Analysen zum Ineinandergreifen fachlicher und sprachlicher Herausforderungen" als auch in den Teilaspekt „Förderung durch Scaffolding bei der Vorstellungsentwicklung" des Arbeitsbereichs B „Entwicklung von sprach- und fachintegrierten Förderansätzen und Beforschung ihrer Wirkungen" vorgenommen, denn aus diesem Projektverbund speist sich die theoretische Rahmung.

Zum anderen liegt eine Einbettung des Dissertationsprojektes in das ebenfalls längerfristige und umfangreiche unter der Leitung von Christoph Selter und Susanne Prediger durchgeführte Entwicklungsforschungsprojekt „Mathe sicher können" vor. In dessen Rahmen steht die Entwicklung und Erprobung der Diagnose- und Fördermaterialien zur Prozentrechnung mit dem Ziel der Sicherung mathematischer Basiskompetenzen von rechenschwachen Lernenden im Fokus. Aus diesem Projekt speist sich also die Zielgruppe und der Anlass, genau dieses mathematische Thema zu bearbeiten. Es bildet außerdem den Rahmen, in dem die Materialien verfügbar gemacht wurden (Pöhler & Prediger 2017a / 2017b).

Das in dieser Arbeit partiell dokumentierte und in das Forschungsprogramm der Fachdidaktischen Entwicklungsforschung eingebettete Gesamtprojekt adressiert die folgenden drei Forschungsebenen mit eng miteinander verzahnten Arbeitsbereichen:

- *Bedingungsforschung* (Abschnitt 5.2.1 für einen Überblick) bestehend aus einer Bedingungsanalyse zu typischen (sprachlich bedingten) Hürden beim Umgang mit Prozenten (Prozente-Matrixtest in Kapitel 6 und 7) sowie einer Bedingungsanalyse zu sprachlichen Anforderungen des Umgangs mit Prozenten (Korpuslinguistische Analyse in Abschnitt 4.2).

- *Fachdidaktische Entwicklungsforschung* zu Prozenten (Abschnitt 5.2.2 für einen Überblick) in Entwicklungs- (Kapitel 8 und 9) und Forschungsperspektive (Kapitel 10 und 11).

- *Wirksamkeitsforschung* (Abschnitt 5.2.3 für einen Überblick) in Form eines Quasi-Experiments im Klassensetting mit Prä-Post-Erhebung (Kapitel 12).

Zusätzlich zur Auflistung im Fließtext bietet Abbildung 5.2.1 einen Überblick zu den in der vorliegenden Arbeit adressierten Forschungsebenen einschließlich der zugeordneten Arbeitsbereiche in ihren Zusammenhängen. Sie visualisiert zudem die Verortung der Arbeitsbereiche innerhalb der vorliegenden Dokumentation des Dissertationsprojektes (Dunkelgraufärbung für Thematisierung innerhalb des theoretischen Teils der Arbeit) und stellt die entstandenen Forschungs- bzw. Entwicklungsprodukte dar.

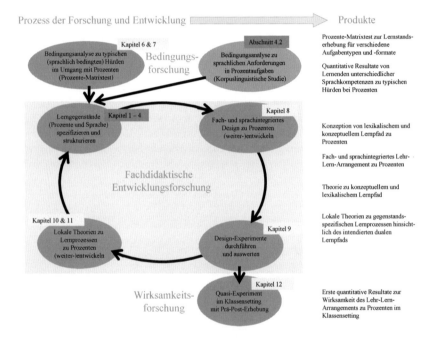

Abbildung 5.2.1   Arbeitsbereiche des Dissertationsprojektes im Zusammenhang zur Fachdidaktischen Entwicklungsforschung (adaptiert von Prediger et al. 2012, S. 453)

Die Art und Weise der Verknüpfung der genannten Forschungsebenen, ihre Zuordnung zu den Arbeitsbereichen des Zyklus der Fachdidaktischen Entwicklungsforschung im FUNKEN-Modell (Abschnitt 5.1) sowie ihre Thematisierung im weiteren Verlauf der Arbeit werden im Folgenden erläutert. Auf konkrete Details zu den einzelnen Arbeitsbereichen – etwa bezüglich ihres jeweiligen Designs oder angewandter Methoden – wird in diesem Überblick aber noch nicht eingegangen, sondern in den jeweiligen Kapiteln zu den einzelnen Bereichen.

5.2.1 Bedingungsforschung zu Prozenten

Bedingungsanalyse zu typischen (sprachlich bedingten) Hürden beim Umgang mit Prozenten (Prozente-Matrixtest)

Das quantitative Erhebungsinstrument des *Prozente-Matrixtests* wurde zunächst mit dem Ziel entwickelt, im Sinne einer *Bedingungsforschung* einen Beitrag zum Arbeitsbereich *Spezifizierung und Strukturierung des Lerngegenstands* der Prozente zu leisten. Die mithilfe des Prozente-Matrixtests generierten empirischen Befunde zu Lernständen von Lernenden im Umgang mit Prozentaufgaben verschiedener Typen und Formate (Abschnitte 1.1.3 bzw. 1.2.3 für diesbezügliche Hintergründe) lieferten dann hilfreiche Hinweise bezüglich der Verortung der Schwierigkeiten – insbesondere von sprachlich schwachen Lernenden. Diese beeinflussten die Spezifizierung des Lerngegenstands und im Sinne nötiger Relevanzsetzungen anschließend auch die Design-Entwicklung.

Insgesamt erfolgte ein durch eine Abfrage der Sprachbiographie sowie einer Erhebung der Sprachleistung begleiteter Einsatz des *Prozente-Matrixtests* in drei Erhebungsrunden (Abbildung 5.2.2 für einen Überblick mit Graufärbung der in der vorliegenden Arbeit dokumentierten Erhebung). Die Daten aus der ersten Erhebungsrunde mit N = 98 Lernenden aus dem achten bzw. neunten Jahrgang deutscher Gesamt- bzw. Hauptschulen (Pöhler 2014) wurden durch Daten aus der zweiten Erhebungsrunde mit N = 152 Lernenden ähnlichen Alters aus der deutschsprachigen Schweiz angereichert, die von der Kooperationspartnerin Esther Brunner bereitgestellt wurden (Pöhler, Prediger & Weinert 2016). Für die dritte Erhebungsrunde mit N = 308 Lernenden der siebten Klassen nicht-gymnasialer Schulformen, deren Daten im Erhebungs-Kontext des Projektes „Mathematisches Verständnis entwickeln mit ganzheitlicher oder fokussierter Sprachunterstützung – Empirische Studie zur differentiellen Wirksamkeit sprach- und fachintegrierter Förderansätze am Beispiel des Umgangs mit Brüchen" (MuM-Mesut) gewonnen wurden, erfolgte eine geringe Überarbeitung des Testinstruments (Pöhler, George, Prediger & Weinert 2017). Das Design dieses modifizierten Testinstruments sowie die Resultate dieser letzten Erhebungsrunde werden in Teil C dieser Arbeit (Kapitel 6 und 7) dargestellt.

Erhebung 1 (12 / 2013)

- 98 Lernende aus je einem Grundkurs des achten und neunten Jahrgangs einer Hauptschule und zwei Grundkursen sowie einem Erweiterungskurs eines neunten Jahrgangs
  einer Gesamtschule in Deutschland
- Einsatz der ersten Version des Prozente-Matrixtests, eines C-Tests sowie einer
  Sprachbiographieabfrage

Erhebung 2 (02 - 03 / 2014)

- 152 Lernende aus 10 Klassen der zweiten Stufen (altersmäßig vergleichbar mit dem
  achten Jahrgang in Deutschland) an sechs Sekundarschulen in der deutschsprachigen
  Schweiz
- Einsatz der ersten Version des Prozente-Matrixtests, eines C-Tests und einer Sprachbiographieabfrage (jeweils sprachlich auf Schweizer Bedürfnisse angepasst)

Erhebung 3 (05 - 06 / 2015)

- 308 Lernende aus 25 siebten Klassen von vier Gesamtschulen, zwei Realschulen
  sowie einer Sekundarschule in Deutschland
- Einsatz einer überarbeiteten Version des Prozente-Matrixtests, eines anderen C-Tests
  sowie einer Sprachbiographieabfrage

Abbildung 5.2.2   Überblick mit zeitlicher Verortung zu den drei Erhebungen mit dem Prozente-
                   Matrixtest im Rahmen der Bedingungsforschung

*Bedingungsanalyse zu sprachlichen Anforderungen des Umgangs mit Prozenten
(Korpuslinguistische Studie)*

Innerhalb der korpuslinguistischen Studie wurden in Text- und Prüfungsaufgaben zu Prozenten einerseits bildungssprachtypische Merkmale erfasst und andererseits Phrasen zum Ausdruck mathematisch relevanter Relationen inventarisiert (Niederhaus et al. 2016). Die dabei gewonnenen Erkenntnisse trugen
zur Spezifizierung und Strukturierung des Lerngegenstandes bei und fanden
demzufolge auch bei der (Weiter-)Entwicklung des Designs Berücksichtigung.
Die wichtigsten Ergebnisse dieses in Kooperation mit Constanze Niederhaus aus
dem Fachbereich „Deutsch als Zweit- bzw. Fremdsprache" durchgeführten Teil-
projekts wurden bereits innerhalb der theoretischen Ausführungen vorgestellt
und weiterverarbeitet (Abschnitt 4.2).

5.2.2   Fachdidaktische Entwicklungsforschung zu Prozenten

(Weiter-)Entwicklung eines fach- und sprachintegrierten Designs zu Prozenten

Ähnlich wie bei anderen Entwicklungsforschungsprojekten (Prediger et al. 2015, S. 882) wurde auch bei der (Weiter-)Entwicklung des Designs zu Prozenten eine doppelte Designherausforderung bewältigt, indem ein konzeptueller und ein lexikalischer Lernpfad gestaltet und tragfähig koordiniert werden mussten. Während für den konzeptuellen Lernpfad ein etabliertes Konzept zu Prozenten (van den Heuvel-Panhuizen 2003, Abschnitt 2.3.2) als solides Fundament fungieren konnte und lediglich Adaptionen und Anpassungen für die spezifische Zielgruppe vorgenommen werden mussten, konnte für die Entwicklung eines lexikalischen Lernpfads lediglich auf allgemeinere oder auf andere Lerngegenstände bezogene Prinzipien zurückgegriffen werden (Abschnitt 4.1.1). Insbesondere in Bezug auf die Gestaltung dieses lexikalischen Lernpfads zu Prozenten, die in höherem Maße einen kreativen Akt darstellte als die des konzeptuellen Lernpfads, lieferte die Bedingungsforschung (s. o.) hilfreiche Erkenntnisse.

Der konkrete Verlauf der iterativen – durch den Einsatz des Lehr-Lern-Arrangements in Design-Experimenten angestoßenen – (Weiter-)Entwicklung des Designs, etwa in Form von Umstrukturierungen oder Überarbeitungen, wird in der vorliegenden Arbeit nicht chronologisch dargestellt. Statt eines solchen Nachzeichnens des *Entwicklungsprozesses* erfolgt eine detaillierte Darstellung des *Entwicklungsprodukts*. Dieses besteht aus dem letztlich entwickelten fach- und sprachintegrierten Design zu Prozenten sowie dessen Konkretisierung in Form eines bereits publizierten Lehr-Lern-Arrangements (Kapitel 8, Pöhler & Prediger 2017a / 2017b).

Durchführung und Auswertung von Erprobungen des entwickelten Designs zu Prozenten in Form der nachträglichen Förderung in Kleingruppen

Im Hinblick auf den Arbeitsbereich *Design-Experimente durchführen und auswerten* wurden insgesamt vier iterative Design-Experiment-Zyklen im Kleingruppensetting (mit jeweils ein bis drei teilnehmenden Lernenden) vollzogen. Die Design-Experimente hatten allesamt den Charakter einer nachträglichen Förderung von schwachen Schülerinnen und Schülern. Genauere Informationen zu allen Zyklen, hinsichtlich ihrer zeitlichen Anordnung, ihres Umfangs sowie ihres Inhaltes, sind der Abbildung 5.2.3 zu entnehmen (Graufärbung bzw. Schraffierung der in der Dokumentation innerhalb der vorliegenden Arbeit intensiv behandelten bzw. überhaupt berücksichtigten Zyklen).

Angereichert wurden diese direkt im Dissertationsprojekt verorteten Design-Experimente, durch Erkenntnisse aus einer angegliederten Bachelorarbeit

(2013) sowie zwei Masterarbeiten (2014), die ebenfalls zur (Weiter-)entwicklung des Designs sowie des Lehr-Lern-Arrangements beigetragen haben. Obwohl mit den Design-Experimenten in Kleingruppen zwar – im Gegensatz zu Erprobungen im Klassenunterricht (s. u.) – nur ein Ausschnitt der Realität sozialen Lernens erfasst werden kann (Prediger & Link 2012, S. 31), fiel die Auswahl auf dieses Setting, da es sich in besonderem Maße zur Generierung gegenstandsspezifisch relevanter Erkenntnisse eignet. So ermöglicht die Partizipation weniger Lernender, dass ihre komplexen Lernprozesse besser erfasst, ausgewertet sowie dokumentiert werden können (Prediger et al. 2012, S. 457; Prediger, Komorek et al. 2013, S. 16). Dies eröffnet die Chance des Gewinns tieferer und detaillierterer Einsichten in ihr gegenstandsspezifisches Denken sowie über die abgelaufenen Lehr-Lern-Prozesse (Prediger et al. 2015, S. 879 und S. 883; Cobb et al. 2003).

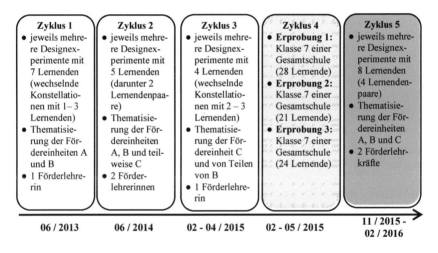

Abbildung 5.2.3   Überblick zu den fünf Design-Experiment-Zyklen in Kleingruppen und im Klassenunterricht mit zeitlicher Verortung

Durchgängig wurde versucht, die Design-Experimente (mindestens) mit Paaren von Lernenden durchzuführen, da die Anwesenheit mehrerer Lernender Interaktions-, Kommunikations- sowie Aushandlungsprozesse ermöglichen kann (Komorek & Duit 2004, S. 628f). Dies ist mit Blick auf das Design-Prinzip der diskursiven Kommunikationsanregung von besonderer Relevanz (Abschnitt 4.1.1). Die Prämisse konnte in der Regel erfüllt werden (Abbildung 5.2.3).

Die Auswahl der Lernenden für die verschiedenen Design-Experimente sowie ihre Zusammensetzung in Lernendenpaaren oder Kleingruppen, wurde unter den Kriterien einerseits einer gewissen Förderbedürftigkeit der Lernenden in

Bezug auf den Umgang mit Prozenten und andererseits der Integration von Lernendenpaaren mit unterschiedlichen Kombinationen an Sprachkompetenzen vorgenommen. Dazu wurde Absprache mit den jeweils zuständigen Mathematiklehrkräften genommen. Im fünften Zyklus wurde die Selektion der Lernenden durch Resultate von Standortbestimmungen gestützt, die auf die Fördereinheiten abgestimmt wurden (Pöhler & Prediger 2017b). Diese wurden unter dem diagnostischen Aspekt im Rahmen des Projektes „Mathe sicher können" entwickelt und innerhalb von Lehrveranstaltungen zur Diagnose und Förderung (im Wintersemester 2015 / 2016) pilotierend erprobt.

Trotz der ähnlichen Ausrichtung der erwähnten vier Design-Experiment-Zyklen in Kleingruppen auf die eingehende Betrachtung der stattfindenden Lehr-Lern-Prozesse, sind diese mit unterschiedlichen Zielsetzungen verknüpft:

In den ersten drei Zyklen stand die (Weiter-)Entwicklung verschiedener Elemente des Designs sowie die Überarbeitung bzw. Anpassung konkreter Aufgaben und Arbeitsaufträge des Lehr-Lern-Arrangements im Vordergrund. Dafür waren zwischen den Zyklen verschieden intensive Optimierungsschleifen nötig.

Im Zuge dieses Entwicklungsprozesses fand ferner auch die Ausdifferenzierung und Verfeinerung geeigneter Analysemethoden statt. Bei der Auswertung des zweiten Zyklus kristallisierten sich etwa die Spurenanalyse bzw. die Rekonstruktion von Bedeutungsketten (Prediger & Pöhler 2015 bzw. Pöhler & Prediger 2015 für Anwendung auf Daten des zweiten Zyklus) als passende Analysemethoden zur Rekonstruktion der Lernwege der Schülerinnen und Schüler heraus. Die Anwendung der erstgenannten Methode zur Datenauswertung in optimierter Form auf Daten aus dem fünften Zyklus (Erprobung des letztendlich entwickelten Lehr-Lern-Arrangements in Design-Experimenten mit Lernendenpaaren) ist Gegenstand des Teils E der vorliegenden Arbeit (Kapitel 10 und 11). Aus diesen exemplarischen Analysen werden in der vorliegenden Arbeit lokale Theorien als Forschungsprodukte (Arbeitsbereich: *Lokale Theorien weiterentwickeln*) abgeleitet. Im Sinne illustrierender Einblicke in die Bedeutungskonstruktionen einzelner Lernender zu Konzepten zu Prozenten werden in Abschnitt 9.4 exemplarische rekonstruierte Bedeutungsketten präsentiert.

Durchführung und Auswertung von Erprobungen des entwickelten Designs zu Prozenten in Form des Erstzugangs im Klassenunterricht

„Studien, die zunächst vor allem der Generierung theoretischen Wissens zu typischen individuellen Lernverläufen und Hürden dienen, [sollen] im zweiten Schritt jedoch ergänzt werden durch Design-Experimente in Klassenzimmern mit der ganzen sozialen Komplexität des Lernens mit 30 Schülerinnen und Schülern." (Prediger, Komorek et al. 2013, S. 16)

Dem vorstehenden Plädoyer folgend, wurde das konzipierte Lehr-Lern-Arrangement als Entwicklungsprodukt auch im Feldexperiment erprobt, und zwar nicht als wiederholende Förderung, sondern als Erstzugang zum Umgang mit Prozenten. Solche Erprobungen im Klassenunterricht, die für die Dissemination des

Designs in die Breite eine wichtige Voraussetzung darstellen, haben zumeist allerdings nicht die Funktion, Substantielles zu dessen (Weiter-)Entwicklung beizusteuern (Prediger & Link 2012, S. 38). Stattdessen dienen sie – wie auch in der vorliegenden Arbeit – eher dessen Absicherung.

So wurde im Rahmen dieses Promotionsprojektes zur Überprüfung der Eignung des gestalteten Lehr-Lern-Arrangements für den Klassenunterricht bisher ein Erprobungszyklus durchgeführt. An diesem partizipierten insgesamt drei siebte Klassen mit ihren regulären Mathematiklehrkräften (Zyklus 4 in Abbildung 5.2.3 für Details).

Aufgrund der vielfältigeren, in Klassensituationen auftretenden Einflussfaktoren (Hußmann et al. 2013, S. 33) erschien ein direkter Transfer des anhand der Durchführung von Design-Experimenten in Kleingruppen (weiter-)-entwickelten Lehr-Lern-Arrangements in den Klassenunterricht nicht angemessen zu sein. Daher wurden im Vorfeld der ersten Designerprobung (Erprobung 1 in Zyklus 4 in Abbildung 5.2.3) gemeinsam mit der Fachlehrerin notwendige Modifikationen des Lehr-Lern-Arrangements für den Klassenunterricht erarbeitet (Prediger, Komorek et al. 2013, S. 16f). Neben Entscheidungen auf methodischer Ebene, umfasst die Adaption insbesondere ein eigens entwickeltes Angebot an zusätzlichen, differenzierend einzusetzenden Aufgaben – vor allem zum Üben, aber auch zum Weiterdenken.

Der letztendliche, 24 Unterrichtsstunden umfassende, Einsatz des Lehr-Lern-Arrangements zu Prozenten in adaptierter Version wurde zum Großteil (75 %) von der Verfasserin der vorliegenden Arbeit begleitet, gefilmt und teilweise transkribiert. Zum Einsatz des Lehr-Lern-Arrangements im Klassenunterricht werden in der vorliegenden Arbeit zwar keine systematischen Analysen dokumentiert, zu dessen Illustration werden in Kapitel 9 jedoch exemplarische Einblicke in den Unterricht der erwähnten Lerngruppe gegeben.

Unter der Prämisse, dass ein wiederholter Einsatz eines konzipierten Designs in einer Vielfalt von Settings als wesentlich angesehen wird (Gravemeijer & Cobb 2006, S. 26), wurden Erprobungen in zwei weiteren, parallel unterrichteten Klassen initiiert (Erprobungen 2 und 3 in Zyklus 4 in Abbildung 5.2.3). Der Unterrichtsprozess der beiden erwähnten Klassen wurde zwar nur partiell begleitet bzw. unter Forschungsaspekten betrachtet (Pöhler & Prediger 2017 für exemplarische illustrierende Einblicke in den Unterricht), ein Teil der Lernenden der Lerngruppen bildet jedoch die Interventionsgruppe der in Abschnitt 5.2.3 zu skizzierenden Untersuchung im Sinne einer Wirksamkeitsforschung.

5.2.3 Wirksamkeitsforschung zu Prozenten

Mit dem Ziel, die Wirksamkeit des Lehr-Lern-Arrangements zum Umgang mit Prozenten nachzuweisen, wurden quantitative Methoden der Wirksamkeitsforschung eingesetzt (Kapitel 12 in Teil F). Dazu wurde bisher eine kleine quasi-experimentelle Interventionsstudie mit Kontrollgruppe durchgeführt, die im Prä-

Post-Test-Design angelegt ist (Abbildung 5.2.4, Graufärbung von Elementen, die im Rahmen dieses Dissertationsprojektes bearbeitet wurden).

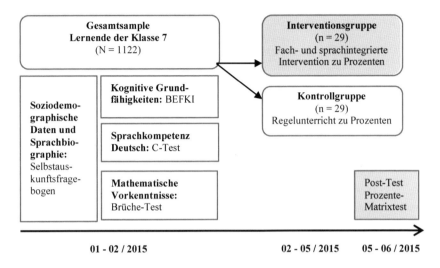

Abbildung 5.2.4   Überblick zu Design und Instrumenten zur Wirksamkeitsforschung zu Prozenten mit zeitlicher Verortung

Die Interventionsgruppe besteht aus N = 29 Lernenden, die im vierten Design-Experiment-Zyklus an der zweiten bzw. dritten Erprobung im Klassenunterricht teilgenommen haben (Abbildung 5.2.3) und etwa 15 Stunden à 45 Minuten anhand des Lehr-Lern-Arrangements zu Prozenten unterrichtet wurden. In die Kontrollgruppe werden ebenfalls N = 29 Lernende aufgenommen, die parallel konventionell zu Prozenten unterrichtet wurden. Diese Lernenden wurden so gematcht, dass sie sich laut des Vortests in Bezug auf ihre mathematischen Vorkenntnisse, ihre kognitiven Grundfähigkeiten und ihre Sprachkompetenzen als vergleichbar mit den Lernenden der Interventionsgruppe erweisen.

Zur Erhebung der anschließend zu vergleichenden Lernergebnisse der Schülerinnen und Schüler wurde als Posttest der Prozente-Matrixtest eingesetzt, der auch für die Bedingungsforschung verwendet wurde (Abschnitt 5.2.1).

Die Darstellung der einzelnen Arbeitsbereiche des vorliegenden Dissertationsprojektes sowie dessen Einbettung in das Forschungsprogramm der Fachdidaktischen Entwicklungsforschung diente der Schaffung eines Gesamtüberblicks zu dieser Arbeit bzw. ihrem Kontext. Ein solcher ist hilfreich, um die auf den verschiedenen Ebenen verorteten empirischen Resultate, die nachfolgend in den Kapiteln 6 bis 12 präsentiert werden, einordnen zu können.

C   Bedingungsforschung zu Prozenten

Wie im theoretischen Teil (Teil A) der vorliegenden Arbeit dargelegt wurde, haben vielfältige Studien (u. a. Heinze et al. 2007; Prediger et al. 2015) gezeigt, dass sprachlich schwache Lernende in (mathematischen) Leistungstests schlechter abschneiden als sprachlich Starke (Abschnitt 3.1.1). Vor allem für einzelne mathematische Inhaltsbereiche wie dir Prozente ist allerdings nicht endgültig geklärt, ob dies tatsächlich im Textformat vieler der eingesetzten Aufgaben begründet liegt (Abschnitt 1.2.3). Dieser Annahme folgend werden zwar häufig besondere Probleme von Lernenden beim Umgang mit Textaufgaben betont (u. a. Duarte et al. 2011), es existieren aber auch Studien (u. a. van den Heuvel-Panhuizen 2005), die eine verstärkte Zugänglichkeit zu Aufgaben durch Texte nachweisen können (Abschnitt 1.2.3). Erste, jedoch nicht themenspezifische, Hinweise darauf, dass sprachlich schwache Lernende nicht allein an Lesehürden scheitern, sondern für ihre Schwierigkeiten auch konzeptuelle Hürden verantwortlich sind, gibt die Studie zu den nordrhein-westfälischen Zentralen Prüfungen Mathematik am Ende der Klasse 10 (u. a. Wilhelm 2016, Abschnitt 3.1.1).

Die hier in knapper Form wiederholten Erkenntnisse lassen demnach themenspezifische Analysen der Zusammenhänge zwischen konzeptuellen Hürden und Lesehürden bei der Rezeption von Textaufgaben lohnenswert erscheinen, die vor allem sprachlich schwache Lernende fokussieren. Im Sinne der Erforschung gegebener Bedingungen können derartige Einsichten bei der Konzeption eines sprach- und fachintegrierten Lehr-Lern-Arrangements zu Prozenten dazu beitragen, dass Design-Entscheidungen, etwa bezüglich der Ausrichtung geplanter Sprachförderungsmaßnahmen, forschungsbasiert getroffen werden können.

Zielführend für eine solche Untersuchung scheint zu sein, den Umgang von Lernenden mit Textaufgaben systematisch dem Umgang mit Items gegenüberzustellen, denen einerseits zwar vergleichbare konzeptuelle Anforderungen inhärent sind, die andererseits aber ein anderes Aufgabenformat aufweisen. Als solches werden in der vorliegenden Arbeit alternative Repräsentationsformen von Aufgaben operationalisiert, wobei neben dem Textformat das entkleidete Format (mit vorwiegend symbolischer Repräsentation oder formalbezogenen Fachbegriffen) sowie das graphische Format (mit graphischer Repräsentation im Prozentstreifen) unterschieden werden (Abschnitt 1.2.3).

Eine derartige Untersuchung, in der die Anforderungen in Bezug auf das Aufgabenformat systematisch variiert werden, könnte ferner zur Minimierung einer Forschungslücke in Bezug auf die Thematik der Prozente beitragen. So wurden bisher Studien zum Zusammenhang zwischen Sprachkompetenz und Fähigkeit zum Umgang mit Prozenten im Allgemeinen bzw. zum Umgang mit

© Springer Fachmedien Wiesbaden GmbH 2018
B. Pöhler, *Konzeptuelle und lexikalische Lernpfade und Lernwege zu Prozenten*, Dortmunder Beiträge zur Entwicklung und Erforschung des Mathematikunterrichts 35, https://doi.org/10.1007/978-3-658-21375-6_7

unterschiedlichen Aufgabenformaten im Speziellen nur marginal und in wenig systematischer Art und Weise vorgenommen (Abschnitt 1.2.3).

Aufgrund des angenommenen Potenzials einer derartigen Analyse, werden in diesem Abschnitt zwei Forschungsfragen (Abschnitt 4.4) adressiert:

F1: Wie hängen konzeptuelle Hürden (die auch im entkleideten und graphischen Format auftreten können) und Lesehürden (die im Textformat noch hinzukommen können) beim Umgang mit Prozentaufgaben verschiedener Aufgabentypen zusammen?

F2: Inwiefern sind hinsichtlich des Zusammenhangs zwischen konzeptuellen Hürden und Lesehürden Unterschiede zwischen sprachlich starken und sprachlich schwachen Lernenden zu erkennen?

Vor den beschriebenen Hintergründen und mit dem Ziel, die angeführten Forschungsfragen zu bearbeiten, wurde der sogenannte *Prozente-Matrixtest* entwickelt. In diesem schriftlichen Test, der in diesem Abschnitt der Aufklärung von Bedingungen beim Umgang mit Prozenten dient (Abschnitt 5.2 für die Einbettung in das Design des Gesamtprojektes), sind Items verschiedener Aufgabentypen sowie -formate integriert, die systematisch zusammengestellt wurden.

Mit dem Fokus auf dem erwähnten eigens konzipierten Instrument (Abschnitt 6.1.3), werden in Kapitel 6 das Design, die Stichprobe, die Analysefragen sowie die Methoden zur Auswertung der Bedingungsanalyse vorgestellt.

Dem Verständnis von Bedingungsforschung folgend, sollten die anhand des *Prozente-Matrixtests* gewonnenen Erkenntnisse zu typischen Hürden von Lernenden mit differierenden Sprachkompetenzen beim Umgang mit Prozenten in die (Weiter-)Entwicklung des zu gestaltenden Konzepts zu Prozenten einfließen (Kapitel 8). Obwohl dies für alle Erhebungsrunden des *Prozente-Matrixtests* galt (Abbildung 5.2.2 in Abschnitt 5.2.1 für einen Überblick zu den drei Erhebungsrunden), hatten die ersten zwei Erhebungsrunden eher pilotierenden Charakter. Im Anschluss an diese wurde das Erhebungsinstrument leicht angepasst. Aufgrund dessen wird in Abschnitt 6.1.3 jene Version des *Prozente-Matrixtests* vorgestellt, die in der dritten Erhebungsrunde Einsatz fand.

Aus dieser letzten Erhebungsrunde stammen ebenso die Resultate, die im Kapitel 7 der vorliegenden Arbeit präsentiert (Abschnitt 7.1 und 7.2) und hinsichtlich ihrer Konsequenzen – unter anderem für die (Weiter-)Entwicklung des fach- und sprachintegrierten Designs zu Prozenten – diskutiert werden (Abschnitt 7.3). Nähere Informationen zur ersten Erhebungsrunde finden sich in Pöhler (2014), Details zur Kumulation der ersten und zweiten Erhebung werden in Pöhler, Prediger und Weinert (2016) vorgestellt.

6 Methoden der Bedingungsanalyse

6.1 Design und Instrumente der Bedingungsanalyse

6.1.1 Methoden und Instrumente zur Erfassung der Hintergrundvariablen

In allen drei Erhebungsrunden (Abbildung 5.2.2 in Abschnitt 5.2.1 für Überblick) wurde dem schriftlichen *Prozente-Matrixtest* ein *Fragebogen zur Erhebung von Hintergrundvariablen* vorangestellt, die der genaueren Charakterisierung der Gesamtstichprobe bzw. der Teilstichproben dienen, die anschließend anhand der Sprachkompetenz der Lernenden (Abschnitt 6.1.2 für Darstellung des eingesetzten C-Tests) gebildet wurden (Abschnitt 6.2 für Darstellung der Samples der dritten Erhebungsrunde).

Durch die Einbettung der dritten Erhebungsrunde des *Prozente-Matrixtests* (mit N = 308 Lernenden) in die umfangreichen Erhebungen im Rahmen des DFG-Projektes MuM-MESUT (Prediger & Wessel 2017, im Druck; Wessel & Prediger 2017) liegen neben den detailreichen Fragebogendaten der Lernenden zusätzlich Informationen über ihre *kognitiven Grundfähigkeiten* und *mathematischen Kompetenzen bezüglich der Thematik der Brüche* vor, die als adäquate mathematische Vorkenntnisse für den Umgang mit Prozenten gelten können.

Erfasst wurden die erwähnten Daten Anfang 2015 mithilfe der nachfolgend vorzustellenden Methoden und Instrumente.

Fragebogen zu soziodemographischen Daten sowie Sprachbiographie

Anhand des ausführlichen Selbstauskunftsbogens werden folgende soziodemographische Daten der Lernenden ermittelt:

- *Alter*

- *Geschlecht*

- *Familienstruktur*: Abfrage der etwaigen Anzahl an Geschwistern bzw. ob die Befragten die ältesten Kinder der Familie sind.

- *Migrationshintergrund:* Operationalisierung über eigenes Geburtsland bzw. Geburtsländer von Mutter und Vater, wobei ein Migrationshintergrund zugewiesen wird, sofern die Befragten *selbst oder mindestens ein Elternteil im Ausland geboren* sind.

- *Sozioökonomischer Status (SES):* Erfassung anhand des etablierten *visualisierten Bücherindexes von Paulus (2009)*, der eines unter vielfältigen möglichen Instrumenten zur Ermittlung des SES darstellt (ebd., S. 2f für einen

Überblick). Wie eine Reihe von Untersuchungen (u. a. Schnabel & Schwippert 2000) zeigt, kann der heimische Buchbestand als adäquater Indikator für den sozialen Status einer Familie fungieren (Paulus 2009, S. 3). Der Bücherindex von Paulus (2009) gilt als zeitökonomisch und weist eine Retest-Reliabilität in vertretbarer Größenordnung (r = .81) auf (S. 5ff). Er basiert auf einer abschätzenden Antwort der Lernenden zu der Frage „Wie viele Bücher gibt es bei deiner Familie insgesamt zu Hause?", für die fünfstufige Antwortoptionen zur Auswahl stehen (ebd., S. 5). Zur Gewährleistung der sprachlichen Fairness werden die schriftlichen Formulierungen der Antwortskalen durch Illustrationen von mehr oder weniger gefüllten Bücherregalen ergänzt (ebd.). Für die statistischen Auswertungen innerhalb dieser Arbeit werden die fünf Antwortoptionen in die drei Kategorien „niedriger SES" (Antwortoptionen „keine oder nur sehr wenige" und „genug, um ein Regalbrett zu füllen"), „mittlerer SES" (Antwortoption „genug, um ein Regal zu füllen") und „niedriger SES" (Antwortoptionen „genug um drei Regale zufüllen" und „über 200 Bücher") eingeteilt.

• *Sprachbiographie:* Generierung anhand von fünf Items, die auf die Erhebung von (Zweit-)Sprachgewohnheiten in verschiedenen Kontexten bzw. mit verschiedenen Personenkreisen, von Sprachgegebenheiten im familiären Umfeld, von Selbstauskünften zu rezeptiven und (schriftlich) produktiven Sprachkompetenzen sowie der Sprachnutzung beim Kopfrechnen abzielen. In der vorliegenden Arbeit werden die erfassten Daten zur Operationalisierung der Mehrsprachigkeit genutzt, indem Lernende als mehrsprachig kategorisiert werden, die *mit mindestens einem Eltern- oder Großelternteil nicht (nur) Deutsch sprechen.*

Brüchetest zur Erhebung mathematischer Vorkenntnisse der Lernenden

Als Prä-Test zur Erhebung von relevantem Vorwissen für den Umgang mit Prozenten (Abschnitt 1.1.2) fungierte für die Lernenden, die an der dritten Erhebungsrunde des *Prozente-Matrixtests* teilnahmen, ein sogenannter *Brüchetest* (Prediger & Wessel 2017, im Druck). Die Auswahl von Fähigkeiten hinsichtlich der Brüche als relevante mathematische Vorkenntnisse (anstatt etwa solche in Bezug auf das proportionale Denken oder Grundvorstellungen zur Division) erfolgte aus forschungspragmatischen Gründen, genauer gesagt aus der Einbettung der Bedingungsforschung in den größeren Forschungskontext des DFG-Projektes MuM-MESUT (s. o.), das die Thematik der Brüche fokussiert.

Der verwendete *Brüchetest* besteht aus 28 Items und stellt eine verkürzte sowie adaptierte Version eines standardisierten Tests dar, der von Wessel (2015) auf Basis eines niederländischen Instruments (Bruin-Muurling 2010) entwickelt wurde. Er intendiert die Erhebung von konzeptuellem Verständnis zum Anteilbegriff und deckt Inhaltsbereiche wie die Teil-Ganzes-Vorstellung sowie die relative Anteils-Vorstellung von Brüchen, Bruchvergleiche, die Gleichwertigkeit von Brüchen oder die Identifikation relativer Anteile in Situationen ab (Wessel & Prediger 2017). Einen zusätzlichen Fokus des Tests bildet das Prinzip der Darstellungsvernetzung (Abschnitt 4.1.2; Wessel 2015, S. 154f). Als Darstellungsmittel wird unter anderem der Bruchstreifen herangezogen, der als Vorstufe doppeltskalierter Prozentstreifen angesehen werden kann (Abschnitt 2.3.3).

Anhand der Resultate des angepassten Brüchetests, der eine gute interne Konsistenz aufweist (Cronbachs Alpha von 0.833 bezogen auf die Gesamtstichprobe (N = 1122) des ersten Messzeitpunktes des Projektes MuM-MESUT), werden Schülerinnen und Schüler als mathematisch schwach hinsichtlich des Themenfelds der Brüche eingestuft, wenn sie einen Score von weniger als 15 der maximal 28 Punkte erzielen (Wessel & Prediger 2017).

BEFKI-Test zur Erhebung der kognitiven Grundfähigkeiten der Lernenden

Zur Erfassung der kognitiven Grundfähigkeiten der Lernenden wurde eine Teilskala der fluiden Intelligenz des noch unveröffentlichten Tests BEFKI (Berliner Test zur Erfassung fluider und kristalliner Intelligenz) 5 – 7 (adaptierte Version des BEFKI 8 von Wilhelm et al. 2014) verwendet. Bezogen auf die Gesamtstichprobe des Projektes MuM-MESUT erreicht der Test ein Cronbachs Alpha von 0.763 (Prediger & Wessel 2017, im Druck).

Der verwendete Untertest des Intelligenztests enthält 16 in ihrem Format übereinstimmende Items, in denen jeweils eine Folge von drei Bildern vorgegeben ist, die sich nach bestimmten Regeln verändert. Aus einem Angebot von je drei Alternativen müssen jeweils zwei passende Visualisierungen ausgewählt werden, die die gegebene Folge sinnvoll auf fünf Bilder ergänzen. In der eingesetzten Teilskala des BEFKI 5 - 7 können maximal 16 Punkte erreicht werden.

6.1.2 C-Test zur Ermittlung der Sprachkompetenz

Die Ermittlung der allgemeinen Sprachleistungen der Lernenden im Deutschen, die anschließend als Kriterium zur Bildung der Teilstichproben herangezogen werden (Abschnitt 6.2), erfolgt in der vorliegenden Arbeit mithilfe sogenannter C-Tests. Das Instrument, das nachfolgend näher vorgestellt wird, eignet sich für einen Einsatz im Rahmen des hier dokumentierten Projektes unter anderem aufgrund seiner zeitökonomischen Durchführbarkeit, sowohl parallel zum Prozente-Matrixtest (relevant für die ersten beiden Erhebungsrunden sowie die erste Klassenerprobung) als auch innerhalb von Förderungen (bedeutsam für die Design-Experimente in Kleingruppen).

Allgemeine Informationen zu C-Tests zur Ermittlung globaler Sprachkompetenz

Im Allgemeinen stellen C-Tests standardisierte Messinstrumente zur globalen Feststellung der generellen Sprachkompetenz dar, die jenseits der Primarstufe einzusetzen sind (Redder et al. 2011 für Überblick zu Verfahren zur Sprachstandserhebung) und sich in vielfältigen Untersuchungen als reliabel, durchführungsobjektiv, valide und relativ ökonomisch hinsichtlich Durchführung sowie Auswertungszeit bewährt haben (Redder et al. 2011, S. 18; Grotjahn 2002; S. 211). Eine erfolgreiche Einsetzbarkeit wird C-Tests vor allem für Situationen attestiert, die – wie im Fall des Prozente-Matrixtests – auf eine Sprachstandsfeststellung abzielen, die vom vorangehenden Unterricht bzw. von der individuellen Lernbiographie weitgehend unabhängig ist (Grotjahn 2002, S. 211).

Entwickelt wurde das Verfahren in den 1980er-Jahren von Klein-Braley und Raatz als Alternative zum Cloze-Test, der aus einem Text besteht, in dem in regelmäßigen Abständen einzelne Worte getilgt sind (Daller 1999, S. 72ff; Grotjahn 2002, S. 211f). C-Tests umfassen typischerweise eine Auswahl mehrerer kurzer Texte zu verschiedenen Themen (zumeist vier oder fünf Texte à 60 bis 80 Wörter), die mit aufsteigendem Schwierigkeitsgrad angeordnet werden (ebd.). Innerhalb jedes Teiltextes wird eine übereinstimmende Anzahl von Tilgungen vorgenommen, wobei in der Regel ab dem zweiten Wort des zweiten Satzes bis zum vorletzten Satz jeweils bei jedem zweiten Wort (mit Ausnahme etwa von Eigennamen) die zweite Hälfte (bzw. ein Buchstabe weniger) getilgt wird (Grotjahn 2002, S. 211f; Abbildung 6.1.1 für exemplarischen C-Test-Teiltext).

3. Familien in der Steinzeit

Seit wann es Familien gab, wissen wir nicht. Doch sel____ bei d____ Schimpansen

bil____ das Weib____ mit sei____ verschieden al____ Kindern ei____ feste Gru____

innerhalb d____ Trupps, u____ ein Schimpansenj_____ muss e____ regelrecht

ler____, sich rich____ zu bene_____. Auch „Freunds_____ " kommen v____.

Einfacher dür____ wir u____ das Zusammen_____ schon der frühesten Menschen

nicht vorstellen.

Abbildung 6.1.1   Beispiel eines als eher bildungssprachlich eingeschätzten Textes aus dem C-Test, der dritten Erhebungsrunde (Daller 1999, S. 183)

Bei der Auswertung der Teiltexte wird für jede exakte oder akzeptable Rekonstruktion der 20 bis 25 Originalwörter ein Punkt vergeben (Grotjahn 2002, S. 217; Daller 1999, S. 74). Als akzeptabel gelten alternative Lösungen, wenn sie semantisch und grammatisch korrekt sind (Grotjahn 2002, S. 217).

Die Interpretation der individuellen, über die Punktzahlen der Teiltexte aufsummierten C-Test-Scores erfolgt in der Regel bezugsgruppenorientiert (Grotjahn et al. 2002, S.218; so auch in Abschnitt 6.2) oder durch Vergleich mit Normgruppen (Kniffka et al. 2007, S. 7f). Letzteres wird zur Einschätzung der sprachlichen Ressourcen der Lernenden aus den Design-Experimenten ausgenutzt (Kapitel 10 und 11).

Beschreibung der in der vorliegenden Arbeit eingesetzten C-Test-Versionen

Innerhalb des Projektes, das in der vorliegenden Arbeit dokumentiert wird, wurden zwei unterschiedliche C-Test-Versionen (A und B) eingesetzt.

So fand in den ersten beiden Erhebungsrunden des *Prozente-Matrixtests* und ebenfalls bei der Erfassung der Sprachkompetenz der Lernenden, die an den ersten drei Design-Experiment-Zyklen sowie an der ersten Klassenerprobung partizipiert haben (Abschnitt 5.2.2), ein von Kniffka et al. (2007) entwickelter C-Test Verwendung (Version A). Dieser C-Test (Version A) wurde primär für den Förderunterricht konzipiert und soll einen Beitrag in der Diskussion zur Sprachstandsbestimmung von Lernenden aller Schulformen im Alter zwischen 10 und 18 Jahren mit Deutsch als Zweitsprache leisten (ebd., S. 3). Die Version (A) umfasst fünf Texte mit je 20 Lücken, wobei den Lernenden für deren Ergänzung pro Text maximal fünf Minuten zur Verfügung stehen (ebd.). Die Testentwickelnden konstatieren bezüglich der Auswertung, dass ab einem Gesamtscore von 60 der maximal 100 Punkte von einem grundlegenden Verständnis der Texte ausgegangen werden kann und Lernende mit hoher Sprachkompetenz im Deutschen etwa 90 Punkte erzielen (ebd., S. 7).

Die C-Test-Variante (B), die im fünften Design-Experiment-Zyklus sowie in der zweiten und dritten Klassenerprobung eingesetzt wurde, besteht aus einer Auswahl von drei Texten mit jeweils 20 Lücken, die von Daller (1999) gestaltet wurden. Während der erste Text („Der Mann von gegenüber") von einer Expertengruppe als alltagssprachlich eingestuft wurde, wurden die anderen beiden Texte („Die Besiedlung Europas" bzw. „Familien in der Steinzeit", vgl. Abbildung 6.1.2) als bildungssprachlich charakterisiert (ebd., S. 79ff und S. 182f). Über alle Items hinweg zeigt der C-Test eine gute interne Konsistenz ($\alpha = 0.776$ für Gesamtstichprobe des Projektes MuM-MESUT, Wessel & Prediger 2017).

6.1.3 Prozente-Matrixtest

Die nachfolgenden Erläuterungen der Konzeption des sogenannten *Prozente-Matrixtests*, beziehen sich – wie erwähnt – auf die in der dritten Erhebungsrunde eingesetzte Version (Abbildung 5.2.2 in Abschnitt 5.2.1 für einen Überblick). Sie unterscheidet sich von der Vorversion vor allem durch eine größere Anzahl an Aufgaben im entkleideten Format und eine stärkere Parallelisierung durch

Anpassung der Zahlenwerte zu den Textaufgaben (Pöhler et al. 2016 für nähere Informationen zur Vorversion des Prozente-Matrixtests).

In seinem endgültigen Design besteht der als Paper-Pencil-Test konstruierte *Prozente-Matrixtest* aus 18 vermischt angeordneten Items (Tabelle 6.1.1 für Überblick zur dem Test zugrunde liegenden Matrix sowie Tabellen 6.1.2 und 6.1.3 für nach Aufgabentypen sortierten Überblick). Die Items bilden systematische Kombinationen aus den jeweils drei *Aufgabentypen* (*„Prozentwert gesucht"*, *„Grundwert gesucht"*, *„Neuer Prozentwert und prozentuale Differenz gegeben, Grundwert gesucht"* (kurz *„Grundwert gesucht nach Verminderung"*) und *Aufgabenformaten* (*entkleidetes Format, graphisches Format, Textformat*). Dabei nimmt jedes Item exakt auf einen Aufgabentypen und ein Aufgabenformat Bezug, wobei pro Aufgabenformat je ein (beim graphischen Format) bis drei Items (beim Textformat) für jeden Aufgabentypen integriert wurden. Diese zahlenmäßige Beschränkung der Items dient der forschungspragmatischen Anpassung an die begrenzte Konzentrationszeit der Lernenden.

Tabelle 6.1.1: Matrix zur Verdeutlichung der Kombinationen aus Aufgabentypen und Aufgabenformaten im Prozente-Matrixtest

Aufgabentypen / Aufgabenformate	Prozentwert gesucht	Grundwert gesucht	Grundwert gesucht nach Verminderung
Entkleidetes Format	• Item 1 • Item 6	• Item 2 • Item 5	• Item 4 • Item 7
Graphisches Format	• Item 16	• Item 17	• Item 18
Textformat	• Item 9 • Item 12 • Item 14	• (Item 3) • Item 8 • Item 11 • Item 15	• Item 10 • Item 13

Aufgreifen dreier Aufgabentypen zu Prozenten im Prozente-Matrixtest

Neben den beiden Grundaufgabentypen *„Prozentwert gesucht"* und *„Grundwert gesucht"* wurde in den *Prozente-Matrixtest* der komplexere Aufgabentyp *„Grundwert gesucht nach Verminderung"* integriert, bei dem der neue Prozentwert und die prozentuale Differenz gegeben sind und der Grundwert gesucht ist (Abschnitt 1.1.3 zur Charakterisierung der Aufgabentypen). Die drei ausgewählten Aufgabentypen erfordern unterschiedliche Mathematisierungen und scheinen für die Lernenden verschiedene konzeptuelle Hürden zu beinhalten. So wird bisherigen Studien zufolge erwartet, dass der Aufgabentyp *„Prozentwert gesucht"* den Lernenden die geringsten und der komplexere, mehrschrittige Aufgabentyp *„Grundwert gesucht nach Verminderung"* die größten Schwierigkeiten bereitet (Abschnitt 1.2.2 für Erkenntnisse aus empirischen Untersuchungen zum Umgang von Lernenden mit verschiedenen Aufgabentypen). Die Entscheidung, im *Prozente-Matrixtest* die Grundaufgabentypen *„Prozentwert und Grundwert gesucht"* zu integrieren und auf den Grundaufgabentypen *„Prozentsatz gesucht"* zu verzichten, wurde mit Blick auf dessen potentiell einfachere Identifikation in Textaufgaben getroffen, die allein auf der Betrachtung der Einheiten fußen kann.

Die erwähnten drei Aufgabentypen werden im *entkleideten*, im *graphischen* und im *textlichen Format* präsentiert.

Aufgreifen dreier Aufgabenformate im Prozente-Matrixtest

Die Aufgaben des *entkleideten Formats* lassen sich dadurch charakterisieren, dass ihr Aufgabentyp expliziert wird. Dazu werden sie in einer möglichst textentlasteten, überwiegend symbolischen Form (etwa 75 % von 1000 g im Fall von Item 1 in Tabelle 6.1.2) und gemeinsam mit dem formalbezogenen Ausdruck aus dem technischen Register (*„Prozentwert"* oder *„Grundwert"*) präsentiert, der zum gesuchten Konzept passt.

Tabelle 6.1.2: Aufgabenset in drei verschiedenen Formaten zum Aufgabentyp „Prozentwert gesucht"

Aufgabenset für den Aufgabentyp "Prozentwert gesucht"	
Entkleidetes Format	• (Item 1: Prozentwert gesucht I) Wie viel sind 75 % von 1000 g? Bestimme den Prozentwert. • (Item 6: Prozentwert gesucht II) Wie viel sind 60 % von 1400 €? Bestimme den Prozentwert.
Graphisches Format	• (Item 16: Prozentstreifen – Prozentwert gesucht) Wie viel GB wurden schon heruntergeladen? Bestimme den fehlenden Wert! **Download von manga.mp4 nach folder Films** 0 % 25 % 100 % 0 GB 100 GB
Textformat	• (Item 9: Kartoffeln) Kartoffeln bestehen zu 75 % aus Wasser. Wie viel Wasser (in g) sind in 1000 g Kartoffeln enthalten? • (Item 12: "Aktion Mensch") Eine Schule überweist 60 % der Einnahmen bei einem Schulfest an die "Aktion Mensch". Die Einnahmen betrugen 1400 €. Wie viel Geld überweist die Schule? • (Item 14: Tombola) 30 % des bei einem Sportfest im Rahmen einer Tombola erzielten Erlöses in Höhe von 700 € fließen einem guten Zweck zu. Wie hoch ist die Spende?

Tabelle 6.1.3:   Aufgabensets in drei verschiedenen Formaten zu den Aufgabentypen „Grundwert gesucht" und „Grundwert gesucht nach Verminderung"

Aufgabenset für den Aufgabentyp "Grundwert gesucht"	
Entkleidetes Format	• (Item 2: Grundwert gesucht I) 5 % sind 250 €. Bestimme den Grundwert. • (Item 5: Grundwert gesucht II) 800 € sind 40 %. Bestimme den Grundwert.
Graphisches Format	• (Item 17: Prozentstreifen – Grundwert gesucht) Was wird hier gesucht? Bestimme den fehlenden Wert! **Download von manga.mp4 nach folder Films** 0 % 75 % 100 % 0 GB 9 GB
Textformat	• (Item 8: Küchenkauf) Familie Mays erhält beim Kauf einer Küche einen Preisnachlass von 250 €, das sind 5 % des regulären Preises. Wie hoch ist der Normalpreis der Küche? • (Item 11: Urlaubsreise) Für eine Urlaubsreise hat Frau Fuchs 40 % der Reisekosten angezahlt, das waren 800 €. Wie teuer ist die Reise? • (Item 15: Jeans) Herr Koch bezahlt im Sommerschlussverkauf für eine Jeans 40 €. Die Jeans wurde auf 80 % reduziert. Wie teuer war die Jeans vorher?
Textformat (invers)	• (Item 3: Grundwert gesucht - invers) Schreibe zur Aufgabe "5 % sind 250 €." eine passende Textaufgabe. Beachte: Der Grundwert ist gesucht.
Aufgabenset für den Aufgabentyp "Grundwert nach Verminderung gesucht"	
Entkleidetes Format	• (Item 4: Verminderter Grundwert I) Berechne den alten Preis (Grundwert). Neuer Preis: 30 €. Rabatt: 40 %. • (Item 7: Verminderter Grundwert II) Berechne den alten Preis (Grundwert). Neuer Preis: 450 €. Ermäßigung: 10 %.
Graphisches Format	• (Item 18: Prozentstreifen - Verminderter Grundwert) Was wird hier gesucht? Bestimme die fehlenden Werte! **Download von manga.mp4 nach folder Films** 0 % 100 % 30 % 0 GB 14 GB
Textformat	• (Item 10: Kleid) Frau Schmidt bezahlt im Sommerschlussverkauf für ein Kleid 30 €. Das Kleid wurde um 40 % reduziert. Wie teuer war das Kleid vorher? • (Item 13: Heimtrainer) Eine Kundin kauft in einem Sportgeschäft einen Heimtrainer. Sie bezahlt für das Sportgerät 450 €. Da sie Mitglied eines Sportvereins ist, hat sie eine Ermäßigung in Höhe von 10 % bekommen. Wie hoch ist der Normalpreis des Heimtrainers?

Mit dem Einsatz dieses sprachlich entlasteten Aufgabentyps soll das Vorhandensein von konzeptuellem Verständnis überprüft werden.

Demselben Zweck dienen die Aufgaben im *graphischen Format* (etwa Item 18 in Tabelle 6.1.3), für die auf das etablierte Prozentstreifenmodell zurückgegriffen wird (van den Heuvel-Panhuizen 2003; Abschnitt 2.3.2 und 2.3.3). Zur kontextuellen Einbettung wird Downloadkontext ausgewählt (u. a. Prediger 2013; van Galen & van Eerde 2013), sodass die Prozentstreifen als Ladebalken illustriert sind. Die Resultate der Lernenden bei den Aufgaben im graphischen Format können demnach als Indikator für den Grad der Zugänglichkeit des Prozentstreifens allgemein bzw. speziell seiner Erscheinungsform als Ladebalken fungieren. Dies ist für die (Weiter)-Entwicklung des Lehr-Lern-Arrangements zu Prozenten besonders relevant (Kapitel 8), da der Prozentstreifen aufgrund seiner eingestuften Qualität als durchgängige graphische Darstellung (Abschnitt 2.3.2 und 2.3.3) und das Downloaden aufgrund seiner Alltagsrelevanz für Teenager initial als Einstiegskontext (Abschnitt 8.2.1) ausgewählt wurden.

Den Kern des *Prozente-Matrixtests* bilden die zwei bzw. drei pro Aufgabentyp konstruierten Textaufgaben (teilweise von Hafner 2012 übernommen). Diese stellen (so weit wie anzahlmäßig möglich) sprachlich formulierte und kontextuell eingebettete Varianten der entkleideten Aufgaben dar (Parallelität der Items 1 und 9, 6 und 12, 2 und 8, 5 und 11, 4 und 10 sowie 7 und 13) und enthalten variierende potentielle sprachliche Hürden. Genauer gesagt erfolgt über die Textaufgaben hinweg eine Variation der sprachlichen Formulierungen der strukturtragenden Elemente, die zur Rekonstruktion der mathematischen Beziehungen in den Textaufgaben extrahiert werden müssen (Duarte et al. 2011; Tabelle 6.1.4).

Tabelle 6.1.4: Variation der sprachlichen Formulierungen der strukturtragenden Elemente innerhalb der Textaufgaben des Prozente-Matrixtests

Strukturtragende Elemente sprachlicher Art						
	Verb	Präposition	Kasus	Nominalisierung	Adverb / Adjektiv	Tempus
Aufgabentyp „Prozentwert gesucht"						
Item 9	bestehen / enthalten	aus / in				
Item 12	überweisen		der	Einnahmen		betrugen
Item 14	zufließen		des	Erlöses		
Aufgabentyp „Grundwert gesucht"						
Item 8	erhalten		des	Preisnachlass von / Normalpreis	regulär	
Item 11	anzahlen		der			waren / angezahlt haben
Item 15	reduzieren	auf			vorher	wurde / war
Aufgabentyp „Grundwert gesucht nach Verminderung"						
Item 10	reduzieren	um			vorher	wurde / war
Item 13				Ermäßigung in Höhe von / Normalpreis		

Dies zielt darauf ab, gegebenenfalls Hypothesen überprüfen zu können, ob Textaufgaben gleichen Aufgabentyps mit verschiedenen sprachlichen Merkmalen für Lernende mit bestimmten Sprachkompetenzen unterschiedlich schwer sind. So kann untersucht werden, ob bestimmte sprachliche Elemente auf Wort- und Satzebene, die für die Bildungssprache als charakteristisch gelten und denen laut der korpuslinguistischen Studie in Textaufgaben zu Prozenten eine bedeutende Rolle zukommt (Niederhaus et al. 2016, S. 155, Abschnitt 4.2), tatsächlich schwierigkeitsgenerierend wirken.

Hinweise zur Identifikation des jeweiligen Aufgabentyps können – wie anhand von Beispielen aus dem *Prozente-Matrixtest* aufgezeigt werden soll – insbesondere die nachfolgend aufgelisteten sprachlichen Merkmale liefern. In Textaufgaben treten diese zumeist in Kombination auf.

- *Verben (oft mit Präpositionen)*: Das Verb „anzahlen" in Item 11 „Urlaubsreise" weist etwa darauf hin, dass der dazu angegebene Betrag den Prozent- und nicht den Grundwert, also den Gesamtpreis der Reise, darstellt.

- *Präpositionen*: Insbesondere die Items 10 „Kleid" und 15 „Jeans", die bis auf die Präpositionen zum Verb „reduzieren" („um" respektive „auf"), die agierenden Subjekte bzw. die erworbenen Produkte übereinstimmen, zeigen exemplarisch die Relevanz der Beachtung der Präpositionen auf, die in diesem Fall unterschiedliche Mathematisierungen erforderlich machen.

- *Kasus*: Wie beispielsweise in Item 12 „Aktion Mensch", in dem die Phrase „60 % der Einnahmen" auf die Verknüpfung zwischen dem Prozentsatz und dem Grundwert hinweist, sind innerhalb der Textaufgaben teilweise Genitivattribute zu dekodieren.

- *Nominalisierungen*: An Item 13 „Heimtrainer" wird deutlich, dass in Nominalisierungen relevante Hinweise auf die passende Mathematisierung der jeweiligen Textaufgabe codiert sein können. Um festzustellen, dass die notierte Prozentangabe nicht etwa den Prozentsatz darstellt, sondern die prozentuale Verminderung des gesuchten Grundwerts, muss die als typisch bildungssprachlich geltende Phrase „Ermäßigung (in Höhe von)" (Abschnitt 3.2.1) verstanden werden.

- *Adverbien oder Adjektive:* Auch Adverbien oder Adjektive können für die Identifikation der gegebenen bzw. gesuchten Angaben zentral sein. Das Adjektiv „regulär" vor dem Nomen „Preis" in Item 8 „Küchenkauf" codiert beispielsweise die Zusammenhänge zwischen dem gegebenen Prozentsatz und dem gesuchten Grundwert.

- *Tempus:* Die Rekonstruktion mathematischer Beziehungen in Textaufgaben kann ebenso über die temporalen Gegebenheiten erfolgen. So ist etwa in Item 11 „Urlaubsreise" der Tempuswechsel innerhalb der Aufgabe wichtig zum Verständnis der textlich dargebotenen Situation, denn er codiert, was schon bezahlt wurde und was noch bezahlt werden muss.

Neben den angeführten strukturtragenden sprachlichen Elementen können in vielen Textaufgaben auch Kenntnisse über die gegebenen Kontexte die Identifikation des jeweiligen Aufgabentyps unterstützen. Zum Beispiel könnte in Item 11 „Urlaubsreise" Wissen darüber, dass bei der Buchung von Pauschalreisen häufig prozentuale Anzahlungen getätigt werden müssen, hilfreich sein, um zu erkennen, dass es sich bei den gegebenen 800 € um den Prozentwert (absolute Höhe der Anzahlung) handelt. Dieses Wissen könnte gegebenenfalls mit dem sozioökonomischen Status der Lernenden zusammenhängen; diese Korrelationen werden aufgrund des Schwerpunkts der vorliegenden Arbeit auf der Rolle der Sprachkompetenzen allerdings nicht im Detail betrachtet.

Angenommen wird in der Literatur, dass das Gelingen des Dekodierens prinzipiell mit der Art der strukturtragenden Elemente sowie ihrer Verknüpfung innerhalb der Textaufgabe zusammenhängt. Potentielle Schwierigkeiten der Lernenden können dabei anhand ihrer Verortung auf verschiedenen Ebenen des Leseprozesses, genauer gesagt auf der Wort-, Satz- und Textebene kategorisiert werden (Christmann & Groeben 1999). Eine mögliche auf der Wortebene angesiedelte Problematik, von der Gürsoy et al. (2013) in Bezug auf einen anderen Kontext berichten, könnte die Missinterpretation des Nomens „Erlös" aus Item 14 „Tombola" etwa in Richtung der Bedeutung von „Erlösung" (S. 22) oder allgemeiner fehlendes oder unpassendes Verständnis der Bedeutung bestimmter Ausdrücke darstellen. Auf der Satzebene gelten zum Beispiel Mittel zur Verdichtung der Textaufgaben, wie die Nebensatzeinsparung durch Partizip-II-Attribut („bei einem Sportfest im Rahmen einer Tombola erzielten Erlöses") in Item 14 „Tombola" als möglicherweise schwierigkeitsgenerierend. Auf Textebene besteht die Herausforderung im Erkennen von Referenzstrukturen. So erfordert die Identifikation des Grundwertes in Item 12 „Aktion Mensch" beispielsweise die Kombination des Genitiv-Attributs „der Einnahmen" mit dem Inhalt des zweiten Satzes, in dem deren Höhe angegeben ist.

Abrundung erfahren die insgesamt acht Textaufgaben zu den drei verschiedenen Aufgabentypen durch eine inverse Aufgabe zum Aufgabentyp „*Grundwert gesucht*" (Item 3, Tabelle 6.1.3), in der die Lernenden aufgefordert sind, zu einer entkleideten Aufgabe eine passende Textaufgabe zu formulieren. Der Einsatz dieser Aufgabe zielt ebenfalls darauf ab, das konzeptuelle Prozentverständnis zu erfassen. So wird die Fähigkeit zur Formulierung eigener Textaufgaben in besonderem Maße als Indiz für das Vorliegen eines Verständnisses der zugrunde liegenden Konzepte gewertet (Bell et al. 1984; Strick 1995).

6.2 Stichproben der Bedingungsanalyse

In diesem Abschnitt wird zunächst die Gesamtstichprobe charakterisiert. Anschließend erfolgt die Darstellung der Teilstichproben, die anhand der mit einem

C-Test (Abschnitt 6.1.2) ermittelten Sprachkompetenz der Lernenden gebildet
wurden.

Darstellung der Gesamtstichprobe

Um in den insgesamt 25 Testklassen an sieben Schulen (vier Gesamt-, zwei Realschulen und eine Sekundarschule) eine bestmögliche Durchführungsobjektivi-
tät gewährleisten zu können, wurde den Testleitungen ein Leitfaden für den Einsatz des *Prozente-Matrixtests* bereitgestellt. Inklusive Einführungen dauerte die
Durchführung 90 Minuten. Insgesamt umfasst die hier fokussierte Gesamtstichprobe, deren relevantesten deskriptiven Daten in der zweiten Spalte von Tabelle
6.2.1 aufgeführt sind, 158 Schülerinnen und 150 Schüler im Alter von 12 bis 16
Jahren.

Tabelle 6.2.1: Deskriptive Daten zur Charakterisierung der Gesamtstichprobe und der Teilstichproben (eingeteilt nach C-Test)

	Gesamtstichprobe	Teilstichprobe sprachlich schwacher Lernender	Teilstichprobe sprachlich starker Lernender
Anzahl an Lernenden	308	207	101
Anzahl an Schulen / Klassen	7 / 25	6 / 22	7 / 25
Alter *m (SD)*	12,69 (0.86)	12,73 (0.66)	12,61 (0.70)
Geschlecht: Anteil männlich / weiblich	49 % / 51 %	53 % / 47 %	40 % / 60 %
Migrationshintergrund: Anteil Ja / Nein	53 % / 47 %	57 % / 43 %	44 % / 56 %
Mehrsprachigkeit: Anteil Ja / Nein	54 % / 46 %	60 % / 40 %	42 % / 58 %
SES: Bücherindex niedrig / mittel / hoch	33 % / 33 % / 34 %	37 % / 34 % / 30 %	25 % / 33 % / 42 %
Math.Vorkenntnisse: Brüchetest *m (SD)*	12,42 (4.98)	11,16 (4.52)	15,00 (4.89)
Kognitive Grundfähigkeit: BEFKI *m (SD)*	8,48 (3.62)	7,78 (3.48)	9,92 (3.47)
Sprachkompetenz: C-Test *m (SD)*	36,82 (9.27)	32,08 (7.28)	46,55 (3.52)

Nach eigenen Angaben haben von den insgesamt N = 308 Lernenden 53 % einen Migrationshintergrund, was hier bedeutet (Abschnitt 6.1.1), dass entweder
sie selbst und / oder mindestens ein Elternteil nicht in Deutschland geboren
sind. Ein ähnlich hoher Anteil (54 %) der Gesamtstichprobe wurde als mehrsprachig eingestuft aufgrund der Angabe, mit mindestens einer Person des nähe-

ren Umfelds (Eltern- oder Großelternteil) (auch) eine vom Deutschen abweichende Sprache zu sprechen (Abschnitt 6.1.1). Jeweils etwa einem Drittel der Lernenden kann laut der fünfstufigen Bücherskala ein niedriger (33 %), mittlerer (33 %) bzw. hoher (34 %) sozioökonomischer Status zugeordnet werden.

Die berechneten Mittelwerte für die anhand des Brüchetests ermittelten relevanten mathematischen Vorkenntnisse für Prozente, für die mit dem BEFKI-Test erfasste kognitive Grundfähigkeit sowie für die mithilfe des C-Tests erhobene Sprachkompetenz betragen 12,42 von 28, 8,48 von 16 bzw. 36,82 von 60 möglichen Gesamtpunkten.

Bildung und Darstellung der Teilstichproben

Die erzielten Scores der einzelnen Lernenden beim zuletzt angeführten Instrument des C-Tests werden zur Bildung der zu vergleichenden Teilstichproben mit verschiedenen Sprachkompetenzen herangezogen. Diese Teilstichprobenbildung ist insbesondere für die Bearbeitung der zweiten Forschungsfrage notwendig, mit der potentielle Leistungsdifferenzen zwischen den sprachlich starken und schwachen in den Blick genommen werden.

Die Einteilung erfolgt datenbasiert mithilfe eines auch von Prediger und Wessel (2017, im Druck) genutzten Cut-Offs von 41 im C-Test-Score: unter 41 Punkten wurden Lernende als „sprachlich schwach", ab 42 Punkten als „sprachlich stark" eingestuft. Damit fallen in dieser relativ schwachen Gesamtstichprobe zwei Drittel der Lernenden (n = 207) unter die sprachlich Schwachen und ein Drittel (n = 101 Lernende) unter die sprachlich Starken.

Der Vergleich der ebenfalls in Tabelle 6.2.1 angeführten Kennzeichen der zwei gebildeten Sprachkompetenzgruppen zeigt, dass in der Teilstichprobe der sprachlich Schwachen durchschnittlich ältere Lernende (m = 12,73 zu m = 12,61) sowie ein höherer Anteil an männlichen (53 % zu 40 %) und mehrsprachigen Lernenden (60 % zu 42 %) sowie solchen mit Migrationshintergrund (57 % zu 44 %) vorhanden sind als in der Teilstichprobe der sprachlich Starken. Anzumerken ist jedoch, dass der Anteil an Lernenden in der Teilstichprobe der sprachlich Starken, der als mehrsprachig klassifiziert wurde bzw. einen Migrationshintergrund hat, mit über 40 % als bemerkenswert hoch einzuschätzen ist.

Des Weiteren ist zu konstatieren, dass in der Gruppe der sprachlich Starken einen höherer Anteil an Lernenden einen hohen sozioökonomischen Status aufweist (42 % zu 30 %) und im Brüchetest (15,00 zu 11,16), im BEFKI-Test (9,92 zu 7,78) sowie qua Definition, da die Sprachkompetenz als stichprobenbildendes Kriterium fungiert, im C-Test (46,55 zu 32,08) höhere Mittelwerte erzielt als die Teilstichprobe der sprachlich Schwachen.

6.3 Forschungs- und Analysefragen der Bedingungsanalyse

Auf Basis des dargelegten Designs des *Prozente-Matrixtests* können die zwei Forschungsfragen (F1 und F2) zur Bedingungsforschung (Abschnitt 4.4) konkretisiert und ausdifferenziert werden.

So sollen die nachfolgend angeführten Analysefragen (A1a bis A1c) einen Beitrag zur Bearbeitung der erstgenannten Forschungsfrage F1 *Wie hängen konzeptuelle Hürden (die auch im entkleideten und graphischen Format auftreten können) und Lesehürden (die im Textformat noch hinzukommen können) beim Umgang mit Prozentaufgaben verschiedener Aufgabentypen zusammen?* leisten. Während sich die erste Analysefrage itemübergreifend auf die Ebene von Aufgabentypen und -formaten bezieht, fokussieren die letzten beiden Analysefragen die Ebene einzelner Items (Überblick in Tabelle 6.3.1).

A1a: Wie erfolgreich lösen Lernende verschiedene *Aufgabentypen* (1) und *Aufgabenformate* (2) zu Prozenten?

A1b: Wie erfolgreich lösen Lernende *parallel formulierte Items mit gleichem Aufgabenkern* zu Prozenten *im entkleideten Format bzw. im Textformat?*

A1c: Wie erfolgreich lösen Lernende verschiedene *Items im Textformat mit unterschiedlichen Aufgabenkernen und differierenden sprachlichen Charakteristika* zu einzelnen Aufgabentypen?

Der zweiten Forschungsfrage F2 *Inwiefern sind hinsichtlich des Zusammenhangs zwischen konzeptuellen Hürden und Lesehürden Unterschiede zwischen sprachlich starken und schwachen Lernenden zu erkennen?* wird anhand der nachfolgend aufgelisteten Analysefragen nachgegangen:

A2a: Wie unterscheiden sich bei *sprachlich starken und schwachen Lernenden* die Lösungshäufigkeiten zu verschiedenen *Aufgabentypen* (1) und *Aufgabenformaten* (2) zu Prozenten?

A2b: Wie unterscheiden sich bei *sprachlich starken und schwachen Lernenden* bei *parallel formulierte Items* mit gleichem Aufgabenkern die Differenzen zwischen *entkleidetem Format und Textformat?*

A2c: Wie unterscheiden sich bei sprachlich starken und schwachen Lernenden die Lösungshäufigkeiten bei *Items im Textformat zu Prozenten mit* unterschiedlichen Aufgabenkernen und *differierenden sprachlichen Charakteristika* zu einzelnen Aufgabentypen?

Wie Tabelle 6.3.1 veranschaulicht, werden mit den Analysefragen A1a-c und A2a-c jeweils für die Gesamtstichprobe (Analysefragen A1a-c) und die Gegenüberstellung beider Teilstichproben (Analysefragen 2a-c) Vergleiche unterschiedlicher Ebenen der Matrix des *Prozent-Matrixtests* angesteuert: horizontaler Vergleich der Aufgabentypen in a.1, vertikaler Vergleich der Aufgabenformate in a.2 über alle Aufgabentypen hinweg, Vergleich der Aufgabenformate innerhalb der Aufgabentypen bei gleichem Aufgabenkern in b und innerhalb des Textformats über verschiedene sprachliche Anforderungen in c.

Tabelle 6.3.1: Veranschaulichung zur Ansteuerung verschiedener Ebenen der Matrix zum Prozente-Matrixtest durch die Analysefragen A1a-c und A2a-c

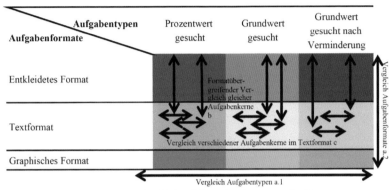

Vergleich auf Ebene des Gesamtsamples A1a-c
sowie innerhalb der Sprachgruppen und über diese hinweg A2a-c

6.4 Methoden zur Auswertung der Daten des Prozente-Matrixtests

Die *Prozente-Matrixtests* aller Lernenden (N = 308) wurden im Juli 2015 anhand eines Kodierleitfadens durch geschulte Studierende korrigiert sowie ausgewertet, der bereits für die Pilotierung entwickelt und dann optimiert wurde. Die Auswertung der achtzehn Items erfolgte binär codiert (mit den Werten 0 für falsche bzw. 1 für korrekte Bearbeitungen), sodass im Gesamttest ein Maximalscore von 18 Punkten erzielt werden konnte. Mit der Binärkodierung der Itembearbeitung durch die Lernenden wird das Testen von Hypothesen ermöglicht. Insbesondere zu den Teilstichproben unterschiedlicher Sprachkompetenz sind dabei folgende literaturbasiert aufgestellte Hypothesen zum Zusammenhang zwischen konzeptuellen Hürden und Lesehürden für die Bearbeitung der beiden Forschungsfragen (Abschnitt 6.3) zentral:

- Hypothese H1: Lernende lösen die Aufgaben im Textformat weniger erfolgreich als die Aufgaben im entkleideten Format, da durch das Textformat in besonderem Maße Lesehürden evoziert werden, die zu den konzeptuellen Hürden hinzukommen (u. a. Carpenter et al. 1980; Cummins et al. 1988; Kouba et al. 1988; Duarte et al. 2011; Abschnitt 1.2.3).

- Hypothese H2: Lernende lösen die Aufgaben im graphischen Format erfolgreicher als die Aufgaben im entkleideten und im Textformat, da graphische Modelle die Zugänglichkeit zu Situationen erleichtern können (Walkington et al. 2013; Abschnitt 1.2.3).

- Hypothese H3: Die Differenzen zwischen den Lösungshäufigkeiten der sprachlich starken und schwachen Lernenden erweisen sich für das Textformat als größer als für das entkleidete und das graphische Format, da geringere Sprachkompetenzen insbesondere bei zusätzlichen Lesehürden im Textformat relevant werden (u. a. Abedi et al. 2001; Duarte et al. 2011; Abschnitt 3.1.1).

Der Versuch, die zu den angeführten Hypothesen gehörigen Nullhypothesen zu widerlegen, wurde – mit Unterstützung der Statistikerin Henrike Weinert – mithilfe von t-Tests, also Tests zur Überprüfung von Unterschiedshypothesen (Bortz & Schuster 2010, S. 117ff), unternommen. Dabei wurde im Fall des t-Tests für unabhängige Stichproben, bei dem es sich um einen statistischen Signifikanztest handelt, der zwei Gruppen auf einen Unterschied bezüglich ihrer Mittelwerte eines intervallskalierten Merkmals untersucht (ebd., S. 585), auf eine Modifikation von Welch zurückgegriffen. Diese eignet sich im Fall heterogener Varianzen, die etwa durch ungleiche Gruppengrößen zustande kommen (ebd., S. 123f). Festgelegt wurde dabei ein Signifikanzniveau von 5 %, sodass ein Ergebnis als signifikant bzw. sehr signifikant gilt, wenn der ermittelte p-Wert höchstens $\alpha = 0,05$ bzw. $\alpha = 0,01$ beträgt (ebd., S. 585). Der p-Wert steht dabei für die Wahrscheinlichkeit, dass bei Gültigkeit der Nullhypothese das gefundene oder ein extremeres Ergebnis eintritt (ebd., S. 583). Zur Interpretation der Größe der betrachteten Effekte wurde zudem das Effektstärke-Maß d von Cohen (Bortz & Schuster 2010, S. 108f) berechnet. Dabei gilt ein Wert zwischen $d = 0,2$ und $d = 0,5$ als kleiner, ein Wert zwischen $d = 0,5$ und $d = 0,8$ als mittelgroßer und ein Wert ab $d = 0,8$ als großer Effekt (ebd.). Verwendet wurden die angeführten statistischen Methoden auch zur Überprüfung von Unterschieden, die für die Diskussion der einzelnen Analysefragen von Relevanz sind.

Die Durchführung des Prozente-Matrixtests im Rahmen der Pilotierung ergab, dass die abgeleiteten Hypothesen nicht alle bestätigt werden konnten. Besonders erwähnenswert ist, dass sprachlich schwache Lernende zwar – wie angenommen – geringere Lösungshäufigkeiten bei Textaufgaben zeigten, nicht erwartungsgemäß aber ähnliche Leistungsdifferenzen ebenfalls hinsichtlich der übrigen Aufgabenformate auszumachen waren (Ablehnung H3: Pöhler 2014; Pöhler et al. 2016). Dies motivierte zu der hier beschriebenen Studie mit größerem Gesamtsample und einem optimierten Testinstrument (Abschnitt 6.1.3).

Neben der in der vorliegenden Arbeit dokumentierten deskriptiven Auswertung (Kapitel 7), erfolgte ferner in Kooperation mit zwei Statistikerinnen eine Auswertung der mit dem Prozente-Matrixtest erhobenen Daten mit einem zweidimensionalen Modell (Cognitive diagnosis model). Ein Bericht über die dabei erzielten Resultate, indem auch eine Präsentation des Modells vorgenommen wird, findet sich in Pöhler, George, Prediger & Weinert (2017).

7 Ergebnisse der Bedingungsanalyse

Gegenstand dieses Kapitels bildet die Bearbeitung der beiden folgenden Forschungsfragen:

F1: Wie hängen konzeptuelle Hürden (die auch im entkleideten und graphischen Format auftreten können) und Lesehürden (die im Textformat noch hinzukommen können), beim Umgang mit Prozentaufgaben verschiedener Aufgabentypen zusammen? (Abschnitt 7.1)

F2: Inwiefern sind hinsichtlich des Zusammenhangs zwischen konzeptuellen Hürden und Lesehürden Unterschiede zwischen sprachlich starken und schwachen Lernenden zu erkennen? (Abschnitt 7.2).

Entlang der ausdifferenzierten Analysefragen A1a-c, A2a-c (Abschnitt 6.3) werden dazu die Ergebnisse von N = 308 Lernenden dargestellt, die mit dem *Prozente-Matrixtest* (Abschnitt 6.1.3) gewonnen wurden. Während in Abschnitt 7.1 die Resultate des Gesamtsamples zum Umgang mit verschiedenen Aufgabentypen und -formaten im Fokus stehen (Abschnitt 6.2 für Charakterisierung des Gesamtsamples), erfolgt in Abschnitt 7.2 eine differenzierte Betrachtung der Ergebnisse zweier Teilstichproben (Abschnitt 6.2), die anhand ihrer durch den C-Test (Abschnitt 6.1.2) erhobenen Sprachkompetenzen gebildet wurden. Abschnitt 7.3 besteht dann aus einer Zusammenfassung der Resultate der Bedingungsanalyse und formulierten Konsequenzen für das Entwicklungs-Kapitel 8.

7.1 Ergebnisse des Gesamtsamples beim Prozente-Matrixtest

7.1.1 Ergebnisse zum Umgang mit Aufgabentypen und Aufgabenformaten

Erste deskriptive Ergebnisse vom Prozente-Matrixtest in der Gesamtstichprobe sowie den gebildeten Teilstichproben von sprachlich starken und schwachen Lernenden sind in Tabelle 7.1.1 dargestellt, und zwar für einzelne Items. Ferner zeigt Tabelle 7.1.2 die Ergebnisse der drei Stichproben für die verschiedenen Aufgabentypen und -formate. Die Daten werden im Folgenden entlang der Analysefragen A1a-c diskutiert.

© Springer Fachmedien Wiesbaden GmbH 2018
B. Pöhler, *Konzeptuelle und lexikalische Lernpfade und Lernwege zu Prozenten*, Dortmunder Beiträge zur Entwicklung und Erforschung des Mathematikunterrichts 35, https://doi.org/10.1007/978-3-658-21375-6_8

Tabelle 7.1.1: Deskriptive Ergebnisse des Prozente-Matrixtests in der Gesamtstichprobe und in den Teilstichproben mit Fokus auf die Itemebene

	Gesamt-stich-probe	Teilstich-probe sprachlich Schwache	Teilstich-probe sprachlich Starke
Lösungshäufigkeiten für den Aufgabentyp "Prozentwert gesucht"	41 %	34 %	55 %
Entkleidetes Format	53 %	45 %	70 %
Item 1: Prozentwert gesucht I	63 %	57 %	76 %
Item 6: Prozentwert gesucht II	44 %	34 %	63 %
Graphisches Format	62 %	57 %	72 %
Item 16: Prozentstreifen – Prozentwert gesucht			
Textformat	26 %	19 %	39 %
Item 9: Kartoffeln	34 %	27 %	50 %
Item 12: "Aktion Mensch"	23 %	16 %	37 %
Item 14: Tombola	20 %	14 %	32 %
Lösungshäufigkeiten für den Aufgabentyp "Grundwert gesucht"	37 %	31 %	48 %
Entkleidetes Format	50 %	43 %	65 %
Item 2: Grundwert gesucht I	48 %	40 %	66 %
Item 5: Grundwert gesucht II	51 %	45 %	63 %
Graphisches Format	31 %	28 %	36 %
Item 17: Prozentstreifen – Grundwert gesucht			
Textformat	30 %	25 %	40 %
Item 8: Küchenkauf	37 %	32 %	49 %
Item 11: Urlaubsreise	39 %	33 %	50 %
Item 15: Jeans	13 %	9 %	22 %
Textformat (invers)	22 %	12 %	44 %
Item 3: Grundwert gesucht – invers			
Lösungshäufigkeiten für den Aufgabentyp "Grundwert gesucht nach Verminderung"	15 %	13 %	19 %
Entkleidetes Format	11 %	8 %	16 %
Item 4: Grundwert gesucht nach Verminderung I	9 %	8 %	12 %
Item 7: Grundwert gesucht nach Verminderung II	13 %	9 %	20 %
Graphisches Format			
Item 18: Prozentstreifen – Grundwert gesucht nach Verminderung	22 %	21 %	25 %
Textformat	17 %	15 %	20 %
Item 10: Kleid	15 %	14 %	17 %
Item 13: Heimtrainer	18 %	15 %	24 %
Lösungshäufigkeit für den Gesamttest	31 %	26 %	42 %
Lösungshäufigkeiten für entkleidetes Format	38 %	32 %	50 %
Lösungshäufigkeiten für graphisches Format	38 %	35 %	44 %
Lösungshäufigkeiten für Textformat	25 %	20 %	35 %

Tabelle 7.1.2: Deskriptive Ergebnisse des Prozente-Matrixtests in der Gesamtstichprobe und in den Teilstichproben mit Fokus auf die Ebene von Aufgabentypen und Aufgabenformaten

	Gesamt-stich-probe	Teilstichprobe sprachlich Schwache	Teilstichprobe sprachlich Starke	p-Wert	Cohens d
Lösungshäufigkeit für Gesamttest	**31 %**	**26 %**	**42 %**	**< 0,01**	**0,634**
Lösungshäufigkeiten für einzelne Aufgabentypen					
Prozentwert gesucht	41 %	34 %	55 %	< 0,01	0,443
Grundwert gesucht	37 %	31 %	48 %	< 0,01	0,338
Grundwert gesucht nach Verminderung	15 %	13 %	19 %	0,02	0,162
Lösungshäufigkeiten für einzelne Aufgabenformate					
entkleidetes Format	38 %	32 %	50 %	< 0,01	0,374
graphisches Format	38 %	35 %	44 %	< 0,01	0,187
Textaufgaben	25 %	20 %	35 %	< 0,01	0,335

Analysefrage A1a.1: Wie erfolgreich lösen Lernende verschiedene Aufgabentypen zu Prozenten?

Wie die Tabelle 7.1.1 überblicksmäßig zeigt, sind für den Grundaufgabentyp *„Prozentwert gesucht"* Lösungshäufigkeiten der Lernenden der Gesamtstichprobe in Höhe von 41 % (hier abgekürzt als *PW*), für den Grundaufgabentyp *„Grundwert gesucht"* von 37 % (hier kurz *GW*) und für den komplexeren Aufgabentyp *„Grundwert gesucht nach Verminderung"* von 15 % (hier kurz *VGW*) zu verzeichnen. Sowohl die Unterschiede zwischen den Lösungshäufigkeiten der beiden Grundaufgabentypen als auch jene zwischen diesen beiden und dem erweiterten Aufgabentyp erweisen sich als signifikant (jeweils mit $p < 0,01$ im t-Test), mit keiner ($d = 0,087$ für PW vs. GW), einer niedrigen ($d = 0,498$ für GW vs. VGW) bzw. einer mittleren ($d = 0,589$ für PW vs. VGW) Effektstärke.

Diese Ergebnisse bestätigen Befunde aus bisherigen Studien zum Umgang mit Prozenten (Abschnitt 1.2.2), wonach Lernende Aufgaben des Typs *„Prozentwert gesucht"* erfolgreicher lösen als Items des Grundaufgabentyps *„Grundwert gesucht"* (u. a. Kouba et al. 1988; Parker & Leinhardt 1995; Baratta et al. 2010). Vermutet wird, dass dies damit zusammenhängt, dass der Grundaufgabentyp *„Prozentwert gesucht"* oft den Einstieg in den Umgang mit Prozenten im Unterricht bildet (u. a. Hafner 2012).

Das Resultat, dass der komplexere Aufgabentyp *„Grundwert gesucht nach Verminderung"* den Lernenden größere Schwierigkeiten bereitet als die Grundaufgabentypen, ist ebenfalls erwartungskonform (Berger 1989; Jordan et al. 2004). Zurückgeführt wird dies auf die Tatsache, dass erweiterte Aufgabentypen einen mehrschrittigen Lösungsprozess erfordern und im Unterricht zu Prozenten seltener eine Thematisierung erfahren (Abschnitt 2.2.2 für die Behandlung der Aufgabentypen in ausgewählten Schulbüchern).

Analysefrage A1a.2: Wie erfolgreich lösen Lernende verschiedene Aufgaben-formate zu Prozenten?

Die Lösungshäufigkeiten der drei im Prozente-Matrixtest berücksichtigten Aufgabenformate unterscheiden sich ebenfalls voneinander (Tabelle 7.1.2).

So werden Aufgaben im *graphischen* und im *entkleideten Format* im Mittel am häufigsten korrekt gelöst (jeweils 38 %), während sich in Bezug auf das *Textformat* im Durchschnitt die geringsten Lösungshäufigkeiten (25 %) zeigen. Die Differenzen des Textformats zu den Lösungshäufigkeiten der anderen beiden Aufgabenformate erweisen sich dabei jeweils als statistisch signifikant (mit $p < 0,01$ und kleinen Effektstärken von $d = 0,285$ für Textformat vs. entkleidetes Format bzw. $d = 0,287$ für Textformat vs. graphisches Format). Zwischen Aufgaben des *graphischen* und des *entkleideten Formats* ist hingegen kein signifikanter Unterschied zu erkennen (mit $p = 0,522$).

Inwieweit sich die Rangfolgen und Lösungshäufigkeiten der Aufgabenformate je nach Aufgabentyp unterscheiden, zeigt die Abbildung 7.1.1.

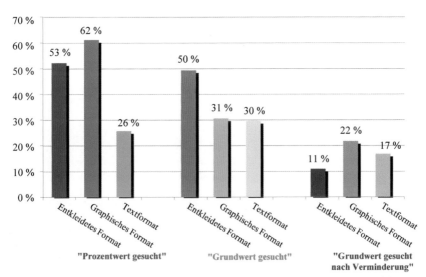

Abbildung 7.1.1   Lösungshäufigkeiten der Aufgabentypen und -formate in der Gesamtstichprobe

So wird der Aufgabentyp *„Prozentwert gesucht"* im *graphischen* (62 %) und *entkleideten Format* (53 %) häufiger korrekt gelöst als im *Textformat* (26 %).

Die Differenzen zwischen den Formaten erweisen sich dabei jeweils als signifikant (mit p < 0,01). Während für die Gegenüberstellung des *entkleideten* und des *graphischen Formats* kein Effekt nachzuweisen ist (d = 0,171), ergeben sich für die anderen beiden Vergleiche (graphisches bzw. entkleidetes Format mit Textformat) Effekte mittlerer Stärke (d = 0,782 bzw. d = 0,591).

Beim Aufgabentyp *„Grundwert gesucht"* fällt lediglich der Vergleich zwischen dem *entkleideten Format* (50 %) und dem *Textformat* (30 %) ähnlich aus wie bei *„Prozentwert gesucht"*. Für das *graphische Format* (31 %) wird hingegen lediglich eine ähnliche Lösungshäufigkeit wie für die *Textaufgaben* erreicht. Diese lässt zu der Lösungshäufigkeit des *graphischen Formats* keine Signifikanz erkennen (mit p = 0,803). Anders verhält es sich bei den Lösungshäufigkeiten für das *entkleidete Format*, die sich signifikant von denen der anderen beiden Formate unterscheiden (jeweils mit p < 0,01 und kleinem Effekt mit d = 0,401 für das graphische Format und d = 0,419 für das Textformat).

Im komplexeren Aufgabentyp *„Grundwert gesucht nach Verminderung"* dagegen erreicht das *graphische Format* die höchste Lösungshäufigkeit von 22 % gegenüber 17 % für *Textaufgaben* und 11 % für Items des *entkleideten Formats*. Die Unterschiede zwischen den drei Formaten erweisen sich jeweils als signifikant (jeweils mit p < 0,01 bzw. p = 0,025 für graphisches vs. Textformat). Allerdings konnte in zwei Fällen kein Effekt (graphisches bzw. entkleidetes Format vs. Textformat mit d = 0,14 und d = 0,166) nachgewiesen werden.

Den Ausführungen zufolge kann die Hypothese H1 (Abschnitt 6.4), nach der Lernende Aufgaben im *Textformat* schlechter lösen als Items im *entkleideten Format* (u. a. Carpenter et al. 1980; Cummins et al. 1988; Kouba et al. 1988; Duarte et al. 2011; Abschnitt 1.2.3) somit sowohl für die zusammengefassten Ergebnisse als auch einzeln für die beiden Grundaufgabentypen *„Prozentwert gesucht"* und *„Grundwert gesucht"* bestätigt werden. Für den erweiterten Aufgabentyp *„Grundwert gesucht nach Verminderung"* trifft hingegen die umgekehrte Vermutung zu (Lembke & Reys 1994; van den Heuvel-Panhuizen 2005; Abschnitt 1.2.3). Demzufolge werden Aufgaben im *Textformat* von Lernenden ähnlich erfolgreich bzw. erfolgreicher gelöst als Aufgaben im *entkleideten Format*, da Kontexte die Zugänglichkeit zu einer Situation erleichtern.

Insgesamt scheinen *Textaufgaben* demnach in besonderem Maße Lesehürden evozieren zu können, die auf Itemebene weiter zu untersuchen sind (Analysefragen A1b und A1c in Abschnitt 7.1.2 und 7.1.3). Festgestellt werden konnte, dass diese Lesehürden insbesondere in Bezug auf die vertrauteren Grundaufgabentypen zum Tragen kommen, die typischerweise im Unterricht zumeist intensiver thematisiert werden (Abschnitt 2.2.2).

Die Hypothese H2 (Abschnitt 6.4), dass Aufgaben im *graphischen Format* einfacher zu lösen seien als *entkleidete Items* bzw. *Textaufgaben* (Walkington et al. 2013; Abschnitt 1.2.3), gilt ferner für die Aufgabentypen *„Prozentwert ge-*

sucht" und *„Grundwert gesucht nach Verminderung"* bezüglich der beiden anderen Formate und unabhängig vom Aufgabentyp zumindest für das *Textformat.* Das Ergebnis, dass Lernende Items des *graphischen Formats* ähnlich erfolgreich sowie sogar besser lösen als solche des *entkleideten Formats,* lässt eine intuitive Zugänglichkeit des Prozentstreifens als graphische Darstellung vermuten (Abschnitt 2.3.2 und 2.3.3; u. a. van den Heuvel-Panhuizen 2003).

7.1.2 Ergebnisse zum Umgang mit Items mit gleichem Aufgabenkern im entkleideten Format und im Textformat

Die zur Bearbeitung von Analysefrage A1a.2 beschriebenen Tendenzen, wie die Lösungshäufigkeiten der Lernenden bei den Aufgabenformaten mit den verschiedenen Aufgabentypen variieren, könnten auch zufällig zustande gekommen sein, etwa durch unterschiedlich schwieriges Zahlenmaterial in den Aufgaben. Um dies auszuschließen, wurden parallele Items im *entkleideten* und *textlichen Format* formuliert mit demselben strukturellen und zahlenmäßigen Aufgabenkern. Den unmittelbareren Vergleich zeigen Abbildung 7.1.2 und Tabelle 7.1.1.

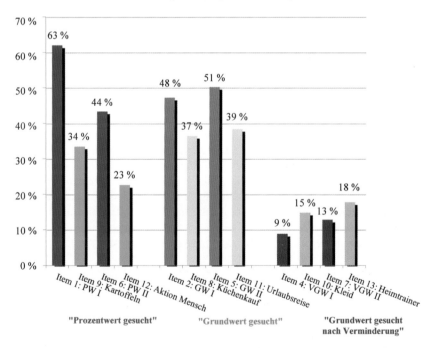

Abbildung 7.1.2   Lösungshäufigkeiten des Gesamtsamples bei Items mit gleichem Aufgabenkern im entkleideten (dunklere Balken) und textlichen Format (hellere Balken)

So wurden bei beiden Grundaufgabentypen die Items im entkleideten Format, trotz gleichem strukturellen und zahlenmäßigen Kern, häufiger richtig gelöst als jene im Textformat:

- „*Prozentwert gesucht*": Item 1 (63 %) vs. 9 (34 %) und Item 6 (44 %) vs. 12 (23 %)

- „*Grundwert gesucht*": Item 2 (48 %) vs. 8 (37 %) und Item 5 (51 %) vs. 11 (39 %).

Diese Differenzen erweisen sich als signifikant (jeweils mit $p < 0,01$). Für den Grundaufgabentyp „*Prozentwert gesucht*", der im Unterricht zumeist intensiver behandelt wird (Abschnitt 2.2.2), fallen die diesbezüglichen Effekte größer aus: bei „*Prozentwert gesucht*" in Item 1 vs. 9 ergibt sich ein mittlerer Effekt mit $d = 0,603$ und bei Item 6 vs. 12 ein kleiner Effekt mit $d = 0,452$. Bei „*Grundwert gesucht*" sind sowohl bei Item 2 vs. 8 als auch bei Item 5 vs. 11 kleine Effekt mit $d = 0,224$ bzw. $d = 0,256$ zu erkennen.

Die Rangfolge ändert sich für den komplexeren Aufgabentyp „*Grundwert gesucht nach Verminderung*": beide Items im entkleideten Format werden seltener gelöst als jene mit gleichen Aufgabenkernen im Textformat (Item 4: 9 % vs. 10: 15 % bzw. Item 7: 13 % vs. 13: 18 %). Die Differenzen erweisen sich dabei jeweils als signifikant (mit $p = 0,01$ bei Item 4 vs. 10 bzw. $p = 0,037$ bei Item 7 vs. 13), wenn auch mit minimalen Effekten von $d = 0,189$ und $d = 0,145$.

Diese Ergebnisse bestätigen bei den Grundaufgabentypen die Hypothese H1 (Abschnitt 6.4), nach der Lernende Aufgaben im Textformat seltener adäquat lösen als parallelisierte Items im entkleideten Format (u. a. Carpenter et al. 1980; Cummins et al. 1988; Kouba et al. 1988; Duarte et al. 2011). Für den berücksichtigten erweiterten Aufgabentyp trifft jedoch die gegenteilige Vermutung zu, die ähnliche oder bessere Lösungshäufigkeiten für textliche als für entkleidete Items erwarten lässt (Lembke & Reys 1994; van den Heuvel-Panhuizen 2005).

Insgesamt zeigen die Resultate des methodisch noch kontrollierteren Vergleichs, dass Textaufgaben zusätzliche (Lese-)hürden enthalten können. Der Unterschied beträgt bis zu 29 % zwischen Item 1 und 9 (Tabelle 6.1.2 in Abschnitt 6.1.3). Die Relevanz zusätzlicher (Lese-)Hürden in textlichen statt entkleideten Formaten scheint allerdings nur für vertrautere Grundaufgabentypen zu gelten. Dagegen können bei komplexeren und weniger gefestigten Aufgabentypen wie „*Grundwert gesucht nach Verminderung*" die Kontexte der Textaufgaben den individuellen Zugang auch erleichtern (van den Heuvel-Panhuizen 2005).

7.1.3 Ergebnisse zum Umgang mit verschiedenen Items im Textformat

Innerhalb des Textformats lassen sich in Tabelle 7.1.1 die Aufgabentypen vergleichen: Textaufgaben des Grundaufgabentyps „*Grundwert gesucht*" weisen im Mittel mit 30 % leicht höhere Lösungshäufigkeiten auf als jene des Grundaufgabentyps „*Prozentwert gesucht*" (26 %). Beide Grundaufgabentypen wer-

den im Textformat besser gelöst als solche gleichen Formats des komplexeren
Aufgabentyps „*Grundwert gesucht nach Verminderung*" (17 %). Die erwähnten
Unterschiede sind jeweils signifikant (PW vs. GW: p = 0,021; VGW vs. PW
bzw. GW: jeweils p < 0,01) und weisen geringfügige (PW vs. GW: d = 0,094)
bzw. kleine Effekte (VGW vs. PW: d = 0,222; VGW vs. GW: d = 0,317) auf.
Innerhalb der *Textaufgaben* eines Aufgabentyps zeigt Abbildung 7.1.3 deutliche
Schwankungen und je Grundaufgabentyp einen Ausreißer:

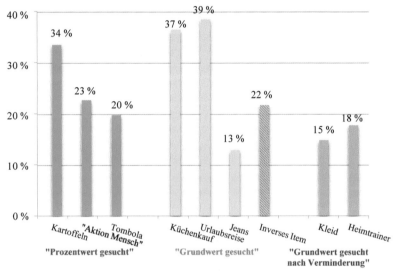

Abbildung 7.1.3   Lösungshäufigkeiten der verschiedenen Aufgaben im Textformat der unterschiedlichen Aufgabentypen des Prozente-Matrixtests in der Gesamtstichprobe

So weist die Textaufgabe „Kartoffeln" (34 %) des Grundaufgabentyps „*Prozentwert gesucht*" eine höhere Lösungshäufigkeit auf als die anderen beiden
Items im Textformat „Aktion Mensch" (23 %) und „Tombola" (20 %). Die Differenzen zwischen dem Item „Kartoffeln" und den anderen beiden Textaufgaben
sind signifikant (jeweils mit p < 0,01 und geringen Effektstärken von d = 0,254
bzw. d = 0,326), nicht aber zwischen den beiden zuletzt genannten Items (mit
p = 0,188). Vermutlich können die signifikant höheren Lösungshäufigkeiten
beim Item „Kartoffeln" auf die relativ simplen Zahlenwerte zurückgeführt werden (Tabelle 7.1.3), die einen einzigen Bearbeitungsschritt erfordern. Alternativ
könnte gegebenenfalls die Vertrautheit der Lernenden mit dem Ernährungskon-
text angeführt werden. Die geringe Differenz zwischen den Lösungshäufigkeiten der beiden anderen Textaufgaben des Grundaufgabentyps „*Prozentwert
gesucht*" ist eher unerwartet, auch wenn sie strukturtragende Elemente ähnlicher

Art (bildungssprachlich formulierte Verben sowie Nominalisierungen und ein zu entschlüsselnder Kasus) enthalten (vgl. Übersicht in Tabelle 7.1.3). Denn das Item „Tombola" wurde aufgrund seiner starken Verdichtung auf der Satzebene auch von den kooperierenden Linguisten als schwerer zu enkodieren eingeschätzt, u. a. durch das Partizip im attributiven Gebrauch (vgl. Tabelle 7.1.3).

Tabelle 7.1.3: Übersicht strukturtragender Elemente der Textaufgaben zu „PW gesucht" (Item 9, 12 und 14), „GW gesucht" (Item 8, 11 und 15) und „VGW" (Item 10 und 13)

	Verb	Prä-position	Ka-sus	Nomi-nalisie-rung	Adverb / Ad-jektiv	Tem-pus
Item 9: Kartoffeln Kartoffeln bestehen zu 75 % aus Wasser. Wie viel Wasser (in g) sind in 1000 g Kartoffeln enthalten?	X	X				
Item 12: „Aktion Mensch" Eine Schule überweist 60 % der Einnahmen bei einem Schulfest an die „Aktion Mensch". Die Einnahmen betrugen 1400 €. Wie viel Geld überweist die Schule?	X		X	X		X
Item 14: Tombola 30 % des bei einem Sportfest im Rahmen einer Tombola erzielten Erlöses in Höhe von 700 € fließen einem guten Zweck zu. Wie hoch ist die Spende?	X		X	X		
Item 8: Küchenkauf Familie Mays erhält beim Kauf einer Küche einen Preisnachlass von 250 €, das sind 5 % des regulären Preises. Wie hoch ist der Normalpreis der Küche?	X		X	X	X	
Item 11: „Urlaubsreise" Für eine Urlaubsreise hat Frau Fuchs 40 % der Reisekosten angezahlt, das waren 800 €. Wie teuer ist die Reise?	X		X			X
Item 15: Jeans Herr Koch bezahlt im Sommerschlussverkauf für eine Jeans 40 €. Die Jeans wurde vorher auf 80 % reduziert. Wie teuer war die Jeans vorher?	X	X			X	X
Item 10: Kleid Frau Schmidt bezahlt im Sommerschlussverkauf für ein Kleid 30 €. Das Kleid wurde vorher um 40 % reduziert. Wie teuer war die Jeans vorher?	X	X			X	X
Item 13: Heimtrainer Eine Kundin kauft in einem Sportgeschäft einen Heimtrainer. Sie bezahlt für das Sportgerät 450 €. Da sie Mitglied eines Sportvereins ist, hat sie eine Ermäßigung in Höhe von 10 % bekommen. Wie hoch ist der Normalpreis des Heimtrainers?				X		

Im Grundaufgabentyp „*Grundwert gesucht*" wurde das Item im Textformat „Jeans" mit nur 13 % korrekten Lösungen deutlich seltener gelöst als die Textaufgaben „Küchenkauf" (37 %) und „Urlaubsreise" (39 %). Obwohl die strukturtragenden Elemente des Items „Küchenkauf" tendenziell bildungssprachlicher formuliert sind als die von „Urlaubsreise" (Tabelle 7.1.3) weisen die beiden Textaufgaben ähnliche Lösungshäufigkeiten auf. Die Unterschied zwischen dem Item „Jeans" und den beiden anderen ist jeweils signifikant (mit p < 0,01 und mittleren Effektstärken von d = 0,574 und d = 0602), die Differenz zwischen den beiden anderen nicht (mit p = 0,37). Die Textaufgabe „Jeans" (Grundaufgabentyp „*Grundwert gesucht*") enthält unter anderem „reduzieren auf" als strukturtragendes Element (Tabelle 7.1.3). Interessant ist, dass sie sogar eine minimal geringere Lösungshäufigkeit (13 %) hat als die Textaufgabe „Kleid" (15 %) des komplexeren und unvertrauteren Aufgabentyps „*Grundwert gesucht nach Verminderung*". Die Differenz ist allerdings nicht signifikant (mit p = 0,245).

Das Resultat ist von Interesse, da beide Items verschiedene Mathematisierungen erfordern, obwohl sie auf sprachlicher Ebene der strukturtragenden Elemente nur minimale Unterschiede aufweisen: „reduzieren auf" versus „reduzieren um" (Tabelle 7.1.3). Hier scheinen also neben konzeptuellen insbesondere sprachliche Herausforderungen zum Tragen zu kommen (Pöhler et al. 2016, S. 336f für nähere diesbezügliche Analysen aus den Pilotierungen). Zu vermuten ist, dass diese mit den erwähnten präpositionalen Differenzen zusammenhängen (Kaiser & Schwarz 2008 / 2009; Duarte et al. 2011; Jorgensen 2011).

Das im Rahmen der Betrachtungen von Aufgabentypen sowie -formaten nicht berücksichtigte inverse Item (22 %), wird von der Gesamtstichprobe zwar schlechter gelöst als die beiden Items im Textformat desselben Grundaufgabentyps „*Grundwert gesucht*" „Küchenkauf" (37 %) und „Urlaubsreise" (39 %), aber besser als die Textaufgabe „Jeans" (13 %), mit signifikantem Unterschied (p < 0,01; kleiner Effekt mit d = 0,231). Dieses Resultat unterstreicht erneut die potentielle Schwierigkeit des letztgenannten Items „Jeans", da das „inverse Item" anderweitige Kompetenzen erfordert als die Aufgaben im Textformat. So muss zu einer entkleideten Aufgabe eine eigene Textaufgabe formuliert werden, womit in besonderem Maße das Vorhandensein von konzeptuellem Verständnis belegt wird (Bell et al. 1984; Strick 1995).

Zusammenfassung und Implikationen für die Konzeption eines Lehr-Lern-Arrangements zur Prozenten

Die beschriebenen Resultate der Gesamtstichprobe des Prozente-Matrixtests deuten bei den verschiedenen Analysefragen auf komplexe Zusammenhänge zwischen konzeptuellen Hürden und Lesehürden hin. Sie werden hier zusammengefasst und mit Implikationen für die Konzeption einer Förderung zu Prozenten verknüpft:

- Die insgesamt geringen Lösungshäufigkeiten im Prozente-Matrixtest (maximale Lösungshäufigkeit von 63 % für Item 1: Wie viel sind 75 % von 1000 g?) verdeutlichen die Relevanz einer Förderung des konzeptuellen Verständnisses zu Prozenten (entsprechendes Design-Prinzip in Abschnitt 2.2.1).

- Für die Grundaufgabentypen ergeben sich höhere Lösungshäufigkeiten als für den integrierten erweiterten Aufgabentyp (Analysefrage 1a.1). Dieses Resultat unterstreicht die Notwendigkeit der Förderung des flexiblen Umgangs mit verschiedenen (auch komplexeren) Aufgabentypen zu Prozenten (entsprechendes Design-Prinzip in Abschnitt 2.2.1).

- Die explizite Förderung des Umgangs mit Textformaten erweist sich als besonders relevant. So können hinsichtlich der Grundaufgabentypen *„Prozentwert und Grundwert gesucht"*, die im Unterricht vermutlich intensiver behandelt wurden und den Lernenden vertrauter sind (Parker & Leinhardt 1995; Hafner 2012; Abschnitt 2.2.2), durch das Textformat entstehende Lesehürden vorhandenes konzeptuelles Verständnis behindern. Dies drückt sich in geringeren Lösungshäufigkeiten im Textformat gegenüber dem entkleideten Format aus. Auszumachen sind diese sowohl bei Zusammenfassung aller Aufgaben eines Aufgabenformats (Analysefrage 1a.2) als auch beim fokussierteren Vergleich der parallel konzipierten Aufgaben mit gleichem Aufgabenkern (Analysefrage 1b).

- Beim komplexeren Aufgabentyp *„Grundwert gesucht nach Verminderung"*, der den Lernenden vermutlich unbekannter ist (Abschnitt 2.2.2), scheinen potentielle Lesehürden im Textformat weniger ins Gewicht zu fallen. Stattdessen wird für alle Items des Formats (Analysefrage 1a.2) und bei fokussierterem Vergleich derer mit gleichem Aufgabenkern (Analysefrage 1b) erkennbar, dass die zur Einbettung genutzten Kontexte das konzeptuelle Verständnis sogar befördern können. Das Resultat bestätigt die von van den Heuvel-Panhuizen (2005) betonte Beobachtung, dass Kontexte das Potenzial haben, den Zugang der Lernenden zu den Konzepten zu erleichtern.

- Die Aufgabe im graphischen Format weist in Bezug auf den Grundaufgabentyp *„Prozentwert gesucht"* und den integrierten erweiterten Aufgabentyp jeweils höhere Lösungshäufigkeiten auf als die anderen beiden Aufgabenformate (Analysefrage 1a.1). Diese Resultate deuten an, dass der als graphische Darstellung ausgewählte Prozentstreifen, der aus dem Unterricht vermutlich nicht bekannt ist (Abschnitt 2.2.2 zeigte, dass er in den Schulbüchern kaum und nicht durchgängig vorkommt), einen intuitiveren Zugang zu den Konzepten gewährt als die kontextuell eingebetteten Textaufgaben. Die Ergebnisse stützen demzufolge die Legitimation seines Einsatzes als durchgängige graphische Darstellung im zu konzipierenden Lehr-Lern-Arrangement (Abschnitt 2.3.3 zur Diskussion des Prozentstreifens).

Die Lösungshäufigkeiten bei den Textaufgaben schwanken erheblich je nach sprachlicher Charakteristika (Analysefrage 1d). Ein Item mit „reduzieren auf" fällt durch geringe Lösungshäufigkeiten auf, die adäquate Bedeutungszuschreibung der Präposition („um" versus „auf") ist also hoch relevant. Die Frage danach, welche sprachlichen Charakteristika die Bearbeitungen der einzelnen Textaufgaben tatsächlich erleichtern bzw. erschweren, geht über den Fokus der vorliegenden Arbeit hinaus. Das Ergebnis verdeutlicht die Notwendigkeit weiterer Forschung und die Relevanz der Sensibilisierung der Lernenden im Rahmen eines Lehr-Lern-Arrangements für die Bedeutungen der Präpositionen.

7.2 Ergebnisse sprachlich Schwacher und Starker beim Prozente-Matrixtest

Aufgrund der in verschiedenen Studien nachgewiesenen Zusammenhänge zwischen Mathematikleistungen und Sprachkompetenzen von Lernenden (Abschnitt 3.1.1) und mit Blick auf ein Lehr-Lern-Arrangement, das für Lernende mit differierenden Sprachkompetenzen potentiell differenzierend zu gestalten ist, wurden die vorgenommenen Analysen ebenfalls kontrastiv für die sprachlich Schwachen (n = 207) und Starken (n = 101) durchgeführt.

Die Diskussion der dabei gewonnenen Ergebnisse, die in diesem Abschnitt entlang der Analysefragen A2a-c (Abschnitt 6.3) erfolgt, dient somit der Bearbeitung der zweiten Forschungsfrage: *Inwiefern sind hinsichtlich des Zusammenhangs zwischen konzeptuellen Hürden und Lesehürden Unterschiede zwischen sprachlich starken und schwachen Lernenden zu erkennen?*

7.2.1 Ergebnisse sprachlich Schwacher und Starker bei verschiedenen Aufgabentypen und -formaten

Analysefrage A2a.1: Wie unterscheiden sich bei sprachlich starken und schwachen Lernenden die Lösungshäufigkeiten zu verschiedenen Aufgabentypen zu Prozenten?

Wie die Tabelle 7.1.2 überblicksmäßig zeigt, lösen auch die Teilstichproben, die nach den Sprachkompetenzen der Lernenden gebildet wurden, Aufgaben des Typs *„Prozentwert gesucht"* erfolgreicher als solche des Typs *„Grundwert gesucht"* (sprachlich Starke: 55 % und 48 % bzw. sprachlich Schwache: 34 % und 31 %). Während die Differenz zwischen den zwei Aufgabentypen für die sprachlich starken Lernenden signifikant ist (mit $p < 0,01$ und minimalem Effekt von $d = 0,149$), trifft dies auf die sprachlich Schwachen nicht zu (mit $p = 0,079$). Wie im Fall des Gesamtsamples, sind die Lösungshäufigkeiten der Teilstichproben bei beiden Grundaufgabentypen höher als die beim erweiterten Aufga-

bentyp „*Grundwert gesucht nach Verminderung*" (sprachlich Starke: 55 % für
PW bzw. 48 % für GW und 19 % für VGW; sprachlich Schwache: 34 % bzw.
31 % und 13 %). Diese Differenzen zwischen Grundaufgabentypen und erweiterten Aufgabentypen lassen sich für beide Teilstichproben als signifikant kennzeichnen (jeweils mit $p < 0{,}01$). Während sich für die sprachlich starken Lernenden dabei Effekte mittlerer Größe zeigen ($d = 0{,}790$ für PW vs. VGW und
$d = 0{,}624$ für GW vs. VGW), sind sie für die sprachlich Schwachen kleiner
($d = 0{,}496$ für PW vs. VGW und $d = 0{,}438$ für GW vs. VGW).

Mit einer nicht signifikanten Ausnahme (PW vs. GW für sprachlich Schwache) kann demnach tendenziell auch für die Teilstichproben einerseits bekräftigt
werden, dass Aufgaben zu „*Prozentwert gesucht*" erfolgreicher gelöst werden
als zu „*Grundwert gesucht*" (u. a. Kouba et al. 1988; Parker & Leinhardt 1995;
Baratta et al. 2010; Abschnitt 1.2.2). Andererseits evozieren Aufgaben zu beiden
Grundaufgabentypen anscheinend weniger Schwierigkeiten als zum Aufgabentyp „*Grundwert gesucht nach Verminderung*" (Berger 1989; Jordan et al. 2004;
Abschnitt 1.2.2).

Ein Vergleich beider Teilstichproben offenbart erwartungsgemäß Vorteile der
sprachlich starken gegenüber den sprachlich schwachen Lernenden bei allen
Aufgabentypen (PW: 55 % zu 34 %, GW: 48 % zu 31 % und VGW: 19 % zu
13 %). Die Unterschiede sind allesamt signifikant (mit $p < 0{,}01$ für die beiden
Grundaufgabentypen bzw. $p = 0{,}02$ für VGW). Während die Effekte für die
Grundaufgabentypen mit $d = 0{,}433$ (PW) bzw. $d = 0{,}338$ (GW) als klein einzuschätzen sind, lässt sich für den integrierten erweiterten Aufgabentyp mit
$d = 0{,}162$ kein Effekt feststellen. Dass die Vorsprünge der sprachlich starken
Schülerinnen und Schüler bei „*Grundwert gesucht* nach Verminderung" am
geringsten sind, ist wohl einem Bodeneffekt zuzuschreiben, denn erwartungsgemäß ist der erweiterte Aufgabentyp schwieriger (Berger 1989; Jordan et al.
2004; Abschnitt 1.2.2) und die Lösungshäufigkeiten gering.

*Analysefrage A2a.2: Wie unterscheiden sich bei sprachlich starken und
schwachen Lernenden die Lösungshäufigkeiten zu verschiedenen
Aufgabenformaten zu Prozenten?*

Die Lösungshäufigkeiten der beiden Teilstichproben bei den der drei im Prozente-Matrixtest integrierten Aufgabenformaten differieren erkennbar (Tabelle 7.1.2
und Abbildung 7.2.1).

Während die sprachlich Starken Aufgaben im *entkleideten Format* geringfü-
gig besser lösen als im *graphischen Format* (50 % zu 44 %), trifft auf die
sprachlich Schwachen das Gegenteil zu (32 % zu 35 %). Des Weiteren stimmen
beide Teilstichproben darin überein, dass sie bei den Aufgaben im Textformat
(sprachlich Starke: 35 % bzw. Schwache: 20 %) schlechtere Lösungshäufigkeiten erzielen als bei den anderen beiden Formaten (Abbildung 7.2.1).

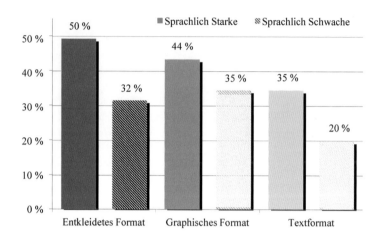

Abbildung 7.2.1 Gegenüberstellung der Lösungshäufigkeiten der sprachlich schwachen und starken Lernenden bei den drei verschiedenen Aufgabenformaten

Während die Unterschiede zwischen dem *entkleideten* und dem *graphischen Format* nicht signifikant sind (mit p = 0,955 für sprachlich Starke bzw. p = 0,095 für Schwache), trifft auf die Differenzen zum *Textformat* das Gegenteil zu (jeweils signifikant mit p < 0,01). Für die sprachlich Schwachen ist die Effektstärke für den Vergleich des *graphischen* mit dem *textlichen Format* minimal größer (mit d = 0,342) als die für die Gegenüberstellung des *entkleideten* mit dem *textlichen* Format (d = 0,276). Für die sprachlich Starken dagegen sind die Effektstärken umgekehrt: d = 0,194 für *graphisches* versus *textliches Format* und d = 0,315 für *entkleidetes* versus *textliches Format*.

Beim Vergleich beider Teilstichproben bezüglich der Aufgabenformate (Abbildung 7.2.1) fallen zunächst wiederum die durchgehend höheren Lösungshäufigkeiten der sprachlich stärkeren Lernenden auf (entkleidetes Format: 50 % zu 32 %; graphisches Format: 44 % zu 35 %; Textformat: 35 % zu 20 %). Die Differenzen sind durchgehend signifikant (jeweils mit p < 0,01). Auffällig ist, dass sie sich beim *entkleideten* (kleiner Effekt mit d = 0,374) und beim *textlichen Format* (kleiner Effekt mit d = 0,335) auf ähnlichem Niveau bewegen, während sie für das *graphische Format* geringer ausfallen (kein Effekt mit d = 0,187).

Dieses zentrale Resultat zu gleich großen Unterschieden zwischen *textlichem* und *entkleidetem Format* bei sprachlich schwachen und starken Lernenden wird in Abbildung 7.2.2 ausdifferenziert nach Aufgabentypen (für Signifikanzen und Effektstärken der Differenzen zwischen den Aufgabenformaten bzw. den Lösungshäufigkeiten beider Teilstichproben bei den einzelnen Aufgabenformaten getrennt nach Aufgabentypen s. Tabellen 7.2.1 und 7.2.2). Bis auf eine

Ausnahme lassen sich die für die Gesamtstichprobe ermittelten Rangfolgen der einzelnen Aufgabenformate bei verschiedenen Aufgabentypen auch für die beiden Teilstichproben nachzeichnen.

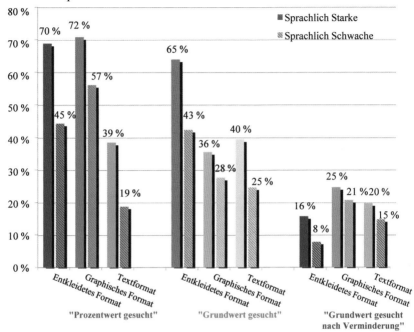

Abbildung 7.2.2   Gegenüberstellung der Lösungshäufigkeiten der sprachlich schwachen und starken Lernenden bei den verschiedenen Aufgabentypen und Aufgabenformaten

Tabelle 7.2.1: Differenzen zwischen den einzelnen Aufgabenformaten für die Teilstichproben der sprachlich schwachen bzw. starken Lernenden

	Entkleidetes vs. graphisches Format		Entkleidetes vs. textliches Format		Graphisches vs. textliches Format	
	p-Wert	Cohens d	p-Wert	Cohens d	p-Wert	Cohens d
Sprachlich Schwache						
Prozentwert gesucht	**< 0,01**	0,288	**< 0,01**	0,588	**< 0,01**	0,842
Grundwert gesucht	**< 0,01**	0,306	**< 0,01**	0,381	0,184	0,073
Grundwert gesucht nach Verminderung	**< 0,01**	0,353	**< 0,01**	0,197	**0,035**	0,158
Sprachlich Starke						
Prozentwert gesucht	0,327	0,054	**< 0,01**	0,643	**< 0,01**	0,702
Grundwert gesucht	**< 0,01**	0,609	**< 0,01**	0,514	0,779	0,088
Grundwert gesucht nach Verminderung	**0,039**	0,222	0,123	0,116	0,195	0,106

Das bedeutet konkret, dass die sprachlich starken und schwachen Lernenden beim Grundaufgabentyp *„Prozentwert gesucht"* das *graphische Format* am besten lösen (sprachlich stark: 72 % und schwach: 57 %), gefolgt vom *entkleideten Format* (70 % und 45 %) und den *Textaufgaben* (39 % und 19 %). Für den komplexeren Aufgabentyp *„Grundwert gesucht nach Verminderung"* folgen die Lösungshäufigkeiten beider Teilstichproben der Reihenfolge *graphisches* (25 % und 21 %,), *textliches* (20 % und 15 %,) und *entkleidetes Format* (16 % und 8 %). Hinsichtlich des Grundaufgabentyps *„Grundwert gesucht"* fällt allerdings für die sprachlich starken Lernenden eine Abweichung von der Rangfolge auf, die für die Gesamtstichprobe und die sprachlich schwachen Lernenden gilt. Demzufolge werden für das *entkleidete Format* die höchsten (43 % für sprachlich Schwache), für das *graphische Format* die zweithöchsten (28 %) und für *Textaufgaben* die geringsten (25 %) Lösungshäufigkeiten erzielt. Abweichend davon erreicht die Subgruppe mit höherer Sprachkompetenz dabei für das *textliche* (40 %) eine minimal höhere Lösungshäufigkeit als für das *graphische Format* (36 %). Die *entkleideten Items* werden von ihnen am besten gelöst (65 %).

Die Lösungshäufigkeiten der sprachlich starken Lernenden sind hinsichtlich der einzelnen Aufgabenformate auch differenziert nach Aufgabentypen durchgehend höher als für die sprachlich Schwachen (Abbildung 7.2.2). Mit Ausnahme des graphischen Formats bei den Aufgabentypen „Grundwert gesucht" bzw. „Grundwert gesucht nach Verminderung" erweisen sich die ermittelten Differenzen zwischen den Teilstichproben als signifikant (Tabelle 7.2.2).

Tabelle 7.2.2: Deskriptive Ergebnisse des Prozente-Matrixtests in den Teilstichproben zu Aufgabenformaten ausdifferenziert nach Aufgabentypen"

	Sprachlich Schwache	Sprachlich Starke	p-Wert	Cohens d
Lösungshäufigkeiten „Prozentwert gesucht"				
entkleidetes Format	45 %	70 %	**< 0,01**	0,514
graphisches Format	57 %	72 %	**< 0,01**	0,332
Textformat	19 %	39 %	**< 0,01**	0,461
Lösungshäufigkeiten „Grundwert gesucht"				
entkleidetes Format	43 %	65 %	**< 0,01**	0,459
graphisches Format	28 %	36 %	0,092	0,164
Textformat	25 %	40 %	**< 0,01**	0,327
Lösungshäufigkeiten „Grundwert gesucht nach Verminderung"				
entkleidetes Format	8 %	16 %	**< 0,01**	0,227
graphisches Format	21 %	25 %	0,221	0,095
Textformat	15 %	20 %	**0,048**	0,146

Die für die Gesamtstichprobe bestätigte (Abschnitt 7.1.1) Hypothese H1 (Abschnitt 6.4), nach der Lernende die Aufgaben im *textlichen* weniger erfolgreich lösen als die Aufgaben im *entkleideten Format* (u. a. Carpenter et al. 1980; Cummins et al. 1988; Kouba et al. 1988; Duarte et al. 2011; Abschnitt 1.2.3), kann laut der Resultate des Prozente-Matrixtests für beide Teilstichproben allgemein sowie hinsichtlich der berücksichtigten Grundaufgabentypen *„Prozentwert und Grundwert gesucht"* bestätigt werden. Für den integrierten erweiterten Aufgabentyp ist sie hingegen zu negieren. Stattdessen trifft auf *„Grundwert gesucht nach Verminderung"* anscheinend die umgekehrte Annahme zu, dass Items im *textlichen* besser gelöst werden als im *entkleideten Format* (Lembke & Reys 1994; van den Heuvel-Panhuizen 2005; Abschnitt 1.2.3).

Im Hinblick auf die Hypothese H2 (Abschnitt 6.4), wonach Items des *graphischen Formats* einfacher zu lösen sind als solche der anderen beiden Formate (Walkington et al. 2013) sind hingegen erste Abweichungen zwischen den beiden Teilstichproben festzustellen: So kann die Hypothese für die sprachlich Schwachen im Allgemeinen tendenziell bestätigt werden, wobei sich die Lösungshäufigkeiten des *graphischen* sowie des *entkleideten Formats* allerdings nicht signifikant voneinander unterscheiden. Für die Teilstichprobe der sprachlich Starken trifft die Hypothese, dass Aufgaben des *graphischen Formats* besser gelöst werden, hingegen nur bezogen auf *Textaufgaben* zu. Der ausdifferenziertere Blick nach Aufgabentypen ergibt, dass dies insbesondere auf eine Abweichung in Bezug auf den Grundaufgabentyp *„Grundwert gesucht"* zurückzuführen ist. Während die Hypothese H2 ebenfalls für die sprachlich starken Lernenden sowohl für *„Prozentwert gesucht"* als auch für den integrierten erweiterten Aufgabentyp zutrifft, ist sie für diese Teilstichprobe für *„Grundwert gesucht"* komplett abzulehnen, da sowohl für das *textliche* als auch das *entkleidete* höhere Lösungshäufigkeiten erzielt werden als für das *graphische Format*.

Die beschriebenen Erkenntnisse deuten ferner darauf hin, dass die Hypothese H3 (Abschnitt 6.4) nur teilweise zutrifft. So unterscheiden sich die Lösungshäufigkeiten der beiden Teilstichproben erwartungsgemäß im *textlichen* zwar mehr als im *graphischen Format*, entgegen der Erwartungen (u. a. Abedi et al. 2001; Duarte et al. 2011; s. Abschnitt 3.1.1) trifft für das *entkleidete Format* allerdings das Gegenteil zu: Die Differenzen zwischen den beiden Teilstichproben stellen sich *entkleidete Items* als am größten dar. Eine kontrastive Betrachtung der Lösungshäufigkeiten der beiden Teilstichproben ergibt, dass sich dieses Muster auch für die einzelnen Aufgabentypen bestätigt. Die Annahme, dass sprachlich schwache Lernende im Vergleich mit sprachlich Starken relativ gesehen größere Schwierigkeiten mit *Textaufgaben* als mit Items anderer Formate haben, muss auf der gegebenen Datenbasis also negiert werden.

Die Tatsache, dass die Unterschiede zwischen den Teilstichproben für das *entkleidete* sogar größer ausfallen als für das *textliche Format*, deutet daraufhin, dass die Probleme der sprachlich Schwachen hinsichtlich der Prozentaufgaben nicht primär auf der Ebene von Lesehürden zu verorten sind. Stattdessen scheinen sie sich insbesondere auf die Ebene des konzeptuellen Verständnisses zu beziehen (auch Wilhelm 2016). Das Resultat, dass die Differenzen zwischen den beiden Teilstichproben für das *graphische Format* am geringsten sind, weist ferner darauf hin, dass insbesondere die sprachlich schwächeren Lernenden von einer graphischen kontextuellen Repräsentation der Items profitieren.

7.2.2 Ergebnisse sprachlich Schwacher und Starker bei Items mit gleichem Aufgabenkern im entkleideten und textlichen Format

Der zentrale Befund der Bearbeitung von Analysefrage A2a.2 (Abschnitt 7.2.1) besagt, dass die sprachlich schwachen Lernenden zwar allgemein im Prozente-Matrixtest schlechter abschneiden als die sprachlich Starken, sich ihre Nachteile aber nicht in besonderem Maße beim Textformat zeigen. Bekräftigt werden soll dies durch einen Vergleich ihrer Lösungshäufigkeiten bei den einzelnen parallelen Items im entkleideten und textlichen Format mit demselben strukturellen und zahlenmäßigen Aufgabenkern (Tabelle 7.2.1).

Tabelle 7.2.3: Lösungshäufigkeiten der parallel formulierten Items mit gleichen Aufgabenkernen (im entkleideten und textlichen Format) des Prozente-Matrixtests in den Teilstichproben

	Sprachlich Schwache	Sprachlich Starke
Lösungshäufigkeiten für "Prozentwert gesucht"-Items mit gleichem Aufgabenkern		
Item 1: Prozentwert gesucht I	57 %	76 %
Item 9: Kartoffeln	27 %	50 %
Item 6: Prozentwert gesucht II	34 %	63 %
Item 12: "Aktion Mensch"	16 %	37 %
Lösungshäufigkeiten für "Grundwert gesucht"-Items mit gleichem Aufgabenkern		
Item 2: Grundwert gesucht I	40 %	66 %
Item 8: Küchenkauf	32 %	49 %
Item 5: Grundwert gesucht II	45 %	63 %
Item 11: Urlaubsreise	33 %	50 %
Lösungshäufigkeiten "Grundwert gesucht nach Verminderung"-Items mit gleichem Aufgabenkern		
Item 4: Grundwert gesucht nach Verminderung I	8 %	12 %
Item 10: Kleid	15 %	17 %
Item 7: Grundwert gesucht nach Verminderung II	9 %	20 %
Item 13: Heimtrainer	15 %	24 %

So zeigt sich, dass die Teilstichproben für beide Grundaufgabentypen die *entkleideten Items*, trotz gleichem Kern, häufiger richtig lösen als die *Textaufgaben*. Wie im Gesamtsample gilt für den komplexeren Aufgabentyp *„Grundwert gesucht nach Verminderung"* allerdings das Gegenteil (Tabellen 7.2.3 und 7.2.4 für Lösungshäufigkeiten bzw. p-Werte und zugehörige Effektstärken). Sprachgruppenintern wird (mit einer Abweichung) deutlich, dass die erwähnten Effekte

für „*Prozentwert gesucht*" am stärksten, für „*Grundwert gesucht*" am zweit-
stärksten und für den erweiterten Aufgabentypen am schwächsten ausfallen.

Tabelle 7.2.4: Differenzen zwischen den entkleideten und textlichen Items mit gleichem Aufgabenkern innerhalb der Teilstichproben der sprachlich schwachen bzw. starken Lernenden

	Sprachlich Schwache		Sprachlich Starke	
	p-Wert	Cohens d	p-Wert	Cohens d
Prozentwert gesucht				
Item 1 vs. Item 9	**< 0,01**	0,635	**< 0,01**	0,573
Item 6 vs. Item 12	**< 0,01**	0,422	**< 0,01**	0,558
Grundwert gesucht				
Item 2 vs. Item 8	0,104	0,167	**< 0,01**	0,367
Item 5 vs. Item 11	**0,012**	0,249	**0,045**	0,284
Grundwert gesucht nach Verminderung				
Item 4 vs. Item 10	**0,027**	0,192	0,153	0,145
Item 7 vs. Item 13	**0,031**	0,184	0,247	0,096

Anhand der erwähnten Resultate kann die Hypothese H1 (Abschnitt 6.4), wonach Lernende die *Textaufgaben* jeweils weniger erfolgreich lösen als die parallelen Items im *entkleideten Format* (u. a. Carpenter et al. 1980; Cummins et al.
1988; Kouba et al. 1988; Duarte et al. 2011), wiederum auf Itemebene bezüglich
der beiden Grundaufgabentypen für die sprachlich starken und schwachen (mit
einer Ausnahme) bestätigt werden. Auch wenn diesbezüglich kaum Signifikanzen zu erkennen sind, zeigen sich für den komplexeren Aufgabentyp „*Grundwert gesucht nach Verminderung*" Tendenzen in Richtung der gegenteiligen
Annahme (Lembke & Reys 1994; van den Heuvel-Panhuizen 2005). Dies deutet
an, dass die Kontexte der Textaufgaben den Lernenden den Zugang zu komplexeren bzw. unvertrauteren Situationen erleichtern können, die im Fall des integrierten Aufgabentyps gegeben sind (Berger 1989; Jordan et al. 2004).

Ein Vergleich der Resultate der beiden Teilstichproben verdeutlicht ferner,
dass die Differenzen zwischen den Lösungshäufigkeiten parallel formulierter
Items mit übereinstimmenden Aufgabenkernen entgegen der Erwartung (u. a.
Abedi et al. 2001; Duarte et al. 2011; Abschnitt 3.1.1) häufig (insbesondere für
die Grundaufgabentypen) für die sprachlich stärkeren sogar größer sind als für
die sprachlich schwächeren Lernenden (Tabelle 7.2.4). Dies untermauert die
Vermutung (Analysefrage A2a.2), dass Letztere nicht primär an Lesehürden
scheitern (themenunabhängig bei Wilhelm 2016), sondern es ihnen am notwendigen konzeptuellen Verständnis für Prozente mangelt.

7.2.3 Ergebnisse zum Umgang sprachlich Schwacher und Starker mit verschiedenen Items im Textformat

Wie aus Tabelle 7.2.5 ersichtlich wird, lässt sich die für die Gesamtstichprobe geltende Rangfolge auch für die sprachlich schwachen und starken Lernenden rekonstruieren: Textaufgaben des Grundaufgabentyps *„Grundwert gesucht"* (sprachlich Schwache: 25 %; sprachlich Starke: 40 %) werden demzufolge besser gelöst als jene des Grundaufgabentyps *„Prozentwert gesucht"* (19 %; 39 %). Für Textaufgaben des komplexeren Aufgabentyps *„Grundwert gesucht nach Verminderung"* werden ferner die schlechtesten Lösungshäufigkeiten (15 %; 20 %) erzielt (Tabelle 7.2.6 für teilstichprobeninterne Differenzen zwischen den Aufgabentypen und zugehörige Effektstärken).

Tabelle 7.2.5: Gegenüberstellung der Lösungshäufigkeiten der verschiedenen Aufgaben im Textformat der unterschiedlichen Aufgabentypen des Prozente-Matrixtests in den beiden Teilstichproben

	Sprachlich Schwache	Sprachlich Starke	p-Wert	Cohens d
Lösungshäufigkeiten für "Prozentwert gesucht"-Items im Textformat	19 %	39 %	**< 0,01**	0,461
Item 9: Kartoffeln	27 %	50 %	**< 0,01**	0.484
Item 12: "Aktion Mensch"	16 %	37 %	**< 0,01**	0,482
Item 14: Tombola	14 %	32 %	**< 0,01**	0,429
Lösungshäufigkeiten für "Grundwert gesucht"-Items im Textformat	25 %	40 %	**< 0,01**	0,327
Item 8: Küchenkauf	32 %	49 %	**< 0,01**	0,343
Item 11: Urlaubsreise	33 %	50 %	**< 0,01**	0,332
Item 15: Jeans	9 %	22 %	**< 0,01**	0,352
Textformat (invers) Item 3: Grundwert gesucht – invers	12 %	44 %	**< 0,01**	0,763
Lösungshäufigkeiten für "Grundwert gesucht nach Verminderung"-Items im Textformat	15 %	20 %	**0,048**	0,146
Item 10: Kleid	14 %	17 %	0,301	0,064
Item 13: Heimtrainer	15 %	24 %	**0,038**	0,223

In Abschnitt 7.1.3 wurde gezeigt, dass für die Gesamtstichprobe innerhalb der *Textaufgaben* eines Aufgabentyps deutliche Schwankungen zu verzeichnen sind und je Grundaufgabentyp ein Ausreißer existiert. Inwieweit sich diese Erkenntnisse für die sprachlich starken und schwachen Lernenden reproduzieren lassen bzw. anders darstellen, soll hier thematisiert werden. Außerdem soll diskutiert werden, inwiefern die Ergebnisse mit den *differierenden sprachlichen Charakteristika* der verschiedenen *Textaufgaben* (Tabellen 6.1.4 in Abschnitt 6.1.3 und 7.1.3 in Abschnitt 7.1.3 in verkürzter Form) zusammenhängen.

Tabelle 7.2.6: Differenzen zwischen den Textaufgaben der verschiedenen Aufgabentypen für die Teilstichproben der sprachlich schwachen bzw. starken Lernenden

	„PW gesucht" vs. „GW gesucht"		„PW gesucht" vs. „VGW"		„GW gesucht vs. VGW"	
	p-Wert	Cohens d	p-Wert	Cohens d	p-Wert	Cohens d
Sprachlich Schwache	< 0,01	0,145	< 0,04	0,110	< 0,01	0,255
Sprachlich Starke	0,434	0,013	< 0,01	0,423	< 0,01	0,437

Wie Tabelle 7.2.5 verdeutlicht, wird innerhalb des Aufgabentyps *„Prozentwert gesucht"* die Textaufgabe „Kartoffeln" auch von den sprachlich starken (Kartoffeln 50 %, Aktion Mensch: 37 %, Tombola: 32 %) und schwachen Lernenden (27 %, 16 %, 14 %) deutlich besser gelöst als die anderen beiden Textaufgaben (s. p-Werte der Differenzen zwischen den Items und zugehörige Effektstärken in Tabelle 7.2.7). Im Grundaufgabentyp *„Grundwert gesucht"* löst das Gesamtsample die Textaufgabe „Jeans" (Item 15) wesentlich seltener korrekt als die anderen Items im Textformat. Dieses Resultat lässt sich ebenso für die sprachlich starken (Küchenkauf 49 %, Urlaubsreise: 50 %, Jeans: 22 %) bzw. schwachen Lernenden (32 %, 33 %, 9 %) reproduzieren (s. p-Werte der Differenzen zwischen den Items und zugehörige Effektstärken in Tabelle 7.2.7). Das Ergebnis, dass die Unterschiede zwischen den Lösungshäufigkeiten der zwei Teilstichproben für die je drei Textaufgaben signifikant sind und Effekte ähnlicher Stärke aufweisen (Tabelle 7.2.5), deutet darauf hin, dass für die integrierten Grundaufgabentypen keine *Textaufgaben* zu identifizieren sind, die für sprachlich starke oder schwache Lernende in besonderem Maße Schwierigkeiten generieren.

Tabelle 7.2.7: Differenzen zwischen den verschiedenen Items im Textformat getrennt nach Aufgabentypen innerhalb der Teilstichproben der sprachlich schwachen bzw. starken Lernenden

	Sprachlich Schwache		Sprachlich Starke	
	p-Wert	Cohens d	p-Wert	Cohens d
Prozentwert gesucht				
Item 9 vs. Item 12	< 0,01	0,261	0,033	0,261
Item 9 vs. Item 14	< 0,01	0,315	< 0,01	0,367
Item 12 vs. Item 14	0,291	0,054	0,230	0,104
Grundwert gesucht				
Item 8 vs. Item 11	0,377	0,031	0,444	0,020
Item 8 vs. Item 15	< 0,01	0,584	< 0,01	0,580
Item 11 vs. Item 15	< 0,01	0,616	< 0,01	0,602
Item 3 vs. Item 8	< 0,01	0,506	0,241	0,099
Item 3 vs. Item 11	< 0,01	0,538	0,200	0,119
Item 3 vs. Item 15	0,211	0,079	< 0,01	0,475
Grundwert gesucht nach Verminderung				
Item 10 vs. Item 13	0,886	0,028	0,217	0,175
Item 15 (GW gesucht) vs. Item 10 (VGW)	0,047	0,165	0,812	0,125

Anders stellt sich die Situation beim Vergleich der Textaufgaben „Jeans" (Item 15) und „Kleid" (Item 10) dar. Die beiden Items unterscheiden sich auf der sprachlichen Ebene der strukturtragenden Elemente nur minimal, nämlich in Form der Präpositionen („auf" bzw. „um"), die dem Verb „reduzieren" zugeordnet sind (Tabellen 6.1.4 und 7.1.3 in Abschnitt 6.1.3 bzw. 7.1.3 in verkürzter Form). Dieser präpositionale Unterschied führt allerdings dazu, dass die Items unterschiedlichen Aufgabentypen zuzuordnen sind. Analog zur Gesamtstichprobe lösen die sprachlich schwachen Lernenden das Item „Jeans" (GW gesucht) mit 9 % etwas schlechter als die Aufgabe „Kleid" (VGW) mit 14 %, während auf die sprachlich Starken das Gegenteil („Jeans": 22 % und „Kleid": 17 %) zutrifft (s. Tabelle 7.2.7 für Signifikanzen und Effektstärken).

Diese abweichenden Resultate könnten ein Indiz dafür darstellen, dass es den sprachlich stärkeren Lernenden besser gelingt, ausgehend von der Präposition „auf" des Verbs „reduzieren" eine adäquate Mathematisierung vorzunehmen. In diesem Fall ist dazu die Identifikation des Grundaufgabentyps „Grundwert gesucht" erforderlich. Unterstützt wird die Vermutung durch einen Vergleich der Lösungshäufigkeiten der Teilstichproben bei beiden Items: Während sich diese (22 % für sprachlich Starke zu 9 % für Schwache) bezüglich der Textaufgabe „Jeans" signifikant unterscheiden, trifft dies für das Item „Kleid" (14 % zu 17 %) nicht zu (s. Tabelle 7.2.5 für Signifikanzen und Effektstärken).

Ein weiterer Vorteil der sprachlich starken Lernenden ist mit Blick auf das *inverse Item* auszumachen. Bei diesem ist zu einer entkleideten Aufgabe vom Typ *„ Grundwert gesucht"* eine eigene Textaufgabe zu formulieren. Das Item wird einerseits von beiden Teilstichproben (sprachlich Starke: 44 % und Schwache: 12 %) schlechter gelöst als die beiden Textaufgaben „Küchenkauf" (49 % bzw. 32 %) und „Urlaubsreise" (50 % bzw. 33 %). Andererseits weist es aber jeweils höhere Lösungshäufigkeiten auf als das Item „Jeans" (22 % bzw. 9 %). Auffällig ist, dass sich innerhalb der Teilstichprobe der sprachlich Schwachen die Differenzen zwischen der Lösungshäufigkeit des inversen Items und den Textaufgaben „Küchenkauf" und „Urlaubsreise" als signifikant bzw. des Items „Jeans" als nicht signifikant erweisen und sich die Situation innerhalb der Teilstichprobe der sprachlich Starken komplett konträr dazu darstellt (Tabelle 7.2.7).

Für das *inverse Item* ist ferner die große Differenz zwischen der Lösungshäufigkeit der sprachlich Starken (44 %) und Schwachen (12 %) beachtenswert. Der zugehörige Effekt mittlerer Stärke (s. Tabelle 7.2.5) ist größer als für alle anderen betrachteten Items des Prozente-Matrixtests. Dementsprechend kann eine enge Korrelation zwischen der erfassten Sprachkompetenz der Lernenden und ihrer Fähigkeit angenommen werden, zu einem entkleideten Item eines bestimmten Aufgabentyps eine adäquate Textaufgabe formulieren zu können.

Zwischen den Lösungshäufigkeiten der beiden Textaufgaben „Kleid" (Item 10) und „Heimtrainer" (Item 13) zu *„Grundwert gesucht nach Verminderung"* wurden für die Gesamtstichprobe sowie die sprachlich schwachen Lernenden

(14 % und 15 %) nur minimale Differenzen festgestellt. Für die sprachlich Stärkeren fallen diese Unterschiede hingegen deutlicher aus (17 % zu 24 %), erweisen sich jedoch ebenfalls nicht als statistisch signifikant (Tabelle 7.2.7).

Das Ergebnis, dass die Differenz zwischen den Teilstichproben bei der Textaufgabe „Heimtrainer" signifikant ist, für das Item „Kleid" allerdings keine Signifikanz erkennbar wird, deutet darauf hin, dass den sprachlich starken Lernenden die Identifikation des erweiterten Aufgabentyps durch Rekonstruktion der strukturtragenden Elemente in Form der eher bildungssprachlichen Nominalisierungen „Ermäßigung in Höhe von" und „Normalpreis" anscheinend besser gelingt als jene in Form des Verbs „reduzieren" mit der Präposition „um".

Zusammenfassung und Implikationen für die Konzeption eines Lehr-Lern-Arrangements zu Prozenten

In diesem Abschnitt wurden Vergleiche der Lösungshäufigkeiten von sprachlich starken und schwachen Lernenden im *Prozente-Matrixtest* entlang dreier Analysefragen vorgestellt. Sie weisen insgesamt darauf hin, dass hinsichtlich des Zusammenhangs zwischen konzeptuellen Hürden und Lesehürden eher Gemeinsamkeiten als Unterschiede zwischen den Teilstichproben auszumachen sind, die sprachlich Schwachen insbesondere nicht stärker an Lesehürden scheitern. Diese Annahme soll hier in resümierender und knapper Form belegt und mit Implikationen für die Konzeption eines Lehr-Lern-Arrangements zu Prozenten in Verbindung gebracht werden:

- Unabhängig von den Aufgabentypen (Analysefrage A2a.1) und -formaten (Analysefrage A2a.2) erzielen die sprachlich starken Lernenden durchgehend höhere Lösungshäufigkeiten als die sprachlich Schwachen. Dieses Resultat kann im Hinblick auf die Prozente einerseits als themenspezifischer Nachweis des Zusammenhangs zwischen Sprachkompetenz und Mathematikleistung fungieren (Abschnitt 3.1.1), der bereits in verschiedenen nationalen (u. a. Haag et al. 2013; Prediger et al. 2015; Paetsch et al. 2015; Tabelle 3.1.1 in Abschnitt 3.1.1 für einen Überblick) wie internationalen Studien (u. a. Secada 1992; Abedi 2004 für Überblick zum angelsächsischen Raum) konstatiert wurde. Andererseits verdeutlicht das Ergebnis die Relevanz der Konzeption eines fach- und sprachintegrierten Lehr-Lern-Arrangements zum Prozentverständnis.

- *Analysefrage A2a.1:* Der Vorsprung der sprachlich starken gegenüber den schwächeren Lernenden nimmt mit zunehmender Schwierigkeit der Aufgabentypen (bzgl. der bestehende Befunde repliziert werden konnten; vgl. Kouba et al. 1988; Berger 1989; Jordan et al. 2004) und abnehmender Vertrautheit ab (u. a. Parker & Leinhardt 1995; Hafner 2012). Die sprachlich stärkeren Lernenden haben bei den elementaren Aufgabentypen mehr Vorteile, die im Unterricht vermutlich häufiger vorkamen. Diese Beobachtung gibt Anlass zu der Hoffnung, dass die Nachteile der sprachlich Schwachen durch sprachsensiblen Unterricht gegebenenfalls reduziert werden könnten. Dabei sollten andere Aspekte von Mathematikleistung, wie Kompetenzen in Bezug auf die Brüche oder das proportionale Denken, die hier nicht im Fokus stehen, natürlich nicht unberücksichtigt bleiben.

- *Analysefrage A2a.2 und A2b:* Die Resultate der sprachlich starken und schwachen Lernenden verlaufen mit Blick auf einzelne Aufgabentypen und -formate weitgehend parallel. So befinden sich die Differenzen der beiden Teilstichproben für das *entkleidete* und das *textliche Format* auf einem ähnlichen Niveau. Dies ist nicht erwartungskonform (Hypothese H3 in Abschnitt 6.4), stattdessen wird vielfach angenommen, dass die Lernenden mit geringeren Sprachkompetenzen insbesondere an den zusätzlichen Lesehürden scheitern, die dem *Textformat* immanent sind (u. a. Abedi et al. 2001; Duarte et al. 2011; Abschnitt 3.1.1). Die Erkenntnisse des Prozente-Matrixtests verweisen diesbezüglich hingegen zum einen darauf, dass Texte in Testitems zu Prozenten für Lernende unabhängig ihrer Sprachkompetenz schwierigkeitsgenerierend wirken können. Dies betrifft in besonderem Maße die Bearbeitung von Items der weniger komplexen und vertrauteren Aufgabentypen. Daraus kann gefolgert werden, dass sprachlich schwache Lernende bei der Bearbeitung von Prozentaufgaben anscheinend nicht – wie häufig angenommen (u. a. Jitendra & Star 2012, s. Abschnitt 1.2.3) – primär an Lesehürden scheitern, sondern es ihnen vor allem an konzeptuellem Verständnis fehlt (u. a. auch Prediger et a. 2015; Wilhelm 2016). Inwieweit dies mit den mathematischen Vorkenntnissen (etwa im Bereich der Brüche oder des proportionalen Denkens) der Lernenden der Teilstichproben zusammenhängt, wird hier nicht kontrolliert, da diese auch durch ihre Sprachkompetenzen geprägt sind. In einem sprach- und fachintegrierten Lehr-Lern-Arrangement zu Prozenten sollte demnach bei der Förderung des Prozentverständnisses (oder gegebenenfalls auch der Förderung von (Vor-)-Verständnis hinsichtlich anderer Inhaltsbereiche) angesetzt werden. Des Weiteren deuten die Ergebnisse an, dass die Förderung des Umgangs mit Textaufgaben auch für sprachlich starke Lernende dienlich ist.

- *Analysefrage A2a.2 für graphisches Format:* Für das graphische Format stellen sich die Unterschiede zwischen den Lösungshäufigkeiten der beiden Teilstichproben im Vergleich zu den anderen beiden Formaten als geringer dar. Dies bestätigt Beschreibungen der Vorteile des graphischen Formats (u. a. Walkington et al. 2013; Dole et al. 1997; Rosenthal et al. 2009). Es stützt auch die Annahme, dass sich der Prozentstreifen als ausgewählte graphische Darstellung (Abschnitt 2.3.3 für sein theoretisches Potenzial, u. a. van den Heuvel-Panhuizen 2003) durch intuitive Zugänglichkeit auszeichnet und insbesondere sprachlich schwachen Lernenden eine Unterstützung bieten kann. Der Einsatz des Prozentstreifens in einem sprach- und fachinte-grierten Lehr-Lern-Arrangement scheint demnach förderlich zu sein.

- *Analysefrage A2c:* Auch auf Ebene der verschiedenen Items im Textformat mit differierenden sprachlichen Charakteristika zu den einzelnen Aufgaben-typen lassen sich insgesamt nur wenige prägnante Unterschiede zwischen den zwei Teilstichproben erkennen. Eine prominente Ausnahme bilden die Items „Jeans" (*„Grundwert gesucht"*) und „Kleid" (*„Grundwert gesucht nach Verminderung"*), die sich primär durch eine sprachliche Feinheit un-terscheiden. Die beiden Verb-Präpositions-Verbindungen „reduzieren auf" bzw. „reduzieren um" erfordern aber verschiedene Mathematisierungen. Hier weisen die quantitativen Ergebnisse darauf hin, dass den sprachlich stärkeren Lernenden die Berücksichtigung (u. a. Kaiser & Schwarz 2008 / 2009 oder Jorgensen 2011 zur Nichtbeachtung mathematisch relevanter Präpositionen) und Differenzierung der Präpositionen und ihrer Bedeutun-gen, die zu einer adäquaten Mathematisierung notwendig sind, besser ge-lingt. Eine Sensibilisierung für solche sprachlichen Feinheiten scheint dem-nach lohnenswert, und zwar angesichts der insgesamt niedrigen Lösungs-häu-figkeiten nicht nur für sprachlich Schwache. Dies ist vor allem deshalb relevant, da solche sprachlichen Konstruktionen vielfach in mathemati-schen Texten mit Prozenten (etwa Prüfungsaufgaben oder Zeitungsartikeln) enthalten sind (korpuslinguistische Studie zu Prozenten in Abschnitt 4.2).

- *Analysefrage A2c:* Der auf Itemebene größte Unterschied zwischen den sprachlich Starken und Schwachen besteht für *das inverse Item*, bei dem zu einem vorgegebenen Item im entkleideten Format eine eigene Textaufgabe zu formulieren ist, mit dem konzeptuelles Verständnis zu Prozenten erfasst werden kann (Bell et al. 1984; Strick 1995). Dementsprechend kann die Anbahnung dieser Kompetenz ein sinnvolles Ziel innerhalb eines fach- und sprachintegrierten Lehr-Lern-Arrangements zu Prozenten darstellen.

Im nachfolgenden Abschnitt sollen Erkenntnisse des *Prozente-Matrixtests*, die in den Abschnitten 7.1 und 7.2 hinsichtlich der Gesamtstichprobe bzw. den sprachlich starken bzw. schwachen Lernenden dokumentiert wurden, zusam-mengefasst werden. Im Sinne der Bedingungsforschung sollen diese anschlie-ßend zur Ableitung von Konsequenzen für die Entwicklungsteil der vorliegen-den Arbeit (Kapitel 8 und 9) genutzt werden.

7.3 Zusammenfassung und Konsequenzen für den Entwicklungsteil

Das Instrument des *Prozente-Matrixtests* (Abschnitt 6.1.3), wurde mit dem Ziel der Erfassung typischer Hürden beim Umgang mit Prozentaufgaben sowie deren Zusammenhang mit der Sprachkompetenz der Lernenden entwickelt, pilotiert und optimiert. Die endgültige Fassung besteht aus insgesamt 18 Items (Tabellen 6.1.1 bis 6.1.3), die jeweils Kombinationen aus drei ausgewählten Aufgabentypen (*„Prozentwert gesucht"*, *„Grundwert gesucht"* und *„Grundwert gesucht nach Verminderung"*; Abschnitt 1.1.3) sowie -formaten (*entkleidetes, graphisches* und *textliches Format*; Abschnitt 1.2.3) darstellen.

Nach zwei Erhebungen mit pilotierendem Charakter wurde der Prozente-Matrixtest in einer dritten Erhebungsrunde eingesetzt (Abbildung 5.2.2 in Abschnitt 5.2.1 für Überblick), aus der die hier dokumentierten Ergebnisse stammen. Die Gesamtstichprobe dieser Erhebungsrunde umfasst N = 308 Lernende aus 25 Testklassen an sieben nicht-gymnasialer Schulen (Tabelle 6.2.1 in Abschnitt 6.2 für deskriptive Daten zur Charakterisierung des Gesamtsamples).

Die Ergebnisse der Lernenden bei einem *C-Test zur Ermittlung der Sprachkompetenz* (Abschnitt 6.1.2) stellten die Grundlage der Bildung zweier Teilstichproben dar, die aus sprachlich schwachen (n = 207) bzw. starken (n = 101) Lernenden bestehen (Abschnitt 6.2).

Die Prozente-Matrixtests der N = 308 Lernenden wurden anhand eines Kodierleitfadens korrigiert und binär kodiert (Abschnitt 6.4). Anschließend wurden anhand der kodierten Daten unter anderem drei literaturbasiert aufgestellte Hypothesen (Abschnitt 6.4) zu den Lösungshäufigkeiten von Lernenden mit differierenden Sprachkompetenzen in Bezug auf verschiedene Aufgabentypen und formate zu Prozenten mit unterschiedlichen statistischen Methoden getestet (t-Tests nach Welch, Effektstärke-Maß d von Cohen).

Gemeinsam mit deskriptiven Beschreibungen der Resultate aus den Prozente-Matrixtests soll die Bestätigung bzw. Widerlegung der Hypothesen zur Bearbeitung der folgenden zwei Forschungsfragen beitragen, die entlang von jeweils drei ausdifferenzierteren Analysefragen (Abschnitt 6.3) realisiert wurden:

- **F1:** Wie hängen konzeptuelle Hürden (die auch im entkleideten und graphischen Format auftreten können) und Lesehürden (die im Textformat noch hinzukommen können), beim Umgang mit Prozentaufgaben verschiedener Aufgabentypen zusammen? (Abschnitt 7.1)

- **F2:** Inwiefern sind hinsichtlich des Zusammenhangs zwischen konzeptuellen Hürden und Lesehürden Unterschiede zwischen sprachlich starken und schwachen Lernenden zu erkennen? (Abschnitt 7.2).

Hinsichtlich der ersten Forschungsfrage (F1) ist zu konstatieren, dass die vielfältigen Erkenntnisse des Prozente-Matrixtests für das Gesamtsample auf der Ebene von Aufgabentypen und -formaten (Tabelle 7.1.2 für Überblick) sowie einzelnen Items (Tabelle 7.1.1 für Überblick) auf komplexe Zusammenhänge zwischen konzeptuellen Hürden und Lesehürden beim Umgang mit Prozentaufgaben hinweisen (Abschnitt 7.1). Im Rahmen der Auseinandersetzung mit der zweiten Forschungsfrage (F2) zeigt sich (Abschnitt 7.2), dass die Resultate in ihren Tendenzen überwiegend auch auf die Teilstichproben der sprachlich schwachen bzw. starken Lernenden zutreffen. Die zentralen diesbezüglichen

Ergebnisse einschließlich vorgenommener Interpretationen sollen hier in zusammengefasster Form angeführt werden.

- Erwartungsgemäß scheint einerseits der Grundaufgabentyp *„Prozentwert gesucht"* in geringerem Ausmaß konzeptuelle Hürden zu generieren als der Grundaufgabentyp *„Grundwert gesucht"* (u. a. Kouba et al. 1988; Parker & Leinhardt 1995; Baratta et al. 2010; Abschnitt 1.2.2). Andererseits scheinen die beiden Grundaufgabentypen den Lernenden geringere Schwierigkeiten zu bereiten als der integrierte erweiterte Aufgabentyp (Berger 1989; Jordan et al. 2004; Abschnitt 1.2.2; Analysefragen A1a.1 und A2a.1).

- Unabhängig von der Sprachkompetenz der Lernenden scheint das *Textformat* bei den Grundaufgabentypen, die weniger komplex und kompliziert sowie den Lernenden aus dem Unterricht vermutlich vertrauter sind (Parker & Leinhardt 1995; Hafner 2012; Abschnitt 2.2.2), eine schwierigkeitsgenerierende Wirkung innezuhaben (Analysefragen A1a.2 und A2a.2). Für den integrierten komplexeren Aufgabentyp gilt dies hingegen nicht. Im Gegenteil scheinen Texte diesbezüglich sogar zur Förderung dessen Zugänglichkeit (Lembke & Reys 1994; van den Heuvel-Panhuizen 2005; Abschnitt 1.2.3) beitragen zu können (Analysefragen A1a.2 und A2a.2 bzw. A1b und A2b). Sofern ein gefestigtes Konzept zugrunde liegt, stellt die notwendige Rekonstruktion sprachlicher Realisierungen im *Textformat* also vermutlich eine zusätzliche Lesehürde für viele (auch sprachlich stärkere) Lernenden dar.

- Das *graphische Format* mit Prozentstreifen (vgl. Abschnitt 2.3.3) erweist sich als Visualisierung, die den intuitiven Zugang zu den Konzepten von Prozenten anscheinend erleichtern kann (auch Walkington et al. 2013; Analysefragen A1a.2 und A2a.2).

- Nicht nur das *Textformat* an sich, sondern auch spezifische (bildungssprachliche) Charakteristika von Textaufgaben (Analysefragen A1c und A2c) scheinen Auswirkungen auf den Schwierigkeitsgrad von Items zu haben (auch u. a. Duarte et al. 2011; Jorgensen 2011; Haag et al. 2013).

Der Vergleich der Teilstichproben der sprachlich schwachen und starken Lernenden gemäß der zweiten Forschungsfrage zeigt viele Gemeinsamkeiten:

- Ein Zusammenhang zwischen der Sprachkompetenz der Lernenden und ihren Leistungen in Bezug auf Prozente wird derart nachgewiesen (allgemein für Zusammenhänge zwischen Mathematikleistungen und Sprachkompetenzen u. a. Haag et al. 2013; Prediger et al. 2015; Paetsch et al. 2015; Tabelle 3.1.1 in Abschnitt 3.1.1 für Überblick), dass die sprachlich starken Lernenden im Prozente-Matrixtest durchgehend bei allen Items besser abschneiden als die sprachlich Schwachen (Tabelle 7.1.2 in Kapitel 7.1).

- Die Resultate der beiden Teilstichproben verlaufen bzgl. einzelner Aufgabentypen weitgehend parallel (Analysefrage A2a.1). Dabei nimmt der Vorsprung der sprachlich starken Lernenden mit steigender Schwierigkeit der

Aufgaben (in Einklang mit der Literatur, vgl. Kouba et al. 1988; Berger 1989; Jordan et al. 2004, Abschnitt 1.2.2) und der abnehmenden Vertrautheit (u. a. Parker & Leinhardt 1995; Hafner 2012; Abschnitt 2.2.2) ab. Dies deutet daraufhin, dass die Nachteile der sprachlich schwachen Lernenden insbesondere aus dem vorangegangenen Unterricht zu Prozenten, aber eventuell auch zu anderen zuvor behandelten mathematischen Lerngegenständen, resultieren.

- Nicht erwartungskonform (u. a. Abedi et al. 2001; Duarte et al. 2011; Abschnitt 3.1.1 und hinsichtlich der Prozente u. a. Jitendra & Star 2012; Abschnitt 1.2.3) ist, dass sich die Unterschiede zwischen beiden Sprachgruppen für das *entkleidete* und *textliche Format* im Allgemeinen (Analysefrage A2a.2) und ebenfalls für parallelisierte Items mit gleichem Aufgabenkern (Analysefrage A2b) auf einem ähnlichen Niveau befinden. Daraus kann gefolgert werden, dass die sprachlich schwachen Lernenden nicht primär an Lesehürden scheitern, sondern eher ein mangelndes konzeptuelles Verständnis (auch Wilhelm 2016) für ihre insgesamt geringeren Lösungshäufigkeiten verantwortlich zu sein scheinen. Bekräftigt wird dies durch Vergleiche der Lösungshäufigkeiten zu verschiedenen Items im *Textformat mit variierenden sprachlichen Charakteristika* (Analysefrage A2c), die ebenfalls wenige prägnante Unterschiede (Umgang mit Präpositionen ähnlich auch bei Kaiser & Schwarz 2008 / 2009 oder Jorgensen 2011 respektive einem inversen Item, vgl. dazu Bell et al. 1984; Strick 1995) erkennen lassen.

- Hinsichtlich des *graphischen Formats* erweisen sich die Unterschiede zwischen den Teilstichproben als am geringsten (Analysefrage A2a.2). Dies wird als Beleg dafür interpretiert, dass von dem Einsatz des Prozentstreifens als graphische Darstellung insbesondere die sprachlich schwächeren Lernenden profitieren (Vorteile des graphischen Formats auch u. a. bei Walkington et al. 2013; Dole et al. 1997 und Abschnitt 2.3.3).

Aus den hier resümierend festgehaltenen Erkenntnissen des *Prozente-Matrixtests*, die in den Abschnitten 7.1 für die Gesamtstichprobe und in 7.2 für die sprachlich starken und schwachen Lernenden ausführlich dargelegt wurden, lassen sich im Sinne einer Bedingungsanalyse vielfältige Konsequenzen für das Design eines Lernpfads und eines konkreten Lehr-Lern-Arrangements zu Prozenten ableiten. Trotz der hohen Alltagsrelevanz der Thematik (Abschnitt 1.1.1) ist für viele, auch sprachlich starke, Lernende ein diesbezüglicher Förderbedarf zu konstatieren. Ein Indiz dafür stellen die insgesamt als niedrig einzuschätzenden Lösungshäufigkeiten beim Prozente-Matrixtest dar. So fallen diese für das Item „*Prozentwert gesucht* I" („Wie viel sind 75 % von 1000 g") am höchsten aus. Die Aufgabe wird allerdings auch nur von 63 % der Gesamtstichprobe adäquat gelöst (sprachlich schwach: 57 %; sprachlich stark: 76 %).

Die hier angeführten Konsequenzen sind im Entwicklungsteil der vorliegenden Arbeit zu berücksichtigen (Kapitel 8 und 9) und bestätigten empirisch die Kraft der in Abschnitt 2.2.1 zum Teil bereits formulierten Design-Prinzipien:

- Um dem engen ermittelten Zusammenhang zwischen konzeptuellen Hürden und Lesehürden in Bezug auf Prozentaufgaben gerecht werden zu können, muss eine *systematische, durchgängige Verknüpfung von Sprachförderung und Förderung des konzeptuellen Verständnisses* realisiert werden.

- Zur Ausnutzung der sich andeutenden intuitiven Zugänglichkeit des graphischen Formats, sollte der *Prozentstreifen als durchgängige graphische Darstellung* eingesetzt werden.

- Zur Förderung des konzeptuellen Verständnisses zu Prozenten kann die reflektierte *Formulierung eigener Textaufgaben* (im Sinne des inversen Formats) initiiert werden.

- Zur Sensibilisierung für mögliche mathematische Auswirkungen sprachlich feiner Variationen (wie reduzieren „um" vs. „auf") sollte eine *bewusste Kontrastierung verschiedener sprachlicher Formulierungen* erfolgen.

Die Anlage der Untersuchung ermöglichte es, nicht nur – wie in bisherigen Studien zu Prozenten – Erkenntnisse zum Umgang von Lernenden mit unterschiedlichen Aufgabentypen zu generieren, sondern auch in Bezug auf verschiedene Aufgabenformate. Der zusätzliche Fokus auf Lernende mit differierenden Sprachkompetenzen führte zum zentralen und höchst relevanten Resultat, dass Textaufgaben zwar unabhängig von der Sprachkompetenz – insbesondere bei routinisierten Aufgaben – Lesehürden evozieren können, es sprachlich schwachen Lernenden aber primär an konzeptuellem Prozentverständnis mangelt.

D Fachdidaktische Entwicklungsforschung zu Prozenten – Entwicklungsteil

8 Design des entwickelten Konzepts zu Prozenten

Dieses Kapitel soll der Darstellung des *Entwicklungsproduktes* der vorliegenden Arbeit dienen, einem Lehr-Lern-Arrangement zu Prozenten für Siebtklässlerinnen und Siebtklässler. Im Sinne der Fachdidaktischen Entwicklungsforschung (Abschnitt 5.1) wurde dieses Design durch fünf iterative Zyklen von Design-Experimenten modifiziert, ergänzt und weiterentwickelt. Sein Kern ist eine Sequenz von Aufgaben und Mikro-Scaffolding-Impulsen (Abschnitt 8.3.2), die dazu beitragen sollen, dass die Lernenden entlang eines intendierten dualen Lernpfads (bestehend aus einem konzeptuellen und einem lexikalischen Lernpfad) voranschreiten (Pöhler & Prediger 2015; Prediger & Pöhler 2015 und Pöhler & Prediger 2017 für Vorstellungen und Analysen zum Design; Pöhler & Prediger 2017a für die Materialien sowie Pöhler & Prediger 2017b für didaktische Erläuterungen zum Lehr-Lern-Arrangement). Wie bereits dargelegt (Abschnitt 2.1) bilden die intendierten Lernpfade dabei lediglich ein Lernangebot, während die tatsächlichen individuellen Lernwege der Schülerinnen und Schüler, die durch diese initiiert werden, in der Regel nicht so linear verlaufen, sondern oszillieren und gegebenenfalls auch eigenwillige Umwege gehen.

Die Entscheidung über die Ausrichtung des Sprachförderansatzes zum Umgang mit Prozenten wurde durch die Resultate der *Bedingungsanalyse* zu typischen sprachlich bedingten Hürden empirisch fundiert (Kapitel 6 und 7). Der Befund, dass die ermittelten Schwierigkeiten der sprachlich schwachen Lernenden insbesondere auf der konzeptuellen Ebene zu verorten sind, begründet den Fokus der Förderung nicht primär auf den Umgang mit Textaufgaben, sondern auch auf den Aufbau eines konzeptuellen Verständnisses zu Prozenten.

Der dementsprechend entwickelte *intendierte duale Lernpfad* verknüpft einen *konzeptuellen Lernpfad*, der auf einem etablierten Konzept von van den Heuvel-Panhuizen (2003) basiert (Abschnitt 2.3.2) und nach dem Levelprinzip des RME-Ansatzes (Abschnitt 2.3.1) sequenziert wurde, mit einem systematischen *lexikalischen Lernpfad*, der der *Sequenzierung eines gestuften Sprachschatzes* (Abschnitt 4.1.5) folgt und jeweils die lexikalischen Sprachmittel bereitstellt, die für die Sprachhandlungen der konzeptuellen Stufe notwendig sind. Zur Realisierung der Koordination der beiden intendierten Lernpfade wird das Design-Prinzip des *Makro-Scaffoldings* (Abschnitt 4.1.3) ausgenutzt, wobei als

© Springer Fachmedien Wiesbaden GmbH 2018
B. Pöhler, *Konzeptuelle und lexikalische Lernpfade und Lernwege zu Prozenten*, Dortmunder Beiträge zur Entwicklung und Erforschung des Mathematikunterrichts 35, https://doi.org/10.1007/978-3-658-21375-6_9

Mittler der auch von van den Heuvel-Panhuizen (2003) verwendete Prozent-streifen (Abschnitte 2.3.2 und 2.3.3) mit wechselnden Funktionen fungiert.
Dem Kapitel liegen die folgenden Entwicklungsanforderungen (Abschnitt 4.4) zugrunde:

E1: *Sequenzierung und konkrete Ausgestaltung eines intendierten konzeptuellen Lernpfads zu Prozenten* als Adaption eines etablierten Lernpfads aus dem RME-Ansatz auf den deutschen Kontext.

E2: *Sequenzierung und konkrete Ausgestaltung eines intendierten lexikalischen Lernpfads zu Prozenten* auf Basis des Prinzips des gestuften Sprachschatzes sowie weiterer Design-Prinzipien zur Sprachförderung, der auf den inten-dierten konzeptuellen Lernpfad abgestimmt ist.

E3: *Verknüpfung der zwei intendierten Lernpfade mithilfe des Prozentstreifens.*

E4: *Gestaltung eines Lehr-Lern-Arrangements (bestehend aus Aufgabense-quenz und geeigneten Mikro-Scaffolding-Strategien) zur Realisierung des dualen Lernpfads* (bestehend aus konzeptuellem und lexikalischem Lern-pfad), das das Fortschreiten der Lernenden entlang des Lernpfads initiiert.

Nach einer zusammenfassenden Anführung der Design-Prinzipien in Abschnitt 8.1, die aus theoretischen Überlegungen und empirisch gewonnenen Resultaten abgeleitet (Kapitel 2 und 4) und bei der iterativen Entwicklung des Konzeptes zu Prozenten berücksichtigt wurden, sollen in Abschnitt 8.2 die konkreten De-sign-Entscheidungen bzgl. der verschiedenen Entwicklungsanforderungen erläu-tert werden. Dazu werden zunächst eine überblicksmäßige und anschließend eine stufenweise Darstellung der letztendlich entwickelten konzeptuellen und lexikalischen Lernpfade vorgenommen. Dabei wird auch auf deren Verknüpfung durch das strukturelle Scaffolding-Element – den Prozentstreifen – eingegangen und es werden seine verschiedenen Funktionen dargelegt. Zur Illustration des intendierten dualen Lernpfads werden bereits in Abschnitt 8.2 im Rahmen der stufenweisen Präsentation exemplarische Aufgaben aus dem konzipierten Lehr-Lern-Arrangement vorgestellt, bevor in Abschnitt 8.3 dessen breitere Realisie-rung in Form dreier Fördereinheiten sowie das zugehörige Sprachmittelangebot (Abschnitt 8.3.1) und die genutzten Mikro-Scaffolding-Impulse (Abschnitt 8.3.2) thematisiert werden. Zum Abschluss des Kapitels werden die wichtigsten Aspekte zusammengefasst (Abschnitt 8.4).

8.1 Überblick zu berücksichtigten Design-Prinzipien

Das übergreifende Ziel dieser Arbeit bestand auf der Entwicklungsebene darin, ein fach- und sprachintegriertes Design zu Prozenten zu konzipieren sowie in iterativen Zyklen von Design-Experimenten zu erproben und zu optimieren. Dazu wurde die Entwicklung eines konzeptuellen und eines lexikalischen Lern-pfads anvisiert und in einem Lehr-Lern-Arrangement konkretisiert.

Für die Sequenzierung des konzeptuellen Lernpfads wurde von Pöhler & Prediger (2015, 2017) ein etabliertes Konzept zum Umgang mit Prozenten als Grundlage (van den Heuvel-Panhuizen 2003, Abschnitt 3.2.2) lerngruppenspezifisch adaptiert. Den Kern bildet die Sequenzierung des konzeptuellen Lernpfads nach dem Levelprinzip des RME-Ansatzes (Abschnitt 2.3.4), das vom Konkreten zum Abstrakten fortschreitet (u. a. Gravemeijer 1998). Aufgrund dieses Charakteristikums lassen sich gut Anknüpfungspunkte für eine Vereinbarung des konzeptuellen mit einem lexikalischen Lernpfad finden. Dessen Konstruktion soll zur Adaption des etablierten Lernpfads an die spezifischen Bedürfnisse einer Förderung für Lernende mit geringer Sprachkompetenz beitragen. So erweist sich für das Design des lexikalischen Lernpfads das Prinzip des Makro-Scaffoldings (u. a. Gibbons 2002; Abschnitt 4.1.3) bzw. dessen mathematikdidaktische Konkretisierung in Form des gestuften Sprachschatzes (Prediger 2017; Abschnitt 4.1.5) als passend, da es bei der Alltagssprache der Lernenden ansetzt.

Neben diesen zentralen Design-Prinzipien, die insbesondere die Sequenzierung der beiden Lernpfade bzw. deren Verknüpfung betreffen, wurden weitere berücksichtigt, die ebenfalls im Theorieteil der vorliegenden Arbeit herausgearbeitet wurden (Tabelle 8.1.1 für Überblick zu berücksichtigten Design-Prinzipien). Diese haben insbesondere die Auswahl und die Gestaltung der konkreten Aktivitäten sowie die Formulierung der Aufgabenstellungen beeinflusst (Abschnitt 8.2 für Design-Entscheidungen hinsichtlich der einzelnen Stufen).

Tabelle 8.1.1: Überblick zu den bei der Konzeption des Lehr-Lern-Arrangements zu Prozenten berücksichtigten Design-Prinzipien

	Design-Prinzipien – konzeptueller Lernpfad	Design-Prinzipien – lexikalischer Lernpfad
Design-Prinzipien – Sequenzierung	• Levelprinzip (Abschnitt 2.3.4) • Integrierte Thematisierung statt sukzessiver Einführung der einzelnen Aufgabentypen (Abschnitt 2.2.1) • Thematisierung verschiedener Grundvorstellungen von Prozenten und der Prozentrechnung (Abschnitt 2.2.1)	• Scaffolding (Abschnitt 4.1.3) • Gestufter Sprachschatz (Abschnitt 4.1.5)
Design-Prinzipien – Auswahl und Gestaltung von Aufgaben	• Herstellen von Zusammenhängen mit anderen Inhaltsbereichen (Abschnitt 2.2.1) • Angebot einer geeigneten durchgängigen graphischen Darstellung zur anschaulichen Verankerung (Abschnitt 2.2.1)	• Diskursive Kommunikationsanregung (Abschnitt 4.1.2) • Konsequentes Vernetzen von Darstellungen und Sprachregistern (Abschnitt 4.1.2)

Wie aus dem Überblick zu den Design-Prinzipien deutlich wird, ist der durchgängige Einsatz einer graphischen Darstellung sowohl aus konzeptueller als auch aus lexikalischer Perspektive relevant. Dies begründet die Entscheidung, dem Prozentstreifen, dem ebenso innerhalb des Konzeptes von van den Heuvel-Panhuizen (2003, Abschnitt 2.3.2) eine zentrale Bedeutung zukommt (Abschnitt 2.3.3 für dessen Einschätzung unter allgemeinen sowie spezifischen Qualitätskriterien für graphische Darstellungen), die zusätzliche Funktion als Verbindungselement zwischen konzeptuellem und lexikalischem Lernpfad zuzuschreiben. Der Prozentstreifen fungiert dementsprechend im Sinne des Prinzips des Makro-Scaffoldings (Abschnitt 4.1.3) fortlaufend auch als strukturelles Scaffolding-Element für das sprachliche Lernen. Wie die nachfolgenden stufenspezifischen Darlegungen (Abschnitt 8.2) zeigen werden, kommen dem Prozentstreifen dabei auf dem dualen Lernpfad wechselnde Funktionen zu. Diese können als Konkretisierungen des intendierten Wandels des Prozentstreifens von einem *Modell von konkreten Situationen* („model of") zu einem *Modell für die Konzepte der Prozente* („model for") verstanden werden (Abschnitt 2.3.4), der das Fortschreiten der Lernenden entlang der Lernpfade initiieren und unterstützen soll (van den Heuvel-Panhuizen 2003).

8.2 Intendierte Lernpfade zu Prozenten und deren Verknüpfung durch strukturbasiertes Scaffolding-Element

Infolge der Durchführung iterativer Design-Experiment-Zyklen hat sich ein intendierter dualer Lernpfad zu Prozenten als praktikabel herauskristallisiert, der aus sechs aufeinander aufbauenden Stufen besteht (Gesamtüberblick in Tabelle 8.2.4). An dieser Stelle werden die Konkretisierungen der Lernpfade zunächst überblicksmäßig dargestellt, bevor anschließend detaillierter auf die einzelnen Stufen sowie die Begründungen zu ihrer Konzeption eingegangen wird.

Die sechs Stufen des intendierten konzeptuellen Lernpfads (Tabelle 8.2.1), wurden auf Basis eines etablierten Konzepts zu Prozenten (van den Heuvel-Panhuizen 2003, Abschnitt 2.3.2) ausgearbeitet, sie ergänzen die vier Level des RME-Ansatzes (Gravemeijer 1998, Abschnitt 2.3.4) um den flexiblen Umgang mit Textaufgaben. Wie im Rahmen der Darstellung der einzelnen Stufen näher beschrieben wird, dient die Ausweitung des konzeptuellen Lernpfads um die fünfte und sechste Stufe zudem der Thematisierung auch der erweiterten Aufgabentypen zu Prozenten.

Da hinsichtlich der Konzeption eines intendierten lexikalischen Lernpfads zu Prozenten, der der Unterstützung des konzeptuellen Verständnisses dienen soll, eine Forschungslücke auszumachen ist, musste dieser selbst konzipiert werden. Dies erfolgte im Rahmen der verschiedenen Zyklen von Design-Experimenten (Abschnitt 5.2) auf Grundlage des Design-Prinzips des gestuften Sprachschatzes (Prediger 2017, Abschnitt 4.1.5) und unter der Prämisse, die zu gestaltenden Sprachhandlungen geeignet auf die jeweiligen Fachinhalte und die zu ihrer Bearbeitung notwendigen Sprachhandlungen abzustimmen. Für die Passung zum intendierten konzeptuellen Lernpfad wird auch der intendierte lexikalische Lernpfad in sechs Stufen sequenziert (Tabelle 8.2.2).

Tabelle 8.2.1   Sechsstufiger intendierter konzeptueller Lernpfad

Stufe	Konzeptueller Lernpfad: Wege zu mathematischen Vorstellungen
1	Konstruktion von Bedeutungen zu Prozenten durch Abschätzen und Darstellen (im Downloadkontext)
2	Entwicklung informeller Strategien zur Bestimmung von Prozentwerten, -sätzen und später Grundwerten (im Einkaufskontext)
3	Berechnung von Prozentwerten, -sätzen und später Grundwerten (im Einkaufskontext)
4	Ausweitung auf andere Aufgabentypen: veränderte Grundwerte und prozentuale Veränderungen (im Einkaufskontext)
5	Identifikation verschiedener Aufgabentypen (auch über Grundaufgaben hinaus) (in verschiedenen Kontexten)
6	Flexibler Umgang mit (komplexeren) Situationen (in unvertrauteren Kontexten)

Tabelle 8.2.2   Sechsstufiger intendierter lexikalischer Lernpfad

Stufe	Lexikalischer Lernpfad: Wege zum gestuften Sprachschatz
1	Verwendung eigensprachlicher Ressourcen im alltagssprachlichen Register, kaum Angebot an Sprachmitteln
2	Etablierung bedeutungsbezogener Sprachmittel im bildungssprachlichen Register zur Konstruktion von Bedeutungen für Prozentwerte, -sätze und Grundwerte im Einkaufskontext
3	Einführung formalbezogener kontextunabhängiger Sprachmittel im technischen Register
4	Erweiterung der bedeutungsbezogenen Sprachmittel zum Einkaufskontext für komplexere Aufgabentypen
5	Einübung formal- und bedeutungsbezogener Sprachmittel und erster Umgang mit Sprachmitteln des kontextbezogenen Lesesprachschatzes
6	Explizite Einführung exemplarischer Sprachmittel des kontextbezogenen Lesesprachschatzes im bildungssprachlichen Register

Die Verknüpfung der beiden dargestellten intendierten Lernpfade stellte sich aufgrund ihrer gegenseitigen Abhängigkeit (Gibbons 2002) als herausfordernd dar. So bleiben einerseits die sprachlichen Ausdrücke des lexikalischen Lernpfades ohne ihre (mathematische) Bedeutung leer, andererseits wird im Prozess der Bedeutungskonstruktion bezüglich des konzeptuellen Lernpfads eine Sprache gebraucht, mit der die Gedanken ausgedrückt werden können (Presmeg 1998). Zur Koordination des konzeptuellen und des lexikalischen Lernpfades werden dementsprechend zusätzliche semiotische Ressourcen benötigt. Als geeignet für den Umgang mit Prozenten stellte sich der Prozentstreifen heraus. Innerhalb des dualen Lernpfads zu Prozenten bzw. im Design des gestalteten Lehr-Lern-Arrangements fungiert er als sogenanntes strukturelles Scaffolding-Element. Er soll Lernende bei der graphischen Strukturierung von Situationen und Beziehungen im Bereich des Umgangs mit Prozenten unterstützen und dadurch die konzeptuelle Entwicklung fördern (van den Heuvel-Panhuizen 2003; Abschnitt 2.3.2). Dabei kommen dem Prozentstreifen auf den sechs Stufen verschiedene Funktionen zu (Tabelle 8.2.3).

Tabelle 8.2.3: Vermittelnde Funktionen des Prozentstreifens auf sechs Stufen

Stufe	Strukturbasiertes Scaffolding-Element: Prozentstreifen mit wechselnden Funktionen
1	Einführung des Prozentstreifens als *Modell eines* Alltagskontextes (Downloadstreifen)
2	Prozentstreifen als *Modell von* Kontexten, zum Finden informeller Strategien und zum Strukturieren von Beziehungen von Konzepten und Kontextelementen
3	Prozentstreifen als *Modell für* das Rechnen und Strukturieren von Beziehungen zwischen inhaltlichen Vorstellungen und formalen Konzepten
4	Prozentstreifen als *Modell für* die Konstruktion komplexerer Beziehungen
5	Prozentstreifen als strukturelle Basis zur Rekonstruktion von Beziehungen in Situationen
6	Prozentstreifen als strukturelle Basis zur Identifikation der verschiedenen Aufgabentypen

Die durchgängige Integration des Prozentstreifens als einzige graphische Darstellung wird durch seine fortdauernde Qualität ermöglicht (Abschnitt 2.3.3). Damit finden in dem konzipierten dualen Lernpfad das Design-Prinzip des Angebots einer durchgängigen graphischen Darstellung zur anschaulichen Verankerung der Prozente (Abschnitt 2.2.1) sowie das damit in Zusammenhang stehende Gebot der Sparsamkeit (Wittmann 1993; Krauthausen & Scherer 2003) eine Berücksichtigung.

Wie die Tabelle 8.2.4 im Überblick zeigt, vermittelt der Prozentstreifen als strukturbasiertes Scaffolding-Element zwischen dem konzeptuellen Lernpfad zu Prozenten, der die Wege zu den mathematischen Vorstellungen und dem lexikalischen Lernpfad, der die Wege zum gestuften Sprachschatz abbildet.

Die beiden intendierten Lernpfade sowie deren Verknüpfung durch den Prozentstreifen mit wechselnden Funktionen werden nachfolgend stufenweise beschrieben. Zur Konkretisierung wird dabei auch auf prototypische Aufgaben aus dem konzipierten Lehr-Lern-Arrangement sowie deren konzeptuellen sowie lexikalischen Gehalt eingegangen.

Tabelle 8.2.4. Dualer Lernpfad und strukturelles Scaffolding-Element in wechselnden Funktionen

Stufen	Konzeptueller Lernpfad: Wege zu mathematischen Vorstellungen	Strukturbasiertes Scaffoldingelement: Prozentstreifen mit wechselnden Funktionen	Lexikalischer Lernpfad: Wege zum gestuften Sprachschatz
1:Aktivierung individueller Ressourcen	Konstruktion von Bedeutungen zu Prozenten durch Abschätzen & Darstellen (im Downloadkontext)	Einführung des Prozentstreifens als Modell eines Alltagskontextes (Downloadstreifen)	Verwendung eigensprachlicher Ressourcen im alltagssprachlichen Register, kaum explizites Angebot an Sprachmitteln
2: Entwicklung erster informeller Strategien & Etablierung bedeutungsbezogenen Vokabulars	Entwicklung informeller Strategien zur Bestimmung von Prozentwerten, -sätzen & später Grundwerten (im Einkaufskontext)	Prozentstreifen als Modell von Kontexten (Angeboten beim Einkaufen), zum Finden informeller Strategien & zum Strukturieren von Beziehungen von Konzepten & Kontextelementen	Etablierung bedeutungsbezogener Sprachmittel im bildungssprachlichen Register zur Konstruktion von Bedeutungen für Prozentwerte, -sätze & später Grundwerte (im Einkaufskontext)
3: Formalisierung (Rechenstrategien für Grundaufgaben & Sprachschatz)	Berechnung von Prozentwerten, -sätzen und später Grundwerten (im Einkaufskontext)	Prozentstreifen als Modell zum Rechnen & Strukturieren von Beziehungen zwischen inhaltlichen Vorstellungen & formalen Konzepten	Einführung formalbezogener kontextunabhängiger Sprachmittel im technischen Register
4: Erweiterung des Repertoires (komplexere Aufgabentypen)	Ausweitung der Aufgabentypen: veränderte Grundwerte & prozentuale Veränderungen (im Einkaufskontext)	Prozentstreifen als Modell für die Konstruktion komplexerer Beziehungen	Erweiterung der bedeutungsbezogenen Sprachmittel auf komplexere Aufgabentypen (im Einkaufskontext)
5: Identifikation aller Aufgabentypen (unterschiedliche Kontexte)	Identifikation verschiedener Aufgabentypen (in verschiedenen Kontexten)	Prozentstreifen als strukturelle Basis zur Identifikation verschiedener Aufgabentypen	Einübung formal- und bedeutungsbezogener Sprachmittel und erster Umgang mit Sprachmitteln des kontextbezogenen Lesesprachschatzes
6: Flexibilisierung (Gebrauch der Konzepte / Strategien & Sprachschatz)	Flexibler Umgang mit (komplexeren) Situationen (in unvertrauteren Kontexten)	Prozentstreifen als strukturelle Basis zur Rekonstruktion von Beziehungen in (komplexen & unvertrauteren) Situationen	Explizite Einführung exemplarischer Sprachmittel des kontextbezogenen Lesesprachschatzes im bildungssprachlichen Register

8.2.1 Stufe 1: Aktivierung individueller Ressourcen

Den Design-Prinzipien des *Levelprinzips* (Gravemeijer 1998), des *Makro-Scaffoldings* (Gibbons 2002) bzw. des *gestuften Sprachschatzes* (Prediger 2017) folgend, die sich für die Sequenzierung des dualen Lernpfads als geeignet erwiesen haben, sollen die Alltagserfahrungen der Lernenden bzw. ihre alltagssprachlichen Ressourcen die Ausgangspunkte des konzeptuellen bzw. des lexikalischen Lernpfads zum Umgang mit Prozenten bilden (Tabelle 8.2.5). Präzisiert wurde dies im Teil-Prinzip *der Berücksichtigung von und des Anknüpfens an Vorerfahrungen der Lernenden*. Wie einzelne empirische Studien gezeigt haben (u. a. Lembke & Reys 1994; Scherer 1996; Rosenthal 2009), verfügen viele Lernende bereits vor der systematischen Behandlung des Umgangs mit Prozenten im Unterricht über intuitives Wissen zu diesem Inhaltsbereich, sodass sich ein Anknüpfen daran als besonders bedeutsam herausstellt. Die Existenz dieses intuitiven Wissens steht mit der hohen Alltagsrelevanz von Prozenten in Verbindung (Abschnitt 1.1.1).

Tabelle 8.2.5: Erste Stufe des dualen Lernpfads zu Prozenten

Konzeptueller Lernpfad: Wege zu mathematischen Vorstellungen	Strukturbasiertes Scaffoldingelement: Prozentstreifen mit wechselnden Funktionen	Lexikalischer Lernpfad: Wege zum gestuften Sprachschatz
Konstruktion von Bedeutungen zu Prozenten durch Abschätzen und Darstellen (im Downloadkontext)	Einführung des Prozentstreifens als Modell eines Alltagskontextes (Downloadstreifen)	Verwendung eigensprachlicher Ressourcen im alltagssprachlichen Register, kaum explizites Angebot an Sprachmitteln

Zur Aktivierung dieses Alltagswissens und der damit verbundenen intendierten Anbahnung der Konstruktion von Bedeutungen zu Prozenten ist ein lernendennaher Kontext zu finden (u. a. Lembke & Reys 1994; Parker & Leinhardt 1995), denn sinnhafte und vorstellungsreiche Kontexte bilden im RME-Ansatz den Ausgangspunkt von Lernprozessen (u. a. van den Heuvel-Panhuizen & Drijvers 2014). Ausgewählt wurde das Downloaden als Einstiegskontext, da er eine den Jugendlichen aus dem Alltag gut vertraute Standard-Visualisierung von Anteilen bietet. Der Vorteil des ausgewählten Downloadkontextes gegenüber den von van den Heuvel-Panhuizen (2003) genutzten Einstiegskontexten der Auslastung von Parkplätzen bzw. der Belegung eines Theatersaals, besteht demnach darin, dass die Streifendarstellung keiner sinnstiftenden Einführung bedarf (im Parkplatzkontext etwa durch Vergleich verschiedener Auslastungen), sondern in Form von Downloadbalken schon fest im Alltag verankert ist. Mit der Downloadbalkendarstellung, die auch anderswo als graphische Darstellung für Prozente eingesetzt wird (u. a. Schröder et al. 2006; van Galen & van Eerde 2011 / 2012; Rianasari al. 2012), geht dementsprechend – auf intuitive Art und Weise – die

Einführung des Prozentstreifens einher, der als geeignete graphische Darstellung zur anschaulichen Verankerung von Prozenten angesehen wird (u. a. Kraus 1986; Scherer 1996; White et al. 2007; Baratta et al. 2010). Die vermutete intuitive Zugänglichkeit des Downloadkontextes wurde in den ersten Design-Experimenten bestätigt (u. a. Pöhler & Prediger 2015; auch Abschnitt 9.1). Der ausgewählte Downloadkontext zeichnet sich ferner dadurch aus, dass er auch in ein Brüche-Curriculum integriert sein kann (Prediger 2013). So können die bedeutsamen Zusammenhänge zwischen diesem Inhaltsbereich und den Prozenten verstehensorientiert (u. a. Lembke & Reys 1994; Parker & Leinhardt 1995; Hafner 2012) und anhand einer übereinstimmenden graphischen Darstellung (beispielsweise Bruch- und Prozentstreifen; Baireuther 1983; van Galen et al. 2008) verdeutlicht werden (*Design-Prinzip des Herstellens von Zusammenhängen mit anderen Inhaltsbereichen*). Im entwickelten Material aus dem Projekt „Mathe sicher können" (Pöhler & Prediger 2017a / 2017b; Abschnitt 8.3) werden diese Zusammenhänge durch vorangehende Bausteine bei der Gleichwertigkeit zu Hundertstelbrüchen vorbereitet (Schink, Prediger & Pöhler 2014) und dann im Abschnitt zu Prozenten aufgegriffen (s. Abbildung 8.2.1 für ein Beispiel).

Im Einstieg fungiert der Prozentstreifen als Modell des gewählten Alltagskontextes (im Sinne des *model of* nach Freudenthal 1975, Abschnitt 2.3.4), wobei dem Downloadbalken eine vermittelnde Funktion zwischen dem konzeptuellen und dem lexikalischen Lernpfad zukommt.

Im Hinblick auf den konzeptuellen Lernpfad sollen die Downloadbalken dazu beitragen, dass die Lernenden eine Bedeutung von Prozenten im Sinne der Grundvorstellung *Teil von einem Ganzen* konstruieren (u. a. Parker & Leinhardt 1995, Abschnitt 1.1.2). Um dies anzubahnen, wurden für das Lehr-Lern-Arrangement Aufgaben konzipiert, in denen prozentuale Fortschritte beim Herunterladen von Dateien anhand abgebildeter Downloadbalken abgeschätzt (Abbildung 8.2.1 für Beispielaufgabe; Abschnitt 9.1 für Umgang von Lernenden mit dieser) bzw. ungefähr dargestellt werden müssen (Aufgabe 2, ohne Abbildung). Derartigen Schätzaktivitäten wird das Potenzial zugeschrieben, die intuitiven Einsichten der Lernenden zu aktivieren (Berger 1991; Dole et al. 1997), den Aufbau eines konzeptuellen Prozentverständnisses zu unterstützen (u. a. Berger 1989; Scherer 1996; Kleine 2009; Hafner 2012) sowie zur Förderung der Flexibilität beim Lösen von Aufgaben zu Prozenten (Berger 1989; Scherer 1996) beizutragen (*Design-Prinzip der Betonung des Aufbaus eines konzeptuellen Verständnisses statt der Anwendung formaler Lösungsverfahren* in Abschnitt 2.2.1). So kamen etwa Rianasari, Budayasa und Patahuddin (2012) im Rahmen einer Entwicklungsforschungsstudie zu Prozenten zu dem Ergebnis, dass durch eine Aktivität zum Abschätzen von Ladezuständen im Downloadbalken die Wahrnehmung von 100 % als Ganzes Unterstützung erfährt. Mit dem Ziel, das Verständnis der Lernenden dafür zu schärfen, dass passende Schätzungen auf verschiedenen Wegen zu generieren sind, erwies es sich während des iterativen Design-

Prozesses als förderlich, die zu schätzenden Downloadfortschritte so auszuwählen, dass verschiedene Schätzstrategien naheliegend sind (in Abbildung 8.2.1
etwa Orientierung am geladenen Teil bei Jonas zur Abschätzung des geladenen /
noch nicht geladenen Teils bei Kenan; Abschnitt 9.1 für empirisches Beispiel).

Aufgabe 1: Ladezustände im Downloadstreifen ablesen (Stufe 1)
   Die Freunde Tara, Jonas, Kenan und Sarah wollen verschiedene Filme herunterladen.
   a)   ...

 b)   • Wie viel Prozent des Films haben Kenan und Sarah ungefähr schon geladen?
              Teile die Downloadstreifen so ein, dass du es ablesen kannst.
           • Wie viel Prozent müssen sie noch laden? Drücke den Anteil auch im Bruch aus.
           • Erkläre für alle Fragen dein Vorgehen.

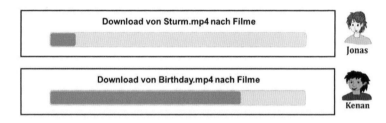

Abbildung 8.2.1   Aufgabe 1 (gekürzte Version) des entwickelten Lehr-Lern-Arrangements zu
                   Prozenten (Pöhler & Prediger 2017a, S. 81)

In Bezug auf den lexikalischen Lernpfad sollen die Lernenden mit Hilfe der alltagsnahen Downloadbalkendarstellung in die Lage versetzt werden, mit ihren eigenen sprachlichen Ressourcen aus dem alltagssprachlichen Register über Prozente kommunizieren zu können. Die mündliche Sprachproduktion der Lernenden soll dabei durch einen Arbeitsauftrag angeregt werden (Abbildung 8.2.1),
der die Sprachhandlung des Erklärens ansteuert (Prediger, Erath et al. 2016)
(*Design-Prinzip der diskursiven Kommunikationsanregung*; Abschnitt 4.1.2).
    Bei den dadurch aktivierten eigensprachlichen Ressourcen der Lernenden
kann es sich sowohl um Gesten (Zeigen auf Darstellungen im Material) und mi-
mische Ausdrücke handeln, als auch um Sprachmittel, die unter anderem im
vorgegebenen Kontext des Downloadens (wie „... % schon geladen", „... %
müssen noch geladen werden") anzusiedeln sind. Wie spätere Einblicke in und
Analysen der Empirie (Abschnitt 9.1 für empirische Einblicke und Abschnitt
11.1 für Analysen individueller Lernwege) zeigen werden, fungiert der Prozentstreifen auf dieser Stufe in besonderem Maße als linguistische Unterstützung, da
er die Verwendung deiktischer Mittel zum Ausdruck von Ideen zu Bedeutungen
(wie „das" oder „da" erlaubt) ermöglicht. Der Downloadbalken dient also hier

auch der Sprachentlastung (Prediger 2017). Er unterstützt die Lernenden darin, über die Zusammenhänge zwischen den einzelnen Konzepten zu Prozenten kommunizieren zu können, noch ohne über bestimmte Sprachmittel zu verfügen (*Design-Prinzip des Vernetzens von Darstellungen* in Abschnitt 4.1.2).

Der Intention des gestuften Sprachschatzes folgend (Abschnitt 4.1.5), zielen die für diese Stufe gestalteten Aktivitäten auf der Ebene des lexikalischen Lernpfads also darauf ab, bei den Lernenden alltagssprachliche Ausdrücke zu aktivieren, die ihrem produktiven Sprachschatz entstammen. Demzufolge werden nur implizit und in geringem Umfang innerhalb der Aufgabenstellungen Sprachmittel zum Downloadkontext angeboten (Abschnitt 8.3).

Im Design-Prozess stellte die Gestaltung eines möglichst fließenden Übergangs zwischen der Konstruktion von Bedeutungen zu Prozenten auf der ersten und der Bestimmung von Prozentwerten, -sätzen und Grundwerten auf der zweiten Stufe (Abschnitt 8.2.2) des intendierten dualen Lernpfads eine Herausforderung dar. So ist die Situation, in der das Abschätzen von Prozenten verankert wird, sinnstiftend mit jener zu verknüpfen, in der die genauere Bestimmung der Konzepte zu Prozenten erforderlich ist. Als hilfreich erwies sich dabei, zunächst die etablierte Downloadbalkendarstellung um eine Doppelskala zu ergänzen (Abbildung 8.2.2), sodass neben prozentualen Anteilen auch Werte in Giga- oder Megabyte abgetragen werden können. Diese Erweiterung der graphischen Darstellung ermöglicht die Initiierung abschätzender Ermittlungen auch von Prozentwerten, -sätzen und Grundwerten. Wie die Aufgabe 3 des konzipierten Lehr-Lern-Arrangements exemplarisch verdeutlicht (Abbildung 8.2.2), muss im ersten Fall der Wert der schon heruntergeladenen Gigabyte anhand der Gesamtgröße der Datei sowie des prozentualen Fortschritts abschätzend bestimmt werden (Abschnitt 9.1 für Umgang von Lernenden mit dieser Aufgabe).

Aufgabe 3: Wie viel GB hat der Computer schon geladen? (Übergang von Stufe 1 zu Stufe 2)

 a)
- Kenan lädt einen Film herunter, der 12 GB groß ist.
- Wie viel GB hat er ungefähr schon geladen?
- Trage diesen Wert und die Prozentangabe am Streifen ein.
- Erkläre dein Vorgehen.

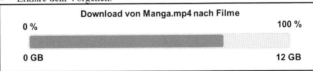

Abbildung 8.2.2   Aufgabe 3 (gekürzte Version) des entwickelten Lehr-Lern-Arrangements zu Prozenten (Pöhler & Prediger 2017a, S. 82)

In Bezug auf den lexikalischen Lernpfad können dadurch nun auch Sprachmittel zum Einsatz kommen (Kapitel 11 für Rekonstruktion lexikalischer Lernwege von Lernenden), die sich auf die zu unterscheidenden Skalen beziehen (wie etwa „oben Prozent stehen") oder solche, mit denen Beziehungen ausgedrückt werden können (wie etwa „... % von ... GB").

Innerhalb der durchgeführten Design-Experimente zeigte sich, dass derartige Aufgabenstellungen dazu führen, dass viele Lernende bei der Abschätzung der Konzepte zu Prozenten bereits gewisse informelle Strategien ausnutzen, die zumeist auf proportionalem Hoch- und Runterrechnen basieren (Lembke & Reys 1994 für Untersuchung der Lösung von Aufgaben zu Prozenten vor deren unterrichtlichen Einführung; Abschnitt 9.1 für illustrierendes Beispiel). Durch Aktivitäten dieser Art kann also der Übergang zur zweiten Stufe des intendierten dualen Lernpfads markiert werden.

8.2.2 Stufe 2: Entwicklung erster informeller Strategien und Etablierung von bedeutungsbezogenem Vokabular

Anknüpfend an erste Strategien, die Lernende auf der ersten Stufe bei der Abschätzung von Prozentwerten, -sätzen und Grundwerten intuitiv verwenden (Abschnitt 8.2.1), zielt die zweite Stufe auf konzeptueller Ebene auf die exakte, aber weiterhin informelle Bestimmung der erwähnten Konzepte bzw. die Schulung des Umgangs mit den Grundaufgabentypen ab (Tabelle 8.2.6).

Tabelle 8.2.6: Zweite Stufe des dualen Lernpfads zu Prozenten

Konzeptueller Lernpfad: Wege zu mathematischen Vorstellungen	Strukturbasiertes Scaffoldingelement: Prozentstreifen mit wechselnden Funktionen	Lexikalischer Lernpfad: Wege zum gestuften Sprachschatz
Entwicklung informeller Strategien zur Bestimmung von Prozentwerten, -sätzen und später Grundwerten (im Einkaufskontext)	Prozentstreifen als Modell von Kontexten (Angeboten beim Einkaufen), zum Finden informeller Strategien und zum Strukturieren von Beziehungen von Konzepten & Kontextelementen	Etablierung bedeutungsbezogener Sprachmittel im bildungssprachlichen Register zur Konstruktion von Bedeutungen für Prozentwerte, -sätze & später Grundwerte (im Einkaufskontext)

Dem *Design-Prinzip der Berücksichtigung von und des Anknüpfens an Vorerfahrungen der Lernenden* folgend (Abschnitt 2.2.1), soll vermieden werden, dass die intuitiven, auf der ersten Stufe aktivierten Vorgehensweisen durch formale Lösungsverfahren verdrängt werden (Berger 1989). Stattdessen wird intendiert, dass diese aufgegriffen und (weiter-)entwickelt werden, sodass die Lernenden diverse alternative Lösungsstrategien einschließlich ihrer Bedeutung kennen und anwenden lernen (Lembke & Reys 1994; Scherer 1996, Abschnitt 9.2 für Beispiele). Der skizzierte intendierte Übergang vom Abschätzen zum exakten Bestimmen der Konzepte zu Prozenten anhand informeller Strategien wird durch den Kontextwechsel vom Downloaden zum Einkaufen begleitet.

Dieser wird einerseits damit begründet, dass die Erfordernis einer exakten Bestimmung von Ergebnissen im Einkaufskontext subjektiv offensichtlicher erscheint. So ist es für Lernende einsichtig, dass beim Einkaufen eine genaue Bestimmung eines neuen Preises nach Preisnachlass notwendig sein kann, um etwa festzustellen, ob man sich den reduzierten Artikel leisten kann. Andererseits erweist sich der Kontext auf lexikalischer Ebene als reichhaltiger als der ausgewählte Einführungskontext. So können die einzelnen Konzepte zu Prozenten mit einer Vielzahl unterschiedlicher synonymer Ausdrücke belegt werden. Wie eine korpuslinguistische Analyse zu Prozenten exemplarisch zeigt (Abschnitt 4.2) kommen diese in Text- oder Prüfungsaufgaben bzw. Zeitungsartikeln gehäuft vor, sodass ein Verständnis ihrer mathematischen Bedeutung von besonderer Relevanz zu sein scheint. Darüber hinaus wird durch den Kontextwechsel die Konfrontation der Lernenden mit einer weiteren Grundvorstellung – nämlich „Prozenten als Verhältnisse" bzw. den Situationsmustern „Verminderung auf … %" (etwa Aufgabe 5 in Abbildung 8.2.4) bzw. „Verminderung um … %" (Aufgabe 6, ohne Abbildung) ermöglicht (*Design-Prinzip der Thematisierung der verschiedenen Grundvorstellungen von Prozenten* in Abschnitt 2.2.1). Damit soll eine häufig vorkommende zu starke Fokussierung auf die Grundvorstellung von Prozenten als Teile vom Ganzen (Abschnitt 2.2.2 für ausgewählte Schulbücher) vermieden werden (Parker & Leinhardt 1995).

Die Einschätzung des Einkaufens als Kontext, deren Handhabung Lernenden leicht fällt, da er einen wichtigen Bestandteil ihres Alltags darstellt (Bell et al. 1984), unterstreicht auch der in der Einleitung aufgegriffene schriftliche Kommentar einer Schülerin zu einer Textaufgabe (Abbildung 8.2.3).

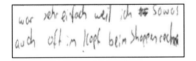

„war sehr einfach weil ich sowas
auch oft im Kopf beim Shoppen rechne"

Abbildung 8.2.3   Schriftlicher Kommentar einer Schülerin zur Aufgabe „Auf ein T-Shirt gibt es einen Rabatt von 20 %. Das T-Shirt hat vorher 30 € gekostet. Wie viel kostet das T-Shirt jetzt?"

Im Rahmen der Evaluation eines Unterrichtskonzeptes wurde dem Einkaufskontext aus Lernenden- bzw. Lehrkraftperspektive ferner etwa attestiert, dass er sich in besonderem Maße dazu eignet, eine Einsicht in die Notwendigkeit der Beherrschung des Umgangs mit Prozenten zu gewinnen (White et al. 2007 / 2009). Die Entscheidung, bis einschließlich zur vierten Stufe des dualen Lernpfads keine weiteren Kontexte aufzugreifen, wird mit der Einschätzung begründet, dass alltagsnahe Kontexte insbesondere dann einen Beitrag zum Aufbau eines fundierten Prozentverständnisses leisten können, wenn sie längerfristig thematisiert werden (Baireuther 1983; Baratta et al. 2010).

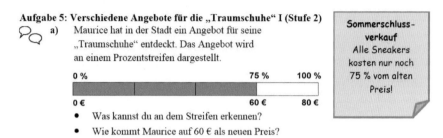

Aufgabe 5: Verschiedene Angebote für die „Traumschuhe" I (Stufe 2)

a) Maurice hat in der Stadt ein Angebot für seine „Traumschuhe" entdeckt. Das Angebot wird an einem Prozentstreifen dargestellt.

- Was kannst du an dem Streifen erkennen?
- Wie kommt Maurice auf 60 € als neuen Preis?

Abbildung 8.2.4   Aufgabe 5 (gekürzte Version) des entwickelten Lehr-Lern-Arrangements zu Prozenten (Pöhler & Prediger 2017a, S. 83)

Auf dieser zweiten Stufe des dualen Lernpfads symbolisieren die Prozentstreifen (Tabelle 8.2.6) Modelle (im Sinne des *model of* nach Freudenthal 1975, Abschnitt 2.3.4) von Angeboten aus dem Einkaufskontext (Abbildung 8.2.4 für ein Beispiel). Die Tatsache, dass sich der Prozentstreifen und die Lösungsstrategien auf spezifische Situationen beziehen, die in den im Einkaufskontext verorteten Angeboten gegeben sind, verdeutlicht, dass diese Stufe als referentiell einzuordnen ist (Levelprinzip nach Gravemeijer 1998; Abschnitt 2.3.4).

Innerhalb der ersten Design-Experiment-Zyklen zeigte sich, dass der Kontextübergang, der mit einem Wandel der Erscheinungsform und der Funktionen des Prozentstreifens einhergeht, zu keinen besonderen Schwierigkeiten von Lernenden führte (Abschnitt 9.2 für ein Beispiel). Herausfordernder gestaltete sich die Anforderung, die Aufgaben so zu designen, dass (möglichst mehrere) informelle Lösungsstrategien der Lernenden evoziert werden (Lembke & Reys 1994; Scherer 1996; van Heuvel-Panhuizen 2003). Als sinnvolles zusätzliches strukturelles Scaffolding-Element (Abschnitt 4.1.3 für *Design-Prinzip des Scaffoldings*) stellte sich hier die temporäre Vorgabe wechselnder Einteilungen der Prozentstreifen heraus. Zum einen wird den Lernenden so innerhalb einer Aufgabe die Anwendung einer passenden Strategie (in Form einer proportionalen Argumentationskette) nahegelegt (Abbildung 8.2.3 für einen Streifen, der eine Strategie des sukzessiven Halbierens suggeriert). Durch kommunikationsanregende Arbeitsaufträge wie „Wie ermittelst du die fehlenden Werte? Finde verschiedene Wege." soll ferner ausgehend von der vorgegebenen Einteilung die Gegenüberstellung alternativer Lösungsstrategien innerhalb einer Aufgabe angeregt werden (Berger 1989, S. 102; Scherer 1996, S. 542). Zur Förderung der Flexibilität soll weiterhin über die verschiedenen Aufgaben hinweg, durch die Verwendung

wechselnder Einteilungen verdeutlicht werden, dass es von der jeweiligen Aufgabenstellung bzw. den gegebenen Zahlenwerten abhängt (Hafner 2012, S.
181), welche Lösungsstrategie naheliegend und am ökonomischsten ist.

Hinsichtlich des lexikalischen Lernpfads wird mit den Fragestellungen der
fünften Aufgabe des gestalteten Lehr-Lern-Arrangements (Abbildung 8.2.4) zunächst das Ziel verfolgt, die Kommunikation der Lernenden über das graphisch
dargestellte sowie textlich unterstütze Angebot anzuregen (*Design-Prinzip der
Kommunikationsanregung* in Abschnitt 4.1.2). Damit sollen zunächst die eigensprachlichen Ressourcen der Lernenden zum Einkaufskontext aktiviert werden
(Abschnitt 9.2 für einen diesbezüglichen empirischen Einblick).

Auf der zweiten Stufe wird ferner das Erklären von Bedeutungen als Sprach-
handlungen relevant. Daher erfolgt im Sinne des *gestuften Sprachschatzes* (Prediger 2017, Abschnitt 4.1.5) die Etablierung bestimmter bedeutungsbezogener
Sprachmittel zum Einkaufskontext, die überwiegend dem bildungssprachlichen
Register zuzuordnen sind. Innerhalb des Lehr-Lern-Arrangements erfahren
Sprachmittel wie „Neuer Preis" für den Prozentwert, „Anteil, den man zahlen
muss" für den Prozentsatz bzw. „Alter Preis" für den Grundwert eine explizite
Einführung und Einübung. Die Systematisierung ausgewählter Ausdrücke erfolgt in der siebten (Abbildung 8.2.5) anhand des aus der fünften Aufgabe be-
kannten Angebots am Prozentstreifen (Abschnitt 9.2 für empirischen Einblick).

Aufgabe 7: Streifen als Sprachspeicher für Prozentaufgaben (Stufe 2)
Um Angebote und Rechnungen wie in Aufgabe 5 genauer beschreiben zu können, helfen die
Begriffe auf den Kärtchen. Doch was gehört wozu? Ordne dem großen Streifen die passenden
Kärtchen zu. Manchmal passen mehrere.

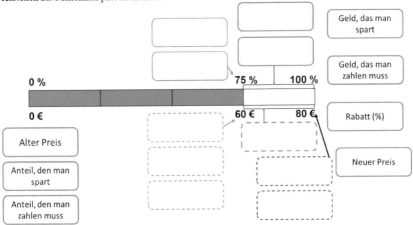

Abbildung 8.2.5   Aufgabe 7 des entwickelten Lehr-Lern-Arrangements zu Prozenten (Pöhler &
                   Prediger 2017a, S. 84)

Der Prozentstreifen fungiert dabei als strukturelle Basis zur Sortierung der Ausdrücke in ihren Beziehungen zueinander. Der Aufbau eines solchen bedeutungsbezogenen Denksprachschatzes zum Einkaufkontext soll zur Konstruktion von Bedeutungen zu den abstrakten Konzepten zu Prozenten (Prozentwert, -satz, Grundwert) beitragen (Wessel 2015; Prediger 2017).

8.2.3 Stufe 3: Formalisierung bezüglich der Rechenstrategien für Grundaufgabentypen und des Sprachschatzes

Auf der dritten Stufe des Lernpfads wird auf konzeptueller Ebene die Entwicklung formalerer Vorgehensweisen zur Berechnung der verschiedenen Grundaufgabentypen (Abschnitt 1.1.3 für eine Definition) anvisiert (Tabelle 8.2.7).

Tabelle 8.2.7: Dritte Stufe des dualen Lernpfads zu Prozenten

Konzeptueller Lernpfad: Wege zu mathematischen Vorstellungen	Strukturbasiertes Scaffolding-Element: Prozentstreifen mit wechselnden Funktionen	Lexikalischer Lernpfad: Wege zum gestuften Sprachschatz
Berechnung von Prozentwerten, -sätzen und später Grundwerten	Prozentstreifen als Modell zum Rechnen und Strukturieren von Beziehungen zwischen inhaltlichen Vorstellungen und formalen Konzepten	Einführung formalbezogener kontextunabhängiger Sprachmittel im technischen Register

Angestoßen werden soll dies durch eine operative Übung, die aus entkleideten Aufgaben besteht (Aufgabe 9 a) in Abbildung 8.2.6; Abschnitt 9.3 für Einblick in die Empirie). Durch diese Aktivität wird eine Abstraktion vom Einkaufskontext initiiert, die den Transfer der informellen, im Einkaufskontext situierten Strategien auf weitgehend kontextfreie Aktivitäten erforderlich macht. Die nahezu vollständige Unabhängigkeit von der konkreten Einkaufssituation markiert dann den Übergang zur allgemeinen Stufe des Levelprinzips (Gravemeijer 1998, Abschnitt 2.3.4). Ein definitives Erreichen der formalen Stufe (ebd.) ist im intendierten konzeptuellen Lernpfad zu Prozenten allerdings nicht angelegt. So wird den Lernenden zur Vermeidung einer zu starken Proceduralisierung (u. a. Parker & Leinhardt 1995), die mit dem Design-Prinzip der Betonung des Aufbaus eines konzeptuellen Verständnisses (Abschnitt 2.2.1) einhergeht, kein starres formales Lösungsverfahren (Abschnitt 1.1.3 oder Überblicke bei Berger 1989; Parker & Leinhardt 1995 und Hafner 2012) angeboten. Stattdessen wird die Förderung des flexiblen proportionalen Hoch- und Runterrechnens (Abschnitt 1.1.3) betont (van Galen et al. 2008). Einen kontextfreien Anlass dafür stellen in der konkreten Aufgabe des Lehr-Lern-Arrangements die operativen Zusammenhänge innerhalb der einzelnen Aufgabenpäckchen dar (Aufgabe 9 a) in Abbildung 8.2.6; Abschnitt 9.3 für illustrierenden Einblick).

Aufgabe 9: Lücken füllen (Stufe 3)

a) Fülle die Lücken aus! Du kannst die Aufgaben dazu am Prozentstreifen darstellen. Was fällt dir auf? Erkläre dein Vorgehen zu jedem Päckchen.

(1) 5 % von 40 € sind _____ €.   (2) 1 GB von 20 GB sind _____ %.

15 % von 40 € sind _____ €.   2 GB von 20 GB sind _____ %.

25 % von 40 € sind _____ €.   8 GB von 20 GB sind _____ %.

60 % von 40 € sind _____ €.   16 GB von 20 GB sind _____ %.

(3) 30 % von 20 € sind _____ €.   (4) 30 % von _____ € sind 9 €.

30 % von 30 € sind _____ €.   30 % von _____ € sind 18 €.

30 % von 40 € sind _____ €.   30 % von _____ € sind 27 €.

30 % von 50 € sind _____ €.   30 % von _____ € sind 45 €.

b) Erkläre, was in (1) – (4) gegeben und was gesucht ist.
Verwende die Begriffe Grundwert, Prozentwert, Prozentsatz und ordne sie dem Prozentstreifen von Aufgabe 7 zu.

Abbildung 8.2.6   Aufgabe 9 des entwickelten Lehr-Lern-Arrangements zu Prozenten (Pöhler & Prediger 2017a, S. 85)

Der Prozentstreifen, der auf dieser Stufe als Mittel zum Rechnen fungiert, kann zu einer Einsicht der Lernenden in durchzuführende Rechnungen beitragen, eine Unterstützung bei den Rechnungen bieten bzw. diese visualisieren (van den Heuvel-Panhuizen 2003, Abschnitt 2.3.2). Indem innerhalb der Abstraktion vom Einkaufskontext der Wechsel vom Prozentstreifen als Modell eines spezifischen Kontextes (*model of*) zum Modell für die Konzepte zu Prozenten (*model for*) vollzogen wird (Freudenthal 1975, Abschnitt 2.3.4), soll er den Lernenden als strukturelle Basis für die Herstellung von Zusammenhängen zwischen den zuvor aufgebauten inhaltlichen Vorstellungen und den formalen Konzepten Prozentwert, -satz und Grundwert dienen. Die angebotenen Prozentstreifen sind leer und müssen von den Lernenden selbst situationsabhängig strukturiert werden. Falls hier Schwierigkeiten auftreten, können adaptive Impulse im Sinne des Mikro-Scaffoldings (Abschnitt 4.1.3 für Hintergründe, Abschnitt 8.3.2 für Konkretisierungen) sinnvoll sein, die etwa auf passende Einteilungen hinweisen.

Die fundamentale Verknüpfung zwischen inhaltlichen Vorstellungen zu Prozenten auf der einen und den abstrakten Konzepten auf der anderen Seite, wird im Hinblick auf den lexikalischen Lernpfad durch die gezielte Zuordnung der formalbezogenen, kontextunabhängigen Ausdrücke *Prozentwert, Prozentsatz und Grundwert* zu den Sprachmitteln des etablierten bedeutungsbezogenen Denksprachschatzes realisiert (*Design-Prinzip des konsequenten Vernetzens von Darstellungen und Sprachregistern*; u. a. Prediger & Wessel 2011; Wessel 2015; Abschnitt 4.1.2). Diese formalbezogenen Sprachmittel aus dem technischen Register sind für ein Verständnis der Bedeutungen der mathematischen Konzepte zwar nicht unabdingbar (Berger 1991, S.42; Abschnitt 4.1.5 für Ausführungen zum formalbezogenen Sprachschatz zu Prozenten), sie ermöglichen allerdings die kontextfreie Verständigung über Prozente (Prediger 2017).

Innerhalb des konzipierten Lehr-Lern-Arrangements wird die dafür notwendige Klärung der Bedeutungen der neu eingeführten formalbezogenen Sprachmittel (Prediger 2017) derart realisiert, dass sie dem Streifen, an dem das bedeutungsbezogene Vokabular zum Einkaufskontext bereits angeordnet wurde (Aufgabe 7 in Abbildung 8.2.5), adäquat zugeordnet werden müssen (Aufgabe 9 b) in Abbildung 8.2.6; Abschnitt 9.3 für Einblick in die Empirie). Dafür ist unter anderem die Erkenntnis vorauszusetzen, dass der *„Prozentwert"* dem „neuen Preis" bzw. dem „Geld, das man zahlen muss", der *„Grundwert"* dem „alten Preis" und der *„Prozentsatz"* dem „Anteil, den man zahlen muss" entspricht. Wie sich in den durchgeführten Design-Experiment-Zyklen zeigte, wird die Passung teilweise durch die Lernenden selbst entdeckt. Manchmal ist allerdings auch ein Impuls (Abschnitt 9.3 für ein Beispiel) oder die Vorgabe durch die Lehrkraft nötig. In den in Abschnitt 2.3.4 untersuchten Schulbüchern findet eine derartige inhaltliche Verankerung der erwähnten Fachwörter, die dem hier berücksichtigten *Design-Prinzip des gestuften Sprachschatzes* inhärent ist, hingegen selten statt, obwohl diese zumeist explizit eingeführt werden und ihre Verwendung in Aufgaben gefordert wird (Abschnitt 2.2.2).

Den Anlass zur Einführung des formalbezogenen Vokabulars bildet in der Aufgabe, die für die dritte Stufe des dualen Lernpfads gestaltet wurde, die begriffliche Unterscheidung der Grundaufgabentypen, die durch die operativen Päckchen repräsentiert werden (Aufgabe 9 b) in Abbildung 8.2.6). Im Sinne des *Design-Prinzips der diskursiven Kommunikationsanregung* (Swain 1985, Wessel 2015; Abschnitt 4.1.3) wird folgender Diskussionsauftrag zur Anregung darauf bezogener Sprachproduktionen eingesetzt: „Erkläre, was […] gegeben und was gesucht ist. Verwende die Begriffe Grundwert, Prozentwert und Prozentsatz […]". In den Erprobungen wurde deutlich, dass das Bewusstsein der Lernenden dafür, dass in den Päckchen Unterschiedliches gesucht wird, durch die eigens angefertigten Prozentstreifen, bei denen zunächst immer Angaben an unterschiedlichen Positionen fehlen, geschärft werden kann. Dies wird insbesondere dadurch möglich, dass im Rahmen dieser Aufgabe alle drei Grundaufgabentypen gleichzeitig aufgegriffen werden (Parker & Leinhardt 1995; *Design-Prinzip der integrierten statt sukzessiven Einführung der einzelnen Aufgabentypen zu Prozenten* in Abschnitt 2.2.1).

8.2.4   Stufe 4: Erweiterung des Repertoires hinsichtlich komplexerer Aufgabentypen

Auf der vierten Stufe des konzeptuellen Lernpfads (Tabelle 8.2.8) erfolgt eine Ausweitung der auf den ersten drei Stufen thematisierten Grundaufgabentypen auf sogenannte erweiterte Aufgabentypen (Abschnitt 1.1.3). Die Entscheidung, diese separat und im Anschluss an die Grundaufgabentypen einzuführen, wird damit begründet, dass Lernenden der Umgang damit besondere Schwierigkeiten bereitet (Berger 1989; Jordan et al. 2004; Abschnitt 1.2.2). Bestätigt wird dies auch durch die in der vorliegenden Arbeit dokumentierte *Bedingungsforschung* mit dem *Prozente-Matrixtest* (Kapitel 6). Diese attestierte dem integrierten erweiterten Aufgabentyp *„Grundwert gesucht nach Verminderung"* (Typ VIII in Abschnitt 1.1.3) wesentlich geringere Lösungshäufigkeiten als den Grundaufgabentypen *„Prozentwert gesucht"* und *„Grundwert gesucht"* (Abschnitt 7.1.1).

Tabelle 8.2.8: Vierte Stufe des dualen Lernpfads zu Prozenten

Konzeptueller Lernpfad: Wege zu mathematischen Vorstellungen	Strukturbasiertes Scaffoldingelement: Prozentstreifen mit wechselnden Funktionen	Lexikalischer Lernpfad: Wege zum gestuften Sprachschatz
Ausweitung der Aufgabetypen: veränderte Grundwerte und prozentuale Veränderungen (im Einkaufskontext)	Prozentstreifen als Modell für die Konstruktion komplexerer Beziehungen	Erweiterung der bedeutungsbezogenen Sprachmittel auf komplexere Aufgabentypen (im Einkaufskontext)

Mit dem Ziel, dem *Design-Prinzip der integrierten Einführung der einzelnen Aufgabentypen zu Prozenten* (u. a. Tredway & Hollister 1963; Parker & Leinhardt 1995; Abschnitt 2.2.1) dennoch in gewissem Maße gerecht werden zu können, sollen die Zusammenhänge zwischen verschiedenen Aufgabentypen eine Verdeutlichung erfahren. So werden die erweiterten Aufgabentypen innerhalb des gestalteten Lehr-Lern-Arrangements in Anbindung an den Grundaufgabentyp *„Grundwert gesucht"* eingeführt (Aufgabe 13 a) in Abbildung 8.2.7).

Der Fokus wird dabei auf den erweiterten Aufgabentyp *„Grundwert gesucht nach Verminderung"* (Abschnitt 1.1.3, Typ VIII) und die damit einhergehende Betrachtung der prozentualen sowie der absoluten Differenz gelegt. Diesen Differenzen kann im Einkaufskontext durch die Alltagsrelevanz des Rabatts (in % bzw. in €) auch eine für die Lernenden gut nachzuvollziehende Bedeutung zugewiesen werden (u. a. Lembke & Reys 1994; Scherer 1996; Rosenthal et al. 2009). Darüber hinaus wird mit ähnlichem Schwerpunkt auch der erweiterte Aufgabentyp „Neuer Prozentwert und absolute Differenz gegeben, prozentuale Differenz gesucht" (Abschnitt 1.1.3, Abwandlung von Typ X) berücksichtigt (Aufgabe 14, ohne Abbildung).

Auf der vierten Stufe werden demnach die zur Grundvorstellung von Prozenten als Verhältnisse zuzuordnenden Situationsmuster „Verminderung auf ... %" und „Verminderung um ... % thematisiert (Parker & Leinhardt 1995; Abschnitt 1.1.2) und zwar in einer bewusst kontrastierenden Form (Aufgabe 13 a) in Abbildung 8.2.7). Diesbezüglich ist anzumerken, dass in den analysierten Schulbüchern die beiden erwähnten Situationsmuster nur selten – insbesondere

kontrastierend – aufgegriffen und auch die ausgewählten erweiterten Aufgabentypen dort oft nicht explizit behandelt werden (Abschnitt 2.2.2 für die Schulbuchanalyse und Abschnitt 4.2 für die korpuslinguistische Analyse).

Aufgabe 13: Rabattaktionen I (Stufe 4)

Tara hat in einem Geschäft folgende Angebote gefunden:

> **Sommerschlussverkauf**
> Alle kurzen Hosen sind auf 70 % herabgesetzt.
> Auf alle T-Shirts gibt es einen Rabatt von 25 %.
> Alle Sommerkleider sind um 40 % reduziert.

Tara

a) Tara kauft sich eine kurze Hose für 28 €. Trage am Prozentstreifen ein.
- Wie teuer war die Hose vorher?

Ergänze die folgenden Sätze und erkläre, wo man das am Streifen sieht.
- Der Preis der Hose ist um _____ % herabgesetzt.
- Tara hat _____ € gespart.

b) Tara kauft sich in dem Geschäft außerdem noch ein T-Shirt für 15 € und ein Sommer-
kleid für 30 €. Ergänze an dem Prozentstreifen.
- Wie teuer waren die Sachen vorher?
- Beschreibe die Angebote mit den Begriffen aus Aufgabe 7.
  Verwende auch die folgenden Begriffe: Verminderung von … %, Verminderung
  von … €, reduziert um … %, reduziert auf … %.

Abbildung 8.2.7   Aufgabe 13 des entwickelten Lehr-Lern-Arrangements zu Prozenten (Pöhler &
Prediger 2017a, S. 88)

Der Prozentstreifen fungiert auf dieser Stufe als graphische Darstellung zur
Konstruktion komplexerer Situationen (van den Heuvel-Panhuizen 2003; Abschnitt 2.3.2). Er dient damit auch als Basis zur Strukturierung von Ausdrücken,
um über erweiterte Aufgabentypen kommunizieren zu können (Tabelle 8.2.8).

Dementsprechend geht durch die Auseinandersetzung mit den komplexeren
Aufgabentypen auf lexikalischer Ebene eine Erweiterung des etablierten bedeutungsbezogenen Denksprachschatzes zum Einkaufskontext einher, insbesondere
etwa um verschiedene zu dem bereits zuvor eingeführten Ausdruck „Rabatt"
synonyme Sprachmittel (Tabelle 8.2.8). Einen Schwerpunkt bildet dabei die explizite Thematisierung von Unterschieden zwischen Sprachmitteln, die sich auf
die prozentuale oder absolute Differenz beziehen – wie „reduzieren um … %
/ €", „Rabatt von … % / €" oder „sparen von … % / €" – und Ausdrücken, die
auf den Prozentwert als verminderten Grundwert referenzieren – wie „herabsetzen auf … %" oder „reduzieren auf … %" (Aufgabe 13 in Abbildung 8.2.7;
Abschnitt 9.4 für Einblicke in die Empirie).

Die Relevanz der hier betonten Sensibilisierung für die mathematischen Auswirkungen (Referenz auf verschiedene Aufgabentypen) von lediglich präpositionalen Unterschieden – etwa zwischen den Ausdrücken „herabsetzen um" und „herabsetzen auf" (Aufgabe 13 a) in Abbildung 8.2.7) – ergibt sich unter anderem aus Forschungsergebnissen (u. a. Kaiser & Schwarz 2008 zur Vernachlässigung des Strukturwortschatzes; Abschnitt 3.1.1). Im Rahmen des Prozente-Matrixtests, der in den Kapiteln 6 und 7 vorgestellt wurde, wurden für die Textaufgaben mit der Verb-Präpositionsverbindung „reduzieren um" bzw. „reduzieren auf" geringere Lösungshäufigkeiten erzielt, als für die anderen Aufgaben des jeweiligen Aufgabentyps.

Dem *Design-Prinzip der diskursiven Kommunikationsanregung* folgend (u. a. Swain 1985; Wessel 2015; Abschnitt 4.1.2), sollen die Lernenden innerhalb von Aufgaben des entwickelten Lehr-Lern-Arrangements, die auf der hier fokussierten Stufe verortet sind, immer wieder zum Gebrauch bestimmter bedeutungsbezogener Begriffe aufgefordert werden. Da die Sprachmittel, die dabei neu eingeführt werden, nicht mehr primär der Konstruktion einer Bedeutung zu einem bestimmten mathematischen Konzept dienen, können sie – in Bezug auf den bekannten Einkaufskontext – schon einem erweiterten Lesesprachschatz zugeordnet werden (Abschnitt 4.1.5, Prediger 2017).

8.2.5 Stufe 5: Identifikation verschiedener Aufgabentypen in Textaufgaben aus unterschiedlichen Kontexten

Die fünfte Stufe des intendierten konzeptuellen Lernpfads lässt sich dadurch charakterisieren (Tabelle 8.2.9), dass die Lernenden vor die Herausforderung gestellt werden, die zuvor erarbeiteten unterschiedlichen Aufgabentypen bzw. damit zusammenhängenden Konzepte zu Prozenten auch in Textaufgaben aus unbekannten Kontexten identifizieren zu müssen (etwa Aufgabe 16 in Abbildung 8.2.8; Abschnitt 9.4 für empirischen Einblick).

Tabelle 8.2.9: Fünfte Stufe des dualen Lernpfads zu Prozenten

Konzeptueller Lernpfad: Wege zu mathematischen Vorstellungen	Strukturbasiertes Scaffoldingelement: Prozentstreifen mit wechselnden Funktionen	Lexikalischer Lernpfad: Wege zum gestuften Sprachschatz
Identifikation verschiedener Aufgabentypen (in verschiedenen Kontexten)	Prozentstreifen als strukturelle Basis zur Identifikation verschiedener Aufgabentypen	Einübung formal- und bedeutungsbezogener Sprachmittel und erster Umgang mit Sprachmitteln des kontextbezogenen Lesesprachschatzes

Die Vielfalt an möglichen Kontexten, die sich auch bei den fachdidaktischen (Abschnitt 2.2.2) bzw. korpuslinguistischen (Abschnitt 4.2) Analysen von vier

Schulbüchern zeigte, spiegelt die hohe Alltagsrelevanz des Umgangs mit Prozenten wider (u. a. Parker & Leinhardt 1995; Hafner & vom Hofe 2008; Abschnitt 1.1.1). Bei der Konzeption des Lehr-Lern-Arrangements zu Prozenten wurde demnach eine Auswahl von Kontexten nötig, die initial getroffen und im Rahmen der Auswertung der Design-Experiment-Zyklen angepasst wurde (Abbildung 8.2.8 für drei Beispiele).

Anders als in den untersuchten Schulbüchern, in denen es dazu teilweise sehr wenige Lerngelegenheiten gibt, wird hier die Forderung umgesetzt, die Kompetenz der Lernenden zur Identifikation von Aufgabentypen und Konzepten zu Prozenten explizit zu fördern (Dole et al. 1997; *Design-Prinzip der integrierten Thematisierung der einzelnen Aufgabentypen* in Abschnitt 2.2.1). Formuliert wurde diese Forderung mit Blick auf empirisch ermittelte diesbezügliche Schwierigkeiten von Lernenden (u. a. Meißner 1982; Berger 1989; Parker & Leinhardt 1995; Hafner 2012). Mit dem Ziel, dabei den flexiblen Umgang der Lernenden mit diversen Aufgabentypen zu fördern (Dole et al. 1997), wird Wert darauf gelegt (u. a. in Aufgabe 16; Abbildung 8.2.8), dass die Lernenden vor der Berechnung der jeweiligen Textaufgaben (Teilaufgabe c)) deren Typen bestimmen (Teilaufgabe a)) sowie ihre Zuordnung des Gegebenen und Gesuchten erklären (Teilaufgabe b)) (Abschnitt 9.5 für ein Beispiel aus der Empirie).

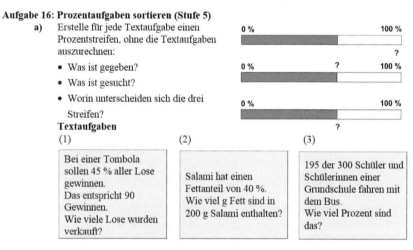

Aufgabe 16: Prozentaufgaben sortieren (Stufe 5)

a) Erstelle für jede Textaufgabe einen Prozentstreifen, ohne die Textaufgaben auszurechnen:

- Was ist gegeben?
- Was ist gesucht?
- Worin unterscheiden sich die drei Streifen?

Textaufgaben

(1) Bei einer Tombola sollen 45 % aller Lose gewinnen. Das entspricht 90 Gewinnen. Wie viele Lose wurden verkauft?

(2) Salami hat einen Fettanteil von 40 %. Wie viel g Fett sind in 200 g Salami enthalten?

(3) 195 der 300 Schüler und Schülerinnen einer Grundschule fahren mit dem Bus. Wie viel Prozent sind das?

b) Vergleicht eure Entscheidungen aus a).
- Erklärt mit eigenen Worten.
- Erklärt mit den Begriffen **Grundwert**, **Prozentwert** und **Prozentsatz**.

c) Berechne nun die drei Textaufgaben aus a). Nutze dazu die Prozentstreifen. Schreibe die Lösung immer unter das Fragezeichen im Prozentstreifen.

Abbildung 8.2.8   Aufgabe 16 des entwickelten Lehr-Lern-Arrangements zu Prozenten (Pöhler & Prediger 2017a, S. 90)

Im Rahmen der ersten Design-Experiment-Zyklen erwies es sich als sinnvoll, die Identifikationsanforderungen im Sinne des *Design-Prinzips des Scaffoldings* (Abschnitt 4.1.3) sukzessive zu steigern. So sind innerhalb des Lehr-Lern-Arrangements zunächst die drei Grundaufgabentypen im etablierten Einkaufskontext (in Aufgabe 15, ohne Abbildung) und dann in unbekannteren Kontexten zu identifizieren (Aufgabe 16 in Abbildung 8.2.8). Anschließend (in Aufgabe 17, ohne Abbildung) kommen dann komplexere erweiterte Aufgabentypen hinzu (Prototypen bzw. Abwandlungen der Typen IV, VIII und X aus Abschnitt 1.1.3). Unter der Prämisse, das entsprechende Design-Prinzip zu berücksichtigen, wird sowohl die Grundvorstellung von Prozenten als Anteile als auch jene von Prozenten als Verhältnisse thematisiert (Parker & Leinhardt 1995; Abschnitt 2.2.1). In Bezug auf Letztere werden dabei ferner verschiedene Situationsmuster (Verminderung auf / um … %; Vermehrung um … %) aufgegriffen (ebd.).

Da die Kompetenz zur Erstellung eigener Textaufgaben ein Indiz für ein vorhandenes konzeptuelles Verständnis darstellen kann (Bell et al. 1984; Strick 1995), wurde das Lehr-Lern-Arrangement auf dieser Stufe durch Aktivitäten komplettiert, die zur Förderung dieser Fähigkeit beitragen sollen. Jedoch werden die Lernenden nicht direkt mit einer solchen Aufgabe konfrontiert (Aufgabe 19, ohne Abbildung), da sich die eigenständige Formulierung einer Textaufgabe zu Prozenten als besondere Herausforderung herauskristallisierte (Kapitel 7). Stattdessen erwiesen sich zur Anbahnung dieser Fähigkeiten vorgeschaltete Aktivitäten als hilfreich, bei denen abgebildete Textaufgaben so umformuliert werden müssen, dass ein anderer (teils vorgegebener) Aufgabentyp repräsentiert wird (in Aufgabe 18 in Abbildung 8.2.9; Abschnitt 9.5 für illustrierenden Einblick).

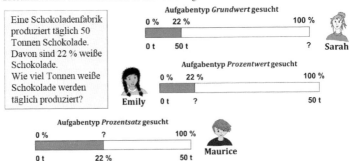

Aufgabe 18: Prozentaufgaben verändern (Stufe 5)

Emily, Sarah und Maurice sind sich nicht einig, welchem Aufgabentyp sie die Aufgabe zuordnen sollen. Alle haben dazu Prozentstreifen gemalt.

Eine Schokoladenfabrik produziert täglich 50 Tonnen Schokolade. Davon sind 22 % weiße Schokolade. Wie viel Tonnen weiße Schokolade werden täglich produziert?

Aufgabentyp *Grundwert* gesucht

Aufgabentyp *Prozentwert* gesucht

Aufgabentyp *Prozentsatz* gesucht

a) Wer hat Recht? Welcher Prozentstreifen passt zu der Aufgabe? Begründe.
b) Löse die Aufgabe. Du kannst dazu den Prozentstreifen nutzen.
c) Formuliere die Aufgabe so um, dass die anderen Prozentstreifen passen.

Abbildung 8.2.9   Aufgabe 18 (gekürzte Version) des entwickelten Lehr-Lern-Arrangements zu Prozenten (Pöhler & Prediger 2017a, S. 91)

Der Prozentstreifen kann auf dieser Stufe – im Sinne seiner Funktion als Argumentations- und Beweismittel (Berger 1989; van Galen et al. 2008) bzw. Gedankenmodell zum mathematischen Begründen (van den Heuvel-Panhuizen 2003) – als strukturelle Basis zur notwendigen Rekonstruktion der Informationen dienen, die in den Textaufgaben enthalten sind (Tabelle 8.2.9). Die dabei erfolgte Strukturierung der textlich dargebotenen Situationen und Beziehungen soll dann eine Unterstützung bei der Identifikation des Aufgabentyps liefern. Durch die Möglichkeit des Transfers des Prozentstreifens auf neue Kontexte (ebd.), fungiert dieser einerseits als Modell der vielfältigen Kontexte (im Sinne eines *model of* nach Freudenthal 1975 bzw. Streefland 1985) und andererseits als Modell für die verschiedenen Aufgabentypen (im Sinne eines *model for* nach Freudenthal 1975 bzw. Streefland 1985).

In Bezug auf den lexikalischen Lernpfad ist in Abstimmung mit dem konzeptuellen Lernpfad die Einübung der bedeutungsbezogenen (in Aufgabe 15, ohne Abbildung) und insbesondere der formalbezogenen, kontextunabhängigen Sprachmittel (in Aufgabe 15 bis 18) zentral (Tabelle 8.2.9). Die letztgenannten lexikalischen Einheiten können vor allem dann an subjektiver Bedeutung gewinnen, wenn die Lernenden das Vokabular aus dem Einkaufkontext als für die neuen Kontexte inadäquat wahrnehmen. Bei der Auseinandersetzung mit Textaufgaben verschiedener Kontexte, die auf die Identifikation der Konzepte zu Prozenten abzielt, stellt sich zwangsläufig auch der Umgang der Lernenden mit Sprachmitteln des kontextbezogenen Lesesprachschatzes ein (Prediger 2017).

Unter Berücksichtigung des *Design-Prinzips des konsequenten Vernetzens von Sprachregistern* (u. a. Prediger, Clarkson & Bose 2016; Abschnitt 4.1.2) beziehen sich die Sprachproduktionen, die dem *Design-Prinzip der diskursiven Kommunikationsanregung* (Abschnitt 4.1.2; Swain 1985; Wessel 2015) folgend eingefordert werden, hinsichtlich der gegebenen und gesuchten Konzepte immer auf mehrere Ebenen des gestuften Sprachschatzes. So werden etwa in der Teilaufgabe b) von Aufgabe 16 (Abbildung 8.2.8) von den Lernenden Erklärungen sowohl in eigenen Worten, die sich zumeist auf den Kontext der Textaufgabe beziehen, als auch mit dem formalbezogenen Vokabular verlangt.

Die angedeutete – für die fünfte Stufe des dualen Lernpfads zentrale – konsequente und wiederholte Einforderung bestimmter Sprachmittel stellt eine Reaktivierung im Sinne des *Wortschatzdidaktischen Dreischritts* dar (Kühn 2000; Ott 2000; Prediger 2017; Abschnitt 4.1.4). Sie zielt darauf ab, dass die bedeutungs- sowie formalbezogenen Sprachmittel in den produktiven Sprachschatz überführt werden.

8.2.6 Stufe 6: Flexibilisierung hinsichtlich des Gebrauchs der Konzepte und Strategien sowie des Sprachschatzes

Ähnlich wie auf der fünften Stufe soll auf der sechsten und letzten Stufe des konzeptuellen Lernpfads der flexible Umgang mit den erlernten Konzepten zu

Prozenten gefördert werden, allerdings nun hinsichtlich komplexerer Situationen und weniger vertrauten Kontexten (Tabelle 8.2.10).

Zur Förderung dieser Kompetenz stellte sich im Design-Prozess unter anderem das Aufgreifen der Thematik der Mehrwertsteuer (Aufgabe 20 in Abbildung 8.2.10) als adäquat heraus (Abschnitt 9.6 für Einblick in die Empirie). Die Passung ergibt sich zum einen durch deren Nähe zum Einkaufskontext, die es ermöglicht, bei dessen Einführung auf die etablierten Vorstellungen der Lernenden zurückzugreifen. Zum anderen erweist sich der Mehrwertsteuerkontext als komplexer und trotz seiner Alltagsrelevanz (u. a. Baireuther 1983; Kaiser 2011; Abschnitt 1.1.1) als weniger lernendennah als der zuvor thematisierte Einkaufskontext im engeren Sinne. Die Komplexitätssteigerung ergibt sich primär durch die erstmalige Berücksichtigung von Prozentsätzen größer als 100 %, deren Thematisierung häufig Schwierigkeiten mit sich bringt (Parker & Leinhardt 1995; Rosenthal et al. 2009). Mit der durch den Mehrwertsteuerkontext ausgelösten Ausweitung möglicher Prozentsätze geht innerhalb des gestalteten Lehr-Lern-Arrangements ferner die Konfrontation der Lernenden mit weiteren Situationsmustern (Vermehrung um / auf … %) und anderen erweiterten Aufgabentypen einher (Typen V, IX und XI aus. Abschnitt 1.1.3).

Tabelle 8.2.10: Sechste Stufe des dualen Lernpfads zu Prozenten

Konzeptueller Lernpfad: Wege zu mathematischen Vorstellungen	Strukturbasiertes Scaffoldingelement: Prozentstreifen mit wechselnden Funktionen	Lexikalischer Lernpfad: Wege zum gestuften Sprachschatz
Flexibler Umgang mit (komplexeren) Situationen (in unvertrauteren Kontexten)	Prozentstreifen als strukturelle Basis zur Rekonstruktion von Beziehungen in (komplexen und unvertrauteren) Situationen	Einführung des kontextbezogenen Lesesprachschatzes im bildungssprachlichen Register

Der Prozentstreifen fungiert auf dieser sechsten Stufe wiederum, allerdings in Bezug auf komplexere und den Lernenden weniger vertraute Situationen, als Referenzstruktur und Gedankenmodell zum mathematischen Begründen (van den Heuvel-Panhuizen 2003; Tabelle 8.2.10). Für diesen Zweck erfährt er eine Erweiterung über 100 % hinaus, die graphisch problemlos zu realisieren ist (u. a. Gräßle 1989; Appell 2004).

Auf der Ebene des lexikalischen Lernpfads (Tabelle 8.2.10) werden ausgewählte Elemente des kontextbezogenen Lesesprachschatzes explizit eingeführt. Dieses Vokabular, das dem bildungssprachlichen Register entstammt und auf der höchsten Stufe des *gestuften Sprachschatzes* anzusiedeln ist, enthält synonyme Ausdrücke für die erarbeiteten Konzepte zu Prozenten (Prediger 2017). Mit diesen können die Lernenden bei der Auseinandersetzung mit Textaufgaben aus ihrem Mathematiklehrbuch oder in Prüfungen bzw. bei außerschulischen

Lesegelegenheiten (zum Beispiel von Zeitungen) konfrontiert werden (Prediger 2017). Für die einzelnen erarbeiteten Konzepte zu Prozenten ist eine solche Vielzahl an Synonymen zu finden (Abschnitt 4.2 für Einblicke in korpuslinguistische Studie), dass eine Auseinandersetzung mit diesem kontextbezogenen Lesesprachschatz nur exemplarisch erfolgen kann. So sieht das gestaltete Lehr-Lern-Arrangement zu Prozenten unter anderem dessen Erweiterung um Sprachmittel zum Kontext der Mehrwertsteuer vor wie „Nettopreis", „ohne Mehrwertsteuer auszeichnen", „einschließlich Mehrwertsteuer teuer sein / betragen" oder „netto kosten" (Aufgabe 20 in Abbildung 8.2.10). Wie die Erprobungen in den Design-Experiment-Zyklen zeigten, können die realisierbare Anbindung dieser Ausdrücke an das bereits etablierte bedeutungsbezogene Vokabular des Einkaufskontextes und die Vorgabe eines beschrifteten Prozentstreifen (ebd.) dazu beitragen, dass es den Lernenden gelingt, eine Bedeutung zur gegebenen komplexen Situation zu konstruieren (Abschnitt 9.6 für illustrierende Einblicke).

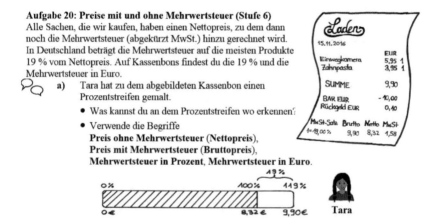

Abbildung 8.2.10   Aufgabe 20 (gekürzte Version) des entwickelten Lehr-Lern-Arrangements zu Prozenten (Pöhler & Prediger 2017a, S. 92)

Allgemein soll die Auseinandersetzung mit diesem exemplarischen komplexeren Kontext dazu führen, dass die Lernenden in die Lage versetzt werden, auch mit anderen unbekannten Situationen zu Prozenten – beispielsweise in Prüfungen – umgehen zu können.

8.3 Lehr-Lern-Arrangement als Realisierung des intendierten dualen Lernpfads zu Prozenten

Im Design-Prozess, der in die Fachdidaktische Entwicklungsforschung eingebettet ist (Abschnitt 5.1), kristallisierte sich sukzessive ein Lehr-Lern-Arrangement heraus, dem die sechs in Abschnitt 8.2 dargestellten Stufen des dualen Lernpfads zugrunde liegen. Das letztendlich konzipierte Entwicklungsprodukt besteht aus drei Fördereinheiten mit insgesamt 21 Aufgaben (hier durchnummeriert angeführt), von denen einige schon in Abschnitt 8.2 zur Illustration der einzelnen Stufen des dualen Lernpfads angeführt wurden (Tabelle 8.3.1). Wie nachfolgend knapp dargelegt und begründet werden soll, weicht die Sequenzierung des Lehr-Lern-Arrangements innerhalb der Fördereinheiten A und B im Detail leicht von der des intendierten dualen Lernpfads ab (zweite Spalte in Tabelle 8.3.1): So wurde auf Basis der Durchführung und Auswertung erster Design-Experimente entschieden, in Fördereinheit A zunächst die parallele Auseinandersetzung mit den Grundaufgabentypen *„Prozentwert gesucht"* und *„Prozentsatz gesucht"* auf den ersten drei Stufen vorzusehen und erst im Anschluss daran in Fördereinheit B den Grundaufgabentyp *„Grundwert gesucht"* in nahezu analog strukturierter Art und Weise einzuführen.

Tabelle 8.3.1: Konzeption des Lehr-Lern-Arrangements

Fördereinheiten		Stufe	Aufgaben
A	1 Prozente und Brüche abschätzen und darstellen	1	1 & 2
	2 Prozentwerte und Prozentsätze am Downloadstreifen finden	1 → 2	3 & 4
	3 Prozentwerte und Prozentsätze beim Einkauf bestimmen	2 & 3	5 – 8 9
B	1 Grundwerte am Downloadstreifen finden	1 → 2	10
	2 Grundwerte beim Einkauf bestimmen	2 & 3	11 & 12
	3 Umgang mit veränderten Grundwerten	4	13 & 14
C	1 Verschiedene Textaufgaben unterscheiden	5	15 – 17
	2 Textaufgaben selbst erstellen	5	18 & 19
	3 Schwierigere Textaufgaben bearbeiten	6	20 & 21

Mit der synchronen Behandlung der Grundaufgabentypen *„Prozentwert und Prozentsatz gesucht"* soll das *Design-Prinzip der integrierten Thematisierung statt sukzessiver Einführung der einzelnen Aufgabentypen zu Prozenten* umgesetzt werden, das auf die Förderung der Kompetenz der Lernenden flexibel zwischen den Grundaufgabentypen wechseln zu können, abzielt (Parker & Leinhardt 1995; Abschnitt 2.2.1).

   Der anschließende separate Umgang mit dem dritten Grundaufgabentyp, der allerdings bereits in die operative Übung, mit der die Fördereinheit A abschließt (Aufgabe 9 in Abbildung 8.2.6), integriert ist, gründet auf einer durch Erprobungen gewonnenen Einschätzung. Danach kann die gleichzeitige Einführung aller drei Grundaufgabentypen zur Überforderung insbesondere der förderungsbedürftigen leistungsschwächeren Lernenden führen, die das Lehr-Lern-Arrangement primär adressiert. Basierend darauf wurde entschieden, einen Grundaufgabentyp („*Prozentsatz oder Grundwert gesucht*") erst später – dann aber in Beziehung zu den anderen beiden – einzuführen. Begründet wird dies damit, dass deren Umgang den Lernenden laut verschiedener empirischer Untersuchungen größere Schwierigkeiten bereitet als der mit Aufgaben des Typs „*Prozentwert gesucht*" (u. a. Kouba et al. 1988; Baratta et al. 2010; Abschnitt 1.2.2; auch in der Bedingungsforschung mit dem Prozente-Matrixtest in Kapitel 7). Die Wahl fiel dabei auf den Grundaufgabentyp „*Grundwert gesucht*", da sich dessen intendierte Anbindung an die vierte Stufe des dualen intendierten Lernpfads, in der die erweiterten Aufgabentypen thematisiert werden, als einfacher und intuitiver herausstellte (Realisierung in Aufgabe 13 in Abbildung 8.2.7). Um trotz der separaten Einführung dieses Grundaufgabentyps eine Beachtung des erwähnten Design-Prinzips realisieren zu können, sind in die Fördereinheit B vereinzelt auch Übungen zu den anderen bereits bekannten Grundaufgabentypen und diesbezügliche Reflexionen (u. a. Aufgabe 12, ohne Abbildung) integriert.

8.3.1 Sprachangebot innerhalb des Lehr-Lern-Arrangements

Mit dem *Design-Prinzip der diskursiven Kommunikationsanregung* geht – neben der konsequenten Einforderung von Sprachproduktionen der Lernenden – einher, dass diese mit reichhaltigen Sprachangeboten konfrontiert werden (u. a. Wessel 2015, Abschnitt 4.1.2).

Im Rahmen einer Bedarfsanalyse im Sinne des *Makro-Scaffoldings* (Abschnitt 4.1.3) wurden die sprachlichen Anforderungen der Thematik der Prozente inspiziert sowie mögliche Sprachmittel spezifiziert, die innerhalb des konzipierten Lehr-Lern-Arrangements explizit angeboten werden könnten. Die tatsächliche Auswahl der Sprachmittel wurde dann mit Blick auf den intendierten Lernpfad, der nach dem *Design-Prinzip des gestuften Sprachschatzes* (Prediger 2017, Abschnitt 4.1.5) gestaltet wurde sowie die ausgewählten Kontexte initial getroffen und im Rahmen des Prozesses der Fachdidaktischen Entwicklungsforschung immer wieder angepasst.

So wird den Lernenden auf der ersten Stufe des Lehr-Lern-Arrangements für die Konzepte zu Prozenten nur ein begrenztes Angebot an Sprachmitteln aus dem Downloadkontext zur Verfügung gestellt und zwar nur implizit innerhalb der Aufgabenstellungen. Dies hängt mit dem für diese Stufe des lexikalischen Lernpfads deklarierten Ziel zusammen (Abschnitt 8.2.1), die eigensprachlichen Ressourcen der Lernenden zu aktivieren. Dazu bedarf es auch des methodischen Supports durch die (Förder-)Lehrkräfte, wofür ihnen zur Unterstützung bewährte Mikro-Scaffolding-Impulse zur Verfügung gestellt werden (Abschnitt 8.3.2).

Auf der zweiten Stufe erfolgt dann die explizite Thematisierung ausgewählter Sprachmittel zum Einkaufskontext, die mit Blick auf die intendierte Konstruktion von Bedeutungen zu den Prozentkonzepten ausgewählt wurden (Abschnitt 8.2.2). Zum Zweck der Förderung des flexiblen Umgangs der Lernenden mit den Konzepten zu Prozenten (Parker & Leinhardt 1995; Ab-schnitt 2.2.1) werden sie auf den zwei erwähnten Stufen auch mit Sprachmitteln konfrontiert, die sich auf die Differenz zwischen 100 % und dem Prozentsatz (prozentuale Differenz) sowie zwischen Grund- und Prozentwert (absolute Differenz) beziehen, obwohl die explizite Thematisierung dieser Konzepte auf konzeptueller Ebene erst auf der vierten Stufe des intendierten Lernpfads vorgesehen ist.

Während sich das Sprachmittelangebot auf der dritten Stufe (Abschnitt 8.2.3) auf formalbezogene Begriffe sowie Elemente beschränkt, mit denen die Beziehungen zwischen den Konzepten ausgedrückt werden können, gestaltet es sich auf der vierten Stufe wesentlich reichhaltiger: So werden einerseits einige aus der zweiten Stufe bekannte Sprachmittel zum Einkaufskontext aufgegriffen, andererseits wird der bedeutungsbezogene Sprachschatz erweitert um Ausdrücke, die mit dem Umgang mit veränderten Grundwerten in Beziehung stehen, wie „herabsetzen um … %" oder „herabsetzen auf … %" (Abschnitt 8.2.4).

Auf der fünften Stufe des intendierten dualen Lernpfads werden die Lernenden bei der Auseinandersetzung mit Textaufgaben verschiedener Kontexte anschließend mit einer Vielzahl an neuen Sprachmitteln konfrontiert (Abschnitt 8.2.5). Das Erkennen der jeweiligen gegebenen und gesuchten Konzepte bzw. die Identifikation der damit zusammenhängenden Aufgabentypen erfordert dabei die Dekonstruktion unterschiedlicher Sprachstrukturen.

Eine explizite Erweiterung erfährt das Sprachangebot letztlich auf der sechsten Stufe des Lehr-Lern-Arrangements (Abschnitt 8.2.6) und zwar um abstrakte Ausdrücke aus dem Kontext der Mehrwertsteuer, die einem erweiterten Lesesprachschatz zugeordnet werden können.

Einen Überblick zum Sprachangebot des letztendlich gestalteten Lehr-Lern-Arrangements zu Prozenten, mit dem sich die Lernenden explizit auch innerhalb von Sprachproduktionen auseinanderzusetzen haben, gibt Tabelle 8.3.2. Dieses ist in vertikaler Perspektive hinsichtlich der vier Ebenen des *gestuften Sprachschatzes* (Prediger 2017, Abschnitt 4.1.5) und in horizontaler Ausrichtung in Bezug auf die thematisierten Konzepte zu Prozenten kategorisiert. Zu beachten ist, dass die alltags- und bedeutungsbezogenen Sprachmittel sowie die Sprachmittel zum erweiterten Lesesprachschatz auf jene Kontexte beschränkt sind, die im Lehr-Lern-Arrangement explizit thematisiert werden: Das Downloaden zur Aktivierung der eigensprachlichen Ressourcen der Lernenden, das Einkaufen zum Aufbau eines bedeutungsbezogenen Denksprachschatzes bzw. die Mehrwertsteuer als Beispiel für eine unvertrautere und sowohl konzeptuell als auch lexikalisch komplexere Situation. Ferner lassen sich die Tabellenzellen, insbesondere der ersten beiden Zeilen, noch durch Ausdrücke erweitern, die im Lehr-Lern-Arrangement ebenfalls aufgegriffen werden und zu den notierten Formulierungen synonym sind oder leichte Abwandlungen aufweisen (etwa „... GB groß sein" als alternative Formulierung zu „... GB großer Film").

Tabelle 8.3.2: Kategorisierung der in das Lehr-Lern-Arrangement integrierten Sprachmittel

	Grundwert	Prozent-wert	Prozent-satz	Differenz (prozentual)	Differenz (absolut)
Alltagsbezogene Sprachmittel (am Beispiel Download)	... GB großer Film	schon ... GB geladen haben	schon ... % geladen haben	noch ... % laden müssen	noch ... GB laden müssen
Bedeutungsbezo-gene Sprachmit-tel (am Beispiel Einkauf)	der alte Preis	der neue Preis; Geld, das man zahlen muss	Anteil, den man zahlen muss	der Rabatt (in %); Anteil, den man spart	der Rabatt (in €); Geld, das man spart
Formalbezogene Sprachmittel	der Grund-wert	der Pro-zentwert	der Pro-zentsatz		
Sprachmittel des erweiterten Lese-sprachschatzes (am Beispiel Mehrwertsteuer)	Nettopreis; Preis ohne Mehrwert-steuer	Bruttopreis; Preis mit Mehrwert-steuer		Mehrwert-steuer in %	Mehrwert-steuer in €

Auf eine ausführliche Darstellung der auf den einzelnen Stufen tatsächlich in die Aufgabenstellungen integrierten Sprachmittel, die die oben angeführte stu-fenweise Beschreibung ergänzen und konkretisieren würde, wird an dieser Stel-le verzichtet. Stattdessen soll für eine solche Übersicht zum schriftlichen Sprachangebot auf Abschnitt 11.1 verwiesen werden. Dort werden die den Ler-nenden schriftlich sowie mündlich angebotenen lexikalischen Einheiten ihrer Sprachmittelverwendung gegenübergestellt.

8.3.2 Mikro-Scaffolding-Strategien zur Initiierung von Lernwegen entlang der intendierten Lernpfade

Mit dem Ziel, den (Förder-)Lehrkräften ein Angebot zur Verfügung zu stellen, mit dem sie in der konkreten Interaktion das Fortschreiten der individuellen Lernwege entlang des intendierten dualen Lernpfads adaptiv unterstützen kön-nen, werden sie allgemein mit dem Prinzip des Mikro-Scaffoldings (Abschnitt 4.1.3) sowie anhand exemplarischer Szenen aus dem zweiten Design-Experi-ment-Zyklus mit konkreten Mikro-Scaffolding-Strategien (Tabelle 8.3.3) ver-traut gemacht. Die Zusammenstellungen (Tabelle 4.1.1 in Abschnitt 4.1.3) von Hammond und Gibbons (2005), Wessel (2015) sowie Smit (2013) bildeten dabei die Basis der Gestaltung des Angebots an Mikro-Scaffolding-Strategien, das im Laufe der Design-Experiment-Zyklen auf das designte Lehr-Lern-Arrangement zum Umgang mit Prozenten abgestimmt wurde.

Obwohl die in Tabelle 10.2.1 an erster Stelle angeführte „Kompetenzzuschreibung an Lernende" nicht im engeren Sinne als Mikro-Scaffolding-Strategie angesehen werden kann, scheinen derartige Impulse für die erfolgreiche Durchführung des Lehr-Lern-Arrangements im Rahmen von Förderungen, insbesondere für lernschwächere Lernende, relevant zu sein. Ein solches permanentes positives Feedback konnte auch im Rahmen der Analyse zur Rolle von Mikro-Scaffolding-Impulsen rekonstruiert werden, die im Anschluss an den zweiten Design-Experiment-Zyklus erfolgte (Prediger & Pöhler 2015).

Tabelle 8.3.3:   Angebot an Mikro-Scaffolding-Strategien mit Beispielen (Überblick nach Hammond & Gibbons 2005; Wessel 2015; Smit 2012; Tabelle 4.1.1 in Abschnitt 4.1.3)

Mikro-Scaffolding-Strategie	Beispiel aus zweitem Design-Experiment-Zyklus
(1) Kompetenzzuschreibung an Lernende	„Super. Sehr gute Lösung, genauso sieht's aus. […] Da hast du das angewandt, was ich hier oben gesagt habe." (Melina und Kevin, Turn 16-94 – 16-96, Stufe 5)
(2) Explizieren der kommunikativen Erwartungen	„Du sollst es so beschreiben, als ob ich die Aufgabe nie in meinem Leben gesehen hätte." (Melina und Kevin, Turn 16-7, Stufe 5)
(3) Herstellen eines Bezugs zum strukturbasierten Scaffolding-Element (Prozentstreifen)	„Was ist denn, wenn du das vergleichst, mit dem da oben, mit dem Streifen? […] Könnte dir das auch eine Hilfe sein?" (Sebastian, Turn 1-13, Stufe 1)
(4) Verlängern von Lernendenäußerungen durch Aufforderung zu Präzisierung, Spezifizierung oder Explizierung	„Okay. Und was bedeuten diese Preise. 60 Euro, 80?" (Nach der Äußerung: „[…] am Ende 100 % und […] 80 €. […] wenn er nach drei Abteilen sozusagen sind 75 % und 60 Euro".) (Melina und Kevin, Turn 5-5, Stufe 2)
(5) Geben von Hinweisen auf sprachunterstützende Angebote	„Und dein grün markiertes sind die 30 %, die gespart wurden." (Beren und Manik, Turn 6-44, Stufe 2)
(6) Wiederholung sowie Reformulierung von Lernendenäußerungen (in Richtung von Bildungs- und Fachsprache)	„Genau, der [Prozentwert] erhöht sich auch." (Nach der Äußerung „Der wird mehr.") (Melina und Kevin, Turn 8-61, Stufe 2)
(7) Vernetzen, zusammenfassen und wiederholen von Lernendenäußerungen auf metakognitiver und metalinguistischer Ebene	„Genau, also du hast es eigentlich gesagt, ne? Also, am besten eignen sich so Begriffe wie Grundwert, Prozentwert, Prozentsatz, um allgemeinere Situationen zu beschreiben, ne?" (Sebastian, Turn 12-37, Stufe 2/3)

Über die Mikro-Scaffolding-Strategien hinaus, werden den (Förder-)Lehrkräften Vorschläge für die Ausgestaltung des Einsatzes einzelner Aufgaben bzw. des ganzen Lehr-Lern-Arrangements in (Kleingruppen-)Förderungen gemacht (Pöhler & Prediger 2017b). Welche Sozialformen und Methoden sich für eine Realisierung in der Klasse jeweils als adäquat herausstellen, bedarf weiterer Erprobungen und anschließender Untersuchungen (Kapitel 9 für illustrierende Einblicke des Einsatzes in Klassensituationen).

8.4 Zusammenfassung

Gegenstand des achten Kapitels war die Darstellung der Ergebnisse zu folgenden Entwicklungsanforderungen:

E1: *Sequenzierung und konkrete Ausgestaltung eines intendierten konzeptuellen Lernpfads zu Prozenten.*

E2: *Sequenzierung und konkrete Ausgestaltung eines intendierten lexikalischen Lernpfads zu Prozenten.*

E3: *Verknüpfung der zwei intendierten Lernpfade mithilfe des Prozentstreifens.*

E4: *Gestaltung eines Lehr-Lern-Arrangements zur Realisierung des dualen Lernpfads.*

Für die erste und zweite Entwicklungsanforderung wurden in Abschnitt 8.2 der sechsstufige *konzeptuelle Lernpfad* zum Vorstellungsaufbau und der *lexikalische Lernpfad* entlang des gestuften Sprachschatzes aufgezeigt. Koordiniert werden die intendierten Lernpfade durch ein strukturelles Scaffolding-Element – den *Prozentstreifen*. Dieser dient als Mittler zwischen den Sprachmitteln des *lexikalischen Lernpfads* sowie ihren im *konzeptuellen Lernpfad* verankerten mathematischen Bedeutungen. Der Prozentstreifen nimmt auf den verschiedenen Stufen wechselnde Funktionen ein und entwickelt sich von einem *Modell von* Kontexten (als Downloadbalken auf Stufe 1 bzw. als *Modell von* Einkaufsangeboten auf Stufe 2, Abschnitte 8.2.1 bzw. 8.2.2) zu einem Modell *für* die abstrakten Konzepte zu Prozenten (ab Stufe 3, Abschnitt 8.2.3 – 8.2.6). Auf den weiteren Stufen des dualen Lernpfads dient er dann vor allem als Unterstützung zur Strukturierung der mathematischen Beziehungen, die in komplexen Textaufgaben sprachlich realisiert sind sowie als Lesestrategie. Anschließend wurde mit Blick auf die vierte Entwicklungsanforderung der Aufbau des entwickelten Lehr-Lern-Arrangements skizziert, das der Initiierung der Lernwege von Lernenden entlang der intendierten Lernpfade dient (Abschnitt 8.3). Besonderes Augenmerk wurde dabei (Abschnitt 8.3.1) auf das Sprachmittelangebot innerhalb des Lehr-Lern-Arrangements gelegt, welches in einer verkürzten Art und Weise präsentiert wurde. Innerhalb der Spurenanalyse in Abschnitt 11.1 werden diesem die von ausgewählten Lernenden bei der Bearbeitung der Aufgaben tatsächlich verwendeten Sprachmittel gegenübergestellt. Außerdem wurden mit Blick auf das Lehr-Lern-Arrangement spezifizierte Mikro-Scaffolding-Strategien vorgestellt (Abschnitt 8.3.2), die das Fortschreiten der individuellen Lernwege entlang der intendierten Lernpfade geeignet begleiten sollen.

Vor der Darlegung der aus der Spurenanalyse gewonnenen Erkenntnisse im zehnten und elften Kapitel, werden nun zwecks Illustration Einblicke in die Lernprozesse ausgewählter Lernender auf den sechs Stufen der intendierten Lernpfade gegeben.

9 Illustrierende Einblicke in die Lernwege auf sechs Stufen der intendierten Lernpfade

Die kurzen illustrierenden Ausschnitte, die in diesem Kapitel dargestellt werden, sollen Einblick in individuelle Lernwege von Lernenden entlang der konzipierten intendierten Lernpfade geben. Sie entstammen den Förderungen des fünften Design-Experiment-Zyklus sowie den Klassenerprobungen (vierter Design-Experiment-Zyklus, Abschnitt 5.2.2) des entwickelten Lehr-Lern-Arrangements zu Prozenten. Die Darstellung hat dabei eher illustrativen Charakter hinsichtlich der (variierenden) Wirkungen einzelner Elemente der Lernpfade bzw. der konkreten Aufgabensequenz und dient weniger dem methodisch rigiden Nachzeichnen individueller Lernprozesse einzelner Lernender über die kompletten Lernpfade hinweg. Eine derartige längerfristige und tiefergehende Betrachtung individueller Lernprozesse mit ausgewähltem Analysefokus erfolgt in Kapitel 11.

9.1 Stufe 1: Aktivierung individueller Ressourcen

Die folgenden kurzen Ausschnitte entstammen den von zwei Förderlehrkräften (FL) durchgeführten Förderungen des fünften Design-Experiment-Zyklus der Lernendenpaare Amir und Sarah (AS), Gizem und Melek (GM), Julian und Viktor (JV) (Abschnitt 10.2.1 für Charakterisierung der drei Lernendenpaare) sowie Kathleen und Viola (KV). Sie zeigen beispielhaft, dass sich der ausgewählte Downloadkontext zur Einführung des Prozentstreifens sowie zur Aktivierung eigener Ressourcen der Lernenden eignet, da er ihre individuellen Lernwege entlang des intendierten konzeptuellen und lexikalischen Lernwegs anstoßen kann.

Dies verdeutlicht etwa die Bearbeitung der Aufgabe 1 b) (Abbildung 9.11) aus der ersten Fördersitzung von Julian und Viktor.

Abbildung 9.1.1 Bearbeitung der Aufgabe 1 b) (Streifen von Jonas und Kenan) durch Viktor

© Springer Fachmedien Wiesbaden GmbH 2018
B. Pöhler, *Konzeptuelle und lexikalische Lernpfade und Lernwege zu Prozenten*, Dortmunder Beiträge zur Entwicklung und Erforschung des Mathematikunterrichts 35, https://doi.org/10.1007/978-3-658-21375-6_10

In der Aufgabe ist anhand von Downloadbalken abzuschätzen, wie viel Prozent von einzelnen Filmen bereits heruntergeladen wurden (Abbildung 9.1.1, bei Jonas 10 %, bei Kenan 75 %). Wie Viktor das Abschätzen gelingt und er seine Herangehensweise erklärt, zeigt der folgende Transkriptausschnitt (5-JV1a).

Um die Einordnung dieses sowie der weiteren illustrierenden Ausschnitte in den gesamten Lernprozess zu erleichtern, wird der Nummerierung der Transkriptzeilen jeweils die betreffende Nummer des 21 Aufgaben umfassenden Lehr-Lern-Arrangements vorangestellt (hier 1). Zudem ist den Kopfzeilen der Transkriptausschnitte jeweils zu entnehmen, welchem Design-Experiment-Zyklus (hier 5), welchem Lernendenpaar (hier JV für Julian und Viktor) und welcher Fördersitzung (hier 1) diese zuzuordnen sind. Zur Unterscheidung verschiedener abgebildeter Ausschnitte einer bestimmten Fördersitzung eines Lernendenpaars wird die Kodierung durch fortlaufend verwendete Buchstaben ergänzt (hier a für den ersten abgebildeten Ausschnitt). Außerdem wird in der Kopfzeile kurz der Gegenstand der jeweiligen Kommunikation angeführt (hier Bearbeitung des Streifens von Kenan der Teilaufgabe b) der ersten Aufgabe).

5-JV1a; Bearbeitung von Aufgabe 1 b) (Streifen von Kenan)		
1-57	Viktor	Ok, ich hab jetzt geguckt, wie weit der, ähm, also wie lang die Zeile ist, die noch nicht geladen war. Und, ähm, hab ungefähr die Länge der Zeile nochmal [*Pause*] also auf den schon geladenen Streifen [*kurze Pause*], also auf dem geladenen Streifen eingetragen und dann ungefähr geguckt, […] also zum Beispiel, hab ich jetzt drei Viertel da hingeschrieben.
…		…
1-77	FL	Genau. Und, nochmal, und warum dann genau drei Viertel?
1-78	Viktor	Äh, weil es, weil der ganze Balken, ja, also 75 Prozent von 100 Prozent sind dann ja drei Viertel.

Im Hinblick auf den konzeptuellen Lernpfad wird deutlich, dass die konkrete Aufgabenstellung (Abbildung 9.1.1) sowie der Prozentstreifen, der als Downloadbalken illustriert ist, Viktor zum adäquaten Abschätzen des bereits geladenen Anteils von Kenans Film anregen (5-JV1a). So orientiert sich der Schüler (Turn 1-57) an dem noch nicht geladenen Teil des Films und überlegt, indem er Einteilungen des Downloadbalkens vornimmt, wie oft dieser in den bereits geladenen Teil hineinpasst. Die Tatsache, dass Viktor zu einer ersten Konstruktion von Bedeutungen zu Prozenten (hier als Anteile bzw. Teile vom Ganzen) in der Lage ist, wird auch dadurch deutlich, dass er den erwähnten Bruch in Prozent ausdrücken kann und 100 % dabei korrekt als Ganzes auffasst (Turn 1-78).

Diese für die erste Stufe des intendierten konzeptuellen Lernpfads zentrale initiale Konstruktion von Bedeutungen zu Prozenten (Abschnitt 8.2.1) gelingt auch den anderen Lernenden des fünften Design-Experiment-Zyklus. Sie sind also alle in der Lage, den Downloadbalken zu interpretieren und passend auf den markierten (im Sinne des schon geladenen Teils eines Films) sowie den komplementären unmarkierten Teil des Downloadbalkens (im Sinne des noch nicht geladenen Teils des Films) zuzugreifen. Beim Abschätzen der Ladezustände sind dabei vielfältige intuitive Herangehensweisen zu erkennen. Strategien über Bruchteile – wie bei Viktor – kommen dabei seltener vor als etwa Schätzungen (für Kenans Film oft auch 70 % oder 80 %), die auf schon ermittelten Anteilen bzw. bearbeiteten Downloadbalken (für Kenans Film etwa der Downloadbalken mit 10 % von Jonas) basieren. Eine solche Vorgehensweise wendet auch Amir beim Abschätzen des geladenen Anteils von Kenans Film (75 %) an.

5-AS1a; Besprechung von Aufgabe 1 b) (Streifen von Kenan)

1-47   Amir   Ähm, 70 Prozent, ich habe das jetzt so halt mit den 50 Prozent [*zeigt Anteil am Streifen in a), misst und vergleicht mit diesem Streifen*] hier so verglichen und mh das diese zwei Stücke sind ja zehn Prozent, also für mich sieht es so aus, deshalb 70 Prozent.

So stellt der Schüler (5-AS1a) einen Vergleich des Downloadbalkens von Kenan mit den beiden bereits bearbeiteten Downloadbalken (geladene Anteile von 50 % im Downloadbalken von Tara, ohne Abbildung bzw. von 10 % im Streifen von Jonas, Abbildung 9.1.1) an. Seine Schätzung von 70 % resultiert demnach daraus, dass er ausgehend von der Mitte den übrigen Teil mit dem bereits ermittelten Anteil von 10 % ungefähr ausmisst.

Übergang von Stufe 1 zu Stufe 2: Entwicklung erster informeller Strategien zur Konzeptbestimmung und Etablierung bedeutungsbezogenen Vokabulars

Der Übergang von der ersten zur zweiten Stufe wird realisiert, indem der bereits eingeführte Prozentstreifen in seiner Erscheinungsform als Downloadbalken um eine zweite Skala ergänzt wird. Neben Prozenten sind nun auch Prozentwerte in Form geladener Teile (Abbildung 9.1.2), Prozentsätze in Form geladener Anteilen (ohne Abbildung) sowie Grundwerte in Form der Gesamtgröße der jeweiligen Filme bzw. Apps (Abbildung 9.1.3) abzuschätzen (Kapitel 8.2.1).

a)   Kenan lädt einen Film herunter, der 12 GB groß ist.
Wie viel GB hat er ungefähr schon geladen? Trage diesen Wert und die Prozentangabe am Streifen ein.
Erkläre dein Vorgehen.

Download von „Manga" nach „Filme"						
0 %	10%	20%	30%	50%	75%	100 %
0 GB				6 GB	9 GB	12 GB

Abbildung 9.1.2 Bearbeitung der Aufgabe 3 a) durch Kathleen

Die dritte Aufgabe (s. Teilaufgabe a) in Abbildung 9.1.2) stellt die erste Aufgabe des Lehr-Lern-Arrangements dar, bei der näherungsweise ein Prozentwert zu bestimmen ist. Den Ausgangspunkt dazu bildet – im Sinne eines Scaffolds – der bereits aus der Einstiegsaufgabe bekannte Downloadstreifen, dessen Gesamtgröße nun zusätzlich angegeben ist, so dass der Prozentwert unter Rückgriff auf vorherige Strategien des Einteilens bestimmt werden kann.

Wie kompetent einige Lernende intuitiv mit dieser gestiegenen Anforderung umgehen, zeigt exemplarisch die folgende kurze Sequenz aus der ersten Fördersitzung mit Kathleen und Viola (5-KV1a).

5-KV1a; Bearbeitung von Aufgabe 3 a)		
3-8	Kathleen	Ähm, ich hab als erstes die Hälfte markiert.
3-9	FL	Okay.
3-10	Kathleen	Und dann hab ich geguckt, dass, ähm, also das hier *[zeigt auf die 75 Prozent]* ist ungefähr wieder die Hälfte von der Hälfte. Und da insgesamt ja zwölf Gigabyte sind, hab ich, ähm, also sind 50 Prozent sechs Gigabyte.
3-11	FL	Okay.
3-12	Kathleen	Und dann hab ich geguckt, was die Hälfte von sechs Gigabyte ist. Und dann, also hier wären es dann ja so in der Hälfte *[zeigt auf 25 Prozent]* drei Gigabyte. Und da *[zeigt auf 50 Prozent]* hab ich plus drei, also neun.

An Kathleens Erklärung ihrer Vorgehensweise wird deutlich, dass sie intuitiv von 100 % als Ganzes ausgeht und die beiden Skalen am Downloadbalken, die Prozentsätze und entsprechende -werte symbolisieren, adäquat koordiniert (5-KV1a, Turn 3-10 und 3-12). Damit geht einher, dass sie das Erfordernis des proportionalen Hoch- und Runterrechnens auf beiden Skalen erkennt (100 % entsprechen 12 GB, also entsprechen 50 % 6 GB). Demnach aktiviert sie die damit in Zusammenhang stehende Grundvorstellung von Prozenten als Anteile (Situationsmuster: Teile vom Ganzen, Abschnitt 1.1.2).

Diese Koordination der beiden Skalen des Prozentstreifens sowie das abschätzende proportionale Hoch- und Runterrechnen gelingt vielen Lernenden. Anfänglich wird dafür häufig – wie von Kathleen (5-KV1a) – eine von der Mitte des ganzen Streifens ausgehende Strategie präferiert. Dennoch zeigen sich teils auch weniger tragfähige Vorstellungen der Zusammenhänge beider Skalen.

Eine solche lässt sich etwa bei der Auseinandersetzung von Melek mit der Aufgabe 10 d) des Lehr-Lern-Arrangements (Abbildung 9.1.3) erkennen. Die zehnte Aufgabe lässt sich insgesamt dadurch charakterisieren, dass im Downloadkontext erstmals ein Grundwert (Gesamtgröße einer zu ladenden App) auf Basis von Prozentwert (geladener Teil der App) und -satz (geladener Anteil der App) abzuschätzen ist. Demnach ist ein Transfer der Vorgehensweisen, die in Bezug auf die beiden Grundaufgabentypen *„Prozentwert und Prozentsatz gesucht"* zuvor erarbeitet und bereits auf der zweiten und dritten Stufe weiterentwickelt wurden, auf den Grundaufgabentyp *„Grundwert gesucht"* möglich bzw.

erforderlich. In der fokussierten Teilaufgabe der zehnten Aufgabe müssen die Lernenden etwa abschätzen, wie groß die gesamte App ist (15 MB), wenn der geladene Teil von 6 MB einem geladenen Anteil von 40 % entspricht.

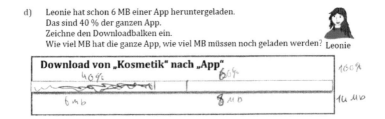

Abbildung 9.1.3 Bearbeitung der Aufgabe 10 d) durch Melek

Wie der folgende Transkriptausschnitt verdeutlicht, kommt Melek in Bezug auf die erwähnte Teilaufgabe (Abbildung 9.1.3) zwar zu einem adäquaten Schätzergebnis zur Gesamtgröße der App (14 GB), die Erklärung ihrer Vorgehensweise lässt allerdings eine noch nicht tragfähige Vorstellung erkennen.

5-GM2a; Bearbeitung von Aufgabe 10 d)

10-83	Melek	Ich habe das jetzt so gemacht, das hier, also das sind ja 60, also sechs MB 40 Prozent [zeigt auf den eigens markierten Teil des Streifens].
10-84	FL	Mhm.
10-85	Melek	Da ja noch so 60 Prozent übrig sind, habe ich mir jetzt so, ähm, noch plus zwei MB gedacht, weil 40 sind ja, also vier plus sechs sind ja dann ähm zwei. Deswegen habe ich hier [zeigt auf den unmarkierten Teil des Streifens] acht MB und dann habe ich die zusammengerechnet, 14 MB.

So setzt Melek zur Bestimmung der Gesamtgröße der App bei der Ermittlung des noch nicht geladenen Teils an (5-GM2a, Turn 10-85). Ihre weitere Erklärung lässt erahnen, dass sie dazu fälschlicherweise von einer gewissen Äquivalenz in Bezug auf die beiden Skalen am Downloadbalken ausgeht, indem sie einen Schritt von 20 % auf der Skala der Prozentsätze mit einem Schritt von 2 MB auf der Skala der Prozentwerte gleichsetzt.

Diese noch nicht tragfähige Vorstellung konnte bei ihr teilweise auch zu Beginn der Förderung in Bezug auf die anderen Grundaufgabentypen und vereinzelt auch bei anderen Lernenden (insbesondere bei Amir) beobachtet werden. Melek konnte diese Schwierigkeit im weiteren Verlauf der Förderung überwinden, indem die Förderlehrkraft einen kognitiven Konflikt durch Kontrastierung mit Beispielen initiierte, die die Lernende intuitiv richtig löste.

Im lexikalischen Lernpfad wurde auf der ersten Stufe die Aktivierung der eigensprachlichen Ressourcen der Lernenden angestrebt (Abschnitt 8.2.1). Dies gelingt insofern, als die Lernenden vielfältige und unterschiedliche lexikalische

Einheiten verwenden (Abschnitt 11.1 für detailliertere Analysen hinsichtlich der lexikalischen Lernwege der Lernenden): Der Großteil nutzt auf den Streifen bezogenes Vokabular (wie „Stücke", 5-AS1a, Turn 1-47), deiktische Sprachmittel (wie „hier", 5-AS1a, Turn 1-47 oder „da", 5-KV1a, Turn 3-12) bzw. Zeigegesten oder argumentiert mit Zahlenwerten (teilweise mit den passenden Einheiten %, GB oder MB). Viktor hingegen greift hier als einziger auch auf Sprachmittel aus dem Downloadkontext zurück, wie „noch nicht geladen sein" (5-JV1a, Turn 1-57). Trotz der Tatsache, dass wenige dem Downloadkontext entstammende Sprachmittel Verwendung finden, sprechen die vielfältigen Verweise auf den Downloadbalken für dessen intuitive Zugänglichkeit. Der illustrierte Prozentstreifen hat demnach Potenzial zur Konstruktion von Bedeutungen zu Prozenten, zur Anregung von Kommunikation bzw. zur Initiierung informeller sowie teilweise auch schon elementarer rechnerischer Strategien zur Abschätzung von Prozentwerten, -sätzen sowie Grundwerten. Letzteres bildet dabei auf den nachfolgenden Stufen des dualen Lernpfads einen expliziten Lerngegenstand.

9.2 Stufe 2: Entwicklung erster informeller Strategien und Etablierung von bedeutungsbezogenem Vokabular

Im Folgenden werden kurze Sequenzen aus den Förderungen des fünften Design-Experiment-Zyklus sowie einer Klassenerprobung angeführt. Sie sollen illustrieren, wie die auf dieser zweiten Stufe intendierte Entwicklung informeller Strategien zum erfolgreichen Umgang mit den Grundaufgabentypen (konzeptueller Lernpfad) sowie die Etablierung des bedeutungsbezogenen Sprachschatzes zum Einkaufskontext (lexikalischer Lernpfad) durch die Aufgaben des Lehr-Lern-Arrangements initiiert werden sowie konkret ablaufen (Abschnitt 8.2.2).

Der Übergang von der ersten zur zweiten Stufe des intendierten dualen Lernpfads wird durch den Kontextwechsel vom Downloaden zum Einkaufen markiert. Konkret initiiert wird der Einstieg in die zweite Stufe dann durch ein Einkaufsangebot, das schriftlich sowie am Prozentstreifen repräsentiert wird (Aufgabe 5 a) in Abbildung 9.2.1).

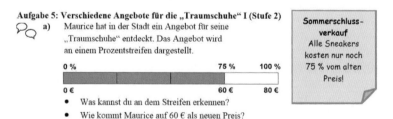

Abbildung 9.2.1 Ausschnitt aus der Aufgabe 5 des Lehr-Lern-Arrangements

Mit dem Ziel, dass die Lernenden einen Zugang zum Einkaufskontext und den abstrakteren eingeteilten Prozentstreifen bekommen, die nun Angebote in Geschäften symbolisieren, sollen sie zunächst ein gegebenes Angebot sowie die dazu ermittelte Lösung eines fiktiven Schülers unter Rückgriff auf ihre eigensprachlichen Ressourcen beschreiben (Aufgabe 5 a) in Abbildung 9.2.1).

Wie ein Umgang mit dieser Aufgabe konkret aussehen kann, verdeutlicht die folgende Szene aus der ersten Klassenerprobung (4-KE1a) im vierten Design-Experiment-Zyklus (Abschnitt 5.2.2) exemplarisch (auch Pöhler & Prediger 2017). Diese wurde ausgewählt, da an ihr die Anbahnung der erwähnten Ziele beider intendierter Lernpfade besonders erkennbar wird. Zudem wird der Gehalt der Aufgabenstellung auch für den Erstzugang im Klassenunterricht deutlich.

4-KE1a; Beschreibung eines gegebenen Angebots im Rahmen der Bearbeitung der Aufgabe 5 a)

5-1	L	[…] [*Liest*] Wer kann mir das mal erzählen, was das jetzt eigentlich für eine Situation ist? Jamie?
5-2-	Jamie	Also, die sind auf 75 % runtergesetzt und vorher haben die 80 Euro gekostet. Aber jetzt kosten die nur noch 60 Euro, weil man muss von 80 % [*meint €*] die Hälfte nehmen, dann muss man davon die Hälfte nehmen und das muss man dann halt plus die Hälfte von 80 machen, dann kommt da 60 raus.
5-3	L	[*Schreibt vorher und jetzt unter Grund- bzw. Prozentwert*] Okay. Ich nehme jetzt mal zwei Wörter noch raus, die du genannt hast: vorher und jetzt, ne. Ist richtig. Also hat der sich jetzt verrechnet oder war das jetzt der richtige Weg? Luca?
5-4	Luca	Ja also, der hat sich nicht verrechnet und das ist richtig und der hat, 25 % dann spart der dann.
5-5	L	Mhm. 25 % gespart. So, Jamie hat jetzt einen Weg beschrieben, wie er runtergerechnet hat und wieder hochgerechnet hat. Der war jetzt, ne [*deutet auf Schritte im Prozentstreifen*] ganz schön im Sprung. Gibt es noch mehr Wege, wie man das rechnen kann? […]
5-6	Paul	80 geteilt durch 4, das sind 20 und das dann mal 3.
5-7	L	Ja, ne, 4 gleich große Teile. Einmal durch 4 geteilt und wieder hochgerechnet. Sehr schön. Noch 'ne Möglichkeit? [*es melden sich sehr viele Lernende*]

Hinsichtlich des konzeptuellen Lernpfads, der durch die Frage „Wie kommt Maurice auf 60 € als neuen Preis?" adressiert wird, zeigt sich, dass Jamie (4-KE1a, Turn 5-2) und Paul (4-KE1a, Turn 5-4) in der Lage sind, informelle Strategien zur Bestimmung des Prozentwertes herzuleiten. Die Tatsache, dass beide Strategien auf der Einteilung des Prozentstreifens in vier Felder beruhen, weist darauf hin, dass dieses strukturelle Scaffolding-Element die Lernenden bei der Suche nach einer passenden Strategie unterstützt. Die intuitive Zugänglichkeit der Aufgabenstellung und ihr Potenzial, unterschiedliche Strategien der Lernenden zu evozieren (Abbildung 9.2.2 für Überblick über die verschiedenen angewandten informellen Strategien), werden auch durch die Förderungen der vier Lernendenpaare innerhalb des fünften Design-Experiment-Zyklus bestätigt.

Runter- und Hochrechnen durch Divisionen und Addition (Jamie und Viktoria)

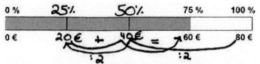

Runter- und Hochrechnen durch Division und Multiplikation (Paul und Amir)

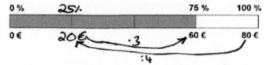

Runter- und Hochrechnen durch Division und Subtraktion (Julian und Gizem)

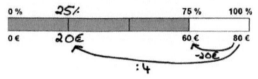

Abbildung 9.2.2   Unterschiedliche rekonstruierte informelle Strategien zur Ermittlung des Prozentwertes in Aufgabe 5

Auf der Ebene des lexikalischen Lernpfads verdeutlicht die Beschreibung des
Prozentstreifens durch Jamie (Turn 5-2 in 4-KE1a) und die Ergänzung durch
Luca (Turn 5-4) ein problemloses Gelingen des Zugangs zum Einkaufskontext
bzw. der damit einhergehenden Umdeutung des Prozentstreifens. Dabei verwenden die erwähnten Schüler eigeninitiativ selbst eingeführte adäquate Sprachmittel aus dem Einkaufskontext („runtersetzen auf … %", „vorher … € kosten" und
„jetzt nur noch … € kosten" in Turn 5-2 und „… % sparen" in Turn 5-4), die
allesamt nicht in der Aufgabenstellung enthalten sind.

Die intuitive Zugänglichkeit des Einkaufskontexts bzw. der konkreten Aufgabenstellung zeigt sich auch in den Förderungen der vier Lernendenpaare des
hier fokussierten fünften Design-Experiment-Zyklus. Teilweise wird der Prozentstreifen initial allerdings ohne Bezug zum Einkaufskontext beschrieben,
sodass die Konstruktion der Bedeutungen der einzelnen Elemente im Einkaufskontext erst nach Impulsen durch die Förderlehrkraft erfolgt. Insgesamt erweisen sich die dabei aktivierten eigensprachlichen Ressourcen als sehr heterogen
(Abschnitt 11.1 für mehr Details). Eine ähnlich elaborierte Beschreibung wie
Jamie „Also, die sind auf 75 % runtergesetzt und vorher haben die 80 Euro gekostet. Aber jetzt kosten die nur noch 60 Euro […]." (4-KE1, Turn 5-2;) liefert
lediglich Kathleen, die zum Prozentstreifen des Angebots der fünften Aufgabe
Folgendes äußert: „Da steht, wie viel die Schuhe, also der Normalpreis ist. Und
wie viel die Schuhe nach dem Rabatt kosten."

In der Klassensituation greift die Lehrerin die von Jamie aktivierten Adverbien „vorher" sowie „jetzt" zur Unterscheidung von Grund- und Prozentwert explizit auf und sichert sie durch Einzeichnen am an der Tafel abgebildeten Prozentstreifen für die gesamte Klasse (4-KE1, Turn 5-3). Der Prozentstreifen fungiert somit als Sprachspeicher und bereitet die explizite Einführung der bedeutungsbezogenen Sprachmittel aus dem Einkaufskontext vor, die in der siebten Aufgabe des Lehr-Lern-Arrangements vorgenommen wird (Abbildung 9.2.3). Dabei sind ausgewählte Satzbausteine aus dem Einkaufskontext den verschiedenen Positionen des Prozentstreifens zuzuordnen, der das Angebot symbolisiert, das aus einer Teilaufgabe der fünften Aufgabe bereits bekannt ist (Abbildung 9.2.1).

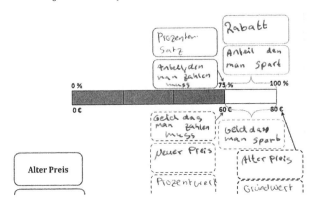

Abbildung 9.2.3 Bearbeitung der Aufgabe 7 des Lehr-Lern-Arrangements durch Melek einschließlich der Zuordnung der formalbezogenen Begriffe, die im Rahmen der Aufgabe 9 ergänzt wurde

Wie Lernende die vorzunehmende Zuordnung begründen, zeigt ein Ausschnitt aus einer Förderung mit Gizem und Melek (5-GM1a) exemplarisch.

Der Trankskriptausschnitt (5-GM1a) verdeutlicht, dass bei den beiden Schülerinnen die Positionierung der meisten Sprachmittel erfolgreich verläuft. Lediglich in Bezug auf den Ausdruck „Rabatt" lässt sich eine leichte Inkonsistenz (Turns 7-18 und 7 - 19) erkennen. Die Tatsache, dass die Schülerinnen innerhalb ihrer Begründungen häufig auf den Prozentstreifen bezogene Zeigegesten sowie deiktische Sprachmittel verwenden, deutet auf dessen unterstützendes Potenzial auch bei der Konstruktion von Bedeutungen zu Sprachmitteln für die Konzepte zu Prozenten hin (Abschnitt 9.4 für exemplarische Bedeutungsketten zur Konstruktion von Bedeutungen zum Grundwert). Dieses zeigt sich auch bei den an-

deren Lernendenpaaren, bei denen der derart initiierte Aufbau des bedeutungsbezogenen Denksprachschatzes in ähnlich erfolgreicher Art und Weise gelingt.
Als typische Hürde kann neben der passenden Zuordnung des Begriffskärtchen
„Rabatt" (auch 5 - GM1a, Turn 7-19), die Differenzierung zwischen den Satzbausteinen „Geld, das man zahlen muss" bzw. „Geld, das man spart" und „Anteil, den man zahlen muss" bzw. „Anteil, den man spart" benannt werden.

5-GM1a; Erklärung der Zuordnung der bedeutungsbezogenen Sprachmittel am Streifen, nach
Bearbeitung der siebten Aufgabe in Partnerarbeit

7-16	FL	Okay. Dann erklärt mal nacheinander, was ihr euch so dabei gedacht habt.
7-17	Gizem	Also, das ist ja das Geld *[zeigt weißen Teil vom Streifen]*, darum haben wir - das man spart - das ist der Anteil, also der Prozent, den man dann spart *[zeigt weißen Teil, oben]* und das ist ja auch der Rabatt danach. *[zu M.]* Willst du weiter erzählen?
7-18	Melek	Hier diese 80 Euro sind ja der alte Preis *[tippt auf das Ende des Prozent-streifens]* und deswegen haben wir hier auch – also zehn Prozent sind ja weiter *[zeigt auf Prozentsatz]* – deswegen haben wir hier *[zeigt auf die passende Stelle]* auch Rabatt genommen.
7-19	Gizem	Aber man kann das auch hierhin tun *[zeigt über Prozentsatz]*.
7-20	Melek	Ja da.
7-21	Gizem	Rabatt.
7-22	FL	Hm, ja ihr hattet ja gerade bei diesem hier *[zeigt auf vorherige Aufgabe]* darüber, hattet ihr mir gerade gesagt, wo man den Rabatt sehen kann.
7-23	Melek	Wo die weißen Felder sind.
7-24	FL	Genau. Der weiße Teil. Und hier ist ja auch diese geschweifte Klammer *[zeigt Spanne]*, das bedeutet der weiße Teil und hier diese Prozente.
7-25	Gizem	Und hier ist das dann das Geld, das man zahlen muss, die 60 Euro. Und das ist ja dann der neue Preis, wegen dem Rabatt.
7-26	FL	Mhm. Ja, okay. Ist alles richtig. Nicht schlecht. Dann übertragt das einmal noch in, auf euer Blatt in die Kästchen. Dann können wir da später auch mal draufschauen zur Erinnerung. [...]

Auf eine gelingende und nachhaltige Etablierung des bedeutungsbezogenen
Denksprachschatzes weist die Tatsache hin, dass die Lernenden im weiteren
Verlauf der Förderung auch ohne explizite Aufforderung Elemente dieses
Sprachschatzes aktivieren, um etwa bei der Erläuterung ihres Verständnisses bestimmter Situationen oder ihrer Vorgehensweisen, die Konzepte zu Prozenten
mit Bedeutung füllen zu können (Kapitel 11.1 für detailliertere Analysen der
lexikalischen Lernwege ausgewählter Lernendenpaare).

9.3 Stufe 3: Formalisierung bezüglich der Rechenstrategien für Grundaufgabentypen und des Sprachschatzes

Auf konzeptueller Ebene zielt die dritte Stufe des Lehr-Lern-Arrangements darauf ab, die informellen Strategien der Lernenden zur Bestimmung von Prozentwerten, -sätzen und Grundwerten, die auf den vorherigen Stufen explizit thematisiert wurden, in Richtung rechnerischer Strategien zu formalisieren (Abschnitt

8.2.3). Initiiert werden soll dies durch eine kontextunabhängige Aktivität, die eine erste Abstraktion vom Einkaufskontext darstellt. Sie besteht aus vier Päckchen (Abbildung 8.2.6 von Aufgabe 9 in Kapitel 8.2), die jeweils vier in einem operativen Zusammenhang stehende Aufgaben eines Grundaufgabentyps enthalten (Abbildung 9.3.1 für viertes Aufgabenpäckchen zu *„Grundwert gesucht"*).

Fülle die Lücken aus! Du kannst die Aufgaben dazu am Prozentstreifen darstellen.
Was fällt dir auf? Erkläre dein Vorgehen zu jedem Päckchen.

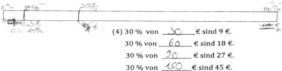

(4) 30 % von __30__ € sind 9 €.
30 % von __60__ € sind 18 €.
30 % von __90__ € sind 27 €.
30 % von __150__ € sind 45 €.

Abbildung 9.3.1 Bearbeitung der Aufgabe 9 (4) durch Amir

An der nachfolgenden kurzen Sequenz aus der zweiten Fördersitzung von Julian und Viktor wird ersichtlich, wie die beiden Schüler mit der Aufgabe „30 % von ... € sind 9 €" umgehen (5-JV2a).

5-JV2a; Besprechung der ersten Aufgabe des vierten Päckchens von Aufgabe 9		
9-346	Viktor	Ähm, dann hab ich einfach geguckt was, also dann wollte ich auf zehn Prozent rechnen, also 30 geteilt durch zehn.
9-347	Julian	Das wären drei Euro.
...		....
9-350	Viktor	So hab ich das jetzt gerechnet. Dann bin ich nochmal zwei mal zehn Prozent. Sind 20 Prozent, sechs Euro, bin ich dann, ähm, neun plus sechs einfach. Sind 15 Euro. Das wär dann die Hälfte. Und dann hab ich das nochmal multipliziert mit zwei.
9-351	FL	Das ist genau richtig […].
...		...
9-376	FL	Genau. Jetzt nur mal ne letzte Frage an euch beide: Wenn wir wissen, dass zehn Prozent drei Euro sind,
9-377	Viktor	Ja.
9-378	FL	Können wir dann auch in einem Schritt ausrechnen wie viel 100 Prozent sind?
...		...
9-385	Viktor	Ja, mal zehn.

So zeigt sich, dass Viktor intuitiv in der Lage ist, die Aufgabe des Typs *„Grundwert gesucht"* selbständig zu lösen, indem er eine informelle Strategie (5-JV2a, Turn 9-350) anwendet. Zur Anbahnung formalerer und im konkreten Fall auch kürzerer Rechenstrategien erweisen sich – wie die Szene beispielhaft zeigt – häufig jedoch zielgerichtete Impulse der Förderlehrkräfte als notwendig (Turn 9-376). Die Intensität diesbezüglicher Aushandlungsprozesse scheint dabei von der Art der zuvor schon ausgenutzten informellen Strategien abzuhängen.

Eine Unterstützung beim Erkennen solcher vorteilhafterer bzw. ökonomischerer Rechenwege soll auch die Zusammenstellung der Teilaufgaben innerhalb der einzelnen Aufgabenpäckchen bieten, die sich durch systematische Veränderungen der einzelnen Konzepte zu Prozenten auszeichnet (Veränderung des Prozentsatzes im Aufgabenpäckchen (1) in Abbildung 8.2.6 in Abschnitt 8.2 bzw. des Prozentwerts in (2) bei konstantem Grundwert bzw. des Grundwerts in (3) / Prozentwerts in (4, s. Abbildung 9.3.1) bei gleichbleibendem Prozentsatz). Wie Lernende dieses operative Prinzip ausnutzen und so für die proportionalen Zusammenhänge innerhalb und zwischen Prozentaufgaben sensibilisiert werden, lässt die folgende Szene aus der zweiten Fördersitzung von Amir und Sarah erkennen (5-AS2a). Ausgehend von der adäquaten Ermittlung des gesuchten Grundwerts in der ersten Teilaufgabe des vierten Aufgabenpäckchens, beschäftigen sich die zwei Lernenden in der Sequenz mit der Berechnung der Grundwerte, die in den übrigen Teilaufgaben fehlen (Abbildung 9.3.1).

5-AS2a; Gemeinsame Bearbeitung des vierten Päckchens von Aufgabe 9		
9-303	FL	Wie ist sie auf 30 gekommen?
9-304	Amir	Indem sie hier *[zeigt unten auf den Streifen]* die drei mal zehn multipliziert hat, wenn man auch zehn mal zehn multipliziert ergibt das ja auch 100. […]
…		…
9-306	Amir	Und hier *[zeigt auf nächste Aufgabe im Päckchen]*, weil das Doppelte.
9-307	Sarah	Achja, stimmt. 60, ja. Aber hier *[zeigt auf nächste Aufgabe]* ist nicht das Doppelte, jetzt bin ich wieder raus.
9-308	Amir	Und dann hier wieder das Dreifache. Das Dreifache davon *[zeigt auf die Zahlen]*.
9-309	Sarah	90.
…		…
9-313	FL	OK. Was meint ihr mit das Doppelte? […]
9-314	Amir	Ja, also das Doppelte von neun ist 18. Da müsste man schon darauf kommen, dass das dann mehr Euro sind und wenn es das Doppelte von – und wenn neun das Doppelte von – wenn 18 das Doppelte von neun ist, müsste 60 auch das Doppelte von 30 sein. Weil…
9-315	Sarah	Das *[zeigt auf Prozentwert der letzten Aufgabe]* ist das Fünffache von dem *[zeigt auf Prozentwert der ersten Aufgabe]*, also muss ich da *[zeigt auf die Spalte mit Grundwerten]* auch das Fünffache nehmen.

Dabei erkennt Amir die Zusammenhänge zwischen den einzelnen Teilaufgaben des Aufgabenpäckchens selbständig und nutzt diese aus, um die fehlenden Grundwerte in den übrigen Teilaufgaben direkt zu bestimmen (5 - AS2a, Turns 9-306 und 9-308). Seine Äußerungen tragen anscheinend dazu bei, dass auch Sarah diese Zusammenhänge in den Blick nimmt und schließlich adäquat zur Berechnung des letzten fehlenden Grundwerts verwendet (Turn 9 - 315).

Ein Ausnutzen des operativen Prinzips ist in unterschiedlicher Art und Weise auch in den anderen Fördergruppen zu beobachten. Oft wird dies – anders als bei Amir – allerdings durch die Veranschaulichung der einzelnen Aufgaben am bzw. an Prozentstreifen initiiert und bedarf teilweise auch einer stärkeren Hinführung durch die jeweilige Förderlehrkraft

In seiner Äußerung zur Auswirkung des Zusammenhangs zwischen den gegebenen Prozent- und den gesuchten Grundwerten (5-AS2a, Turn 9-314), die von der Förderlehrkraft initiiert wird (Turn 9-313), bezieht sich Amir in Form einer Wenn-Dann-Konstruktion („wenn 18 das Doppelte von neun ist, müsste 60 auch das Doppelte von 30 sein") zwar auf die Proportionalität zwischen den Aufgaben, seine Erklärung dazu bricht er jedoch ab. Zurückzuführen sein könnte dies auf das subjektiv wahrgenommene Fehlen passender Sprachmittel.

Dies verweist auf den lexikalischen Part der dritten Stufe des dualen Lernpfads. Er fokussiert die Einführung der formalbezogenen kontextunabhängigen Sprachmittel im technischen Register und findet in der zweiten Teilaufgabe der neunten Aufgabe des entwickelten Lehr-Lern-Arrangements eine Berücksichtigung (Aufgabe 9 b) in Abbildung 9.3.2).

b)   Erkläre, was in (1) – (4) gegeben und was gesucht ist. Verwende die Begriffe
      Grundwert, Prozentwert, Prozentsatz und ordne sie dem Prozentstreifen von 3.3
      zu.

Abbildung 9.3.2 Arbeitsauftrag zu Aufgabe 9 b)

Die Bearbeitung dieser Teilaufgabe wurde in der zweiten Fördersitzung von Amir und Sarah derart realisiert, dass zunächst die Konstruktion von Bedeutungen zu den formalbezogenen Begriffen anvisiert wurde, indem die Ausdrücke „Prozentwert", „Prozentsatz" und „Grundwert" zu dem als Sprachspeicher fungierenden Prozentstreifen aus der siebten Aufgabe (Abbildung 9.2.3) zugeordnet werden sollten. Während der formalbezogene Ausdruck „Grundwert" dabei von den beiden Lernenden intuitiv adäquat als „normaler Wert" beschrieben und anschließend dem alten Preis zugeordnet wird, fällt den Lernenden die Differenzierung zwischen den Ausdrücken „Prozentwert" und „Prozentsatz" schwerer.

Dieses Phänomen, das auch in Bezug auf weitere Lernendenpaare auffällt, führt teilweise dazu, dass die Positionen der formalbezogenen Ausdrücke von den Förderlehrkräften vorgegeben werden. Amir gelingt es hingegen, nach dem folgenden Impuls durch die Lehrkraft „Also wir haben Prozentsatz und Prozentwert. Ich weiß nicht, vielleicht vergleicht ihr das mal mit dem Grundwert", den Ausdruck „Prozentwert" kontextbezogen als „Wert, wir hatten ja hier noch Euro. […] Hier diese Schuhe halt oder Hose, keine Ahnung was, ist 60 Euro wert." zu umschreiben. Diese durch den Lernenden vollzogene Bedeutungskonstruktion zu den formalbezogenen Begriffen „Grundwert", „Prozentwert" und durch die Anwendung des Ausschlussprinzips auch „Prozentsatz", bildet anschließend die Grundlage für die Identifikation und Benennung des Gegebenen und Gesuchten innerhalb der vier Päckchen der neunten Aufgabe (5-AS2b).

5-AS2b; Besprechung von Aufgabe 9 b) (Bestimmung der Aufgabentypen der Päckchen)		
9-350	FL	[...] So, jetzt die habt ihr total richtig zugeordnet, dann müsst ihr aber noch gucken, in der Aufgabe, die wir gerade gemacht haben, [...] was denn da gesucht ist. [...]
...		...
9-357	Amir	(1) und (3) ist der
9-358	Sarah	Der Grundwert.
9-359	Amir	Ja, der Grundwert gesucht – nein.
9-360	Sarah	Doch, guck, der Grundwert ist doch Euro und das auch Euro *[vergleicht Streifen mit Sprachmittelübersicht mit Gesuchtem im Päckchen]*.
9-361	Amir	Nein.
9-362	FL	Aber das ist doch auch Euro *[zeigt Werte am Streifen]*, der Prozentwert.
9-363	Sarah	Ach ja stimmt.
9-364	Amir	Da ist der Prozentwert gesucht.
9-365	FL	Warum?
9-366	Amir	Der Prozentwert wegen hier...
9-367	Sarah	Weil das weniger ist.
9-368	Amir	...der Gesamtpreis, der Grundwert ist 120, 20 meinte ich, und darauf so, hier ist das ja schon einge- *[zeigt am Prozentstreifen den gesuchten Teil]*, der Prozentwert ist nur ein Stück davon und das sollten wir hier auch, nur ein Stück davon.
9-369	FL	*[Zu S.]* Verstehst du das?
9-370	Sarah	Das ist jetzt, also ich habe jetzt gedacht, das Teuerste ist immer der Grund-wert und das, was man dann billiger macht, ist dann der Prozentwert. Also ist Prozentwert.
...		
9-376	Amir	Und in zwei haben wir den Prozentsatz gesucht, wegen hier mussten wir die Prozente angucken. Und bei vier haben wir dann den Grundwert gesucht.
9-377	Sarah	Ja.
9-378	FL	Ja, mhm. Ja, warum haben wir da den Grundwert gesucht?
9-379	Sarah	Weil das der normale Preis ist, also hier zum Beispiel der alte Preis.
9-380	Amir	Das ist im Moment der Rabatt und wir müssen jetzt den alten Preis finden.

In der angeführten Szene identifiziert Sarah Päckchen (1) und (3), die dem Auf-gabentyp *„Prozentwert gesucht"* zuzuordnen sind – durch alleinige Orientie-rung an der Einheit „Euro" – fälschlicherweise als Aufgabensets des Grundauf-gabentyps *„Grundwert gesucht"* (Turn 9-358). Dieses Missverständnis wird durch den Einwand von Amir (Turns 9-359 und 9-361) sowie einen Impuls der Förderlehrkraft (Turn 9-362) aufgeklärt und bildet den Ausgangspunkt für zu-sätzliche Gedächtnisstützen hinsichtlich der Differenzierung der Konzepte „Grund- und „Prozentwert", die allerdings nur für Prozentwerte kleiner als 100 % gelten. So nimmt Amir Bezug zum Prozentstreifen, indem er die Aussage „der Prozentwert ist nur ein Stück davon [vom Grundwert]" trifft (Turn 9-368) und aktiviert damit das Situationsmuster „Teil vom Ganzen" der Grundvorstel-lung von Prozenten als Anteile (Abschnitt 1.1.2). Sarah wählt im Rahmen ihrer Annahme (Turn 9-370) hingegen eine kontextbezogene Formulierung, die auf das Vorliegen einer Grundvorstellung von Prozenten als Verhältnisse (Situati-onsmuster: Verminderung um ... %) hinweist (Abschnitt 1.1.2): „[I]ch habe jetzt gedacht, das Teuerste ist immer der Grundwert und das, was man dann billiger macht, ist dann der Prozentwert." Bei der darauf folgenden Begründung der Zuordnung des Aufgabentyps „*Grundwert gesucht*" zum vierten Aufgabenpäckchen greifen beide Lernende ebenfalls auf die auf der zweiten Stufe des dualen Lernpfads etablierten bedeutungsbezogenen Sprachmittel wie „alter Preis" und „Rabatt" (Turns 9-379 und 9-380) sowie ein leicht abgewandeltes Synonym des ersten Ausdrucks „normaler Preis" in Turn 9-379) zurück.

Die anhand von Beispielen aus zwei Förderungen illustrierte erste Berechnung, Bestimmung sowie begriffliche Erfassung der drei Grundaufgabentypen verlief in Bezug auf alle vier Lernendenpaare des fünften Design-Experiment-Zyklus erfolgreich, bedarf allerdings mit Blick auf das anvisierte Ziel der flexiblen Nutzung der Konzepte und Aufgabentypen zu Prozenten weiterer Übung bzw. Etablierung. Wie dies vonstattengehen kann, zeigen in Abschnitt 9.5 Einblicke in die Bearbeitung von Aufgaben, die auf der vierten Stufe des Lehr-Lern-Arrangements angesiedelt sind. Zuvor wird im Rahmen eines knappen Exkurses in Abschnitt 9.4 genauer auf die Konstruktion von Bedeutungen zu Prozentkonzepten eingegangen.

9.4 Bedeutungskonstruktion entlang des dualen Lernpfads: Exemplarische Bedeutungsketten zum Grundwert

Systematischere Einblicke in die fortschreitende Konstruktion von Bedeutungen zu den Konzepten zu Prozenten entlang des intendierten dualen Lernpfads, die über die rein illustrierenden Einblicke hinausgehen, können sogenannte *Bedeutungsketten* liefern. Sie folgen einer auf Presmeg (1998) zurückgehenden Analysemethode, die in einem bereits publizierten Artikel (Pöhler & Prediger 2015) auf Prozessdaten des zweiten Design-Experiment-Zyklus angewandt wurde. Hier werden Bedeutungsketten nun exemplarisch für Daten des fünften Design-Experiment-Zyklus konsturiert, um zu verdeutlichen, wie die konzeptuellen und lexikalischen Lernwege der Lernenden im Prozess der individuellen sukzessiven Bedeutungskonstruktion verknüpft sind.

Aufgrund der Tatsache, dass den rekonstruierten Bedeutungsketten hier nur ein illustrierender Charakter zukommen soll, wird die Analysemethode an dieser Stelle nur überblicksmäßig und in einer Form präsentiert, die auf das Verständnis der angeführten Bedeutungsketten (Abbildungen 9.4.1 bis 9.4.3) ausgerichtet ist. Für eine detailliertere Beschreibung der Analysemethode sei auf Pöhler und Prediger (2015) verwiesen, die eine dezidierte Darstellung der dreischrittigen Herangehensweise der *Rekonstruktion von Bedeutungsketten* bieten.

Die Abbildungen 9.4.1 bis 9.4.3 zeigen die für sechs Lernende des fünften Design-Experiment-Zyklus (Abschnitt 10.2.1 für ihre Charakterisierung) zum Konzept des *Grundwerts* angefertigten Bedeutungsketten. Sie enthalten in chronologischer Form alle aus den Transkripten extrahierten Sprachmittel, die die einzelnen Lernenden zu dem genannten Konzept auf den ersten drei Stufen des intendierten dualen Lernpfads aktivieren. Die jeweiligen Sprachmittel sind einerseits mit dem Transkripturn ihres ersten Auftretens versehen (etwa „das Ganze" bei Julian in Turn 1-2). So ist eine Einordnung möglich, auf welcher Stufe (im Beispiel von Julian Stufe 1) und bei welcher Aufgabe (im Beispiel Aufgabe 1) der Ausdruck für das fokussierte Konzept erstmals verwendet wird. Andererseits gibt die Füllung der Felder an, welcher Art (Abschnitt 10.3 für Details zu den Sprachmittelarten) das Sprachmittel ist: Streifenbezogen (keine Füllung), auf den Kontext des Downloadens (hellgraue Füllung) oder des Einkaufens (mittelgraue Füllung, schwarze Schrift) bezogen, kontextunabhängig (dunkelgraue Füllung, weiße Schrift) oder formalbezogen (schwarze Füllung).

Die Linien sowie Pfeile zwischen den einzelnen extrahierten Sprachmitteln geben an, ob und wenn ja, in welcher Form, ein Zusammenhang zwischen den Ausdrücken besteht. Dabei werden folgende Verknüpfungsarten differenziert:

- Ein Sprachmittel wird explizit zur Erklärung der Bedeutung eines anderen Ausdrucks verwendet (schwarze Pfeile mit oder entgegen der Chronologie; etwa bei der Erklärung des formalbezogenen Ausdrucks „Grundwert" durch Sarah anhand des neu eingeführten Ausdrucks „das Teuerste" in 5-AS2c, der auf den Einkaufskontext bezogen ist).

- Ein Sprachmittel wird implizit zur Erklärung der Bedeutung eines anderen Ausdrucks verwendet (graue Pfeile, mit oder entgegen der Chronologie; etwa bei der Erklärung des kontextunabhängigen bedeutungsbezogenen Sprachmittels „Das Ganze" durch Julian anhand der Phrase „alles zusammen" in 5-JV2b in Turn 9-105).

- Ausdrücke werden synonym gebraucht, ohne, dass eines der Sprachmittel explizit durch Verweis auf ein anderes erklärt wird (schwarze oder graue gestrichelte Linien für explizite oder implizite synonyme Sprachmittelverwendungen; etwa der synonyme Gebrauch der Ausdrücke „Am Ende … GB sein" und „100 %" in 5-JV1b).

5-AS2c; Besprechung von Aufgabe 9 b) (Bestimmung der Aufgabentypen der Päckchen)		
9-370	Sarah	Das ist jetzt, also ich habe jetzt gedacht, das Teuerste ist immer der Grundwert und das, was man dann billiger macht, ist dann der Prozentwert. […]
5-JV1b; Besprechung von Aufgabe 4		
4-7	Julian	Ich würde erstmal hier auch ans Ende schreiben. 20 Gigabyte. Damit wir das schon wissen. Und 100 %.
5-JV2b; Besprechung von Aufgabe 9 b)		
9-101	Viktor	Weil wir ein Gigabyte haben wollten und ähm, also die fünf Gigabyte waren dann ja ein Viertel davon, vom Ganzen.
…	…	…
9-105	Julian	Weil alles zusammen 20 Gigabyte sind.

Wie die Bedeutungsketten verdeutlichen (Abbildungen 9.4.1 bis 9.4.3), konstruieren die sechs Lernenden sukzessive in mehreren Schritten entlang des intendierten dualen Lernpfads Bedeutungen zum Konzept des Grundwerts.

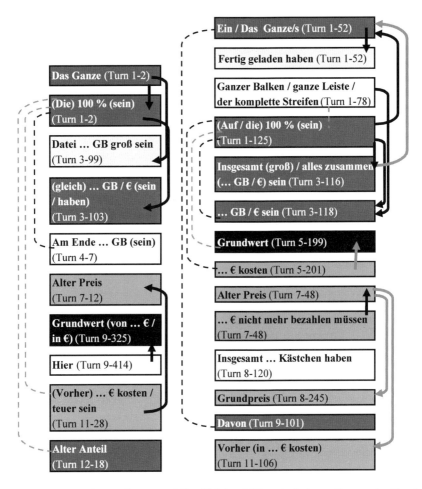

Abbildung 9.4.1 Bedeutungsketten von Julian (links) und Viktor (rechts) zum Konzept des Grundwerts für die ersten drei Stufen des intendierten dualen Lernpfads

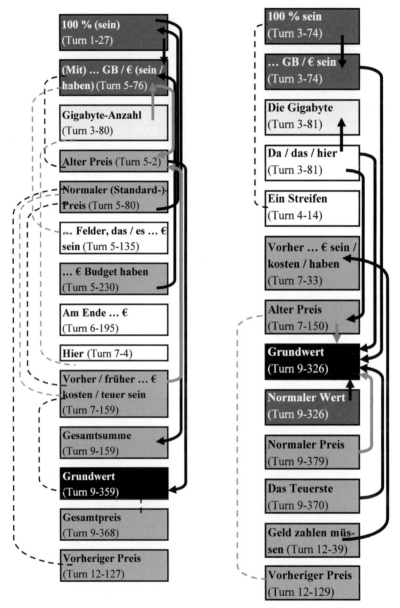

Abbildung 9.4.2 Bedeutungsketten von Amir (links) und Sarah (rechts) zum Konzept des Grundwerts für die ersten drei Stufen des intendierten dualen Lernpfads

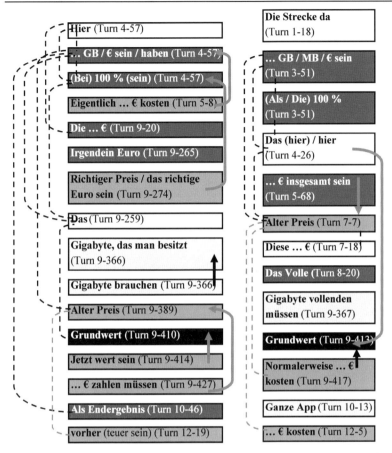

Abbildung 9.4.3 Bedeutungsketten von Gizem (links) und Melek (rechts) zum Konzept des Grundwerts für die ersten drei Stufen des intendierten dualen Lernpfads

Die Bedeutungsketten erweisen sich dabei verglichen mit dem lexikalischen Lernpfad keinesfalls als linear. Stattdessen führen alle Lernenden auch nach der ersten Auseinandersetzung mit dem formalbezogenen Ausdruck Grundwert noch Sprachmittel anderer Arten ein, die zur Erklärung von bzw. synonym zu bereits aufgegriffenen Ausdrücken eingesetzt werden. Diese beziehen sich primär auf den Einkaufskontext. Trotz der Gemeinsamkeit der Nichtlinearität, sind die Bedeutungsketten individuell verschieden und unterscheiden sich beispielsweise in der Vielfalt der aktivierten Ausdrücke, der Häufigkeit der Adressierung von Zusammenhängen, den bei der Zuschreibung von Bedeutungen zum Grundwert vorwiegend aktivierten Ressourcen oder den genutzten Sprachmittelarten.

Über die Bedeutungsketten hinweg wird von den einzelnen Lernenden immer wieder der Prozentstreifen adressiert, mit Ausdrücken wie „Am Ende … GB sein" unter anderem von Julian in Turn 4-7, „Hier" unter anderem von Amir in Turn 7-4 oder „Ganzer Balken" von Viktor in Turn 1-78. Dies deutet an, wie der Prozentstreifen den Prozess der Bedeutungskonstruktion unterstützt.

Zur Erklärung der Bedeutungen des formalbezogenen Ausdrucks Grundwert werden mit interindividuellen Unterschieden etwa *streifenbezogene* (wie „Hier" durch Julian in Turn 9-414, „Da" durch Sarah in Turn 3-81 oder „Das hier" durch Melek in Turn 4-26) oder *kontextbezogene (Einkaufskontext)* Sprachmittel (wie etwa „Das Teuerste" durch Sarah in Turn 9-370 oder „… € kosten" durch Viktor in Turn 5-201) verwendet.

9.5 Stufe 4: Erweiterung des Repertoires hinsichtlich komplexerer Aufgabentypen

Die auf der vierten Stufe (Abschnitt 8.2.4) angestrebte Ausweitung der Aufgabentypen – insbesondere auf veränderte Grundwerte – müssen die Lernenden sowohl strukturell als auch sprachlich erfassen. Eine erfolgreiche Bearbeitung der dreizehnten Aufgabe (Abbildung 9.5.1), in der Aufgaben des Typs *„Grundwert gesucht"* bzw. des erweiterten Typs *„Neuer Prozentwert und prozentuale Differenz gegeben, Grundwert gesucht"* in kontrastierender Form zu bearbeiten sind, erfordert etwa auf der Ebene des lexikalischen Lernpfads einen Umgang mit zusätzlichen Sprachmitteln des Einkaufskontextes.

Abbildung 9.5.1 Bearbeitung der Aufgabe 13 durch Julian

Diese Sprachmittel (wie „herabsetzen auf / um … %"; „Rabatt von … %", „reduzieren um … %" oder „… € sparen"), die eine notwendige Erweiterung des etablierten bedeutungsbezogenen Sprachschatzes mit sich bringen, beziehen sich primär auf die prozentuale und die absolute Differenz.

Die folgende Sequenz aus der dritten Fördersitzung mit Julian und Viktor (5 - JV3a) zeigt exemplarisch, dass eine explizite Auseinandersetzung mit den Variationen der Formulierungen von Verbphrasen, die sich nur in variierenden Präpositionen unterscheiden (wie „reduzieren um / auf … %") sowie deren mathematischen Auswirkungen von besonderer Relevanz sind. Außerdem wird deutlich, wie eine solche sprachliche Reflexion initiiert wird und ablaufen kann.

5-JV3a; Besprechung des zweiten Angebots „Sommerkleid" aus Aufgabe 13 b)		
13-160	Julian	Und den Grundwert wissen wir ja noch nicht. […] Und gegeben war ja auch, dass man 40 Prozent auf alle Kleider, also auf alle Sommerkleider bekommt. Und 100 minus 40 wären 60 Prozent. Und 60 Prozent, also die bekommt ja 40 Prozent Rabatt.
13-161	Viktor	Äh, stopp mal!
13-162	Julian	Also 60 Prozent noch vom alten Preis. Hat man dann.
13-163	Viktor	Aach!
13-164	Julian	Schon wieder?
…		…
13-167	FL	Ist nicht so schlimm. Aber […] deswegen gut, dass wir das vergleichen. Ähm, an welchem Wort in dem Satz erkennt man denn, dass Julian Recht hat und nicht Viktor?
13-168	Julian	Alle Sommerkleider sind um 40 Prozent reduziert.
…		…
13-169	FL	Also welches Wort ist wirklich das ausschlaggebende Wort?
13-170	Viktor	Reduziert.
13-171	FL	Genau, reduziert.
13-172	Julian	Um!
…		…
13-176	FL	Alle Sommerkleider sind um 40 Prozent reduziert. Was wäre wenn da steht: Alle Sommerkleider sind auf 40 Prozent reduziert?
13-177	Viktor	Würden noch 40 Prozent, ähm, vom alten Preis kosten.
13-178	FL	Genau, dann hätte Viktor recht, wenn da auf 40 Prozent stehen würde. Da steht aber um 40 Prozent. Ok, super Julian! Gut, dass du es gemerkt hast. […]

Der Transkriptausschnitt (5-JV3a) verdeutlicht, dass Viktor, der die sprachlichen Anforderungen der zuvor betrachteten Aufgabe auf Anhieb gemeistert hat (Aufgabe 13 a) in Abbildung 9.5.1, ohne Transkript), bei der nachfolgenden Teilaufgabe (Aufgabe 13 b) in Abbildung 9.5.1) Schwierigkeiten hinsichtlich des konzeptuellen Verständnisses der Sprachmittel „Rabatt von … %" (ohne Transkript) sowie „reduzieren um … %" (5JV3a, Turn 13-163 – 13 - 165) zeigt. Aufklärung erfahren diese Probleme hinsichtlich des zweiten Angebots durch eine explizite von der Förderlehrkraft angeregte sprachliche Reflexion in Bezug auf die Differenz zwischen „reduzieren um" und „reduzieren auf" (Turn 13-167 bis 13-178).

Ähnliche Herausforderungen (etwa Fehldeutungen sprachlicher Formulierungen oder Nichtberücksichtigung relevanter Präpositionen), lassen sich auch bei den anderen Lernendenpaaren erkennen. So deutet Amir zum Beispiel die Verbphrase „herabsetzen auf 70 %" (Aufgabe 13 a) in Abbildung 9.5.1) zunächst im Sinne von „man muss die 70 Prozent vom alten Preis nicht bezahlen" fehl. Diese Herausforderung wird durch explizite Thematisierung der jeweiligen sprachlichen Aspekte im Förderprozess bewältigt. Initiiert wird eine solche zumeist durch die Förderlehrkraft, sie kann aber auch daraus erwachsen, dass zwei Lernende konfligierende Deutungen haben (5-JV3a, Turns 13-160 und 13-161).

Im Anschluss an die auf der lexikalischen Ebene situierte Dekodierung der erwähnten Sprachmittel bereitet der Umgang mit den Aufgaben des erweiterten Aufgabentyps (Aufgabe 13 b) in Abbildung 9.5.1) den Lernenden in konzeptueller Hinsicht zumeist keine großen Schwierigkeiten mehr. Dies verdeutlicht etwa Julians detaillierte Beschreibung seiner Vorgehensweise zur Ermittlung des ursprünglichen Preises des Sommerkleids (5-JV3b).

5-JV3b; Besprechung des zweiten Angebots „Sommerkleid" aus Aufgabe 13 b)		
13-182	Julian	Also 60 %, also die Sommerkleider wurden ja um 40 % reduziert, also 60 % sind ja 30 Euro. […] Ok, ich hab nicht probiert, ich hab einfach mal 60 durch sechs gerechnet. Das wären zehn Prozent. […] Also ich wollt halt herausfinden, wie viel zehn Prozent sind sozusagen. […] Und dann hab ich das auf der anderen Seite also auch genauso gemacht. Also 30 Euro durch sechs. Das wären fünf Euro. Dann bin ich in 5er-Schritten halt immer weitergegangen. Also zehn Euro gleich 20 %, 15 Euro gleich 30 %, 20 Euro – 40 %, 25 Euro – 50 %. Und 30 Euro – 60 %. Dann hab ich geguckt, also, mir fehlen ja noch 40 % bis zur 100. […] Also 20 Euro. Hab ich einfach 30 plus 20 Euro gerechnet. Das sind dann 50 Euro.

In Bezug auf die Herangehensweisen der Lernenden beim Umgang mit den erweiterten Aufgabentypen ist allgemein anzumerken, dass diese – ähnlich wie bei Julian, der das Weitergehen von Schritten praktiziert (5-JV3b) – häufig eher noch informeller Natur sind.

9.6 Stufe 5: Identifikation verschiedener Aufgabentypen in Textaufgaben aus unterschiedlichen Kontexten

Auf der fünften Stufe steht bezüglich des konzeptuellen Lernpfads die Förderung der flexiblen Identifikation der zuvor erarbeiteten Aufgabentypen in Textaufgaben verschiedener – über den Einkauf hinausgehender – Kontexte im Vordergrund. Dabei sollen insbesondere die zur Beschreibung solcher Situationen kontextunabhängig einzusetzenden formalbezogenen Sprachmittel eine Einübung erfahren (Abschnitt 8.2.5).

In der sechzehnten Aufgabe des konzipierten Lehr-Lern-Arrangements (Abbildung 9.6.1) werden die Lernenden etwa mit einer Textaufgabe pro Grundaufgabentyp konfrontiert, die in den Kontexten Tombola (*"Grundwert gesucht"*: Bestimmung der Anzahl verkaufter Lose), Zusammensetzung eines Nahrungsmittels (*"Prozentwert gesucht"*: Bestimmung der Menge an Fett in einer Salami) und Schulweg (*"Prozentsatz gesucht"*: Bestimmung des Anteils der Lernenden, die den Schulweg mit dem Bus bestreiten) situiert sind.

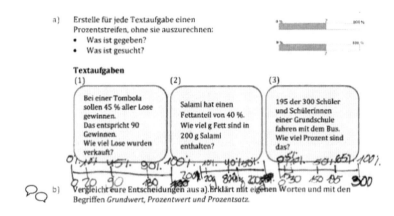

Abbildung 9.6.1 Bearbeitung der Aufgabe 16 a) durch Viola

Die folgende Szene aus der dritten Fördersitzung mit Kathleen und Viola, die sich auf die erste Textaufgabe aus Aufgabe 16 bezieht, gibt einen Einblick in eine mögliche Vorgehensweise von Lernenden bei der Identifikation von Grundaufgabentypen – in diesem Fall des Typs *"Grundwert gesucht"*.

5-KV3a; Erklärung von Gegebenem und Gesuchtem in Textaufgabe (1) aus Aufgabe 16		
16-26	Viola	Ich würde sagen Grundwert ist 90. Und, ähm, Prozentsatz ist die 45 Prozent. […] Und gesucht ist dann Prozentwert.
…		…
16-35	FL	Okay, woran seht ihr das denn im Text? Dass 90 das Ganze sind.
16-36	Viola	Okay, das stimmt eigentlich. Das sehr, das entspricht 90 Gewinne. Aber es können ja auch paar Nieten dabei sein oder nicht?
16-37	Kathleen	Hä. Hier steht: Bei einer Tombola sollen 45 Prozent aller Lose gewinnen. Das entspricht 90, 90 Gewinnen.
16-38	Viola	Also nein, dann ist das ja, Prozentsatz ist dann 45 Prozent und Prozentwert ist dann 90. Und Grundwert wird gesucht.
…		…
16-43	FL	Okay. Also vielleicht nochmal erklären, weil das.
16-44	Viola	Weil ähm, 45 Prozent aller Lose sind Gewinne. Und das sind dann ja 90 Gewinne, ach so. Also 45 Prozent ist das und 90 Gewinne sind das.
16-45	Kathleen	Ja.
16-46	Viola	Und das ist ja das Gleiche eigentlich. Nur als Prozent und als Zahl.
16-47	Kathleen	Ja. Und gesucht sind dann die 100 Prozent.

Der Transkriptausschnitt verdeutlicht (5-KV3a), wie anfängliche Schwierigkeiten bei der adäquaten Identifikation des Gegebenen und Gesuchten einer Textaufgabe (Turn 16-26 für Fehlinterpretation als Aufgabe des Typs *„Prozentwert gesucht“*) durch eine von der Lehrkraft (Turn 16-35) angestoßene Reflexion des Textes bzw. der darin beschriebenen Situation (Turns 16-36 bis 16-38) gelöst werden können. So zeigt sich an Violas anschließender Aussage „Das [...] entspricht 90 Gewinne. Aber es können ja auch paar Nieten dabei sein oder nicht?", dass die zuerst getroffene Annahme der gegebenen Gewinne als Grundwert nicht mit der Alltagsvorstellung der Schülerin zu einer Tombola konform geht. Dadurch wird ferner die hohe Relevanz eigener Sprachproduktionen der Lernenden zu gegebenen und gesuchten Angaben ersichtlich. Im Fall von Viola wird auf der Ebene des lexikalischen Lernpfads innerhalb ihrer Erläuterung zu den gegebenen und gesuchten Konzepten zudem ihre Fähigkeit erkennbar, adäquat zwischen den formalbezogenen Begriffen sowie ihren im spezifischen Kontext verankerten Entsprechungen wechseln zu können (5-KV3a, Turns 16-36, 16-38 und 16-44).

Die Identifikation der Aufgabentypen funktioniert bei den Lernendenpaaren inter- sowie intraindividuell verschieden erfolgreich. Der subjektiv wahrgenommene Schwierigkeitsgrad scheint dabei unter anderem von der Vertrautheit mit dem jeweiligen Kontext, dem Aufgabentyp oder den integrierten Sprachmitteln beeinflusst zu werden. Eine Unterstützung bei der Strukturierung der in den Textaufgaben enthaltenen Situationen sowie der Fokussierung auf die integrierten Relationen kann der Prozentstreifen bieten, indem an ihm das Gegebene und Gesuchte lokalisiert wird. Diese Funktion des Prozentstreifens deutet sich im folgenden kurzen Ausschnitt aus der dritten Fördersitzung mit Julian und Viktor an (5-JV3b), in dem Julian mit eigenen Worten und unter Rückgriff auf einen formalbezogenen Ausdruck erklärt, was in der dritten Textaufgabe der sechzehnten Aufgabe gegeben und was gesucht ist (Turn 16-89).

5-JV3b; Erklärung von Gegebenem und Gesuchtem in Textaufgabe (3) aus Aufgabe 16
16-89   J   [...] Okay, ich hab mir erstmal den, also den Grundwert eingezeichnet. Also 300 Schüler wären natürlich 100 Prozent. [...] Und ähm, die wollen ja wissen, also 195 der 300 Schüler fahren ja mit dem Bus. Und die wollen wissen, wie viel Prozent das sind. Also wie viel Prozent mit dem Bus fahren von den 300 Kindern. [...]
...   ...
16-92   V   Also gesucht wird dann da der Prozentsatz?

Die Sequenz lässt erahnen, dass Viktor den Ausführungen seines Mitlernenden folgen kann und daraufhin zur Bestimmung des Typs der Textaufgabe in der Lage ist.

Neben der Identifikation der erarbeiten Aufgabentypen in Textaufgaben, die verschiedenen Kontexten entstammen, steht die Formulierung eigener Textaufgaben zu vorgegebenen Aufgabentypen im Zentrum der fünften Stufe des dua-

len Lernpfads. Zur Anbahnung dieser Tätigkeit sollen die Lernenden zunächst –
etwa in Aufgabe 18 c) (ohne Abbildung) – fertige Textaufgaben so umformulie-
ren, dass ein anderer Aufgabentyp angesprochen wird.

Textaufgaben selbst erstellen

Prozentaufgaben verändern

Emily, Sarah und Maurice sind sich nicht einig, welchem Aufgabentyp sie die Aufgabe
zuordnen sollen. Alle haben dazu Prozentstreifen gemalt.

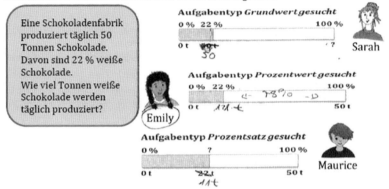

a)   Wer hat Recht? Welcher Prozentstreifen passt zu der Aufgabe? Begründe.

Abbildung 9.6.2 Bearbeitung der Aufgabe 18 durch Gizem

Die nachfolgende Szene (5-KV3b) lässt erkennen, wie Kathleen und Viola die
Umformulierung der gegebenen Textaufgabe, die zuvor als Aufgabe des Grundaufgabentyps „Prozentwert gesucht" identifiziert wurde (Aufgabe 18 a) in Abbildung 9.5.2), in eine Textaufgabe des Grundaufgabentyps „Prozentsatz gesucht" anhand des skizzierten Prozentstreifens sowie mit Unterstützung durch
die Förderlehrkraft meistern (Aufgabe 18 c) in Abbildung 9.6.2). Innerhalb der
Szene aus der dritten Fördersitzung mit Kathleen und Viola stößt die Förderlehrkraft implizit (5-KV3b, Turn 18-73) die Reflexion über die Notwendigkeit
sprachlicher Klarheit bei der Formulierung eigener Textaufgaben an. Diese ist
von besonderer Relevanz, um die Konzepte der Prozente adäquat zu adressieren.
Der betreffende Impuls der Förderlehrkraft (Turn 18-73) zieht dabei den bedeutsamen Hinweis von Viola nach sich (Turn 18-74 und 18 - 76), dass es sich bei
den 50 Tonnen nicht, wie von Kathleen formuliert, um den Teil der dunklen
Schokolade (die absolute Differenz), sondern um die Menge der insgesamt
produzierten Schokolade (den Grundwert) handeln müsse.

Eine solche, auf der sprachlichen Ebene angesiedelte Reflexion, die in ähnlicher Weise auch bei anderen Lernendenpaaren zu beobachten war, kann eine wichtige Grundlage für die Formulierung eigener Textaufgaben darstellen.

5-KV3b; Besprechung der Bearbeitung der Aufgabe 18 c)

18-69	Kathleen	Ähm, in einer Schokoladenfabrik werden, wird an einem Tag 50 Tonnen dunkle Schokolade produziert und 22 Prozent weiße Schokolade. Wie viel, ähm, ne, und 22 Tonnen weiße Schokolade. Wie viel ähm, wie heißt das da oben nochmal?
18-70	FL	Prozentsatz
18-71	Viola	Prozentsatz
18-72	Kathleen	Wie lautet der Prozentsatz zur weißen Schokolade? Also, ähm, ja.
18-73	FL	Würde ich fast zustimmen. Fast. Also wenn ich das einmal wiederholen darf: Ähm, du hast gesagt, in der Schokoladenfabrik werden 50 Tonnen dunkle Schokolade produziert. Also 50 Tonnen.
18-74	Viola	Allgemein Schokolade! Eigentlich, oder nicht?
18-75	FL	Warum?
18-76	Viola	Weil das ja insgesamt werden 50 Tonnen Schokolade produziert. 22 Prozent ist ja die weiße Schokolade und das sind.
…		…
18-82	Viola	Also 22 Tonnen ähm weiße Schokolade und wie viel ist das dann in %?
18-83	Kathleen	Ja.
18-84	FL	Genau, ja. […] Also, wenn wir mal davon ausgehen 50 Tonnen werden insgesamt produziert. 22 Tonnen sind weiße Schokolade. Wie viel Prozent sind das? Zum Beispiel, genau.

Aus den Abbildung 9.6.3 und 9.6.4 wird beispielhaft ersichtlich, dass Lernende auf Basis der erwähnten Umformulierungsaktivitäten durchaus in der Lage sind, zu den drei Aufgaben verschiedener Typen, die in Aufgabe 19 visuell an Prozentstreifen dargestellt sind, ganz unterschiedliche Textaufgaben zu formulieren.

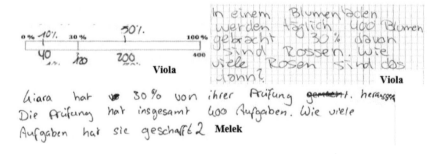

Abbildung 9.6.3 Selbst formulierte Textaufgaben zu den Prozentstreifen in Aufgabe 19

Die an den Förderungen teilnehmenden Lernenden nutzen in ihren Formulierungen durchaus selbst eingeführte Kontexte, wie etwa das Ablegen einer Prüfung (Melek, Abbildung 9.6.3 unten) oder die Belieferung eines Blumenladens (Viola, Abbildung 9.6.3, oben rechts).

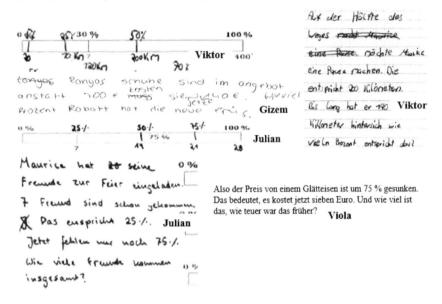

Abbildung 9.6.4 Selbst formulierte Textaufgaben zu den Prozentstreifen in Aufgabe 19

Hinsichtlich der kreierten Textaufgaben ist anzumerken, dass innerhalb der Förderungen kleinere Unstimmigkeiten in den Formulierungen zu thematisieren sind – wie die nicht explizit bzw. adäquat auf den gesuchten Prozentsatz gerichtete Fragestellung von Gizem (Abbildung 9.6.4 mittig links) oder die überflüssige, eine Überbestimmung erzeugende Angabe „Das entspricht 25 %." in der Textaufgabe von Julian (Abbildung 9.6.4 unten links).

9.7 Stufe 6: Flexibilisierung hinsichtlich des Gebrauchs der Konzepte und Strategien sowie des Sprachschatzes

Die auf der sechsten Stufe des dualen Lernpfads verorteten Aktivitäten sollen einen Beitrag zur Förderung eines flexibleren Umgangs mit den erarbeiteten Konzepten sowie komplexeren Situationen zu Prozenten in unvertrauteren Kontexten leisten und den Umgang mit Sprachmitteln des kontextbezogenen erweiterten Lesesprachschatzes schulen (Abschnitt 8.2.6).

Dementsprechend besteht die erste Aktivität der Lernenden auf dieser Stufe darin (Ausschnitt aus Aufgabe 20 in Abbildung 9.7.1), sich den ausgewählten komplexeren Kontext der Mehrwertsteuer anhand eines Einführungstextes sowie einer konkreten am Prozentstreifen illustrierten Einkaufssituation zu erschließen (Abbildung 8.2.10 in Abschnitt 8.2.6 für die im Material abgedruckten Illustrationen von Kassenbon und Prozentstreifen).

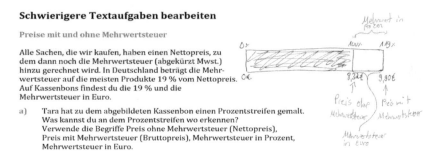

Abbildung 9.7.1 Bearbeitung der Aufgabe 20 a) durch Amir

Eine sprachliche Stützung erfährt die Förderung des konzeptuellen Verständnisses für die Situation dadurch, dass für die einzelnen Positionen des Prozentstreifens auf den Kontext der Mehrwertsteuer bezogene Sprachmittel eingeführt werden (Aufgabe 20 a) in Abbildung 9.7.1).

An der folgenden der vierten Fördersitzung mit Amir und Sarah (5 - AS4a) entstammenden Sequenz wird ersichtlich, wie eine Erarbeitung dieser dem erweiterten Lesesprachschatz zuzuordnenden Sprachmittel ablaufen kann.

Die fokussierten Lernenden benötigen bei der Konstruktion einer adäquaten Bedeutung zum Ausdruck „Mehrwertsteuer" im Rahmen der Bearbeitung des ersten Teils der zwanzigsten Aufgabe des Lehr-Lern-Arrangements (Abbildung 9.7.1) zunächst Unterstützung (5-AS4a, Turn 20-29). Die anschließend geforderte Zuordnung der verschiedenen Sprachmittel zu den unterschiedlichen Positionen des Streifens gelingt ihnen selbständig. Die Tatsache, dass diese Zuordnung auch bei allen anderen Lernendenpaaren des fünften Design-Experiment-Zyklus ähnlich problemlos verläuft, ist gerade deshalb bemerkenswert, da die Lernenden – mit Ausnahme von Gizem und Melek – angeben, den Ausdruck „Mehrwertsteuer" noch nie bewusst wahrgenommen zu haben. Dass die diesbezügliche Bedeutungskonstruktion trotzdem gelingt, ist vermutlich unter anderem mit dem erneuten Aufgreifen des Prozentstreifens in abgewandelter Erscheinungsform zu erklären. So stellen Amir und Sarah innerhalb ihrer Erläuterungen zur Positionierung der zuzuordnenden Sprachmittel immer wieder Bezüge zu dem erweiterten Prozentstreifen her, indem sie auf diesen bezogene Sprachmittel wie etwa „am Ende" (5-AS4a, Turn 20-30), Zeigegesten (etwa Turn 20-32) sowie deiktische Sprachmittel wie etwa „hier" (Turn 20-34) integrieren.

5-AS4a; Gemeinsame Erarbeitung von Aufgabe 20 a)

20-24	FL	[…] Versucht das mal zusammen dran zu schreiben *[legt Prozentstreifen in groß in die Mitte]*. An den Streifen. […] Preis ohne Mehrwertsteuer, wo sehe ich den? […]
…		…
20-27	Amir	Preis ohne Mehrwertsteuer ist die 9,90 €.
20-28	Sarah	*[Untersucht den Streifen]* Häh, seit wann gibt es mehr als 100 Prozent?
20-29	FL	Seit dieser Aufgabe. Also Mehrwertsteuer bedeutet, wir haben so einen Grund-preis, also das heißt auch Nettopreis und es wird ja viel versteuert. Für Produkte gibt es auch eine Steuer, das ist die Mehrwertsteuer. Und da nimmt man 19 Prozent von diesem […] Grundwert, und tut die noch auf den Preis drauf.
20-30	Amir	Ah, Preis ohne Mehrwertsteuer ist – sind die 8,32 €. Hier am Ende ist ja 119 wegen diese 100 und die sind *[zeigt auf die Spanne von 19 %]* dazu und das *[zeigt auf die 8,32 €]* ist diese Nettobetrag.
20-31	FL	Ja. Genau, der Grundwert wurde also erhöht. Vorher hatten wir das ja immer nur so, dass etwas reduziert wurde, ne? Und jetzt wird es mehr. Okay und dann der Preis mit Mehrwertsteuer?
20-32	Amir	Hier, das ist der Preis mit Mehrwertsteuer *[zeigt auf 9,90 €]*.
20-33	FL	Okay, dann haben wir noch Mehrwertsteuer in Prozent. Wie viel ist das?
20-34	Amir	Hier *[zeigt auf 119 Prozent]*.
20-35	FL	Mh, das wäre das *[zeigt oben auf den weißen Teil des Streifens]*. Also das sind ja immer 19 Prozent, auf alles gibt es 19 Prozent. Werden 19 Prozent…
…		…
20-37	FL	…Mehrwertsteuer gerechnet. Also auf dieses *[zeigt am Streifen die 100 Prozent]*.
…		…
20-41	FL	[…] Und dann haben wir nur noch Mehrwertsteuer in Euro.
20-42	Sarah	Das *[zeigt auf Spanne zwischen Netto- und Bruttopreis]* ist Mehrwertsteuer in Euro.

Beim Umgang mit Textaufgaben zum Mehrwertsteuerkontext (etwa Aufgabe 20 b) in Abbildung 9.7.2) fällt einzelnen Lernenden zunächst die Rekonstruktion der sprachlich eingebetteten Situation schwer und es bedarf teilweise der Unterstützung durch die Förderlehrkraft. So haben Kathleen und Viola (ohne Transkript) bei der Bearbeitung der Aufgabe 20 b) (Abbildung 9.6.2) etwa initial Schwierigkeiten, die 350 € als Grundwert zu identifizieren. Der im Anschluss notwendige Transfer der auf den vorherigen Stufen erarbeiteten rechnerischen Strategien auf den Mehrwertsteuerkontext, der eine Vorgehensweise über 1 % erfordern macht, gelingt dem Großteil der Lernenden relativ problemlos.

b) Im Großhandel sind die Preise der Waren ohne Mehrwertsteuer ausgezeichnet. Maurice Vater sieht einen Fernseher für 350 €. Wie teuer ist der Fernseher einschließlich 19 % Mehrwertsteuer? Berechne mit Prozentstreifen.

Abbildung 9.7.2 Bearbeitung der Aufgabe 20 b) durch Kathleen

Mit welcher methodischen Realisierung die behandelte Aufgabe (Abbildung 9.7.2) im Klassenunterricht eingesetzt werden kann, zeigt der folgende Ausschnitt (4-KE2a) aus der zweiten Klassenerprobung (Abschnitt 5.2.2). Nach gemeinsamer Erarbeitung der auf den Mehrwertsteuerkontext bezogenen Sprachmittel lösen die Siebtklässlerinnen und Siebtklässler die verschiedenen darauf bezogenen Textaufgaben zunächst in Gruppenarbeit, bevor einzelne Lernende – wie Zarah (4-KE2a) – die gemeinsam erarbeiteten Lösungen präsentieren.

4-KE2a; Plenumsgespräch nach Bearbeitung von Aufgabe 20 b)			
20-6	Zarah		*[…] [zeichnet den Prozentstreifen]* Also erstmal habe ich den Prozentstreifen angezeichnet. *[…]* Und hier *[deutet ganz hinten oben auf den Streifen]* sind dann 119, weil da die Mehrwertsteuer schon bei ist *[schreibt 119 % an den Streifen]*. Und hier irgendwo *[zeichnet weiteren Strich in den Streifen]* sind dann ca. 100 % *[schreibt 100 % oben an eingezeichneten Strich]*. Und das hier *[zeigt unten an eingezeichneten Strich]* sind dann 350 € *[schreibt 350 € unten an eingezeichneten Strich]*. Und die hier sucht man dann ja *[zeigt unten auf Ende des Streifens und notiert ein Fragezeichen)*. Ja.
…		…	
20-15	L		*[…]* Und wie bist du dann weiter vorgegangen? Was hast du dann gemacht?
…		…	
20-18	Zarah		*[Zeichnet eine Dreisatztabelle und vervollständigt diese beim Sprechen]*. Ja, dann habe ich erstmal 100 %. Sind 350 €. Und dann bin ich halt auf die 1 gegangen. Das heißt geteilt durch 100. Und das auf der anderen Seite auch.
…		…	
20-20	Zarah		*[vervollständig weiter die Tabelle]* Ja und dann 350 durch 100 sind 3,5. Und das habe ich dann mal 119. Und das sind dann 119 %. Und 3,5 mal 119 sind 416,5.
20-21	L		Das heißt, was hast du jetzt rausbekommen? Also, was sagt uns diese Zahl jetzt?
…		…	
20-24	Zarah		*[richtet sich zur Klasse]* 416,5 ist der Bruttowert. Also mit Mehrwertsteuer.
…		…	
20-27	L		*[…]* Hat das jemand anders gemacht von euch? Da bin ich mir ziemlich sicher. *[…]* Adam, wie hast du das gemacht?
20-28	Adam		Also, ich hab da einfach. Den ersten Schritt habe ich auch so gemacht. Und beim zweiten habe ich einfach mal 19 gerechnet. *[…]* Und dann einfach 66,5 mal 350.
20-29	L		Hat das jeder mitbekommen? *[…]* Sagst du es noch einmal laut?
…		…	
20-32	Adam		Nur mal 19 und dann 66,5 plus 350.
20-33	I		*[…]* Ich möchte jetzt gerne einmal zwei Sätze von euch formuliert bekommen *[…]*. Was *[…]* sagt uns jetzt dieser der Prozentstreifen oder das Ergebnis? Lara?
20-34	Lara		Dass der Preis ohne Mehrwertsteuer 350 groß ist. Das ist dann halt 100 % und, dass wenn dann die Mehrwertsteuer dazu kommt, dass man dann 119 % zahlen muss und das sind dann 416,5.

Ihre Vorstellung der Lösung zur Aufgabe 20 b) (Abbildung 9.7.2) beginnt Zarah mit einer Erläuterung, wie sie sich die in der Textaufgabe gegebene Situation mithilfe eines Prozentstreifens erschlossen hat (Turn 20-6). Anschließend wird deutlich, wie es ihr gelingt, die auf den vorherigen Stufen erarbeiteten Strategien auf den komplexeren und unvertrauteren Kontext zu transferieren. Trotz der stärkeren Formalisierung der Rechenstrategien, die sich darin ausdrückt, dass Zarah für ihre rechnerische Vorgehensweise nicht auf den von ihr an die Tafel gezeichneten Prozentstreifen, sondern auf die schematischere Darstellung der Dreisatztabelle zurückgreift (4-KE2a, Turns 20-18 und 20-20), legt die Lehrerin, wie vom Lehr-Lern-Arrangement intendiert, Wert auf die Flexibilität der Herangehensweisen der Lernenden. Dies zeigt sich etwa darin, dass sie im Anschluss an den Beitrag von Zarah, die Formulierung einer alternativen Lösungsstrategie einfordert (Turn 20-27). Ferner wird an verschiedenen Stellen deutlich, dass sie ebenfalls den Sprachhandlungen des Lehr-Lern-Arrangements eine besondere Relevanz zuschreibt und die für die jeweiligen Sprachhandlungen nötigen Sprachmittel des dualen Lernpfads in den Blick nimmt. Bezogen auf Ersteres regt sie wiederholt die Erläuterung der gegebenen Situation an (Turns 20 - 21 und 20-33), die mit einer Bedeutungserklärung zum Gegebenen und Gesuchten einhergeht (Turn 20-24 und 20-34). Außerdem fordert sie die Verwendung der zuvor eingeführten Sprachmittel aus dem Mehrwertsteuerkontext zur Beschreibung des Gegebenen und Gesuchten ein (Turn 20-7, ohne Transkript). Interessant ist, dass Zarah beim Nachkommen dieses Auftrags (Turns 20-10 bis 20-14, ohne Transkript und 20-24), von den selbsteingeführten Neologismen „Nettowert" und „Bruttowert" Gebrauch macht, die sie vermutlich aus den Ausdrücken „Brutto- und Nettopreis" sowie den zuvor eingeübten formalbezogenen Sprachmitteln „Grund- und Prozentwert" zusammengesetzt hat. Anstatt auf diese sprachlichen Neuprägungen einzugehen, richtet die Lehrerin den Fokus allerdings wieder zurück auf konzeptuelle Belange (Turn 20-15).

Den Lernenden aus den Klassenerprobungen und Kleingruppenförderungen des fünften Design-Experiment-Zyklus gelingt es, die Einsichten, die sie im Rahmen der intensiven Auseinandersetzung mit dem Mehrwertsteuerkontext auf konzeptueller Ebene gewonnen haben, auf Sachverhalte in *anderem* Kontext mit denselben Situationsmustern zu transferieren (Aufgabe 21, ohne Abbildung). Dies kann als erste Andeutung gewertet werden, dass die Lernenden durch die Auseinandersetzung mit dem Lehr-Lern-Arrangement ein fundiertes konzeptuelles Verständnis sowie einen Sprachschatz aufgebaut haben, die ihnen einen Umgang mit unbekannten Situationen zu Prozenten ermöglichen.

Um diese ersten Hinweise für die Wirkungen des Lehr-Lern-Arrangements methodisch kontrollierter zu bestätigen, werden in der qualitativen Analyse des Kapitels 11 die tatsächlichen konzeptuellen und lexikalischen Lernwege von Lernenden des fünften Design-Experiment-Zyklus genauer nachvollzogen. Die Kleingruppenförderung eignet sich dafür besser als die Klassenerprobung, wo nicht alle Einzelheiten der 25 Lernwege nachzuvollziehen sind. Eine Wirksamkeit im Sinne einer Leistungsmessung wird dagegen in Kapitel 12 präsentiert und zwar zum Zweck größerer Fallzahlen aus den Klassenerprobungen.

E   Fachdidaktische Entwicklungsforschung zu Prozenten – Forschungsteil

In diesem Teil der vorliegenden Arbeit sollen die Lernwege, die durch den intendierten dualen Lernpfad (Abschnitt 8.2) bzw. die entsprechenden konkreten Aktivitäten des Lehr-Lern-Arrangements (Abschnitt 8.3) initiiert wurden, näher und systematischerer als in Kapitel 9 betrachtet werden. Dies dient der Bearbeitung der Forschungsfrage F3: *Welche Lernwege von Schülerinnen und Schülern können verglichen mit den entwickelten Lernpfaden rekonstruiert werden?*

Fokussiert wird dabei auf den lexikalischen Lernpfad, dem ein innovierenderer Charakter zukommt. In Kapitel 10 werden die Analysefragen dargestellt, an der sich die Bearbeitung der erwähnten Forschungsfrage (Abschnitt 4.4 für Überblick zu Forschungsfragen) orientiert. Außerdem werden dort Informationen zur Datenerhebung sowie den Methoden der Datenauswertung gegeben. Ergebnisse zu rekonstruierbaren Lernwegen der Lernenden werden im anschließenden Kapitel 11 präsentiert.

10   Methoden der Tiefenanalysen

Zu Beginn dieses Kapitels werden die Analysefragen angeführt, die die hier fokussierten Tiefenanalysen rahmen (Abschnitt 10.1). Im Anschluss daran werden relevante Informationen zur Erhebung der analysierten Daten dargelegt (Abschnitt 10.2). Dabei wird einerseits das Sampling beschrieben, indem eine Charakterisierung der Lernenden vorgenommen wird, die innerhalb der Analysen berücksichtigt werden (Abschnitt 10.2.1). Ferner werden knapp jene Methoden erläutert, die bei der Datenerhebung angewandt wurden (Abschnitt 10.2.2). Abschließend erfolgt die Darlegung der angewandten Methode der Datenauswertung (Abschnitt 10.3). Die sogenannte *Spurenanalyse* dient der Erfassung der lexikalischen Lernwege der Lernenden und wurde eigens zur Bearbeitung der Analysefragen entwickelt.

10.1 Forschungsfrage und Analysefragen der Tiefenanalyse

Die eingangs erwähnte und für die Tiefenanalyse zentrale Forschungsfrage F3: *Welche Lernwege von Schülerinnen und Schülern können verglichen mit den entwickelten Lernpfaden rekonstruiert werden?* zielt auf die systematische Untersuchung situationsbezogener Wirkungen des intendierten dualen Lernpfads

© Springer Fachmedien Wiesbaden GmbH 2018
B. Pöhler, *Konzeptuelle und lexikalische Lernpfade und Lernwege zu Prozenten*, Dortmunder Beiträge zur Entwicklung und Erforschung des Mathematikunterrichts 35, https://doi.org/10.1007/978-3-658-21375-6_11

(Abschnitt 8.2) auf die Lernwege von Lernenden ab. Dabei wird ein Schwerpunkt auf die *lexikalischen Lernwege* gelegt, weil für die Konzeption des *lexikalischen Lernpfads* zu Prozenten – anders als im Fall des *konzeptuellen Lernpfads* – keine themenspezifische Vorlage zur Verfügung stand. Da dieser demnach eigens konzipiert werden musste, erscheint eine Analyse seiner situationsbezogenen Wirkungen auf die Lernwege von Schülerinnen und Schülern besonders bedeutsam zu sein. Des Weiteren ist noch keine systematische Beforschung themenspezifischer Realisierungen des *gestuften Sprachschatzes* (Abschnitt 4.1.5) in einer längerfristigen Perspektive bekannt, es wird also zur empirischen Fundierung des Design-Prinzips auch themenübergreifend beizutragen sein.

Die Analyse der *Verknüpfung dieser lexikalischen mit den konzeptuellen Lernwegen* wird in dieser Arbeit hingegen nur kurz tangiert (Abschnitt 8.2.4). Insbesondere mit Blick auf die intendierte Dualität des Lernpfads ist sie allerdings gleichermaßen relevant. Eine ausführlichere Auseinandersetzung mit dem genannten Aspekt findet sich in Pöhler und Prediger (2015). Im Rahmen der Publikation wird auch die eigens konzipierte Analysemethode zur *Rekonstruktion von Bedeutungsketten* im Detail dargestellt und auf den Lernprozess einer am zweiten Design-Experiment partizipierenden Schülerin angewendet.

Eine Ausdifferenzierung der hier fokussierten Bearbeitung der Forschungsfrage bezüglich der lexikalischen Lernwege von Lernenden erfolgt anhand folgender Analysefragen:

A3a: Welche Sprachmittel aktiveren Lernende auf ihrem lexikalischen Lernweg?

A3b: Wie sind die lexikalischen Lernwege der Lernenden mit dem Sprachmittelangebot verknüpft?

A3c: Wie und auf wessen Initiative hin erfolgen die Aktivierungen von Sprachmitteln durch die Lernenden?

10.2 Voraussetzungen der Fokuslernenden und Methoden der Datenerhebung

10.2.1 Sampling: Charakterisierung der involvierten Lernenden

Im Forschungsteil der Fachdidaktischen Entwicklungsforschung werden drei Lernendenpaare des fünften Design-Experiment-Zyklus betrachtet. Wie im Folgenden erläutert wird, wurden die sechs Schülerinnen und Schüler einerseits unter dem Kriterium einer gewissen Förderbedürftigkeit und andererseits unter der Prämisse ausgewählt, möglichst die Lernwege von Lernenden mit kontrastreichen individuellen Voraussetzungen bezüglich des Sprachhintergrunds erfassen zu können. Wie anschließend näher dargelegt wird, wurden die Lernendenpaare so zusammengesetzt, dass zwei Paare eher einen homogeneren Sprachhintergrund aufweisen (je ein homogen mehrsprachiges und einsprachiges Paar) und ein Paar einen heterogeneren Sprachhintergrund hat.

Nachfolgend werden das theoretisch begründete Sampling dargelegt und die inhaltlichen Vorkenntnisse der ausgewählten Fokuslernenden beschrieben. Um in Kapitel 11 eine Einschätzung der Lernfortschritte der Fokuslernenden vornehmen zu können, werden ebenfalls ihre Lernergebnisse dargestellt. Diese wurden anhand des Prozente-Matrixtests (Kapitel 6) erhoben, der im Anschluss an die Förderung eingesetzt wurde.

Theoretisch begründetes Sampling

Das Lernendenpaar bestehend aus Julian (J) und Viktor (V) (im Folgenden abgekürzt mit JV), das durch einen Förderlehrer (Abschnitt 10.2.2) gefördert wurde, besucht eine ländlich gelegene Gesamtschule. Die zwei weiteren Lernendenpaare, die von einer Förderlehrerin (Abschnitt 10.2.2) gefördert wurden und aus Amir (A) und Sarah (S) sowie Gizem (G) und Melek (M) (im Folgenden abgekürzt mit AS bzw. GM) bestehen, werden an einer sehr multikulturell geprägten Realschule einer Ruhrgebiets-Großstadt unterrichtet.

Wie der Überblick (Tabelle 10.2.1) zeigt, unterscheiden sich die Lernenden ferner hinsichtlich weiterer erfasster Merkmale wie dem Alter, dem Geschlecht, dem Migrationsstatus sowie dem Sprachhintergrund (Mehrsprachigkeit und Sprachkompetenz).

Tabelle 10.2.1 Charakterisierung der Lernenden der Tiefenanalysen

Ler-nende	Al-ter	Ge-schlecht (m / w)	Migrations-hintergrund (Ja / Nein)	Mehr-sprachig-keit (Ja / Nein)	Sprach-kompe-tenz: C-Test Rohpunkte (Prozentrang)	Prozente-Matrixtest nach der Förderung Rohpunkte (Prozentrang)
Julian	14	m	Nein	Nein	50 (94)	16 (99)
Viktor	15	m	Nein	Nein	45 (83)	13 (93)
Amir	13	m	Ja	Ja	30 (24)	8 (74)
Sarah	13	w	Nein	Nein	48 (89)	9 (78)
Gizem	14	w	Ja	Ja	31 (27)	12 (89)
Melek	14	w	Ja	Ja	22 (6)	12 (89)

Die Sprachkompetenz der Lernenden wurde mit dem in Abschnitt 6.1.2 beschriebenen C-Test erhoben, der aus einer Auswahl dreier Texte von Daller (1999) besteht. Dem Cut-Off von 41 Punkten folgend, der sich anhand der Daten aus der dritten Erhebungsrunde des Prozente-Matrixtests ergibt (Abschnitt 6.2), sind die Lernenden Melek, Amir und Gizem laut ihrer C-Test-Resultate (sechste Spalte in Tabelle 10.2.1) als sprachlich schwach und Viktor, Sarah und Julian als sprachlich stark einzustufen. Die ermittelten Prozentränge verdeutlichen ferner, dass Julian besonders sprachkompetent zu sein scheint (94 % aller Lernenden der Gesamtstichprobe des Prozente-Matrixtests mit N = 308 (Abschnitt 7.1.1) erreichen die gleiche oder eine schlechtere Gesamtpunktzahl). Bei Melek kann hingegen von einer sehr geringen Sprachkompetenz ausgegangen werden (nur 6 % erzielen dieselbe oder eine schlechtere Punktzahl).

Inhaltliche Vorkenntnisse der Fokuslernenden –
Standortbestimmung zu Prozenten vor der Förderung

Vor der Durchführung der Design-Experimente wurde zudem das Vorwissen der Lernenden zu Prozenten mit nicht-standardisierten Standortbestimmungen erhoben. Diese wurden im Rahmen des von Susanne Prediger und Christoph Selter geleiteten Projektes „Mathe sicher können" passend zu den drei Fördereinheiten des Lehr-Lern-Arrangements (Abschnitt 8.3) entwickelt (Pöhler & Prediger 2017b).

Die Standortbestimmungen lieferten Einsichten in Lernstände von insgesamt sechs Klassen nach der unterrichtlichen Behandlung des Umgangs mit Prozenten. Aus diesen Klassen wurden gemäß der Resultate die Fokuslernenden ausgewählt. Neben der Erhebung der Förderbedürftigkeit gemäß Standortbestimmung wurde auch die ganzheitlichere Einschätzung der jeweiligen Mathematiklehrkräfte bei der Auswahl berücksichtigt.

Einen Überblick über die Auswertung der Standortbestimmungen der sechs Lernenden gibt die Tabelle 10.2.2. Ein Pluszeichen (+) wurde vergeben, sofern die Aufgabenbearbeitungen zur jeweiligen Kompetenz erfolgreich waren. Ein Kreis (o) symbolisiert, dass bezüglich der jeweiligen Kompetenz sowohl korrekte als auch unpassende Lösungen zu verzeichnen sind. Ein Minuszeichen (-) weist auf ein durchgehend inadäquates Ausführen der geforderten Aktivitäten hin und ein Schrägstrich (/) steht für Nichtbearbeitung der entsprechenden Aufgaben durch die jeweilige Person.

Zur Verdeutlichung der Auswertung wird ein Ausschnitt aus der ersten Standortbestimmung von Amir (Abbildung 10.2.1) herangezogen, der auf die Kompetenzen zur Bestimmung und Berechnung von Prozentwerten und -sätzen abzielt. Die Abbildung 10.2.1 zeigt, dass Amir alle Aufgaben zur Bestimmung von Prozentwerten und -sätzen adäquat bearbeitet (Teilaufgaben a) und b) bzw. c) der zweiten Aufgabe). Zur Berechnung dieser Konzepte löst er hingegen nur ein Item des Aufgabentyps „*Prozentwert gesucht*" erfolgreich (Teilaufgabe (1) der dritten Aufgabe).

Tabelle 10.2.2: Standortbestimmungsauswertung der sechs Fokuslernenden

Stu-fe	Kompetenz	J	V	A	S	G	M
1	Abschätzen von Prozenten und Brüchen	+	+	o	+	+	o
	Darstellen von Prozenten	+	+	o	o	+	o
2	Bestimmung von Prozentwerten	+	+	+	+	+	+
	Bestimmung von Prozentsätzen	o	o	+	o	o	o
	Bestimmung von Grundwerten	+	-	+	-	-	-
3	Berechnung von Prozentwerten	o	o	o	o	-	+
	Berechnung von Prozentsätzen	/	o	-	o	-	o
	Berechnung von Grundwerten	/	/	o	o	-	o
4	Konzeptueller Umgang mit verminderten Grundwerten	/	-	-	-	/	/
	Umgang mit Sprachmitteln zu Verminderungen	-	-	-	-	-	-
5	Identifikation von Aufgabentypen (formalbezogen)	+	+	-	o	+	+
	Lösung von Textaufgaben	/	-	/	/	/	/
	(Um-)Formulierung von Textaufgaben	/	/	o	o	/	-
6	Bearbeitung schwieriger Textaufgaben (MwSt.-Kontext)	/	/	/	/	/	/
	Umgang mit prozentualen Veränderungen	/	/	/	/	/	-

2 **Prozentwerte und Prozentsätze am Streifen finden**
a) Wie viel GB wurden ungefähr schon heruntergeladen? Trage den Wert im Bild ein.

b) Erkläre, wie du die GB in **a)** gefunden hast:

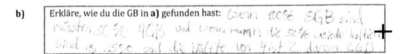

c) Wie viel Prozent hat der Computer ungefähr schon geladen, wenn 6 GB von 20 GB geladen wurden? Zeichne im Downloadbalken ein.

3 **Prozentwerte und Prozentsätze bestimmen**
a) Fülle die Lücken aus!

Komplementärer Prozentsatz

Abbildung 10.2.1 Ausschnitt aus der ersten Standortbestimmung von Amir einschließlich der Auswertung

Insgesamt ergeben die Auswertungen der Standortbestimmungen der sechs ausgewählten Lernenden (Tabelle 10.2.2), dass sie vor der Förderung bereits (wenn auch in unterschiedlichem Ausmaß) Kompetenzen der ersten beiden Stufen des intendierten dualen Lernpfads zeigen (Abschnitt 8.2). Das Berechnen der Grundaufgabentypen (Stufe 3) gelingt weniger Lernenden, mit weiterem Anstieg der Stufen sind die adäquaten Bearbeitungen weiter abnehmend, gleichzeitig steigen die Nichtbearbeitungen an. Auffällig ist, dass die Aufgaben zum Typ *„Prozentwert gesucht"* (Bestimmung sowie Berechnung) insgesamt etwas erfolgreicher als solche des Typs *„Prozentsatz gesucht"* und wesentlich besser gelöst werden als solche des Typs *„Grundwert gesucht"*. Die Tendenzen stimmen mit diesbezüglichen Annahmen überein, die in der Literatur zu finden sind (u. a. Parker & Leinhardt 1995; Baratta et al. 2010). Potentiell können sie auch mit der Betonung des Aufgabentyps *„Prozentwert gesucht"* im Unterricht zusammenhängen (Abschnitt 2.2.2 zur Behandlung des Umgangs mit Prozenten in ausgewählten Schulbüchern).

Lernergebnisse der Fokuslernenden (Prozente-Matrixtest nach der Förderung)

Im Anschluss an die jeweils vier Fördersitzungen der drei Lernendenpaare wurden deren Lernergebnisse mit dem Prozente-Matrixtest (Abschnitt 6.1.3) erhoben. Die in Tabelle 10.2.1 zu den erreichten Rohpunkten angeführten Prozentränge zeigen, dass alle sechs in die Tiefenanalysen einbezogenen Lernenden deutlich besser abschneiden als die als Referenz dienende Gesamtstichprobe der dritten Erhebungsrunde des Prozente-Matrixtests (von denen die meisten nicht das Lehr-Lern-Arrangement dieser Arbeit kennengelernt haben). So erzielen mindestens 70 % und bis zu über 90 % der dabei erfassten Lernenden schwächere Resultate als die sechs in die Tiefenanalysen einbezogenen Lernenden.

Aufgrund der unterschiedlichen Rahmenbedingungen (regulärer Klassenunterricht vs. Kleingruppenförderung nach festgestellten Defiziten aus Klassenunterricht) sollte allerdings keine Überinterpretation dieses Vergleichs erfolgen.

Die Resultate des Prozente-Matrixtests der sechs geförderten Schülerinnen und Schüler sollen an dieser Stelle in zusammenfassender Form dargestellt werden. Um die Lernerfolge bzw. -fortschritte der Fokuslernenden dabei auch inhaltlich interpretieren zu können, erfolgt deren Darlegung auf Basis der in Tabelle 10.2.3 dargestellten Ergebnisse, die über eine reine Binärkodierung hinausgehen. Symbolisiert werden auf Aufgabenebene korrekte Lösungen durch ein Pluszeichen (+), fehlerhafte Mathematisierungen durch ein Minuszeichen (-), Nichtbearbeitungen durch einen Schrägstrich (/) sowie fehlerhafte Lösungen trotz passendem Ansatz durch einen Kreis (○).

Tabelle 10.2.3: Detaillierter Überblick zu den Ergebnissen der Fokuslernenden im als Nachtest eingesetzten Prozente-Matrixtest

	J	V	A	S	G	M
Aufgabentyp "Prozentwert gesucht"	**6**	**5**	**4**	**5**	**5**	**4**
Entkleidetes Format	2	2	2	2	2	2
Item 1: Prozentwert gesucht I	+	+	+	+	+	+
Item 6: Prozentwert gesucht II	+	+	+	+	+	+
Graphisches Format	1	1	1	1	1	1
Item 16: Prozentstreifen – Prozentwert gesucht	+	+	+	+	+	+
Textformat	3	2	1	2	2	1
Item 9: Kartoffeln	+	o	+	+	+	+
Item 12: "Aktion Mensch"	+	+	o	+	+	/
Item 14: Tombola	+	+	o	-	/	/
Aufgabentyp "Grundwert gesucht"	**5**	**7**	**4**	**3**	**4**	**6**
Entkleidetes Format	2	2	2	0	1	2
Item 2: Grundwert gesucht I	+	+	+	o	o	+
Item 5: Grundwert gesucht II	+	+	+	o	+	+
Graphisches Format	1	1	0	1	1	1
Item 17: Prozentstreifen – Grundwert gesucht	+	+	o	+	+	+
Textformat	2	3	1	1	2	2
Item 8: Küchenkauf	o	+	-	+	+	+
Item 11: Urlaubsreise	+	+	+	o	o	+
Item 15: Jeans	+	+	-	o	+	-
Textformat (invers)	0	1	1	1	0	1
Item 3: Grundwert gesucht – invers	-	+	+	+	-	+
Aufgabentyp "Grundwert gesucht nach Verminderung"	**5**	**1**	**0**	**1**	**3**	**2**
Entkleidetes Format	2	1	0	0	2	1
Item 4: Grundwert gesucht nach Verminderung I	+	+	-	-	+	+
Item 7: Grundwert gesucht nach Verminderung II	+	o	-	-	+	-
Graphisches Format	1	0	0	1	0	1
Item 18: Prozentstreifen – Grundwert gesucht nach Verminderung	+	o	o	+	o	+
Textformat	2	0	0	0	1	0
Item 10: Kleid	+	-	-	-	+	/
Item 13: Heimtrainer	+	-	o	-	/	-
Gesamtpunktzahl	16	13	8	9	12	12

Der sprachliche starke Schüler Julian löst alle Items des Aufgabentyps *„Prozentwert gesucht"* korrekt (Abschnitt 1.1.3 für Überblick verschiedener Aufgabentypen). Auch die anderen fünf Lernenden bewältigen bei diesem Typ alle Aufgaben des entkleideten und graphischen Formats und mindestens eine der drei Textaufgaben (Abschnitt 1.2.3 für verschiedene Aufgabenformate). Während vor allem Viktor, aber auch Melek und Julian ähnlich gute Ergebnisse ebenfalls beim Typ „*Grundwert gesucht*" erzielen, schneiden Gizem und Amir sowie insbesondere Sarah diesbezüglich schlechter ab. Beim Typ „*Grundwert gesucht nach Verminderung*" erreicht lediglich Julian die maximale Punktzahl und Gizem mehr als die Hälfte. Dagegen bewältigen Viktor und Sarah nur ein Item dieses komplexeren Aufgabentyps, Amir sogar keines.

Ein Blick auf die Resultate der sechs Lernenden hinsichtlich der Aufgaben-formate verdeutlicht ferner, dass die meisten die *entkleideten Items* am erfolg-reichsten bearbeiten, obwohl dieses Format innerhalb der Förderung selten und ausschließlich auf der dritten Stufe des intendierten dualen Lernpfads explizit thematisiert wird (Abschnitt 8.2.3). Ausnahmen hiervon bilden lediglich Sarah und Melek, die Präferenzen für das *graphische Format* zu haben scheinen, dem innerhalb des eingesetzten Lehr-Lern-Arrangements ein hoher Stellenwert zu-kommt. Aufgaben im *Textformat* scheinen den Schülerinnen und Schülern auch nach der Förderung noch Schwierigkeiten zu bereiten. Letzteres trifft in beson-derem Maße auf die als sprachlich schwach eingestuften Lernenden Amir und Melek sowie die sprachlich starke Sarah zu, die nur zwei bzw. drei von acht Textaufgaben korrekt lösen. Nach der Förderung, in die mehrere Aktivitäten zur (Um-)formulierung von *Textaufgaben* integriert sind (Abschnitt 8.3), sind vier der sechs Schülerinnen und Schüler in der Lage, zu einem im entkleideten For-mat gegebenen Item eine eigene Textaufgabe zu formulieren. Darunter sind auch die sprachlich schwächeren Lernenden Amir und Melek.

Bei der Betrachtung der Schriftprodukte der Lernenden, die im Rahmen der Bearbeitung des Prozente-Matrixtests entstanden sind, fällt allgemein auf, dass der Prozentstreifen, der im konzipierten Lehr-Lern-Arrangement verschiedene Funktionen erfüllt (Abschnitt 8.2), von nahezu allen Lernenden (mit Ausnahme von Melek) durchgehend zur Strukturierung, als Rechenhilfe bzw. zur Visuali-sierung verwendet wird. Einzelne Lernende (Viktor, Julian und Gizem) formu-lieren zusätzlich teilweise detaillierte verbale Erläuterungen ihrer Rechenwege. Die über rein quantitative Analysen (Kapitel 7) hinausgehende Betrachtung der Lösungsmuster lässt des Weiteren erkennen, dass den fehlerhaften Lösungen von Julian und Gizem durchgehend richtige Ansätze zugrunde liegen, denen Rechen- oder Flüchtigkeitsfehlern folgen.

Die meisten anderen fehlerhaften Bearbeitungen ergeben sich im Gegensatz dazu durch Missinterpretationen von Aufgaben als Items eines anderen Typs (s. Abschnitt 1.2.1 für typische Schwierigkeiten mit Prozenten). Derartige fehler-hafte Ansätze sind selten bei den Grundaufgabentypen zu erkennen. Ausnahmen bilden Sarah, die ein „*Prozentwert gesucht*"-Item als Aufgabe des anderen Typs fehlinterpretiert bzw. Amir, der zwei „*Grundwert gesucht*"-Aufgaben als Items des komplexeren Typs „*Grundwert gesucht nach Verminderung*" behandelt. In einem wesentlich stärkeren Ausmaß kommt das Phänomen für Aufgaben des erweiterten Typs vor (Sarah 4x, Amir 3x, Viktor 2x, Melek 2x), die fälschli-cherweise als „*Grundwert gesucht*"-Items angesehen werden. Die beschriebenen Fehlinterpretationen treten dabei bei den Grundaufgabentypen ausschließlich und beim komplexeren Aufgabentyp hauptsächlich im Textformat auf.

10.2.2 Methoden der Datenerhebung

Die Daten des fünften Design-Experiment-Zyklus (Abschnitt 5.2.2 für Überblick über Design-Experiment-Zyklen), die in die Tiefenanalysen einbezogen werden, wurden im Rahmen der jeweils vier Fördersitzungen der drei Lernendenpaare Julian und Viktor, Amir und Sarah sowie Gizem und Melek gewonnen, die sich zum Zeitpunkt der Förderungen alle im achten Jahrgang befanden.

Die vier einzelnen Fördersitzungen umfassten zumeist jeweils zwei Unterrichtsstunden (à 45 Minuten). Sie wurden von zwei Förderlehrkräften (eine Förderlehrerin und ein Förderlehrer) durchgeführt, die sich am Ende ihres Studiums befanden und unter anderem bereits im Rahmen anderer Projekte Fördererfahrungen sammeln konnten.

Zur intensiven Vorbereitung der beiden Förderlehrkräfte auf die Fördersitzungen gehörten sowohl eine ausführliche Einarbeitung in den intendierten dualen Lernpfad einschließlich der variierenden Funktionen des Prozentstreifens (Abschnitt 8.2) und des zugrundeliegenden Prinzips des Makro-Scaffoldings (Abschnitt 4.1.3) als auch eine Auseinandersetzung mit der Spezifik sowie den konkreten Aufgaben des gestalteten Lehr-Lern-Arrangements zu Prozenten (Abschnitt 8.3). Letzteres wurde unter anderem anhand praktischer Beispiele aus den vorangegangenen Design-Experimenten bzw. Klassenerprobungen (Pöhler & Prediger 2017 Handbuch) realisiert. Des Weiteren wurden die beiden Förderlehrkräfte allgemein mit dem Prinzip des Mikro-Scaffoldings (Abschnitt 4.1.3) sowie anhand exemplarischer Szenen aus dem zweiten Design-Experiment-Zyklus mit konkreten Mikro-Scaffolding-Strategien (Abschnitt 8.2.4) vertraut gemacht. Zusätzlich zu den beschriebenen Maßnahmen, die der Vorbereitung der Förderlehrkräfte auf die Förderungen dienten, wurden zwischen den Fördersitzungen regelmäßige Treffen zur Reflexion der Implementation durchgeführt.

Zur Datenerhebung wurden die Förderungen der Achtklässler und Achtklässlerinnen, die auf dem konzipierten Lehr-Lern-Arrangement zum Umgang mit Prozenten basierten, komplett videographiert (mit einer Videoperspektive). Um eine ergiebige Analyse der Lernwege der Schülerinnen und Schülern unter den oben angeführten Analysefokussen (Abschnitt 10.1) und mit den nachfolgend darzulegenden Methoden (Abschnitt 10.3) zu ermöglichen, erfolgte eine vollständige Transkription des entstandenen Videomaterials, das insgesamt 1047 Minuten umfasst.

10.3 Methode der Datenauswertung: Spurenanalyse zur Rekonstruktion lexikalischer Lernwege

In diesem Abschnitt soll die Methode begründet und dargelegt werden, anhand derer der Forschungsfrage F3 *Welche Lernwege von Schülerinnen und Schülern können verglichen mit den entwickelten Lernpfaden rekonstruiert werden?* hinsichtlich der lexikalischen Lernwege nachgegangen wird.

Legitimation erfährt eine detaillierte Untersuchung sprachlicher Lernwege in der mathematikdidaktischen Forschung etwa durch Clarkson (2009). Er betont in einem Resümee zur Erforschung des sprachlichen Lernens, das er anhand verschiedener Studien zum Mathematiklernen in mehrsprachigen Klassen zieht, die Relevanz derartiger Analysen: „Tracing the language paths of students in such complex multilingual situations is critical" (Clarkson 2009, S. 147).

Die folgende, von Schleppegrell (2010) formulierte Empfehlung für zukünftige Forschung, die die Rolle von Sprache beim mathematischen Lernen fokussiert, motiviert ferner dazu, die sprachlichen Lernwege der Schülerinnen und Schüler in einer längerfristigen Perspektive nachzuzeichnen:

„We need rich studies of how language and ways of talking about mathematics evolve over a unit of study, focusing on more than brief interactional episodes and fragments of dialogue." (Schleppegrell 2010, S. 107)

Um dementsprechend den tatsächlichen Verlauf der *lexikalischen Lernwege* von Lernenden über den gesamten intendierten dualen Lernpfad zu Prozenten hinweg rekonstruieren zu können, wurde eigens die Methode der *Spurenanalyse* entwickelt. Diese ermöglicht zudem die Ermittlung der situativen Wirkungen des Lehr-Lern-Arrangements auf die lexikalischen Lernwege der Lernenden bzw. die Unterstützung des Fortschreitens auf diesen durch lexikalisches Scaffolding innerhalb des schriftlichen Materials oder durch die mündlichen Impulse der Förderlehrkräfte. Die initiale Durchführung einer solchen Analyse fand in Bezug auf die lexikalischen Lernwege zweier Schülerinnen aus dem zweiten Design-Experiment-Zyklus der vorliegenden Studie statt (Prediger & Pöhler 2015, S. 1190f und Pöhler & Prediger 2015, S. 1714ff). Aus ihrer Anwendung auf die konkreten Daten mehrerer Lernender des zweiten und auch dritten Design-Experiment-Zyklus kristallisierte sich schließlich ein dreischrittiges Analysevorgehen heraus. Dieses wurde mittlerweile bereits auf einen anderen Kontext übertragen, in dem eine Rekonstruktion von Lernwegen zu Brüchen erfolgt (Wessel 2017, im Druck).

Innerhalb der drei nachfolgend detaillierter zu beschreibenden Analyseschritte der sogenannten Spurenanalyse stehen unterschiedliche Aspekte im Fokus (Arten verwendeter Sprachmittel, Quellen und Initiativen der Sprachmittelverwendung), die – wie Tabelle 10.3.1 zeigt – in drei Analysefragen (Abschnitt 10.1) strukturiert sind, mit denen die Forschungsfrage ausdifferenziert wird. Die Kombination der drei Analyseperspektiven ermöglicht es, die lexikalischen

Lernwege von Schülerinnen und Schülern entlang der entwickelten intendierten Lernpfade in Relation zum kommunikativen Rahmen der Förderung zu erfassen.

Tabelle 10.3.1: Zusammenschau der drei Schritte der Auswertungsmethode der Spurenanalyse und der Analysefragen

Schritt der Spurenanalyse	Analysefrage	Analysevorgehen
1: Inventarisierung aller Sprachmittel	Welche Sprachmittel aktivieren Lernende auf ihrem lexikalischen Lernweg?	• Inventarisierung aller Sprachmittel (Verwendung durch Lernende und Angebot durch schriftliches Material oder Förderlehrkraft), die für das Prozentverständnis relevante Konzepte (Prozentsatz, -wert, Grundwert, prozentuale und absolute Differenz) bzw. Relationen zwischen diesen ausdrücken • Kategorisierung der Sprachmittel unter analytischer Perspektive nach sichtbaren Arten (streifen-, kontextbezogen, kontextunabhängig und formalbezogen)
2: Stufenweise Gegenüberstellung von verwendeten und angebotenen Sprachmitteln	Wie sind die lexikalischen Lernwege der Lernenden mit dem Sprachmittelangebot verknüpft?	• Sortierung der inventarisierten Sprachmittel nach Stufen, auf denen sie aktiviert werden sowie nach Konzepten, die sie adressieren • Stufenübergreifender Vergleich von Sprachmittelverwendung und -angebot, indem eine Kategorisierung der Quellen der Sprachmittelverwendung (autonomer Sprachschatz, kollektiver mündlicher (Förderlehrkraft oder Mitlernende) bzw. schriftlicher Sprachschatz) stattfindet
3: Identifikation der Initiative der Sprachmittelverwendung	Wie und auf wessen Initiative hin erfolgen die Aktivierungen von Sprachmitteln durch die Lernenden?	• Lokale Untersuchung, von wem (Lernende selbst, Mitlernende, Förderlehrkraft) die Initiative einer Sprachmittelverwendung ausgeht

Erster Schritt: Inventarisierung aller Sprachmittel

Im Rahmen der Inventarisierung der Transkripte werden zum einen Sprachmittel berücksichtigt, die von den Lernenden in der Kommunikation aktiviert werden. Zum anderen wird das konkrete Sprachmittelangebot aufgelistet. In Bezug auf Letzteres wird zwischen nur mündlich durch die Förderlehrkraft genutzten (m) und schriftlich (s) – innerhalb des Materials des entwickelten Lehr-Lern-Arrangements zu Prozenten (Kapitel 8) – vorkommenden Sprachmitteln (Abschnitt 8.3.1 für Überblick) unterschieden.

Inventarisiert werden dabei lexikalische Einheiten bzw. Phrasen und nicht ausschließlich isolierte Einzelwörter (Abschnitt 4.1.4), mit dem die für den Umgang mit Prozenten relevanten mathematischen Konzepte bzw. Relationen ausgedrückt werden. Als bedeutsam wurden dabei die Konzepte des Prozentsatzes, des Prozent- sowie des Grundwertes und die Differenzen zwischen 100 % und dem Prozentsatz (verkürzt: prozentuale Differenz) bzw. dem Grund- und dem Prozentwert (verkürzt: als absolute Differenz) identifiziert (Abschnitt 1.1.2). Darüber hinaus finden die sprachlichen Ausdrücke für die Beziehungen zwischen den erwähnten Konzepten mit Berücksichtigung.

Welche Sprachmittel in die Inventarisierung auf Seiten des Sprachmittelangebots bzw. der -verwendung einbezogen werden, wird durch Beispiele verdeutlicht: Einerseits durch die Markierungen in der Aufgabenstellung der Teilaufgabe b) der zwölften Aufgabe des konzipierten Lehr-Lern-Arrangements (Abbildung 10.3.1), andererseits im ausgewählten Transkriptausschnitt der Bearbeitung dieser Aktivität durch Amir und Sarah (5-AS3a mit dunkelgrauen Markierungen für mündliche Sprachmittelangebote durch die Förderlehrerin und hellgraue für Sprachmittelverwendungen).

b) Formuliert nun selbst Aufgaben mit Fragen nach dem neuen Preis.
Formuliert die Aufgabe dann um in eine Frage nach dem Rabatt oder dem alten Preis.
Kontrolliert genau, ob ihr nach dem richtigen fragt.

Abbildung 10.3.1 Inventarisiertes schriftliches Sprachmittelangebot der Aufgabe 12 b) des konzipierten Lehr-Lern-Arrangements zu Prozenten

5-AS3a; Ausschnitt aus der Besprechung von Aufgabe 12 b)		
12-89	FL	Okay. […] ihr hattet schon die Fragen zum alten Preis gemacht. Könnt ihr auch gerne nochmal vorlesen, zur Erinnerung. Die waren beide gut.
…	…	
12-92	A	Sarah will sich ihre Traumschuhe kaufen. Früher kosteten sie 30 €, jetzt nur noch 40 % vom alten Preis. Frage: Wie viel kosten sie jetzt?
12-93	FL	Genau, und du hattest? Sarah?
12-94	S	Paulina hat sich ein neues Oberteil gekauft…
…	…	
12-96	S	…es hat vorher 30 € gekostet. Und der Preis ist 15 % runtergegangen. Wie viel Euro hat Paulina bezahlt?
…	…	
12-100	FL	Gut. Wie viel kosten sie jetzt? Habt ihr da jetzt nach dem alten Preis oder nach dem neuen Preis gefragt?
12-101	S	Nach dem neuen Preis.
…	…	
12-106	FL	[…] Okay. Könnt ihr das so umschreiben, dass nach dem alten Preis gefragt wird?
…	…	
12-111	S	Ich habe geschrieben: [Liest] Paulina hat sich ein neues Oberteil gekauft. Es hat vorher 30 € gekostet und der Preis ist um 15 % runtergegangen. Wie viel Euro hat Paulina bezahlt?
…	…	
12-120	FL	[…] Okay. Kannst du ihr vielleicht helfen, das umzuformulieren, was sie vorher geschrieben hat?
12-121	A	Okay, guck, du schreibst einfach es ist statt 15 % billiger, es ist 15 %. Schreib mal von früher es ist kostet so viel und früher hat es so viel mehr gekostet.

...		...
12-124	A	Genau, so viel Prozent hat es mehr gekostet.
12-125	FL	Dann kann man nach dem alten Preis fragen.
12-126	S	[...] Soll ich jetzt zum Beispiel schreiben, es kostet 30 oder 15?
12-127	A	Nein, der Preis war 15 % teurer. Also der vorherige Preis war 15 % teurer.
12-128	FL	Ja genau. Er war 15 % teurer oder er hat 15 % mehr [...] gekostet.
12-129	S	15 € teurer. Und jetzt muss ich noch angeben, wie viel das jetzt kostet, ne? Der vorherige Preis war 15 €.
12-130	FL	Mh, ja.
12-131	S	Und jetzt: Es hat vorher, oder? Nein, es kostet jetzt, oder?
12-132	FL	Was ist denn der alte Preis? Es kostet jetzt, oder es kostet vorher?
12-133	S	Nein. Wir sollen doch den alten Preis.
12-134	A	Es kostete vorher.
12-135	FL	Wir wollen ja nach dem alten Preis fragen, ne?
12-136	S	Also es kostet jetzt und wie viel hat es vorher gekostet, oder?
12-137	FL	Genau.
...		...
12-144	S	2,50 gekostet. Alter Preis. Ich hab geschrieben: [Liest] Der vorherige, der vorherige Preis war 15 % teurer. Es kostet jetzt 30 €. Was war der alte Preis?

Innerhalb der gebildeten Kategorien von angebotenen bzw. verwendeten Sprachmitteln wird die Inventarisierung in diesem Schritt zunächst rein chronologisch, nach dem ersten Vorkommen der jeweiligen Sprachmittel vorgenommen (Tabelle 10.3.2 für Sprachmittelangebot sowie Tabellen 10.3.3 und 10.3.4 für Sprachmittelverwendung von Amir bzw. Sarah am Beispiel der Bearbeitung von Aufgabe 12 b)). Angeführt werden die inventarisierten Sprachmittel dabei zusammen mit der bzw. den jeweiligen Transkriptstelle bzw. -stellen (bei mehrmaliger Aktivierung), um innerhalb der weiteren Schritte der Spurenanalyse eine Lokalisierung dieser im Lern- bzw. Lehrprozess ermöglichen zu können. Innerhalb der Kategorie der Sprachmittelverwendung wird für etwaige anschließende quantitativere Erfassungen (etwa Anzahl an getätigten Äußerungen oder Vielfalt an inventarisierten Sprachmitteln) zudem die Anzahl der Aktivierungen jener Sprachmittel notiert, die mehr als einmal vorkommen (jeweils erste Spalten der Abbildungen 10.3.2 und 10.3.3).

Tabelle 10.3.2: Sprachmittelangebot (mündlich (m) durch die Förderlehrkraft und schriftlich (s) im Material) bei der Bearbeitung der Aufgabe 12 b) für Amir und Sarah

Sprachmittel	Schriftliches (s) sowie mündliches (m) Sprachmittelangebot Transkriptstellen
• neuer Preis (s / m)	Aufgabe 12 b); 12-100
• Rabatt (s)	Aufgabe 12 b)
• alter Preis (s / m)	Aufgabe 12 b); 12-89; 12-100; 12-106; 12 - 125; 12 - 132; 12-135 12-100; 12-132
• jetzt (... €) kosten (m)	
• vorher (... €) kosten (m)	12-132
• ... % mehr kosten (m)	12-128
• ... % teurer sein (m)	12-128

Tabelle 10.3.3: Sprachmittelverwendung von Amir im Rahmen der Bearbeitung der Aufgabe 12 b)

Sprachmittelverwendung durch Amir

Sprachmittel	Transkriptstellen	Sprachmittelart
• früher … € kosten	12-92	VE
• (jetzt nur noch) … % kosten	12-92	VE
• … % vom alten Preis	12-92	VE
• (jetzt) … € kosten **2**	12-92; 12-121	VE
• … % billiger sein	12-121	VE
• (früher) … % mehr kosten **2**	12-121; 12-124	VE
• der Preis	12-127	VE
• vorheriger Preis	12-127	VE
• … % teurer sein **2**	12-127	VE
• vorher kosten	12-134	VE

Tabelle 10.3.4: Sprachmittelverwendung von Sarah im Rahmen der Bearbeitung der Aufgabe 12 b)

Sprachmittelverwendung durch Sarah

Sprachmittel	Transkriptstellen	Sprachmittelart
• vorher … € kosten **3**	12-96; 12-111; 12-136	VE
• der Preis **2**	12-96; 12-111	VE
• (um) … % runtergehen **2**	12-96; 12-111	VE
• … € bezahlen **2**	12-96; 12-111	VE
• neuer Preis	12-101	VE
• (jetzt) … € kosten **6**	12-126; 12-129; 12-131; 12-136; 12-144	VE
• … € teurer	12-129	VE
• vorheriger Preis **3**	12-129; 12-144	VE
• vorher haben	12-131	k
• alter Preis **3**	12-133; 12-144	VE
• … % teurer sein	12-144	VE

Zudem erfolgt innerhalb dieses Schrittes zur Rekonstruktion der lexikalischen Lernwege der Lernenden eine Kategorisierung der inventarisierten Sprachmittel. In initialen Analysen ist deutlich geworden, dass eine Zuordnung dieser zu den Registern der Alltags-, Bildung- und Fachsprache (Abschnitt 3.2.1) nicht eindeutig möglich ist. Dasselbe gilt für die Ebenen des gestuften Sprachschatzes (Abschnitt 4.1.5), der eine Weiterentwicklung des erwähnten theoretischen Konzepts der Sprachebenen darstellt, die aus didaktischer Perspektive für die Konzeption von Lehr-Lern-Arrangements notwendig ist (Abbildung 10.3.2). So ist innerhalb einer Inventarisierung beispielsweise nicht letztendlich zu entscheiden, ob ein bestimmtes Sprachmittel etwa den eigensprachlichen Ressourcen oder dem bedeutungsbezogenen Denksprachschatz eines Individuums entstammt. Des Weiteren wäre eine solche Kategorisierung interindividuell verschieden vorzunehmen. In analytischer Perspektive, die auf die Rekonstruktion der lexikalischen Lernwege von Lernenden abzielt, erfolgt die Zuschreibung der Art der Sprachmittel deshalb anhand sichtbarer Kategorien, die sich aus dem intendierten lexikalischen Lernpfad zu Prozenten ergeben (Abschnitt 8.2).

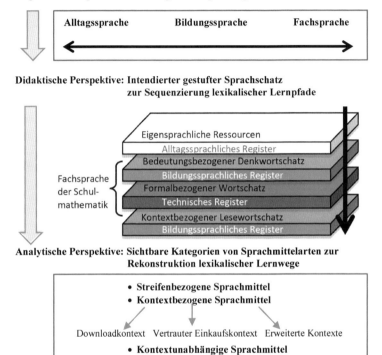

Abbildung 10.3.2   Kategorisierung von Sprachmitteln aus unterschiedlichen Perspektiven (Zusammenstellung aus Abbildung 4.1.1 und Tabelle 3.2.2)

Im Rahmen der Codierung wird demzufolge (s. Abbildung 10.3.2) zwischen folgenden sichtbaren Kategorien von Sprachmittelarten differenziert:

- *Streifenbezogene Sprachmittel* (S): Bezug zum zentralen Darstellungsmittel des Prozentstreifens in deiktischer (etwa „dieser Wert" aus 5 - AS2, 11-62, ohne Abbildung) oder verbaler Form (etwa „jedes Kästchen ... % sein" aus 5-AS1, 5-175, ohne Abbildung).

- *Kontextbezogene Sprachmittel:* Bezug zum *Downloadkontext (D)*, der in der ersten Stufe des intendierten lexikalischen Lernpfads thematisiert wird (etwa „noch ... MB laden müssen" aus 5-AS2, 10-88, ohne Abbildung), zum *vertrauten Einkaufskontext (VE)*, der ab der zweiten Stufe fokussiert wird (etwa „neuer Preis" aus 5-AS3a, 12-101, Tabelle 10.3.3), oder zu (anderen) *erweiterten Kontexten (EK)* (etwa „Verminderung von ... %" aus 5-AS3, 13-126 oder „... % aller Soßen" aus 5-AS4, 19-223, ohne Abbildung), die ab der vierten Stufe explizit behandelt werden.

- *Kontextunabhängige Sprachmittel* (k) (etwa „Prozentzahl" aus 5-AS2, 9-107, ohne Abbildung)

- *Formalbezogene Sprachmittel (FB):* Grundwert, Prozentwert und Prozentsatz, Differenz

Der beschriebene erste Schritt der *Inventarisierung aller Sprachmittel* dient der Erfassung und Spezifizierung (durch Bestimmung der Sprachmittelarten) der von den Lernenden in Bezug auf die mathematisch relevanten Konzepte verwendeten Sprachmittel. Dies ermöglicht tiefergehende Untersuchungen in den folgenden Schritten der Spurenanalyse.

Zweiter Schritt: Stufenweise Gegenüberstellung von verwendeten und angebotenen Sprachmitteln

Für diesen zweiten, den Kern der Spurenanalyse bildenden Schritt, werden die inventarisierten Sprachmittel beider Kategorien (Sprachmittelverwendung und Sprachmittelangebot) einer *zweifachen Sortierung* unterzogen.

Zuerst erfolgt die *Anordnung der Sprachmittel nach den sechs Stufen des gestalteten Lehr-Lern-Arrangements*, die als präskriptiv zu betrachten sind. Sie ergibt sich durch die Zuordnung der Aufgaben, innerhalb deren Bearbeitung die Aktivierung des jeweiligen Sprachmittels stattfindet (etwa Stufe 2 im Fall von Aufgabe 12, die von Amir und Sarah (5-AS3a) bearbeitet wird), zu den Stufen (Tabelle 8.3.1 in Abschnitt 8.3). Anschließend werden die eingeordneten *Sprachmittel* innerhalb der Stufen *nach den relevanten Konzepten zu Prozenten* (Prozentsatz, Prozent- und Grundwert sowie absolute und prozentuale Differenz) und den Relationen zwischen diesen *gegliedert*, auf die sie sich in der konkreten Situation beziehen.

Die strukturierten Inventarisierungen (Tabelle 10.3.4 für ein Beispiel) liefern dann die Basis für einen V*ergleich von Sprachmittelverwendung und -angebot*, der stufenübergreifend vorgenommen wird. Besonderes Augenmerk liegt bei dieser vergleichenden Analyse auf der Untersuchung, ob die Lernenden insgesamt bzw. auf den einzelnen Stufen des intendierten dualen Lernpfads eher zur *Selbsteinführung von Sprachmitteln (SE)* – also zur Aktivierung von Elementen ihres autonomen Sprachschatzes – oder zur *Übernahme von Sprachmitteln aus* *dem Angebot* – also zum Zurückgreifen auf den kollektiven Sprachschatz – neigen (Abschnitt 4.1.4). Für die Entscheidung, ob Lernende ein Sprachmittel selbst eingeführt oder übernommen haben, ist ein lokaler aufgaben- oder stufenbezogener Blick nicht ausreichend. Stattdessen muss der zurückliegende Lernprozess konsequent mitberücksichtigt werden. So können etwa Sprachmittel, die innerhalb einer Aufgabe oder Stufe zum ersten Mal von einem Lernenden verwendet werden, entweder tatsächlich erstmals innerhalb der Förderung aktiviert (wie „vorheriger Preis" in 5-AS3a, Turn 12-127; Hervorhebung durch Fettdruck in Tabelle 10.3.5) oder aber bereits auf einer vorherigen Stufe bzw. innerhalb einer früheren Aufgabenbearbeitung eingeführt worden sein (etwa „vorher ... € kosten" in 5-AS3a, Turn 12-96).

Tabelle 10.3.5: Beispiel einer strukturierten Inventarisierung für die Grundkonzepte zur Bearbeitung der Aufgabe 12 b) durch Amir und Sarah

Konzept	Sprachmittelangebot	Sprachmittelverwendung	
		Amir	Sarah
Prozent-satz		• (jetzt nur noch) ... % kosten (12-92) *Ü(s)*	
Prozent-wert	• neuer Preis (s / m) (12-100) • jetzt (... €) kosten (m) (12-100; 12-132)	• (jetzt) ... € kosten 2 (12-92; 12-121) *Ü(m/S)*	• neuer Preis (12-101) *Ü(s)* • (jetzt) ... € kosten 6 (12-126; 12-129; 12-131; 12-136; 12-144) *SE* • ... € bezahlen 2 (12-96; 12-111) *Ü(m/L)*
Grund-wert	• alter Preis (s / m) (12-89; 12-100; 12-106; 12-125; 12-132; 12-135) • vorher (... €) kosten (12-132)	• früher ... € kosten (12-92) *Ü(s)* • vorher kosten (12-134) *SE* • der Preis (12-127) *Ü(m/S)* • **vorheriger Preis** (12-127) *SE*	• alter Preis 3 (12-133;12-144) *Ü(s)* • vorher ... € kosten 3 (12-96; 12-111; 12-136) *Ü(m/S)* • **der Preis 2** (12-96; 12-111) *SE* • vorheriger Preis 3 (12-129; 12-144) *Ü(m/S)* • **vorher haben** (12-131) *SE*

Als *Übernahme aus dem kollektiven Sprachschatz* wird dementsprechend jede (auch stufenübergreifende) Aktivierung eines Sprachmittels gekennzeichnet, das zuvor – bezogen auf das fokussierte Konzept – bereits in Aufgabenstellungen oder der mündlichen Kommunikation integriert war. Ob einzelne dieser Sprachmittel bereits zuvor im autonomen (produktiven) Sprachschatz der Lernenden vorhanden waren, lässt sich nicht eindeutig rekonstruieren, sie werden dementsprechend auch als übernommen kategorisiert.

Differenziert wird diesbezüglich zunächst zwischen *Übernahmen aus dem schriftlichen* Ü(s) (wie „neuer Preis" in 5-AS3a, Turn 12-101) und dem *mündlichen kollektiven Sprachschatz* Ü(m). Hinsichtlich des *mündlichen kollektiven Sprachschatzes* wird weiterhin unterschieden, ob die Übernahmen aus dem Repertoire der Förderlehrkräfte Ü(m/L) (wie „... € bezahlen" in 5-AS3a, Turn 12-96) oder aus dem der Mitlernenden Ü(m/S) (wie „vorheriger Preis" in 5-AS3a, Turn 12-129) erfolgen.

Unabhängig von den Quellen übernommener Sprachmittel können direkte von indirekten Übernahmen unterschieden werden. Während sich Erstere dadurch auszeichnet, dass ein neu eingeführter Ausdruck direkt von einem Lernenden aufgegriffen wird (wie „vorheriger Preis" in 5-AS3a, Turns 12-127 und 12-129), liegt die letztmalige Aktivierung des Sprachmittels bei einer indirekten Übernahme schon länger zurück und ist oft sogar in weiter zurückliegenden Aufgaben zu verorten (wie „vorher kosten" in 5-AS3a, Turn 12-96).

Der dargelegte zweite Schritt der *Stufenweisen Gegenüberstellung von verwendeten und angebotenen Sprachmitteln* liefert Erkenntnisse dazu, auf welche Quellen Lernende bei ihren Sprachmittelverwendungen bevorzugt zurückgreifen. Die Ergebnisse lassen dabei potentiell Rückschlüsse auf die Bedeutung schriftlicher Scaffolding-Angebote innerhalb von Aufgabenstellungen bzw. die Relevanz von Sprachproduktionen der (Förder-)Lehrkräfte zu.

Dritter Schritt: Identifikation der Initiative der Sprachmittelverwendung

Im dritten Schritt der Spurenanalyse wird untersucht, ob die Verwendung der einzelnen Sprachmittel durch *Eigeninitiative der Lernenden* geprägt ist *(SI)* oder von den *Lehrkräften (LI)* bzw. den *Mitlernenden (MI)* initiiert wird.

Eine *selbstinitiierte Sprachmittelverwendung* wird angenommen, wenn Lernende Sprachmittel allein aufgrund von Erfordernissen der Aufgabe bzw. der Situation verwenden. Beispielsweise sind alle dem kollektiven Sprachschatz entstammenden Sprachmittel, die Amir (in 5-AS3a, Turn 12-92) bei der Formulierung seiner eigenen Aufgabe im Rahmen der Bearbeitung von Aufgabe 12 b) nutzt („Sarah will sich ihre Traumschuhe kaufen. Früher kosteten sie 30 €, jetzt nur noch 40 % vom alten Preis. Wie viel kosten sie jetzt?") als selbstinitiiert zu charakterisieren. Demzufolge kann davon ausgegangen werden, dass diese Ausdrücke – zumindest zeitweise – Eingang in den produktiven Sprachschatz des Schülers gefunden haben.

Eine *lehrendeninitiierte Sprachmittelverwendung* liegt hingegen vor, wenn die Aktivierung eines Sprachmittels als Reaktion auf eine Äußerung, explizite Impulse oder Nachfragen seitens der Lehrkraft erfolgt und die Lernenden etwa zum Gebrauch von Sprachmitteln einer bestimmten Ebene des gestuften Sprachschatzes aufgefordert werden. Der Gebrauch des Sprachmittels „neuer Preis" durch Sarah in Turn 12-101 (in 5-AS3a) stellt ein Beispiel für eine lehrendeninitiierte Sprachmittelverwendung dar. So geht dieser Sprachmittelverwendung ein solch expliziter Impuls der Förderlehrkraft in Form der Frage „Habt ihr da jetzt nach dem alten Preis oder nach dem neuen Preis gefragt?" voraus.

Eine *mitlernendeninitiierte Sprachmittelaktivierung*, die auf der Initiative von Amir bzw. Sarah beruht, ist zwar nicht innerhalb der Auseinandersetzung des Lernendenpaares mit der Aufgabe 12 b) (in 5-AS3a) zu rekonstruieren, findet aber bei deren Bearbeitung von Aufgabe 7 statt (in 5-AS1b). So scheint der Gebrauch der Phrase „... zahlen müssen" (Turn 7-51) durch Sarah durch die inhaltliche Widerlegung der zuvor von Amir getätigten Aussage motiviert zu sein (Turn 7-52), die dasselbe Sprachmittel enthält.

AS1b; Ausschnitt aus der Bearbeitung von Aufgabe 7
7-51   A   [...] dieser Anteil ist *[umfasst das Weiße am Streifen]* hier das muss man zahlen.
7-52   S   Aber man muss doch nicht das zahlen. [...].

Im Rahmen des präsentierten dritten Schritts der *Identifikation der Initiative der Sprachmittelverwendung* wird auf lokaler Ebene rekonstruiert, von wem die Initiative der Sprachmittelaktivierungen jeweils ausgeht. Damit können Hinweise auf die Bedeutung der Impulse von Lehrkräften bzw. Mitlernenden im Hinblick auf die Sprachmittelaktivierungen von Lernenden generiert werden.

Zusammenfassend können sich bei der Durchführung der dreischrittigen Spurenanalyse demnach fünf unterschiedliche Kategorien hinsichtlich der Übernahme von lexikalischen Sprachmittelangeboten ergeben, die als global bzw. lokal einzuordnen sind.

- *Globale Kategorien zur Unterscheidung der Quellen der Sprachmittelverwendung*, die eine Komplettinventarisierung der Sprachmittel erforderlich machen:

  o Schriftliches Sprachmittelangebot aus Aufgabenstellungen *Ü(s): Kollektiver schriftlicher Sprachschatz.*

  o Mündliches Sprachmittelangebot aus Äußerungen der Förderlehrkraft *Ü(m/L)* oder von Mitlernenden *Ü(m/S): Kollektiver mündlicher Sprachschatz.*

  o Selbsteingeführte Sprachmittel *(SE): Autonomer Sprachschatz.*

- *Lokale Kategorien zur Unterscheidung der Initiative der Sprachmittelverwendung* mit Bezug zu einer konkreten Situation:

  o *Selbstinitiierte Sprachmittelverwendung* durch die Lernenden *(SI).*

o *Mitlernendeninitiierte Sprachmittelverwendung* durch die Lernenden *(MI)*.

o *Lehrendeninitiierte Sprachmittelverwendung* durch die Lernenden *(LI)*.

Mit dem Ziel, die Erkenntnisse zu den lexikalischen Lernwegen von Schülerinnen und Schülern einerseits von einzelnen Lernenden über die sechs Stufen des intendierten lexikalischen Lernpfads hinweg und andererseits von mehreren Lernenden vergleichen zu können, erscheint es aufgrund der Quantität der zu kategorisierenden Sprachmittel lohnenswert, die Sprachmittelverwendungen hinsichtlich der einzelnen oben beschriebenen Kategorien zu quantifizieren. Diese Quantifizierungen liegen den exemplarischen Dokumentationen der angefertigten Spurenanalysen in Kapitel 11 zugrunde.

11 Ergebnisse der Tiefenanalyse: Rekonstruktion lexikalischer Lernwege

Anhand der Methode der *Spurenanalyse* (Abschnitt 10.3) soll in diesem Kapitel entlang dreier Analysefragen und mit einem Fokus auf den lexikalischen Lernwegen der Forschungsfrage *Welche Lernwege von Schülerinnen und Schülern können verglichen mit den entwickelten Lernpfaden rekonstruiert werden?* nachgegangen werden (Abschnitt 10.1). Dazu wird eine komparative Inventarisierung jener Sprachmittel vorgenommen, die von den Fokuslernenden (Abschnitt 10.2.2) verwendet werden, und jener, die ihnen schriftlich in Aufgabenstellungen bzw. mündlich durch die Lehrkraft oder Mitlernende angeboten werden.

Die Darstellung der Ergebnisse der *Spurenanalysen* erfolgt hier in zwei Schritten. So werden in Abschnitt 11.1 die Erkenntnisse aus den Spurenanalysen der zusammen geförderten Lernenden Amir (sprachlich schwach mit Prozentrang 24) und Sarah (sprachlich stark mit Prozentrang 89), die beide bzgl. ihres Prozentverständnisses durch die Standortbestimmung als förderbedürftig eingestuft wurden (Abschnitt 10.2.1), im Detail beschrieben. Im Anschluss daran werden diese Resultate in Abschnitt 11.2, in einer weniger ausführlichen Form, mit denen aus den Spurenanalysen der Lernendenpaare Julian und Viktor (beide sprachlich stark) sowie Gizem und Melek (beide sprachlich schwach) verglichen, die bezüglich ihrer Sprachkompetenzen homogener zusammengesetzt sind. Bevor in Abschnitt 11.3 die Ergebnisse der Tiefenanalyse zusammengefasst werden, werden in Abschnitt 11.2.5 die Lernergebnisse auf konzeptueller Ebene mit den Resultaten der Spurenanalysen in Beziehung gesetzt.

11.1 Rekonstruktion der lexikalischen Lernwege von Amir und Sarah

In diesem Abschnitt erfolgt zunächst eine stufenweise (Abschnitt 11.1.1) detaillierte Darstellung der Spurenanalyse des Lernendenpaares Amir und Sarah. Um ferner eine prozesshafte Rekonstruktion der beiden individuellen Lernwege zu ermöglichen, wird anschließend eine stufenübergreifende (Abschnitt 11.1.2) Betrachtung vorgenommen, der Quantifizierungen der kategorisierten Sprachmittelverwendungen zugrunde liegen.

© Springer Fachmedien Wiesbaden GmbH 2018
B. Pöhler, *Konzeptuelle und lexikalische Lernpfade und Lernwege zu Prozenten*, Dortmunder Beiträge zur Entwicklung und Erforschung des Mathematikunterrichts 35, https://doi.org/10.1007/978-3-658-21375-6_12

11.1.1 Detaillierte stufenweise Betrachtung der lexikalischen Lernwege von Amir und Sarah

Die detaillierte stufenweise Dokumentation der Spurenanalysen von Amir und Sarah bezieht sich einerseits auf die konkreten strukturierten Sprachmittelinventarisierungen (Tabelle 10.3.4 in Abschnitt 10.3) und andererseits auf Quantifizierungen der kategorisierten Sprachmittelverwendungen (Tabelle 11.1.1 als Beispiel für zahlenmäßigen Überblick zu den von den Lernenden auf Stufe 1 adressierten Konzepten). Aufgrund der Reichhaltigkeit der erfassten Informationen zu den Sprachmittelaktivierungen von Amir und Sarah beschränkt sich die Interpretation auf die markantesten und interessantesten zu deutenden Aspekte.

Stufe 1: Aktivierung individueller Ressourcen

Bei der rund 40 Minuten umfassenden Beschäftigung mit Aufgaben, die der ersten Stufe des intendierten dualen Lernpfads zugeordnet werden (nachfolgend verkürzt als Sprachmittelaktivierung auf der betreffenden Stufe bezeichnet), nutzen Amir und Sarah insgesamt 45 bzw. 37 inventarisierte Sprachmittel (Tabelle 11.1.1). Wie Tabelle 11.1.1 und die Überblicke der zusammengefassten strukturierten Sprachmittelinventarisierungen (Tabellen 11.1.2 und 11.1.3) zeigen, beziehen sich die 82 Sprachmittelaktivierungen der Lernenden auf alle fünf verschiedenen ausgewählten Konzepte zu Prozenten Prozentsatz, Prozentwert, Grundwert (Tabelle 11.1.2), Differenz zwischen 100 % und Prozentsatz (prozentuale Differenz) bzw. zwischen Grundwert und Prozentwert (absolute Differenz) (Tabelle 11.1.3) und deren Relationen untereinander (Beziehungen zwischen den Konzepten) (Tabelle 11.1.3).

Tabelle 11.1.1: Überblick zu durch Amir und Sarah auf Stufe 1 adressierten Konzepten zu Prozenten sowie deren Beziehungen untereinander

Stufe	Σ	Prozentsatz	Prozentwert	Grund-wert	Grund-konzepte	Differenz prozentual	Differenz absolut	Differenzen	Beziehungen
	Σ	82 (8 %)	37 (45 %)	7 (9 %)	8 (10 %)	52 (63 %)	9 (11 %)	6 (7 %)	15 (18 %)	15 (18 %)
1	A-mir	45 (8 %)	13 (29 %)	4 (9 %)	3 (7 %)	20 (44 %)	7 (16 %)	6 (13 %)	13 (29 %)	12 (27 %)
	Sa-rah	37 (9 %)	24 (65 %)	3 (8 %)	5 (14 %)	32 (86 %)	2 (5 %)	0 (0 %)	2 (5 %)	3 (8 %)

In Bezug auf die Adressierung der Konzepte zu Prozenten fällt auf, dass vor allem Amir schon auf dieser ersten Stufe viele lexikalische Einheiten für die Relationen zwischen den verschiedenen Konzepten (wie „… GB von … GB sein" in Turn 4-18 durch Amir) sowie Sprachmittel für die prozentuale (wie „noch … %" in Turn 3-61 durch Sarah) bzw. die absolute Differenz (wie „… GB fehlen" in Turn 3-82 durch Amir) aktiviert (Tabelle 11.1.3). Dies ist vor allem daher von Interesse, da die Grundkonzepte (Prozentsatz, Prozentwert, Grundwert) auf dieser initialen Stufe im Fokus stehen und die anderen nur tangiert werden.

Tabelle 11.1.2: Überblick über Spurenanalyse von Amir und Sarah auf Stufe 1 zu den Konzepten „Grundwert", „Prozentwert" und „Prozentsatz"

Konzept	Sprachmittelangebot schriftlich bzw. mündlich	Sprachmittelverwendung selbst- (SI), lehrenden- (LI), mitlernendeninitiiert (MI); erste Aktivierung (fett gedruckt)	
		Amir	Sarah
Prozent-satz	• (schon) … % geladen haben (s / m); nur ein Teil geladen sein (m) • Prozentangabe (s); Prozent(e) (s / m); Prozenzahl(en) (m) • Stück in (m) / dieses Stückchen (m) (…) % sein (s / m)	• **oben** Prozent **stehen** (SI) • (Stücke / hier) … % sein **3** (SI) • **das nach … % aussehen** (SI) • **ab (dem Strich) hier (… (%)) (anfangen) 6** (SI) • **hier bis … (%) weitergehen 2** (SI)	• Prozentangabe; Prozentzahl; **diese Zahlen 3** (SI) • **(hier) / (so) / (das (mit dem) / (insgesamt)) / jedes Stück … (%) sein 21** (SI)
Prozent-wert	• (hier) (ungefähr) … GB (sein); Teil in GB groß sein (m) • (schon) … GB / (MB der App) (herunter-)geladen haben (s)	• hier das / Stück(e) / bei … (MB) sein / haben **4** (SI)	• … so groß / MB sein **2** (SI) • **den Gigabyte** (SI)
Grund-wert	• … (GB / MB) (insgesamt) groß sein (s / m); … GB / MB großer Film (s); Gesamtgröße (m) • ganze App … MB haben (s) • hinten … GB sein (m) • vollständig geladen sein (m)	• **Gigabyte-Anzahl** (SI) • **100 ((%) … MB sein) 2** (SI)	• Gigabyte (SI) • 100 % (ein Streifen sein) **2** (SI) • **da(s) (zeigt auf Streifenende) 2** (SI)

Tabelle 11.1.3: Überblick über Spurenanalyse von Amir und Sarah auf Stufe 1 zu
　　　　　　　Differenzkonzepten und Relationen zwischen verschiedenen Konzepten

Konzept	Sprachmittelangebot schriftlich bzw. mündlich	Sprachmittelverwendung selbst- (SI), lehrenden- (LI), mitlernendeniniti- iert (MI); erste Aktivierung (fett gedruckt)	
		Amir	Sarah
Diffe-renz (prozen-tual)	• noch … (%) laden müssen (s / m) • noch fehlen (m)	• (nur) noch (… (%)) fehlen **6** (SI) • **dieser Teil kom-plett weg sein** (SI)	• noch … % (SI) • dieser Teil weg sein (SI)
Diffe-renz (absolut)	• noch … MB geladen werden müssen (s / m)	• noch … MB geladen werden müssen **2** (SI) • (noch) … GB / MB fehlen **4** (SI)	
Bezie-hungen zwischen Konzep-ten	• … GB von … GB geladen haben (s) • … % … (MB) sein (s) / … % in GB sein (m) • gleiche Größen haben, … % auch gleich sein (m) • (noch) … % und … MB (laden müssen) (m)	• … **(%) von … (%) sein**, … (GB) (**da**)von … (GB) sein **3** (SI) • … **(%) … GB / MB sein 9** (SI)	• … (%) von … (%) sein (SI) • … % … MB sein **2** (SI)

In Bezug auf die *Art der aktivierten eigensprachlichen Ressourcen* stimmen
Amir und Sarah darin überein, dass sie – mit Ausnahme der Nennung von Giga-
oder Megabyte als Einheiten – nur höchst selten (Tabelle 11.1.4) kontextbezogene Sprachmittel aus dem Downloadkontext (D) verwenden (etwa „Gigabyte-
Anzahl" für Grundwert in Turn 3-80 durch Amir, Tabelle 11.1.2). Dies ist ein
interessanter Befund, da derartige lexikalische Einheiten (wie „… % geladen
haben" für Prozentsatz, Tabelle 11.1.2) sowohl von der Förderlehrerin als auch
innerhalb der Aufgabenstellungen in Bezug auf alle betrachteten Konzepte angeboten werden. Stattdessen gebrauchen Amir und Sarah hauptsächlich streifenbezogene Ausdrücke (S) deiktischer (wie „das" in Turn 10-10 durch Sarah,
begleitet durch Zeigegeste auf Streifenende für Grundwert; Tabelle 11.1.2) oder
verbaler Art (wie „das nach … % aussehen" in Turn 1-32 durch Amir für Prozentsatz, Tabelle 11.1.2) sowie kontextunabhängige Sprachmittel (k) (wie „100
%" in Turn 1-27 durch Amir für den Grundwert, Tabelle 11.1.2 oder „noch …
fehlen" in Turn 3-82 durch Amir für die absolute Differenz, Tabelle 11.1.3).
　　Die Betrachtung der *Quellen der Sprachmittelverwendung* ergibt, dass die
Mehrzahl der von den Lernenden getätigten Äußerungen auf Sprachmittel entfallen, die ihrem autonomen Sprachschatz entstammen, also selbsteingeführt

sind (SE in Tabelle 11.1.5; Tabellen 11.1.2 und 11.1.3, wobei ein Sprachmittel bei erstmaliger Aktivierung fett gedruckt ist). Diese Beobachtung stimmt mit der Intention des lexikalischen Lernpfads zu Prozenten (Abschnitt 8.2), der auf Basis des gestuften Sprachschatzes (Abschnitt 4.5.1) gestaltet wurde, überein, wonach auf der ersten Stufe die Aktivierung der eigensprachlichen Ressourcen der Lernenden erfolgen soll. Sowohl der Anteil an solchen selbst eingeführten Sprachmitteln, als auch an solchen, die als übernommen (Ü) kategorisiert werden, liegt für Amir und Sarah auf einem ähnlichen Niveau (Tabelle 11.1.5).

Tabelle 11.1.4: Überblick zu durch Amir und Sarah auf Stufe 1 verwendeten Sprachmittelarten

Stufe		$\sum$	S	D	k
	$\sum$	82 (8 %)	40 (49 %)	5 (6 %)	37 (45 %)
1	Amir	45 (8 %)	19 (42 %)	3 (7 %)	23 (51 %)
	Sarah	37 (9 %)	21 (57 %)	2 (5 %)	14 (38 %)

S Streifenbezogen   k Kontextunabhängig
D Kontextbezogen (Downloadkontext)

Tabelle 11.1.5: Überblick zu Quellen der Sprachmittelverwendung von Amir und Sarah auf Stufe 1

Stufe		$\sum$	SE	Ü	Ü(m/L)	Ü(m/S)	Ü(s)
	$\sum$	82 (8 %)	54 (66 %)	28 (34 %)	14 (50 %)	9 (32 %)	5 (18 %)
1	Amir	45 (8 %)	30 (67 %)	15 (33 %)	9 (60 %)	2 (13 %)	4 (27 %)
	Sarah	37 (9 %)	24 (65 %)	13 (35 %)	5 (38 %)	7 (54 %)	1 (8 %)

SE Selbsteingeführt   Ü(m/L) Übernahme Lehrkraft
Ü Übernahme   Ü(m/S) Übernahme Mitlernende
                            Ü(s) Übernahme schriftlich

Die Quellen, auf die die beiden Lernenden bei der Übernahme von Sprachmitteln bevorzugt zurückgreifen, variieren allerdings. Während sich der als sprachlich schwach eingestufte Amir vor allem am Sprachmittelangebot der Lehrkraft Ü(m/L) bedient (in den Tabellen 11.1.2 und 11.1.3 in der Spalte des Sprachmittelangebots durch (m) markiert), gebraucht die sprachlich starke Schülerin Sarah hingegen vor allem von Amir eingeführte Sprachmittel Ü(m/S).

Die Tatsache, dass auf der fokussierten ersten Stufe des lexikalischen Lernpfades nur selbstinitiierte Sprachmittelverwendungen (in den Tabellen 11.1.2 und 11.1.3 durch (SI) markiert) zu verzeichnen sind, geht ebenfalls mit dem für diese Stufe konstatierten Ziel der Aktivierung der eigensprachlichen Ressourcen der Lernenden einher, das durch kommunikationsanregende Aktivitäten angebahnt werden soll, die in den Downloadkontext eingebettet sind und keine explizite Aufforderung zur Verwendung bestimmter Sprachmittel enthalten.

Stufe 2: Entwicklung erster informeller Strategien und Etablierung von bedeutungsbezogenem Vokabular

Die Sprachmittelinventarisierung zeigt, dass Amir und Sarah bei ihrer Arbeit auf der zweiten Stufe des intendierten dualen Lernpfades, die über eineinhalb ihrer insgesamt etwa sechs Stunden umfassenden Förderzeit ausmacht, insgesamt 150 bzw. 110 Äußerungen tätigen. Diese beziehen sich auf die fünf verschiedenen ausgewählten Konzepte zum Prozentverständnis bzw. deren Relationen untereinander (Tabelle 11.1.6 für zahlenmäßigen Überblick, Tabellen 11.1.7 bis 11.1.9 für Überblick zur konkreten Sprachmittelverwendung).

Tabelle 11.1.6: Überblick zu durch Amir und Sarah auf Stufe 2 adressierten Konzepten zum Prozentverständnis

Stufe		Σ	Prozent-satz	Prozent-wert	Grund-wert	Grund-konzepte	Diffe-renz prozen-tual	Diffe-renz abso-lut	Diffe-ren-zen	Bezie-hun-gen
2	Σ	260 (27 %)	56 (22 %)	59 (23 %)	43 (17 %)	158 (61 %)	42 (16 %)	23 (9 %)	65 (25 %)	37 (14 %)
	A-mir	150 (26 %)	33 (22 %)	25 (17 %)	25 (17 %)	83 (55 %)	28 (19 %)	8 (5 %)	36 (24 %)	31 (21 %)
	Sa-rah	110 (27 %)	23 (21 %)	34 (31 %)	18 (16 %)	75 (68 %)	14 (13 %)	15 (14 %)	29 (26 %)	6 (5 %)

Hinsichtlich der bei der Sprachmittelverwendung von Amir und Sarah adressierten Konzepte fällt wiederum der relativ hohe Anteil an Ausdrücken auf, die sich auf die Differenzen zwischen 100 % und dem Prozentsatz (etwa „... % geben" in Turn 6-2 durch Amir oder „... % runtergehen" in Turn 12-83 durch Sarah) bzw. zwischen dem Grund- und dem Prozentwert (etwa „der Teil" in Turn 7-111 durch Amir oder „... € sparen" in Turn 5-227 durch Sarah) beziehen (Tabelle 11.1.9). Obwohl deren explizite Thematisierung erst ab der vierten Stufe (Abschnitt 8.2.5) im Fokus steht, fasst Amir die prozentuale Differenz schon im Rahmen der fünften Aufgabe anhand des Sprachmittels „Rabatt" (in Turn 5-2) sprachlich – bevor dieses erstmals (in Turn 5-86) im kollektiven Sprachschatz Verwendung findet (Tabelle 11.1.9). So äußert er innerhalb seiner Beschreibung des Angebots „Alle Sneakers kosten nur noch 75 % vom alten Preis!" aus eigener Initiative heraus, dass „das dementsprechend auch 25 % Rabatt" wären (Turn 5-2). Insbesondere Amir expliziert sprachlich in einem großen Umfang auch Beziehungen zwischen verschiedenen Konzepten zum Prozentverständnis, wie etwa zwischen Prozentsatz und -wert (etwa mit „... % sein und ... € bezahlen müssen" in Turn 5-196 durch Sarah), Prozentsatz und Grundwert (mit „... % vom alten Preis" etwa in Turn 12-16 durch Amir), prozentualer und absoluter Differenz (mit „... % ... € Rabatt sein" in Turn 5-152) bzw. prozentualer Differenz und Prozentsatz (mit „… % sein, also … % Rabatt sein" in Turn 5-68) (Tabelle 11.1.9).

Tabelle 11.1.7: Überblick zur Spurenanalyse von Amir und Sarah auf Stufe 2 zum Konzept „Prozentsatz"

Konzept	Sprachmittelangebot schriftlich bzw. mündlich	Sprachmittelverwendung selbst- (SI), lehrenden- (LI), mitlernendeninitiiert (MI); erste Aktivierung (fett gedruckt)	
		Amir	**Sarah**
Prozent-satz	• (nur (noch)) … % (vom / von dem / des alten Preis/es) kosten (s / m) • … % davon (m) • für … % des alten Preises kaufen (s)	• (jetzt) (nur) (noch) … % (vom alten (Preis) / des) (sein / kosten) (SI / MI) **11**	• (jetzt) … % kosten / vom alten Preis (SI) **2**
	• ((nur) noch) … % (be)-zahlen (müssen) (s / m) • Anteil (m), (den man zahlen muss) (s / m)	• … % seines Geldes [bezahlen] (LI) • (diesen) Anteil, (den man (be-)zahlen muss / zahlen müssen) (MI / SI) **5**	• … % zahlen müssen (LI) • Anteil, das / den man zahlen muss (SI) **3**
	• (so / bis da alle Teile / ein Stück(chen) (in)) (…) % (sein) (m)	• (auf / kleiner Teil / ein Stück … % sein (SI / MI / LI) **14**	• hier / jedes / ein(s) (Kästchen) / immer / alle(s) / ein Stück … % (haben) / (sein) (SI) **12**
	• (in) …-Prozent-Stückchen / -Schritt(en) (einteilen / sein) (m) • Prozent(-zahlen) (m)	• (in) … %-Schritte (ma-chen) (SI) **2**	• (in) …-Prozent-schritte(n) (einteilen) (SI) **2** • mit Prozent; Pro-zentzahl(en) brau-chen (SI) **3**
	• auf … % reduziert (sein / werden) (m)		

Tabelle 11.1.8: Überblick zur Spurenanalyse von Amir und Sarah auf Stufe 2 zum Konzept „Prozentwert"

Konzept	Sprachmittelangebot schriftlich bzw. mündlich	Sprachmittelverwendung selbst- (SI), lehrenden- (LI), mitlernendeninitiiert (MI); erste Aktivierung (fett gedruckt)	
		Amir	**Sarah**
Prozentwert	• neuer Preis (s / m), (den man bezahlen muss (m)) (hoch sein (s) / betragen (s) / … € sein (m))	• neuer Preis (**… € sein / gesucht werden**) (LI) 3	• neuer Preis (SI) 2
	• Geld, das man zahlen muss (s / m)	• Geld, das man zahlen muss (SI) 3	• Geld, (das man) zahlt / zahlen (muss / müssen) (SI) 4
	• (jetzt (s) (nur noch) (m) / an der Kasse / hinterher / dann (m)) (… €) (be-)zahlen (müssen) (s / m)	• nur / jetzt … € bezahlen (SI) 2	• (nur) (… €) (be-)-zahlen müssen / bezahlt haben (SI) 7
	• (jetzt (s / m) / nämlich (s) / dann nur noch (m)) (… €) kosten (s / m) / teuer sein (s)	• (jetzt / nämlich / weniger (… €) kosten (SI) 7	• (jetzt) (nur) (noch) / ein Stück … € kosten (SI) 9
	• (ein Teil / eins / ein Stück) … € sein (m)	• (dann nur / ein Stück) … € sein (SI) 6	• ein Abschnitt / im-mer / jetzt / ein, je-des Stück / ein Ding … € (sein) (SI) 8
	• Prozentwert (m)	• Prozentwert suchen (SI)	• (in / immer) … (€)-Schritte(n) (SI) 3
	• …(€)-Schritte gehen (m)	• …(€)-Schritte **(SI)** • **für … € bekommen** (SI) • **der Stand sein** (SI)	• für weniger kriegen (LI)
Grundwert	• alter Preis (s / m) ((… €) betragen (s) / sein (s / m))	• alter Preis (**… € sein / gesucht werden); nor-maler / vorheriger Preis; normaler Stan-dardpreis** (SI / LI) 8	• alter / vorheriger (Preis) (… € sein / gesucht werden) (LI / SI) 9
	• früher (s) / vorher (s / m) / davor (m) (… €) kosten; vorher teuer sein (s / m)	• früher / **vorher (… €) kosten** (SI / LI) 6	• **vorher (… €) sein / haben** / kosten (SI) 7
	• (am Ende (immer)) 100 % (… €) sein (müssen) / haben (m)	• (früher) 100 % (… €) sein / kosten (SI / MI / LI) 5	
	• hinterher / am Ende … € rauskommen (m)	• am Ende / es … € (sein) (SI) 3	
	• Grundwert (m)	• Grundwert (suchen) (SI) 2 • **… € Budget haben** (SI)	• Grundwert suchen (SI)
			• **dieser Wert** (SI)

Tabelle 11.1.9: Überblick zur Spurenanalyse von Amir und Sarah auf Stufe 2 zu Differenzkonzepten und Relationen zwischen verschiedenen Konzepten

Konzept	Sprachmittelangebot schriftlich bzw. mündlich	Sprachmittelverwendung selbst- (SI), lehrenden- (LI), mitlernendeninitiiert (MI); erste Aktivierung (fett gedruckt)	
		Amir	**Sarah**
Differenz (prozentual)	• Rabatt (s / m) (((von) … %) (s) / ((in) %) (s / m)) ((an-)geben / hoch sein (s)); … % Rabatt haben / kriegen (m)	• **((…) %) Rabatt (sein);** **… % geben** (SI / LI) **10**	• (das) (… %) Rabatt(e) (in %) (sein) (SI / LI) **8**
	• Anteil, den man spart (s / m); … % sparen (m)	• Anteil, den / **das er /** man spart; (nur) … % / **diesen Teil** sparen (SI / LI) **9**	
	• dieses / das Weiße (von dem Streifen) (m)	• **hier / der / dieser Teil (… %)** (SI) **3**	
	• … % teurer sein / kosten (m)	• **… % teurer / mehr sein / kosten** (SI) **4**	… % teurer sein (SI)
		• **… % weniger / billiger** (SI) **2**	• … % weniger **kosten / runtergehen** (SI) **5**
Differenz (absolut)	• Geld, das man spart (s / m); Geld / … € sparen (m)	• Geld, das / **was** man spart; (dieses) Geld sparen (SI) **5**	• Geld, das man spart; (das) Geld / diesen Teil / **… € sparen** (SI / MI / LI) **9**
	• Rabatt (in) (…) (€) (s / m) ((hoch) sein (s / m) / angeben (s) / erhalten (s)); … € Rabatt (kriegen / bekommen) (m)		• Rabatt ((in) (…) € (sein)) (LI / SI) **4**
	• das Weiße vom Streifen (m)	• **der Teil** (SI / LI) **2**	
		• … € teurer sein (SI)	• **… € teurer** (LI)
			• **das nicht zahlen müssen** (MI)
Beziehungen zwischen Konzepten	• (nur noch) … % (von … €) (s) / des / vom alten Preis(es) (s) (noch kosten) (m); ein Stück davon in % sein (m)	• … % (von … €) / vom alten Preis (LI) **2**	
	• nur noch … € statt … € (s); ein Stück davon in € sein (m)		
	• … % (und) (…) (in) € sein / entsprechen (m); für ein … % - Stückchen … € bezahlen (m)	• (eins / ein Stück / **bei /** **auf** … %) (und) … € sein / **haben / kosten** (SI / MI / LI) **27**	• … % (und) … € sein / **bezahlen müssen /** kosten (SI / LI) **6**
		• … % … € Rabatt sein (SI)	
		• … % also … % Rabatt sein (LI)	

Im Hinblick auf die *Art der genutzten Sprachmittel* stimmen Amir und Sarah darin überein, dass sich insgesamt mehr als die Hälfte der von ihnen gebrauchten Sprachmittel auf den vertrauten Einkaufskontext beziehen (Tabelle 11.1.10).

Tabelle 11.1.10: Überblick zu durch Amir und Sarah auf Stufe 2 verwendeten Sprachmittelarten

Stufe		$\sum$	S	VE	k	FB
	$\sum$	260 (27 %)	49 (19 %)	151 (58 %)	56 (22 %)	4 (2 %)
2	Amir	150 (26 %)	25 (17 %)	80 (53 %)	42 (28 %)	3 (2 %)
	Sarah	110 (27 %)	24 (22 %)	71 (65 %)	14 (13 %)	1 (1 %)

S Streifenbezogen   k Kontextunabhängig

VE Kontextbezogen (vertrauter Einkaufskontext)   FB Formalbezogen

Die Beobachtung, dass im Fall des Lernendenpaares Amir und Sarah die kontextbezogenen Sprachmittel überwiegen, die im vertrauten Einkaufskontext angesiedelt sind, passt zur Zielsetzung der zweiten Stufe des lexikalischen Lernpfads (Abschnitt 8.2.2): Auf dieser Stufe steht die Etablierung solcher lexikalischer Einheiten im Fokus, die zur Konstruktion von Bedeutungen für die drei Grundkonzepte notwendig sind und zumeist dem bildungssprachlichen Register zuzuordnen sind. Anzumerken ist dabei, dass die Lernenden (gemäß der Auflistungen in den Tabellen 11.1.7 – 11.1.9) nicht nur auf die vom Material vorgegebenen oder von der Förderlehrkraft angebotenen kontextbezogenen Sprachmittel des vertrauten Einkaufskontextes zurückgreifen (wie etwa „alter Preis" für Grundwert). Stattdessen führen sie auch selbst ähnliche Ausdrücke ein, die häufig zu den angebotenen synonym sind (wie etwa „normaler Standardpreis" in Turn 5-132 bzw. „vorheriger Preis" in Turn 12-127 jeweils durch Amir). Die Tatsache, dass hier eine Aktivierung vielfältiger Sprachmittel aus dem autonomen Sprachschatz der Lernenden (Abschnitt 4.1.4) möglich ist, kann als Indikator für die intuitive Zugänglichkeit des gewählten Kontextes (etwa auch bei Bell et al. 1984) angesehen werden. Dies deutet daraufhin, dass es den beiden Lernenden gelingt, anhand der lexikalischen Einheiten aus dem Einkaufskontext eine adäquate Bedeutung zu den Konzepten konstruieren und diese mit verschiedenen Sprachmitteln ausdrücken zu können.

Darüber hinaus nutzen sie allerdings ebenso immer wieder Verweise auf den Streifen (etwa mit „am Ende … €" zur Adressierung des Grundwerts durch Amir in Turn 6-195) und kontextunabhängige Sprachmittel (wie etwa „100 % … € sein" von Amir in Turn 8-106)). Diesbezüglich zeigen sich jedoch interindividuell unterschiedliche Präferenzen. So aktiviert Sarah insgesamt eher streifenbezogene als kontextunabhängige Sprachmittel, während sich die Situation bei dem sprachlich schwächeren Amir konträr verhält.

Im Rahmen der Betrachtung der *Quellen der Sprachmittelverwendung* (Tabelle 11.1.11) lässt ein globaler Blick Differenzen zwischen den beiden Lernenden erkennen. Während die Anteile an selbsteingeführten (wie „für … € bekommen" für Prozentwert in Turn 5-188) und übernommenen Sprachmitteln bei Amir insgesamt nahezu übereinstimmen, kann die Mehrzahl der von Sarah verwendeten Ausdrücke als übernommen kategorisiert werden. Das in besonderem Maße auf Sarah zutreffende Phänomen, dass der Großteil der aktivierten Ausdrücke dem kollektiven Sprachschatz entstammt, kann als erwartbar charakterisiert werden. Dies ist darauf zurückzuführen, dass auf dieser zweiten Stufe des lexikalischen Lernpfads die Etablierung bedeutungsbezogener Sprachmittel zur Konstruktion von Bedeutungen für die Grundkonzepte zum Prozentverständnis intendiert ist und zu diesem Zweck ausgewählte lexikalische Einheiten aus dem Einkaufskontext eine explizite Einführung erfahren (Abschnitt 8.2.2).

Tabelle 11.1.11: Überblick zu Quellen der Sprachmittelverwendung von Amir und Sarah auf Stufe 2

Stufe		∑	SE	Ü	Ü(m/L)	Ü(m/S)	Ü(s)
	∑	260 (27 %)	114 (44 %)	146 (56 %)	34 (23 %)	48 (33 %)	64 (44 %)
2	Amir	150 (26 %)	73 (49 %)	77 (51 %)	14 (18 %)	18 (23 %)	45 (58 %)
	Sarah	110 (27 %)	41 (37 %)	69 (63 %)	20 (29 %)	30 (43 %)	19 (28 %)

SE Selbsteingeführt Ü(m/L) Übernahme Lehrkraft
Ü Übernahme Ü(m/S) Übernahme Mitlernende
  Ü(s) Übernahme schriftlich

Die Quellen betreffend, auf welche bei der Übernahme von Sprachmitteln aus dem kollektiven Sprachschatz bevorzugt zurückgegriffen wird (Tabelle 11.1.11), lassen sich allerdings Unterschiede zwischen dem Schüler und der Schülerin erkennen. So reproduziert Amir, bei dem eine geringe Sprachkompetenz nachgewiesen wurde (Abschnitt 10.2.2), primär in die schriftlichen Aufgabenstellungen integrierte Ausdrücke (wie „neuer Preis" für Prozentwert etwa in Turn 12-104). Im Gegensatz dazu verwendet die als sprachlich stark eingestufte Schülerin Sarah (Abschnitt 10.2.2) vor allem Sprachmittel, die zuerst von Amir aktiviert wurden (wie etwa „… %-Schritte" für Prozentsatz in Turn 6 - 113).

Die *Initiative der Sprachmittelverwendung* geht von Amir und Sarah zumeist selbst aus (Tabelle 11.1.12). Anders als auf der ersten Stufe des dualen Lernpfades lassen sich hier auf lokaler Ebene jedoch auch Situationen identifizieren, in denen der Gebrauch von Ausdrücken von der Lehrkraft oder den Mitlernenden initiiert wurde (in Tabellen 11.1.7 bis 11.1.9 durch LI bzw. MI markiert).

Tabelle 11.1.12: Überblick zu Initiativen der Sprachmittelverwendung von Amir und Sarah auf Stufe 2

Stufe		Σ	SI	MI	LI
	Σ	260 (27 %)	202 (78 %)	16 (6 %)	42 (16 %)
2	Amir	150 (26 %)	112 (75 %)	9 (6 %)	29 (19 %)
	Sarah	110 (27 %)	90 (82 %)	7 (6 %)	13 (12 %)

SI Selbstinitiiert   LI Lehrendeninitiiert

MI Mitlernendeninitiiert

Die Beobachtung, dass auch auf dieser Stufe, die auf die Etablierung bestimmter Sprachmittel abzielt, Situationen selbstinitiierter Sprachmittelverwendung überwiegen, kann als erster Indikator gedeutet werden, dass sich die Aufgabenstellungen – wie intendiert – zur Kommunikationsanregung (Abschnitt 4.1.2) eignen. Dennoch scheint, wie die lehrendeninitiierten Sprachmittelverwendungen verdeutlichen, auch den Impulsen der (Förder-)Lehrkräfte eine Relevanz zuzukommen (Abschnitt 8.2.4 für Einführung von Mikro-Scaffolding-Strategien).

Stufe 3: Formalisierung bezüglich der Rechenstrategien für Grundaufgabentypen und des Sprachschatzes

Für die dritte Stufe des intendierten dualen Lernpfades, mit der sich das Lernendenpaar etwa eine halbe Stunde auseinandersetzt, wird aus der Sprachinventarisierung ersichtlich, dass Amir 73 und Sarah 31 Sprachmittel aktivieren (s. Tabelle 11.1.13 und strukturierte Sprachmittelinventarisierung in Tabelle 11.1.14). Auf Amir, der demnach mehr als doppelt so häufig zu inventarisierende Ausdrücke gebraucht wie Sarah, scheinen auf dieser Stufe ferner auch generell deutlich höhere Sprechanteile zu entfallen.

Tabelle 11.1.13: Überblick zu durch Amir und Sarah auf Stufe 3 adressierten Konzepten zum Prozentverständnis sowie deren Relationen untereinander

Stufe		Σ	Prozentsatz	Prozentwert	Grundwert	Grundkonzepte	Differenz prozentual	Differenz absolut	Differenzen	Beziehungen
	Σ	104 (11 %)	22 (21 %)	22 (21 %)	27 (26 %)	71 (68 %)	2 (2 %)	2 (2 %)	4 (4 %)	29 (28 %)
3	A-mir	73 (13 %)	16 (22 %)	13 (18 %)	16 (22 %)	45 (62 %)	2 (3 %)	1 (1 %)	3 (4 %)	25 (34 %)
	Sa-rah	31 (8 %)	6 (19 %)	9 (29 %)	11 (35 %)	26 (84 %)	0 (0 %)	1 (3 %)	1 (3 %)	4 (13 %)

Tabelle 11.1.14: Überblick zur Spurenanalyse von Amir und Sarah auf Stufe 3 zu Konzepten „Prozentsatz", „Prozentwert" und „Grundwert"

Konzept	Sprachmittelangebot schriftlich bzw. mündlich	Sprachmittelverwendung selbst- (SI), lehrenden- (LI), mitlernendeninitiiert (MI); erste Aktivierung (fett gedruckt)	
		Amir	Sarah
Prozent-satz	• Prozentsatz (s / m); Prozent (m) • (da / bei) … % (am Streifen) sein (m) • … %-Schritt(e) (am Streifen) weitergehen; in … %-Stückchen einteilen (m)	• Prozentsatz (suchen); **(in)** Prozent **angeben / angucken** (SI / LI) 6 • (ein Stück) … % sein (SI / LI) 9 • … %-Schritte (SI)	• Prozentsatz (sein); mit Prozent; Prozent-zahl (SI / LI) 5 • in … %-Schritten (SI)
Prozent-wert	• Prozentwert (s / m) • (bei) … € sein (m)	• Prozentwert (suchen); der Wert (LI) 6 • (ein Stück / hier) (…) (€ / GB) **(wert)** sein / haben (SI / LI) 7	• Prozentwert; **Wert / das hier in Prozent** (SI / LI) 7 • **das (weniger sein)** (zeigt am Streifen) (SI / LI) 2
Grund-wert	• Grundwert (s / m) • 100 % … € sein (m) • alter Preis (m) • das, wovon man ausgeht (m)	• Grundwert (suchen / … (€) sein) (SI / LI) 4 • 100 % … € / GB sein (SI) 9 • alter Preis; **Gesamt-preis** (SI) 2 • **Gesamtsumme** (SI)	• Grundwert (€ sein) (SI / LI) 5 • 100 % … € (LI) • alter Preis; **normaler Wert** / Preis (SI / LI) 3 • das (zeigt auf Streifenende) (LI) • **das Teuerste** (LI)
Differenz (prozen-tual)		• **… % wegnehmen** (SI) • **… % dazu tun** (SI)	
Differenz (absolut)		• Rabatt (SI)	• **billiger machen** (SI)
Bezie-hungen zwischen Konzep-ten	• … % von … € (s / m) / 100 % (m) • … % … € / GB sein (s / m); ein Stückchen … % … € sein (m)	• … % von … (€ / GB) (sein) (SI / LI) 5 • ein Stück … % (und) … € / GB **ergeben sollen** / sein (SI / LI) 17 • … GB von … GB; nur ein Stück davon sein (SI / LI) 3	• … (%) … (GB) sein (LI) 4

Die Sprachmittelinventarisierung für diese dritte Stufe, auf der die Auseinandersetzung mit einer kontextgelösten Aktivität im Vordergrund steht (Abschnitt 8.2.3), zeigt in Bezug auf die angesteuerten Konzepte Folgendes: Die individu-

ellen Lernwege der beiden fokussierten Lernenden enthalten kaum Ausdrücke
(Tabellen 11.1.13 und 11.1.14), die sich auf die prozentuale Differenz („... %
wegnehmen" und „... % dazu tun" durch Amir in Turn 9-32) bzw. die absolute
Differenz („billiger machen" durch Sarah in Turn 9-370 und „Rabatt" durch
Amir in Turn 9-370) beziehen. Obwohl dies einen Unterschied zur Sprachmittelverwendung der Lernenden auf den vorhergehenden Stufen des intendierten
dualen Lernpfades darstellt, kann nicht von einer Abweichung der individuellen
Lernwege vom intendierten lexikalischen Lernpfad ausgegangen werden. Denn
die dieser Stufe zugeordnete Aufgabe tangiert die Differenzen zwischen den
Grundkonzepten nicht explizit und auch im schriftlichen Sprachmittelangebot,
das auf dieser Stufe situiert ist (Tabelle 11.1.14), kommen keinerlei Elemente
vor, die sich auf die prozentuale oder absolute Differenz beziehen.

Relationen zwischen den Konzepten werden auf dieser dritten Stufe von beiden Lernenden – allerdings in unterschiedlicher Vielfalt und Quantität – explizit
sprachlich gefasst (Tabelle 11.1.14). So nutzt Amir, der Beziehungen zwischen
allen drei Grundkonzepten adressiert (etwa mit „... % von ... €" z.B. in Turn
9 - 6, „... % ... GB ergeben sollen" in Turn 9-159 oder „... GB von ... GB" in
Turn 9-187) einen deutlich höheren Anteil an Sprachmitteln zum Ausdruck konzeptueller Beziehungen als Sarah, die explizit (mit „... % ... GB sein" in Turn
9-266) lediglich auf die Relation zwischen Prozentwert und -satz eingeht (Tabelle 11.1.14).

Im Hinblick auf die *Art der genutzten Sprachmittel* stimmen die beiden Lernenden auf dieser dritten Stufe darin überein, dass sie hauptsächlich die formalbezogenen Ausdrücke „Prozentsatz", „Prozentwert" und „Grundwert" sowie
kontextunabhängige (z.B. „100 % ... € sein" etwa in Turn 9-12 durch Amir oder
„mit Prozent" in Turn 9-168 durch Sarah) lexikalische Einheiten verwenden.
Während Sarah überwiegend formalbezogene Sprachmittel aktiviert, zeigen sich
bei Amir Präferenzen für kontextunabhängige Sprachmittel (Tabelle 11.1.15).

Tabelle 11.1.15: Überblick zu durch Amir und Sarah auf Stufe 3 verwendeten Sprachmittelarten

Stufe		$\sum$	S	VE	k	FB
	$\sum$	104 (11 %)	15 (14 %)	9 (9 %)	55 (53 %)	25 (24 %)
3	**Amir**	73 (13 %)	10 (14 %)	5 (7 %)	46 (63 %)	12 (16 %)
	Sarah	31 (8 %)	5 (16 %)	4 (13 %)	9 (29 %)	13 (42 %)

S Streifenbezogen   **k** Kontextunabhängig
VE Kontextbezogen (vertrauter Einkaufskontext)   **FB** Formalbezogen

Bei der Auseinandersetzung mit der neunten Aktivität des gestalteten Lehr-
Lern-Arrangements (Abschnitte 8.2.3 und 8.3) findet auf den individuellen
Lernwegen (Tabellen 11.1.14 und 11.1.15) der Lernenden demnach – wie inten-
diert – die erstmalige Nutzung der formalbezogenen Ausdrücke statt, die inner-

halb dieser Aufgabe eingeführt werden. Auffällig ist, dass deren Aktivierung durch die Lernenden zumeist – insbesondere im Fall von Amir – auf der Initiative der Förderlehrkraft beruht. Dies kann als Hinweis darauf interpretiert werden, dass es – wie erwartet (Prediger & Pöhler 2015) – zur Überführung dieser Sprachmittel in den produktiven Sprachschatz der Lernenden weiterer Einübung bedarf. Neben der Schaffung von Anlässen zur Verwendung dieser formalbezogenen Ausdrücke sowie deren konsequenten Verknüpfung mit anderen, vertrauteren Sprachmitteln mit dem Ziel des Aufbaus sowie der Konsolidierung ihrer Bedeutungen, scheint eine behutsame und kontinuierliche Einforderung der Verwendung der formalbezogenen Sprachmittel im Sinne des Mikro-Scaffoldings (Abschnitt 4.1.3 für Hintergründe; Abschnitt 8.2.4 für konkrete Strategien) relevant zu sein. Zur Kommunikation über Berechnungen der Grundaufgabentypen eignen sich ferner anscheinend insbesondere kontextunabhängige Sprachmittel.

Die Betrachtung der Quellen der Sprachmittelverwendung auf der hier fokussierten dritten Stufe des dualen Lernpfads ergibt, dass sowohl bei Amir als auch bei Sarah der Anteil an übernommenen über dem an selbsteingeführten Sprachmitteln (wie beispielsweise „... € wert sein" in Turn 9-347 durch Amir) oder „normaler Wert" in Turn 9-326 durch Sarah) liegt (Tabelle 11.1.16). Dabei fällt der Unterschied zwischen den beiden Kategorien bei Amir geringer aus. Die Übernahme von Ausdrücken erfolgt durch den Schüler sowie die Schülerin insgesamt bevorzugt aus dem schriftlich präsentierten Angebot (etwa von Sprachmitteln wie „alter Preis" oder „Grundwert").

Tabelle 11.1.16: Überblick zu Quellen der Sprachmittelverwendung von Amir und Sarah auf Stufe 3

Stufe		Σ	SE	Ü	Ü(m/L)	Ü(m/S)	Ü(s)
	Σ	104 (11 %)	42 (40 %)	62 (60 %)	12 (19 %)	17 (27 %)	33 (53 %)
3	Amir	73 (13 %)	33 (45 %)	40 (55 %)	11 (28 %)	10 (25 %)	19 (48 %)
	Sarah	31 (8 %)	9 (29 %)	22 (71 %)	1 (5 %)	7 (32 %)	14 (64 %)

SE	Selbsteingeführt	Ü(m/L)	Übernahme Lehrkraft
Ü	Übernahme	Ü(m/S)	Übernahme Mitlernende
		Ü(s)	Übernahme schriftlich

In Bezug auf die *Initiative der Sprachmittelverwendung*, die auf dieser dritten Stufe in keinem Fall von der bzw. dem Mitlernenden ausgeht, lassen sich erstmals Differenzen zwischen den beiden Lernenden erkennen (Tabelle 11.1.17).

Tabelle 11.1.17: Überblick zu Initiativen der Sprachmittelverwendung von Amir und Sarah auf Stufe 3

Stufe		$\sum$	SI	LI
	$\sum$	104 (11 %)	64 (62 %)	40 (38 %)
3	Amir	73 (13 %)	52 (71 %)	21 (29 %)
	Sarah	31 (8 %)	12 (39 %)	19 (61 %)

SI Selbstinitiiert   LI Lehrendeninitiiert

Während sich Amirs Gebrauch sprachlicher Ausdrücke insgesamt wiederum überwiegend als selbstinitiiert erweist, geht die Initiative der Sprachmittelverwendung von Sarah zumeist von der Förderlehrkraft aus. Ob die Beobachtung, dass ein höheres Ausmaß an Initiativen der Lehrerin die sprachlich stärkere Schülerin adressieren, auf einen Pygmalion-Effekt zurückzuführen ist, kann nur vermutet und anhand der Analysemethode, die die Sprachmittelverwendung fokussiert, nicht sicher festgestellt werden.

Insgesamt kann die Beobachtung, dass erstmals in größerem Umfang lehrendeninitiierte Sprachmittelverwendungen zu verzeichnen sind und solche für Sarah (sprachlich stark) sogar überwiegen, als erstes Indiz dafür aufgefasst werden, dass die Verwendung gewisser sprachlicher Ausdrücke durch die Lernenden der expliziten und wiederholten Einforderung durch die Förderlehrkraft bedarf. Dies scheint vor allem für die formalbezogenen Sprachmittel zu gelten, die von Sarah und Amir nur selten aus eigener Initiative heraus aktiviert werden.

Stufe 4: Erweiterung des Repertoires hinsichtlich komplexerer Aufgabentypen

Laut der Sprachmittelinventarisierung liegen für Amir 58 und für Sarah 20 Sprachmittelverwendungen für die vierte Stufe des intendierten dualen Lernpfades vor (Tabelle 11.1.18). Damit finden auf dieser Stufe, mit deren Aufgaben sich das Lernendenpaar etwas mehr als 24 Minuten auseinandersetzt, durch Sarah die wenigsten und durch Amir nach der ersten Stufe die zweitwenigsten Sprachmittelaktivierungen statt. Ferner erweisen sich die quantitativen Differenzen zwischen den Sprachmittelverwendungen der beiden Lernenden auf dieser Stufe prozentual gesehen als am höchsten.

Erwartungsgemäß werden auf dieser Stufe, auf der der lexikalische Lernpfad auf die Erweiterung der bedeutungsbezogenen, teilweise bereits dem erweiterten Lesesprachschatz zuzuordnenden Sprachmittel im Einkaufskontext auf komplexere Aufgabentypen abzielt (Abschnitt 8.2.4), zu einem höheren Anteil als auf jeder anderen Stufe die Differenzkonzepte adressiert. Beide Lernende verwenden dabei eher Sprachmittel für die prozentuale (wie „... % nicht bezahlen müssen" durch Amir in Turn 13-51) als für die absolute Differenz (etwa „Verminderung um ..." durch Sarah in Turn 13-172).

Nicht selten, aber durchgehend mit der Sprachkonstruktion „... % ... € sein"
(etwa Amir in Turn 14-9), fassen beide Lernende ebenfalls Beziehungen zwischen den Konzepten sprachlich. Wie schon auf den vorherigen Stufen, gebraucht Amir derartige relationale Sprachkonstruktionen in einem höheren Ausmaß als Sarah. Allerdings stellt sich diese interindividuelle Abweichung auf der
fokussierten Stufe geringer dar als auf den anderen Stufen.

Tabelle 11.1.18: Überblick zu durch Amir und Sarah auf Stufe 4 adressierten Konzepten zum
Prozentverständnis sowie deren Beziehungen untereinander

Stufe	Σ	Pro-zent-satz	Pro-zent-wert	Grund-wert	Grund-kon-zepte	Diffe-renz prozen-tual	Diffe-renz abso-lut	Diffe-renzen	Bezie-hun-gen
	Σ	78 (8 %)	14 (18 %)	8 (10 %)	12 (15 %)	34 (44 %)	21 (27 %)	8 (10 %)	29 (37 %)	15 (19 %)
4	A-mir	58 (10 %)	9 (16 %)	6 (10 %)	8 (14 %)	23 (40 %)	16 (28 %)	7 (12 %)	23 (40 %)	12 (21 %)
	Sa-rah	20 (5 %)	5 (25 %)	2 (10 %)	4 (20 %)	11 (55 %)	5 (25 %)	1 (5 %)	6 (30 %)	3 (15 %)

In Bezug auf die *Art der verwendeten Sprachmittel* scheint sich das Ziel der Stufe, das in der Erweiterung der bedeutungsbezogenen Sprachmittel im Einkaufskontext auf komplexere Aufgabentypen besteht, für beide Lernende in unterschiedlichem Ausmaß zu realisieren (Tabellen 11.1.18 und 11.1.19).

Tabelle 11.1.19: Überblick zu durch Amir und Sarah auf Stufe 4 verwendeten Sprachmittelarten

Stufe	Σ	S	VE	EK	k	FB
	Σ	78 (8 %)	9 (12 %)	25 (32 %)	18 (23 %)	25 (32 %)	1 (1 %)
4	Amir	58 (10 %)	4 (7 %)	20 (34 %)	16 (28 %)	17 (29 %)	1 (2 %)
	Sarah	20 (5 %)	5 (25 %)	5 (25 %)	2 (10 %)	8 (40 %)	0 (0 %)

S Streifenbezogen
VE Kontextbezogen (vertrauter Einkaufskontext)
EK Kontextbezogen (erweiterte Kontexte)

k Kontextunabhängig
FB Formalbezogen

Während sich der Großteil der von Amir aktivierten Sprachmittel erwartungsgemäß auf den Kontext des Einkaufens bezieht und dementsprechend den Kategorien „Vertrauter Einkaufskontext" (etwa „neuer Preis" für Prozentwert in Turn
13-139) sowie „Erweiterte Kontexte" (etwa „herabsetzen auf ... %" für Prozentsatz in Turn 13-48) zuzuordnen ist, trifft dies auf Sarah, die vorwiegend kontextunabhängige Ausdrücke verwendet (etwa „Prozentzahl" für Prozentsatz in
Turn 13-86), nicht gleichermaßen zu.

Insbesondere nutzt Sarah wesentlich seltener lexikalische Einheiten wie „Verminderung von … %" für die prozentuale Differenz in Turn 13-172, die zwar auf den Einkaufskontext bezogen, aber eher einem erweiterten Kontext zuzuordnen sind, da sie als weniger vertraut eingeschätzt werden können. Eine stufenübergreifende produktive Verwendung derartiger Sprachmittel, die zu einem erweiterten kontextbezogenen Lesesprachschatz gehören, wird zwar mit Blick auf das Fortschreiten auf dem lexikalischen Lernpfad nicht vorausgesetzt, ihre Aktivierung bei der Bearbeitung der konkreten Aufgaben ist aber als erwartbar zu charakterisieren.

Ein Ausdruck der Kategorie der formalbezogenen Sprachmittel, die auf der dritten Stufe eingeführt werden, wird auf der vierten Stufe lediglich einmal verwendet. So aktiviert Amir – beruhend auf der Initiative der Förderlehrerin – in Turn 13 - 146 den Begriff „Grundwert". Die Tatsache, dass kaum auf Elemente dieser Sprachmittelkategorie zurückgegriffen wird, könnte damit in Zusammenhang stehen, dass auf dieser vierten Stufe weiterhin alle Aufgaben im Einkaufskontext situiert und noch keinerlei Aktivitäten zur Einübung derartiger Sprachmitteln integriert sind.

Die Betrachtung der *Quellen der Sprachmittelverwendung* zeigt, dass sowohl für Sarah als auch für Amir der Anteil an Ausdrücken, die aus dem kollekktiven Sprachschatz übernommen werden, den selbsteingeführter inventarisierter Ausdrücke (wie „… % weg sein" für die prozentuale Differenz durch Amir in Turn 13-105) deutlich übersteigt (Tabelle 11.1.20). Die Übernahmen durch die beiden Lernenden erfolgen dabei zumeist aus dem schriftlichen Angebot (etwa „um … % herabsetzen" für die prozentuale Differenz durch Amir in Turn 13-62). Während der als sprachlich schwach eingeschätzte Amir darüber hinaus eher von der Lehrkraft (z. B. „nur noch … % bezahlen" für den Prozentsatz in Turn 13-162) als von Sarah etablierte Sprachmittel (etwa „in …-€-Schritte" für den Prozentwert in Turn 14 - 21) übernimmt, greift die als sprachlich stark eingestufte Sarah in gleichem Ausmaß auf beide Quellen des mündlichen kollektiven Sprachschatzes zurück („… % haben" für prozentuale Differenz in Turn 13-88 bzw. „…-%-Schritte" für den Prozentsatz in Turn 13-119).

Die Beobachtung, dass die Sprachmittelaktivierungen auf dieser Stufe überwiegend als Übernahmen aus dem kollektiven Sprachschatz und dabei insbesondere aus dem schriftlichen Angebot zu charakterisieren sind, erweist sich mit Blick auf die Intention der vierten Stufe des lexikalischen Lernpfads als nicht unerwartet. So wird auf die Erweiterung der bedeutungsbezogenen Sprachmittel auf komplexere Aufgabentypen abgezielt. Dafür findet speziell hinsichtlich der prozentualen und absoluten Differenz eine Konfrontation mit weiteren Sprachmitteln – auch durch die schriftlichen Aufgabenstellungen – statt (Abschnitt 8.2.5). Dass diese Sprachmittel für den Umgang mit einzelnen Aufgaben spezifisch sind, ist dem Konstrukt des kontextbezogenen Lesesprachschatzes inhärent und folgt dem Prinzip des gestuften Sprachschatzes (Abschnitt 4.1.4).

Tabelle 11.1.20: Überblick zu Quellen der Sprachmittelverwendung von Amir und Sarah auf Stufe 4

Stufe		Σ	SE	Ü	Ü(m/L)	Ü(m/S)	Ü(s)
	Σ	78 (8 %)	21 (27 %)	57 (73 %)	14 (10 %)	10 (13 %)	33 (77 %)
4	Amir	58 (10 %)	18 (31 %)	40 (69 %)	9 (23 %)	5 (13 %)	26 (65 %)
	Sarah	20 (5 %)	3 (15 %)	17 (85 %)	5 (29 %)	5 (29 %)	7 (41 %)

SE Selbsteingeführt   Ü(m/L) Übernahme Lehrkraft
Ü Übernahme   Ü(m/S) Übernahme Mitlernende
          Ü(s) Übernahme schriftlich

Die auf der vierten Stufe des dualen intendierten Lernpfads angesiedelte Sprachmittelverwendung beruht insgesamt in etwas über der Hälfte aller Fälle auf der Initiative der Lernenden (Tabelle 11.1.21).

Tabelle 11.1.21: Überblick zu Initiativen der Sprachmittelverwendung von Amir und Sarah auf Stufe 4

Stufe		Σ	SI	MI	LI
	Σ	78 (8 %)	43 (55 %)	3 (4 %)	32 (41 %)
4	Amir	58 (10 %)	32 (55 %)	3 (5 %)	23 (40 %)
	Sarah	20 (5 %)	11 (55 %)	0 (0 %)	9 (45 %)

SI Selbstinitiiert   LI Lehrendeninitiiert
MI Mitlernendeninitiiert

Die übrigen Sprachmittelaktivierungen von Sarah werden vollständig und von Amir weitgehend durch die Förderlehrkraft initiiert. Die Tatsache, dass die lehrendeninitiierte Sprachmittelverwendung vor allem bei der Aktivierung kontextbezogener Ausdrücke des vertrauten Einkaufskontextes bzw. erweiterter Kontexte überwiegt, verweist auf die Relevanz von Mikro-Scaffolding-Impulsen durch die Förderlehrkräfte für die Etablierung derartiger Sprachmittel.

Stufe 5: Identifikation verschiedener Aufgabentypen in Textaufgaben aus unterschiedlichen Kontexten

Mit Aktivitäten, die der fünften Stufe des dualen intendierten Lernpfades zuzuordnen sind, beschäftigt sich das Lernendenpaar mehr als zwei Stunden. Dies entspricht etwa einem Drittel der gesamten Förderzeit. Dabei verwenden Amir und Sarah der durchgeführten Sprachinventarisierung zufolge insgesamt 172 bzw. 161 Sprachmittel, die sich auf die fünf ausgewählten Konzepte zu Prozenten sowie deren Beziehungen untereinander beziehen (Tabelle 11.1.22). Damit sind auf dieser Stufe mehr Äußerungen der Lernenden zu verzeichnen als auf jeder anderen Stufe. Der quantitative Vorsprung von Amir bei den aktivierten Sprachmitteln gegenüber Sarah erweist sich auf dieser Stufe als am geringsten.

Neben der hohen Quantität an Sprachmitteln, die überwiegend auf die drei Grundkonzepte bezogen sind (wie „in … %-Schritte machen" für Prozentsatz durch Amir in 17-302, „… € kosten" für Prozentwert durch Sarah in 15-31 und „Limit" für Grundwert durch Amir in Turn 17-122), wird zudem eine große Vielfalt an verwendeten und auch an – insbesondere mündlich – angebotenen Ausdrücken deutlich. Versprachlichungen sowohl der absoluten und prozentualen Differenz als auch der Beziehungen zwischen den verschiedenen betrachteten Konzepten werden von beiden Lernenden hier im Vergleich zu den anderen Stufen eher selten vorgenommen (Tabelle 11.1.22). In Bezug auf die Relationen zwischen den einzelnen Konzepten fällt allerdings auf, dass – anders als auf vorherigen Stufen – beide Lernende Beziehungen zwischen allen drei Grundkonzepten sprachlich zum Ausdruck bringen.

Tabelle 11.1.22: Überblick zu durch Amir und Sarah auf Stufe 5 adressierten Konzepten zum Prozentverständnis sowie deren Beziehungen untereinander

Stu-fe		Σ	Pro-zent-satz	Pro-zent-wert	Grund-wert	Grund-kon-zepte	Diffe-renz prozen-tual	Diffe-renz abso-lut	Diffe-ren-zen	Bezie-hungen
	Σ	333 (34 %)	81 (24 %)	78 (23 %)	99 (30 %)	258 (77 %)	14 (4 %)	14 (4 %)	28 (8 %)	47 (14 %)
5	A-mir	172 (30 %)	46 (27 %)	31 (18 %)	42 (24 %)	119 (69 %)	7 (4 %)	12 (7 %)	19 (11 %)	34 (20 %)
	Sa-rah	161 (40 %)	35 (22 %)	47 (29 %)	57 (35 %)	139 (86 %)	7 (4 %)	2 (1 %)	9 (6 %)	13 (8 %)

In Bezug auf die *Art der vorrangig aktivierten Sprachmittel* zeigt sich, dass Amir und Sarah auf der fünften Stufe übereinstimmend primär formalbezogene Ausdrücke wie „Prozentwert suchen" (durch Sarah, etwa in Turn 15-132) sowie kontextbezogene Sprachmittel verwenden, die sich auf den Einkaufskontext (wie „… € billiger werden" für die absolute Differenz durch Amir in Turn 15 - 129) bzw. erweiterte Kontexte (wie „… % von dieser Zeit brauchen" für Prozentsatz durch Amir in Turn 17-286) beziehen (Tabelle 11.1.23). Dies deutet auf das Erreichen des im lexikalischen Lernpfad für diese Stufe verankerten Ziels hin, das in der Einübung formal- und bedeutungsbezogener Sprachmittel sowie im Umgang mit kontextbezogenen Sprachmitteln besteht, die einem erweiterten Lesesprachschatz zugeordnet werden können.

Tabelle 11.1.23: Überblick zu durch Amir und Sarah auf Stufe 5 verwendeten Sprachmittel-arten

Stufe		Σ	S	VE	EK	k	FB
	Σ	333 (34 %)	23 (7 %)	53 (16 %)	86 (26 %)	64 (19 %)	107 (32 %)
5	Amir	172 (30 %)	11 (6 %)	25 (15 %)	49 (28 %)	37 (22 %)	50 (29 %)
	Sarah	161 (40 %)	12 (7 %)	28 (17 %)	37 (23 %)	27 (17 %)	57 (35 %)

S Streifenbezogen
VE Kontextbezogen (vertrauter Einkaufskontext)
EK Kontextbezogen (erweiterte Kontexte)

k Kontextunabhängig
FB Formalbezogen

Der Blick auf die *Quellen der Sprachmittelverwendung* zeigt zunächst, dass insgesamt der Anteil an übernommenen für Amir leicht und für Sarah deutlich über dem selbsteingeführter Sprachmittel liegt, wie etwa „Limit" für den Grundwert (Amir in Turn 17-122) oder „Anteil der Verlierer" für die prozentuale Differenz (Sarah in Turn 17-198, vgl. Tabelle 11.1.24).

Tabelle 11.1.24: Überblick über die Quellen der Sprachmittelverwendung von Amir und Sarah auf Stufe 5

Stufe		Σ	SE	Ü	Ü(m/L)	Ü(m/S)
	Σ	333 (34 %)	90 (27 %)	243 (73 %)	24 (10 %)	31 (13 %)
5	Amir	172 (30 %)	74 (43 %)	98 (57 %)	10 (10 %)	7 (7 %)
	Sarah	161 (40 %)	16 (10 %)	154 (90 %)	14 (10 %)	24 (17 %)

SE Selbsteingeführt
Ü Übernahme

Ü(m/L) Übernahme Lehrkraft
Ü(m/S) Übernahme Mitlernende

Auffällig ist, dass der als sprachlich schwach eingestufte Amir für die prozentuale und die absolute Differenz sowie die Relationen zwischen den Konzepten überwiegend selbsteingeführte Ausdrücke aktiviert. Die Übernahmen der inventarisierten Ausdrücke erfolgen durch Amir und Sarah bevorzugt aus dem schriftlichen Angebot, indem etwa Sprachmittel wie „Verlust" für die prozentuale Differenz (durch Amir in Turn 17-129) oder „… % weiße Schokolade sein" für den Prozentsatz (durch Sarah in Turn 18 - 113) aufgegriffen werden.

Hinsichtlich der *Initiativen der Sprachmittelverwendung* zeigt sich bei den beiden Lernenden ein leicht gegenläufiges Bild. So überwiegen bei Amir selbstinitiierte minimal gegenüber lehrendeninitiierten Sprachmittelaktivierungen, während bei Sarah mit einer noch geringeren Differenz Gegenteiliges zutrifft (Tabelle 11.1.25).

Tabelle 11.1.25: Überblick zu Initiativen der Sprachmittelverwendung von Amir und Sarah auf Stufe 5

Stufe		Σ	SI	MI	LI
	Σ	333 (34 %)	158 (47 %)	30 (9 %)	145 (44 %)
5	Amir	172 (30 %)	84 (49 %)	20 (12 %)	68 (40 %)
	Sarah	161 (40 %)	74 (46 %)	10 (6 %)	77 (48 %)

SI Selbstinitiiert   LI Lehrendeninitiiert
MI Mitlernendeninitiiert

Stufe 6: Identifikation verschiedener Aufgabentypen in Textaufgaben aus unterschiedlichen Kontexten

Der Sprachinventarisierung zufolge aktivieren Amir und Sarah auf dieser letzten Stufe des dualen intendierten Lernpfads, auf der sie sich etwa eine halbe Stunde aufhalten, 72 bzw. 44 inventarisierte Ausdrücke (Tabelle 11.1.26). Erneut zeigt sich dabei ein quantitativer Vorsprung des als sprachlich schwach eingestuften Amirs gegenüber der als sprachlich stärker eingeschätzten Sarah, der im Vergleich zu den anderen Stufen auf einem mittleren Niveau liegt.

Tabelle 11.1.26: Überblick zu durch Amir und Sarah auf Stufe 6 adressierten Konzepten zum Prozentverständnis sowie deren Beziehungen untereinander

Stufe		Σ	Prozentsatz	Prozentwert	Grundwert	Grundkonzepte	Differenz prozentual	Differenz absolut	Differenzen	Beziehungen
	Σ	116 (12 %)	9 (8 %)	19 (16 %)	41 (35 %)	69 (59 %)	14 (12 %)	8 (7 %)	22 (19 %)	25 (22 %)
6	A-mir	72 (13 %)	5 (7 %)	14 (19 %)	25 (35 %)	44 (61 %)	8 (11 %)	7 (10 %)	15 (21 %)	13 (18 %)
	Sa-rah	44 (11 %)	4 (9 %)	5 (11 %)	16 (36 %)	25 (57 %)	6 (14 %)	1 (2 %)	7 (16 %)	12 (27 %)

Bezugnehmend auf die von den Lernenden auf dieser sechsten Stufe des intendierten dualen Lernpfads adressierten Konzepte, fällt hinsichtlich der Ausdrücke, die sie für die Differenzen zwischen 100 % und dem Prozentsatz (etwa „um … wachsen" in Turn 21-2 durch Amir) bzw. dem Grund- und dem Prozentwert (etwa „dieses untere hier von … € bis … €" in Turns 20-43 und 20-45) verwenden, eine gegenüber dem mündlichen Angebot geringere Vielfalt auf. Dies deutet die Schwierigkeit von Lernenden an, für bestimmte Konzepte alternative Sprachmittel zu finden, die eine konzeptuelle Bedeutung ausdrücken. Insbesondere für die Kategorie der Sprachmittel, die sich auf erweiterte Kontexte bezieht, ist die Problematik, die hier hinsichtlich der lexikalischen Einheiten „Mehrwertsteuer in % bzw. in €" auftritt, erwartungskonform. Bei der adäquaten Bedeutungszuschreibung hinsichtlich der vorgegebenen Sprachmittel aus einem kontextbezogenen Lesesprachschatz scheint dabei auch auf dieser letzten Stufe der Einsatz streifenbezogener Sprachmittel wie „100 % und dann hier noch zu ... % weitergehen" (Sarah in Turn 21-107) für die prozentuale sowie „dieses untere hier" für die absolute Differenz (Amir in Turn 20-43) eine Unterstützung darzustellen. Diese wird durch die konsequente und durchgehende Integration des Prozentstreifens in den intendierten dualen Lernpfad ermöglicht.

In Bezug auf die Art der hauptsächlich verwendeten Sprachmittel lassen sich Unterschiede zwischen den beiden Lernenden erkennen (Tabelle 11.1.27).

Tabelle 11.1.27: Überblick zu durch Amir und Sarah auf Stufe 6 verwendeten Sprachmittelarten

Stufe		$\sum$	S	VE	EK	k	FB
	$\sum$	116 (12 %)	17 (15 %)	1 (1 %)	64 (55 %)	31 (27 %)	3 (3 %)
6	Amir	72 (13 %)	7 (10 %)	0 (0 %)	49 (68 %)	14 (19 %)	2 (3 %)
	Sarah	44 (11 %)	10 (23 %)	1 (2 %)	15 (34 %)	17 (39 %)	1 (2 %)

S Streifenbezogen   k Kontextunabhängig
VE Kontextbezogen (vertrauter Einkaufskontext)   FB Formalbezogen
EK Kontextbezogen (erweiterte Kontexte)

So entfällt der deutlich größte Anteil der von Amir eingesetzten Ausdrücke auf Sprachmittel, die sich auf erweiterte Kontexte beziehen wie etwa „Nettobetrag" für den Grundwert (Turn 20-30) und deutlich geringere Anteile auf kontextunabhängige lexikalische Einheiten wie „für ... €" für den Grundwert (Turn 20 - 57). Im Gegensatz dazu gebraucht Sarah vor allem kontextunabhängige Ausdrücke wie „auf ... %" für den Prozentsatz (Turn 21-50) und zu einem etwas geringeren Anteil kontextbezogene, in erweiterten Kontexten anzusiedelnde lexikalische Einheiten (34 %) wie zum Beispiel „mit Mehrwertsteuer" für den Prozentwert (Turn 20-61). Die Intention des lexikalischen Lernpfads, die auf dieser Stufe in der Einführung (am Beispiel der Mehrwertsteuer) des kontextbezogenen Lesesprachschatzes im bildungssprachlichen Register besteht, wird damit durch die Lernwege der Lernenden abgebildet, allerdings in unterschiedlichem Maße. So entfallen bei Amir insgesamt mehr als zwei Drittel aller aktivierten Ausdrücke auf die entsprechende Sprachmittelkategorie der kontextbezogenen Sprachmittel (erweiterte Kontexte), während der entsprechende Anteil für Sarah etwa halb so groß ausfällt.

Anhand der Sprachmittelinventarisierung wird zudem ersichtlich, dass vor allem für die sprachlich stärkere Schülerin der Prozentstreifen bei der Kommunikation über Prozente anscheinend bis zum Ende des intendierten dualen Lernpfads als Unterstützung fungiert. Abgeleitet werden kann diese Vermutung da-

raus, dass sich etwa ein Viertel ihrer Sprachmittelaktivierungen als streifenbezogen erweisen (etwa „hier € stehen müssen" für Grundwert in Turn 20-63).
Ein erster auf diese sechste Stufe bezogener Blick auf die Quellen der
Sprachmittelverwendung verdeutlicht, dass sowohl bei Amir als auch bei Sarah
die Anteile an übernommenen deutlich über denen an selbsteingeführten (wie
„früher … cm sein" für Grundwert durch Sarah in Turn 2140 oder „von … € bis
… €" für absolute Differenz durch Amir in Turn 20-45) Sprachmitteln liegen
(Tabelle 11.1.28). Aufgrund der Tatsache, dass für den lexikalischen Lernpfad
auf dieser letzten Stufe die Einführung des kontextbezogenen Lesesprachschatzes im bildungssprachlichen Register intendiert (Abschnitt 8.2.6) und insbesondere der ausgewählte Kontext der Mehrwertsteuer für die Lernenden als nicht
alltäglich anzunehmen ist, lässt sich das überwiegende Aufgreifen von Sprachmitteln aus dem kollektiven Sprachschatz als erwartungsgemäß charakterisieren.
Die getätigte Aussage erhält dadurch Bestärkung, dass Sarah und insbesondere
Amir bei der Übernahme der inventarisierten Sprachmittel bevorzugt auf das
schriftliche Angebot (wie bei Aktivierung der lexikalischen Einheit „Nettopreis"
für den Grundwert durch Sarah etwa in Turn 20-272) zurückgreifen.

Tabelle 11.1.28: Überblick zu Quellen der Sprachmittelverwendung von Amir und Sarah auf
Stufe 6

Stufe		Σ	SE	Ü	Ü(m/L)	Ü(m/S)	Ü(s)
	Σ	116 (12 %)	23 (20 %)	93 (80 %)	22 (24 %)	11 (12 %)	60 (65 %)
6	Amir	72 (13 %)	14 (19 %)	58 (81 %)	10 (17 %)	3 (5 %)	45 (78 %)
	Sarah	44 (11 %)	9 (20 %)	35 (80 %)	12 (34 %)	8 (23 %)	15 (43 %)

SE Selbsteingeführt   Ü(m/L) Übernahme Lehrkraft
Ü Übernahme   Ü(m/S) Übernahme Mitlernende
     Ü (s) Übernahme schriftlich

Die *Initiativen der Sprachmittelverwendung* betreffend, lässt sich insgesamt bei
Amir und Sarah dahingehend eine Übereinstimmung feststellen, dass diese auf
der sechsten Stufe überwiegend von der Förderlehrkraft und seltener von den
Lernenden selbst ausgehen (Tabelle 11.1.29).

Tabelle 11.1.29: Überblick über die Initiativen der Sprachmittelverwendung von Amir und Sarah auf Stufe 6

Stufe		$\sum$	SI	MI	LI
	$\sum$	116 (12 %)	43 (37 %)	3 (3 %)	70 (60 %)
6	Amir	72 (13 %)	29 (40 %)	0 (0 %)	43 (60 %)
	Sarah	44 (11 %)	14 (32 %)	3 (7 %)	27 (61 %)

SI Selbstinitiiert   LI Lehrendeninitiiert
MI Mitlernendeninitiiert

11.1.2 Entwicklung der lexikalischen Lernwege von Amir und Sarah über die Stufen des intendierten Lernpfads hinweg

In diesem Abschnitt liegt der Analysefokus auf der Entwicklung der lexikalischen Lernwege von Amir und Sarah über die sechs Stufen des intendierten Lernpfads hinweg. Ziel dabei ist es, entlang der drei Analysefragen (Abschnitt 10.1) zu den Aspekten „Art der aktivierten sprachlichen Ressourcen", „Quellen der Sprachmittelverwendung" sowie „Initiativen der Sprachmittelverwendung" Hypothesen zu generieren. Diese sollen anschließend in Abschnitt 11.2 anhand der Ergebnisse aus den Spurenanalysen von Julian und Viktor sowie Gizem und Melek überprüft werden. Erst in diesem letzten Schritt sollen zu den letztendlich aufgestellten, teilweise angepassten Hypothesen Deutungen formuliert werden.

Im Rahmen der auf die sechs Stufen des lexikalischen Lernpfads bezogenen Spurenanalyse des fokussierten Lernendenpaares erfolgte die Codierung von insgesamt 973 inventarisierten Sprachmitteln, von denen 570 von Amir (59 %) und 403 von Sarah (41 %) aktiviert wurden (letzte Zeile der ersten Spalte der Tabelle 11.1.30). Für den als sprachlich schwach eingeschätzten Schüler lässt sich demnach sowohl insgesamt als auch für jede einzelne betrachtete Stufe (erste Spalte der Tabelle 11.1.30 und Abschnitt 11.1.1) ein deutlicher quantitativer Vorsprung gegenüber der sprachlich stärkeren Schülerin hinsichtlich der Sprachmittelverwendung nachweisen. Die Vielfalt der verwendeten Sprachmittel bewegt sich für beide Lernende auf einem ähnlichen Niveau: So aktiviert Amir 297 und Sarah 215 verschiedene Äußerungen. Dies führt zu einem Vielfältigkeitsquotienten (Quotienten aus der Anzahl verschiedener Äußerungen und der der Sprachmittelverwendungen) für Amir von 52 % und Sarah von 53 %. Ob die höhere Anzahl an Sprachmittelverwendungen von Amir auch mit einem höheren Redeanteil einhergeht, er also insgesamt einfach mehr redet, kann mithilfe der Methode der Spurenanalyse nicht nachgewiesen werden, da lediglich auf die Konzepte zum Prozentverständnis bezogene Sprachmittel kategorisiert wurden.

Der Überblick über die Adressierung der verschiedenen Konzepte zum Prozentverständnis zeigt, dass die Lernenden die Differenzkonzepte (kumuliert in der siebten Spalte von Tabelle 11.1.30) schon vor der vierten Stufe, auf der die Konzepte erstmals ausführlich explizit thematisiert werden, sprachlich fassen. Dabei wird die prozentuale Differenz zwischen 100 % und dem Prozentsatz (fünfte Spalte von Tabelle 11.1.30) zu einem etwas höheren Anteil adressiert als die absolute Differenz zwischen Grund- und Prozentwert (sechste Spalte von Tabelle 11.1.30). Außerdem fällt auf, dass auf allen Stufen ein relativ hoher Anteil der inventarisierten Sprachmittel auf solche zum Ausdruck von Beziehungen zwischen den Konzepten entfällt (achte Spalte von Tabelle 11.1.30). Dies trifft mit Ausnahme der letzten Stufe in besonderem Maße auf Amir zu.

Tabelle 11.1.30: Überblick zu von Amir und Sarah adressierten Konzepten zum Prozentverständnis auf den einzelnen intendierten Stufen und über diese hinweg

Stufe		Σ	Grundkonzepte	Differenz prozentual	Differenz absolut	Differenzen	Beziehungen
1	Σ	82 (8 %)	52 (63 %)	9 (11 %)	6 (7 %)	15 (18 %)	15 (18 %)
	Amir	45 (8 %)	20 (44 %)	7 (16 %)	6 (13 %)	13 (29 %)	12 (27 %)
	Sarah	37 (9 %)	32 (86 %)	2 (5 %)	0 (0 %)	2 (5 %)	3 (8 %)
2	Σ	260 (27 %)	158 (61 %)	42 (16 %)	23 (9 %)	65 (25 %)	37 (14 %)
	Amir	150 (26 %)	83 (55 %)	28 (19 %)	8 (5 %)	36 (24 %)	31 (21 %)
	Sarah	110 (27 %)	75 (68 %)	14 (13 %)	15 (14 %)	29 (26 %)	6 (5 %)
3	Σ	104 (11 %)	71 (68 %)	2 (2 %)	2 (2 %)	4 (4 %)	29 (28 %)
	Amir	73 (13 %)	45 (62 %)	2 (3 %)	1 (1 %)	3 (4 %)	25 (34 %)
	Sarah	31 (8 %)	26 (84 %)	0 (0 %)	1 (3 %)	1 (3 %)	4 (13 %)
4	Σ	78 (8 %)	34 (44 %)	21 (27 %)	8 (10 %)	29 (37 %)	15 (19 %)
	Amir	58 (10 %)	23 (40 %)	16 (28 %)	7 (12 %)	23 (40 %)	12 (21 %)
	Sarah	20 (5 %)	11 (55 %)	5 (25 %)	1 (5 %)	6 (30 %)	3 (15 %)
5	Σ	333 (34 %)	258 (77 %)	14 (4 %)	14 (4 %)	28 (8 %)	47 (14 %)
	Amir	172 (30 %)	119 (69 %)	7 (4 %)	12 (7 %)	19 (11 %)	34 (20 %)
	Sarah	161 (40 %)	139 (86 %)	7 (4 %)	2 (1 %)	9 (6 %)	13 (8 %)
6	Σ	116 (12 %)	69 (59 %)	14 (12 %)	8 (7 %)	22 (19 %)	25 (22 %)
	Amir	72 (13 %)	44 (61 %)	8 (11 %)	7 (10 %)	15 (21 %)	13 (18 %)
	Sarah	44 (11 %)	25 (57 %)	6 (14 %)	1 (2 %)	7 (16 %)	12 (27 %)
1 bis 6	Σ	973	642 (66 %)	102 (10 %)	61 (6 %)	163 (17 %)	168 (17 %)
	Amir	570	334 (59 %)	68 (12 %)	41 (7 %)	109 (19 %)	127 (22 %)
	Sarah	403	308 (76 %)	34 (8 %)	20 (5 %)	54 (13 %)	41 (10 %)

Arten aktivierter Sprachmittel in Amirs und Sarahs Lernweg über sechs Stufen

Zum Zweck der Bearbeitung der ersten Analysefrage A3a *Welche Sprachmittel aktivieren Lernende auf ihrem lexikalischen Lernweg?* erfolgte die Codierung der Arten aller inventarisierten Sprachmittel aus analytischer Perspektive anhand der folgenden evidenten Kategorien (Abschnitt 10.3):

- Streifenbezogene Sprachmittel (S)

- Kontextbezogene Sprachmittel aus dem Downloadkontext (D), dem vertrauten Einkaufskontext (VE) und erweiterten Kontexten (EK)

- Kontextunabhängige Sprachmittel (k)

- Formalbezogene Sprachmittel (FB)

Die auf den gesamten lexikalischen Lernpfad bezogene Spurenanalyse ergibt, dass – teils mit interindividuell differierenden Gewichtungen – kontextunabhängige, bedeutungsbezogene (abgekürzt k: zusammen 28 %; Amir 31 %; Sarah 22 %) und kontextbezogene, dem vertrauten Einkaufskontext entstammende Sprachmittel (VE: 25 %; 23 %; 27 %) am häufigsten sind. Auf erweiterte Kontexte bezogene (EK: 17 %; 20 %; 13 %), streifenbezogene (S: 16 %; 13 %; 19 %) sowie formalbezogene Ausdrücke (FB: 14 %; 12 %; 18 %) finden etwas seltener Verwendung (achte Zeile der Tabelle 11.1.31). Dem Downloadkontext zugehörige Sprachmittel (D) werden hingegen marginal (1 %; 1 %; 0 %) und lediglich auf der ersten Stufe des dualen Lernpfads durch die Lernenden aktiviert (zweite Zeile und fünfte Spalte der Tabelle 11.1.31). Wie – laut des Modells des gestuften Sprachschatzes – intendiert, variieren die Arten der von den beiden Lernenden überwiegend verwendeten Sprachmittel allerdings auf den einzelnen Stufen (Tabelle 11.1.31).

Abweichungen der lexikalischen Lernwege von Amir und Sarah von dem intendierten lexikalischen Lernpfad sind dabei – wie die zusammenfassende Gegenüberstellung in Tabelle 11.1.32 (Hervorhebung der individuellen Abweichungen durch Kursivschreibung) zeigt – eher selten zu konstatieren. Eine Ausnahme bildet einerseits, dass Amir auf der dritten Stufe die neu eingeführten formalbezogenen (FB) zu einem wesentlich geringeren Anteil nutzt (16 %) als kontextunabhängige Sprachmittel (k) (63 %). Andererseits fällt im Fall von Sarah bezüglich der vierten Stufe auf, dass sie lediglich zu einem geringfügigen Anteil (10 %) die neu eingeführten, auf einen erweiterten Einkaufskontext bezogenen Sprachmittel aktiviert (Tabellen 11.1.31 und 11.1.32).

Die vergleichende Betrachtung des Überblicks der Arten der von Amir bzw. Sarah über die einzelnen Stufen des dualen Lernpfads hinweg verwendeten Sprachmittel (Tabelle 11.1.31) zeigt ferner weitere Gemeinsamkeiten sowie individuelle Unterschiede auf. So stimmen beide Lernende darin überein, dass sie die kontextbezogenen, dem Einkaufskontext entstammenden Sprachmittel nach deren Einführung auf der zweiten Stufe immer wieder – mit Ausnahme der sechsten Stufe bei Amir – und auch auf eigener Initiative basierend aufgreifen.

Tabelle 11.1.31: Überblick zu von Amir und Sarah aktivierten Sprachmittelar-ten auf einzelnen Stufen des lexikalischen Lernpfads sowie über diese hinweg

Stufe		Σ	S	D	VE	EK	k	FB
	Σ	82 (8 %)	40 (49 %)	5 (6 %)	0 (0 %)	0 (0 %)	37 (45 %)	0 (0 %)
1	Amir	45 (8 %)	19 (42 %)	3 (7 %)	0 (0 %)	0 (0 %)	23 (51 %)	0 (0 %)
	Sarah	37 (9 %)	21 (57 %)	2 (5 %)	0 (0 %)	0 (0 %)	14 (38 %)	0 (0 %)
	Σ	260 (27 %)	49 (19 %)	0 (0 %)	151 (58 %)	0 (0 %)	56 (22 %)	4 (2 %)
2	A-mir	150 (26 %)	25 (17 %)	0 (0 %)	80 (53 %)	0 (0 %)	42 (28 %)	3 (2 %)
	Sarah	110 (27 %)	24 (22 %)	0 (0 %)	71 (65 %)	0 (0 %)	14 (13 %)	1 (1 %)
	Σ	104 (11 %)	15 (14 %)	0 (0 %)	9 (9 %)	0 (0 %)	55 (53 %)	25 (24 %)
3	Amir	73 (13 %)	10 (14 %)	0 (0 %)	5 (7 %)	0 (0 %)	46 (63 %)	12 (16 %)
	Sarah	31 (8 %)	5 (16 %)	0 (0 %)	4 (13 %)	0 (0 %)	9 (29 %)	13 (42 %)
	Σ	78 (8 %)	9 (12 %)	0 (0 %)	25 (32 %)	18 (23 %)	25 (32 %)	1 (1 %)
4	Amir	58 (10 %)	4 (7 %)	0 (0 %)	20 (34 %)	16 (28 %)	17 (29 %)	1 (2 %)
	Sarah	20 (5 %)	5 (25 %)	0 (0 %)	5 (25 %)	2 (10 %)	8 (40 %)	0 (0 %)
	Σ	333 (34 %)	23 (7 %)	0 (0 %)	53 (16 %)	86 (26 %)	64 (19 %)	107 (32 %)
5	Amir	172 (30 %)	11 (6 %)	0 (0 %)	25 (15 %)	49 (28 %)	37 (22 %)	50 (29 %)
	Sarah	161 (40 %)	12 (7 %)	0 (0 %)	28 (17 %)	37 (23 %)	27 (17 %)	57 (35 %)
	Σ	116 (12 %)	17 (15 %)	0 (0 %)	1 (1 %)	64 (55 %)	31 (27 %)	3 (3 %)
6	Amir	72 (13 %)	7 (10 %)	0 (0 %)	0 (0 %)	49 (68 %)	14 (19 %)	2 (3 %)
	Sarah	44 (11 %)	10 (23 %)	0 (0 %)	1 (2 %)	15 (34 %)	17 (39 %)	1 (2 %)
1	Σ	973	153 (16 %)	5 (1 %)	239 (25 %)	168 (17 %)	268 (28 %)	140 (14 %)
bis	Amir	570	76 (13 %)	3 (1 %)	130 (23 %)	114 (20 %)	179 (31 %)	68 (12 %)
6	Sarah	403	77 (19 %)	2 (0 %)	109 (27 %)	54 (13 %)	89 (22 %)	72 (18 %)

S Streifenbezogen   EK Kontextbezogen (erweiterte Kontexte)
D Kontextbezogen (Downloadkontext)   k Kontextunabhängig
VE Kontextbezogen (vertrauter Einkaufskontext)   FB Formalbezogen

Hinsichtlich der im gestuften Lesesprachschatz nicht explizit aufgegriffenen Kategorien der kontextunabhängigen sowie streifenbezogenen Sprachmittel lassen sich Gemeinsamkeiten und Unterschiede zwischen den Lernenden erkennen. So stellt die sprachlich stärkere Sarah relativ gesehen über alle Stufen hinweg häufiger Bezüge zum Streifen her. Mit Ausnahme der vierten Stufe (bei Sarah) und der sechsten Stufe (bei Amir und Sarah) nehmen die Anteile an Sprachmitteln, die sich auf den Prozentstreifen beziehen, bei beiden Lernenden mit dem Fortschreiten auf dem intendierten dualen Lernpfad ab (Tabelle 11.1.31). Kontextunabhängige, bedeutungsbezogene Ausdrücke werden hingegen (mit Ausnahme der vierten und sechsten Stufe) zu größeren Anteilen von dem als sprachlich schwach eingeschätzten Amir verwendet.

Tabelle 11.1.32: Stufenbezogene Gegenüberstellung des lexikalischen Lernpfads
mit Lernwegen von Amir und Sarah zu primär aktivierten Sprachmittelarten

Stufe	Lexikalischer Lernpfad	Lexikalischer Lernweg von Amir	Lexikalischer Lernweg von Sarah
1	Verwendung eigensprachlicher Ressourcen (Downloadkontext)	Aktivierung vor allem von kontextunabhängigen (51 %) und streifenbezogenen (42 %) Sprachmitteln	Aktivierung vor allem von streifenbezogenen (57 %) und kontextunabhängigen (38 %) Sprachmitteln
2	Etablierung bedeutungsbezogener Sprachmittel (Einkaufskontext)	Überwiegende Verwendung kontextbezogener Sprachmittel (vertrauter Einkaufskontext) (Amir: 53 %; Sarah: 65 %)	
3	Einführung formalbezogener Sprachmittel (kontextunabhängig)	*Primärer Gebrauch kontextunabhängiger Sprachmittel* (63 %)	Primärer Gebrauch formalbezogener Sprachmittel (42 %)
4	Erweiterung der bedeutungsbezogenen und erster Umgang mit kontextbezogenen, einem erweiterten Lesesprachschatz zuzuordnenden Sprachmitteln (Einkaufskontext)	Aktivierung vor allem von kontextbezogenen (Einkaufskontext) (34 %) und etwas seltener von *kontextunabhängigen* (29 %) und kontextbezogenen (erweiterte Kontexte) (28 %) Sprachmitteln	Aktivierung überwiegend von *kontextunabhängigen* (40 %) und seltener von *streifenbezogenen* (25 %) sowie kontextbezogenen Sprachmitteln (25 %) (Einkaufskontext)
5	Einübung formal- und bedeutungsbezogener Sprachmittel; Umgang mit auf andere Kontexte bezogenen Sprachmitteln	Primäre Verwendung von formalbezogenen (29 %) und auf erweiterte Kontexte bezogenen (28 %) Sprachmitteln	Verwendung primär von formalbezogenen (35 %) und seltener von auf erweiterte Kontexte (23 %) bezogenen Sprachmitteln
6	Einführung des kontextbezogenen Lesesprachschatzes (Mehrwertsteuerkontext)	Überwiegender Gebrauch von kontextbezogenen Sprachmitteln (erweiterte Kontexte) (68 %)	Gebrauch vor allem von *kontextunabhängigen* (39 %) und kontextbezogenen Sprachmitteln (erweiterte Kontexte) (34 %)

Quellen der Sprachmittelverwendung in Amirs und Sarahs Lernweg über sechs Stufen

Um Zusammenhänge zwischen den lexikalischen Lernwegen der Lernenden und dem intendierten lexikalischen Lernpfad bzw. den Aktivitäten des konkreten Lehr-Lern-Arrangements sowie der Förderung durch die Förderlehrkräfte rekonstruieren zu können, wird der Analysefrage A3b *Wie sind die lexikalischen Lernwege der Lernenden mit dem Sprachmittelangebot verknüpft?* nachgegangen. Infolgedessen wurden die Quellen der einzelnen Sprachmittelverwendungen der Lernenden anhand der folgenden operationalisierten Kategorien ermittelt (Abschnitt 10.3):

• Schriftliches Sprachmittelangebot aus Aufgabenstellungen *Ü(s)*: Kollektiver schriftlicher Sprachschatz.

- Mündliches Sprachmittelangebot aus Äußerungen der Förderlehrkraft *Ü(m/L)* oder von Mitlernenden *Ü(m/S)*: Kollektiver mündlicher Sprachschatz.

- Selbsteingeführte Sprachmittel *(SE)*: Autonomer Sprachschatz.

Insgesamt ergibt diese Analyse hinsichtlich der Sprachmittelverwendung von Amir und Sarah, dass die Lernenden zu einem höheren Anteil Sprachmittel aus dem kollektiven Sprachschatz (58 % und 75 %) übernehmen, als ihrem autonomen Sprachschatz entstammende Ausdrücke selbst einzuführen (42 % und 25 %) (Abbildung 11.1.1; achte Zeile der Tabelle 11.1.33).

Auffällig ist dabei, dass die als sprachlich stark eingestufte Schülerin deutlich stärker zur Übernahme von Sprachmitteln neigt als ihr sprachlich schwächerer Mitlernender. Wie die Überblicke über die Quellen der Sprachmittelverwendung beider Lernender zeigen (Abbildung 11.1.1 sowie Tabelle 11.1.33), gilt dies – mit Ausnahme der ersten und sechsten Stufe, auf der Amir und Sarah in ähnlichem Ausmaß Sprachmittel selbst einführen bzw. übernehmen – auch in Bezug auf die einzelnen Stufen des dualen Lernpfads. Dies ist ein nicht erwartungsgemäßer Befund, da ursprünglich davon ausgegangen wurde, dass sprachlich schwächere Lernende über einen weniger umfangreichen individuellen produktiven Sprachschatz verfügen als sprachlich stärkere Lernende (Abschnitt 4.1.4). Eine alternative Deutung, weshalb Sarah stärker zur Übernahme von Sprachmitteln neigt als Amir, wäre, dass sie sich als sprachlich starke Lernende in den Sprachmittelangeboten besser zurechtfindet und es ihr aufgrund dessen leichter fällt neues Vokabular selbständig zu aktivieren.

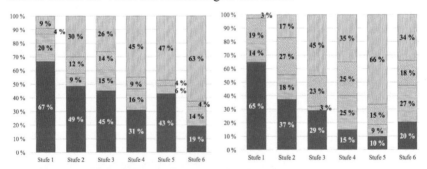

□ Aus den schriftlichen Materialien übernommene Sprachmittel
▨ Von der / dem Mitlernenden übernommene Sprachmittel
▤ Von der Lehrkraft übernommene Sprachmittel
■ Selbsteingeführte Sprachmittel

Abbildung 11.1.1 Überblick zu Quellen der von Amir (links) und Sarah (rechts) verwendeten Sprachmittel auf den einzelnen Stufen des intendierten Lernpfads

Tabelle 11.1.33: Überblick zu Quellen der Sprachmittelverwendung von Amir und Sarah auf den Stufen des lexikalischen Lernpfads sowie über diese hinweg

Stufe		Σ	SE	Ü	Ü(m/L)	Ü(m/S)	Ü(s)
1	Σ	82 (8 %)	54 (66 %)	28 (34 %)	14 (50 %)	9 (32 %)	5 (18 %)
	Amir	45 (8 %)	30 (67 %)	15 (33 %)	9 (60 %)	2 (13 %)	4 (27 %)
	Sarah	37 (9 %)	24 (65 %)	13 (35 %)	5 (38 %)	7 (54 %)	1 (8 %)
2	Σ	260 (27 %)	114 (44 %)	146 (56 %)	34 (23 %)	48 (33 %)	64 (44 %)
	Amir	150 (26 %)	73 (49 %)	77 (51 %)	14 (18 %)	18 (23 %)	45 (58 %)
	Sarah	110 (27 %)	41 (37 %)	69 (63 %)	20 (29 %)	30 (43 %)	19 (28 %)
3	Σ	104 (11 %)	42 (40 %)	62 (60 %)	12 (19 %)	17 (27 %)	33 (53 %)
	Amir	73 (13 %)	33 (45 %)	40 (55 %)	11 (28 %)	10 (25 %)	19 (48 %)
	Sarah	31 (8 %)	9 (29 %)	22 (71 %)	1 (5 %)	7 (32 %)	14 (64 %)
4	Σ	78 (8 %)	21 (27 %)	57 (73 %)	14 (10 %)	10 (13 %)	33 (77 %)
	Amir	58 (10 %)	18 (31 %)	40 (69 %)	9 (23 %)	5 (13 %)	26 (65 %)
	Sarah	20 (5 %)	3 (15 %)	17 (85 %)	5 (29 %)	5 (29 %)	7 (41 %)
5	Σ	333 (34 %)	90 (27 %)	243 (73 %)	24 (10 %)	31 (13 %)	188 (77 %)
	Amir	172 (30 %)	74 (43 %)	98 (57 %)	10 (10 %)	7 (7 %)	81 (83 %)
	Sarah	161 (40 %)	16 (10 %)	154 (90 %)	14 (10 %)	24 (17 %)	107 (74 %)
6	Σ	116 (12 %)	23 (20 %)	93 (80 %)	22 (24 %)	11 (12 %)	60 (65 %)
	Amir	72 (13 %)	14 (19 %)	58 (81 %)	10 (17 %)	3 (5 %)	45 (78 %)
	Sarah	44 (11 %)	9 (20 %)	35 (80 %)	12 (34 %)	8 (23 %)	15 (43 %)
1 bis 6	Σ	973	344 (35 %)	629 (65 %)	120 (19 %)	126 (20 %)	383 (61 %)
	Amir	570	242 (42 %)	328 (58 %)	63 (19 %)	45 (14 %)	220 (67 %)
	Sarah	403	102 (25 %)	301 (75 %)	57 (19 %)	81 (27 %)	163 (54 %)

SE Selbsteingeführt Ü(m/L) Übernahme Lehrkraft
Ü Übernahme Ü(m/S) Übernahme Mitlernende
  Ü (s) Übernahme schriftlich

Aus Abbildung 11.1.1 wird ferner ersichtlich, dass die Anteile an Selbsteinführungen von Sprachmitteln über die Stufen hinweg kontinuierlich abnehmen (ähnlicher Befund bei Prediger & Pöhler 2015, S. 1190). Abweichungen von diesem Muster stellen im Fall von Amir lediglich die fünfte und bei Sarah die letzte Stufe dar. Der hohe Anteil an Selbsteinführungen zu Anfang und insbesondere auf den ersten beiden Stufen des dualen intendierten Lernpfads ist insofern erwartungskonform, als auf der ersten und zu Beginn der zweiten Stufe die Aktivierung eigensprachlicher Ressourcen intendiert und anschließend die Etablierung sowie Einübung angebotener Sprachmittel initiiert wird.

Die bis auf die erwähnten Ausnahmen stetig zunehmenden Übernahmen (Abbildung 11.1.1) erfolgen insgesamt gesehen sowohl durch Amir (39 %) als auch durch Sarah (40 %) überwiegend aus dem schriftlichen Angebot, das auch von der Lehrkraft verwendet wird. Während Amir darüber hinaus eher von der Lehrkraft (11 %) als von Sarah (8 %) eingeführte Sprachmittel aktiviert, trifft auf die Schülerin das Gegenteil (14 % zu 20 %) zu (Tabelle 11.1.33).

Zur Entwicklung des Übernahmeverhaltens über die Stufen des dualen Lern-pfads hinweg, lässt sich, bis auf die Tatsache, dass Amir – mit Ausnahme der dritten Stufe – zunehmend dem schriftlichen Angebot entnommene Ausdrücke verwendet, insbesondere bei Sarah kein durchgehendes Muster erkennen.

Initiativen der Sprachmittelverwendung in Amirs und Sarahs Lernweg über sechs Stufen

Mit dem Ziel, die Situationen, in denen die Aktivierung bestimmter Sprachmit-tel durch die Lernenden stattfindet, auch stufenübergreifend näher charakterisie-ren zu können, wurde die Analysefrage A3c *Wie und auf wessen Initiative hin erfolgen die Aktivierungen von Sprachmitteln durch die Lernenden?* in den Blick genommen. Differenziert wurden die Sprachmittelaktivierungen der Ler-nenden dabei anhand der folgenden drei Kategorien (Abschnitt 10.3):

• Selbstinitiierte Sprachmittelverwendung durch die Lernenden *(SI)*

• Mitlernendeninitiierte Sprachmittelverwendung durch die Lernenden *(MI)*

• Lehrendeninitiierte Sprachmittelverwendung durch die Lernenden *(LI)*

Die Analyse der Sprachmittelaktivierungen des fokussierten Lernendenpaares anhand der aufgeführten Kategorien ergab, dass insgesamt mehr als die Hälfte aller Sprachmittelverwendungen durch Amir (62 %) und Sarah (59 %) auf ihrer eigenen Initiative beruhen (achte Zeile in Tabelle 11.1.34). Die Tatsache, dass wiederum etwa einem Drittel (32 % bzw. 36 %) der Sprachmittelverwendungen Mikro-Scaffolding-Impulse der Förderlehrkraft vorausgehen (Abschnitt 8.2.4), verweist auf deren hohe Bedeutung für das Fortschreiten der Lernenden entlang der lexikalischen Lernpfade. Situationen, in denen die Aktivierung von Sprach-mitteln durch die oder den Mitlernenden initiiert wird, kommen innerhalb der Förderung nur sehr selten (6 % zu 5 %) vor.

Die Überblicke über die *Initiativen der Sprachmittelverwendungen* durch die Schülerin und den Schüler (Tabelle 11.1.34 und Abbildung 11.1.2) zeigen über-einstimmend, dass die selbstinitiierten Sprachmittelverwendungen mit dem Fortschreiten auf dem intendierten dualen Lernpfad kontinuierlich abnehmen. Einzige Ausnahme bildet hier die dritte Stufe bei Sarah, auf der mehr als die Hälfte ihrer, sich unter anderem auf formalbezogene Ausdrücke beziehenden Sprachmittelaktivierungen, von der Förderlehrkraft initiiert werden. Der erhöhte Anteil an lehrendeninitiierten Sprachmittelaktivierungen im Fall von Sarah auf der dritten Stufe ist damit zu begründen, dass die formalbezogenen Sprachmittel auf dieser Stufe neu eingeführt werden und ihre selbstinitiierte Verwendung dementsprechend nicht vorausgesetzt werden kann. Während für den durch die Förderlehrkraft initiierten Gebrauch inventarisierter Ausdrücke gleichzeitig, un-ter Berücksichtigung der erwähnten Abweichung bei Sarah und eines gleichblei-benden Anteils im Übergang von der vierten zur fünften Stufe bei Amir, eine stetige Zunahme zu verzeichnen ist, kommen auf der Initiative der Mitlernenden beruhende Sprachmittelverwendungen lediglich in geringem Ausmaße und auf verschiedenen vereinzelten Stufen des dualen intendierten Lernpfads vor.

Tabelle 11.1.34: Überblick zu Initiativen der Sprachmittelverwendung von Amir und Sarah auf den einzelnen Stufen und über den lexikalischen Lernpfad hinweg

Stufe		$\sum$	SI	MI	LI
1	$\sum$	82 (8 %)	82 (100 %)	0 (0 %)	0 (0 %)
	Amir	45 (8 %)	45 (100 %)	0 (0 %)	0 (0 %)
	Sarah	37 (9 %)	37 (100 %)	0 (0 %)	0 (0 %)
2	$\sum$	260 (27 %)	202 (78 %)	16 (6 %)	42 (16 %)
	Amir	150 (26 %)	112 (75 %)	9 (6 %)	29 (19 %)
	Sarah	110 (27 %)	90 (82 %)	7 (6 %)	13 (12 %)
3	$\sum$	104 (11 %)	64 (62 %)	0 (0 %)	40 (38 %)
	Amir	73 (13 %)	52 (71 %)	0 (0 %)	21 (29 %)
	Sarah	31 (8 %)	12 (39 %)	0 (0 %)	19 (61 %)
4	$\sum$	78 (8 %)	43 (55 %)	3 (4 %)	32 (41 %)
	Amir	58 (10 %)	32 (55 %)	3 (5 %)	23 (40 %)
	Sarah	20 (5 %)	11 (5 %)	0 (0 %)	9 (45 %)
5	$\sum$	333 (34 %)	158 (47 %)	30 (9 %)	145 (44 %)
	Amir	172 (30 %)	84 (49 %)	20 (12 %)	68 (40 %)
	Sarah	161 (40 %)	74 (46 %)	10 (6 %)	77 (48 %)
6	$\sum$	116 (12 %)	43 (37 %)	3 (3 %)	70 (60 %)
	Amir	72 (13 %)	29 (40 %)	0 (0 %)	43 (60 %)
	Sarah	44 (11 %)	14 (32 %)	3 (7 %)	27 (61 %)
1 bis 6	$\sum$	973	592 (61 %)	52 (5 %)	329 (34 %)
	Amir	570	354 (62 %)	32 (6 %)	184 (32 %)
	Sarah	403	238 (59 %)	20 (5 %)	145 (36 %)

SI Selbstinitiiert   **LI** Lehrendeninitiiert
MI Mitlernendeninitiiert

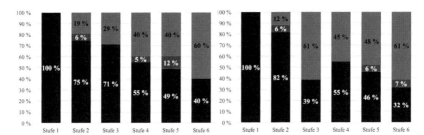

■ Von der Förderlehrkraft initiierte Sprachmittelverwendung
■ Von der / dem Mitlernenden initiierte Sprachmittelverwendung
■ Selbstinitiierte Sprachmittelverwendung

Abbildung 11.1.2   Überblick zu Initiativen von Amirs (links) und Sarahs (rechts) Sprachmittelverwendung auf den einzelnen Stufen des intendierten Lernpfads

Zusammenfassung der überblicksmäßigen Betrachtung der lexikalischen Lernwege von Amir und Sarah über die Stufen des intendierten Lernpfads hinweg

Die dargestellten Erkenntnisse zur Entwicklung der Charakteristika der Sprachmittelverwendung bei Amir und Sarah entlang der sechs Stufen des intendierten dualen Lernpfads, die auf unterschiedlichen Ebenen verortet sind, sollen an dieser Stelle zusammengefasst werden. Realisiert wird dies in Form von Hypothesen, deren Geltung für zwei andere Lernendenpaare im Rahmen der anschließenden komparativen Gegenüberstellung der dargelegten Resultate mit denen aus weiteren Spurenanalysen überprüft werden soll (Abschnitt 11.2).

- *Adressierte Konzepte*:

  o Die *Differenzkonzepte* werden schon vor ihrer expliziten Thematisierung auf der vierten Stufe des intendierten dualen Lernpfads sprachlich adressiert.

  o Die *Relationen zwischen den einzelnen Konzepten zum Prozentverständnis* werden in einem beachtenswerten Ausmaß und bereits zu Beginn des intendierten dualen Lernpfads sprachlich gefasst.

- *Art der aktivierten sprachlichen Ressourcen*:

  o Die Arten der von den Lernenden verwendeten Sprachmittel variieren auf den verschiedenen Stufen des dualen Lernpfads, wobei der intendierte lexikalische Lernpfad durch die Lernwege der Lernenden weitgehend abgebildet wird.

  o Auf den *Downloadkontext bezogene Sprachmittel* werden in geringem Ausmaß und lediglich auf der ersten Stufe des intendierten dualen Lernpfads aktiviert.

  o Die auf der zweiten Stufe des intendierten dualen Lernpfads eingeführten Sprachmittel, die sich auf den *vertrauten Einkaufskontext* beziehen, werden von den Lernenden auch auf späteren Stufen immer wieder aufgegriffen.

  o Die Verwendung *streifenbezogener Sprachmittel* erfolgt – auch durch sprachlich stärkere Lernende – durchgehend, aber mit abnehmender Tendenz auf allen Stufen des dualen Lernpfads.

- *Quellen der Sprachmittelverwendung*:

  o Die Übernahme von Sprachmitteln aus dem *kollektiven Sprachschatz* überwiegt – unabhängig von der Sprachkompetenz der Lernenden – gegenüber der Aktivierung von Ausdrücken aus dem *autonomen Sprachschatz*.

  o Während die Aktivierung *selbsteingeführter Sprachmittel* durch die Lernenden über die sechs Stufen des intendierten dualen Lernpfads hinweg abnimmt, nimmt die Übernahme von Ausdrücken aus dem *kollektiven Sprachschatz* zu.

o Die Übernahmen von Sprachmitteln erfolgen überwiegend aus dem *schriftlichen Angebot.*

o Übernahmen aus dem *kollektiven mündlichen Sprachschatz* sind ebenfalls vorhanden, hinsichtlich der Präferenz der Übernahme der inventarisierten Ausdrücke aus dem Repertoire der Förderlehrkraft bzw. von Mitlernenden sind aber individuelle Unterschiede festzustellen.

• *Initiativen der Sprachmittelverwendung*:

o Die Sprachmittelverwendungen beruhen überwiegend auf der *Initiative der Lernenden selbst*, seltener auf der ihrer Förderlehrkraft und nur in Ausnahmefällen auf der ihrer Mitlernenden.

o Während für *selbstinitiierte Sprachmittelaktivierungen* über die Stufen des intendierten dualen Lernpfads hinweg eine kontinuierliche Abnahme zu verzeichnen ist, nehmen *lehrendeninitiierte Sprachmittelaktivierungen* permanent zu.

11.2 Komparative Gegenüberstellung der Erkenntnisse aus Spurenanalysen verschiedener Lernendenpaare

In diesem Abschnitt sollen die zusammengefassten (Abschnitt 11.1.2) und aus den Spurenanalysen von Amir und Sarah gewonnenen Hypothesen anhand der Spurenanalysen von Julian und Viktor sowie Gizem und Melek überprüft und gegebenenfalls modifiziert werden. Dabei werden anhand der Quantifizierungen außerdem mögliche Interpretationen abgeleitet.

11.2.1 Quantität und Vielfalt der Sprachmittelverwendung von drei Lernendenpaaren

Der Überblick zu Quantität (Tabelle 11.2.1) und Vielfalt (Tabelle 11.2.4 exemplarisch für absolute Differenz) der Sprachmittelverwendung der sechs Lernenden zeigt, dass die sprachlich schwachen auf ihren lexikalischen Lernwegen insgesamt deutlich mehr Sprachmittel aktivieren (Tabelle 11.2.1, Zeilen 2 bis 4 der zweiten Spalte) als die sprachlich starken Schülerinnen und Schüler (Tabelle 11.2.1, Zeilen 5 bis 7 der zweiten Spalte). Die einzige Ausnahme bildet Melek, für die insgesamt mit Abstand – sowohl verglichen mit den sprachlich starken als auch mit den anderen sprachlich schwächeren Lernenden – am wenigsten Sprachmittel zu verzeichnen sind.

Auffällig ist, dass die höhere Quantität an Sprachmittelverwendungen tendenziell auch mit einer höheren Anzahl an Äußerungen einhergeht, die als unterschiedlich eingeordnet werden (Tabelle 11.2.1, dritte Spalte). Dies resultiert darin, dass die Vielfältigkeitsquotienten (Quotienten aus der Anzahl verschiedener Äußerungen und der der Sprachmittelverwendungen) für Gizem und Julian (45 % und 43 %) bzw. Amir, Sarah und Viktor (52 %, 53 % und 50 %) jeweils auf einem ähnlichen Niveau liegen. Lediglich für Melek, für die allerdings insgesamt bezogen auf die relevanten Sprachmittel wenig Aktivierungen zu verzeichnen sind, erweist sich der erwähnte Quotient als etwas höher (60 %). Der daraus ableitbare Befund, dass sich die Sprachmittelverwendung der sprachlich Schwächeren als ähnlich vielfältig erweist wie die der sprachlich Stärkeren, ist als eher unerwartet einzuordnen. Die Annahme, dass eine höhere Sprachkompetenz mit der Aktivierung eines differenzierteren produktiven Sprachschatzes zusammenhängt (Abschnitt 4.1.4), kann hinsichtlich der lexikalischen Lernwege entlang des intendierten dualen Lernpfads zu Prozenten demnach nicht bestätigt werden. Darüber hinaus ist anzumerken, dass anhand der Methode der Spurenanalyse nicht eingeschätzt werden kann, inwieweit die Anteile an verwendeten inventarisierten Sprachmitteln mit den allgemeinen Redeanteilen zusammenhängen. Da diese nicht systematisch und nur exemplarisch erfasst wurden, kann etwa keine Aussage dahingehend getroffen werden, ob Lernende mit vergleichsweise wenigen Aktivierungen inventarisierter Sprachmittel – wie Melek – während der Förderung insgesamt wenig reden.

Tabelle 11.2.1: Überblick zu Quantität und Vielfalt der Sprachmittelverwendung der sechs Lernenden

Lernende	Sprachmittelverwendungen insgesamt	Verschiedene Äußerungen	Vielfältigkeits- quotient
Gizem	664	301	45 %
Melek	337	202	60 %
Amir	570	297	52 %
Sarah	403	215	53 %
Julian	454	196	43 %
Viktor	464	230	50 %

Die Untersuchung der *Adressierung der verschiedenen Konzepte* durch die Lernenden (Tabellen 11.2.2 und 11.2.3) führt unter anderem zur Bestätigung der Hypothese zu den *Differenzkonzepte*n, die mit Blick auf die Sprachmittelverwendungen von Amir und Sarah aufgestellt wurde (Abschnitt 11.1.2). So gilt für alle sechs in die Analysen einbezogenen Lernenden, dass sie die Konzepte vor allem der prozentualen, aber auch der absoluten Differenz (Tabelle 11.2.4 für zusammengefasste Darstellung der konkreten aktivierten Sprachmittel) bereits vor deren ausführlichen expliziten Thematisierung auf der vierten Stufe des intendierten lexikalischen Lernpfads sprachlich fassen (Tabellen 11.2.2 für Julian und Viktor sowie 11.2.3 für Gizem und Melek über alle Stufen hinweg).

Tabelle 11.2.2: Überblick zur Adressierung verschiedener Konzepte zum Prozentverständnis durch Julian und Viktor über alle intendierten Stufen hinweg

Stufe		∑	Grund-konzepte	Differenz prozentual	Differenz absolut	Diffe-renzen	Bezie-hungen
1	∑	918	559 (61 %)	106 (12 %)	43 (5 %)	149 (16 %)	210 (23 %)
bis	Julian	454	276 (61 %)	46 (10%)	21 (5 %)	67 (15 %)	111 (24 %)
6	Viktor	464	283 (61 %)	60 (13%)	22 (5 %)	82 (18%)	99 (21 %)

Tabelle 11.2.3: Überblick zur Adressierung verschiedener Konzepte zum Pro-zentverständnis durch Gizem und Melek über alle intendierten Stufen hinweg

Stufe		∑	Grund-konzepte	Differenz prozentual	Differenz absolut	Diffe-renzen	Bezie-hungen
1	∑	1001	723 (72 %)	89 (9 %)	58 (6 %)	147 (15 %)	131 (13 %)
bis	Gizem	664	485 (73 %)	54 (8 %)	34 (5 %)	88 (13 %)	91 (14 %)
6	Melek	337	238 (71 %)	35 (10 %)	24 (7 %)	59 (18 %)	40 (12 %)

Das verdeutlicht, dass die im Lehr-Lern-Arrangement auf den vorherigen Stufen angesiedelten Aktivitäten hinreichend offen sind, um die Ressourcen der Lernenden auch hinsichtlich (noch) nicht direkt angesprochener Konzepte zum Prozentverständnis zu aktivieren. Wie Tabelle 11.2.4 exemplarisch für das Konzept der „absoluten Differenz" verdeutlicht, erweisen sich die verwendeten Sprachmittel dabei sowohl intra- als auch interindividuell als vielfältig (etwa hinsichtlich ihrer in Abschnitt 11.2.2 zu thematisierenden Arten).

Zum anderen ist hinsichtlich der Aussage, die mit Blick auf Amir und Sarah für die *Relationen zwischen den Konzepten des Prozentverständnisses* formuliert wurde (Abschnitt 11.1.2), eine Geltung über die beiden Lernenden hinaus zu konstatieren. So werden von allen sechs Lernenden in einem bedeutsamen Umfang Sprachmittel dieser Kategorie verwendet. Die Anteile liegen einerseits für Sarah (10 %), Gizem (14 %) und Melek (12 %) und andererseits für Amir (22 %) sowie Julian und Viktor (24 % und 21 %) auf einem ähnlichen Niveau. Tendenziell (mit Sarah und Amir als Ausnahmen) scheinen die Anteile für die sprachlich Stärkeren dabei also etwas höher zu sein, als für die sprachlich schwächeren Lernenden, wobei diese Tendenzen bei dem kleinen Sample nur mit äußerster Vorsicht zu interpretieren sind.

Tabelle 11.2.4: Zusammengefasste Sprachmittelverwendungen der sechs Fokuslernenden zum Konzept der „absoluten Differenz" über alle Stufen hinweg

	Gizem	Melek	Amir	Sarah	Julian	Viktor
1	• MB noch sein • Rest bleiben	• GB noch haben	• GB noch fehlen • MB noch laden müssen			• MB noch fehlen
2	• Geld, das man spart • hier • sparen • weniger • das	• von … bis … • runtersetzen • fehlen	• teurer (sein) • der / diesen Teil (sparen)	• Rabatt sein / kriegen • nicht zahlen müssen	• Lücke (da)zwischen … • sparen • dazwischen liegen • weniger kosten • € sein	• runtersetzen • reduzieren • runtergehen • das …
3		• Geld, was man spart	• Rabatt	• billiger machen	• bis … noch … fehlen	
4	• Verminderung von • sparen • (mit) € sein • weniger	• minus • mindern • Geld, das man spart • da / hier • das sein	• Verminderung von • sparen • Geld, das man spart • nicht bezahlen müssen	• Verminderung um	• Verminderung von • sparen • Geld, das man spart • … € sein • noch fehlen • von hier bis da	• da • Rabatt
5	• neue Mitglieder / Personen (aufnehmen / kriegen / haben)					
	• weniger werden • Verlierer • die restlichen • von … bis … • das hier • das Untere	• noch … l reinpassen / brauchen / bis der Tank voll ist • noch fehlen • da noch • … t Schokolade	• noch nicht gelesen • kompletter Teil / das / hier Verlierer sein • Rest alles Nieten sein • Geld, das man spart • billiger	• noch nicht gelesen	• noch fahren müssen	
6	• Steuern bezahlen sollen • hier • Euro		• Mehrwertsteuer / Wert in € • von … bis … • dieses untere	• … € an Steuer runtergehen • Staat Geld kriegen	• Mehrwertsteuer (dazurechnen) • … € betragen • … € sein	

11.2.2 Arten aktivierter sprachlicher Ressourcen von drei Lernendenpaaren

Aus der Spurenanalyse von Amir und Sarah konnten in Bezug auf die primär verwendeten Sprachmittelarten (streifenbezogene, kontextbezogene aus Downloadkontext, vertrautem Einkaufskontext bzw. erweiterten Kontexten, kontextunabhängige, und formalbezogene Ausdrücke) über den gesamten intendierten Lernpfad hinweg folgende Hypothesen abgeleitet werden (Abschnitt 11.1.2):

*   Die Arten der von den Lernenden verwendeten Sprachmittel variieren auf den verschiedenen Stufen des dualen Lernpfads, wobei der intendierte lexikalische Lernpfad durch die Lernwege der Lernenden weitgehend abgebildet wird.

*   Auf den *Downloadkontext bezogene Sprachmittel* werden in geringem Ausmaß und lediglich auf der ersten Stufe des intendierten dualen Lernpfads aktiviert.

*   Die auf der zweiten Stufe des intendierten dualen Lernpfads eingeführten auf den *Einkaufskontext bezogenen Sprachmittel* werden von den Lernenden auch auf späteren Stufen immer wieder aufgegriffen.

*   Die Verwendung *streifenbezogener Sprachmittel* erfolgt – auch durch sprachlich stärkere Lernende – durchgehend, aber mit abnehmender Tendenz, auf allen Stufen des dualen Lernpfads.

Diese Hypothesen aus der Spurenanalyse von Amir und Sarah werden nun mit den Ergebnissen der beiden anderen Lernendenpaare verbunden, um sie zu bestätigen, auszudifferenzieren oder zu widerlegen. Die ausdifferenzierten Hypothesen bilden den Ausgangspunkt möglicher Interpretationen und sind in möglichen Anschlussstudien mit größeren Stichproben zu überprüfen.

Variation der Sprachmittelverwendung auf verschiedenen Stufen des intendierten dualen Lernpfads

Wie bereits für Amir und Sarah (Abschnitt 11.1.2) konstatiert, variieren die Sprachmittel, die auf den einzelnen Stufen des intendierten dualen Lernpfads vorwiegend verwendet werden, auch für die Schülerinnen Gizem und Melek sowie die Schüler Viktor und Julian. Das Vorliegen solcher Variationen entspricht der Intention des Modells des gestuften Sprachschatzes (Abschnitt 4.1.5). Allerdings sind von dem lexikalischen Lernpfad, der auf Basis des erwähnten Prinzips konkretisiert wurde, teilweise – wenn auch eher geringfügige – Abweichungen der individuellen Lernwege zu erkennen (Tabellen 11.2.5 und 11.2.6 mit Hervorhebung der individuellen Abweichungen durch Kursivschreibung).

Zumeist besteht die Divergenz darin, dass überwiegend kontextunabhängige, bedeutungsbezogene Sprachmittel Verwendung finden. Diese Sprachmittel wie

„100 %" für den Grundwert (etwa Viktor in Turn 1-125) oder „noch fehlen" für die absolute Differenz (etwa durch Viktor in Turn 10 -61 oder durch Melek in Turn 17-275; Tabelle 11.2.4) lassen sich dadurch charakterisieren, dass sie über die sechs Stufen hinweg adäquat genutzt werden können. Mit dem größeren Ausmaß, indem diese Ausdrücke verwendet werden, geht einher, dass die jeweils zu etablierenden Ausdrücke etwas seltener aktiviert werden.

So werden etwa von Gizem, Melek (jeweils 7 %) und Viktor (3 %) auf der dritten Stufe jeweils die formalbezogenen Sprachmittel, die auf dieser Stufe eingeführt werden, nur sehr selten aktiviert. Die Beobachtung, dass die Lernenden die Ausdrücke auf späteren Stufen (insbesondere Stufe 5) – wie intendiert – nutzen, spricht dafür, dass der Gebrauch der Ausdrücke eingeübt und eingefordert werden muss und fachlicher Anlässe bedarf. So ermöglichen sie etwa die fachliche Kommunikation über die Textaufgaben verschiedener Kontexte auf der fünften Stufe des intendierten dualen Lernpfads.

Eine weitere Abweichung vom intendierten lexikalischen Lernpfad betrifft die seltene Verwendung von Ausdrücken der Kategorie kontextbezogene Sprachmittel (erweiterte Kontexte) insbesondere durch Viktor und Melek auf der vierten bzw. Gizem auf der sechsten Stufe (jeweils 10 %). Diese Ausdrücke sind einem kontextbezogenen Lesesprachschatz zuzuordnen und dienen dementsprechend nicht der Bedeutungskonstruktion. Für die adäquate Bearbeitung der jeweiligen Aufgaben ist demnach zwar ein Verständnis ihrer Bedeutungen relevant, ihre aktive Verwendung bzw. eine Übernahme in den produktiven Sprachschatz der Lernenden wird jedoch nicht vorausgesetzt.

Hinsichtlich der letzten Stufe ist ferner auffällig, dass für Melek keinerlei Sprachmittel zu inventarisieren sind. Dies scheint daraus zu resultieren, dass bei der Bearbeitung der zugehörigen Aufgaben einerseits insgesamt höhere Sprechanteile auf Gizem entfallen (in Form einer größeren Anzahl an ihr zuzuordnenden Transkriptturns). Andererseits partizipiert Melek nur durch bestätigende Äußerungen (wie „Ja." etwa in Turn 20-73), organisatorische Nachfragen (wie „Schreibst du?" in Turn 20-19), Nennungen von Zahlwerten (wie „8 €" in Turn 20-31) oder Rechenschritten (wie „Wieder mit der Eins" in Turn 20-93) an der diesbezüglichen Kommunikation.

Den ausgeführten Ergebnissen sowie den Überblicken in den Tabellen 11.2.5 und 11.2.6 zufolge, trifft die folgende Hypothese, die im Rahmen der Spurenanalyse von Amir und Sarah formuliert wurde (Abschnitt 1.1.2), also ebenfalls auf die anderen beiden Lernendenpaare zu:

- Die Arten der von den Lernenden verwendeten Sprachmittel variieren auf den verschiedenen Stufen des dualen Lernpfads, wobei der intendierte lexikalische Lernpfad durch die Lernwege der Lernenden weitgehend abgebildet wird.

Tabelle 11.2.5: Stufenbezogene Gegenüberstellung des lexikalischen Lernpfads
mit Lernwegen von Julian und Viktor zu primär aktivierten Sprachmittelarten

Stu-fe	Lexikalischer Lernpfad	Lexikalischer Lernweg von Julian	Lexikalischer Lernweg von Viktor
1	Verwendung eigensprachlicher Ressourcen (Downloadkontext)	Aktivierung vor allem von kontextunabhängigen (Julian: 66 % und Viktor: 61 %) und nachrangig von streifenbezogenen (18 % und 20 %) und kontextbezogenen (Downloadkontext) (16 % und 18 %) Sprachmitteln	
2	Etablierung bedeutungsbezogener Sprachmittel (Einkaufskontext)	Überwiegende Verwendung kontextbezogener Sprachmittel (Einkaufskontext) (56 %)	Überwiegende Verwendung *kontextunabhängiger* (42 %) sowie kontextbezogener Sprachmittel (Einkaufskontext) (40 %)
3	Einführung formalbezogener Sprachmittel (kontextunabhängig)	*Primärer Gebrauch kontextunabhängiger Sprachmittel* (Julian: 70 % und Viktor: 87 %)	
4	Erweiterung der bedeutungsbezogenen und erster Umgang mit kontextbezogenen, einem erweiterten Lesewortschatz zuzuordnenden Sprachmitteln (Einkaufskontext)	Aktivierung vor allem von *kontextunabhängigen* (53 %) und etwas seltener von kontextbezogenen (Einkaufskontext) (23 %) Sprachmitteln	Aktivierung überwiegend von kontextbezogenen (Einkaufskontext) (40 %) sowie *kontextunabhängigen* (33 %) Sprachmitteln
5	Einübung formal- und bedeutungsbezogener Sprachmittel; Umgang mit auf andere Kontexte bezogenen Sprachmitteln	Verwendung primär von kontextunabhängigen (35 %) und seltener von formalbezogenen (24 %) sowie kontextbezogenen (erweiterte Kontexte) (22 %) Sprachmitteln	Primäre Verwendung von auf erweiterte Kontexte bezogenen (43 %) und seltener von *kontextunabhängigen* (21 %) sowie kontextbezogenen (Einkaufskontext) (18 %) Sprachmitteln
6	Einführung des kontextbezogenen Lesesprachschatzes (Mehrwertsteuerkontext)	Gebrauch vor allem von *kontextunabhängigen* (Julian: 56 % und Viktor: 63 %) und seltener von kontextbezogenen Sprachmitteln (erweiterte Kontexte) (30 % und 34 %)	

Tabelle 11.2.6: Stufenbezogene Gegenüberstellung des lexikalischen Lernpfads
mit Lernwegen von Gizem und Melek zu primär aktivierten Sprachmittelarten

Stufe	Lexikalischer Lernpfad	Lexikalischer Lernweg von Gizem	Lexikalischer Lernweg von Melek
1	Verwendung eigensprachlicher Ressourcen (Downloadkontext)	Aktivierung vor allem von kontextunabhängigen (Gizem: 76 % und Melek: 78 %) und nachrangig von streifenbezogenen (21 % und 18 %) Sprachmitteln	
2	Etablierung bedeutungsbezogener Sprachmittel (Einkaufskontext)	Überwiegende Verwendung kontextbezogener Sprachmittel (Einkaufskontext: 55 %)	Überwiegende Verwendung *kontextunabhängiger* (42 %) sowie kontextbezogener Sprachmittel (Einkaufskontext: 34 %)
3	Einführung formalbezogener Sprachmittel (kontextunabhängig)	Primärer Gebrauch *kontextunabhängiger* (jeweils 51 %) und seltener *kontextbezogener (Einkaufskontext:* Gizem: 21 % und Melek: 20 %) sowie *streifenbezogener* (18 % und 17 %) Sprachmittel	
4	Erweiterung der bedeutungsbezogenen und erster Umgang mit kontextbezogenen, einem erweiterten Lesesprachschatz zuzuordnenden Sprachmitteln (Einkaufskontext)	Aktivierung vor allem von *kontextunabhängigen* (54 %) und seltener von kontextbezogenen (erweiterte Kontexte: 18 %) und Sprachmitteln	Aktivierung überwiegend von *kontextunabhängigen* (53 %) und seltener von kontextbezogenen (Einkaufskontext: 23 %) Sprachmitteln
5	Einübung formal- und bedeutungsbezogener Sprachmittel; Umgang mit auf andere Kontexte bezogenen Sprachmitteln	Primäre Verwendung von auf erweiterte Kontexte bezogenen (Gizem: 35 % und Melek: 38 %) und etwas seltener von *kontextunabhängigen* (jeweils 26 %) sowie formalbezogenen (26 % und 20 %) Sprachmitteln	
6	Einführung des kontextbezogenen Lesesprachschatzes (Mehrwertsteuerkontext)	Gebrauch vor allem von *kontextunabhängigen* und *streifenbezogenen* Sprachmitteln (je 45 %)	

Aktivierung kontextbezogener Sprachmittel aus dem Downloadkontext

Sprachmittel der Kategorie kontextbezogene Sprachmittel (Downloadkontext) werden von allen Lernenden am seltensten gebraucht (Julian und Viktor: je 2 % bzw. Gizem und Melek: je 1 %).

Darüber hinaus lassen die zwei weiteren durchgeführten Spurenanalysen allerdings zwei nennenswerte Abweichungen von den Resultaten der Spurenanalysen von Amir und Sarah erkennen (Abschnitt 11.1.2). So nutzen Gizem und Melek solche Sprachmittel, die wie „… % des Films" (Melek, Turn 3-40) auf den als Einführung dienenden Downloadkontext bezogen sind, nicht nur auf der ersten Stufe des intendierten dualen Lernpfads, sondern greifen sie erneut auf der dritten Stufe auf. Trotz dieser Ausnahme scheinen die Sprachmittel aus dem Downloadkontext, die einen intuitiven Zugang zu den Konzepten des Prozentverständnisses ermöglichen (Abschnitt 9.1 für illustrierende Einblicke), nach der expliziten Etablierung der anderen Sprachmittelarten auf den späteren Stufen kaum mehr benötigt zu werden. Ferner entfallen bei Julian und Viktor, im Gegensatz zu Amir und Sarah sowie Gizem und Melek, die auf der ersten Stufe nur sehr wenige auf den Downloadkontext bezogene Sprachmittel verwenden, immerhin knapp ein Fünftel aller auf dieser Stufe inventarisierten Ausdrücke wie „fertig geladen haben" (Viktor, Turn 1-52) auf die erwähnte Kategorie.

Die beschriebenen Resultate der Spurenanalysen von Julian und Viktor sowie Gizem und Melek machen demzufolge eine geringfügige Anpassung (fett gedruckt) der auf Basis der Spurenanalysen von Amir und Sarah (Abschnitt 11.1.2) formulierten Hypothese in Bezug auf den Gebrauch von Sprachmitteln der Kategorie kontextbezogene Sprachmittel (Downloadkontext) erforderlich:

- Auf den *Downloadkontext bezogene Sprachmittel* werden in **relativ** geringem Ausmaß und **überwiegend** auf der ersten Stufe des intendierten dualen Lernpfads aktiviert.

Aktivierung kontextbezogener Sprachmittel aus dem vertrauten Einkaufskontext

Anders als die auf den Kontext des Downloadens bezogenen Sprachmittel, werden Ausdrücke, die sich auf den vertrauten Einkaufskontext beziehen und auf der zweiten Stufe des intendierten dualen Lernpfads eingeführt werden, von Julian, Viktor, Gizem und Melek auch auf nachfolgenden Stufen immer wieder und auch aus eigener Initiative heraus aktiviert. Dementsprechend beansprucht die folgende für Amir und Sarah getätigte Hypothese ebenfalls für die vier erwähnten Schülerinnen und Schüler Geltung:

- Die auf der zweiten Stufe des intendierten dualen Lernpfads eingeführten, *auf den Einkaufskontext bezogenen Sprachmittel* werden von den Lernenden auch auf späteren Stufen immer wieder aufgegriffen.

Die Ausmaße der Aktivierung von Sprachmitteln der erwähnten Art variieren allerdings in Abhängigkeit von den jeweiligen Stufen, den Lernendenpaaren sowie den Individuen. Beachtenswert ist, dass die Aktivierung von Ausdrücken dieser Kategorie – insbesondere durch Gizem und Melek – sogar auf der dritten Stufe des intendierten dualen Lernpfads (auch) selbstinitiiert stattfindet, da auf dieser sowohl auf konzeptueller als auch auf lexikalischer Ebene eine Konzentration auf Formalisierungen vorliegt. Dies könnte als Indiz dafür gedeutet werden, dass diesen Ausdrücken, wie intendiert, eine besondere Relevanz zur Konstruktion von Bedeutungen zu den Konzepten von Prozenten durch die Lernenden zukommt.

Aktivierung streifenbezogener Sprachmittel

Der Prozentstreifen, der als Mediator zwischen dem konzeptuellen und dem lexikalischen Lernpfad fungieren soll und innerhalb des konzipierten Lehr-Lern-Arrangements wechselnde Funktionen innehat (Abschnitt 8.2), scheint ebenso wie die bedeutungsbezogenen Sprachmittel des vertrauten Einkaufskontextes eine große Bedeutung für die Lernenden zu haben. So stellen alle sechs Lernende auf nahezu allen Stufen in unterschiedlichen Ausmaßen Bezüge zum Prozentstreifen her. Einzige Ausnahme bildet die letzte Stufe bei Julian, Viktor sowie Melek. Tendenziell verwenden die sprachlich schwachen Lernenden (Amir: 13 %; Gizem und Melek: je 12 %) derartige Sprachmittel relativ gesehen etwas häufiger als die sprachlich starken Schüler (Julian und Viktor: je 7 %). Abweichend von dieser Tendenz aktiviert die sprachlich starke Schülerin Sarah allerdings den größten relativen Anteil (19 %) an streifenbezogenen Sprachmitteln.

Mit Abweichungen auf maximal zwei Stufen (Gizem: Stufe 4 und 6; Melek: Stufe 2; Viktor: Stufe 3), nimmt die Nutzung streifenbezogener Ausdrücke bei den zwei Schülerinnen und Schülern wie bei Amir und Sarah entlang des intendierten dualen Lernpfads kontinuierlich ab. Dies deutet an, dass der Prozentstreifen insbesondere bei der Konstruktion von Bedeutungen zu Prozenten eine Unterstützung bietet und auf ihn im Sinne eines Scaffolds (Abschnitt 4.1.3) sukzessive in abnehmender Intensität zurückgegriffen wird.

Die aus den Ergebnissen der Spurenanalyse von Amir und Sarah extrahierte Hypothese (Abschnitt 11.1.2) zur Nutzung streifenbezogener Ausdrücke bedarf den dargelegten Resultaten der Spurenanalysen der weiteren Lernenden zufolge somit lediglich einer geringfügigen Modifikation:

- Die Verwendung *streifenbezogener Sprachmittel* erfolgt – auch durch sprachlich stärkere Lernende – **nahezu** durchgehend, aber mit abnehmender Tendenz auf **fast** allen Stufen des dualen Lernpfads.

11.2.3 Quellen der Sprachmittelverwendung von drei Lernendenpaaren

Dieser Abschnitt zielt darauf ab, einerseits zu überprüfen, ob die aus den Spurenanalysen von Amir und Sarah (Abschnitt 11.1.2) gewonnenen Hypothesen zu den *Quellen der Sprachmittelverwendung* (eigene Ressourcen, schriftliches bzw. mündliches Sprachmittelangebot von Förderlehrkraft oder Mitlernenden) auch auf die beiden weiteren Lernendenpaare zutreffen und diese andererseits gegebenenfalls zu modifizieren:

- Die *Übernahme von Sprachmitteln aus dem kollektiven Sprachschatz* überwiegt – unabhängig von der Sprachkompetenz der Lernenden – gegenüber der *Aktivierung von Ausdrücken aus dem autonomen Sprachschatz*.

- Während die Aktivierung *selbsteingeführter Sprachmittel* durch die Lernenden über die sechs Stufen des intendierten dualen Lernpfads hinweg abnimmt, nimmt die Übernahme von *Ausdrücken aus dem kollektiven Wortschatz* zu.

- Die Übernahmen von Sprachmitteln erfolgen überwiegend aus dem *schriftlichen Angebot*.

- Übernahmen aus dem *kollektiven mündlichen Sprachschatz* sind ebenfalls vorhanden, hinsichtlich der Präferenz der Übernahme der inventarisierten Ausdrücke aus dem Repertoire der Förderlehrkraft bzw. des oder der Mitlernenden sind aber individuelle Unterschiede festzustellen.

Entwicklung von Selbsteinführungen und Übernahmen von Sprachmitteln aus kollektivem Sprachschatz entlang der sechs Stufen des intendierten Lernpfads

Die Spurenanalysen von Julian und Viktor sowie Gizem und Melek ergeben insgesamt, dass auch die erwähnten vier Lernenden dazu neigen, auf ihren lexikalischen Lernwegen eher Sprachmittel zu übernehmen (61 % bzw. 63 % sowie 64 % bzw. 69 %) als solche selbst einzuführen (Abschnitt 11.1.2; für Amir: 58 % und Sarah: 75 %). Dieses Resultat, das die Bedeutsamkeit lexikalischer Scaffolding-Angebote für die lexikalischen Lernwege von Lernenden andeutet, gibt Anlass, die folgende aus den Spurenanalysen von Amir und Sarah abgeleitete Hypothese auch für die anderen vier Lernenden tendenziell zu stützen:

- Die Übernahme von Sprachmitteln aus dem *kollektiven Sprachschatz* überwiegt – unabhängig von der Sprachkompetenz der Lernenden – gegenüber der Aktivierung von Ausdrücken aus dem *autonomen Sprachschatz.*

Ein weiteres Resultat aus den Spurenanalysen von Amir und Sarah (Abschnitt 11.1.2), wonach die sprachlich stärkere Schülerin deutlich stärker zur Sprachmittelübernahme neigt als der sprachlich schwächere Schüler, kann durch die weiteren Spurenanalysen nicht bekräftigt werden. So liegen die Anteile an Übernahmen der vier Lernenden auf einem ähnlichen Niveau, wobei der höchste Anteil auf die als sprachlich schwach eingestufte Schülerin Melek entfällt.

Ähnliches gilt für das für Amir und Sarah konstatierte Muster der Entwicklung der Selbsteinführungs- bzw. Übernahmepraxis von Sprachmitteln. Danach nimmt die Aktivierung selbsteingeführter Sprachmittel durch die Lernenden über die sechs Stufen des intendierten dualen Lernpfads hinweg kontinuierlich ab, während die Übernahme von Ausdrücken aus dem kollektiven Sprachschatz stetig anwächst (Abschnitt 11.1.2). Wie die Abbildungen 11.2.1 und 11.2.2 veranschaulichen, ist ein ähnliches Phänomen allerdings nur bei Melek (eine einzige Abweichung auf der dritten Stufe) und Viktor (mit den Stufen 4 und 6 als Ausreißer) tendenziell zu erkennen.

Folglich scheint eine Abschwächung der Schlussfolgerung, die sich aus den Spurenanalysen von Amir und Sarah ergibt, mit Blick auf die anderen vier Schülerinnen und Schüler erforderlich zu sein:

- Während die Aktivierung selbsteingeführter Sprachmittel durch die Lernenden über die sechs Stufen des intendierten dualen Lernpfads hinweg **tendenziell** abnimmt, nimmt die Übernahme von Ausdrücken aus dem kollektiven Sprachschatz **tendenziell** zu.

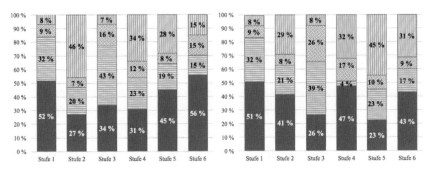

☐ Aus den schriftlichen Materialien übernommene Sprachmittel
☐ Von der / dem Mitlernenden übernommene Sprachmittel
☐ Von der Lehrkraft übernommene Sprachmittel
■ Selbsteingeführte Sprachmittel

Abbildung 11.2.1   Überblick zu Quellen der von Julian (links) und Viktor (rechts) verwendeten Sprachmittel auf den einzelnen Stufen des intendierten Lernpfads

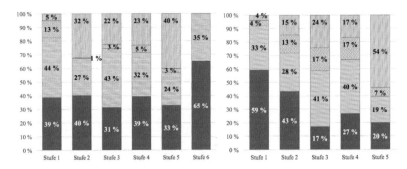

☐ Aus den schriftlichen Materialien übernommene Sprachmittel
☐ Von der / dem Mitlernenden übernommene Sprachmittel
☐ Von der Lehrkraft übernommene Sprachmittel
■ Selbsteingeführte Sprachmittel

Abbildung 11.2.2   Überblick zu Quellen der von Gizem (links) und Melek (rechts) verwendeten Sprachmittel auf den einzelnen Stufen des intendierten Lernpfads

Obwohl über die Stufen des intendierten dualen Lernpfads hinweg also nicht für alle sechs Lernenden kontinuierliche Abnahmen von Selbsteinführungen bzw. Zunahmen von Übernahmen festzustellen sind, zeigen sich zu Anfang für alle Lernende hohe Anteile an selbsteingeführten Sprachmitteln (Stufe 1 mit Ausnahme von Gizem über 50 %; Stufe 2 mit Ausnahme von Sarah und Julian mindestens 40 %; Abschnitt 11.1.2 für Amir und Sarah). Diese hohen Anteile an Selbsteinführungen auf den ersten Stufen sind insofern erwartungskonform, da auf der ersten und zu Beginn der zweiten Stufe die Aktivierung eigensprachlicher Ressourcen intendiert und erst anschließend die Etablierung sowie Einübung angebotener Sprachmittel initiiert wird (Abschnitt 8.2).

Bevorzugte Quellen der Übernahmen von Sprachmitteln aus dem kollektiven Sprachschatz

Drei der vier in die Tiefenanalysen einbezogenen Lernenden stimmen mit dem Lernendenpaar Amir und Sarah (Abschnitt 11.1.2) darin überein, dass insgesamt der Großteil der von ihnen übernommenen Sprachmittel dem schriftlichen Sprachangebot entstammt. Auf Gizem, die Ausdrücke aus diesem und dem mündlichen Sprachmittelangebot der Förderlehrkraft in einem ähnlichen Umfang verwendet, trifft dies nicht zu. Dementsprechend bedarf die folgende Hypothese hinsichtlich der Übernahmen aus dem schriftlichen Material, die aus den Spurenanalysen von Amir und Sarah extrahiert wurde, hinsichtlich der anderen beiden Lernendenpaare einer geringfügigen Modifikation:

- Die Übernahmen von Sprachmitteln erfolgen **mehrheitlich** überwiegend aus dem schriftlichen Angebot.

In Bezug auf die Übernahmen aus dem kollektiven mündlichen Sprachschatz stimmen Julian, Viktor, Gizem und Melek darin überein, dass sie innerhalb eigener Äußerungen eher auf Sprachmittelangebote der Förderlehrkräfte als auf solche der Mitlernenden zurückgreifen. Sarah ist demnach die Einzige der sechs Lernenden, für die eine Spurenanalyse durchgeführt wurde, die eher zum Aufgreifen von Ausdrücken neigt, die durch ihren Mitschüler eingeführt wurden. Aufgrund dessen scheint unter Berücksichtigung aller sechs Lernender eine Anpassung der folgenden Hypothese notwendig, die aus den Spurenanalysen von ihr und Amir hinsichtlich der Präferenzen der Übernahmen aus den Quellen des mündlichen kollektiven Sprachschatzes abgeleitet wurde:

- Übernahmen aus dem kollektiven mündlichen Sprachschatz sind ebenfalls vorhanden, **wobei bei der Mehrzahl der Lernenden eine Präferenz für die Übernahme der inventarisierten Ausdrücke aus dem Repertoire der Förderlehrkraft festzustellen ist**.

Die Resultate aus den Spurenanalysen deuten demnach einerseits die Relevanz lexikalischer Scaffolding-Angebote im schriftlichen Material für die Lernenden an, da Übernahmen inventarisierter Ausdrücke, die in die Aufgabenstellungen integriert sind, zumeist gegenüber denen aus dem mündlichen kollektiven Sprachschatz überwiegen. Andererseits lässt das Ergebnis, dass mindestens ein Drittel bzw. bis über die Hälfte der von den fokussierten Lernenden aktivierten Sprachmittel aus dem kollektiven mündlichen Sprachschatz übernommen werden, die hohe Bedeutung der Einbettung der Förderung in einen kommunikativen Zusammenhang erahnen. Die Tatsache, dass bis auf Sarah alle sechs Lernende vor allem von der Förderlehrkraft eingeführte Ausdrücke übernehmen, weist auf die potentielle Bedeutsamkeit von Mikro-Scaffolding-Strategien der Förderlehrkräfte hin (Abschnitt 4.1.3 für Hintergründe und 8.2.4 für konkrete Strategien). Der Frage, inwieweit solche Impulse der Lehrkräfte tatsächlich zur Aktivierung bestimmter Sprachmittelkategorien führen, wird im nächsten Abschnitt nachgegangen.

11.2.4 Initiativen der Sprachmittelverwendung von drei Lernendenpaaren

Aus den Spurenanalysen von Amir und Sarah (Abschnitt 11.1.2) wurden zu den Initiativen ihrer Sprachmittelverwendungen (selbst-, lehrenden- bzw. mitlernendeninitiiert) zusammenfassend die folgenden beiden Hypothesen abgeleitet, die es in diesem Abschnitt anhand der Spurenanalysen von Julian und Viktor sowie Gizem und Melek zu überprüfen und gegebenenfalls anzupassen gilt:

- Die Sprachmittelverwendungen beruhen überwiegend auf der Initiative der Lernenden selbst, seltener auf der ihrer Förderlehrkraft und nur in Ausnahmefällen auf der ihres bzw. ihrer Mitlernenden.

- Während für selbstinitiierte Sprachmittelaktivierungen über die Stufen des intendierten dualen Lernpfads hinweg eine kontinuierliche Abnahme zu verzeichnen ist, nehmen lehrendeninitiierte Sprachmittelaktivierungen permanent zu.

Erkenntnisse zu überwiegenden Initiativen der Sprachmittelverwendung

Die Spurenanalysen von Julian und Viktor sowie Gizem und Melek ergeben, dass ihre Sprachmittelaktivierungen – ebenso wie die von Amir und Sarah (Abschnitt 11.1.2) – vornehmlich selbstinitiiert sind (Anteile an Selbstinitiierungen zwischen 55 % und 70 %). Darüber hinaus beruhen sie eher auf der Initiative der Förderlehrkräfte (Anteile an lehrendeninitiierten Sprachmittelverwendungen zwischen 26 % und 41 %) als dass sie von ihren Mitlernenden ausgehen (Anteile an mitlernendeninitiierten Sprachmittelaktivierungen zwischen 3 % und 6 %).

Die komparative Gegenüberstellung der Resultate der Spurenanalysen der sechs Lernenden verdeutlicht zudem, dass die als sprachlich stark eingestuften Lernenden (insbesondere Viktor und Julian) tendenziell stärker zu selbstinitiierten Sprachmittelverwendungen neigen als die als sprachlich schwach eingeschätzten Schülerinnen und Schüler (insbesondere Melek und Gizem).

Demzufolge kristallisiert sich mit Blick auf die Spurenanalysen der Lernendenpaare Julian und Viktor bzw. Gizem und Melek die Notwendigkeit heraus, die folgende Hypothese zu den Initiativen der Sprachmittelverwendung, die anhand der Spurenanalysen von Amir und Sarah formuliert wurde, zu ergänzen:

- Die Sprachmittelverwendungen beruhen überwiegend **und in besonderem Maße bei den sprachlich stärkeren Lernenden** auf der Initiative der Lernenden selbst, seltener auf der ihrer Förderlehrkraft und nur in Ausnahmefällen auf der ihrer Mitlernenden.

Die Tatsache, dass die sechs Lernenden ihre Sprachmittelverwendungen im Rahmen der Förderungen mehrheitlich selbst initiieren, deutet daraufhin, dass die Konzeption der Aktivitäten des Lehr-Lern-Arrangements ihr lexikalisches Lernen bzw. ihre Sprachproduktionen in besonderem Maße anregt. Da allerdings dennoch bis zu rund zwei Fünftel der Sprachmittelverwendungen auf Initiative der Förderlehrkräfte hin stattfinden, kommt zielgerichteten Mikro-Scaffolding-Impulsen (Abschnitte 4.1.3 und 8.2.4) anscheinend dennoch zusätzlich eine hohe Relevanz zu.

Entwicklung der Initiativen der Sprachmittelverwendung entlang der sechs Stufen des intendierten Lernpfads

Die aus den Spurenanalysen von Amir und Sarah herausgearbeitete Aussage, wonach über die Stufen des intendierten dualen Lernpfads hinweg zunehmend mehr lehrenden- und weniger selbstinitiierte Sprachmittelverwendungen stattfinden, trifft in der Tendenz ebenfalls auf die anderen in der Tiefenanalyse berücksichtigten vier Lernenden (insbesondere Viktor mit Stufe 3 sowie Julian und Melek mit Stufen 5 und 6 als Abweichungen) zu (Abbildungen 11.2.3 und 11.2.4). Die Anteile an Selbstinitiierungen erweisen sich dabei insbesondere auf der ersten Stufe des intendierten dualen Lernpfads für alle sechs Schülerinnen und Schüler als höher als auf den nachfolgenden Stufen. Anders als im Fall von Amir und Sarah, lassen sich die Abnahmen der Selbst- bzw. die Zunahmen der Lehrendeninitiierungen allerdings nicht als kontinuierlich charakterisieren, da sie auf einzelnen Stufen stärkeren Schwankungen unterworfen sind.

Infolgedessen ist für die beiden weiteren Lernendenpaare auch die aus den Spurenanalysen von Amir und Sarah abgeleitete Hypothese zur Entwicklung der Initiativen der Sprachmittelaktivierungen über den intendierten dualen Lernpfad hinweg folgendermaßen anzupassen:

- Während für selbstinitiierte Sprachmittelaktivierungen über die Stufen des intendierten dualen Lernpfads hinweg **tendenziell** eine Abnahme zu verzeichnen ist, nehmen lehrendeninitiierte Sprachmittelaktivierungen **tendenziell** zu.

Die im Rahmen der sechs Spurenanalysen festgestellte Tendenz, dass die Anteile an lehrendeninitiierten Sprachmittelaktivierungen auf den späteren oft höher sind als auf den ersten Stufen des intendierten dualen Lernpfads, spricht dafür, dass für die auf der zweiten Stufe einsetzende Einführung und auf den weiteren Stufen angesiedelte Etablierung und Einübung von Sprachmitteln verschiedener

Kategorien in höherem Maße Impulse der Förderlehrkräfte zur Verwendung (bestimmter) Sprachmittel nötig sind.

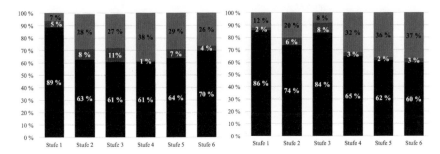

■ Von der Förderlehrkraft initiierte Sprachmittelverwendung
■ Von der / dem Mitlernenden initiierte Sprachmittelverwendung
■ Selbstinitiierte Sprachmittelverwendung

Abbildung 11.2.3   Überblick zu Initiativen der von Julian (links) und Viktor (rechts) verwendeten Sprachmittel auf den einzelnen Stufen des intendierten Lernpfads

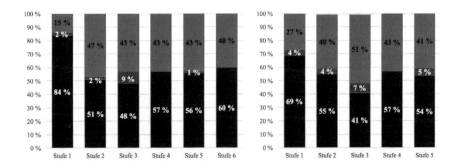

■ Von der Förderlehrkraft initiierte Sprachmittelverwendung
■ Von der / dem Mitlernenden initiierte Sprachmittelverwendung
■ Selbstinitiierte Sprachmittelverwendung

Abbildung 11.2.4   Überblick zu Initiativen der von Gizem (links) und Melek (rechts) verwendeten Sprachmittel auf den einzelnen Stufen des intendierten Lernpfads

11.2.5 Lernfortschritte der Lernenden in Bezug zu den Resultaten der Spurenanalysen

Gegenstand dieses Abschnitts ist es, die Lernfortschritte der Lernenden in den Blick zu nehmen, indem ihre Ergebnisse in den vor der Förderung eingesetzten *Standortbestimmungen* mit ihren Resultaten im *Prozente-Matrixtest*, der nach der Förderung durchgeführt wird (Abschnitt 10.2.2), verglichen werden. Diese konzeptuellen Lernzuwächse sollen zudem mit den Beobachtungen zu den lexikalischen Lernwegen aus den Spurenanalysen in Beziehung gesetzt werden, um Deutungen zu den Zusammenhängen der Lernwege anstellen zu können.

Zunächst ist anzumerken, dass keine eindeutigen Auswirkungen quantitativer Vorteile bei der Sprachmittelverwendung (auch innerhalb der Gruppen der Lernenden mit ähnlichen Sprachkompetenzen, Tabelle 11.2.1) auf die Resultate beim anschließend durchgeführten Prozente-Matrixtest (Tabelle 10.2.3 in Abschnitt 10.2.2) festzustellen sind (Tabelle 11.2.7).

Tabelle 11.2.7: Gegenüberstellung von Gesamtanzahl an Sprachmittelaktivierungen und Gesamtpunktzahl im Prozente-Matrixtest der sechs Fokuslernenden

Lernende	Sprachmittel-aktivierungen	Gesamtscore Prozente-Matrixtest (Prozentrang gesamt / Sprachgruppe)
Gizem (sprachlich schwach)	664	12 (89 / 91)
Melek (sprachlich schwach)	337	12 (89 / 91)
Amir (sprachlich schwach)	570	8 (74 / 80)
Sarah (sprachlich stark)	403	9 (78 / 70)
Julian (sprachlich stark)	454	16 (99 / 97)
Viktor (sprachlich stark)	464	13 (93 / 85)

Besonders auffällig ist einerseits etwa, dass die beiden sprachlich schwachen Schülerinnen Gizem und Melek dieselbe Gesamtpunktzahl im Prozente-Matrixtest erzielen, obwohl für Gizem etwa doppelt so viele Sprachmittel zu codieren waren wie für ihre Mitschülerin. Andererseits erreicht der ebenfalls sprachlich schwache Schüler Amir, der hinsichtlich der Quantität seiner Sprachmittelverwendungen zwischen den beiden Schülerinnen anzusiedeln ist, den geringsten Gesamtscore in dem nach der Förderung durchgeführten Prozent-Matrixtest.

Trotz dieser im Vergleich zu den anderen Lernenden (insbesondere Gizem, Melek, Julian und Viktor) geringeren Gesamtpunktzahl im *Prozente-Matrixtest* kann nicht davon ausgegangen werden, dass Amir in den vier durchgeführten Fördersitzungen zwar viele Sprachmittel aktiviert, aber wenig gelernt hat.

Diese Vermutung stützt sich einerseits auf die Beobachtung, dass Amir nach der zusätzlichen Förderung deutlich besser abschneidet als die als Referenz dienende Gesamtstichprobe bzw. Teilstichprobe der sprachlich schwachen Lernenden des Prozente-Matrixtests (Prozentränge in der dritten Spalte von Tabelle

11.2.7). So erzielen 74 % der Gesamtstichprobe bzw. 80 % der Teilstichprobe der sprachlich schwachen Lernenden ein schlechteres Ergebnis als Amir.

Andererseits zeigt dies ein kompetenzbezogener Vergleich der Resultate seiner Standortbestimmungen (Tabelle 10.2.2 in Abschnitt 10.2.2) mit denen seines Prozente-Matrixtests (Tabelle 10.2.3 in Abschnitt 10.2.2), mit dem tendenzielle Aussagen zu den durch die Förderung erzielten Lernfortschritten getroffen werden können. So gelang Amir in den Standortbestimmungen lediglich die Bestimmung der Grundkonzepte am Prozentstreifen sicher, während er beim Prozentverständnis, in Bezug auf das Berechnen der Grundkonzepte sowie den Umgang mit (komplexeren) Textaufgaben größere Schwierigkeiten zeigte und viele Nichtbearbeitungen aufwies. Im Prozente-Matrixtest konnte er – nach nur vier Fördersitzungen – hingegen fast alle Items im entkleideten und graphischen Format zu den Grundaufgabentypen und auch einzelne Textaufgaben lösen.

Lernfortschritte lassen sich auch für die anderen Lernenden erkennen. So verdeutlichen die Vergleiche von Vor- und Nacherhebung insgesamt, dass alle Lernende durch die Förderung bei der *formalen Berechnung von Prozentwerten*, die allen durchgehend gelingt *bzw. Grundwerten*, bei der lediglich Rechenfehler auftreten, anscheinend an Sicherheit gewonnen haben. Wenngleich teilweise noch Schwierigkeiten der fokussierten Schülerinnen und Schüler bei der Identifikation der Aufgabentypen bzw. der Lösung von Textaufgaben der Grundaufgabentypen *„Prozentwert gesucht"* und *„Grundwert gesucht"* auszumachen sind, lassen sich diesbezüglich Verbesserungen erkennen. Die im Rahmen der Förderungen behandelten Aufgaben scheinen demnach die Kompetenz zur sprachlichen Differenzierung der verschiedenen Grundkonzepte zu Prozenten zu fördern, die – wie die Spurenanalysen zeigen – mit einer Vielfalt an Ausdrücken adressiert werden (für Amir und Sarah Tabellen 11.1.2, 11.1.2, 11.1.7 – 11.1.9 und 11.1.14; für alle sechs Lernende Tabelle 11.2.4 für ein Beispiel).

Fortschritte der Lernenden lassen sich ebenfalls für den konzeptuellen sowie den sprachlichen Umgang mit dem Aufgabentyp *„Grundwert gesucht nach Verminderung"* erkennen, den nach der Förderung zumindest Gizem überwiegend und Julian durchgehend erfolgreich bewältigen. Obwohl die Differenzkonzepte innerhalb des konzipierten Lehr-Lern-Arrangements ab der vierten Stufe des zugrunde liegenden intendierten Lernpfads explizit thematisiert und – wie die Spurenanalysen verdeutlichen – auch schon vorher von den Lernenden sprachlich gefasst werden, zeigen sich diesbezüglich im *Prozente-Matrixtest* noch Probleme, auch sprachlicher Art. So verfolgt der als sprachlich stark eingeschätzte Schüler Viktor hinsichtlich der Textaufgaben des Aufgabentyps *„Grundwert gesucht nach Verminderung"* fehlerhafte Ansätze, die auf Schwierigkeiten mit den integrierten Ausdrücken wie „reduzieren um" oder „Ermäßigung in Höhe von … %" hindeuten. In Bezug auf den erstgenannten Ausdruck zeigten sich die erwähnten Probleme bereits in den Fördersitzungen (5-JV3a in 9.4). Sprachliche Unsicherheiten deuten ferner die Bearbeitungen zweier Items des Prozente-Matrixtests auch im Fall von Sarah an, die die Sprachmittel „Ermäßigung" bzw. „Preisnachlass" mit einem Fragezeichen markiert. Aufgrund der Tatsache, dass – wie die Spurenanalysen ergeben – die beiden Ausdrücke in keiner der Förderungen aktiviert werden, kann konstatiert werden, dass Gizem und Julian auch zum erfolgreichen Umgang mit vorher nicht explizit thematisierten Sprachmitteln des kontextbezogenen erweiterten Lesesprachschatzes in der Lage sind. Viktor, Sarah und Melek, die andere Aufgaben des erwähnten Aufgabentyps erfolgreich bewältigen, scheint dieser Transfer hingegen Probleme zu bereiten.

Nach den Fördersitzungen gelingt des Weiteren neben Amir und Sarah nun auch Viktor und Melek die Formulierung einer eigenen Textaufgabe unter Vorgabe des Aufgabentyps. Dies stellt ein Indiz dafür dar, dass die Lernenden Bedeutungen zu den Konzepten des Prozentverständnisses konstruiert haben. Die Beobachtung, dass alle vier Lernende dabei auf Sprachmittel zurückgreifen, die sich auf den (erweiterten) Einkaufskontext beziehen, unterstreicht die aus den Spurenanalysen abgeleitete Deutung, wonach Ausdrücke dieser Kategorie in besonderem Maße für die Konstruktion von Bedeutungen zu den Konzepten des Prozentverständnisses relevant sind.

11.3 Zusammenfassung

Die Intention dieses Kapitels besteht darin, die Forschungsfrage F3 *Welche Lernwege von Schülerinnen und Schülern können verglichen mit den entwickelten Lernpfaden rekonstruiert werden?* zu bearbeiten. Mit dem Ziel, die Forderung nach einer detaillierten Analyse längerfristiger sprachlicher Lernwege in der mathematikdidaktischen Forschung (Clarkson 2009; Schleppegrell 2010) einzulösen, werden schwerpunktmäßig die lexikalischen Lernwege von Lernenden zu Prozenten in den Blick genommen. Dazu wurde eigens die Methode der *Spurenanalyse* (Abschnitt 10.3) entwickelt, die erstmals auf Daten aus dem zweiten Design-Experiment-Zyklus (Abschnitt 5.2.2 für Überblick zu Design-Experiment-Zyklen) dieses Entwicklungsforschungsprojektes angewendet wurde (Prediger & Pöhler 2015; Pöhler & Prediger 2015). Im Rahmen ihres aus drei Schritten bestehenden analytischen Vorgehens werden drei Analysefragen (A3a bis A3c, Abschnitt 10.1) adressiert, die eine Ausdifferenzierung sowie Konkretisierung der oben erwähnten Forschungsfrage F3 darstellen. Diese Analysefragen liegen auch den Spurenanalysen zugrunde, die für sechs ausgewählte Schülerinnen und Schüler (Tabelle 10.2.1 in Abschnitt 10.2.2 für Charakterisierung) des fünften Design-Experiment-Zyklus (Abschnitt 5.2.2) durchgeführt wurden.

Die Auswahl dieser Lernenden für die Förderung zu Prozenten sowie ihre Zusammensetzung in Lernendenpaare wurde unter den Kriterien der Förderbedürftigkeit (ermittelt durch Standortbestimmung; Überblick über Vorkenntnisse in Tabelle 10.2.2) bzw. der Berücksichtigung kontrastierender Sprachkompetenzen (ermittelt durch C-Test; Abschnitt 6.1.2) und Sprachhintergründe vorgenommen (Abschnitt 10.2.2). So wurden aus den sechs Lernenden die Lernendenpaare Amir und Sarah (sprachlich schwach bzw. stark), Gizem und Melek (beide sprachlich schwach) sowie Julian und Viktor (beide sprachlich stark) gebildet.

Die drei Lernendenpaare wurden im entwickelten Lehr-Lern-Arrangement zum Prozentverständnis in jeweils vier Sitzungen (à 90 Minuten) gefördert. Die Transkripte des 1047 Minuten umfassenden Videomaterials der Fördersitzungen (Abschnitt 10.2.3) wurden anschließend anhand von Spurenanalysen untersucht.

Eine exemplarische Dokumentation der Resultate aus den Spurenanalysen der drei Lernendenpaare erfolgte in dem vorliegenden Kapitel in zwei Abschnitten. Die Rekonstruktion der lexikalischen Lernwege von Amir und Sarah in Abschnitt 11.1.1 diente der stufenweisen Beschreibung der Resultate. Aus ihnen wurden in Abschnitt 11.1.2 erste Hypothesen zu lexikalischen Lernwegen von Lernenden entlang des intendierten dualen Lernpfads gebildet. In Abschnitt 11.2 wurden diese durch Vergleich mit den vier übrigen Lernenden ausdifferenziert (vgl. Tabelle 11.3.1 für Überblick). Zu diesen ausdifferenzierten Hypothesen, deren Zutreffen in Anschlussstudien mit größeren Samples zu überprüfen ist, wird jeweils eine mögliche Deutung aufgeführt.

Neben den Spurenanalysen, die nur wenige Abweichungen der individuellen Lernwege der sechs fokussierten Schülerinnen und Schüler von dem intendierten lexikalischen Lernpfad erkennen lassen (Tabelle 11.1.32 in Abschnitt 11.1.2 sowie Tabellen 11.2.5 und 11.2.6 in Abschnitt 11.2.2), deutet auch ein Vergleich (Abschnitt 10.2.5) ihrer Lernvoraussetzungen zu Prozenten (Tabelle 10.2.3 in Abschnitt 10.2.2), die anhand von Standortbestimmungen ermittelt wurden, mit ihren Lernergebnissen (Tabelle 10.2.4 in Abschnitt 10.2.2), die anhand des Prozente-Matrixtests (Abschnitt 6.1.3) festgestellt wurden, das Potenzial des konzipierten Lehr-Lern-Arrangements an.

Inwieweit ein solches Potenzial ebenfalls für einen Einsatz des leicht adaptierten Lehr-Lern-Arrangements im Klassenunterricht (Abschnitt 5.2.2 für Überblick zu den Klassenerprobungen) nachgewiesen werden kann, soll im folgenden zwölften Kapitel anhand quantitativer Methoden ermittelt werden.

Tabelle 11.3.1: Überblick zu den lernendenpaarübergreifenden Erkenntnissen aus den Spurenanalysen mit möglichen Interpretationen

Facette	Lernendenpaarübergreifende Erkenntnis (Hypothese)	Mögliche Interpretation
Adressierte Konzepte (Abschnitt 11.2.1)	Stattfinden der Adressierung der *Differenzkonzepte* (v. a. prozentuale, aber auch absolute Differenz) bereits vor deren expliziten Einführung	Beitrag der Aktivitäten des Lehr-Lern-Arrangements zur Aktivierung von Lernendenressourcen auch hinsichtlich (noch) nicht direkt angesprochener Konzepte
	Verwendung von *Sprachmitteln für die Beziehungen zwischen den Konzepten* in bedeutsamem Umfang	Unterstützung der Fokussierung auf die Relationen zwischen den Konzepten durch Aktivitäten des Lehr-Lern-Arrangements sowie graphische Darstellung des Prozentstreifens
Art der aktivierten sprachlichen Ressourcen (Abschnitt 11.2.2)	*Variation der auf den sechs Stufen vorwiegend aktivierten Sprachmittelarten* mit minimalen Abweichungen der Lernwege vom dualen Lernpfad	Unterstützung des Fortschreitens der individuellen Lernwege entlang des lexikalischen Lernpfads durch Aktivitäten des Lehr-Lern-Arrangements
	Relativ seltene und überwiegend anfängliche Aktivierung von *„kontextbezogenen Sprachmitteln (Downloadkontext)"*	Sprachmittel aus dem ausschließlich zur Einführung genutzten Downloadkontext werden nach Etablierung anderer Sprachmittelarten nicht mehr genutzt
	Wiederholtes Aufgreifen von *„kontextbezogenen Sprachmitteln (Einkaufskontext)"* auch auf späteren Stufen des intendierten Lernpfads	Besondere Relevanz der kontextbezogenen Sprachmittel des Einkaufskontextes zur Konstruktion von Bedeutungen zu Prozent-Konzepten
	Nahezu durchgehende, tendenziell abnehmende Verwendung *„streifenbezogener Sprachmittel"* auf fast allen Stufen des dualen Lernpfads	Hohe Bedeutsamkeit des Prozentstreifens im Rahmen der Kommunikation über Konzepte und insbesondere bei der Konstruktion von Bedeutungen zu Prozenten
Quellen der Sprachmittelverwendung (Abschnitt 11.2.3)	*Übernahmen aus kollektivem Sprachschatz überwiegen gegenüber Selbsteinführung von Sprachmitteln*	Bedeutsamkeit lexikalischer Scaffoldingangebote für lexikalische Lernwege von Lernenden
	Tendenzielle Abnahme von Selbsteinführungen bei tendenzieller Zunahme von Übernahmen über intendierten Lernpfad hinweg	Zusammenhang mit lexikalischem Lernpfad, der erst Aktivierung eigensprachlicher Ressourcen und dann Etablierung und Einübung angebotener Sprachmittel vorsieht
	Mehrheitlich überwiegend Übernahmen von Sprachmitteln *aus schriftlichem Material*	Bedeutsamkeit lexikalischer Scaffolding-Angebote im schriftlichen Material für lexikalische Lernwege von Lernenden
	Übernahmen aus mündlichem kollektivem Sprachschatz zumeist primär aus Repertoire der Förderlehrkraft	Bedeutsamkeit von Mikro-Scaffolding-Impulsen der Förderlehrkräfte für lexikalische Lernwege der Lernenden
Initiativen der Sprachmittelverwendung (Abschnitt 11.2.4)	*Zumeist selbstinitiierte*, seltener lehrenden- und kaum mitlernendeninitiierte *Sprachmittelverwendungen*	Anregung von Sprachproduktionen durch Aktivitäten des Lehr-Lern-Arrangements, oft bedarf Sprachmittelgebrauch aber gezielter Mikro-Scaffolding-Impulse der Förderlehrkräfte
	Tendenzielle Abnahme selbstinitiierter bei tendenzieller Zunahme lehrendeninitiierter *Sprachmittelaktivierungen* über dualen Lernpfad hinweg	Notwendigkeit gezielter Impulse zum Gebrauch (bestimmter) Sprachmittel, v. a. für Etablierung und Einübung von Sprachmitteln späterer Stufen

F Wirksamkeitsforschung zu Prozenten

Gegenstand dieses Teils der vorliegenden Arbeit (Abschnitt 5.2 für Einbettung in Design des Gesamtprojektes) ist die Wirksamkeitsforschung zum entwickelten Lehr-Lern-Arrangement zu Prozenten (Abschnitt 8.2), dessen Konzeption auf dem Prinzip des *Makro-Scaffoldings* (Abschnitte 4.1.3 und 8.2.4), dem intendierten dualen Lernpfad (Abschnitt 8.2) sowie weiteren Design-Prinzipien basiert (Abschnitte 2.2.1 bzw. 4.1.2 für Design-Prinzipien des konzeptuellen bzw. lexikalischen Lernpfads). Dazu wird der Einsatz des konkreten Lehr-Lern-Arrangements zu Prozenten (Abschnitt 8.3) im Klassenunterricht empirisch begleitet, um die Forschungsfrage F4 *Inwiefern erweist sich die konzipierte Intervention zu Prozenten im Klassenunterricht als lernwirksam?* zu bearbeiten. Während die erste Klassenerprobung vorrangig der Adaption des konzipierten Lehr-Lern-Arrangements auf Bedingungen des Klassenunterrichts dient, können die zweite und dritte Klassenerprobung dann mit vergleichbaren Rahmenbedingungen als quasi-experimentelle Interventionsstudie durchgeführt werden (Abschnitt 5.2.3 für einen Überblick).

12 Wirksamkeitsstudie zum entwickelten Lehr-Lern-Arrangement

In diesem Kapitel werden zunächst nähere Erläuterungen zum Design der Wirksamkeitsforschung gegeben, die im Prä-Post-Test-Design angelegt ist (Abschnitt 12.1). Dies umfasst auch eine kurze Darstellung der Instrumente, der Stichprobe, der Analysefragen sowie der verwendeten Methoden. Die Ergebnisse der Wirksamkeitsforschung werden dann in Abschnitt 12.2 vorgestellt. Anschließend wird ein Ausblick auf Anschlussstudien diskutiert, vor allem in Bezug auf eine Ausweitung der Stichprobengröße.

12.1 Methoden der Wirksamkeitsstudie

Design der Wirksamkeitsstudie

Die quasiexperimentelle Interventionsstudie ist im Prä-Post-Test-Design mit Kontrollgruppe angelegt. In der Interventionsphase werden die zwei Interventionsklassen des siebten Jahrgangs insgesamt circa 15 Stunden à 45 Minuten

© Springer Fachmedien Wiesbaden GmbH 2018
B. Pöhler, *Konzeptuelle und lexikalische Lernpfade und Lernwege zu Prozenten*, Dortmunder Beiträge zur Entwicklung und Erforschung des Mathematikunterrichts 35, https://doi.org/10.1007/978-3-658-21375-6_13

hinsichtlich der Thematik der Prozente unterrichtet. Der Unterricht erfolgt dabei auf Basis des Lehr-Lern-Arrangements zu Prozenten (Abschnitt 8.3), das aufbauend auf dem intendierten dualen Lernpfad (Abschnitt 8.2) konzipiert wird. Dessen Gestaltung beruht wiederum auf dem Prinzip des Makro-Scaffoldings (Abschnitt 4.1.3) sowie weiteren Design-Prinzipien (Abschnitt 2.2.1 bzw. 4.1.2 für Design-Prinzipien des konzeptuellen bzw. lexikalischen Lernpfads). Das Lehr-Lern-Arrangement, das initial für Kleingruppenförderungen konzipiert wird, erfährt eine leichte Anpassung auf die Belange von Klassensituationen (Abschnitt 5.2.2). Durchgeführt wird der Unterricht von den regulären Mathematiklehrkräften der beiden siebten Klassen einer Großstadt-Gesamtschule. Bei ihnen handelt es sich um eine Berufsanfängerin bzw. einen Berufsanfänger, die durch die Mitarbeit an einem Professionalisierungsprojekt zur Sprachförderung sensibilisiert sind.

Im Gegensatz dazu werden die Lernenden der Kontrollgruppe – ebenfalls durch ihre regulären Mathematiklehrkräfte – in traditionellerer Art und Weise hinsichtlich des Themas der Prozente unterrichtet. Der Analyse der Behandlung des Umgangs mit Prozenten in ausgewählten Schulbüchern nach zu urteilen (Abschnitt 2.2.2), findet dabei zwar eine Thematisierung derselben mathematischen Inhalte (gegebenenfalls mit anderer Schwerpunktsetzung), aber kein systematisches lexikalisches Lernen statt, das konsequent mit dem Aufbau des konzeptuellen Verständnisses verknüpft ist.

Instrumente in der Vor- und Nacherhebung

In der Vorerhebung vor der Durchführung des Lehr-Lern-Arrangements werden folgende, in Abschnitt 6.1 dargestellte, Instrumente eingesetzt:

- Fragebogen zur Erhebung *soziodemographischer Daten sowie der Sprachbiographie* (vgl. Abschnitt 6.1.1)

- Test zur Erfassung der *mathematischen Vorkenntnisse* im Themenfeld *Brüche* (Wessel 2015, vgl. Abschnitt 6.1.1)

- Test zur Erfassung der *kognitiven Grundfähigkeiten* (BEFKI, vgl. Abschnitt 6.1.1)

- C-Test zur Erfassung der *Sprachkompetenz* im Deutschen (vgl. Abschnitt 6.1.2)

Die Erhebung der erwähnten Kontrollvariablen dient dabei der Absicherung der Vergleichbarkeit zwischen Interventions- und Kontrollgruppe. Als mathematische Vorkenntnisse wird das Themenfeld der Brüche operationalisiert, da dies die Integration der Studie in das DFG-Projekt MESUT ermöglichte (Abbildung 5.2.4 in Abschnitt 5.2.3 für Überblick). Alternativ hätten auch Kompetenzen bzw. Verständnis etwa in Bezug auf proportionales Denken, die Grundvorstellung der Division oder ähnliches erhoben und kontrolliert werden können.

Die Nacherhebung im Anschluss an die jeweiligen Unterrichtseinheiten erfasst die Lernergebnisse der Lernenden mit einem Post-Test. Als solcher fungiert der eigens konzipierte *Prozente-Matrixtest* (Abschnitt 6.1.3), der aus Items verschiedener Aufgabentypen (*„Prozentwert gesucht"*, *„Grundwert gesucht"* und *„Grundwert gesucht nach Verminderung"*) (Abschnitt 1.1.3) und Aufgabenformate (*Textaufgaben, entkleidetes* bzw. *graphisches Format*) (Abschnitt 1.2.3) besteht und auch für die *Bedingungsforschung* genutzt wurde (Kapitel 6 und 7).

Charakterisierung der Stichproben der Wirksamkeitsstudie

Die zwei Interventionsklassen und die Kontrollgruppe nehmen an der dritten Erhebungsrunde des *Prozente-Matrixtests* (Abschnitt 5.2.1) teil. Von insgesamt 29 Lernenden der zwei Interventionsklassen des siebten Jahrgangs liegen vollständige Daten aus der Vorerhebung und dem Nachtest vor. Insgesamt zeigen diese Lernenden, die die Interventionsgruppe bilden, in allen Kontrollvariablen günstigere Voraussetzungen als das Gesamtsample (zweite Spalte von Tabelle 12.1.1 im Vergleich zur zweiten Spalte von Tabelle 5.2.1 in Abschnitt 5.2). Daher wird aus dem Gesamtsample per Matching eine Kontrollgruppe ermittelt, die ebenfalls aus 29 Lernenden besteht und hinsichtlich der drei Kontrollvariablen (mathematische Vorkenntnisse, kognitive Grundfähigkeiten und Sprachkompetenz) mit der Interventionsgruppe vergleichbar ist. Die Tabelle 12.1.1 zeigt die Charakterisierungen der Interventions- und der gematchten Kontrollgruppe zu den Kontrollvariablen und weiteren soziodemographischen Daten aus dem Fragebogen. Die minimalen Differenzen zwischen Interventions- und Kontrollgruppe erweisen sich laut durchgeführter Varianztests für die Kontrollvariablen mathematische Vorkenntnisse ($p = 0{,}232$), kognitive Grundfähigkeiten ($p = 0{,}134$) und Sprachkompetenz ($p = 0{,}396$) als nicht signifikant auf dem 5 %-Niveau.

Einschränkend anzumerken ist, dass sich zwischen den beiden Gruppen von Lernenden, die hinsichtlich der drei erwähnten Kontrollvariablen vergleichbar sind, bedeutsame Unterschiede in Bezug auf den Migrationshintergrund und die Mehrsprachigkeit erkennen lassen. So erweisen sich die Anteile an Lernenden mit Migrationshintergrund bzw. an mehrsprachigen Schülerinnen und Schülern für die Interventionsgruppe jeweils als wesentlich geringer. Innerhalb der *Bedingungsanalyse* (Kapitel 6 und 7) zeigte sich allerdings, dass die beiden Variablen für die Leistung von Lernenden im *Prozente-Matrixtest* wesentlich weniger prädiktiv sind als die Sprachkompetenz im Deutschen, deren Vergleichbarkeit kontrolliert wurde. Zu dem Ergebnis, dass die Mehrsprachigkeit allein keinen bedeutsamen Einfluss auf Lernzuwächse hat, kommen auch differentielle Analysen zur Wirksamkeit zweier Brüche-Interventionen mit leicht abgewandelten Ausrichtungen (diskursiv vs. lexikalisch-diskursiv), die ergaben, dass mehrsprachige Jugendliche keine andere fach- und sprachintegrierte Förderung benötigen als einsprachige (Prediger & Wessel 2017).

Tabelle 12.1.1: Deskriptive Daten zur Charakterisierung von Interventions- und gematchter Kontrollgruppe

	Interventionsgruppe	Kontrollgruppe
Anzahl der Lernenden	29	29
Kontrollvariable:		
Mathematische Vorkenntnisse: Brüchetest *m (SD)*	16,55 (3,58)	16,76 (3,30)
Kognitive Grundfähigkeit: BEFKI *m (SD)*	10,10 (3,32)	10,21 (2,92)
Sprachkompetenz: C-Test *m (SD)*	42,03 (6,79)	41,93 (6,95)
Weitere soziodemographische Variable:		
Alter *m (SD)*	12,61 (0,83)	12,48 (0,63)
Geschlecht: Anteil männlich / weiblich	28 % / 72 %	38 % / 62 %
Migrationshintergrund: Anteil Ja / Nein	28 % / 72 %	55 % / 45 %
Mehrsprachigkeit: Anteil Ja / Nein	24 % / 76 %	52 % / 48 %
SES: Bücherindex niedrig / mittel / hoch	17 % / 59 % / 24 %	21 % / 34 % / 45 %

Analysefragen der Wirksamkeitsstudie

Der Vergleich der Interventions- und Kontrollgruppe bezüglich der Nachtestergebnisse ermöglicht eine Konkretisierung der in Abschnitt 4.4 angeführten Forschungsfrage F4 *Inwiefern erweist sich die konzipierte Intervention zu Prozenten im Klassenunterricht als lernwirksam?*.

Für die Auswertung sind damit folgende zwei Analysefragen leitend:

A4a: Inwiefern erzielt die Interventionsgruppe im Post-Test andere Ergebnisse als die im Prä-Test vergleichbare Kontrollgruppe?

A4b: In Bezug auf welche Aufgabentypen und Aufgabenformate erzielt die Interventionsgruppe bessere oder schwächere Ergebnisse als die Kontrollgruppe?

Mit dem Ziel, die Effekte und Effektstärken der Intervention zu untersuchen, werden in Bezug auf die beiden angeführten Analysefragen die folgenden Hypothesen geprüft, die auf Basis des Forschungsstands (insbesondere der Behandlung des Umgangs mit Prozenten in ausgewählten Schulbüchern, Abschnitt 2.2.2) bzw. der Schwerpunkte der Intervention (Abschnitt 8) formuliert wurden:

• *Hypothese* H1: Die Interventionsgruppe erzielt im Post-Test höhere Lösungshäufigkeiten als die Kontrollgruppe.

• *Hypothese* H2a: Die Interventionsgruppe erzielt bei den Grundaufgabentypen ähnliche Lösungshäufigkeiten wie die Kontrollgruppe.

• *Hypothese* H2b: Die Interventionsgruppe erzielt bei dem integrierten erweiterten Aufgabentyp bessere Lösungshäufigkeiten als die Kontrollgruppe.

• *Hypothese* H2c: Die Interventionsgruppe erzielt beim entkleideten Aufgabenformat ähnliche Lösungshäufigkeiten wie die Kontrollgruppe.

- *Hypothese* H2d: Die Interventionsgruppe erzielt beim graphischen Aufgabenformat bessere Lösungshäufigkeiten als die Kontrollgruppe.

- *Hypothese* H2e: Die Interventionsgruppe erzielt bei den Textaufgaben bessere Lösungshäufigkeiten als die Kontrollgruppe.

- *Hypothese* H2f: Die Interventionsgruppe erzielt bei der inversen Aufgabe
eine bessere Lösungshäufigkeit als die Kontrollgruppe.

Methoden zur Datenanalyse

Zur quantitativen Analyse der Effekte der Intervention werden die Resultate der
Interventionsgruppe im *Prozente-Matrixtest* mit denen der Kontrollgruppe verglichen. Dazu werden mit Blick auf Hypothese H1, die entsprechend der ersten
Analysefrage formuliert wird, die Mittelwerte im gesamten Test gegenübergestellt. Zur Bearbeitung der zweiten Analysefrage erfolgt die Überprüfung der
zugehörigen Hypothesen (2a bis 2f), indem die Mittelwerte hinsichtlich der verschiedenen Aufgabentypen und -formate zu Prozenten differenziert vergleic-
hend in den Blick genommen werden.

Die dabei ermittelten Gruppenunterschiede werden mithilfe eines t-Tests für
unabhängige   Stichproben   mit   unbekannten   Varianzen   auf   einem
5 %-Signifikanzniveau getestet (Bortz & Schuster 2010, S. 117f). Zur Interpretation der Größe der betrachteten Effekte erfolgt ferner die Berechnung des Ef-
fektstärke-Maßes d von Cohen (ebd., S. 108f). Danach wird ein Wert zwischen
d = 0,2 und d = 0,5 als kleiner, ein Wert zwischen d = 0,5 und d = 0,8 als mittelgroßer und ein Wert ab d = 0,8 als großer Effekt angesehen (ebd.).

12.2 Erste Ergebnisse zur Wirksamkeitsstudie und Ausblick

Darstellung der ersten Ergebnisse der Wirksamkeitsstudie

Im Vergleich sind die Ergebnisse der Interventions- und Kontrollgruppe aus Tabelle 12.2.1 abzulesen. Bezüglich der ersten Analysefrage A4a zum Gesamter-
gebnis zeigt die erste Zeile der Tabelle, dass die Interventionsgruppe im Mittel
etwa 10 der maximal 18 Punkte, also eine prozentuale Lösungshäufigkeit von
55 % erreicht, während die Kontrollgruppe durchschnittlich circa 7 Punkte erzielt, also lediglich 40 % aller Testitems korrekt löst (Abbildung 12.2.1).

Die Hypothese H1, wonach die Interventionsgruppe im Post-Test besser abschneidet als die Kontrollgruppe, kann damit bestätigt werden: Die erwähnte
Gruppendifferenz erweist sich als signifikant (mit p = 0,015). Die Effektstärke
von d = 0,586 zeigt einen mittleren Effekt (Tabelle 12.2.1, in der auf eine Signifikanz hinweisende Werte fett gedruckt sind).

Tabelle 12.2.1: Lernergebnisse der Interventions- und Kontrollgruppe im Post-Test

	Interventionsgruppe	Kontrollgruppe	p-Wert	Cohens d
Prozente-Matrixtest (gesamt) *m (SD)* (max. 18)	9,93 (5,18)	7,14 (4,31)	**0,015**	0,586
Aufgabentypen:				
Prozentwert gesucht *m (SD)* (max. 6)	3,52 (1,66)	3,10 (1,86)	0,183	0,238
Grundwert gesucht *m (SD)* (max. 6)	3,79 (1,97)	3,10 (1,90)	0,0899	0,357
Grundwert gesucht nach Verminderung *m (SD)* (max. 5)	2,21 (1,88)	0,59 (0,98)	**< 0,01**	1,081
Aufgabenformate:				
Entkleidetes Format *m (SD)* (max. 6)	3,62 (1,82)	2,59 (1,52)	**0,012**	0,614
Graphisches Format *m (SD)* (max. 3)	1,76 (1,06)	1,59 (1,05)	0,271	0,161
Textaufgaben *m (SD)* (max. 8)	4,14 (2,63)	2,62 (2,09)	**< 0,01**	0,64
Inverses Format *m (SD)* (max. 1)	0,41 (0,50)	0,34 (0,48)	0,294	0,143

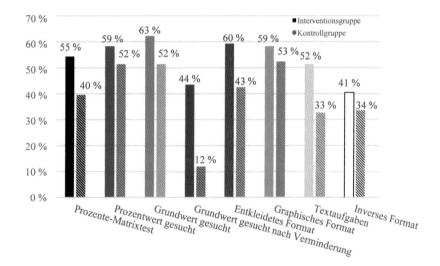

Abbildung 12.2.1   Lösungshäufigkeiten der Interventions- und der Kontrollgruppe im gesamten Prozente-Matrixtest und jeweils getrennt nach Aufgabentypen und -formaten

Im Hinblick auf die zweite Analysefrage A4b lässt sich zunächst konstatieren, dass die Interventionsgruppe durchgehend, hinsichtlich aller differenziert betrachteten Aufgabentypen und -formate bessere Resultate erzielt als die Kontrollgruppe. Zwischen den festzustellenden Vorsprüngen der Interventionsgruppe lassen sich allerdings bei den verschiedenen Aufgabentypen und -formaten Differenzen erkennen (Tabelle 12.2.1 und Abbildung 12.2.1). Dies wird durch

die nachfolgenden Interpretationen der Resultate hinsichtlich der sechs aufgestellten Hypothesen verdeutlicht:

- *Interpretation zur Hypothese H2a* (*Ähnliche Lösungshäufigkeiten* von In-
  terventions- und Kontrollgruppe *in Bezug auf die Grundaufgabentypen*):
  H2a kann bestätigt (d.h. formal die Gegenhypothese nicht abgelehnt) werden, da sich die Gruppenunterschiede hinsichtlich der zwei Grundaufgabentypen *„Prozentwert gesucht"* (mit 3,52 zu 3,10 Punkten bzw. 59 % zu
  52 %) und *„Grundwert gesucht"* (mit 3,79 zu 3,10 Punkten bzw. 63 % zu
  52 %), die im *Prozente-Matrixtest* berücksichtigt wurden, als nicht signifikant erweisen (jeweils mit $p > 0,05$). Der Befund deutet an, dass das konzipierte Lehr-Lern-Arrangement nicht in höherem Maße zur Förderung des
  Umgangs mit den elementaren Aufgabentypen beiträgt als traditioneller
  Unterricht zu Prozenten.

- *Interpretation zur Hypothese H2b* (Höhere Lösungshäufigkeiten der Interventionsgruppe gegenüber der Kontrollgruppe in Bezug auf den integrierten
  erweiterten Aufgabentyp): H2b kann bestätigt werden, da die Items des
  komplexeren Aufgabentyps *„Grundwert gesucht nach Verminderung"* von
  den Lernenden der Interventionsgruppe (mit 2,21 zu 0,59 Punkten bzw.
  44 % zu 12 %) signifikant besser gelöst wurden als von den Lernenden aus
  der Kontrollgruppe (mit $p < 0,05$). Insbesondere, da diesbezüglich ein großer Effekt nachgewiesen werden konnte (mit $d = 1,081$), könnte dies ein Indiz dafür sein, dass das konzipierte Lehr-Lern-Arrangement in höherem
  Maße zur Förderung des (flexibleren) Umgangs mit komplexeren Aufgabentypen beitragen kann als traditioneller Unterricht zu Prozenten.

- *Interpretation zur Hypothese H2c* (*Ähnliche Lösungshäufigkeiten* von In-
  terventions- und Kontrollgruppe *in Bezug auf das entkleidete Aufgabenformat*): H2c *muss abgelehnt werden*, da sich bezüglich des entkleideten Formats (mit 3,62 zu 2,59 Punkten bzw. 60 % zu 43 %, mit $p < 0,05$) signifikante Gruppenunterschiede zugunsten der Interventionsgruppe zeigen, wobei ein Effekt mittlerer Stärke festzustellen ist (mit $d = 0,614$). Diese Vorteile der Interventionsgruppe sind nicht erwartungsgemäß, da entkleidete
  Aufgaben im eingesetzten Lehr-Lern-Arrangement – mit Ausnahme der
  dritten Stufe (Abschnitt 8.2.3) – kaum vorkommen. Dies deutet an, dass das
  konzipierte Lehr-Lern-Arrangement zur Förderung eines konzeptuellen
  Verständ-nisses beiträgt, das auch die adäquate Auseinandersetzung mit
  kontextfreien Aktivitäten ermöglicht.

- *Interpretation zur Hypothese H2d* (*Höhere Lösungshäufigkeiten der Interventionsgruppe* gegenüber der Kontrollgruppe *in Bezug auf das graphische
  Aufgabenformat*): H2d *muss negiert werden*, da sich die Differenzen zwischen der Interventions- und der Kontrollgruppe für das graphische Format
  (mit 1,76 zu 1,59 Punkten bzw. 59 % zu 53 %) als nicht signifikant erwei-

sen (mit p > 0,05). Dies bestätigte die in Abschnitt 9.1 herausgearbeitete intuitive Zugänglichkeit des Prozentstreifens in seiner Erscheinungsform als Downloadbalken. Obwohl die Kontrollgruppe diesen vermutlich nicht als durchgängige graphische Darstellung kennen gelernt hat (Abschnitt 2.2.2), bewältigt sie den Umgang mit diesem intuitiv und in ähnlichem Maße wie die Interventionsgruppe, auf die das Gegenteil zutrifft.

- *Interpretation Hypothese H2e (Höhere Lösungshäufigkeiten der Interventionsgruppe gegenüber der Kontrollgruppe in Bezug auf die Textaufgaben):* H2e *kann bejaht werden,* da sich bezüglich der Textaufgaben signifikante Gruppenunterschiede zugunsten der Interventionsgruppe (mit 4,14 zu 2,62 Punkten bzw. 52 % zu 33 %, mit $p < 0,05$) erkennen lassen, wobei ein Effekt mittlerer Stärke zu konstatieren ist (mit $d = 0,64$). Dieses Resultat ist erwartungskonform, da innerhalb des intendierten dualen Lernpfads, der der Intervention zugrunde liegt, ein Schwerpunkt auf sprachliche Aspekte und insbesondere auf den Umgang mit Textaufgaben gelegt wird.

- *Interpretation Hypothese H2f (Höhere Lösungshäufigkeiten der Interventionsgruppe gegenüber der Kontrollgruppe in Bezug auf die inverse Aufgabe):* H2f *muss abgelehnt werden,* da für den Unterschied zwischen der Interventions- und der Kontrollgruppe für die inverse Aufgabe, bei der die Lernenden zur eigenständigen Verfassung einer Textaufgabe aufgefordert sind (mit 0,41 zu 0,34 Punkten bzw. 41 % zu 34 %), keine Signifikanz festzustellen ist (mit $p > 0,05$). Die Förderung der Kompetenz zur Formulierung eigener Textaufgaben wird im gestalteten Lehr-Lern-Arrangement zwar auch intendiert (Abschnitt 8.2.5), konnte anscheinend aber nicht hinreichend gefestigt werden.

Zusammenfassung und Ausblick auf Anschlussstudien

Dieser Abschnitt konnte die Wirksamkeit des Lehr-Lern-Arrangements zu Prozenten, das auf Grundlage des intendierten dualen Lernpfads konzipiert wurde, für den Einsatz im Klassenunterricht nachweisen.

Dazu wurden die Lernergebnisse der Interventionsgruppe beim Prozente-Matrixtest denen einer gematchten Kontrollgruppe gegenübergestellt. Beide Gruppen bestanden letztendlich aus 29 Lernenden, die hinsichtlich der drei Kontrollvariablen (mathematische Vorkenntnisse, kognitive Grundfähigkeiten und Sprachkompetenz) vergleichbar sind. In Bezug auf den Migrationshintergrund bzw. die Mehrsprachigkeit weisen ihre Zusammensetzungen zwar Differenzen auf, Unterschiede hinsichtlich dieser Variablen scheinen laut einer Untersuchung von Prediger und Wessel (2017) allerdings keinen wesentlichen Einfluss auf Lernzuwächse zu nehmen.

Insgesamt deuten die Resultate der durchgeführten Wirksamkeitsstudie darauf hin, dass die übergreifende Forschungsfrage F4 *Inwiefern erweist sich die konzipierte Intervention zu Prozenten im Klassenunterricht als wirksam?* positiv beantwortet werden kann. Dies zeigen sowohl das signifikant bessere Abschneiden der Interventions- gegenüber der Kontrollgruppe im Gesamttest (Analysefrage A4a, Bestätigung von Hypothese H1) als auch ihre besseren Resultate hinsichtlich der einzelnen betrachteten Subskalen (Analysefrage A4b). In Bezug auf den integrierten erweiterten Aufgabentyp (Bestätigung von Hypothese H2b) sowie das entkleidete Format (Ablehnung von Hypothese H2c) und die Textaufgaben (Bestätigung von Hypothese H2e) erweisen sich die ermittelten Differenzen zwischen den beiden Gruppen als signifikant. Keine Signifikanzen lassen sich bezüglich der berücksichtigten Grundaufgabentypen (Bestätigung von Hypothese H2a), des graphischen Aufgabenformats (Ablehnung von Hypothese H2d) sowie der inversen Aufgabe (Ablehnung von Hypothese H2f) erkennen.

Diese erste kleine Wirksamkeitsstudie deutet demnach das Potenzial des konzipierten Lehr-Lern-Arrangements auch für den Erstzugang zu Prozenten im Klassenunterricht an. Dabei erweisen sich insbesondere die signifikanten Vorteile der Interventionsgruppe in Bezug auf die Textaufgaben und den erweiterten Aufgabentyp als erfreulich, da Lernenden diesbezüglich in anderen empirischen Untersuchungen häufig besondere Schwierigkeiten attestiert wurden (für erweiterte Aufgabentypen u. a. Berger 1989; für Textaufgaben u. a. Carpenter et al. 1980 oder Cummins et al. 1988; Abschnitt 1.2). Die geringeren Differenzen zwischen dem erweiterten Aufgabentyp und den Grundaufgabentypen könnte ferner als Indiz dafür gewertet werden, dass das konzipierte Lehr-Lern-Arrangement, wie intendiert, stärker als traditioneller Unterricht zur Förderung der Flexibilität bei der Lösung von Aufgaben zu Prozenten beiträgt.

Die hier skizzierten ersten positiven Erkenntnisse zur Erforschung der Wirksamkeit des Lehr-Lern-Arrangements zu Prozenten bedürfen notwendigerweise – aufgrund der geringen Stichprobengröße der Interventionsgruppe – einer Absicherung durch ausgeweitete Anschlussstudien. Zur Schaffung eines größeren Interventionssamples ist daher eine breitere Erprobung des Lehr-Lern-Arrangements in mehreren Klassen wünschenswert. So wird erhofft, dass sich durch das größere Sample auch in Bezug auf die Subskalen des Nachtests zunehmend signifikante Differenzen zwischen den Gruppen sowie deutlichere Effektstärken beobachten lassen.

Diese geplante Ausweitung, die nicht mehr Teil dieser Dissertation ist, wurde bereits mit ähnlich ausgerichteten, positiven Resultaten angestoßen (s. Pöhler, Prediger und Neugebauer 2017) und soll weiterhin sukzessive vorangetrieben werden.

G   Fazit

13   Zusammenfassung und Ausblick

Dieses Kapitel führt die vielfältigen Erkenntnisse und Ergebnisse, die auf den verschiedenen Forschungsebenen des vorliegenden Dissertationsprojektes gewonnen wurden, zusammen und ordnet sie ein. Bei der Darstellung der zentralen Resultate in Abschnitt 13.1, die für die Ebenen der Bedingungsforschung (Abschnitt 13.1.1), der Entwicklungsforschung (Abschnitt 13.1.2) sowie der Wirksamkeitsforschung (Abschnitt 13.1.3) separat erfolgt, werden auch die Grenzen der Arbeit aufgezeigt. Dabei wird bereits auch auf mögliche Anschlussstudien verwiesen. Anschließend werden Konsequenzen der Arbeit sowohl für die mathematikdidaktische Forschung und Entwicklung als auch für die Unterrichtspraxis vorgeschlagen (Abschnitt 13.2).

13.1   Zusammenfassung und Reflexion zentraler Ergebnisse

Die im Forschungsprogramm der Fachdidaktischen Entwicklungsforschung verortete Arbeit umfasste sechs verschiedene Arbeitsbereiche, d.h. die klassischen vier Arbeitsbereiche (Prediger et al. 2012) wurden um zwei weitere ergänzt (vgl. Überblick in Abbildung 13.1.1). Der Kern der *Entwicklungsforschung* zielte gleichermaßen auf das *Design* eines fach- und sprachintegrierten Konzeptes – hier konkret zu Prozenten – und die *Beforschung* dessen situativer Wirkungen ab (im Zentrum der Abbildung 13.1.1; Kapitel 8 bis 11 in den Teilen D und E). Ergänzt wurde die Entwicklungsforschungsstudie einerseits durch *Bedingungsforschung* zu typischen sprachlichen bedingten Hürden beim Umgang mit Prozenten (Abbildung 13.1.1 oben; Kapitel 6 und 7 in Teil C) und andererseits durch *Wirksamkeitsforschung* (Abbildung 13.1.1 unten; Kapitel 13 in Teil F) hinsichtlich des konzipierten Lehr-Lern-Arrangements.

Für den iterativen Prozess der Designentwicklung innerhalb der Fachdidaktischen Entwicklungsforschung wurden auf Basis theoretischer Überlegungen aus fach- sowie sprachdidaktischer Perspektive zum einen vier Entwicklungsanforderungen (E1 bis E4) aufgestellt, die in Tabelle 13.1.1 angeführt sind. Zum anderen wurden auf dieser Grundlage für die übrigen Forschungsebenen ein bis zwei Forschungsfragen formuliert (F1 bis F4 in Tabelle 13.1.1), die in den jeweiligen Kapiteln jeweils in konkretere Analysefragen (A1a-c; A2a-c; A3a-4; A4a-b) ausdifferenziert wurden.

© Springer Fachmedien Wiesbaden GmbH 2018
B. Pöhler, *Konzeptuelle und lexikalische Lernpfade und Lernwege zu Prozenten*, Dortmunder Beiträge zur Entwicklung und Erforschung des Mathematikunterrichts 35, https://doi.org/10.1007/978-3-658-21375-6_14

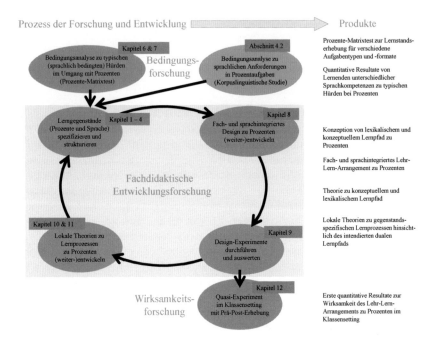

Abbildung 13.1.1 Überblick zum Zusammenspiel der Forschungsebenen sowie zu den erarbeiteten
Entwicklungs- und Forschungsprodukten

Im Rahmen der Umsetzung der Entwicklungsanforderungen bzw. der Bearbeitung der Forschungsfragen wurden vielfältige Entwicklungs- und Forschungsprodukte generiert (Abbildung 13.1.1 für einen Überblick), welche die Entwicklungsanforderungen einlösen bzw. die Forschungsfragen bearbeiten sollen. Auf
diese wird nachfolgend in den drei Unterabschnitten getrennt nach Forschungsebenen eingegangen.

Tabelle 13.1.1: Übersicht der in der Arbeit adressierten Forschungsebenen mit den Forschungsfragen bzw. Entwicklungsanforderungen

Forschungsebenen	Forschungsfragen (F) bzw. Entwicklungsanforderungen (E)
Bedingungsforschung (Teil C)	**F1:** Wie hängen konzeptuelle Hürden (die auch im entkleideten und graphischen Format auftreten können) und Lesehürden (die im Textformat noch hinzukommen können) beim Umgang mit Prozentaufgaben verschiedener Aufgabentypen zusammen?
	F2: Inwiefern sind hinsichtlich des Zusammenhangs zwischen konzeptuellen Hürden und Lesehürden Unterschiede zwischen sprachlich starken und schwachen Lernenden zu erkennen?
Fachdidaktische Entwicklungsforschung – Entwicklungteil (Teil D)	**E1:** Sequenzierung und konkrete Ausgestaltung eines intendierten konzeptuellen Lernpfads zu Prozenten als Adaption eines etablierten Lernpfads aus dem RME-Ansatz auf den deutschen Kontext.
	E2: Sequenzierung und konkrete Ausgestaltung eines intendierten lexikalischen Lernpfads zu Prozenten auf Basis des Prinzips des gestuften Sprachschatzes sowie weiterer Design-Prinzipien zur Sprachförderung, der auf den intendierten konzeptuellen Lernpfad abgestimmt ist.
	E3: Verknüpfung der beiden intendierten Lernpfade mithilfe des Prozentstreifens.
	E4: Gestaltung eines Lehr-Lern-Arrangements (bestehend aus einer Aufgabensequenz und geeigneten Mikro-Scaffolding-Strategien) zur Realisierung des dualen Lernpfads (bestehend aus konzeptuellem und lexikalischem Lernpfad), das das Fortschreiten der Lernenden entlang des dualen Lernpfads initiiert.
Fachdidaktische Entwicklungsforschung – Forschungsteil (Teil E)	**F3:** Welche Lernwege von Schülerinnen und Schülern können verglichen mit den entwickelten Lernpfaden rekonstruiert werden?
Wirksamkeitsforschung (Teil F)	**F4:** Inwiefern erweist sich die konzipierte Intervention zu Prozenten im Klassenunterricht als lernwirksam?

13.1.1 Zentrale Ergebnisse und Grenzen der Bedingungsforschung zu Prozenten

Entwicklungsprodukt: Prozente-Matrixtest zur Lernstandserhebung für verschiedene Aufgabentypen und -formate

Ein *Entwicklungsprodukt* der vorliegenden Arbeit stellt der sogenannte *Prozente-Matrixtests* dar (Abschnitt 6.1.3 in Teil C für Details). Mit dem Ziel, die Konzeption des intendierten dualen Lernpfads bzw. des konkreten Lehr-Lern-Arrangements durch empirische Erkenntnisse zu stützen, wurde mit dem Instrument der Frage nachgegangen, ob die häufig konstatierten Rückstände der mathematischen Leistungen von sprachlich schwachen Lernenden (u. a. Heinze et al. 2007; Prediger et al. 2015) tatsächlich – wie häufig angenommen (u. a. Abedi 2001; Duarte et al. 2011) – mit dem *Textformat* der Aufgaben zusammenhängen. Derartige Vergleiche des Abschneidens bei verschiedenen Aufgabenformaten wurden – insbesondere hinsichtlich der Prozente – bisher nur selten explizit (Carpenter et al. 1980; Cummins et al. 1988; van den Heuvel-Panhuizen 2005; für Prozente: Lembke & Reys 1994; Walkington et al. 2013) und in wenig systematischer Art und Weise vorgenommen (Abschnitt 1.2.3 für einen Überblick).

Zur notwendigen Schließung der diesbezüglichen Forschungslücke (van den Heuvel-Panhuizen 2005) für Prozente werden im *Prozente-Matrixtest* Items im *Textformat* (teilweise von Hafner 2012 übernommen) mit verschiedenen (bildungs-)sprachlichen Charakteristika (Tabelle 6.1.4 in Abschnitt 6.1.3 für Überblick) systematisch teilweise parallelen Aufgaben im *graphischen* (mit Downloadbalken als Visualisierung) und *entkleideten Format* gegenübergestellt.

Insgesamt besteht der *Prozente-Matrixtest* aus 17 Items der drei Aufgabentypen *„Prozentwert gesucht"*, *„Grundwert gesucht"* und *„Grundwert gesucht nach Verminderung"*, deren Aufgabenformate systematisch variieren und einem *inversen Item*, das die eigenständige Formulierung einer Textaufgabe verlangt (Bell et al. 1984; Strick 1995 für Potenzial dieses Formats zur Überprüfung von konzeptuellem Prozentverständnis).

Die dokumentierten Ergebnisse des *Prozente-Matrixtests* beziehen sich auf eine Erhebung mit N = 308 Lernenden in 25 Testklassen an sieben nicht-gymnasialen Schulen (Abschnitt 6.2 für genauere Charakterisierung der Stichproben). Um Angaben über potentielle Leistungsdifferenzen zwischen Lernenden mit unterschiedlichen Sprachkompetenzen machen zu können, wurden anhand der Resultate in einem *C-Test* (Abschnitt 6.1.2) zwei Teilstichproben von sprachlich Schwachen (n = 207) und sprachlich Starken (n = 101) gebildet.

Forschungsprodukte: Quantitative Resultate von Lernenden unterschiedlicher Sprachkompetenzen zu typischen Hürden bei Prozenten

Das bedeutendste *Forschungsprodukt* der *Bedingungsforschung* mit dem *Prozente-Matrixtest* besteht in der Widerlegung der gängigen Annahme (u. a. Abedi 2001; Duarte et al. 2011) – konkret für Prozente, dass sprachbedingte Schwierigkeiten von Lernenden primär aus Lesehürden bei *Textaufgaben* resultieren:

Einerseits konnte ein themenspezifischer Zusammenhang zwischen Sprachkompetenz und Abschneiden im Prozente-Matrixtest nachgewiesen werden, indem sich bei jedem Item eine Überlegenheit der sprachlich starken gegenüber den schwachen Lernenden zeigte. Diese Vorteile sind bei elementaren Aufgabentypen, die im Unterricht vermutlich häufiger vorkamen, am größten und verringern sich (evtl. durch einen Bodeneffekt) mit zunehmender Komplexität und abnehmender Vertrautheit der Aufgabentypen. Andererseits verlaufen die Resultate der beiden Teilstichproben für die Aufgabentypen und -formate weitgehend parallel. Insbesondere die Differenzen zwischen dem *textlichen* und dem *entkleideten Format* erweisen sich für die sprachlich Schwachen nicht größer als für die Stärkeren. Erstere scheinen demnach nicht primär an Lesehürden zu scheitern, stattdessen fehlt ihnen das nötige konzeptuelle Prozentverständnis. Dies bestätigt ähnliche Befunde von Wilhelm (2016) und Prediger et al. (2015) in ihrer Analyse der Zentralen Prüfungen 10 oder von Ufer et al. (2013) für einen Grundschultest.

Ferner weisen die Resultate darauf hin, dass die *Textaufgaben* auch für sprachlich starke Lernende zusätzliche Lesehürden enthalten können, die die Entfaltung von vorhandenem konzeptuellen Verständnis potentiell behindern (u. a. Carpenter et al. 1980; Kouba et al. 1988). Wie die Resultate der beiden Teilstichproben zeigen, scheint dies jedoch lediglich auf routinisierte Aufgabentypen wie *„Prozentwert gesucht"* zuzutreffen. Im *komplexeren Aufgabentyp* wurden für *textliche* hingegen sogar etwas höhere Lösungshäufigkeiten erzielt als für *entkleidete Items* (Lembke & Reys 1994; van den Heuvel-Panhuizen 2005).

Die Schwierigkeit von *Items im Textformat* ist, wie der Vergleich verschiedener *Textaufgaben* zu einzelnen Aufgabentypen erkennen lässt, auch durch ihre jeweiligen sprachlichen Charakteristika bedingt (auch u. a. Duarte et al. 2011; Jorgensen 2012 oder Haag et al. 2013). Allerdings sind auch diesbezüglich kaum prägnante Unterschiede zwischen den sprachlich starken und schwachen Lernenden zu erkennen. Ausnahmen bilden zum einen die Differenzierung und adäquate Mathematisierung der Items mit den Verbphrasen *„reduzieren um"* versus *„reduzieren auf"*, die den sprachlich starken Lernenden erkennbar besser gelingen als den Schwächeren. Zum anderen fällt den Letztgenannten der adäquate Umgang mit dem *inversen Format*, das die eigenständige Formulierung einer Textaufgabe zu einer vorgegebenen entkleideten Aufgabe verlangt, deutlich schwerer. Auch dieser Befund verweist auf spezifische Defizite im konzeptuellen Verständnis bei den sprachlich Schwachen (Bell et al. 1984; Strick 1995 für Potenzial solcher Items zur Überprüfung von konzeptuellem Verständnis).

Die Resultate im Prozente-Matrixtest hinsichtlich des *graphischen Formats* deuten schließlich die intuitive Zugänglichkeit des *Prozentstreifens* (van den Heuvel-Panhuizen 2003; Abschnitt 2.3.3 für eine Diskussion der graphischen Darstellung) im Allgemeinen bzw. seiner Erscheinungsform als Downloadbalken im Speziellen an, insbesondere für sprachlich schwächere Lernende. So lösen einerseits beide Teilstichproben Items im *graphischen Format* zumindest erfolgreicher als im *Textformat*, andererseits erweisen sich die Unterschiede zwischen den beiden Teilstichproben für das *graphische Format* gegenüber den anderen Formaten als am geringsten (für Nachweis des Potenzials des graphischen Formats auch Walkington et al. 2013).

Grenzen der Bedingungsforschung zu Prozenten und potentielle Anschlussstudien

Für die *Bedingungsforschung* mit dem *Prozente-Matrixtest* ist auf verschiedene Grenzen hinzuweisen, die teilweise forschungspragmatische Gründe haben. Sie werden, jeweils mit einem Verweis auf mögliche Anschlussstudien, nachfolgend aufgeführt:

- Mit dem Ziel, die nötige Bearbeitungszeit des Prozente-Matrixtests zu beschränken, wurden in ihn nur drei Aufgabentypen einbezogen. Obwohl erwartet wird, dass die Erkenntnisse für die Aufgabenformate und die differentiellen Resultate der Teilstichproben auch bei Berücksichtigung etwa des Aufgabentyps *„Prozentsatz gesucht"* in ähnliche Richtung weisen würden, könnte in Anschlussstudien, in denen das Instrument eingesetzt wird, eine Variation der integrierten Aufgabentypen in Erwägung gezogen werden.

- Aufgrund der Tatsache, dass der Prozente-Matrixtest je Aufgabentyp nur ein *graphisches Item* enthält, sollte die darauf bezogene Interpretation mit Vorsicht erfolgen. Auch diesbezüglich könnte bei einem erneuten Einsatz des Instrumentes über dessen Modifikation nachgedacht werden.

- Da in der Bedingungsforschung lediglich – begründet durch den inhaltlichen Schwerpunkt des rahmenden Dissertationsprojektes – das Thema der Prozente fokussiert wird, ist der Geltungsanspruch der Resultate darauf beschränkt. Die thematische Begrenzung ermöglicht es jedoch, mit dem beschriebenen Kernresultat der Bedingungsforschung, wonach sprachlich schwache Lernende nicht primär an Lesehürden in Textaufgaben scheitern, mit viel systematischer konstruierten Items und ohne den Bias der Themenvarianz, ein Ergebnis zu bestätigen, das auch schon in breiteren Studien ermittelt wurde (u. a. Ufer et al. 2013; Prediger et al. 2015; Wilhelm 2016). Im Hinblick auf Anschlussstudien erscheint demnach die Entwicklung sowie der Einsatz ähnlicher Instrumente zu anderen eingegrenzten mathematischen Inhaltsbereichen lohnenswert, die Aufgaben im Textformat und im entkleideten Format, die konzeptuelles Verständnis verlangen, solchen gegenüberstellen, die auch ohne ein solches lösbar sind.

- Eine forschungsmethodische Grenze besteht ferner darin, dass keine Informationen über den vorangegangenen Unterricht zu Prozenten sowie weiteren Rahmenbedingungen der Situation in den Klassen erfasst wurden, welche die Fähigkeiten der Lernenden auch beeinflussen könnten. Denkbar wäre etwa der Einsatz eines Fragebogens, um von den Lehrkräften etwas über die Gestaltung des vorangegangenen Unterrichts zu erfahren.

- Anhand der quantitativ ausgerichteten Analyse können etwa die Lesehürden in den Textaufgaben nicht genauer spezifiziert werden. Einsichten in den Umgang von Lernenden mit den Textaufgaben mit differierenden (bildungs-)sprachlichen Charakteristika könnten mithilfe qualitativer Untersuchungen etwa in Form von Interviewstudien gewonnen werden (Pöhler & Prediger 2017 für Beispiel des Umgangs eines Schülers mit der Textaufgabe „Küchenkauf").

Anhand der Bedingungsforschung wurde ein empirischer Nachweis der in der Einleitung angeführten Schlagzeile erbracht, nach der vielen Lernenden der Umgang mit Prozent trotz der hohen Alltagsrelevanz des Themas (u. a. Parker & Leinhardt 1995; Kaiser 2011; Hafner 2012) schwer fällt. So verweisen die insgesamt sehr niedrigen Lösungshäufigkeiten im Prozente-Matrixtest erneut (wie u. a. bei Berger 1989; Baratta et al. 2010 oder Hafner 2012; Abschnitt 1.2 für Überblick zu ausgewählten bisherigen Studien zu Prozenten) auf den Förderbedarf zu Prozenten für viele sprachlich schwache, aber auch für starke Lernende. Anders als in bisherigen Untersuchungen zu Prozenten wurde dabei nicht nur auf den Umgang mit verschiedenen Aufgabentypen fokussiert, sondern darüber hinaus anhand einer systematischen Variation zusätzlich der Umgang mit verschiedenen Aufgabenformaten adressiert. Die dadurch erzielten Ergebnisse, die auch getrennt für sprachlich schwache und starke Lernende ausgewertet wurden, ergänzen wiederum Studien, die den Zusammenhang von Sprachkompetenzen und Mathematikleistungen allgemein in den Blick genommen haben. Das Zusammenbringen der beiden erwähnten Differenzierungen in der vorliegenden Studie führt zu dem zentralen Ergebnis, dass Textaufgaben für alle Lernende schwierigkeitsgenerierend wirken können, es sprachlich Schwachen aber insbesondere an konzeptuellem Prozentverständnis fehlt.

Angesicht dieser hier resümierend festgehaltenen Resultate sollte eine Förderung zu Prozenten demnach beim konzeptuellen Verständnis ansetzen und erst nachrangig Lesehürden in Textaufgaben thematisieren. Dies erfolgt in der Perspektive, dass für sprachlich Schwache der sprachunterstützte Aufbau von konzeptuellem Verständnis am wichtigsten ist und Lesehürden erst danach bearbeitet werden können.

13.1.2 Zentrale Ergebnisse und Grenzen der Fachdidaktischen Entwicklungsforschung zu Prozenten

Entwicklungsprodukte: Konzeption eines intendierten dualen Lernpfads und eines fach- und sprachintegrierten Lehr-Lern-Arrangements zu Prozenten

Zentrale *Entwicklungsprodukte* der vorliegenden Arbeit sind der *intendierte duale Lernpfad zu Prozenten* (Abschnitt 8.2 in Teil D) sowie das auf dessen Basis konzipierte *Lehr-Lern-Arrangement* (Abschnitt 8.3). Für deren initiale Konzeption wurden einerseits aus fachdidaktischer Perspektive (Kapitel 2) für den intendierten konzeptuellen und andererseits aus sprachdidaktischer Perspektive (Kapitel 4) für den intendierten lexikalischen Lernpfad vielfältige Design-Prinzipien aus Theorie und Empirie (Kapitel 1 bzw. 4) abgeleitet (Tabelle 13.1.2 für einen Überblick). Während der Gestaltung des konzeptuellen Lernpfads ein etabliertes Konzept aus dem RME-Ansatz zugrunde gelegt werden konnte (van den Heuvel-Panhuizen 2003), war für den lexikalischen Lernpfad ein höheres Maß an kreativer Entwicklungsarbeit notwendig. Die ersten Versionen des intendierten dualen Lernpfads sowie des Lehr-Lern-Arrangements wurden anhand von Erkenntnissen aus mehreren Design-Experiment-Zyklen (Abschnitt 5.2.2 für einen Überblick) sukzessive modifiziert.

Tabelle 13.1.2: Überblick zu den bei der Konzeption des Lehr-Lern-Arrangements zu Prozenten berücksichtigten Design-Prinzipien

	Design-Prinzipien – konzeptueller Lernpfad	Design-Prinzipien – lexikalischer Lernpfad
Design-Prinzipien Sequenzierung	• Levelprinzip • Integrierte Thematisierung statt sukzessiver – Einführung der einzelnen Aufgabentypen • Thematisierung verschiedener Grundvorstellungen von Prozenten und der Prozentrechnung	• Scaffolding • Gestufter Sprachschatz
Design-Prinzipien – Auswahl und Gestaltung Aufgaben	von	• Herstellen von Zusammenhängen mit anderen Inhaltsbereichen • Angebot eines geeigneten Darstellungsmittels zur anschaulichen Verankerung	• Diskursive Kommunikationsanregung • Konsequentes Vernetzen von Darstellungen und Sprachregistern

Die Endfassung des intendierten dualen Lernpfads (Tabelle 13.1.3 für Überblick; Abschnitt 8.2 für detaillierte Präsentation) besteht aus insgesamt sechs Stufen, die nach dem *Design-Prinzip des Makro-Scaffoldings* (u. a. Gibbons 2002; Hammond & Gibbons 2005) aufeinander aufbauend gestaltet wurden. Die beiden *intendierten Lernpfade (konzeptuell und lexikalisch)* sind eng aufeinander abgestimmt und werden durch den *Prozentstreifen* (Abschnitt 2.3.3 für Diskussion der graphischen Darstellung) verknüpft. Dieser fungiert als strukturbasiertes Scaffolding-Element, dem auf den einzelnen Stufen verschiedene Funktionen zukommen (damit können die Funktionsbeschreibungen von van den Heuvel-Panhuizen 2003 um die sprachdidaktische Perspektive erweitert werden).

Das Lehr-Lern-Arrangement als Realisierung des intendierten dualen Lernpfads besteht aus einer Sequenz von 21 Aufgaben (Abschnitt 8.3), die jeweils sowohl das fachliche als auch das sprachliche Lernen adressieren und in drei Fördereinheiten zusammengefasst sind (Pöhler & Prediger 2017a). Für den Einsatz des Lehr-Lern-Arrangements in Kleingruppenförderungen bzw. im Klassenunterricht wurden die (Förder-)Lehrkräfte mit konkreten Mikro-Scaffolding-Strategien (Abschnitt 8.3.2) vertraut gemacht, die auf die Unterstützung des Fortschreitens der Lernwege entlang des dualen Lernpfads abzielen.

Die Bereitstellung des fach- und sprachintegrierten Konzepts bzw. des konkreten Lehr-Lern-Arrangements trägt zur Schließung einer Forschungslücke bei, da derartige Ansätze zu Prozenten bislang fehlen. Der Bedarf ist für den Lerngegenstand deshalb gegeben, da er bei Lernenden in besonderem Maße Schwierigkeiten evoziert (u. a. Berger 1989, Hafner 2012; Abschnitt 1.2 für Studienüberblick), die auch durch sprachliche Hürden bedingt sind (u. a. Parker & Leinhardt 1995).

Tabelle 13.1.3. Dualer Lernpfad und strukturelles Scaffoldingelement in wechselnden Funktionen

Stufen	Konzeptueller Lernpfad: Wege zu mathematischen Vorstellungen	Strukturbasiertes Scaffoldingelement: Prozentstreifen mit wechselnden Funktionen	Lexikalischer Lernpfad: Wege zum gestuften Sprachschatz
1:Aktivierung individueller Ressourcen	Konstruktion von Bedeutungen zu Prozenten durch Abschätzen & Darstellen (im Downloadkontext)	Einführung des Prozentstreifens als Modell eines Alltagskontextes (Downloadstreifen)	Verwendung eigensprachlicher Ressourcen im alltagssprachlichen Register, kaum explizites Angebot an Sprachmitteln
2: Entwicklung erster informeller Strategien & Etablierung bedeutungsbezogenen Vokabulars	Entwicklung informeller Strategien zur Bestimmung von Prozentwerten, Prozentsätzen & später Grundwerten (im Einkaufskontext)	Prozentstreifen als Modell von Kontexten (Angeboten beim Einkaufen), zum Finden informeller Strategien & zum Strukturieren von Beziehungen von Konzepten & Kontextelementen	Etablierung bedeutungsbezogener Sprachmittel im bildungssprachlichen Register zur Konstruktion von Bedeutungen für Prozentwerte, -sätze & später Grundwerte (im Einkaufskontext)
3: Formalisierung (Rechenstrategien für Grundaufgaben & Sprachschatz)	Berechnung von Prozentwerten, Prozentsätzen und später Grundwerten (im Einkaufskontext)	Prozentstreifen als Modell zum Rechnen & Strukturieren von Beziehungen zwischen inhaltlichen Vorstellungen & formalen Konzepten	Einführung formalbezogener kontextunabhängiger Sprachmittel im technischen Register
4: Erweiterung des Repertoires (komplexere Aufgabentypen)	Ausweitung der Aufgabentypen: veränderte Grundwerte & prozentuale Veränderungen (im Einkaufskontext)	Prozentstreifen als Modell für die Konstruktion komplexerer Beziehungen	Erweiterung der bedeutungsbezogenen Sprachmittel auf komplexere Aufgabentypen (im Einkaufskontext)
5: Identifikation aller Aufgabentypen (unterschiedliche Kontexte)	Identifikation verschiedener Aufgabentypen (in verschiedenen Kontexten)	Prozentstreifen als strukturelle Basis zur Identifikation verschiedener Aufgabentypen	Einübung formal- und bedeutungsbezogener Sprachmittel und erster Umgang mit Sprachmitteln des kontextbezogenen Lesesprachschatzes
6: Flexibilisierung (Gebrauch der Konzepte / Strategien & Sprachschatz)	Flexibler Umgang mit (komplexeren) Situationen (in unvertrauteren Kontexten)	Prozentstreifen als strukturelle Basis zur Rekonstruktion von Beziehungen in (komplexen & unvertrauteren) Situationen	Explizite Einführung exemplarischer Sprachmittel des kontextbezogenen Lesesprachschatzes im bildungssprachlichen Register

Darüber hinaus kann die Konzeption auch generell für Sprachförderung im Mathematikunterricht in längerfristiger Perspektive ergiebige Hinweise liefern, etwa zur Realisierung der Verschränkung eines konzeptuellen und eines lexikalischen Lernpfads.

Die situativen Wirkungen des theoretisch wie empirisch fundierten Lehr-Lern-Arrangements zu Prozenten in der endgültigen Version, bildeten den Gegenstand weiterer Analysen, die die zentralen *Forschungsprodukte* generieren.

Forschungsprodukte: Lokale Theorien zu gegenstandsspezifischen Lernprozessen hinsichtlich der initiierten Lernwege

Die zentralen *Forschungsprodukte* der Fachdidaktischen Entwicklungsforschung zu Prozenten bestehen in der Ermittlung situationsbezogener Wirkungen des intendierten dualen Lernpfads auf die lexikalischen Lernwege von Lernenden. Zur Rekonstruktion Letzterer in einer längerfristigen Perspektive über den gesamten intendierten dualen Lernpfad hinweg, wurde eigens eine Methode zur Datenauswertung, die sogenannte *Spurenanalyse* (Abschnitt 10.3 für Details), entwickelt. Den Bedarf der Entwicklung solcher Analysemethoden, die das längerfristige Nachvollziehen der lexikalischen Lernwege von Lernenden ermöglichen, betonen etwa Clarkson (2009) oder Schleppegrell (2010).

Die unter dieser Prämisse konzipierte Methode der *Spurenanalyse* besteht aus den folgenden drei Schritten:

• *Inventarisierung aller Sprachmittel* in Sprachmittelverwendung (durch die Lernenden) und Sprachmittelangebot (in Aufgabenstellungen und durch die Förderlehrkräfte) einschließlich ihrer *Kategorisierung nach Sprachmittelarten* (*streifenbezogen*; *kontextbezogen* im Downloadkontext, im Einkaufskontext, in erweiterten Kontexten; *kontextunabhängig* oder *formalbezogen*).

• *Stufenweise Gegenüberstellung von verwendeten und angebotenen Sprachmitteln* innerhalb der einzelnen Konzepte, wobei Selbsteinführungen aus dem autonomen und Übernahmen aus dem kollektiven Sprachschatz (schriftlich, mündlich von der Lehrkraft oder Mitlernenden) unterschieden werden.

• *Identifikation der Initiative der Sprachmittelverwendung*, wobei zwischen *selbst-, lehrenden-* und *mitlernendeninitiierten Sprachmittelverwendungen* differenziert wird.

Dokumentiert wurden in der vorliegenden Arbeit ausgewählte Resultate aus den Spurenanalysen von sechs Fokuslernenden, für die insgesamt 2892 Sprachmittelverwendungen kategorisiert und analysiert wurden. Die sechs Fokuslernenden wurden durch zwei Förderlehrkräfte anhand des entwickelten Lehr-Lern-Arrangements in drei Lernendenpaaren mit unterschiedlichen Sprachkompetenzzusammensetzungen (zwei sprachlich schwache Schülerinnen; zwei sprachlich starke Schüler; ein sprachlich schwacher Schüler und eine sprachlich schwache Schülerin) gefördert.

Aus der Spurenanalyse eines Lernendenpaares mit zwei sprachlich schwachen Lernenden (Amir und Sarah), die im Detail dargestellt wurde und eine Vielfalt an verwendeten Sprachmitteln zeigte (Abschnitt 11.1), wurden erste Hypothesen zu den lexikalischen Lernwegen von Lernenden abgeleitet. Anschließend wurde überprüft, ob diese auch für die Spurenanalysen der vier weiteren Lernenden gelten (Abschnitt 11.2). Für die verschiedenen Facetten der Spurenanalyse konnten aus den lernendenpaarübergreifenden Erkenntnissen (Tabelle 11.3.2 in Abschnitt 11.3) mögliche Deutungen zu den Wirkungen des Lehr-Lern-Arrangements zu Prozenten abgeleitet werden, die hier zusammenfassend dargestellt werden:

- *Adressierte Konzepte* (Abschnitt 11.2.1): Die Aktivitäten des Lehr-Lern-Arrangements scheinen dazu beizutragen, dass Lernendenressourcen (etwa in Form von Sprachmitteln zu Differenzkonzepten) bereits vor deren expliziter Thematisierung aktiviert werden. Außerdem scheinen diese bzw. speziell die graphische Darstellung des Prozentstreifens die Fokussierung auf die Relationen zwischen den Konzepten zu unterstützen.

- *Art der aktivierten sprachlichen Ressourcen* (Abschnitt 11.2.2): Insgesamt zeigt sich, dass die Aktivitäten des Lehr-Lern-Arrangements das Fortschreiten der individuellen Lernwege entlang des lexikalischen Lernpfads unterstützen. Während dabei die *kontextbezogenen Sprachmittel aus dem Downloadkontext* nach der Etablierung anderer Sprachmittelarten nicht mehr gebraucht werden, scheint denen *aus dem Einkaufskontext* eine besondere Relevanz zur Konstruktion von Bedeutungen zu den Konzepten des Prozentverständnisses zuzukommen. So werden diese ebenfalls auf späteren Stufen immer wieder aktiviert und auch zur Erklärung der formalbezogenen Ausdrücke verwendet (Abschnitt 9.4 für exemplarische Bedeutungsketten zum Konzept des Grundwerts). Ferner deutet die regelmäßige Aktivierung *streifenbezogener Ausdrücke* an, dass dem *Prozentstreifen* im Rahmen der Kommunikation über die Konzepte zu Prozenten und insbesondere bei der Bedeutungskonstruktion eine hohe Bedeutung zukommt.

- *Quellen der Sprachmittelverwendung* (Abschnitt 11.2.3): Für die lexikalischen Lernwege von Schülerinnen und Schülern scheinen insbesondere die schriftlichen Scaffolding-Angebote, aber auch die mündlichen Mikro-Scaffolding-Impulse der Förderlehrkräfte von hoher Bedeutung zu sein. So tragen die Aktivitäten des Lehr-Lern-Arrangements dazu bei, dass die lexikalischen Lernwege mit dem intendierten Lernpfad darin übereinstimmen, dass zu Anfang die eigensprachlichen Ressourcen der Lernenden aktiviert und anschließend eher Sprachmittel übernommen werden.

- Initiativen der Sprachmittelverwendung (Abschnitt 11.2.4): Die Aktivitäten des Lehr-Lern-Arrangements haben anscheinend Potenzial, die Sprachproduktionen der Lernenden anzuregen. Zusätzlich scheinen oft aber auch Mikro-Scaffolding-Impulse der Förderlehrkräfte nötig zu sein. Dies gilt insbesondere für die Etablierung und Einübung von Sprachmitteln, die auf den späteren Stufen des intendierten dualen Lernpfads angesiedelt sind.

Über einen Beleg für die situative Wirkung des Lehr-Lern-Arrangements hinaus, liefern die Resultate einen Verweis auf die Bedeutung graphischer Darstellungen, lexikalischer Scaffolding-Angebote im schriftlichen Material sowie zusätzlicher adäquater Mikro-Scaffolding-Impulse. Dabei scheint für die Sprachschatzarbeit im Mathematikunterricht insbesondere der Aufbau eines bedeutungsbezogenen Denksprachschatzes (Wessel 2015; Prediger 2017; Abschnitt 4.1.4) zentral zu sein, dessen Etablierung anscheinend immer wieder einer Einforderung durch die Lehrkräfte bedarf. Die aufwendige Analyse von über 2800 Sprachmitteln der sechs Lernenden konnte dies erstmalig umfassend zeigen statt nur in kleinen Transkriptausschnitten.

Inwiefern diese Hypothesen und Deutungen der Wirkungen des Lehr-Lern-Arrangements zu Prozenten auch für weitere Lernendenpaare gelten, ist durch potentielle Anschlussuntersuchungen abzusichern. Damit wird auf eine Grenze der Forschungsprodukte – nämlich ihren eingeschränkten Geltungsanspruch – rekurriert. Auf weitere Grenzen soll nachfolgend kurz eingegangen werden.

Grenzen der Fachdidaktischen Entwicklungsforschung zu Prozenten und potentielle Anschlussstudien

In Zusammenhang mit den Grenzen der in der vorliegenden Arbeit verorteten Fachdidaktischen Entwicklungsforschung bieten sich auf unterschiedlichen Ebenen Ansatzpunkte für weitere Studien:

- Anhand weiterer Einsätze des Lehr-Lern-Arrangements in verschiedenen Lernendengruppen (Kleingruppenförderungen oder Klassenunterricht) könnte etwa analysiert werden, inwieweit das Design anzupassen ist, damit eine erfolgreiche Förderung beispielsweise von Lernenden mit sonderpädagogischem Förderbedarf oder auch ein herausfordernder Unterricht von Gymnasialklassen möglich wird.

- Für das Entwicklungsprodukt des dualen Lernpfads (konkret für Prozente), der einen konzeptuellen durch eine geeignete graphische Darstellung mit einem lexikalischen Lernpfad verknüpft, erscheint ein Transfer auf andere Inhaltsbereiche des Mathematik- und Naturwissenschaftsunterrichts lohnenswert zu sein.

- Eine Verallgemeinerung der dargelegten Forschungsprodukte (etwa zur Übernahmepraxis von Sprachmitteln durch Lernende), die auf der Durchführung des konzipierten Lehr-Lern-Arrangements fußen, ist aufgrund der

Tatsache, dass sich die Untersuchungen auf nur sechs Lernende beziehen, nicht möglich. Die geringe Fallzahl hängt mit dem enormen Aufwand der Anfertigung vollständiger Spurenanalysen der Lehr-Lern-Prozesse zusammen. So mussten für die sechs durchgeführten Spurenanalysen 2892 Sprachmittel kategorisiert und analysiert werden. Um für die aufgestellten Hypothesen sowie abgeleiteten Deutungen einen höheren Geltungsanspruch erreichen zu können, wäre in weiteren Studien eine Ausweitung der Fallzahlen jedoch sinnvoll. Zu überlegen wäre auch, inwiefern eine Adaption der Spurenanalyse zur Rekonstruktion individueller und kollektiver lexikalischer Lernwege in Klassensituationen denkbar wäre.

- Die Spurenanalysen beschränken sich auf das konkrete Thema der Prozente, genauer gesagt liegt ihnen das spezifische schriftliche Sprachmittelangebot des entwickelten Lehr-Lern-Arrangements zugrunde. Um allgemeinere Aussagen über lexikalische Lernwege von Schülerinnen und Schülern treffen zu können, könnte eine Anwendung der Methode der Spurenanalyse auch auf andere Themenbereiche sinnvoll sein (Wessel 2017, im Druck für einen Transfer der Methode auf den Themenbereich der Brüche).

- Lohnenswert wäre weiterhin, das Zusammenspiel zwischen den konzeptuellen und lexikalischen Lernwegen der Lernenden genauer in den Blick zu nehmen. In Abschnitt 9.4 wurden dahingehend illustrierende Einblicke zur Bedeutungskonstruktion zum Konzept des Grundwerts präsentiert, die mit der eigens konzipierten Methode der *Rekonstruktion von Bedeutungsketten* gewonnen wurden (Prediger & Pöhler 2015). Diese lassen die Anwendung der Analysemethode sowohl hinsichtlich der übrigen Konzepte zu Prozenten als auch in Bezug auf duale Lernpfade lohnenswert erscheinen, die zu anderen Lerngegenständen konstruiert werden.

13.1.3 Zentrale Ergebnisse und Grenzen der Wirksamkeitsforschung zu Prozenten

Forschungsprodukte: Erste quantitative Resultate zur Wirksamkeit des Lehr-Lern-Arrangements zu Prozenten im Klassensetting

Ein erster Nachweis der Wirksamkeit des gestalteten Lehr-Lern-Arrangements für einen Einsatz im Klassenunterricht wurde durch eine quasi-experimentelle Interventionsstudie erbracht (Kapitel 12 in Teil F).

Die Untersuchung wurde im Prä-Post-Test-Design mit Kontrollgruppe durchgeführt. Während der Prä-Test (bestehend aus Instrumenten mit denen soziodemographische Daten, die Sprachbiographie sowie die Kontrollvariablen *mathematische Vorkenntnisse im Themenfeld Brüche, kognitive Grundfähigkeiten* sowie *Sprachkompetenz im Deutschen* erfasst wurden) zur Absicherung der Vergleichbarkeit von Interventions- und Kontrollgruppe diente, wurde der Post-

Test (eigens konzipierter *Prozente-Matrixtest*) zur vergleichenden Erfassung der Lernergebnisse der Lernenden eingesetzt.

Während der Interventionsphase wurde die aus 29 Lernenden aus zwei Klassen bestehende Interventionsgruppe anhand des Lehr-Lern-Arrangements zu Prozenten, das leicht für den Klassenunterricht adaptiert wurde, unterrichtet. Die Kontrollgruppe wurde aus ebenfalls 29 Lernenden gebildet und nahm an traditionellerem Unterricht zu Prozenten teil (Abschnitt 2.2.2 für Behandlung der Prozentrechnung in ausgewählten Schulbüchern). Die Lernenden der Kontrollgruppe wurden hinsichtlich der Kontrollvariablen mit denen der Interventionsgruppe gematcht und sind diesbezüglich mit diesen vergleichbar (Charakterisierung der Gruppen in Abschnitt 12.1).

Wie angedeutet, ergab der Vergleich der Resultate beider Gruppen im Gesamttest einen signifikanten Vorteil der Interventionsgruppe, sodass insgesamt von einer Wirksamkeit des Lehr-Lern-Arrangements ausgegangen werden kann.

Auch bei den einzelnen differenziert betrachteten Aufgabentypen und -formaten schnitten die Lernenden der Interventionsgruppe besser ab, allerdings in variierendem Ausmaß:

Signifikante Gruppenunterschiede ergaben sich etwa bezogen auf den erweiterten Aufgabentyp *„Grundwert gesucht nach Verminderung"*. Zusammen mit den geringeren Abständen zwischen den Grundaufgabentypen und dem erweiterten Aufgabentyp für die Interventionsgruppe lassen die Resultate vermuten, dass das Lehr-Lern-Arrangement einen flexibleren Umgang (auch) mit (komplexeren) Aufgabentypen zu Prozenten ermöglicht.

Ferner unterstreicht die Tatsache, dass auch für das *textliche* und das *entkleidete Format* signifikante Differenzen zwischen den beiden Gruppen zu erkennen sind, das Potenzial des Lehr-Lern-Arrangements einerseits zur Vermeidung von Lesehürden, andererseits aber auch zur Förderung des konzeptuellen Prozentverständnisses. Letzteres ermöglichte es den Lernenden sogar, erfolgreicher mit den Aufgaben des entkleideten Formats umzugehen, die im Lehr-Lern-Arrangement nur marginal thematisiert werden (Kapitel 8).

Nicht erwartungsgemäß sind die nicht signifikanten Unterschiede zwischen den Gruppen für das *graphische Format*. So wird der Prozentstreifen (Abschnitt 2.3.3) zwar im konzipierten Lehr-Lern-Arrangement als durchgängige graphische Darstellung eingesetzt (ähnlich wie bei van den Heuvel-Panhuizen 2003), allerdings kann nicht davon ausgegangen werden (Abschnitt 2.2.2), dass dies auch im Unterricht der Kontrollgruppe der Fall war. Dies deutet – wie auch die Ergebnisse der Bedingungsforschung – auf eine gewisse intuitive Zugänglichkeit des Prozentstreifens hin.

Resümierend kann also festgehalten werden, dass anhand des Quasi-Experiments im Klassensetting mit Prä-Post-Erhebung im ersten Zugriff die Wirksamkeit des Lehr-Lern-Arrangements nachgewiesen werden konnte. Erfreulich ist, dass sich dies insbesondere für den erweiterten Aufgabentyp und die Textaufgaben zeigte, für die Lernenden innerhalb anderer empirischer Untersuchungen in besonderem Maße Schwierigkeiten attestiert wurden (für erweiterte Aufgabentypen u. a. Berger 1989; für Textaufgaben u. a. Carpenter et al. 1980 oder Cummins et al. 1988; Abschnitt 1.2). Der Befund, dass auch die Leistungen der Interventionsgruppe für die Prozente noch nicht zufriedenstellend sind (vgl. Abschnitt 12.2), weist auf Grenzen der Wirksamkeitsforschung bzw. insbesondere auf die Notwendigkeit von Anschlussstudien hin.

Grenzen der Wirksamkeitsforschung zu Prozenten und potentielle Anschlussstudien

Die bedeutendste Beschränkung der Wirksamkeitsforschung besteht in der geringen Stichprobengröße der Interventionsgruppe (n = 29). Um ein aussagekräftigeres Ergebnis hinsichtlich der Wirksamkeit des Lehr-Lern-Arrangements generieren zu können, ist demnach eine breitere Erprobung in mehreren Klassen erforderlich, die mittlerweile bereits angestoßen wurde (Pöhler et al. 2017). Auf Grundlage eines größeren Gesamtsamples wäre dann auch eine differentielle Betrachtung der Wirksamkeit für sprachlich schwache und starke Lernende lohnenswert. Angedacht werden könnte zudem auch ein Einbezug anderer Schulformen oder etwa von Lernenden mit sonderpädagogischem Förderbedarf. Dafür müsste allerdings – wie in Abschnitt 13.1.3 beschrieben – eine Adaption des Lehr-Lern-Arrangements in Erwägung gezogen werden. Außerdem wäre es lohnenswert, die abgelaufenen Lehr-Lern-Prozesse zwischen Prä- und Post-Erhebung in qualitativer Hinsicht noch genauer zu analysieren (Kapitel 9 für exemplarische Einblicke in den tatsächlichen Unterricht in den Interventionsklassen).

13.2 Implikationen für fachdidaktische Forschung und Entwicklung sowie Unterrichtspraxis

Implikationen der Arbeit für fachdidaktische Forschung und Entwicklung

Ein einzelnes Dissertationsprojekt ist – wie in Abschnitt 13.1 für die einzelnen Forschungsebenen separat beschrieben wurde – forschungsmethodisch begrenzt und deshalb erscheint auf den einzelnen berücksichtigten Ebenen die Verankerung weiterer Forschung notwendig und ergiebig zu sein.

Dafür konnten durch die vorliegende Entwicklungsforschungsstudie sowie die rahmende Bedingungs- und Wirksamkeitsforschung Ansatzpunkte herausgearbeitet werden. Während hier die zentralen Anknüpfungspunkte zusammengefasst werden, sei für Details auf die resümierenden Darstellungen der einzelnen Forschungsebenen in Abschnitt 13.1 verwiesen.

So liefert die *Bedingungsforschung* mit dem *Prozente-Matrixtest* ein Instrument, mit dem einerseits themenspezifisch der Zusammenhang von Sprachkompetenzen und Mathematikleistungen belegt und andererseits lokal der Nachweis erbracht werden konnte, dass sprachlich schwache Lernende anscheinend nicht primär an Lesehürden scheitern. Dieses Instrument könnte in Anschlussstudien zum einen zur Überprüfung des Vorwissens oder zur Erfassung der Lernergebnisse von Lernenden zu Prozenten eingesetzt werden. Zum anderen kann insbesondere seine zugrunde liegende Matrixstruktur als Basis für die Konzeption ähnlicher Instrumente zur Ermittlung des Zusammenhangs von Sprachkompetenzen und Mathematikleistungen in anderen Themenbereichen fungieren. Die zu Prozenten gewonnene Erkenntnis, dass sprachlich schwache Lernende nicht nur an Lesehürden scheitern, sondern es ihnen insbesondere an konzeptuellem Verständnis mangelt, verweist erneut auf die Relevanz der Entwicklung fach- und sprachintegrierter Förderkonzepte und insbesondere auf die Notwendigkeit, beim Aufbau des konzeptuellen Verständnisses anzusetzen.

Die *Fachdidaktische Entwicklungsforschung* innerhalb der vorliegenden Arbeit liefert mit der theoretisch fundierten Konzeption des *intendierten dualen Lernpfads* einen für die Thematik der Prozente konkretisierten Ansatz, wie dies durch konsequente Verknüpfung eines konzeptuellen mit einem lexikalischen Lernpfad gelingen kann, die anhand des durchgängigen Einsatzes eines graphischen Darstellungsmittels realisiert wird. Dass eine Übertragung der zugrunde liegenden allgemeinen Ideen auf andere Themenbereiche lohnenswert ist, wird durch Analysen der Lernprozesse der Lernenden sowie durch einen initialen Nachweis des Potenzials des empirisch vielfach erprobten Lehr-Lern-Arrangements im Rahmen der *Wirksamkeitsforschung* bekräftigt.

Bei der Erforschung der durch das Lehr-Lern-Arrangement initiierten Lernprozesse wurde der Schwerpunkt auf die bislang in längerfristiger Perspektive kaum erforschten (Clarkson 2009; Schleppegrell 2010) lexikalischen Lernwege von Lernenden gelegt. Dazu wurde die aus drei Schritten bestehende Auswertungsmethode der *Spurenanalyse* konzipiert, die es ermöglicht, die lexikalischen Lernwege von Lernenden zu rekonstruieren und mit intendierten lexikalischen Lernpfaden in Verbindung zu setzen. Durch die Inventarisierung aller auf die einzelnen Konzepte (hier zu Prozenten) bezogenen Sprachmittel sowie deren Kategorisierung nach Sprachmittelarten (hier: streifenbezogen; kontextbezogen im Downloadkontext, im vertrauten Einkaufskontext sowie in erweiterten Kontexten; kontextunabhängig sowie formalbezogen) kann abgeleitet werden, welche Sprachmittel für die Lernenden – auch längerfristig – von Relevanz sind. Im Fall des intendierten Lernpfads zu Prozenten zeigte sich für die sechs Fokuslernenden insbesondere die fortwährende Bedeutung von bedeutungsbezogenem, auf den vertrauten Einkaufskontext bezogenem bzw. streifenbezogenem Vokabular. Des Weiteren lässt die Analyse der Quellen (autonomer oder kollektiver Sprachschatz von Lehrkräften, Mitlernenden oder dem schriftlichen Material) sowie der Initiativen der Sprachmittelverwendung der Lernenden (eigene Initiative oder Initiative der Förderlehrkräfte bzw. von Mitlernenden) erkennen, inwieweit lexikalische Scaffolding-Angebote im schriftlichen Material bzw. Mikro-Scaffolding-Impulse durch (Förder-)-Lehrkräfte bedeutsam sind. Für die sechs Fokuslernenden zeigte sich, dass der Anteil an Übernahmen aus dem kollektiven Sprachschatz mit steigender fachlicher sowie sprachlicher Komplexität der Aufgaben ansteigt. Dabei wurden zwar überwiegend Ausdrücke aus dem kollektiven schriftlichen Sprachschatz übernommen, aber regelmäßig auch von Förderlehrkräften eingeführte Sprachmittel aktiviert.

Des Weiteren verdeutlichten die durchgeführten Spurenanalysen, dass Mikro-Scaffolding-Impulse, die auf die Verwendung bestimmter Sprachmittel abzielen, insbesondere im Rahmen der Etablierung und Einübung von Vokabular vor-kommen. Zur Rekonstruktion von lexikalischen Lernwegen in anderen Zusammenhängen erscheint eine Anwendung der entwickelten Methode der Spurenanalyse demnach hilfreich zu sein, etwa um mehr über die Übernahmepraxis von Sprachmitteln durch Lernende zu erfahren. Gegebenenfalls kann dazu ihre Anpassung respektive Weiterentwicklung erforderlich werden. Denkbar wäre et-wa eine genauere Analyse und Kategorisierung der lehrendeninitiierten Sprachmittelverwendungen. Denn ein detaillierteres Verständnis darüber, wie Lernende Sprachmittel aktivieren und übernehmen, scheint eine wichtige Voraussetzung für treffsichere Sprachschatzarbeit im Unterricht zu bilden. Dabei kommt der Auswahl der Sprachmittel eine ebenso große Bedeutung zu wie der Mechanismen ihrer Aktivierung und Übernahme. Anschlussstudien sollten in diese Analysen noch konsequenter die jeweils aktivierten Sprachhandlungen einbeziehen, um der Gefahr vorzubeugen, dass die lexikalischen Lernwege verselbständigt von der diskursiven Dimension betrachtet werden.

Darüber hinaus wurde im Kontext des Dissertationsprojektes die Methode zur *Rekonstruktion von Bedeutungsketten* entwickelt (basierend auf Presmeg 1998), mit der der Prozess der Bedeutungskonstruktion zu mathematischen Konzepten genauer in den Blick genommen werden kann. Auch wenn in der vorliegenden Arbeit keine detaillierte Auswertung von Lehr-Lern-Prozessen anhand dieser Methode erfolgt, deuten die illustrierenden Einblicke, anhand derer die Methode präsentiert wird, ihr Potenzial an, Erkenntnisse zur Verknüpfung von konzeptuellem und lexikalischem Lernpfad generieren zu können. Es erscheint sinnvoll, ihr skizziertes Potenzial durch einen Einsatz der Methode in anderen Forschungszusammenhängen auszuschöpfen.

Implikationen der Arbeit für Unterrichtspraxis sowie Aus- und Fortbildung

Lehrkräfte sehen sich seit einigen Jahren durch die Bildungspolitik mit der Forderung konfrontiert, auch im Fachunterricht Sprachförderung betreiben zu müssen (für NRW etwa verankert in der Verordnung über die Ausbildung in der Sekundarstufe I, vgl. MSWWF 1999, aber auch in Form sprachbezogener Lernziele in den Bildungsstandards, vgl. KMK 2003 oder Kernlehrplänen, etwa in MSJK 2011). Auch wenn dabei unter anderem die Bedeutsamkeit der Koordination von fach- und (bildungs-)sprachlichem Lernen herausgestellt wird (MSW 2011; MSW 2015), existieren zu vielen mathematischen Inhalten noch keine konkreten fach- und sprachintegrierten Materialien. Insbesondere fehlen theoretisch fundierte und empirisch erprobte Ansätze, die für den Klassenunterricht aufbereitet sind. Mit dieser Arbeit wird für das Thema der Prozente, das von Lehrkräften oft als besonders schwer zu unterrichten wahrgenommen wird (Parker & Leinhardt 1995), ein solches Lehr-Lern-Arrangement bereitgestellt.

Bereits durchgeführte Veranstaltungen deuten das Potenzial an, in Fortbildungen oder auch in der Ausbildung nicht nur das Lehr-Lern-Arrangement exemplarisch als fach- und sprachintegriertes Konzept vorzustellen, sondern auch dessen Hintergründe – wie den intendierten dualen Lernpfad oder den gestuften Sprachschatz – zu thematisieren. So können mit den Teilnehmenden Überlegungen zum Transfer des Ansatzes auf andere Thematiken angestellt werden, die für die Unterrichtspraxis nützlich sein können. Weitere diesbezügliche Forschung und Entwicklung können diese allerdings nicht ersetzen.

Für die Unterrichtspraxis ist ferner die gewonnene und bereits durchgeführte Studien bestätigende Erkenntnis relevant, dass sprachlich schwache Lernende nicht primär an Lesehürden scheitern. Daraus folgt, dass für ihre Förderung eine alleinige Schulung des Umgangs mit Textaufgaben somit nicht ausreichend ist, sondern vor allem das konzeptuelle Verständnis fokussiert werden muss (Prediger & Zindel 2017; Prediger 2017). Außerdem deuten die Resultate der Spurenanalyse, zumindest für Kleingruppen, die Relevanz sowohl des mündlichen Sprachmittelangebots als auch zielgerichteter Mikro-Scaffolding-Impulse durch (Förder-)-Lehrkräfte an. Auch wenn dazu weitere auf den Klassenunterricht bezogene Forschung nötig ist, erscheint es für sprachsensiblen Unterricht allgemein sinnvoll zu sein, Lehrkräfte für den potentiellen Einfluss eigener Sprachproduktionen zu sensibilisieren. Dies kann etwa anhand von Transkript- oder Videoausschnitten aus den durchgeführten Design-Experiment-Zyklen erfolgen, die beispielhaft Situationen zeigen, in denen Lernende Sprachmittel von Förderlehrkräften (direkt) übernehmen bzw. in denen Förderlehrkräfte auf unterschiedliche Art und Weise Sprachmittelverwendungen von Lernenden initiieren.

Insgesamt liefert diese Arbeit als Entwicklungsforschungsstudie, die durch Bedingungs- und Wirksamkeitsforschung ergänzt wurde, Erkenntnisse zur Verortung der oft konstatierten Probleme von sprachlich schwachen und starken Lernenden beim Umgang mit der im Alltag omnipräsenten Thematik der Prozente. Zur Reduzierung dieser Problematik wird ein fach- und sprachintegriertes Konzept entwickelt, erprobt und beforscht, dessen Wirksamkeit im ersten Zugriff nachgewiesen werden konnte. Die aus je einem konzeptuellen und lexikalischen Lernpfad bestehende Konstruktion kann hilfreiche Hinweise zur Konzeption weiterer fach- und sprachintegrierter Konzepte liefern.

Literaturverzeichnis

Abedi, J., Hofstetter, C., Baker, E. & Lord, C. (2001). *NAEP Math Performance and Test Accommodations: Interactions with Student Language Background.* CSE Technical Report.

Abedi, J. & Lord, C. (2001). The Language Factor in Mathematics Tests. *Applied Measurement in Education, 14(3),* 219-234.

Abedi, J., Leon, S. & Mirocha, J. (2003). Impact of students' language background on content-based assessment: Analyses of extant data. *Los Angeles: University of California, National Center for Research on Evaluation, Standards & Student Testing.*

Abedi, J. (2004). Will you explain the question? *Principal Leadership, 4(7),* 27 - 31.

Ahrenholz, B. (2010): Bildungssprache im Sachunterricht der Grundschule. In B. Ahrenholz (Hrsg.), *Fachunterricht und Deutsch als Zweitsprache* (S. 15-35). Tübingen: Narr.

Aits, D., Aits, U., Heske, H. & Koullen, R. (Hrsg.) (1999). *Zahlen und Größen 7. Gesamtschule Nordrhein-Westfalen.* Berlin: Cornelsen.

Aits, U., Heske, H. & Koullen, R. (Hrsg.) (2000). *Zahlen und Größen 8. Gesamtschule Nordrhein-Westfalen.* Berlin: Cornelsen.

Allinger, G. D. & Payne, J. N. (1986). Estimation and Mental Arithmetic with Percent. In H. L. Schoen & M. J. Zweng (Hrsg.), *Estimation and Mental Computation* (S. 141-155). Yearbook of the National Council of Teachers of Mathematics, Reston, Virginia.

Apeltauer, E. (2008). Wortschatzentwicklung und Wortschatzarbeit. In B. Ahrenholz & I. Oomen-Welke (Hrsg.), *Deutsch als Zweitsprache* (S. 239 - 252). Baltmannsweiler: Schneider Verlag Hohengehren.

Appell, K. (2004). Prozentrechnen. Formel, Dreisatz, Brüche und Operatoren. *Der Mathematik-Unterricht, 50(6),* 23-32.

Baireuther, P. (1983). Die Grundvorstellungen der Prozentrechnung. *Mathematische Unterrichtspraxis, 4(2),* 25-34.

Barab, S., & Squire, K. (2004). Design-based research: Putting a stake in the ground. *The journal of the learning sciences, 13(1),* 1-14.

Baratta, W., Price, B., Stacey, K., Steinle, V. & Gvozdenko, E. (2010). Percentages: The effect of problem structure, number complexity and calculation format. *Mathematics Education Research Group of Australasia.*

Barwell, R. (ed.) (2009). *Multilingualism in Mathematics Classrooms - Global Perspectives.* Bristol et al.: Multilingual Matters.

Baumert, J. & Schümer, G. (2001). Familiäre Lebensverhältnisse, Bildungsbeteiligung und Kompetenzerwerb. In J. Baumert, E. Klieme, M. Neubrand, M. Prenzel, U. Schiefele, W. Schneider, P. Stanat, K.-J. Tillmann & M. Weiß (Hrsg.), *PISA 2000. Basiskompetenzen von Schülerinnen und Schülern im internationalen Vergleich* (S. 323–410). Opladen: Leske + Budrich.

Beese, M., Benholz, C., Chlosta, C., Gürsoy, E., Hinrichs, B., Niederhaus, C. & Oleschko, S. (2014). *Sprachensibilisierung in allen Fächern.* München: Klett-Langenscheidt.

Bell, A., Fischbein, E. & Greer, B. (1984). Choice of Operation in Verbal Arithmetic Problems: The Effects of Number Size, Problem Structure and Context. *Educational Studies in Mathematics, 15,* 129-147.

© Springer Fachmedien Wiesbaden GmbH 2018
B. Pöhler, *Konzeptuelle und lexikalische Lernpfade und Lernwege zu Prozenten,* Dortmunder Beiträge zur Entwicklung und Erforschung des Mathematikunterrichts 35, https://doi.org/10.1007/978-3-658-21375-6

Belland, B. R. (2014). Scaffolding: Definition, Current Debates, and Future Directions. In J. M. Spector, M. D. Merril, J. Elen & M. J. Bishop (Hrsg.), *Handbook of Research on Educational Communications and Technology* (S. 505-518). New York: Springer Science + Business Media.

Berendes, K., Dragon, N., Weinert, S., Heppt, B. & Stanat, P. (2013). Hürde Bildungssprache? Eine Annäherung an das Konzept "Bildungssprache" unter Einbezug aktueller empirischer Forschungsergebnisse. In A. Redder & S. Weinert (Hrsg.), *Sprachförderung und Sprachdiagnostik. Interdisziplinäre Perspektiven* (S. 17-41). Waxmann Verlag.

Berger, R. (1989). *Prozent- und Zinsrechnen in der Hauptschule. Didaktische Analysen und empirische Ergebnisse zu Schwierigkeiten, Lösungsverfahren und Selbstkorrekturverhalten der Schüler am Ende der Hauptschulzeit.* Regensburg: S. Roderer Verlag.

Berger, R. (1991). Leistungen von Schülern im Prozent- und Zinsrechnen am Ende der Hauptschulzeit. Ergebnisse einer fehleranalytisch orientierten empirischen Untersuchung. *Mathematische Unterrichtspraxis, 12(1)*, 30-44.

Bernstein, B. (1977). *Class, codes and control. Towards a theory of educational transmissions 3.* London: Routledge & Kegan.

Boblett, N. (2012). Scaffolding: Defining the metaphor. Teachers College, *Columbia University Working Papers in TESOL & Applied Linguistics, 12(2)*, 1-16.

Böttner, J., Maroska, R., Olpp, A., Pongs, R., Stöckle, C., Wellstein, H. & Wontroba, H. (2006). Schnittpunkt 7. Mathematik. Nordrhein-Westfalen. Stuttgart: Klett.

Bohn, R. (2013). *Probleme der Wortschatzarbeit.* München: Klett-Langenscheidt.

Bortz, J., & Schuster, C. (2010). *Statistik für Human- und Sozialwissenschaftler* (7., vollständig überarbeitete und erweiterte Aufl.). Berlin [u. a].

Bos, W., Hornberg, S., Arnold, K.-H., Faust, G., Fried, L., Lankes, E.-M., Schwippert, K. & Valtin, R. (2007) (Hrsg.). *IGLU 2006. Lesekompetenzen von Grundschulkindern in Deutschland im internationalen Vergleich.* Münster u. a.: Waxmann.

Brown, A. L. (1992). Design Experiments: Theoretical and Methodological Challenges in Creating Complex Interventions in Classroom Settings. *The Journal of the Learning Sciences, 2(2)*, 141-178.

Bruin-Muurling, G. (2010). *The development of proficiency in the fraction domain. Affordances and constraints in the curriculum.* Eindhoven: Technische Universiteit Eindhoven.

Bruner, J. S. (1966). *Toward a theory of instruction.* Cambridge, MA: Harvard University Press.

Bubenhofer, N. (2006-2017). Einführung in die Korpuslinguistik: Praktische Grundlagen und Werkzeuge. Elektronische Ressource: www.buben-hofer.com/korpuslinguistik/.

Bundesagentur für Arbeit (2009). *Kriterienkatalog zur Ausbildungsreife. Nationaler Pakt für Ausbildung und Fachkräftenachwuchs in Deutschland.*

Bundesagentur für Arbeit, Statistik / Arbeitsmarktberichterstattung (2017). *Der Arbeits- und Ausbildungsmarkt in Deutschland – Monatsbericht.* Nürnberg.

Bußmann, H. (2008). *Lexikon der Sprachwissenschaft* (4. durchgesehene und bibliographisch ergänzte Aufl.). Stuttgart: Kröner Verlag.

Carpenter, T. P., Kepner, H., Corbitt, M. K., Montgomery Lindquist, M. & Reys, R. E. (1980). Results and Implications of the Second NAEP Mathematics Assessments: Elementary School. *The Arithmetic Teacher*, 27(8), 10-12, 44-47.

Cazden (1979). Readings of Vygotsky in writing. In D. Hicks (Hrsg.), *Discourse, language and schooling* (S. 165-188). New York: Cambridge University Press.

Christmann, U. & Groeben, N. (1999). Psychologie des Lesens. In B. Franzmann, K. Hasemann, D. Löffler, E. Schön, G. Jäger, W. R. Langenbucher & F. Melichar (Hrsg.), *Handbuch Lesen* (S. 145-223). München: K. G. Saur.

Clarkson, P. C. (1992). Language and Mathematics: A Comparison of Bilingual and Monolingual Students of Mathematics. *Educational Studies in Mathematics, 23*, 417-429.

Clarkson, P. C. (2007). Australian Vietnamese Students Learning Mathematics: High Ability Bilinguals and Their Use of Their Languages. *Educational Studies in Mathematics, 63*, 191-215.

Clarkson P. C. (2009). Mathematics Teaching in Australian Multilingual Classrooms: Developing an Approach to the Use of Classroom Languages. In R. Barwell (Hrsg.), *Multilingualism in Mathematics Classrooms – Global Perspectives* (S. 145-160). Bristol / Buffalo / Toronto.

Cobb, P., Confrey, J., diSessa, A., Lehrer, R. & Schauble, L. (2003). Design Experiments in Educational Research. *Educational Researcher, 32(1)*, 9-13.

Collins, A. (1992). Toward a design science of education. In *New directions in educational technology* (S. 15-22). Berlin, Heidelberg: Springer.

Collins, A. (2010). Design Experiments. In *International Encyclopedia of Education (6)* (S. 367-372). Elsevier.

Confrey, J. (2006). The evolution of design studies as methodology. In K. R. Sawyer (Hrsg.), *The Cambridge Handbook of the Learning Sciences* (S. 135 - 152). New York: Cambridge University Press.

Cramer, K. (2003). Using a Translation Model for Curriculum Development and Classroom Instruction. In H. M. Doerr & R. A. Lesh (Hrsg.), *Beyond Constructivism – Models and Modeling Perspectives on Mathematics Problem Solving, Learning and Teaching*. Mahwah, N.J.: Lawrence Erlbaum Associates, 449 – 464.

Crystal, D. (2007). *Word Words Words*. New York: Oxford University Press.

Cummins, J. (1979). Cognitive / academic Language Proficiency, Linguistic Interdependence, the Optimum Age Question and Some Other Jatters. In C. Chaudron (ed.), *Working papers on bilingualism*, Issue No. 19 (198-205). Toronto: The Ontario Institute for Studies in Education.

Cummins, J. (1986). Language proficiency and academic achievement. In J. Cummins & M. Swain (Hrsg.), *Bilingualism in education: aspects of theory, research and practice* (S. 138-161). London: Longman.

Cummins, J. (2000): *Language, power and pedagogy*. Clevedon: Multilingual Matters.

Cummins, J. (2004). BICS and CALP. In M. Byram (Hrsg.), *Routledge Encyclopedia of Language Teaching and Learning* (S. 76-79). London, New York: Routledge.

Cummins, J. (2006). Sprachliche Interaktionen im Klassenzimmer: Von zwangsweise auferlegten zu kooperativen Formen von Machtbeziehungen. In P. Mecheril & T. Quehl (Hrsg.), *Die Macht der Sprachen. Englische Perspektiven auf die mehrsprachige Schule* (S. 36-62). Münster: Waxmann.

Cummins, J. (2008). BICS and CALP: Empirical and Theoretical status of the distinction. In B. Street & N. H. Hornberger (Hrsg.), *Encyclopedia of Language and Education (Volume 2: Literacy)* (S. 71-83). Springer US.

Cummins-Dellarosa, D., Kintsch, W., Reusser, K. & Weimer, R. (1988). The Role of Understanding in Solving Word Problems. *Cognitive Psychology*, 405-438.

Daller, H. (1999). The language proficiency of Turkish returnees from Germany: An empirical investigation of academic and everyday language proficiency. *Language Culture and Curriculum, 12(2)*, 156-172.

Daller, H. (1999a). *Migration und Mehrsprachigkeit. Der Sprachstand türkischer Rückkehrer aus Deutschland*. Frankfurt am Main: Peter Lang – Internationaler Verlag der Wissenschaften.

Darsow, A., Paetsch, J., Stanat, P., & Felbrich, A. (2012). Ansätze der Zweitsprachförderung: Eine Systematisierung. *Unterrichtswissenschaft*, 40(1), 64 - 82.

Davis, R. B. (1988). Is "Percent" a Number? *Journal of Mathematical Behaviour, 7*, 299-302.

Dede, C. (2004). If design-based research is the answer, what is the question? *Journal of the Learning Sciences, 13(1)*, 105-114.

Dewar, J. M. (1984). Another look at the teaching of percent. *Arithmetic Teacher, 31*, 48-49.

Dole, S., Cooper, T. J., Baturo, A. R. & Conoplia, Z. (1997). Year 8, 9 and 10 student's understanding and access of percent knowledge. In *People in mathematics education* (Proceedings of the 20th annual conference of the Mathematics Education Research Group of Australasia), 7-11. Rotura.

Duarte, J., Gogolin, I. & Kaiser, G. (2011). Sprachlich bedingte Schwierigkeiten von mehrsprachigen Schülerinnen und Schülern bei Textaufgaben. In S. Prediger & E. Özdil (Hrsg.), *Mathematiklernen unter Bedingungen der Mehrsprachigkeit. Stand und Perspektiven der Forschung und Entwicklung* (S. 35 - 53). Münster: Waxmann.

Duden (1971). *Stilwörterbuch der deutschen Sprache. Die Verwendung der Wörter im Satz* (6., völlig neu bearbeitete und stark erweiterte Aufl.). Mannheim/Wien/Zürich (Der Große Duden, 2).

Dudenredaktion (2013). *Duden – Die deutsche Rechtschreibung – Das umfassende Standardwerk auf der Grundlage der neuen amtlichen Regeln* (26. Aufl.). Mannheim: Dudenverlag.

Dudenredaktion. Alltagssprache auf Duden online. URL: www. duden.de/rechtschreibung/ Alltagssprache (Abrufdatum: 28.07.2017).

Dudenredaktion. Kollokation auf Duden online. URL: www.duden.de/suchen/dudenonline/ Kollokation (Abrufdatum: 28.07.2017).

Dudenredaktion. Phraseologismus auf Duden online. URL: www.duden.de/rechtschreibung/ Phraseologismus (Abrufdatum: 28.07.2017).

Dudenredaktion. Wortschatz auf Duden online. URL: www.duden.de/rechtschreibung/ Wortschatz (Abrufdatum: 28.07.2017).

Duval, R. (2006). A cognitive analysis of problems of comprehension in a learning of mathematics. *Educational Studies in Mathematics, 61*, 103-131.

Ehlich, Konrad (1999). Alltägliche Wissenschaftssprache. *Info DaF, 26(1)*, 3-24.

Erath, K. (2017). *Mathematisch diskursive Praktiken des Erklärens. Rekonstruktion von Unterrichtsgesprächen in unterschiedlichen Mikrokulturen.* Wiesbaden: Springer.

Eisenberg, T. A. (1976). Computational errors made by teachers of arithmetic: 1930, 1973. *Elementary School Journal, 76*, 229-237.

Ellerton, N. F. & Clarkson P. C. (1996). Language Factors in Mathematics Tea-ching and Learning. In A. J. Bishop & K. Clements (Hrsg.), *International Handbook of Mathematics Education* (S. 987-1033). Dordrecht, Niederlande: Kluwer Academic Publishers.

Emde, C., Kliemann, S. & Pelzer, H.-J. (2001). *Mathe live – Mathematik für Gesamtschulen.* Stuttgart: Klett.

Engin, M. (2014). Macro-Scaffolding: Contextual Support for Teacher Learning. *Australian Journal of Teacher Education, 39(5)*.

Feilke, H. (2012). Bildungssprachliche Kompetenzen – fördern und entwickeln. *Praxis Deutsch, 233*, 4-13.

Feilke, H. (2012a). Schulsprache – Wie Schule Sprache macht. In S. Günthner, W. Imo, D. Meer & J. G. Schneider (Hrsg.), *Kommunikation und Öffentlichkeit. Sprachwissenschaftliche Potenziale zwischen Empirie und Norm* (S. 149 - 175). Berlin / Boston: de Gruyter.

Feilke, H. (2013). Bildungssprache und Schulsprache am Beispiel literal-argu-mentativer Kompetenzen. In M. Becker-Mrotzek, K. Schramm, E. Thürmann & H. J. Vollmer (Hrsg.), *Sprache im Fach. Sprachlichkeit und fachliches Lernen* (S. 113-130). Münster: Waxmann.

Freudenthal, H. (1975). 'Voorwoord', in R. de Jong, A. Treffers and E. Wijdeveld (Hrsg.), *Overzicht van Wiskundeonderwijs op de Basisschool. Leerplanpublikatie 2*, IOWO, Utrecht, The Netherlands.

Freudenthal, H. (1977). 'Antwoord door Prof. Dr H. Freudenthal na het verlenen van heteredoctoraat' [Answer by Prof. Dr H. Freudenthal upon being granted an honorary doctorate], *Euclides 52*, 336–338.

Freudenthal, H. (1983). *Didactical Phenomenology of Mathematical Structures*. Dordrecht, Niederlande: D. Reidel Publishing Company.

Freudenthal, H. (1991). *Revisiting mathematics education*. Dordrecht, The Netherlands: Kluwer.

Fricke, A. (1987). *Sachrechnen. Das Lösen angewandter Aufgaben* (1. Aufl.). Stuttgart: Ernst Klett Verlag.

Friedl, M. (2008). Prozentrechnung – (k)ein Buch mit sieben Siegeln? Anregungen zum Lernen und Üben. *Lernchancen, 61/62*, 30-38.

Gallin, P. & Ruf, U. (1998). *Sprache und Mathematik in der Schule. Auf eigenen Wegen zur Fachkompetenz*. Seelze: Kallmeyer.

Gantefort, C., & Roth, H. J. (2010). Sprachdiagnostische Grundlagen für die Förderung bildungssprachlicher Fähigkeiten. *Zeitschrift für Erziehungswissenschaft, 13(4)*, 573-591.

Gardt, A. (1995). Die zwei Funktionen von Sprache: kommunikativ und sprecherzentriert. *Zeitschrift für Germanistische Linguistik, 23(2)*, 153-171.

Gerstenmaier J. & Mandl H. (1995). Wissenserwerb unter konstruktivistischer Perspektive [The acquisition of knowledge from a constructivist perspective]. *Zeitschrift für Pädagogik, 41(6)*, 867–888.

Gibbons, P. (2002). *Scaffolding Language, Scaffolding Learning. Teaching Se-cond Language Learners in the Mainstream Classroom*. Portsmouth, NH: Heinemann.

Gibbons, P. (2006). Unterrichtsgespräche und das Erlernen neuer Register in der Zweitsprache. In P. Mecheril & T. Quehl (Hrsg.), *Die Macht der Sprachen. Englische Perspektiven auf die mehrsprachige Schule* (S. 269-273). Münster u. a.: Waxmann.

Glade, M., Prediger, S. & Schmidt, U. (2013). Freizeit von Mädchen und Jungen – Anteile vergleichen und zusammenfassen. In S. Prediger, B. Barzel, S. Hußmann & T. Leuders (Hrsg.), *Handreichungen zur Mathewerkstatt 6*. Berlin: Cornelsen.

Gogolin, I. (2006). Bilingualität und die Bildungssprache der Schule. In P. Mecheril & T. Quehl (Hrsg.), *Die Macht der Sprachen. Englische Perspektiven auf die mehrsprachige Schule* (S. 79-85). Münster et al.: Waxmann.

Gogolin, I. (2008). Sprache: Schlüssel zur Integration. In Bertelsmann Stiftung (Hrsg.), *Integration braucht faire Bildungschancen* (S. 215-224). Gütersloh.

Gogolin, Ingrid (2009). "Bildungssprache" - The Importance of Teaching Language in Every School Subject. In T. Tajmel (Hrsg.), *Science education unlimited. Approaches to equal opportunities in learning science* (S. 91-102). Münster et al.: Waxmann.

Gogolin, I. (2009a). Zweisprachigkeit und die Entwicklung bildungssprachlicher Fähigkeiten. In I. Gogolin, & U. Neumann (Hrsg.), *Streitfall Zweisprachigkeit. The Bilingualism Controversy* (S. 263-280). Wiesbaden

Gogolin, I. & Lange, I. (2011). Bildungssprache und Durchgängige Sprachbildung. In S. Fürstenau & M. Gomolla (Hrsg.), *Migration und schulischer Wandel: Mehrsprachigkeit* (S. 107-127). Wiesbaden: VS Verlag für Sozialwissenschaften.

Gogolin, I., Lange, I., Hawighorst, B., Bainski, C., Heintze, A., Rutten, S. & Saalmann, W. (2011). Durchgängige Sprachbildung. Qualitätsmerkmale für den Unterricht. In I. Dirim, I. Gogolin, U. Michel, U. Neumann, H. H. Reich, H.-J. Roth & K. Schwippert (Hrsg.), *FörMig Material. Bd 3*. Münster u. a.: Waxmann.

Gogolin, I. & Roth, H.-J. (2007). Bilinguale Grundschule: Ein Beitrag zur Förderung der Mehrsprachigkeit. In T. Anstatt (Hrsg.), *Mersprachigkeit bei Kin-dern und Erwachsenen. Erwerb – Formen – Förderung* (S. 31-45). Tübin-gen: Narr Francke Attempto Verlag.

Gräßle, W. (1989). Operatorform oder Dreisatzschema bei Prozentaufgaben und Zuordnungsaufgaben? *Mathematische Unterrichtspraxis, 10(1)*, 23-30.

Gravemeijer, K. (1994). Educational Development and Devlopmental Research in Mathematics Education, *Journal for Research in Mathematics Education, 25(5)*, 443-471.

Gravemeijer, K. (1998). Developmental research as a research method. In J. Kilpatrick & A. Sierpinska (Hrsg.), *Mathematics education as a research domain: A search for identity* (S. 277-295). Dordrecht: Kluwer.

Gravemeijer, K. (1999). How emergent models may foster the constitution of formal mathematics. *Mathematical thinking and learning, 1(2)*, 155-177.

Gravemeijer, K. (2001). Fostering a dialectic relation between theory and practice. In J. Anghileri (Hrsg.), *Principles and practices in arithmetic teaching. Innovative approaches for the primary classroom* (S. 127-161). Philadelphia: Open University Press.

Gravemeijer, K. & Cobb, P. (2006). Design research from the learning design perspective. In K. van den Akker, S. Gravemeijer, N. McKenney & N. Nieveen (Hrsg.), *Educational Design research: The design, development and evaluation of programs, processes and products* (S. 45-85). London: Routledge.

Gravemeijer, K., & Doorman, M. (1999). Context Problems in Realistic Mathematics Education: A calculus Course as an Example. *Educational studies in mathematics, 39(1/3)*, 111-129.

Gravemeijer, K., & Stephan, M. (2002). Emergent models as an instructional design heuristic. In K. Gravemeijer, R. Lehrer, B. Oers & L. Verschaffel (Hrsg.), *Symbolizing, Modeling and Tool Use in Mathematics Education* (S. 145-169) Netherlands: Kluwer.

Grotjahn, R. (2002). Konstruktion und Einsatz von C-Tests: Ein Leitfaden für die Praxis. Der C-Test. In R. Grotjahn (Hrsg.): *Theoretische Grundlagen und praktische Anwendungen 4* (S. 211-225). Bochum: AKS-Verlag.

Grundler, E. (2009). Argumentieren lernen – die Bedeutung der Lexik. In M. Krelle (Hrsg.), *Sprechen und Kommunizieren: Entwicklungsperspektiven, Diagnosemöglichkeiten und Lernszenarien in Deutschunterricht und Deutschdidaktik* (S. 82-98). Baltmannsweiler: Schneider-Verlag Hohengehren.

Gürsoy, E., Benholz, C., Renk, N., Prediger, S. & Büchter, A. (2013). Erlös = Erlösung? – Sprachliche und konzeptuelle Hürden in Prüfungsaufgaben zur Mathematik. *Deutsch als Zweitsprache, 1*, 14-24.

Haag, N., Heppt, B., Stanat, P., Kuhl, P. & Pant, H. A. (2013). Second language learners' performance in mathematics. Distangling the effect of academic language features. Learning and Instruction, 28, 24-34.

Habermas, J. (1981): Umgangssprache, Wissenschaftssprache, Bildungssprache. In *Kleine politische Schriften I_IV* (S. 340-363). Frankfurt a. M..

Hafner, T. (2012). *Proportionalität und Prozentrechnung in der Sekundarstufe I. Empirische Untersuchung und didaktische Analysen*. Wiesbaden: Vieweg + Teubner / Springer Fachmedien.

Hafner, T. & vom Hofe, R. (2008). Aufgaben analysieren und Schülervorstellungen erkennen – Diagnostische Interviews zur Prozentrechnung. *Mathematik lehren, 150*, 14-19.

Halliday, M. A. K. (1978). *Language as social semiotic. The social interpretation of language and meaning*. Edward Arnold: London.

Halliday, M. A. K. & Hasan, R. (1989). *Language, Context, and Text: Aspects of Language in a Social-semiotic Perspective*. Oxford: Oxford University Press.

Halliday, M. A. K. & Martin, J. R. (1993). *Writing science: Literacy and discursive power*. Pittsburgh, PA: University of Pittsburgh Press.

Hammond, J., & Gibbons, P. (2005). Putting scaffolding to work: the contribution of scaffolding in articulating ESL education. *Prospect, 20(1)*, 6–30.

Hausmann, Franz Josef (1993): Ist der deutsche Wortschatz lernbar? Oder: Wortschatz ist Chaos. *InfoDaF, 20(5)*, 471-485.

Heinze, A., Herwartz-Emden, L. & Reiss, K. (2007). Mathematikkenntnisse und sprachliche Kompetenz bei Kindern mit Migrationshintergrund zu Beginn der Grundschulzeit. *Zeitschrift für Pädagogik, 53(4)*, 562-581.

Heinze, A., Reiss, K., Rudolph-Albert, F., Herwartz-Emden, L. & Braun, C. (2009). The Development of Mathematical Competence of Migrant Children in German Primary Schools. In M. Tzekaki, M. Kaldrimidou & H. Sakonidis (Hrsg.), *Proceedings of the 33rd PME*, 3, 145-152.

Horvath, Ö. von (1978). Gebrauchsanweisung. In v. Ö.Horvath, *Kasimir und Karoline* (S. 147-155). Frankfurt a. M.: Bibliothek Suhrkamp, 316.

Hußmann, S. & Prediger, S. (2016). Specifying and structuring mathematical to-pics – a four-level approach for combining formal, semantic, concrete, and empirical levels exemplified for exponential growth. *Journal für Mathematik-Didaktik, 37(Suppl. 1)*, 33–67.

Hußmann, S., Thiele, J., Hinz, R., Prediger, S., & Ralle, B. (2013). Gegenstandsorientierte Unterrichtsdesigns entwickeln und erforschen – Fachdidaktische Entwicklungsforschung im Dortmunder Modell. In M. Komorek & S. Prediger (Hrsg.), *Der lange Weg zum Unterrichtsdesign: Zur Begründung und Umsetzung genuin fachdidaktischer Forschungs- und Entwicklungsprogramme* (S. 19-36). Münster u. a: Waxmann.

Jäger, W. (1993). Die Sprache der Mathematik. In P. Weingartner (Hrsg.), *Die Sprache in den Wissenschaften* (S. 9-42). Freiburg und München: Alber.

Jitendra, A. K., & Star, J. R. (2012). An exploratory study contrasting high- and low-achieving students' percent word problem solving. *Learning and Individual Differences, 22(1)*, 151-158.

Jordan, A., Kleine, M., Wynands, A. & Flade, L. (2004). Mathematische Fähigkeiten bei Aufgaben zur Proportionalität und Prozentrechnung. Analysen und ausgewählte Ergebnisse. In M. Neubrand (Hrsg.), *Mathematische Kompeten-zen von Schülerinnen und Schülern in Deutschland. Vertiefende Analysen im Rahmen von PISA 2000* (S. 159-173). Wiesbaden: VS Verlag für Sozialwissenschaften.

Jordan, R. (2011). *Entwicklung und Validierung eines Testverfahrens zur Ermittlung der Lesekompetenz und des mathematischen Textverständnisses mit empirischer Untersuchung an allgemeinbildenden und berufsbildenden Schulen*. Münster: Verlag für wissenschaftliche Texte und Medien.

Jorgensen, R. (2011). Language, Culture and Learning Mathematics: A Bourdieuian Analysis of Indigenous Learning. In C. Wyatt-Smith, J. Elkins & S. Gunn (Hrsg.), *Multiple Perspectives on Difficulties in Learning Literacy and Numeracy* (S. 315-329). Dordrecht: Springer Netherlands.

Kahle, D. & Lörcher, G. A. (Hrsg.) (1983). Mathematik, 7. Schuljahr. Lehrerband. Westermann.

Kaiser, G. & Schwarz, I. (2008). Mathematiklernen bei einer sprachlich und kulturell heterogenen Schülerschaft. In *Beiträge zum Mathematikunterricht* (S. 493-496). Hildesheim: Franzbecker.

Kaiser, G., & Schwarz, I. (2009). Können Migranten wirklich nicht rechnen? Zusammenhänge zwischen mathematischer und allgemeiner Sprachkompetenz. *Friedrich Jahresheft Schüler. Themenheft Migration*, 68-69.

Kaiser, H. (2011). Vorbereiten auf das Prozentrechnen im Beruf. *Praxis der Mathematik in der Schule, 41(53)*, 37-44.

Kelle, U., & Kluge, S. (1999). *Vom Einzelfall zum Typus*. Opladen: Leske + Budrich.

Kelly, A. (2004). Design Research in Education: Yes, but is it Methodological? *Journal of the Learning Sciences, 13(1)*, 115-128.

Kietzmann, U., Kliemann, S., Pongs, R., Schmidt, W., Vernay, R. & Wellstein, H. (2000). *Mathe live 7. Mathematik für Sekundarstufe I.* Stuttgart: Klett.

Kleine, M. & Jordan, A. (2007). Lösungsstrategien von Schülerinnen und Schülern in Proportionalität und Prozentrechnung – eine korrespondenzanalytische Betrachtung. *Journal für Mathematik-Didaktik, 28(3-4)*, 209-223.

Kleine, M. (2009). Kompetenzdefizite von Schülerinnen und Schülern im Bereich des Bürgerlichen Rechnens. In A. Heinze & M. Grüßing (Hrsg.), *Mathematiklernen vom Kindergarten bis zum Studium* (S. 147-155). Münster: Waxmann.

KMK. (2004). *Bildungsstandards im Fach Mathematik für den mittleren Schulabschluss*. Beschluss der Kultusministerkonferenz vom 3.12.2003. München: Luchterhand.

Knapp, W. (2006). Sprachunterricht als Unterrichtsprinzip und Unterrichtsfach. In U. Bredel, H. Günther, P. Klotz, J. Ossner & G. Siebert-Ott (Hrsg.), *Didaktik der deutschen Sprache Band 2* (2. Aufl.) (S. 589-601). Paderborn: Ferdinand Schöningh.

Kniffka, G., Linnemann, M. & Thesen, S. (2007). *C-Test für den Förderunterricht: Handbuch*. Universität zu Köln: Stiftung Mercator.

Kniffka, G. (2012). Scaffolding - Möglichkeiten, im Fachunterricht sprachliche Kompetenzen zu vermitteln. In M. Michalak & M. Küchenreuther (Hrsg.), *Grundlagen der Sprachdidaktik Deutsch als Zweitsprache* (S. 208–225). Baltmannsweiler: Schneider Verlag Hohengehren.

Koch, P. & Oesterreicher, W. (1985). Sprache der Nähe – Sprache der Distanz. Mündlichkeit und Schriftlichkeit im Spannungsfeld von Sprachtheorie und Sprachgeschichte. In O. Deutschmann et al. (Hrsg.), *Romanisches Jahrbuch 36* (S. 15 – 43), Berlin, New York: De Gruyter.

Komorek, M. & Duit, R. (2004): The teaching experiment as a powerful method to develop and evaluate teaching and learning sequences in the domain of non-linear systems. *International Journal of Science Education, 26(5)*, 619-633.

Kouba, V. L., Brown, C. A., Carpenter, T. P., Lindquist, M. M., Silver, E. A. & Swafford, J. O. (1988). Results of the Fourth NAEP Assessment of Mathema-tics: Number, Operations, and Word Problems. *The Arithmetic Teacher, 35(8)*, 14-19.

Kraus, J. (1986). Zur Prozentrechnung. Lösen mittels Dreisatz, Operatorschema oder Gleichung? *Pädagogische Welt. Monatszeitschrift für Unterricht und Erziehung, 40(9)*, 430-433.

Krauthausen, G. (2007). Sprache und sprachliche Anforderungen im Mathematikunterricht der Grundschule. In H. Schöler & A. Welling (Hrsg.), *Sonderpädagogik der Sprache* (S. 1022-1034). Göttingen: Hogrefe Verlag.

Krauthausen, G. & Scherer, P. (2007). Einführung in die Mathematikdidaktik. Mathematik Primar- und Sekundarstufe (3. Aufl.). Heidelberg: Spektrum Akademischer Verlag.

Krüger, K., Sill, H. D., & Sikora, C. (2015). *Didaktik der Stochastik in der Sekundarstufe I.* Springer Spektrum.

Kühn, P. (2000). Kaleidoskop der Wortschatzdidaktik und -methodik. In P. Kühn (Hrsg.), *Wortschatzarbeit in der Diskussion. Studien zu Deutsch als Fremdsprache* (S. 5-28). V. Hildesheim u. a.: Olms.

Lajoie, S. P. (2005). Extending the scaffolding metaphor. *Instructional Science, 33(5-6)*, 541-557.

Leisen, J. (2005). Wechsel der Darstellungsformen. Ein Unterrichtsprinzip für alle Fächer. *Der Fremdsprachliche Unterricht Englisch, 78*, 9-11.

Leisen, J. (2010). *Handbuch Sprachförderung im Fach: sprachsensibler Fachunterricht in der Praxis.* Bonn: Varus.

Lembke, L. O., & Reys, B. J. (1994). The Development of, and Interaction between, Intuitive and School-Taught Ideas about Percent. *Journal for Research in Mathematics Education, 25(3)*, 237-259.

Lemnitzer, Lothar & Heike Zinsmeister (2006). *Korpuslinguistik: Eine Einführung.* Tübingen: Narr.

Lengnink, K., Prediger, S. & Weber, C. (2011). Lernende abholen, wo sie stehen. Individuelle Vorstellungen aktivieren und nutzen. *Praxis der Mathematik in der Schule, 53(40)*, 2-7.

Lengyel, D. (2010). Bildungssprachförderlicher Unterricht in mehrsprachigen Lernkonstellationen. *Zeitschrift für Erziehungswissenschaft, 13(4)*, 593-608.

Lesh, R. (1979). Mathematical learning disabilities. In R. Lesh, D. Mierkiewicz & M. G. Kantowski (Hrsg.), *Applied mathematical problem solving* (S. 111 - 180). Ohio: Columbus.

Leuders, T. & Prediger, S. (2016). Flexibel differenzieren und fokussiert fördern im Mathematikunterricht. Berlin: Cornelsen Scriptor.

Leuders, T., Prediger, S., Barzel, B. & Hußmann, S. (2014). *Mathewerkstatt 7.* Berlin: Cornelsen.

Link, M. (2012). *Grundschulkinder beschreiben operative Zahlenmuster: Entwurf, Erprobung und Überarbeitung von Unterrichtsaktivtäten als ein Beispiel für Entwicklungsforschung.* Dortmunder Beiträge zur Entwicklung und Erforschung des Mathematikunterrichts. Band 1. Wiesbaden: Springer Spektrum.

Löffler, H. (2005). *Germanistische Soziolinguistik* (Vol. 28) (3., überarb. Aufl.). Berlin: E. Schmidt.

Löschmann, M. (1993). *Effiziente Wortschatzarbeit. Alte und neue Wege. Arbeit am Wortschatz integrativ, kommunikativ, interkulturell, kognitiv, kreativ.* Frankfurt am Main u. a.: Peter Lang.

Maas, U. (2010). *Literat und orat. Grundbegriffe der Analyse geschriebener und gesprochener Sprache. Grazer Linguistische Studien 73*, 21–150.

Maier, H. & Schweiger, F. (1999). *Mathematik und Sprache. Zum Verstehen und Verwenden von Fachsprache im Unterricht.* Wien: Oebv und hpt Verlagsgesellschaft.

Malle, G. & Malle, S. (2003). Was soll man sich unter einer Wahrscheinlichkeit vorstellen? *Mathematik lehren, 118*, 52-56.

Maroska, R., Olpp, A., Stöckle, C. & Wellstein, H. (2004). *Schnittpunkt 8.* Mathematik. Nordrhein-Westfalen. Stuttgart: Klett.

McNeil, N. M., Uttal, D. H., Jarvin, L., & Sternberg, R. J. (2009). Should you show me the money? Concrete objects both hurt and help performance on mathematics problems. *Learning and instruction, 19(2)*, 171-184.

Meierhöfer, B. (2000). Einführung in den Prozentbegriff. *Lernchancen, 17*, 10-16.

Meißner, H. (1982). Eine Analyse zur Prozentrechnung. *Journal für Mathematikdidaktik, 3(2)*, 121-144.

Mendelsohn, M. (1784). Über die Frage: Was heißt aufklären? In E. Bahr (Hrsg.), *Was ist Aufklärung? Thesen und Definitionen* (S. 3-8). Stuttgart (Universal-Bibliothek, 9714).

Meyer, M. & Prediger, S. (2012). Sprachenvielfalt im Mathematikunterricht – Herausforderungen, Chancen und Förderansätze. *Praxis der Mathematik in der Schule, 54(45)*, 2-9.

Morek, M. & Heller, V. (2012). Bildungssprache. Kommunikative, epistemische, soziale und interaktive Aspekte ihres Gebrauchs. *Zeitschrift für angewandte Linguistik, 57(1)*, 67–101.

Moritz, K. P. (1886). *Anton Reiser: ein psychologischer Roman* (No. 23). Gebrüder Henninger.

MSJK (Ministerium für Schule, Jugend und Kinder des Landes Nordrhein-Westfalen) NRW (1999). *Förderung in der deutschen Sprache als Aufgabe des Unterrichts in allen Fächern. Empfehlungen.* Frechen: Ritterbach.

MSJK NRW (2004). *Kernlehrplan für die Gesamtschule – Sekundarstufe I in Nordrhein-Westfalen. Mathematik.* Frechen: Ritterbach.

MSJK NRW (2004a). Kernlehrplan für die Realschule in Nordrhein-Westfalen. Mathematik. Frechen: Ritterbach.

MSW (Ministerium für Schule und Weiterbildung des Landes Nordrhein-Westfalen) NRW (2007). *Kernlehrplan für das Gymnasium – Sekundarstufe I (G8) in Nordrhein-Westfalen. Mathematik.* Frechen: Ritterbach.

MSW NRW (2011). *Kernlehrplan und Richtlinien für die Hauptschule in Nordrhein-Westfalen. Mathematik.* Frechen: Ritterbach.

MSW NRW (2016). *Statistische Übersicht Nr. 393 – Statistiktelegramm 2016/17.* Düsseldorf.

Ngu, B. H., Yeung, A. S., & Tobias, S. (2014). Cognitive load in percentage change problems: unitary, pictorial, and equation approaches to instruction. *Instructional Science, 42(5),* 685-713.

Niederhaus, C., Pöhler, B., & Prediger, S. (2016). Relevante Sprachmittel für mathematische Textaufgaben – Korpuslinguistische Annäherung am Beispiel Prozentrechnung. In E. Tschirner, O. Bärenfänger, & J. Möhring (Hrsg.), *Deutsch als fremde Bildungssprache: Das Spannungsfeld von Fachwissen, sprachlicher Kompetenz, Diagnostik und Didaktik* (S. 135-162). Stauffenberg: Tübingen.

Nieveen, N., McKenney, S., & Van den Akker, J. (2006). Educational design research: the value of variety. In J. van den Akker, K. Gravemeijer, S. McKenney, & N. Nieveen (Hrsg.), *Educational design research* (S. 151–158). London: Routledge.

Noonan, J. (1990). Readability problems presented by mathematics text. *Early Child Development and Care, 54(1),* 57-81.

OECD (2010). *PISA 2009 Ergebnisse: Was Schülerinnen und Schüler wissen und können. Schülerleistungen in Lesekompetenz, Mathematik und Naturwissenschaften.* Band I. W. Germany: Bertelsmann Verlag.

OECD (2014). *PISA 2012 Ergebnisse: Exzellenz durch Chancengerechtigkeit (Band II). Allen Schülerinnen und Schülern die Voraussetzungen zum Erfolg sichern.* Germany: W. Bertelsmann Verlag.

Ohm, U., Kuhn, C. & Funk, H. (2007). *Sprachtraining für Fachunterricht und Beruf. Fachtexte knacken - mit Fachsprache arbeiten.* Münster u.a.: Waxmann Verlag.

Ortner, H. (1992). Nachdenken über die Funktionen von Sprache. *Zeitschrift für germanistische Linguistik, 20,* 271-297.

Ortner, H. (2009). Rhetorisch-stilistische Eigenschaften der Bildungssprache. In U. Fix, A. Gardt & J. Knape (Hrsg.), *Rhetorik und Stilistik* (Teilband 2) *(S.* 2227-2240).

Ott, M. (2000). *Deutsch als Zweitsprache. Aspekte des Wortschatzerwerbs.* Frankfurt / Main u. a.: Lang.

Padberg, F. (2009). *Didaktik der Bruchrechnung* (4. Aufl.). Heidelberg: Spektrum Akademischer Verlag.

Paetsch, J., Felbrich, A. & Stanat, P. (2015). Der Zusammenhang von sprachlichen und mathematischen Kompetenzen bei Kindern mit Deutsch als Zweitsprache. *Zeitschrift für Pädagogische Psychologie, 29(1),* 19-29.

Palincsar, A. S., & Brown, A. L. (1984). Reciprocal teaching of comprehension-fostering and comprehension-monitoring activities. *Cognition & Instruction, 1* (2), 117–175.

Parker, M. & Leinhardt, G. (1995). Percent: A Privileged Proportion. *Review of Educational Research, 65(4)*, 421-481.

Paulus, C. (2009). Die „Bücheraufgabe" zur Bestimmung des kulturellen Kapitals bei Grundschülern. Verfügbar unter: http://psydok.sulb.uni-saarland. de/volltexte/2009/2368/pdf/ BA_Artikel.pdf [Letzter Abruf: 07.08.2017].

Philipps, D. C. & Dolle, J. R. (2006). From Plato to brown and beyond: Theory, practice, and the promise of design experiments. In L. Verschaffel, F. Dochy, M. Boekaerts, & S. Vosniadou (Hrsg.), *Instructional psychology: Past, present and future trends* (pp. 277-292). Oxford.

Pimm, D. (1987). Speaking mathematically. Communication in mathematics classrooms. London, New York: Routledge.

Plomp, T. & Nieveen, N. (2009). An Introduction to Educational Design Research. Proceedings of the seminar conducted at the East China Normal University, Shanghai (PR China). Enschede: SLO Netherlands institute for curriculum development.

Plomp, T. & Nieveen, N. (2013). *Educational Design Research: Illustrative Cases.* Enschede: SLO, Netherlands Institute for Curriculum Development.

Pöhler, B. (2014). *Umgang mit Prozentaufgaben - Herausforderungen für konzeptuelles Verständnis und Leseverständnis.* Beiträge zum Mathematikunterricht.

Pöhler, B., George A. C., Prediger, S. & Weinert, H. (2017). Are word problems really more difficult for students with low language proficiency? Investigating percent items in different formats and types. *IEJME – Mathematics education, 12(7)*, 667-687.

Pöhler, B. & Prediger, S. (2015). Intertwining lexical and conceptual learning trajectories - A design research study on dual macro-scaffolding towards per-centages. *Eurasia Journal of Mathematics, Science & Technology Education, 11(6)*, 1697-1722.

Pöhler, B. & Prediger, S. (2017). Verstehensförderung erfordert auch Sprachförderung – Hintergründe und Ansätze einer Unterrichtseinheit zum Prozente verstehen, erklären und berechnen. In A. Fritz, S. Schmidt & G. Ricken (Hrsg.), *Handbuch Rechenschwäche* (S. 436-459). Weinheim: Beltz.

Pöhler, B. & Prediger, S. (2017a). Förderbausteine zur Prozentrechnung. In S. Prediger, C. Selter, S. Hußmann & M. Nührenbörger (Hrsg.), *Mathe sicher können. Diagnose- und Förderkonzept zur Sicherung mathematischer Basiskompetenzen. Förderbausteine. Sachrechnen: Größen – Überschlagen – Textaufgaben – Diagramme – Proportionen – Prozentrechnung* (S. 81-92). Mathe sicher können – Projekt.

Pöhler, B. & Prediger, S. (2017b). Prozentrechnung – Hinweise zu den Diagnose- und Förderbausteinen. In S. Prediger, C. Selter, S. Hußmann & M. Nührenbörger (Hrsg.), *Mathe sicher können. Handreichungen für ein Diagnose- und Förderkonzept zur Sicherung mathematischer Basiskompetenzen. Sachrechnen: Größen – Überschlagen – Textaufgaben – Diagramme – Proportionen – Prozentrechnung* (S. 132-155). Mathe sicher können – Projekt.

Pöhler, B., Prediger, S., & Neugebauer, P. (2017). Content- and language integrated learning: A field experiment for percentages. In B. Kaur, W. K. Ho, T. L. Toh & B. H. Choy (Hrsg.), *Proceedings of the 41st Conference of the International Group for the Psychology of Mathematics Education, Vol. 4.* Singapore: PME, 4.73-4.80.

Pöhler, B., Prediger, S. & Weinert, H. (2016). Cracking percent problems in different formats: The role of texts and visual models for students with low and high language proficiency. In K. KR. & N. Vondrová (Hrsg.), *CERME9. Proceedings of the Ninth Congress of the European Society for Research in Mathematics Education.* Prague: Charles University / CERME, 331-338.

Polenz, P. v. (1974). Idiolektale und soziolektale Funktionen von Sprache. In *Leuvense Bijdragen Tijdschrift voor Germaanse Filologie, 63*, 97 -112.

Polenz, P. v. (1983). Die Sprachkrise der Jahrhundertwende und das bürgerliche Bildungs-deutsch. *Sprache und Literatur in Wissenschaft und Unterricht,14 (2)*, 313.

Prediger, S. (2009). Inhaltliches Denken vor Kalkül – Ein didaktisches Prinzip zur Vorbeu-gung und Förderung bei Rechenschwierigkeiten. In A. Fritz & S. Schmidt (Hrsg.), *För-dernder Mathematikunterricht in der Sekundarstufe I. Rechenschwierigkeiten erkennen und überwinden* (S. 213-234). Weinheim: Beltz.

Prediger, S. (2013). Focussing structural relations in the bar board – a design research study for fostering all students' conceptual understanding of fractions. In B. Ubuz, Ç. Haser, & M. A. Mariotti (Hrsg.), *Proceedings of the 8th Congress of the European Society for Re-search in Mathematics Education* (S. 343 - 352). Ankara: METU University / CERME.

Prediger, S. (2013a). Darstellungen, Register und mentale Konstruktion von Bedeutungen und Beziehungen – Mathematikspezifische sprachliche Herausforderungen identifizieren und bearbeiten. In M. Becker-Mrotzek, K. Schramm, E. Thürmann, & H. J. Vollmer (Hrsg.), *Sprache im Fach – Sprachlichkeit und fachliches Lernen* (S. 167-183). Münster et al.: Waxmann.

Prediger, S. (2015). Sprachförderung im Mathematikunterricht – Ein Überblick zu vernetzten Entwicklungsforschungsstudien. In F. Caluori, H. Linneweber-Lammerskitten & C. Streit (Hrsg.), *Beiträge zum Mathematikunterricht* (S. 720-724). Münster: WTM.

Prediger, S. (2017). „Kapital multipliziert durch Faktor halt, kann ich nicht besser erklären" – Sprachschatzarbeit für einen verstehensorientierten Mathematikunterricht. In B. Lütke, I. Petersen, & T. Tajmel (Hrsg.), *Fachintegrierte Sprachbildung – Forschung, Theoriebil-dung und Konzepte für die Unterrichtspraxis* (S. 229-252). Berlin: de Gruyter.

Prediger, S., Clarkson, P. & Bose, A. (2016). Purposefully Relating Multilingual Registers: Building Theory and Teaching Strategies for Bilingual Learners Based on an Integration of Three Traditions. In R. Barwell, P. Clarkson, A. Halai, M. Kazima, J. Moschkovich, N. Planas, M. Setati-Phakeng, P. Valero, & M. Villavicencio (Hrsg.), *Mathematics education and language diversity: The 21st ICMI Study* (S. 193-215). Cham / Heidelberg.

Prediger, S., Erath, K., Quasthoff, U., Heller, V. & Vogler, A.-M. (2016). Befähigung zur Teilhabe an Unterrichtsdiskursen: Die Rolle von Diskurskompetenz. In J. Menthe, D. Höt-tecke, T. Zabka, M. Hammann & M. Rothgangel (Hrsg.), *Befähigung zu gesellschaftlicher Teilhabe. Beiträge der fachdidaktischen Forschung* (S. 285-300). Münster: Waxmann.

Prediger, S., Gravemeijer, K. & Confrey, J. (2015). Design research with a focus on learning processes – an overview on achievements and challenges. *ZDM Mathematics Education, 47(6)*, 877-891.

Prediger, S., Komorek, M., Fischer, A., Hinz, R., Hußmann, S., Moschner, B., Ralle, B. & Thiele, J. (2013). Der lange Weg zum Unterrichtsdesign. Zur Begründung und Umsetzung fachdidaktischer Forschungs- und Entwicklungsprogramme. In M. Komorek & S. Predi-ger (Hrsg.), *Der lange Weg zum Unterrichtsdesign: Zur Begründung und Umsetzung ge-nuin fachdidaktischer Forschungs- und Entwicklungsprogramme* (S. 9-23). Münster u. a: Waxmann.

Prediger, S., & Krägeloh, N. (2015). "x-arbitrary means any number, but you do not know which one" – The epistemic role of languages while constructing meaning for the variable as generalizers. In A. Halai & P. Clarkson (Hrsg.), *Teaching and Learning Mathematics in Multilingual Classrooms: Issues for policy, practice and teacher education* (S. 89-108). Rotterdam: Sense.

Prediger, S. & Krägeloh, N. (2015a). Low achieving eighth graders learn to crack word prob-lems: a design research project for aligning a strategic scaffolding tool' to students' men-tal processes. *ZDM Mathematics Education, 47(6)*, 947 - 962.

Prediger, S. & Link, M. (2012). Fachdidaktische Entwicklungsforschung - Ein lernprozessfokussierendes Forschungsprogramm mit Verschränkung fach-didaktischer Arbeitsbereiche. In H. Bayrhuber, U. Harms, B. Muszynski, B. Ralle, M. Rothgangel, L.-H. Schön, H.J. Vollmer& H.-G. Weigand (Hrsg.), *Formate Fachdidaktischer Forschung. Empirische Projekte – historische Analysen – theoretische Grundlegungen. Fachdidaktische Forschungen, Band 2* (S. 29-46). Münster et al.: Waxmann.

Prediger, S., Link, M., Hinz, R., Hußmann, S., Thiele, J. & Ralle, B. (2012). Lehr-Lernprozesse initiieren und erforschen – Fachdidaktische Entwicklungsforschung im Dortmunder Modell. *Der Mathematische und Naturwissenschaftliche Unterricht, 65(8)*, 452–457.

Prediger, S. & Özdil, E. (Hrsg.) (2011). *Mathematiklernen unter Bedingungen der Mehrsprachigkeit. Stand und Perspektiven der Forschung und Entwicklung in Deutschland.* Münster u.a.: Waxmann.

Prediger, S. & Pöhler, B. (2015). The interplay of micro- and macro-scaffolding: An empirical reconstruction for the case of an intervention on percentages. *ZDM Mathematics Education, 47(7)*, 1179-1194.

Prediger, S., Renk, N., Büchter, A., Gürsoy, E. & Benholz, C. (2013). Family background or language disadvantages? Factors for underachievement in high stakes tests. In A. M. Lindmeier & A. Heinze (Hrsg.), *Proceedings of the 37th Conference of the International Group for the Psychology of Mathematics Education* (Vol. 4, S. 49-56). Kiel: PME.

Prediger, S., & Wessel, L. (2011). Darstellen – Deuten – Darstellungen vernetzen. Ein fach- und sprachintegrierter Förderansatz für mehrsprachige Lernende im Mathematikunterricht. In S. Prediger & E. Özdil (Hrsg.), *Mathematiklernen unter Bedingungen der Mehrsprachigkeit* (S. 163-184). Münster u.a.: Waxmann.

Prediger, S. & Wessel, L. (2013). Fostering German language learners' constructions of meanings for fractions – Design and effects of a language- and mathematics-integrated intervention. *Mathematics Education Research Journal, 25(3)*, 435-456.

Prediger, S. & Wessel, L. (2017, im Druck). Brauchen mehrsprachige Jugendliche eine andere fach- und sprachintegrierte Förderung als einsprachige? Differentielle Analysen zur Wirksamkeit zweier Interventionen in Mathematik. Erscheint in Zeitschrift für Erziehungswissenschaft.

Prediger, S., Wilhelm, N., Büchter, A., Benholz, C. & Gürsoy, E. (2015). Sprachkompetenz und Mathematikleistung – Empirische Untersuchung sprachlich bedingter Hürden in den Zentralen Prüfungen 10. *Journal für Mathematik-Didaktik, 36(1)*, 77-104.

Prediger, S. & Zindel, C. (2017). School Academic Language Demands for Understanding Functional Relationships - A Design Research Project on the Role of Language in Reading and Learning. *EURASIA Journal of Mathematics, Science and Technology Education, 13(7b)*, 4157-4188.

Presmeg, N. C. (1998). A semiotic analysis of students' own cultural mathematics. Research forum report. In A. Olivier & K. Newstead (Hrsg.), *Proceedings of the 22nd Conference of PME* (Vol. 1, S. 136-151). Stellenbosch: University.

Puntambekar, S. & Kolodner, J. L. (2005). Toward Implementing Distributed Scaffolding: Helping Students Learn Science from Design. *Journal of Research in Science Teaching, 42(2)*, 185-217.

Redder, A., Schwippert, K., Hasselhorn, M., Forschner, S., Fickermann, D., Eh-lich, K., Becker-Mrotzek, M., Krüger-Potratz, M., Rossbach, H.-G., Stanat, P. & Weinert, S. (2011). *Bilanz und Konzeptualisierung von strukturierter Forschung zu „Sprachdiagnostik und Sprachförderung".* Hamburg: ZUSE Berichte 2.

Redder, A. & Weinert, S. (Hrsg.) (2013). *Sprachförderung und Sprachdiagnostik. Interdisziplinäre Perspektiven.* Münster: Waxmann.

Reiser, B. J. & Tabak, I. (2014). Scaffolding. In R. K. Sawyer (Hrsg.), *The Cambridge Handbook of the Learning Sciences* (S. 44-62). Cambridge: Cambridge University Press.

Renninger, K. A. & List, A. (2012). Scaffolding for Learning. In N. M. Seel (Hrsg.), *Encyclopedia of the Sciences of Learning* (S. 2922-2926). New York: Springer.

Reusser, K. & Pauli, C. (2015). Co-constructivism in Educational Theory and Practice. In J. D. Wright (Hrsg.), *International Encyclopedia of the Social & Behavioral Sciences*, 2nd edition, Vol 3 (S. 913-917). Oxford: Elsevier

Rianasari, V. F., Budayasa, I. K. & Patahuddin, S. M. (2012). Supporting Students' Understanding of Percentage. *Indonesian Mathematical Society, 3(1)*, 29-40.

Richter, T. & Christmann, U. (2006). Lesekompetenz: Prozessebenen und interindividuelle Unterschiede. In N. Groeben & B. Hurrelmann (Hrsg.), *Lesekompetenz. Bedingungen, Dimensionen, Funktionen* (2. Aufl.) (S. 25-58). Weinheim, München: Juventa.

Richter, V. (2014). *Routen zum Begriff der linearen Funktion – Entwicklung und Beforschung eines kontextgestützten und darstellungsreichen Unterrichtsdesigns*. Wiesbaden: Springer.

Riebling, L. (2013). Heuristik der Bildungssprache. In I. Gogolin, I. Lange, U. Michel & H. H. Reich (Hrsg.), *Herausforderung Bildungssprache – und wie man sie meistert* (S. 106-153). Münster u. a.: Waxmann.

Roelcke, T. (2010). *Fachsprachen* (3., neu bearbeitete Aufl.). Berlin: Schmidt.

Römer, M. (2008). Prozentrechnung – Ein Plädoyer für den Dreisatz. *Praxis der Mathematik in der Schule, 50(24)*, 37-41.

Rosenthal, I., Ilany, B. S., & Almog, N. (2009). Intuitive knowledge of percentages prior to learning. *Research in Mathematical Education, 13(4)*, 297-307.

Rothweiler, M. & Meibauer, J. (1999). Das Lexikon im Spracherwerb – ein Überblick. In J. Meibauer & M. Rothweiler (Hrsg.), *Das Lexikon im Spracherwerb* (S. 9-31). Stuttgart: UTB.

Sander, E. & Berger M. (1985). Fehleranalysen bei Sachaufgaben zur Prozentrechnung: Zwei Explorationsstudien. *Psychologie in Erziehung und Unterricht, 32*, 254-262.

Saxe, G. B. (1988). Linking language with mathematics achievement: Problems and prospects. In R. R. Cocking & J. P. Mestre (Hrsg.), *Linguistic and cultural influences on learning mathematics* (S. 47-62). Hillside, NJ: Lawrence Erlbaum Associates.

Scheler, Max (1960). Die Wissensformen und die Gesellschaft (2., durchgesehene Aufl. mit Zusätzen, hg. von Maria Scheler). Bern/München, 383-420.

Scherer, P. (1996). "Zeig', was du weißt" – Ergebnisse eines Tests zur Prozentrechnung. Folge 1: Vorstellung, Durchführung und Ergebnisses des Tests. *Mathematik in der Schule, 34(9)*, 462-470.

Scherer, P. (1996a). "Zeig', was du weißt" – Ergebnisse eines Tests zur Prozentrechnung. Folge 2: Ergebnisse zu den Aufgaben 4 und 6. Fazit. *Mathematik in der Schule, 34(10)*, 533-543.

Schink, A. (2013). *Flexibler Umgang mit Brüchen. Empirische Erhebung individueller Strukturierungen zu Teil, Anteil und Ganzem*. Wiesbaden: Springer.

Schink, A., Prediger, S. & Pöhler, B. (2014). Förderbausteine zum Bruchverständnis. In S. Prediger, C. Selter, S. Hußmann, M. Nührenbörger (Hrsg.), *Mathe sicher können. Diagnose- und Förderkonzept zur Sicherung mathematischer Basiskompetenzen. Förderbausteine Brüche, Prozente und Dezimalzahlen* (S. 4-48). Berlin: Cornelsen Schulverlage.

Schleppegrell, M. J. (2001): Linguistic Features of the Language of Schooling. *Linguistics and Education, 12(4)*, 431-459.

Schleppegrell, M. J. (2004). *The language of schooling: A functional linguistics perspective*. Mahwah, New Jersey: Lawrence Erlbaum Associates.

Schleppegrell, M. J. (2010). Language in Mathematics Teaching and Learning. A Research Review. In J. Moschkovich (Hrsg.), *Language and Mathematics education* (S. 73-112). Charlotte: Information Age Publishing.

Schmidt, S. J. (1976). *Texttheorie* (2. Aufl.). München.

Schröder, M., Wurl., B. & Wynands, A. (Hrsg.) (2006). *Maßstab 7 – Mathematik für Realschulen in Nordrhein-Westfalen, Bremen, Hamburg und Schleswig-Holstein.* Braunschweig: Schroedel.

Schröder, M., Wurl., B. & Wynands, A. (Hrsg.) (2006a). *Maßstab 8 – Mathematik für Realschulen in Nordrhein-Westfalen, Bremen, Hamburg und Schleswig-Holstein.* Braunschweig: Schroedel.

Schütte, M. (2009). Sprache und Interaktion im Mathematikunterricht der Grundschule. Münster, New York, München, Berlin: Waxmann.

Secada, W. G. (1992). Race, ethnicity, social Class, language, and achievement in mathematics. In D. A. Grouws (Hrsg.), *Handbook of Research on Mathematics Teaching and Learning* (S. 623–660). New York: MacMillan.

Sherin, B., Reiser, B. J. & Edelson, D. (2004). Scaffolding Analysis: Extending the Scaffolding Metaphor to Learning Artifacts. *Journal of the Sciences, 13(3)*, 387-421.

Sill, H.-D. (2010). Probleme im Umgang mit Prozenten. In H. Wilfried (Hrsg.), *Mathematische Kompetenzen entwickeln und erfassen. Festschrift für Werner Walsch zum 80. Geburtstag* (S. 137-149). Hildesheim: Franzbecker.

Simon, M. A. (1995). Reconstructing mathematics pedagogy from a constructivist perspective. *Journal for Research in Mathematics Education, 26(2)*, 114-145.

Smit, J. (2013). Scaffolding language in multilingual mathematics classrooms. PhD-Thesis, Freudenthal Institute Utrecht.

Smit, J., van Eerde, H. A. A., & Bakker, A. (2013). A conceptualisation of whole-class scaffolding. *British Educational Research Journal, 39(5)*, 817-834.

Stanat, P. (2006). Disparitäten im schulischen Erfolg: Forschungsstand zur Rolle des Migrationshintergrunds. *Unterrichtswissenschaft, 36(2)*, 98-124.

Steinhoff, T. (2009). Wortschatz – eine Schaltstelle für den schulischen Spracherwerb? In *Siegener Papiere zur Aneignung Sprachlicher Strukturformen.* H. 17.

Steinhoff, T. (2013). Wortschatz – Werkzeuge des Sprachgebrauchs. In S. Gailberger & F. Wietzke (Hrsg.), *Handbuch Kompetenzorientierter Deutschunterricht* (S. 12-29). Weinheim / Basel: Beltz.

Stevenson, A. (2010). *Oxford Dictionary of English.* New York, London: OUP Oxford.

Streefland, L. (1985). 'Wiskunde als activiteit en de realiteit als bron'. *Nieuwe Wiskrant, 5(1)*, 60-67.

Streefland, L. (1991). *Fractions in Realistic Mathematics Education: A Paradigm of Developmental Research.* Dordrecht: Kluwer Academic Publishers.

Streefland, L. & Van den Heuvel-Panhuizen, M. (1992). 'Evoking pupils' informal knowledge on percents', *Proceedings of the Sixteenth PME Conference*, University of New Hampshire, Durham, NH, Vol. III, 51–67.

Strehl, R. (1979). *Grundprobleme des Sachrechnens.* Freiburg: Herder.

Strick, H. K. (1995). Rechengeschichten zur vertieften Behandlung von Textaufgaben. *Praxis Mathematik, 37(5)*, 197-200.

Swain, M. (1995). Three functions of output in second language learning. In G. Cook & B. Seidlhofer (Hrsg.), *Principle and practice in applied linguistics: Studies in honour of H.G. Widdowson* (S. 125-144). Oxford, UK: Oxford University Press.

Tabak, I. (2004). Synergy: A Complement to Emerging Patterns of Distributed Scaffolding. *Journal of the Learning Sciences, 13(3)*, 305-335.

Tate, W. F. (1997). Race-Ethnicity, SES, Gender, and Language Proficiency Trends in Mathematics Achievement: An Update. *Journal for Research in Mathematics Education, 28(6)*, 652-679.

Tredway, D. C. & Hollister, G. E. (1963). An experimental study of two approaches to teaching percentage. *Arithmetic Teacher, 10*, 491-495.

Treffers, A. (1978). *Wiskobas Doelgericht*, IOWO, Utrecht, The Netherlands.

Uesseler, S., Runge, A., & Redder, A. (2013). „Bildungssprache" diagnostizieren. Entwicklung eines Instruments zur Erfassung von bildungssprachlichen Fähigkeiten bei Viert- und Fünftklässlern. In A. Redder & S. Weinert (Hrsg.), *Sprachförderung und Sprachdiagnostik. Interdisziplinäre Perspektiven* (S. 42-67). Münster: Waxmann.

Ufer, S., Reiss, K., & Mehringer, V. (2013). Sprachstand, soziale Herkunft und Bilingualität: Effekte auf Facetten mathematischer Kompetenz. In M. Becker-Mrotzek, K. Schramm, E. Thürmann, & H. J. Vollmer (Hrsg.), *Sprache im Fach – Sprachlichkeit und fachliches Lernen* (S. 167-184). Münster: Waxmann.

Ulrich, W. (2013): Wissenschaftliche Grundlagen der Wortschatzarbeit im Fachunterricht. In Senatsverwaltung für Bildung, Jugend und Wissenschaft (Hrsg.), *Sprachsensibler Fachunterricht. Handreichung zur Wortschatzarbeit in den Jahrgangsstufen 5–10 unter besonderer Berücksichtigung der Fachsprache (S. 305-330)*. Ludwigsfelde: Landesinstitut für Schule und Medien Berlin-Brandenburg. Verfügbar unter: https://bildungsserver.berlin-brandenburg.de/file-admin/bbb/themen/sprachbildung/Durchgaengige_Sprachbildung/ Publikationen_sprachbildung/sprachsensibler_fachunterricht/9_Sprachsensibler_ Fachunterricht-wissenschaftliche_Grundlagen.pdf [Letzter Abruf: 07.08.2017]

Van de Pol, J., Volman, M. & Beishuizen, J. (2010). Scaffolding in Teacher-Student Interaction: A Decade of Research. *Educational Psychology Review, 22(3)*, 271-296.

Van de Pol, J., Volman, M. & Beishuizen, J. (2012). Promoting teacher scaffolding in small-group work: A contingency perspective. *Teaching and Teacher Edcation, 28*, 193-205.

Van den Akker, J., Gravemeijer, K., McKenney, S. & Nieveen, N. (2006). *Educational Design research: The design, development and evaluation.* London: Routledge.

Van Galen, F. & van Eerde, D. (2011/2012). Mooie modellen. Rekenen met de procentenstrook. *Volgens Bartjens, 3(5)*, 14-16.

Van Galen, F. & van Eerde, D. (2013). Solving Problems with The Percentage Bar. *Indonesian Mathematical Society Journal on Mathematics Education, 4*(1), 1-8.

Van Galen, F., Feijs, E., Figueiredo, N., Gravemeijer, K., van Herpen, E., & Keijzer, R. (2008). *Fractions, percentages, decimals and proportions. A Learning-Teaching Trajectory for Grade 4, 5 and 6.* Rotterdam. Rotterdam: Sense Publishers.

Van den Heuvel-Panhuizen, M. (2003). The didactical use of models in Realistic Mathematics Education: An example from a longitudinal trajectory on percentage. *Educational Studies in Mathematics, 54(1)*, 9-35.

Van den Heuvel-Panhuizen, M. (2005). The Role of Contexts in Assessment Problems in Mathematics. *For the Learning of Mathematics, 25(2)*, 2-9.

Van den Heuvel-Panhuizen, M., & Drijvers, P. (2014). Realistic Mathematics Education. In S. Lerman (Hrsg.), *Encyclopedia of Mathematics Education* (S. 521-525). Dordrecht, Heidelberg, New York, London: Springer.

Vollmer, H. J., & Thürmann, E. (2010). Zur Sprachlichkeit des Fachlernens: Modellierung eines Referenzrahmens für Deutsch als Zweitsprache. In B. Ahrenholz (Hrsg.), *Fachunterricht und Deutsch als Zweitsprache*(S. 107-132.). Tübingen: Francke.

Von Kügelgen, R. (1994). *Diskurs Mathematik. Kommunikationsanalysen zum reflektierenden Lernen.* Frankfurt: Lang.

Vom Hofe, R. (1995). *Grundvorstellungen mathematischer Inhalte.* Heidelberg: Spektrum.

Vygotsky, L. S. (1962). *Thought and language.* Cambridge MA: MIT Press.

Vygotsky, L. S. (1978). *Mind in society.*Cambridge, MA: Harvard University Press.

Walkington, C., Cooper, J. & Howell, E. (2013). The effects of visual representations and interest-based personalization on solving percent problems. In M. Martinez & C. Superfine (Hrsg.), *Proceedings of the 35th annual meeting of the North American Chapter of the International Group of the Psychology of Mathematics Education* (S. 533-536). Chicago, IL: University of Illinois at Chicago.

Wagenschein M. (1989). *Verstehen lehren: Genetisch – Sokratisch - Exemplarisch* (8. ergänzte Aufl.). Weinheim, Basel: Beltz Verlag.

Wessel, L. (2015). *Fach- und sprachintegrierte Förderung durch Darstellungsvernetzung und Scaffolding. Ein Entwicklungsforschungsprojekt zum Anteilbegriff.* Heidelberg: Springer Spektrum.

Wessel, L. & Prediger, S. (2017). Differentielle Förderbedarfe je nach Sprachhintergrund. Analysen zu Unterschieden und Gemeinsamkeiten zwischen sprachlich starken und schwachen, einsprachigen und mehrsprachigen Lernenden. In D. Leiss, M. Hagena, A. Neumann & K. Schwippert (Hrsg.), *Mathematik und Sprache – Empirischer Forschungsstand und unterrichtliche Herausforderungen* (S. 165-187). Münster: Waxmann.

White, P., Wilson, S., Faragher, R. & Mitchelmore, M. (2007). Percentages as Part Whole Relationships. In J. Watson & K. Beswick (Hrsg.), Proceedings of the 30th annual conference of the Mathematics Education Research Group of Australasia. Mathematics: Essential Research, Essential Practice Vol. 2, S. 805-814.

White, P., Mitchelmore, M., Wilson, S. & Faragher, R. (2009). Critical Numeracy and Abstraction: Percentages. *Australian Primary Mathematics Classroom, 14*(1), 4-8.

Wilhelm, N. (2016). *Zusammenhänge zwischen Sprachkompetenz und Bearbeitung mathematischer Textaufgaben – Quantitative und qualitative Analysen sprachlicher und konzeptueller Hürden.* Wiesbaden: Springer.

Wilhelm, O., Schroeders, U. & Schipolowski S. (2014). *Berliner Test zur Erfassung fluider und kristalliner Intelligenz für die 8. bis 10. Jahrgangsstufe (BEFKI 8-10).* Göttingen: Hogrefe.

Winter, H. (1996). *Praxishilfe Mathematik.* Berlin: Cornelsen Scriptor.

Wittmann, E. C. (1993). "Weniger ist mehr": Anschauungsmittel im Mathematikunterricht der Grundschule. In *Beiträge zum Mathematikunterricht* (S. 394 - 397), Hildesheim: Franzbecker.

Wittmann, E. C. (1995). Mathematics education as a 'design science'. *Educational Studies in Mathematics, 29(4),* 355-374.

Wood, D., Bruner, J. S. & Ross, G. (1976). The Role of Tutoring in Problem Solving. *Journal of Child, Psychology and Psychiatry, 17,* 89-100.

Zwetzschler, L. (2015). *Gleichwertigkeit von Termen - Entwicklung und Beforschung eines diagnosegeleiteten Lehr-Lernarrangements im Mathematikunterricht der 8. Klasse.* Wiesbaden: Springer.